우송 김태길 전집

한국인의 가치관 연구

직업윤리와 한국인의 가치관

우송
김태길 전집

한국인의 가치관 연구
직업윤리와 한국인의 가치관

철학과 현실사

1986년 정년퇴임식에서 부인 이종순 여사와 함께

차례

한국인의 가치관 연구

직업윤리와 한국인의 가치관

한국인의 가치관 연구

서문

모든 시대의 모든 사회에는 해결해야 할 문제가 있기 마련이지만, 특히 현대 한국은 여러 가지 어려운 문제에 부딪치고 있다. 이 문제들이 저절로 해결되기를 기대하기는 어려우며, 그것들의 해결을 위해서 적합하고 필요한 행위를 우리 한국인 모두가 실천해 줄 것이 요청되고 있다. 우리 자신의 실천적 노력으로써 우리의 문제를 해결해야 하는 것이다.

우리 한국이 당면한 여러 가지 문제들은 종횡으로 서로 얽혀 있으며 근본에 있어서는 같은 뿌리에 연유하는 여러 갈래의 문제들이라고 볼 수 있는 성질의 것들이 많다. 따라서 문제들 하나하나가 갖는 특수성에 따르는 개별적인 처방도 중요하겠지만, 더욱 중요한 것은 공통의 뿌리를 가진 기본적인 문제들을 대하는 일반적 태도, 즉 공동의 문제를 대하는 기본적 사고방식과 행동 양식이라고 생각된다. 이 기본적 사고방식과 행동 양식의 방향을 결정하는 심성의 바탕을 편의상 가치관이라고 부른다면, 우리 한국 내지 한국인을 위해서 한국인의 가치관이 매우 중요하다는 판단이 성립할 수 있을 것이다.

한국의 현실이 한국인에게 슬기로운 가치관의 체득을 요구하고 있다는 판단을 따라서 필자가 한국인의 가치관 문제에 손을 대기 시작한 것은 근 20년 전의 일이다. 그러나 이 문제에 대한 필자의 접근은 매우 산발적이었고 아직도 핵심으로 돌입하지 못한 채 그 주변을 맴돌고 있는 부끄러운 실정이다. 우선 가능한 것부터 시작하여 공부한 것 또는 생각한 것들을 기회 있을 때마다 시론(試論)의 형식으로 기록하고, 그렇게 기록된 것들을 자료 내지 기초로 삼고 다시 종합적인 정리를 꾀해 보리라는 속셈이었다. 그러나 이런저런 핑계로 아직 그 자료 내지 기초를 위한 연구도 끝내지 못하고 있는 상태이며, 다만 여기저기서 단편적으로 발표한 논문과 잡문들만이 손에 남아 있다.

이 책은 그렇게 얻어진 논문과 잡문들 가운데서 비교적 분량이 큰 것들을 한데 묶어 본 것이다. 여기 실린 글들의 반수가량은 학술적인 논문집에 실렸던 것이고, 나머지의 대부분은 세미나 또는 심포지엄 등의 모임에서 발표한 것들이다.

여기에 실린 글들은 필자 자신이 책으로 엮는 과정에서 다시 한 번 통독하였고, 교정을 보기 위해서도 또 읽을 기회가 있었다. 다시 읽어 보는 가운데, 마음에 들지 않아서 버리고 싶은 것도 발견하였고, 부분적으로 고치고 싶은 대목도 발견하였다. 그러나 명백하게 잘못되었다고 생각되는 구절만을 수정하는 데 그치고, 그 밖의 것들은 모두 그대로 두었다. 이것들을 기본 자료로 삼고 체계적인 정리를 시도할 생각이므로, 일단 모든 것을 그대로 남겨 두고 후일에 정리하는 단계에서 버릴 것은 버리고 고칠 것은 고치는 것이 좋지 않을까 하는 생각에서였다.

논문들은 주제의 공통성을 따라서 네 부분으로 나누어서 묶었다. 그러나 그 분류에 엄밀한 정확성이 있는 것은 아니며, 논문을 배열한 순서는 더욱 자의적이다. 독자들은 그 순서에 구애될 필요 없이 각자의 관심을 따라서 자유롭게 뽑아 읽어도 무방할 것이다.

1982년 5월

김 태 길

차례

1 부
한국인의 가치 의식

한 나라의 흥망과 성쇠를 좌우하는 여러 가지 요인들 가운데서 그 나라 국민들의 정신적 자세 내지 가치관보다도 더욱 결정적인 힘을 가진 것은 없다. 개인의 성공과 실패가 그 사람의 마음가짐과 행동에 거의 달려 있듯이, 국가의 흥망도 그 나라 사람들의 현우(賢愚)와 생활 태도를 따라서 대체로 결정된다.

1장 조선시대 소설에 나타난 한국인의 가치관

1. 연구의 취지와 방법

이 연구는 우리 한국인의 가치관에 대한 더 광범한 연구의 한 부분으로서 계획되고 있다. 가치관에 대한 연구는, 단순한 과학적 호기심을 위한 이론적 동기로 말미암아 이루어지기보다는 대개 실천적 관심에 깊이 관련되고 있거니와, 이 연구 역시 필경은 실천적 동기로 귀착한다. 실천적 동기로 연결되는 까닭에, 그것은 지나간 시대에 대한 단순히 역사적인 탐구로서 그칠 수 없으며, 불가불 현대 한국인의 가치관 문제로의 연결을 지향하고 출발한다. 요컨대, 이 연구는 한 시대의 가치관을 바로 파악하자면 그에 앞선 시대의 것부터 알아야 한다는 일반적 견해에 입각한 예비적인 연구로서, 장차 현대 한국인의 가치관의 문제로 연결될 것을 예상하는 것이다.

조상들이 가졌던 가치관 가운데서 후손들에게 특히 많은 영향을 남기는 것은, 일부의 전문적인 학자나 사상가들이 주장했던 이론보다도, 각계각층의 일상생활 속에 성장한 행동과 사유의 경향으로서의 가치관이다. 특히, 오늘의 우리 실정이 그렇듯이, 일반 대중이 선조들에 의하여 남겨진 고전적 저술에 직접 친숙하여 그로부터 많은 영향을 받는다고 보기 어려울 경우에 있어서는, 조상들의 실생활 속에 형성된 가치관이 갖는 의의와 비중은 더욱 크다고 인정해야 할 것이다. 여기서 우리가 부딪치는 문제는, 지나간 시대의 실생활 속에 형성된 가치관을 어떻게 알아낼 수 있느냐 하는 것이다. 역사에 남은 사상가나 학자의 이론은 여러 저술 속에 기록되어 남아 있지만, 일반 대중의 생활 속에 형성되었던 가치관에 대한 직접적인 기록은 우리나라의 경우 찾아보기 힘든 것으로 알려져 있다.

직접적 기록이 없다면, 남은 것은 간접적 자료에 의존하는 길밖에 없으므로, 여기서 필자는 조선시대의 소설을 그 간접적 자료의 매우 중요한 부분으로서 인정하게 되었다. 소설이라는 것이 대체로 그 배경을 이루는 시대의 생활 양상과 그 시대 사람들의 가치 의식 내지 이상을 비교적 알기 쉽게 반영하는 경향을 가졌으며, 특히 조선시대의 소설이 당시에 있어서뿐 아니라 구한말 이후에 이르기까지 부녀자들과 서민층 사이에 널리 애독되어 저자와 독자 간에 주고받는 바 컸다는 사실을 생각할 때, 그 자료로서의 중요성을 인정할 수 있다고 판단한 것이다.

그러나 조선시대의 소설이 그 시대 사람들의 가치관을 알아보는 데 전혀 결점이 없는 자료라고 인정하는 것은 물론 아니다. 조선시대의 우리나라 소설은 중국 소설의 영향을 받은 바 너무나 컸으며, 우리나라에 있어서나 중국에 있어서나, 그 당시의 소설은 대체로 현실에 대한 정직한 기록이기보다는 황당무계한 공상에 의존한 바 크며, 작자나 독자의 이상을 진지하게 표명하기보다는 판에 박힌 수법으로 읽는 이의 흥미를 끌려고 한 경향이 컸으므로, 잘못 다루면 사실과 다른 결론으로 인도할 염려가 있다. 다만, 당시의 우리나라가 소설에 있어서뿐 아니라 가치관에 있어서도 중국의 영향을 받은 바 크며, 비록 황당무계한 서술 가운데도 어떤 심리적 사실이 나타나는 법이라는 점을 고려할 때, 그것이 비록 불충분한 자료이기는 하나 통찰력 있는 분석으로써 처리할 수만 있다면, 상당히 중요한 가치를 담은 자료가 될 수도 있으리라고 생각된다.

소설을 자료로 삼고 그 안에 담긴 가치관을 찾아보고자 하는 연구에 있어서, 우리는 저자가 선택한 주제, 작품 속에 나타난 가치 언어의 사용 빈도 등에 관한 통계학적 분석의 방법을 사용할 수도 있을 것이나, 필자는 여기서 주로 문맥을 통해 본 해석의 방법을 취하고자 한다. 주관(主觀)의 오류를 범할 염려가 큰 후자의 방법을 택하는 이유는, 필자의 전공 분야가 통계적 작업과는 관계가 먼 철학이라는 사실에도 있으며, 그 밖에도 이미 앞에서 지적한 바와 같이, 조선시대의 소설이 어떤 현상의 직접적이고 있는 그대로의 기록이라기보다는 해석을 요구하는 자료라는 사실에 있다. 그리고 자료의 해석에 있어서, 소설 아닌 역사적 기록과 지식의 힘도 빌려야 할 것임은 말하지 않아도 명백하다.

여기서 다루고자 하는 '조선시대 소설'의 범위는, 우리나라 최초의 소설 작품으로 알려진 『금오신화(金鰲新話)』에서부터 갑오경장과 더불어 나타난 이른바 '신소설' 이전의 작품까지로 국한한다. 이러한 제한은, 조선시대 소설의 원천이 된 여러 설화(說話)나 갑오개혁 뒤에 새로운 형식을 취하고 나타난 신소설의 중요성을 부인하는 뜻에서 하는 것은 물론 아니며, 연속적으로 수행되어야 할 광범위한 연구 과제를 편의에 따라 여러 토막으로 나누고자 하는 의도에 지나지 않는다. 그리고 소설뿐 아니라 가사(歌辭)나 시조(時調)와 같은 다른 문학작품 및 철학적 저술에 나타난 가치관까지도 망라하여 종합할 때 비로소 더 나은 결론에 도달할 수 있으리라는 것도 의심할 여지 없이 명백한 사실이다.

조선시대 소설은 그 전승 과정에 있어서 상당히 오랜 세월을 통하여 수사(手寫)에 의존해 왔던 까닭에, 내용과 표현에 다소의 차이가 나는 여러 가지 이본(異本)이 있는 것으로 안다. 그러나 본 연구의 목적을 위해서는 여러 가지 이본을 망라하여 세밀한 비교를 꾀할 필요가 없을 것이며, 실제로 그것은 필자의 능력을 벗어나는 작업인 까닭에, 여기서는 다음 판본에만 의존하기로 한다.

전규태(全圭泰) 편, 『한국고전문학전집』 전7권, 세종출판공사, 1970.

김기동(金起東) 외 편, 『한국고전문학전집』 전8권, 성음사, 1970.

2. 사조적(思潮的) 배경

조선시대 소설을 포함한 한국 고전문학의 배경을 이루는 사조(思潮)에 대해서는 박성의(朴晟義) 교수의 방대하고 상세한 연구[1]가 이미 나와 있으므로, 여기서는 요점만을 간추리고 중요한 문제 몇 가지에 대하여 부연하는 것으로 그치고자 한다. 박 교수는 우리나라 문학의 배경을 이루는 사상들을 유교 사상, 불교 사상, 도교 사상, 무격(巫覡) 사상, 경천(敬天) 사상 및 실학 사상의 여섯 가지로 나누고 있거니와, 그 가운데서 경천 사상은 독립적인 것이라기보다는 유교 사상이나 도교 사상 또는 무격 사상 등의 바탕에 깔려 있는 공통된 관념으로 볼 수 있으며, 실학 사상은 그것이 유교나 불교와 동일한 차원의 독립된 사상 계열로 볼 성질의 것이냐 하는 어려운 문제가 있을 뿐 아니라, 그것은 조선시대 소설 전반에 걸친 배경이라기보다는 연암(燕岩)의 소설을 대표로 삼는 일부 몇몇 작품의 바탕이 되고 있음에 그친다. 이와 같이 볼 때, 결국 유교 사상, 불교 사상, 도교 사상 및 무격 사상의 네 가지 흐름이 조선시대 소설 전반에 걸친 배경을 이룬다고 볼 수 있을 것이다.

여기서 우리의 주목을 끄는 것은, 작품에 따라서 그 배경을 이루는 사조가

---

1 박성의, 『한국고전문학배경론』, 선명문화사, 1968 참조.

각각 달라서, '유교를 배경으로 삼는 소설', '불교를 배경으로 삼는 소설' 등으로 나누어지는 것이 아니라, 대개의 작품은 위에 말한 네 가지 또는 적어도 세 가지의 사상을 아울러 그 배경으로 삼고 있다는 사실이다. 예컨대, 『심청전(沈清傳)』을 살펴보면, 효도를 강조한 이야기 전편에 유교 사상이 깔려 있음은 말할 것도 없거니와, 심봉사 내외가 자식 낳기를 소원하여 치성을 올리는 장면에는 벌써 불교 사상과 샤머니즘이 혼합되어 나타난다. '명산 대천 신령당'에 기도하고 '백일산제(百日山祭)'를 올리는 등 '치성'을 다하여 아들 낳기를 기대하는 행위는 전체로 볼 때 무격적이라 하겠으나, 치성을 올리는 대사 가운데 '석불 보살', '미륵님' 등이 있고, 치성 행위 가운데 '제석불공(帝釋佛供)', '가사시주(袈裟施主)' 등이 포함된 것으로 보아, 불교 신앙이 무격적으로 받아들여지고 있음을 인정할 수 있을 것이다.[2] 그리고 공양미 3백석을 시주로 올리면 봉사의 눈을 뜰 수 있으리라는 몽운사(夢雲寺) 화주승(化主僧)의 말에도 불교 사상과 샤머니즘의 혼합을 볼 수가 있다.[3] 여기에 다시 도교 사상의 아류라고 볼 수 있는 신선(神仙) 사상까지 곁들어 있음은, 인당수 바다에 던져진 심청이 '옥황상제'의 분부로 구출되는 장면에서 여실히 나타난다. 이 장면에는 사해용왕(四海龍王), 태을진군(太乙眞君), 마고선녀(麻姑仙女) 등 선계(仙界)의 중요 인물들이 등장할 뿐 아니라, 승천하여 옥진부인(玉眞夫人)이 된 어머니와 심청의 재회까지도 기록되어 있다.[4]

김만중(金萬重)의 작품으로 알려진 『사씨남정기(謝氏南征記)』에는 유교와 불교가 근본이 같다는 것을 주장하는 묘혜니(妙慧尼) 여승(女僧)의 발언이

2 『심청전』, 전규태 편, 『한국고전문학전집』, 세종출판공사, 1970, 제1권, p.200 참조.
3 같은 책, p.211 참조.
4 같은 책, pp.224-225 참조.

있으며,[5] 그 밖에 부적을 사용하여 여맥(女脈)을 남맥(男脈)으로 바꿈으로써 아들을 낳게 하는 무격적인 이야기가 있는가 하면,[6] 또 꿈에 나타난 노인이 준 약물을 먹고 죽어 가던 사람이 소생한다는 신선담(神仙譚)도 볼 수가 있다.[7]

주로 도선(道仙) 사상을 바탕으로 삼았다고 볼 수 있는 『숙향전(淑香傳)』의 경우에 있어서도 우리는 유교적인 것과 불교적인 것을 쉽게 발견한다. 주인공의 할아버지 운수선생이 부귀와 공명을 마다하고 초야(草野)에서 일생을 마쳤다는 이야기로 시작되어, "인생은 초로(草路) 같고 공명(功名)은 부운(浮雲)이로다."[8] 운운하는 노래를 읊은 남주인공과 그 두 부인으로 하여금 선약(仙藥)을 먹고 천상(天上)으로 돌아가게 한 이 소설은 전체에 도선 사상이 흐르고 있음을 쉽게 알 수 있으나, 간간이 충성과 효도와 절개가 강조되고 있는 이 작품 속에 우리는 유교적 요소를 간과할 수 없으며, 숙향(淑香)의 생일이 석가의 탄일과 같은 4월 8일이며, 대성사(大聖寺)의 부처님께 정성껏 기도한 결과 남자 주인공 이선(李仙)이 탄생했다는 내용 등에 있어서 또한 불교 내지 무격의 요소를 찾아볼 수 있다.

그러나 유(儒)·불(佛)·선(仙) 등 여러 가지 요소가 같은 작품 속에 섞여 있다 하여, 작가가 반드시 그 여러 가지 사상을 똑같이 신봉했다거나 작가로서의 주관이 전혀 없었다고 단정할 수는 없다. 앞에서 말한 『숙향전』의 작가는 필경 도선 사상으로 기울어졌거니와, 『구운몽(九雲夢)』의 작가 김만중은 주인공으로 하여금, 의식적으로 유·불·선을 비교하면서 다음과 같이 불교의

5 『사씨남정기』, 김기동 외 편, 『한국고전문학전집』, 성음사, 1970, 제6권, p.179.
6 같은 책, p.188.
7 같은 책, p.222.
8 『숙향전』, 『전집』(성음), 제8권, p.404.

우월성을 강조하게 하고 있다.

> 천하에 세 가지 도가 있으니, 유도와 불교와 선술이라. 이 세 가지 중에 오직 불교가 높고, 유도는 윤기(倫紀)를 밝히며 사업을 귀히 하여 이름을 후세에 전할 따름이요, 선술은 허망한 것에 가까워 예로부터 하는 자 많으나 마침내 징험을 얻지 못하니, 진시황(秦始皇)과 한무제(漢武帝)와 당현종(唐玄宗)의 사적을 보면 가히 알리로다.[9]

위에 말한 바와 같이, 여러 작가들 가운데는 불교 또는 도교를 가장 으뜸가는 사상으로서 떠받든 사람들도 있으나, 역시 제일 많은 것은 유교를 근본으로 삼은 작가들이었다. 『춘향전(春香傳)』, 『심청전』, 『흥부전(興夫傳)』, 『유충렬전(劉忠烈傳)』 등 가장 널리 읽히고 알려진 작품들 가운데는, 입신양명과 충효와 정절 등을 앞세워 유교 사상의 강한 배경을 반영한 것들이 많다.

그 시대의 소설이 여러 가지 사조를 배경으로 삼고 있다는 사실에서 우리가 추리할 수 있는 것은, 그 시대의 현실 사회에 있어서도 유·불·선·무(巫) 등 여러 가지 계열의 사상들이 사람들의 마음속에 각각 그 자리를 차지하고 있었으리라는 결론이다. 작가는 대체로 독자의 가치관 내지 사고방식의 영향을 받아 가며 작품을 쓰게 되거니와, 조선시대 소설의 경우와 같이 대중성이 강한 작품들에 있어서 이 경향은 더욱 강하다. 작가 자신은 유·불·선·무의 모든 사상을 믿는 것이 아니면서도 그 작품 가운데 이 여러 가지 사상의 그림자를 등장시켰다는 사실은, 그 시대의 일반 대중들이 이 여러 가지 사상을 그들 나름대로 적당히 섞고 적당히 변질해서 받아들였으리라는 것을 추

---

9 『구운몽』, 『전집』(세종), 제4권, p.419.

측하기에 충분하다. 일반 서민층에 있어서뿐 아니라 궁중 생활에 있어서까지도, 반드시 유교 사상만이 세력을 가졌던 것이 아님은, 인현왕후(仁顯王后)의 병환을 무술(巫術)로 인하여 생긴 사질(邪疾)이라고 단정한 대목이나,[10] 장희빈이 점과 굿을 일삼는 장면,[11] 『한중록(閑中錄)』의 작가인 사도세자비 혜경궁(惠慶宮) 홍씨(洪氏)까지도 모든 불행을 "하늘이 갈수록 나를 밉게 여기셔서" 생긴 참화라고 해석하며,[12] 모든 비극을 '천수(天數)'와 '국운(國運)'으로 돌리고 있는 점 등에서 엿볼 수 있다.

조선시대 소설의 배경을 이루는 사조들 가운데서 특히 미묘한 자리를 차지하고 있는 것은 무격 사상이 아닌가 생각된다. 무격 사상은 표면에 나타나는 것만으로 판단한다면, 네 가지 사조 가운데서 가장 약한 위치를 차지하고 있음에 불과하다고 보아야 할 것이다. 조선시대에 있어서도 무격이 유교나 불교 또는 도교와 같은 차원에서 공공연한 존경을 받을 처지에 있지는 못했던 것으로 보이며, 『사씨남정기』의 작가 김만중은 자기의 작품 가운데 무격적 요소를 끌어들이고서도, "기도를 일삼으며 미신에 빠져" 있는 황제를 충신이 서신으로 간(諫)하는 사연을 기록함으로써, 그 당시 이미 무격의 부당성을 바로 본 식자들이 있었음을 암시하고 있다.[13] 그러나 표면상으로 받은 대접은 비록 그리 큰 것이 못 되었으나, 이면에 있어서는 사람들의 사고방식 또는 행동을 좌우하는 힘이 상당히 컸던 것이 아닌가 하는 생각을 억제하기 어렵다. 유교나 불교의 사상을 표방하는 작품에 있어서까지도 무격적인 요소가 틈틈이 삽입되어 있는 것은, 유교나 불교 또는 도교가 받아들여지는 마당

---

10 『인현왕후전』, 『전집』(성음), 제6권, p.42 참조.

11 같은 책, p.45. 『계축일기(癸丑日記)』 첫 머리에도, "동궁을 위하여 정성들여 굿도 하고 점도 치도록 하라."는 유자신(柳自新)의 말이 보인다.

12 『한중록』, 『전집』(성음), 제6권, p.304, p.320, p.406 참조.

13 『사씨남정기』, 『전집』(성음), 제6권, p.216.

에서 다분히 무격적 사고의 간섭을 받았기 때문이라는 해석을 뒷받침한다. 생각건대, 무격적 사고는 옛날부터 우리나라 조상들의 마음 가운데 전승되었으며, 그것이 조선시대 중엽 이후의 어지러운 세태 속에서 불행한 운명에 시달린 허약한 사람들의 마음을 사로잡은 바 의외로 컸던 것이 아닌가 여겨진다. 스스로의 힘으로 운명을 개척하기에는 너무나 여건이 어려웠던 까닭에, 자연히 신령(神靈)의 초월한 힘에 의뢰하는 경향이 강하게 남은 것으로 보인다.

여러 가지 계열의 사조가 함께 수용되어 있다는 사실이 국가의 발전 또는 국민 문화의 창조를 위해서 진실로 유리한 조건이 되자면, 그 여러 사조들이 더 높은 차원에서 종합되어야 할 것이다. 그러나 조선시대의 소설에 나타난 바에는 그러한 종합의 징조는 보이지 않는다. 당시의 지배계급에 의하여 강한 지지를 받은 유교 사상을 중심으로 삼고 어떤 종합이 이루어졌을 가능성도 생각할 수 있으나, 소수의 유학자들이 학덕(學德)에 있어 높은 경지에 도달한 바 있다 하더라도, 유학을 숭상한 양반계급 전체로 볼 때에는, 시대에 적합한 실천철학을 수립하기에 이르지 못한 것으로 보인다. 고유한 민족정신을 바탕으로 삼고 여러 외래의 사조를 소화하여, 우리 자신의 살길을 밝혀줄 굳건한 가치철학을 세우는 일은 후세의 과제로서 남겨졌던 것이다.

민족적 집단으로서 또는 가족적 개인으로서 직면한 문제들을 극복하기에 충분히 강력한 가치 체계를 형성하지는 못했다 할지라도, 그런대로 끊임없이 닥쳐오는 삶의 문제에 적응해 나간 가치관은 조선시대 사람들에게도 있었다고 보아야 할 것이다. 그러면 그것이 어떠한 내용의 것이었을까? 우선 인생에 대한 전반적 태도부터 고찰해 보기로 하자.

3. 인간의 위치와 능력에 대한 생각

'인생관'이라는 말로써 명백하게 그리고 논리적으로 정리된 의식의 체계를 일컫는다면, 그것은 어느 정도 높은 수준의 지식 또는 의식에 도달한 사람들만이 갖는 사상이라는 뜻이 될 것이다. 그러나 대부분의 사람들은, 분명한 언어로써 표현할 수 있을 정도로 정리된 형태의 것은 아닐지라도, 자기들 나름대로의 생각과 판단을 가지고 살아간다. 이러한 생각과 판단도 그것들을 합쳐서 '인생관'이라고 불러서 무방할 것이며, 그러한 뜻의 인생관은 조선시대의 일반 대중에게도 있었다고 보아야 할 것이다. 이와 같은 넓은 뜻으로 '인생관'이라는 말을 사용할 때, 조선시대 우리 조상들의 인생관은 어떠한 것이었을까? 그들은 세상을 어떻게 보았으며, 인생에서 무엇을 소망했으며, 또 어떠한 태도로써 그 소망의 달성을 꾀했던 것일까? 그 시대의 소설을 통해 짐작할 수 있는 범위 안에서 잠시 살펴보기로 하자.

조선시대의 사람들도 여러 가지 계층이 있었으므로, 그들의 인생관을 일률적으로 논할 수는 물론 없다. 여기서 우리가 할 수 있는 것은 가장 일반적이며 대표적인 경향의 대강을 추리하는 일에 그치며, 특수한 사람들의 특수한 생각들을 파헤치는 일은 아니다.

조선시대의 우리 조상들은 자연을 대하는 태도가 오늘날 서구 문명의 영향을 받은 사람들의 그것과 크게 달랐던 것으로 보인다. 현대 문명 속에 사는 사람들은 자연과 인간을 대립시켜 생각하는 경향이 있다. 자연은 인간에 의하여 정복되고 이용될 대상으로서 눈앞에 떠오른다. 그러나 조선시대의 조상들은 인간을 자연 속에 포섭되는 부분으로서 생각하는 경향이 있었던 것으로 여겨진다. 자연은 경외와 신앙의 대상이었으며, 인간의 길흉화복을 좌우하는 초월적인 존재였다. 『조웅전(趙雄傳)』의 다음 구절은 그러한 사고방식을 잘 나타내고 있다.

더듬어 들어가는 산은 신선이 살 법한 극히 험준한 절경뿐이었으며, 자연과 인간이 동감이 된다기보다도, 그 거창한 자연의 품 안에 싸여 들어가 비로소 자신의 작고 힘 없는 것을 절실히 깨닫는다고 하는, 그것은 인간의 상상을 넘어선 위대한 자연의 위엄을 보여주는 광경이더라. 바위도 나무도 하늘도 순정한 월색의 빛을 보여주고, 그 하나하나가 거대한 힘의 조화에 의해서 인간의 상상을 압도해 주고 있더라. 종교적인 경건한 감명이 절로 나서 위대한 자연의 시위 앞에 무릎을 꿇고, 복종과 노예를 맹세하고 싶을 정도였으니…[14]

조선시대 소설 가운데서 자연 풍경을 묘사한 대목은 대개 어느 작품에서도 찾아볼 수 있거니와, 거기에 나타난 자연은 모두가 아름답고 놀랍다. 그리고 작품 가운데 주인공이 불행한 일로 멀리 떠나가는 극적인 순간에 있어서까지 그 주인공 주위에 펼쳐지는 자연을 묘사하기를 잊지 않은 작가들과 그러한 작품을 즐겨 읽은 옛 사람들의 경우, 자연과 인간의 거리가 가까웠다기보다도, 오히려 그 둘이 하나였음을 절실히 느낀다.[15] 인간과 자연의 거리가 매우 다정했음을 알려 주는 더 상징적인 대목으로서는 『춘향전』 끝머리에 영귀(榮貴)와 행복을 얻은 춘향이 서울로 떠나갈 때, “놀고 자던 부용당아 너 부디 잘 있거라. 광한루 오작교며 영주각도 잘 있거라.” 하며, 자연에까지 작별 인사를 잊지 않은 장면을 들 수 있을 것이다.[16]

한시(漢詩)나 시조에 있어서 자연을 읊은 작품이 굉장히 많으며, 인생 또는

---

14 『조웅전』, 『전집』(세종), 제3권, p.296.
15 비극의 주인공의 주위에 펼쳐지는 자연을 묘사한 가장 좋은 예로서는, 공양미 3백 석에 팔려 임당수로 떠나는 심청의 여로(旅路) 묘사를 들 수 있을 것이다.
16 『춘향전』, 『전집』(성음), 제8권, p.78.

인간을 읊은 작품에 있어서도 자연에 비유해서 묘사한 것이 대부분임은 널리 알려진 사실이거니와, 조선시대 소설 가운데 가끔 나오는 한시의 경우도 예외는 아니다. 어떤 것은 자연을 주제로 노래했고, 사랑의 시에서도 대개는 자유에 비유하여 뜨거운 정을 그리고 있다.[17] 한시나 시조가 아니고 산문으로 인간을 묘사할 경우에도 자연에 비유한 표현이 대단히 많다. 예컨대, 미인을 묘사할 때, '입술이 앵두 같다' 하고 '눈썹이 초생달 같다' 하며 '허리가 세류(細柳) 같다' 하는 따위다. 그리고 '걱정이 태산 같다'거나 '절개가 송죽 같다'는 따위도 그것이다. 문학에 있어서 이러한 비유를 사용하는 것은 동서에 공통된 현상이라고도 말할 수 있을 것이나, 현대의 서구적인 작품과 비교할 때, 그 사이에 막대한 정도의 차이가 있음을 알 수 있을 것이다.

우리 조상들의 눈으로 보았을 때, 자연은 신비롭기 짝이 없는 존재였다. 모든 자연물에는 영혼과 마력(魔力)이 있는 것으로 보였다. 크고 웅장한 자연일수록 그 신비로운 마력도 클 것이다. 따라서 큰 산, 깊은 강, 높은 바위, 굵고 큰 나무 등은 특히 외경과 신앙의 대상이 되었다. 이것은 본래 우리 조상들 마음속에 태곳적부터 깃들었던 샤머니즘의 사고방식이라고 하겠으나, 그것은 단순히 샤머니즘에만 국한된 사상이 아니고, 적어도 조선시대의 소설을 즐겨 읽은 우리 조상들에 관한 한 그들의 것으로서 소화된 유교, 불교, 그리고 도교 어느 사상 가운데도 깔려 있는 기본적 관념이었던 것으로 보인다.

대자연 가운데서 가장 크고 높은 것은 하늘(天)이다. 조선시대 사람들의 눈으로 볼 때, 하늘은 모든 존재와 생멸의 근원이었으며, 삼라만상을 지배하는 절대자 또는 그 거주지였다. 세상만사 가운데 하느님의 뜻 아닌 것이 없으

---

17 자연을 주제로 한 한시가 많이 나오는 작품의 예로서는 『운영전』을 들 수 있으며, 사랑의 시를 자연에 비유해서 노래한 한시가 많이 나오는 작품으로서는 『금오신화』를 들 수 있을 것이다.

며, 인생의 화복과 흥망 또한 하느님의 정한 바를 따라서 교체한다. 그러기에 조선시대의 작가들은 언필칭 '천정운수(天定運數)', '천운(天運)', '천명(天命)', '천수(天數)'를 말하지 않을 수 없었으며, 작품 가운데 인물들로 하여금 일월성신(日月星辰)에게 기도하고 천명을 순수(順守)하게 할 수밖에 없었다. 유교 사상에 입각하여 가정 윤리의 문제를 권선징악적으로 다룬 『창선감의록(彰善感義錄)』 가운데서 한 구절을 인용해 보자.

> 인간만사는 막비 천정이니, 어찌 인력으로 미치리오. 지난 일은 말할 것도 없으니, 마땅히 천명을 순수하여 노부와 한 가지로 군산에 돌아가 때를 기다리면, 십년 후에는 길운을 만나리라.[18]

이것은 여주인공의 한 사람인 남소저(南小姐)의 부모를 살려 준 도사(道士) 곽선공이 남어사(南御史) 내외에게 한 말이거니와, 이와 대동소이한 발언을 우리는 조선시대 소설 곳곳에서 발견할 수 있는 것이다. 그리고 이러한 발언은, 그 시대의 사람들이 일반적으로 가졌던 관념을 그대로 반영한 것으로 짐작된다.

국가의 흥망, 개인의 생사와 같은 막중한 사건만이 아니라, 더 사소한 일까지도 하늘의 뜻을 따라서 예정되고 좌우되는 것으로 믿는 경향이 있었던 모양이다. 예컨대, 도적을 만나 재물을 잃는 것도 운수요, 남녀가 우연히 만나 '운우(雲雨)의 낙(樂)'을 함께하는 것도 하늘이 정한 인연을 따라서 이루어지는 것이었다. 『숙영낭자전(淑英娘子傳)』 가운데는, 천정연분(天定緣分)을 따라서 '정식으로 만날 기약이' 아직 3년 남았으므로 그때까지는 육체의 접촉

---

18 『창선감의록』, 『전집』(세종), 제2권, p.32.

을 삼가라는 여주인공의 말이 있으며,[19] 『창선감의록』에는 10년 동안 헤어져 서로 종적을 모르던 남부인(南夫人)과 그 아버지가 같은 지붕 아래 모여 만나게 되었을 때, '액운이 아직 진치 못하였으니' 부녀의 상봉을 하룻밤 연기하는 이야기가 나온다.[20] 또 같은 소설 가운데 아장(亞將)이 근엄한 도덕관념으로 말미암아 외국의 공주와 결혼하기를 사양했을 때, 그의 원수(元帥)는 "하늘이 주시는 바를 버림이 또한 상서롭지 아니하다."는 이유로 그 결연(結緣)을 강권하는 사연까지 있으며,[21] 『흥부전』의 작가는 무식하기 짝이 없는 놀부의 입을 빌려서까지, "天不生無祿之人이오. 地下生無名之草라." 하는 문자를 쓰게 하였다.[22]

세상의 모든 일이 천명 또는 천수에 달려 있다고 보았던 까닭에, 조선시대 사람들에게 숙명론적 인생관 또한 널리 전파될 수밖에 없었다. 소설에 나오는 주인공들은 걸핏하면 팔자를 탄식하고 국운을 한탄한다. 흥부 내외가 그렇게 했고, 『한중록』의 작가가 그렇게 했으며, 『사씨남정기』의 등장인물도 그렇게 하였다. 병자호란 때는 박씨 부인의 신출귀몰한 도술(道術)에도 불구하고, 국운이 그랬던 까닭에 패전의 욕을 면할 길이 없었던 것으로 기록되어 있다.[23]

천명의 정수(定數)를 따라 세상이 돌아가는 대로 맡기고, '무위자연(無爲自然)'을 처세의 원리로 삼아, 주어진 운명에 안주할 것을 권장한 도가 사상을 따른 사람들도 없지 않을 것이나, 대부분의 사람들은 역시 부귀와 영화 따위의 세속적 행복에 대한 미련을 버리지 못한 것으로 보인다. 특히 서민층의

---

19 『숙영낭자전』, 『전집』(성음), 제8권, p.215 참조.
20 『창선감의록』, 『전집』(세종), 제2권, p.106 참조.
21 같은 책, pp.102-103.
22 『흥부전』, 『전집』(세종), 제1권, p.242.
23 『박씨전』, 『전집』(성음), 제7권, p.184, p.188 참조.

경우 그들에게 주어진 생애는 그대로 감수하고 안주하기엔 너무나 고생스러웠으며, 종교적 해탈 속에 초연한 안심입명(安心立命)의 경지에 도달한다는 것 또한 그리 현실적인 이상은 아니었을 것이다. 두드러지게 나타날 정도의 부귀와 영화는 못 될지라도, 그런대로 평범하게 안정된 생활을 염원하는 것은, 조선시대의 서민들의 경우에 있어서도 일반적인 심리였으리라고 짐작된다. 그러나 그것조차도 천의(天意) 또는 팔자에 없으면 불가능한 일이라고 그들의 대부분은 생각했을 것이다. 그렇다면 천수나 팔자는 오로지 밖으로부터 결정되어 있을 뿐 그 사람 자신의 어떠한 노력도 그에 대한 변경을 가져올 수 없는 것일까? 다시 말하면, 본인 스스로의 노력으로써 자기의 행복을 실현하는 길은 전혀 없는 것일까?

이 절실한 물음에 대한 그 당시 사람들의 대답은 극히 소극적일 수밖에 없었다. 인간 스스로의 힘으로 자신의 운명을 개척할 수 있다는 대답은 너무나 외람되고 무엄한 것이 아닐 수 없었다. 그러나 한편 전혀 손을 쓸 여지가 없다고 대답하기에는 행복에 대한 소망과 미련이 너무나 절실하다. 이러한 미묘한 처지에서 우선 내놓을 수 있는 대답은, "기도와 제사로써 정성을 다하면 소원이 성취될 수 있을 것이다."라는 따위의 소극적인 대답이었다. 조선시대 사람들이 그러한 대답을 내놓았다기보다도, 원시종교의 심리를 통하여 옛날부터 내려오던 그러한 대답을 그대로 이어받았다고 보는 것이 더욱 정확할 것이다. 여하튼 그들은 소망을 달성하는 가장 유력한 방안으로 기도와 제사 등으로 정성을 다하는 길을 믿었으며, 그 믿음을 실천에 옮겼던 것으로 보인다.

한편으로 미신에 대한 자각과 비판이 싹텄음에도 불구하고 무격적 풍습을 좀처럼 버리지 못한 가장 큰 사유로서는 삶의 문제 앞에서 국민들의 처지가 매우 허약했다는 사실을 들 수 있을 것이다. 자연과학이 발달하기 이전에 있어서 천변지이(天變地異) 앞에 무력했던 것은 비단 우리나라뿐 아니라 어느 나라의 경우에 있어서도 마찬가지인 일반적 현상이었겠으나, 우리나라의 특수 사정은 그것을 더욱 심하게 만들었다. 외적의 침공의 위협 속에 산 약소국가였으며, 실제로 왜란 및 호란의 전란을 겪어야 했던 우리나라 국민에게 신비와 기적의 힘에 의존하고 싶은 심리가 발동한 것은 너무나 자연스러운 일이었다. 그 가운데서도 특히 특권층에게 억압을 당한 서민층 및 부녀자의 경우에는 그 심리가 더욱 강하게 발동할 이유가 있었다.

인간 스스로의 힘으로 행복을 실현하는 길로서 믿어진 또 하나의 원리는 '덕(德)'이다. 적선(積善) 또는 적덕(積德)을 많이 하면 후일 또는 후세에 복을 받으리라는 생각은 유교에도 불교에도 있었던 관념이거니와, 이러한 관념은 조선시대 소설에서도 흔히 찾아볼 수 있는 것으로서, 그 시대에 일반적으로 상당히 퍼져 있던 사상이었다고 짐작된다. 조선시대 소설의 대부분이 권선징악의 경향을 지니고 있으며, 필경 착한 사람은 잘되고 악한 사람은 망한다는 그러한 줄거리의 소설들이 순박하게 받아들여져서 많은 애독자를 가졌다는 그 사실 자체가 벌써 '積善之家, 必有餘慶' 식의 관념이 널리 퍼져 있었다는 것을 암시한다. 또 은연중 그러한 관념을 고취했을 뿐 아니라, 어떤 작가는 명백한 표현으로 그것을 주장하기도 하였다. 예컨대, 『창선감의록』의 작가는 여주인공의 입을 통하여 모든 불행의 원인이 자기 자신의 부덕(不德)에 있었음을 강조하게 하였고,[24] 『백학선전(白鶴扇傳)』의 작가는 작가 스스로의 말로써 다음과 같은 주장을 하고 있다.

> 최국양은 … 혐의와 사원으로 무죄한 사람을 음해하다가, 하늘의 살피심이 밝아서 벌을 받아 집이 망하고 두 아들을 보존하지 못하며, 몸이 주륙(誅戮)

---

24 『창선감의록』, 『전집』(세종), 제2권, pp.107-108 참조.

을 당하였으니, 이 역시 가련하지 않으랴. 그와 연왕 부부를 비교한다면 어찌 현우(賢愚)와 선악(善惡)의 보응(報應)이 두렵지 않으랴.[25]

그러나 조선시대 사람들이 생각한 선(善) 또는 덕(德)이라는 것은 매우 소극적인 성질의 것이었다. 그것은 주로 유교적 도덕관념에 입각한 것으로서 기존 질서에 순종함을 지시하는 따위의 규범이었다. 자연 또는 사회 속에서 봉착하는 어려운 문제 또는 심각한 모순에 용감히 도전하여 그것들을 해결하고 극복하는 적극적인 생활의 원리가 아니었다. 따라서 선 또는 덕의 실천이 비록 중요시되었다 하더라도, 그것이 인간의 힘으로 인간의 운명에 도전하는 적극적이며 개척적인 실천철학으로 연결되기는 어려웠다. 짧게 말해서 그들이 권장한 선행 또는 덕행은 그 행위 자체의 힘으로써 직접적으로 소망되는 결과를 초래할 수 있는 그러한 성질의 것이 아니라, 그 선행 또는 덕행을 어여삐 본 초월자의 은총을 통하여 간접적으로 행복에 도달하기를 희망한 타율적 내지 의존적 규범에 지나지 않았다. 여기에 그들이 숭상한 도덕관념의 근본적인 한계성을 본다.

더 적극적인 행위의 규범에 대한 의식이 조선시대에도 전혀 없었던 것은 아니다. 이치를 따라 생각하고 힘써 부지런히 일함으로써 현실을 더 낫게 할 수 있다는 사상의 싹이 가끔 보이기도 한다. 제비가 물어다 준 박씨의 기적으로 주인공을 행복하게 만든 『흥부전』의 작가도, 가난의 원인 가운데 당사자 자신의 책임도 있다는 것을 암시하여 다음과 같은 말을 톱질할 때의 흥부 내외의 입에 담고 있다.

---

25 『백학선전』, 『전집』(세종), 제2권, p.382. p.359에는 천조선인(天助善人)의 관념이 보인다.

> 가난타고 서러 마소. 팔자 글러 가난이요, 사주 글러 가난이요, 벌이 못해 가난이요, 옹졸하여 가난이요, 산소 글러 가난이요…[26]

그리고 또 흥부의 아내에게, "우리도 마음만 옳게 먹고 부지런만 하였으면 좋은 시절 만날지 어찌 알리까?"라는 말을 시키고 있다.[27] 장사든 농사일이든 적극적으로 활동함으로써 경제문제를 개척해야 한다는 것을 좀 더 강하게 암시한 것은 『허생전(許生傳)』을 비롯한 연암의 소설이다. 글공부만 하던 허생이 변부자(卞富者)의 돈 만 냥을 차용하여 상업으로 돈을 벌고, 또 도적 떼를 무인도로 데리고 가서 개간을 하여 삶의 길을 여는 이야기는, 기도나 제사로써 행복을 초래하겠다는 태도와는 근본적으로 다르다.

그러나 비록 근면, 개척, 창의 등의 근대적 미덕에 대한 관념이 싹트기 시작했다 할지라도, 전체로 볼 때 그것은 매우 미약하고 초보적임을 면치 못한다. 문벌이 가장 중요한 의미를 가졌던 계급사회에 있어서 노력에 대한 신뢰를 갖는다는 것은 매우 힘든 일이었을지도 모른다.

4. 소망 또는 이상

하느님, 부처님 혹은 그 밖의 어떤 초인간적 존재의 힘을 빌려서이든 또는 인간 자신의 노력을 통해서이든, 사람들이 달성하기를 원한 그 소망 내지 이상의 내용은 어떠한 것이었을까? 조선시대 소설 가운데 흩어져 있는 가치 관념의 단편을 종합하여 그 시대 사람들의 가치 체계를 가능한 범위 안에서 더듬어 보기로 하자.

---

26 『흥부전』, 『전집』(성음), 제4권, p.366.
27 같은 책, p.360.

어느 시대 어느 나라의 경우에 있어서나 그렇듯이, 조선시대 우리 조상들의 가치 체계도 사람과 처지를 따라서 매우 다양했던 것으로 보인다. 작가 또는 작품에 따라서 가치 체계에 차이가 있고, 같은 작품 가운데서도 사람에 따라서 가치의 서열에 관한 차이가 있음을 발견한다. 그러므로 우리가 여기서 할 수 있는 일은, 그 시대 사람들 누구나가 공통으로 가지고 있었던 하나의 통일된 가치 체계를 찾아내는 일도 아니고, 천차만별한 여러 개인들의 가치 체계를 망라하여 밝히는 일도 아니며, 그 시대에 비교적 우세했으리라고 추측되는 몇 가지 가치 체계를 유형적으로 묶어 보는 일에 그친다.

『박씨전(朴氏傳)』의 첫머리를 보면, 남주인공 이시백(李時白)의 아버지 이득춘(李得春)의 집안과 인품 이야기가 나온다. 그 이야기에 의하면, 이득춘의 가문은 "대대로 명문 거족이요 … 일찍이 나라에 등용되어 벼슬이 고관의 지위에 이르렀으며, 그의 사람됨이 충효 공검(恭儉)하고, 인후(仁厚) 활달하여서, 명망이 전국에 떨치었다." 그뿐만 아니라, 부부화락(夫婦和樂)의 금실의 즐거움 또한 무궁하였다. 그런데 오직 한 가지 부족은 부부 동거 사십 년에 한 점의 혈육이 없다는 사실이었다.[28]

위의 서술은 반드시 인생의 이상을 의식적으로 논한 것이라고 볼 수는 없으나, 전체의 문맥으로 따질 때, 작가 및 당시의 독자층이 인생의 이상으로서 상식적으로 양해했던 바를 어느 정도 암시한다고 보아도 무방할 것이다. 즉, 높은 가문, 고관의 지위, 유덕한 인품, 명성 그리고 자손의 다섯 가지는 최고의 행복을 위한 필수의 조건으로서 양해되고 있음을 본다. 그리고 다시 소설의 끝에 가서, 주인공들은 건강과 장수를 누리고, 또 그 자제가 모두 벼슬길에 올라 영달했으며, 마지막으로 주인공 부부는 천수(天壽)를 다하고

28 『박씨전』, 『전집』(성음), 제7권, p.156.

"나란히 누워서 자는 듯이 운명하였다."는 내용이 보인다.[29] 행복의 조건으로서 건강과 장수, 자손의 영달, 안락한 죽음이 다시 추가된 셈이다. 부(富)에 대해서는 "나라에 진충(盡忠)하고 자손을 교훈하여 부귀를 더하며, 가문의 영광을 빛냈다."라는 구절에서 가볍게 언급했을 뿐, 내세워 강조하지는 않고 있다.[30] 이에 비하여, 입신양명과 가문의 영광은 여러 차례 거듭 언급하고 있음이 주목을 끈다.

또 하나의 예로서 『장국진전(張國振傳)』을 살펴보기로 하자. 장국진은 본래 그 부친이 좌승상(左丞相)을 지낸 명문의 자손으로 태어났다. 그것도 "슬하에 한 점 혈육이 없음"을 걱정하던 그의 부모에게 부처님의 가호(加護)가 미쳐 출생한 귀한 아들이었다. 그 아들의 배필을 고르는 마당에서, 부모는 이소저(李小姐)의 혈통을 크게 문제 삼는 사연이 보인다.[31] 그리고 장국진이 과거를 보고자 황성(皇城)으로 올라가는 대목에,

> 용문에 올라 높은 벼슬을 하고, 요조숙녀를 얻어서 기남을 낳고, 대대손손으로 부귀영화를 누려 간다는 것, 그것은 얼마나 아름다운 꿈인가. 모든 인간을 유혹하는 강한 욕망이다.[32]

라는 구절이 있다. 장국진은 과연 장원급제하여 나라에 공을 세우고 높은 벼슬에 올랐을 뿐 아니라, 이소저와 류소저(劉小姐) 두 미인을 아내로 삼았으며, 다시 원수(元帥)의 자격으로 출전하여 적군을 무찌르고 그 명성이 천하

---

29 같은 책, pp.192-193.
30 같은 책, p.192.
31 『장국진전』, 『전집』(성음), 제5권, p.278.
32 같은 책, p.279.

에 떨친다. 그 뒤 장원수는 이부인의 몸에서 3남 2녀를 얻고, 류부인의 몸에서 3남 1녀를 얻었으며, 그 자손이 대대로 부귀영화를 누렸다는 것으로 끝이 맺어진다.

이 소설에서는 행복의 조건으로서 문벌, 장원급제와 고관의 지위, 미녀 현부와의 결혼, 훌륭하고 많은 자손과 그들의 영달, 나라를 위한 대공(大功)과 천하에 떨치는 명성 등이 언급되고 있는 셈이다. 이 작품에서 특히 강조되고 있는 행복의 조건으로서는 입신양명과 처복을 지적할 수 있을 것이다.

『춘향전』의 주인공들도 부럽기 짝이 없는 화제의 인물이거니와, 이몽룡(李夢龍)은 고관의 자제로서 태어나, 재색과 부덕(婦德)을 갖춘 여자와 결혼했으며, 장원급제하여 벼슬이 고위에 이르렀고, 장수와 백년동락(百年同樂)의 복을 누렸을 뿐 아니라, 3남 2녀를 두어 그 자손들 또한 귀하게 되어 만세 유전한 행운아였다. 성춘향은 모친의 문벌이 낮았다는 것을 제외한다면, 결국 그 남편과 모든 복을 함께 나눈 사람이다. 이 작품에서는 행복의 조건으로서 사랑의 중요성을 강조한 특색을 찾아볼 수 있으며, 그 밖의 것은 앞에서 살펴본 작품들의 경우와 대동소이하다.

『양산백전(梁山伯傳)』 가운데도 여러 가지의 행복의 조건들이 열거되고 있다. 당시의 매우 행복하고 부러운 사람으로서 그려진 양현(梁賢)의 처지를 보면, 그는 우선 명문거족의 아들이요, 소년등과(少年登科)하여 높은 벼슬을 땄으며, 인품이 고결하고 덕이 높아서 주위 사람들의 존경을 받았을 뿐 아니라, 학문과 도덕이 높고 인품이 현숙하고 인자한 여자와 결혼하여 부부의 즐거움마저 극진하다. 다만 한 가지 부족한 점이 있었으니, 그것은 슬하에 자식이 없다는 사실이었다. 관음보살의 은혜로 기남아(奇男兒) 산백(山伯)을 얻은 양현 내외는 이제 더 바랄 것이 없었으나, 여생의 도락으로 학문과 도덕을 높이려고 힘을 썼다. 그리고 또 한 가지 남은 욕심은, 아들이 용문(龍門)에 올라 벼슬하는 일이었거니와, 작가는 이 금상(錦上)에 첨화(添花)를 바라는 욕심을 가리켜 "약간의 허영심"이라고 주석을 달기도 하였다.[33] 양산백은 부모의 소원대로 문무(文武)에 대공을 세우고 천자의 은총을 한몸에 모은 뒤에, "사랑하는 아내와 팔순을 누려" 장수하고, "온 세상 사람의 존경을 받으며, 조용히 여생을" 보낸 것으로 이야기는 끝을 맺는다.[34] 다만 좀 이상한 것은 양산백에게 딸 하나만을 허락하고, 다남(多男)의 복은 말이 없다는 점이다. 모든 점에서 완벽한 것은 부자연하다고 작가가 생각한 것인지, 또는 필사(筆寫)로 전해 내려오던 과정에서 '일녀' 앞에 가령 '삼남' 같은 두 글자가 누락된 것인지 단정하기 어렵다. 이 작품에서도 문벌, 입신양명, 훌륭한 아들, 바람직한 결혼, 장수 등을 행복의 조건으로 암시하고 있음은 다른 작품의 경우와 비슷하나, 학문과 도덕의 중요성 및 순결한 사랑의 가치를 강조한 점, 그리고 입신양명의 욕망을 허영이라 부르고, 벼슬아치들의 비굴한 태도를 비웃기도 한 점[35] 등에 약간의 특색을 찾아볼 수 있을 것이다.

이상에서 살펴본 바를 종합하면, 대체로 다음과 같은 것들이 행복의 조건으로서 갈망된 주요한 가치라고 생각된다.

(1) 명문 거족의 집안에 태어남.

(2) 소년등과하여 벼슬이 차차 높아지고 마침내 고관의 자리에 오름으로써 가문을 더욱 빛냄.

(3) 아름답고 현숙한 요조숙녀와 결혼하여 부부 화목함.

(4) 재덕(才德)과 효성이 지극한 아들을 여럿 두되, 그들이 모두 입신양명함.

(5) 덕망과 공로가 탁월하여 명성이 사해(四海)에 자자함.

---

33 『양산백전』, 『전집』(성음), 제8권, p.272 참조.
34 같은 책, p.282.
35 같은 책, p.268.

(6) 학덕이 높아 남의 존경을 받아 가며 깨끗하게 살아감.

(7) 건강과 백년해로로 장수함.

(8) 죽을 때 편안히 죽음.

(9) 많은 자손이 대를 이어 번영함.

이 밖에 변함없이 열렬한 사랑을 말한 곳도 있으나, 그것은 예외없이 하늘이 정해 준 배필을 구하는 과정의 에피소드이며, 결국은 만족스러운 결혼에 목표가 있었다. 또 간혹 학문과 도덕을 강조하기도 했으나, 학문이나 도덕 그 자체를 행복의 필수 조건으로 보기보다는 입신양명의 조건으로 본 듯한 인상을 줄 경우가 많다.

조선시대의 모든 사람들이 위에 열거한 바와 같은 조건을 갖춘 행복을 염원했다고는 생각되지 않는다. 이제까지 말한 것은 양반계급 가운데서도 상당한 특권층만이 바라볼 수 있는 꿈이었으며, 대부분의 서민들은 남의 그러한 부귀와 영화의 이야기를 소설에서 읽고 대리만족을 얻을 수밖에 없었다. 무엇보다도 행복의 첫째 조건은 명문거족의 가문에 태어나는 일이었으니, 이미 이름 없는 서민의 집안에 태어난 사람으로서는 돌이킬 도리 없는 제약 앞에 공상조차 자유롭게 하기 어려웠을 것이다. 그러므로 서민층이 생각한 행복의 조건은 자연히 상당한 차이를 가졌으리라고 추리하지 않을 수 없거니와, 과연 조선시대의 서민층은 어떤 종류의 행복을 염원했을까? 조선시대 소설 가운데 서민층의 생활을 주제로 삼은 작품이 적은 까닭에, 이 문제에 대답하기에 충분한 자료의 결핍을 느끼는 바 없지 않으나, 허락된 범위 안에서 살펴보기로 하자.

서민 소설의 하나라고 볼 수 있는 『이춘풍전(李春風傳)』 가운데, 춘풍의 아내의 다음과 같은 말이 있다.

> 대장부 되어 나서 문무간(文武間)에 힘을 써서 춘당대(春塘臺) 알성과(謁聖

科)에 문무 참례하여 계수화(桂樹花)를 숙여 꽂고 청라삼(靑羅衫) 떨쳐 입고 부모 전에 영화 뵈고 후세에 이름 내어 장부의 사업을 하면, 패가할지라도 무엄치나 아니할꼬. 그렇지 못하면 치산(治産)을 그리 말고 농업에 힘써서 처자를 굶기지 말고, 의식이나 호강으로 지내다가, 말년에 이르러서 자식에게 전장(傳庄)하고 내외가 종신토록 환력평생(還曆平生)하게 되면, 그도 아니 좋을손가.[36]

춘풍의 아내는 두 가지의 인생 목표를 말하고 있거니와, 그 첫째는 장원급제하여 입신양명함으로써 가문을 빛내고 명성을 떨치는 일이요, 그 둘째는 부지런히 일하여 돈을 벌음으로써 가정경제에 궁색함이 없도록 지내면서 내외가 나이 많도록 평안하게 사는 일이다. 둘 가운데서 아무거나 선택할 수 있다면, 첫째 것을 택하는 것이 조선시대 사람들의 일반적 경향이었을 것이다. 그러나 이미 대단치 않은 가문에 태어난 사람들에게는 그것은 한갓 그림의 떡에 지나지 않는다. 따라서 그들이 어느 정도 실현성 있는 목표로서 바라볼 수 있었던 것은, 살림에 아쉬움이 없을 정도의 재산을 모아서 단란한 가정생활의 즐거움을 누리는 일뿐이다.

이러한 서민의 이상은 『서동지전(鼠同知傳)』에도 나타나 있으니, 자식들이 글공부를 안 하여 학식이 없음을 한탄하는 큰 쥐에게 대답한 맏아들의 말 가운데 다음과 같은 것이 있다.

문장 재사와 영웅 열사는 신수에 좋은 바가 못 됩니다. … 글은 그저 남의 손을 빌려서 편지를 쓰지 않을 정도면 족할 것입니다. … 대저 예로부터 제왕

---

36 『이춘풍전』, 『전집』(성음), 제7권, p.224.

영웅과 충효 열절과 부귀 공명과 문장이라고 이름이 난 자들이 와석종신(臥席終身)하기 어려웠으니, 무엇이 선(善)하고 무엇이 귀하다 하겠습니까? 우리 서씨는 … 성명이나 기록하고 자손은 오입 잡기나 말고 난봉이나 없이, 선조의 체면이나 욕되지 않게 하면 족할 것입니다. 매년 삼백 육십 일에 권솔이 기한을 면하고, 위로 조상의 시사 향화를 받들며, 백발 양친을 고당에 모셔 … 부화 부순하며, 우애 돈독하여 상호 화목하면서 성자 신손이 계계 승승할 것이니, 부질없이 … 부귀공명과 문장을 무엇에 쓰자고 원합니까?[37]

여기서 맏아들 쥐는, 벼슬하여 높은 자리에 오르는 것은 풍파를 일으켜 와석종신하기 어렵다는 이유로 도리어 바람직하지 않다고 말하고 있으나, 이것은 문맥으로 볼 때 하나의 변명으로서의 색채가 강한 발언이다. 학문을 닦고 입신양명할 자신이 있지만 오히려 농사나 지어 보처자(保妻子)하는 길을 택하겠다는 것이 아니라, 그렇게 할 자신이 없는 까닭에 부귀공명을 나쁘게 말하는 심리가 강하다. 『창선감의록』 가운데도 불량배 장평이가 "호관이 불여 다득전이라!"는 말을 하여 벼슬보다 돈이 낫다는 소리를 하는 대목이 있으나, 이것도 벼슬을 탐내던 계획이 실패한 순간에 한 발언이었다.[38] 일반적으로 말해서, 조선시대 사람들의 안목으로 볼 때, 입신양명은 가장 부러운 삶의 길이요, 안정된 가정생활은 차선의 길이었음에 의심의 여지가 없다.

특권층의 이상에 있어서 관직과 권세와 명성이 강조되고 있음에 비하여, 서민층의 경우는 물질생활의 안정이 강조되고 있음을 본다. 그러나 특권층의 이상을 논한 말 가운데 재물이 강조되지 않았다는 사실을 근거로, 특권층에

---

37 『서동지전』, 『전집』(성음), 제4권, pp.324-325.
38 『창선감의록』, 『전집』(세종), 제2권, p.91 참조.

게는 물질에 대한 관심이 약했다고 단정한다면, 그것은 부당한 추리에 가까울 것이다. 무관심한 까닭에 재물을 강조하지 않은 것이 아니라, 높은 벼슬과 권세에는 자연히 재산이 따르기 마련이므로 구태여 따로 강조하지 않았을 따름이라고 보는 것이 마땅할 것이다. 예나 지금이나 높은 지위와 강한 권세를 누린 사람으로서 의식(衣食)에 곤궁한 사람의 예는 찾아보기 어려울 줄 안다.

명문 거족 출신 가운데도, 과거를 보고 벼슬을 탐내는 태도에 대하여 비판적인 의견을 가진 사람들이 전혀 없었던 것은 아니다. 『숙영낭자전』의 남주인공 백선군(白仙君)은 과거 준비를 재촉하는 그 부친에 대하여, "과거니 공명이니는 속물이 탐내는 헛된 욕심입니다."라는 말을 하고 있으며,[39] 『숙향전(淑香傳)』의 첫머리는 "공명에 뜻이 없어 산중에 은거하여 … 천자(天子)가 … 이부상서(吏部尙書)의 벼슬을 주며 불렀으나" 종시 응하지 않은 운수선생(雲水先生)의 이야기로 시작된다.[40] 『구운몽(九雲夢)』의 주인공 성진(性眞)은, 부귀와 공명을 마음껏 누리고 나서, 인간세계의 영화가 모두 허무하다는 것을 술회하여 다음과 같이 말하고 있다.

> 과거를 보아 장원으로 뽑히어 … 나아가서는 장수가 되고 들어오면 재상이 되어 공훈을 세우고서 … 두 공주와 여섯 낭자와 더불어 여생을 즐긴 것이 다 하룻밤의 꿈이로다. 짐작건대 필연 스승이 나의 생각이 그릇됨을 알고, … 인간의 부귀와 남녀의 사귐이 다 허무한 일임을 알게 함이렷다.[41]

그러나 입신과 공명에 대하여 부정적인 태도를 취한 발언은, 전체로 볼 때

---

39 『숙영낭자전』, 『전집』(성음), 제8권, p.216.
40 『숙향전』, 『전집』(성음), 제8권, p.344 참조.
41 『구운몽』, 『전집』(성음), 제7권, p.153.

예외적인 편에 속하며, 설혹 그런 발언을 했다 해도, 그 발언이 언제나 실천에 의하여 뒷받침되었다고 보기는 어려운 일이다. 아마 실제로도 부귀와 공명을 탐탁하지 않게 생각한 사람들이 더러는 있었을 것이다. 그러나 부귀와 공명을 누릴 수 있는 기회와 실력을 가지고도 그것을 외면한 사람들의 수는 그리 많지는 않았을 것이다.

부귀와 공명을 성취하여 영화의 극치를 누리고자 원한 사람들에 있어서나, 논밭을 장만하고 가족을 보존하여 안락한 생활을 즐기고자 원한 사람에 있어서나, 한가지로 공통된 것은 가족주의적 경향이다. 첫째 유형에 있어서도 가문의 영예와 자손의 영화에 역점이 주어져 있으며, 둘째 유형에 있어서도 부모의 봉양과 조상의 제사 그리고 처자의 보존에 역점이 주어져 있다. 엄밀한 의미의 개인을 위한 입신양명 또는 치산치부(治産致富)보다도, 항상 '가족과 가문을 위해서'라는 관념이 누구에게나 강했던 것으로 짐작된다.

문벌, 부귀와 공명, 도덕, 학식과 문장, 다남(多男), 장수 등이 조선시대 사람들이 간절히 소망한 바라는 것은 거의 명백하다. 그러나 그들 주요 가치 가운데서 어느 것을 가장 소중히 여겼으며, 어느 것을 약간 덜 존중했는지는 단정하기 어렵다. 다시 말하면, 위에 나열한 바와 같은 중요한 가치들 사이의 서열을 논하기는 매우 곤란하다. 현대의 우리들의 경우에도 그렇듯이 이 점에 관해서는 조선시대의 가치관에도 개인차가 있었을 것으로 보이며, 그 개인차를 소상히 가려 낼 수 있는 자료를 그 시대의 소설 가운데서 발견하기는 어렵다. 결핍된 자료 중에서, 참고가 됨직한 몇몇을 지적해 두는 것으로 그치고자 한다.

『서동지전』 가운데 "인간오복은 수위선(人間五福壽爲先)"이라는 말이 보인다.[42] 다만, 이것은 부친의 수연(壽筵)에서 자식이 한 말인 까닭에, 이것을 글자 그대로 그 당시의 가치관을 대변하는 것이라고 보기는 어렵다. 그러나 그 말을 자식 쥐가 제 의사로 만들어 낸 것은 아닐 터이며, 그 당시에 흔히 돌던 글을 아들 쥐가 적용했다고 보아야 할 것이므로 이 말에 어느 정도의 중요성은 인정해도 좋음직하다.

다음에, 『금오신화』에 포함된 단편 「이생규장전(李生窺牆傳)」을 보면, 상사병에 걸려 생명이 위독하게 된 딸을 걱정한 아버지가, "여보 잘못했다가는 귀여운 딸을 그냥 잃어버릴 뻔하였구려."라는 말을 하는 장면이 있다.[43] 그 딸은 방년 16세의 나이로 부모 모르게 이생(李生)이라는 남자와 정(情)을 통해 오다 이생 부모의 간섭으로 실연의 위기에 처했던 것이니, 당시의 관념으로 말하면, '집안 망신' 시킨 딸이다. 여기 우리는 가문의 명예도 중요하지만 딸의 생명을 더욱 소중히 여기는 아버지의 판단을 본다. 그 딸 최처자(崔處子)는 부모의 승낙을 얻어 결혼을 하게 되거니와, 그 뒤에 홍건적의 난을 만나, 최씨는 오랑캐에게 잡혀 정조를 빼앗길 위기에 몰린다. 이때 최씨는 "차라리 죽어서 시랑의 밥이 될지언정 어찌 개새끼 같은 놈의 짝이 될 수 있을까 보냐."라고 말하며 반항하다가 적에게 살해된다.[44] 최씨의 죽은 영혼이 이생을 다시 만난 자리에서도, "절개는 중하고 목숨은 가벼워 해골을 황야에 던졌다."는 말을 한다.[45] 이것으로 보면 정조는 생명보다도 더 무겁다는 이야기가 된다. 생각건대, 딸이 자유연애를 하여 정조를 허락함으로써 생긴 가문의 불명예와, 남편 있는 아내가 오랑캐에게 정조를 빼앗기는 욕됨 사이에는 근본적인 차이가 있다고 본 모양이다. 이것은 딸의 정숙을 바라는 아버지의 희망과 아내의 절개를 요구하는 남편의 욕심 사이에 커다란 강약의 차이가 있다는 사실의 반영이기도 할 것이다. 하여간, 여기서 우리는 한국 여성의

---

42 『서동지전』, 『전집』(성음), 제4권, p.332 참조.
43 『금오신화』, 『전집』(세종), 제5권, p.95.
44 같은 책, p.96.
45 같은 책, p.97.

유례없이 강한 정조 관념을 다시 한 번 확인하게 된다.

양반계급에 있어서, 과거에 급제하고 벼슬길에 올라 입신양명을 얻기를 희망하는 욕구가 강했다는 사실은 이미 여러 번 말했으며, 그 공명욕(功名慾)에 대한 반성과 비판도 없지 않았다는 사실도 언급한 바 있다. 이와 같은 반성과 비판의 요점에는 크게 두 가지가 있는 것으로 보인다. 그 하나는 공명의 길이 험난하여 일신(一身)과 가족의 안전을 위태롭게 할 염려가 많다는 것이며, 또 하나는 공명을 탐내다 자칫하면 지조를 잃고 더러운 권세에 굴복하게 되기 쉽다는 점이다. 이 두 가지의 문제점을 우리는 궁중소설 『한중록』 가운데서도 찾아볼 수 있다. 작가 홍씨가 세자빈이 된 다음, 그의 친가일문(親家一門)이 높은 벼슬들을 하여 집안이 번영했을 때, 그의 남동생 홍낙신(洪樂信)이 한 말 가운데 다음과 같은 것이 있다.

> 국척의 집 보전하는 것이 음관(蔭官)이나 주부(主簿) 봉사 같은 말단 벼슬을 길이 누리는 법이니, 누님께서 본집 잘되는 것을 기뻐하지 마소서.[46]

이 짧은 말 가운데 우리는 조선시대의 너무나 험난했던 세도의 길의 한 측면을 보거니와, 이 말을 한 사람 자신도 이미 이품(二品) 이상의 관직에 올라 있었음을 생각할 때, 높은 벼슬에 대한 일반의 선망과 그 높은 벼슬이 도리어 화근이 될지도 모른다는 것을 염려하는 고관의 심리도 거기 잘 나타나 있다.

다음에 작가의 작은 동생 홍낙임(洪樂任)의 처세에 대한 서술을 보면, 그도 초년에는 장원급제하고 관직에도 오른 일이 있지만, 노론(老論)들의 횡포가 극심하게 된 뒤로는, "부귀에 물들지 않고 세로(世路)에 추종하기를 싫어하

---

46 『한중록』, 『전집』(성음), 제6권, p.361.

였다." 그리고 이 친정 동생을 작가는 "지조가 고상하고 규모가 조촐한" 사람이라고 칭찬했으며,[47] 또 "빙청옥결(氷淸玉潔) 같으니 구차 지루한 짓을 할 사람이 아니"라고 찬양하기도 하였다.[48] 이러한 서술을 종합해 보면, 비루하고 구차하게 처세함으로써 높은 벼슬길에 참여하느니보다는 차라리 지조를 지켜 초야에 묻히는 편이 바람직하다는 것이 당시 적어도 일부 사람들 사이에 퍼져 있던 관념이었음을 알 수 있다. 요컨대, 관직이나 권력보다도 지조와 명예가 더 소중하다는 생각이다.

이제까지의 고찰을 종합적으로 살펴볼 때, 우리는 조선시대에 있어서 강하게 추구된 가치들을 크게 세 부류로 나누어 볼 수 있을 것 같다. 첫째는 처자와 더불어 물심양면으로 안정된 생활을 유지하며 단란한 가정생활을 즐기고, 나아가서 대대로 자손이 번창하여 끊이지 않는 일이다. 둘째는 입신양명하여 부귀와 영화를 누리는 가운데 가문을 더욱 빛내는 일이다. 셋째는 지조, 정조, 의리 등 사람의 지킬 바를 지킴으로써 명예롭고 깨끗한 삶을 갖는 일이다.[49] 이 세 가지를 모두 겸할 수 있다면, 그 이상 바람직한 삶이 없을 것이나, 실제에 있어서는 그 가운데서 어느 하나 또는 둘만을 선택해야 할 경우가 흔히 생겼을 것이다. 그러한 경우에 조선시대 사람들은 어떠한 우선순위를 따라서 생각하고 또 행동했을 것인가? 이것은 가치관을 다루는 마당에서 흥미 있고 또 중요한 문제다. 그러나 소설만을 자료로 삼고 어떤 단정을 내리기에는 너무나 복잡하고 어려운 문제이기도 하다. 여기서는 시험 삼아 몇 가

47 같은 책, p.397.

48 같은 책, p.357 참조.

49 앞에서 나열한 행복의 조건들 가운데는 세 가지 부류에 잘 들어맞지 않는 것도 있을 것이며, 두 가지 또는 세 가지에 걸치는 것도 있을지 모르나, 대개는 이 분류에 맞출 수 있을 것이다. 사랑, 장수, 다남, 안락한 죽음 등은 첫째 부류에 넣을 수 있을 것이며, 시서(詩書)의 문장에 대한 욕구 내지 취미는 그 성질로 보아서 셋째 부류에 가깝다고 볼 수 있을 것이다.

지의 추측을 감행하는 것으로 우선 만족하기로 한다.

어느 시대 어느 나라에서도 그렇듯이, 조선시대 사람들의 가치 서열도 개인 또는 가풍을 따라서 가치의 우선순위가 다양했을 것이며, 당위 의식에서 관념상으로 주장한 우선순위와 실제 행동으로써 증명한 그것 사이에도 차이가 있었을 것이다. 추측건대, 일반 서민층의 경우 행동적 실천에 나타난 가치관에 있어서는, 첫째 부류 즉 물심양면으로 안정된 생활을 갖고자 하는 태도가 가장 강했을 것같이 여겨진다. 그것은 상식적으로도 그럴 뿐 아니라, 앞에서 지금까지 인용한 구절들을 종합하더라도 역시 그러한 결론으로 접근하게 될 것 같다. 그리고 특권층의 경우에 있어서도 가장 기본적인 욕구는 역시 물심양면의 안정된 생활이었을 것으로 짐작된다. 부귀와 공명이 일족(一族)을 멸망으로 이끄는 화근이 된 것은 매우 높은 벼슬자리와 극적인 사건을 둘러싸고 생기는 예외적 현상이었으며, 대부분의 경우는 부귀와 공명의 길은 물심양면의 안정을 얻는 길이기도 했다. 그러기에 사람들은 기를 쓰고 입신양명하기를 갈망했던 것이며, 그 길이 가정과 가문의 파멸을 가져올 것이라고 미리 알고도 공명을 탐낸 사람은 아마 적었을 것이다. 다만 공명이라는 것은 매우 화려하고 강렬한 욕구의 대상인 까닭에, 그 공명 가운데 실제로 위험한 장래가 깃들어 있었다 하더라도, 사람들은 그것을 깨닫기 어려웠던 까닭에, '설마' 하는 심리에서 위험한 공명의 길을 택한 사람들이 비교적 많았으리라는 것은 있을 수 있는 일이다.

가장 미묘한 것은, 세 번째 것 즉 '사람이 지킬 바를 지켜 명예롭고 깨끗한 삶을 가짐'의 가치가 차지하는 위치였을 것이다. 조선시대 소설에 나온 여러 가지 발언과 그 밖의 여러 가지 사료(史料)로 보아, 이 셋째 부류에 대한 그 시대 사람들의 소망이 오늘날 우리 한국인들 또는 서구인들의 그것에 비하여 훨씬 강했으리라는 것을 추측할 수가 있다. 그러나 그것이 저 첫째 것이나 둘째 것보다도 일반적으로 강했으리라고까지는 생각하기 어렵다. 아마 관념상으로는, 즉 언어의 세계에 있어서는, 적어도 둘째 것보다 강했을 것이며, 결백한 성격을 가진 개인이나 가정의 경우에는 첫째 것보다도 강했을 가능성도 크다. 그러나 실제 행동의 세계에 있어서는, 셋 가운데 가장 미약한 동기에 머물렀을 것으로 짐작이 간다. "과거니 공명이니는 속물이 탐내는 헛된 욕심"이라고 한 백선군의 말은 이미 언급한 바 있거니와, 『숙영낭자전』의 작가는 그 백선군으로 하여금 장원급제하게 하고 영화를 누리게 하였다. 『주생전(周生傳)』의 주인공 주생은 처음에는 입신양명이나 공명 따위에 급급한 사람들을 비웃으며, '양심의 자유'를 얻기 위하여 강호(江湖) 유람을 떠나는 초연한 시인이었다. 그리고 특권층에 대하여 비판과 증오 그리고 공분(公憤)을 금치 못한 의협의 남아이기도 했다. 그러나 그도 본래는 과거에 응시하여 공명을 꾀했던 사람이다. 그뿐만 아니라, 후일에 그는 노승상(盧丞相)이라는 고관집에 드나들며 그 집 딸과 사랑하게 되거니와, 이때 특권층에 대하여 느끼던 그의 증오는 동시에 해소됐으며, 그전에 느낀 증오에 대하여 그것이 실은 일종의 질투였음을 고백한다.[50] 이상 두 가지 이야기는 모두 소설의 허구에 지나지 않지만, 실제에 있어서도 '명예롭고 깨끗한 삶'을 위하여, 자기 앞에 주어진 부귀와 공명을 물리친 사람은 적었을 것이다. 어떤 권문을 가리켜 더러우니 간악하니 하며 비평하는 것은 그 권문에서 먼 사람들 또는 후세의 평자들이며, 그 권문 안에서 영화를 누리는 사람들 자신은 아니다. 그 사람들 자신은 자기의 처지를 명예롭게 생각하며, 때로는 애국적이라는 자부심마저 갖는다. 따라서, '청렴결백', '지조' 등의 도덕을 위하여 부귀와 공명의 길을 버린다는 것은 현실적으로는 그리 흔한 일이 아니다.

이상과 같이 분석할 때, 현실적으로 사람들의 마음을 가장 강하게 끈 것은

---

50 『주생전』, 『전집』(성음), 제7권, p.264, p.271, p.274 및 p.278 참조.

공명의 길이었다는 결론으로 기울어지지 않을 수 없다. 그 길에서 성공만 하면, 물질생활의 안정, 미녀와의 사랑, 가문의 영광, 자자한 명성 등은 자연히 뒤따르리라고 기대되기 때문이다. 그러나 공명의 길에서 성공하기를 바라기 어려운 처지에 놓였음을 자각한 사람들은 물질생활의 안정과 심신의 안녕 그리고 가정의 행락(幸樂) 등을 좀 더 직접적인 방법으로 획득하고자 애썼을 것이다. 그리고 본래는 특권층에 속했으나 몰락하게 된 사람들 가운데 시서(詩書)나 학문 등에 생활의 중심을 구하면서 지조와 결백의 도덕을 강조한 사색파들이 많이 생겼을 것이다.[51]

5. 물질적 가치와 정신적 가치

조선시대의 서민들은 대체로 생활고에 시달렸던 것으로 보인다. 안으로는 특권계급의 착취가 심했고, 밖으로는 왜구와 여진족의 침입 약탈이 근절되지 않은 가운데, 주로 농업에 종사했던 서민층의 생활이 윤택했으리라는 것은 기대하기 어렵다. 특히 왜란과 호란의 거듭된 전란으로 인하여 국토가 황폐하게 된 뒤의 서민 생활은 극도의 곤경을 겪었으리라고 짐작된다. 이러한 사정을 비교적 크게 반영시킨 소설로는 『흥부전』, 『양반전』, 『허생전』, 『서동지전』, 『장끼전』 등을 들 수 있을 것이다. 이러한 소설 가운데 우리는 그 당시 서민층의 재물을 대하는 태도의 일단을 엿볼 수 있거니와, 그 밖에 상류층의 생활을 주제로 삼은 작품 가운데서도 재물을 대하는 사람들의 태도가 나타나 있는 구절을 여기저기 찾아볼 수가 있다. 원전을 따라서 그 일부를 추려

51 공명의 길을 택한 사람들 또는 이미 그 길에 오른 사람들도 학예에 힘썼을 것이며, 그들도 역시 지조와 결백 등 도덕을 강조했을 것이다. 비록 그 강조가 관념과 언어의 세계에 국한되고, 행동적 실천을 동반하지는 않았다 할지라도.

보기로 하자.

흔히 인용되는 맹자(孟子)의 말 가운데, "안정된 재산이 없이 한결같은 마음을 갖는 것은, 오직 선비에게나 있을 수 있는 일이다(無恒産而有恒心者, 唯士爲能)."라는 구절이 있거니와, 이 말은 한편으로 항산(恒産)의 중요성을 역설하면서, 다른 한편 선비가 물질에 대해서 취해야 할 올바른 태도를 간접적으로 암시하고 있다. 생활의 안정을 보장할 정도의 재물이 매우 중요함을 인정하되, 모름지기 선비되는 자는 재물보다도 도덕을 더욱 힘써야 한다는 가르침이다. 이러한 유교적 교훈은 조선시대를 일관하여 받아들여졌으며, 적어도 공식적인 언행에 관한 한, 재물을 대하는 바른 태도의 기준이 되었으리라고 생각된다. 짧게 말해서, 재물은 매우 필요한 것이기는 하나, 그것에 너무 집착하는 태도는 배척을 받은 것이다.

일종의 중용설(中庸說)이라고 볼 수 있는 이러한 가르침은 자연히 재물에 대한 욕심을 경계하는 쪽으로 기울어지기가 쉽다. 재물의 중요성은 구태여 강조하지 않더라도 모든 사람들이 잘 알 것이나, 재물에 대한 욕심은 그대로 두면 자연히 정도를 넘기가 쉽기 때문이다.

『흥부전』, 『김학공전(金鶴公傳)』 등은 탐욕을 직접적으로 경계하는 내용을 담은 소설이거니와, 그 밖에도 재물에 대한 초탈 또는 관후(寬厚)의 태도를 은연중 칭송한 구절은 흔히 찾아볼 수가 있다. 『구운몽』의 남주인공 양생(楊生)이 여복(女服)으로 변장하고 정사도(鄭司徒) 집에 들어가 거문고를 타고 나올 때, 정사도 부인이 은과 비단을 상급으로 주었으나 받지 않고 "이 몸이 비록 다소의 음률을 아오나 스스로 즐길 따름이오니, 어찌 광대같이 놀이채를 받으오리까!"라고 말한 대목은, 재물에 대한 초연한 태도를 찬미한 뜻으로 해석된다.[52] 『박씨전』에는 임경업(林慶業)이 호왕(胡王)을 위해서 다갈을 정벌하고 귀국할 때 호왕이 준 금은보화를 전부 부하에게 나누어 주는 사연이 있다.[53] 실용과 경제를 강조한 연암의 소설 가운데도, "재물이 많아도 인색치 않으니 의(義)가 있음이요, 남의 딱한 사정을 돌봐 주었으니 인자함이요…"라는 말이 있다.[54] 『허생전』의 주인공이 막대한 돈을 번 다음에 그것을 처분하는 태도는 더욱 극적이다. 그는 그 많은 돈의 대부분을 부하들과 변씨에게 주고 또 50만 냥은 바닷물 속에 던져 버렸다. 그리고 말하였다. "돈이라는 것은 우리같이 학문을 하는 인간에게는 아무래도 소용이 없나 봅니다. 돈으로 해서 사람이 달라진다는 법은 없으니까요." 경제활동을 중요시한 연암 소설의 주인공이 이런 말을 했다는 사실은 돈의 가치를 지나치게 높이 생각하기를 원치 않은 당시의 관념을 잘 나타내는 예로서 이해할 수 있을 것이다. 변부자에게 빌린 돈 만 냥을 10만 냥으로 갚고자 했을 때, "그러실진댄 일푼 이자로 쳐서 받도록 하지요. 이렇게 많은 돈을 받을 수는 없소이다."라고 말하는 변부자에게 허생이 "댁에서는 나는 장사아치로 보시는 건가요."라고 물은 것도 같은 관념의 표현이라고 볼 수 있다.[55] 여하간, 한편으로는 재물을 매우 소중히 여기면서도, 다른 한편으로는 그것을 약간 천한 것으로 평가하는 이중적 태도는 이미 조선시대에도 현저했다는 것을 짐작하기에 족하다.

이와 같은 이중적 태도는 행동과 관념의 거리를 멀게 하는 경향이 있다. 말로는 재물을 대수롭지 않은 것처럼 대접하면서, 행동으로는 염치를 무릅쓰고 그것을 추구하는 것이다. 조선시대 사람들도, 지위의 상하를 막론하고 재물에 대한 관심 내지 욕심은 상당히 강했던 것으로 추측하지 않을 수 없다.

『배비장전(裵裨將傳)』, 『양산백전』 등을 보면 방자 또는 시비(侍婢)를 돈으로 매수하는 이야기가 나온다.[56] 『옹고집전(雍固執傳)』에는, 진짜 옹가와 가

---

52 「구운몽」, 「전집」(성음), 제7권, p.40 참조.
53 「박씨전」, 「전집」(성음), 제7권, p.177 참조.
54 「양반전」, 「전집」(성음), 제4권, p.77.
55 「허생전」, 「전집」(성음), 제4권, pp.102-106.

짜 옹가가 다투는 마당에 "원통하고 분하도다. 저놈이 우리 세간 앗아가려 이리 한다." "나의 재물을 빼앗고자 몹쓸 비계(秘計) 부리면서, 낸 체하고 가산(家産)을 분별하니" 따위의 대화로써, 마누라 빼앗기는 것보다도 재물 빼앗기는 것을 더 걱정하는 대목이 있다.[57] 이 작품 전체의 줄거리가, 부모도 몰라보고 인정사정 전혀 없이, 오직 재물만을 아는 수전노를 경계한 것으로 짜여 있음은 더욱 널리 알려진 사실이다. 재물에 대한 관심이 매우 큰 것은 서민층에만 국한된 것이 아니었던 모양이다. 관녀(官女) 운영(雲英)과 그의 애인 김진사(金進士)는 목숨을 걸고 도망을 가는 다급한 마당에서도, 많은 재물을 먼저 운반해 내기에 골몰한다.[58] 본래 물질을 초월한 것이 기대되는 승려들까지도 재물에 대해서 매우 민감했던 것 같다. 『양산백전』의 남주인공이 그가 오래 신세를 졌던 산사로부터 떠나올 때, 그 절의 중들이 산문 밖까지 전송하거니와, 작가는 중들의 그러한 친절을 "그가 있는 동안 적당히 재물을 뿌려 둔 인자한 마음씨에 감사해서"라는 말로 설명하고 있다.[59] 『허생전』의 작가 연암은 도적 두목의 입을 빌려, "대자 대비한 절간의 중녀석들도 석가여래를 팔아 먹어야 사는 판인데…"라는 노골적인 말을 뱉고 있다.[60]

『허생전』의 어떤 구절은 요즈음 흔히 말하는 '황금만능'의 관념을 연상케 한다. "돈 만 냥을 가지고 위세를 부리며, 나라를 기울일 수가 있으니, 이 세상이란 것이 대체 어떠한 속셈인가?"라는 말이 있는가 하면, 심지어 "돈은 벼슬을 주고, 임금도 살 수가 있는 것이 아니었던가."라는 말까지 있다.[61] 그

56 『배비장전』, 『전집』(성음), 제4권, p.269; 『양산백전』, 『전집』(성음), 제8권, p.256 참조.
57 『옹고집전』, 『전집』(성음), 제4권, pp.406-407 참조.
58 『운영전』, 『전집』(성음), 제8권, pp.104-106.
59 『양산백전』, 『전집』(성음), 제8권, p.253.
60 『허생전』, 『전집』(성음), 제4권, p.104.
61 같은 책, pp.102-103.

리고 가난한 사람을 경멸하는 부자의 거만스러운 태도와, 부자 앞에 비굴하게 아부하는 문객(門客)들의 한심스러운 모습도 생생하게 묘사되고 있다.[62] 이토록 재물의 힘을 크다고 본 것은 연암 한 사람만의 관찰은 아니었다. 『박문수전(朴文秀傳)』에는 어떤 고관이 부하에게 명령하여 양가의 규수를 강제로 사오도록 하는 이야기가 있거니와, 그 가운데 "세상의 일은 돈이 있으면 귀신을 능히 부리는지라…" 하는 구절이 있을 정도다.[63]

재물의 위력이 강했던 까닭에, 탐욕에서 오는 범죄사건도 적지 않았던 모양이다. 당시의 특권층은 여간 무도(無道)한 짓을 해도 제재를 받지 않았다. 이상옥(李相玉)의 『한국의 역사』에도 양민들의 재물을 약탈한 양반들의 행패가 일부 기록되어 있다. "세력을 이용하여 돈을 긁어모은" 한명회(韓明澮)와 홍충성(洪充成), 영유지방(永柔地方)에 많은 토지를 장만하고 지방관리로 하여금 관리케 하여 농민을 착취한 송질(宋軼), 배를 만들어 송질에게 뇌물을 보내기에 급급했던 이윤검(李允儉), "임금에게 아첨한 후 양민을 억압하여 종으로 만들며, 백성의 토지를 약탈하여 졸부가 된" 홍숙(洪淑) 등.[64] 이러한 사회상은 조선시대 소설에도 반영되어 당시의 무질서를 짐작하기에 도움을 준다. 『채봉감별곡(彩鳳感別曲)』에는 권문세가의 매관매작 행위, 제 딸까지 첩으로 바쳐 가며 벼슬을 사려 한 부덕한 아비의 이야기 등이 보인다.[65] 그 밖에 『조웅전(趙雄傳)』, 『박문수전』, 『옥단춘전(玉丹春傳)』 등에도 악덕한 관리의 이야기가 빈번하게 보인다. 상류사회가 부패하면 하류사회도 자연히 영향을 입는다. 탐욕으로 인한 서민의 범죄 사건을 담은 소설로서는 『장화홍

---

62 같은 책, pp.100-101 참조.
63 『박문수전』, 『전집』(성음), 제7권, p.259.
64 이상옥, 『한국의 역사』, 하서출판사, 1970, 제9권, pp.220-227 참조.
65 『채봉감별곡』, 『전집』(성음), 제8권, pp.174-175, pp.181-183 참조.

련전』, 『운영전』, 『홍길동전(洪吉童傳)』, 『김학공전』 등을 들 수 있을 것이다.

다수의 서민층이 매우 빈곤한 생활에 시달린 반면에, 소수의 특권층은 상당히 호화로운 향락을 누린 듯하다. 앞에서 잠시 언급한 이상옥 교수의 저술 가운데 당시의 고관대작들이 "굉장히 큰 집을 짓고, … 매일 연회를 열었으며, 기생까지 집에 두고 … 놀이와 춤으로써 세월을 보냈다."는 이야기며, 기완보물(奇玩寶物)을 많이 사들이고 일생을 술로 지낸 이야기 등이 소개되고 있다.[66] 조선시대 소설 가운데도 특권층이 경사를 당하여 잔치를 베푸는 광경, 호화롭고 사치스러운 가정생활의 모습 등을 단편적으로 그린 곳이 있으나, 반드시 사실적이라고 생각되지는 않으며, 그저 서민층에 비하여 매우 차이가 나는 생활을 했다는 것을 짐작하기에 족할 따름이다. 조선시대에 있어서도 재물을 숭상하는 풍조가 심했고, 부유층의 생활이 호화로웠다는 것은 의심의 여지가 없을 것이다. 그러나 오늘날처럼 재산의 축적 자체를 삶의 주요 목표로 삼는 경향이 뚜렷했다고는 생각되지 않으며, 부유층의 호화와 사치도 오늘의 그것에 비하면 오히려 검소한 편이 아니었을까 추측된다. 그 시대에는 우리나라에 아직 자본주의적 가치관이 형성되지 않았으며, 오늘과 같은 극도의 사치를 가능케 하는 물자의 생산이 없었기 때문이다.

재물을 중심으로 한 물질적 가치에 대한 애착이 강한 가운데도 그 풍조가 오늘과 같은 극단에는 이르지 않았던 조선시대에 있어서, 학문, 예술, 도덕 등 정신적 가치를 숭상하는 기풍은 현대 우리의 경우보다 훨씬 높았던 것으로 보인다. 이상옥 교수의 저술에서도 밝히고 있듯이, 조선시대의 양반계급이 술과 기생으로 환락을 즐기는 순간에도, 그들은 시(詩)로써 문답하고 서화(書畵)와 가무(歌舞)를 즐기는 풍류를 가졌다는 사실은 주목할 만하다.[67]

66 이상옥, 『한국의 역사』, pp.220-221.

당시 특권계급의 환락을 위한 제물이었던 기생들까지도 시서(詩書), 가무, 음곡(音曲) 등에 능한바 식자와 예인으로서의 일면을 갖추었다. 돈과 술과 육체만으로 모든 수작이 시작되어 그것만으로 모든 거래가 끝나는 현대 화류계의 현실에 비하여 주목할 차이점이라 하겠다.

상류사회에 있어서 학문과 예술을 숭상했다는 사실은 당시의 소설에도 어느 정도 반영되고 있다. 예컨대, 『금오신화』, 『영영전(英英傳)』, 『운영전』, 『주생전』 등은 남녀의 사랑을 주제로 삼은 소설이거니와, 그 가운데서 남녀의 수작은 한시의 문답이 그 중요한 부분을 차지하고 있다. 따라서, 그들의 사랑은 단지 생물학적임에 그치지 않고 매우 정서적이며 낭만적이다. 그들의 사랑은 일시적인 에피소드로 그치는 일이 적으며, 대개는 평생에 걸치는 중대사로서의 의미를 가졌다. 같은 경향은 기생과의 사랑을 다룬 작품에서도 찾아볼 수 있다. 이도령과 춘향의 사랑은 뜨겁고 참된 사랑의 전형이라 하겠거니와, 이혈룡(李血龍)과 옥단춘(玉丹春), 주생(周生)과 배도(俳桃), 이생(李生)과 오유란(烏有蘭), 강필성(姜弼成)과 채봉(彩鳳) 등 사랑하는 여자의 신분을 기생으로 한 다른 사랑의 이야기들도 모두 일편단심의 변함없는 사랑으로서 그려지고 있다.

학식과 문장 또는 시를 숭상하는 것은 조선시대의 일반적인 경향이었던 것으로 보인다. 양반 사회에서는 그것을 못하면 행세를 못했으며, 비록 국록을 먹지 않는 야인일지라도 문장만 잘하면 어디 가도 대접을 받을 수가 있었다.[68] 학식이 깊고 문장에 능하다는 것은 큰 자랑이었으며, 또 그것은 선망의

---

67 같은 책, pp.217-226 참조.

68 성종 때의 손순효(孫舜孝)는 야인이었으나, 문장이 탁월하여 그것으로 어연(御宴)까지 하사받았다. 같은 책, pp.222-225 참조.

대상이기도 하였다. 『춘향전』에서 변사또 생일잔치에 나타난 이몽룡을 시로써 시험하는 이야기, 김진사는 소유(小儒)에 불과했으나 시를 잘했던 까닭에 안평대군의 총애를 받고 운영의 마음을 사로잡은 『운영전』의 시회(詩會), 딸 채봉과 강필성의 수작을 꾸짖던 어머니가 강생(姜生)의 글씨 잘 쓴 것을 보고 당장 그를 사위 삼고 싶어 하는 심정 등은, 모두 학문, 문장, 시서를 숭상하는 사회가 아니고는 이해하기 어려운 사연이다.

학문, 문장, 시서 등이 특별한 숭상을 받게 된 것은, 그것들이 양반계급의 소관사였을 뿐 아니라 출세의 조건이기도 하였기 때문이다. 당시 출세의 등용문은 과거였으며, 과거에 있어서 시험의 대상이 된 능력이 경학(經學)에 대한 이해와 문장력 내지 작시(作詩)의 솜씨 그리고 서예 등을 으뜸으로 삼았던 까닭에, 자연 학문, 문학, 시서 등을 숭상하고 힘쓰게 되었고, 출세한 사람들이 좋아하고 잘하는 일이었던 까닭에 더욱더 높이 평가되는 순환을 거듭했을 것이다.

조선시대에 있어서 숭상을 받은 학문이란 결국 유학이었으며, 유학의 바탕은 공맹(孔孟)의 도덕 사상이었던 까닭에, 학문의 숭상은 유교적 도덕의 숭상을 필연적으로 동반하였다. 그리고 이 유교 도덕의 숭상은 조선시대 소설에도 여실히 반영되어 있다. 조선시대 소설 가운데 권선징악을 내용으로 삼는 것이 많다는 것은 누구나 아는 사실이거니와, 어떤 것은 소설이라기보다도 설교서 같은 인상을 줄 정도로 도덕을 앞세운다. 『백학선전』의 마지막 구절은 그 소설의 설교서적 특색을 가장 노골적으로 보여준다.

> 어찌 현우(賢愚)와 선악(善惡)의 보응(報應)이 두렵지 않으랴. 후세의 사람이 이 사실을 보고서 충효와 인의를 힘써, 절부(節婦)의 효행을 본받아야 할 것이다. 연왕 부부의 사적이 너무도 신기하기로 대강 기록하여 후세에 전하는 바이라.[69]

소설 가운데 대화에서도 덕의 중요성을 강조한 말들이 자주 보인다. 숙종이 인현왕후의 승하를 슬퍼하여 조석으로 애통함이 지나치므로 신하들이 간유했을 때, "과인이 부부지정으로 슬퍼함이 아니라, 그 덕을 생각하고 성품을 잊지 못하여 서러워함이로다."라고 한 말씀은 특히 깊은 감명을 준다.[70] 『박문수전』에 관상 보는 이야기가 언급되면서, 사람의 얼굴을 상보는 것보다도 그 마음을 상보는 것이 더 중요하다는 말을 하고, 심지어 배도라는 사람은 본래 굶어 죽을 상이었으나, 그가 덕행을 한 뒤로 그 인상이 변하여 부귀를 누렸다고 하는 대목도, 덕의 중요성을 크게 강조한 예로서 들 수 있다.[71] 연암은 위선적 가면의 도덕을 신랄하게 비판한 사람이거니와, 그도 허생의 입을 통하여 덕이 매우 중요함을 암시하는 발언을 하고 있다. 뱃사공과 더불어 어느 무인도에 갔을 때, 사공이 그곳에 사람이 살고 있지 않음을 말하자, 허생은 다음과 같이 말했던 것이다. "덕 있는 사람에게 사람이 모여드는 법이니, 덕 없음이 걱정될 뿐이지 어찌 사람 없는 것을 근심한단 말이오."[72]

한편으로 학문과 도덕을 높이 찬양하는 태도가 있는가 하면, 또 다른 한편으로는 그것을 비웃는 듯한 발언도 가끔 찾아볼 수 있다. 허생이 도적떼를 보고 사람답게 살도록 노력할 것을 충고했을 때의 도적 두목의 대답 가운데는 확실히 그러한 냉소가 드러나 있다.

> 당신은 우리와 그 따위 썩어빠진 도덕을 따져서 무얼하겠다는거요. … 당신의 도덕은 어떠한 것인지 모르나, 우리에겐 단지 산다는 것이 있을 뿐이오.

---

69 『백학선전』, 『전집』(세종), 제2권, p.392.
70 『인현왕후전』, 『전집』(성음), 제6권, p.45.
71 『박문수전』, 『전집』(성음), 제7권, pp.257-258 참조.
72 『허생전』, 『전집』(성음), 제4권, p.282.

먹는 것이 필요할 뿐이오.[73]

『장끼전』에 나오는 장끼의 말 가운데도 비슷한 것이 있다.

예절을 모르거든 염치를 내 알소냐. 안자(顔子)님 도학염치(道學廉恥)로도 삼십밖에 더 못 살고, 백이 숙제의 충절염치로도 수양산(首陽山)에서 굶어 죽었으며, … 염치도 부질없고 먹는 것이 으뜸이다.[74]

조웅(趙雄) 모자(母子)가 위험을 피하여 멀리 달아나다가 노상에서 허기를 견디지 못하더니, 어떤 나그네가 동정하여 사과를 주어 그것을 얻어먹었을 때의 감상을 적은 대목에도, 예법이나 학문의 가치를 약간 내려 깎는 듯한 말이 있다.

그리하여 사과로 힘을 얻고, 아무것도 아닌 한 끼의 음식이 인간에게 얼마나 존중한 것인가를 새삼스럽게 깨달으며, … 공자의 학문도 주공단(周公旦)의 예법도, 또 어떠한 학문도 한 끼도 밥의 힘에는 당하지 못한다고 생각되더라.[75]

한편으로는 학문과 도덕을 크게 중요시하며 다른 한편으로는 그것들에 대하여 부정적 태도를 취한 이 대립적 상황을 우리는 일종의 변증법적 현상으로서 이해할 수 있음직하다. 다시 말하면, 양반계급이 특권을 누리는 사회에

---

73 같은 책, p.104.
74 「장끼전」, 「전집」(성음), 제7권, p.310,
75 「조웅전」, 「전집」(세종), 제3권, p.288.

있어서, 학문과 도덕을 앞세우는 경향이 지나칠 정도에 달했을 때, 그 경향에 대한 반작용으로서 학문과 도덕을 도리어 냉소하는 태도가 일어난 것이 아닐까 생각하는 것이다. 그것은 마치 돈을 숭상하는 경향이 극도에 달한 현대에 있어서, 그 금전만능적 풍조에 대하여 비판적인 태도가 일부에서 일어나고 있는 것과 같은 논리의 현상으로서 이해할 수 있음직하다. 생각건대, 인간의 기본 생활의 유지를 위하여 필요한 물질적 조건을 무시하고는 하루도 살 수 없는 것이 우리의 현실이거니와, 조선시대 양반들의 지나친 학덕 숭상은 현실이 요구하는 경제적 활동을 소홀히 하는 폐단을 야기했을 뿐 아니라, 언어와 행동이 서로 다른 위선의 경향조차 동반하게 되었으므로, 이에 대한 비판의 경종 또한 불가피했던 것으로 보인다. 양반, 학문, 예절 내지 도덕 등에 대하여 회의 내지 냉소의 태도를 가장 신랄하게 표명한 것은 『양반전』, 『허생전』, 『호질(虎叱)』 등을 쓴 연암이거니와, 그도 근본에 있어서는 학문과 도덕을 매우 숭상하는 양반계급의 한 사람임을 벗어나지 않았다. 다시 말하면 연암이 비난한 것은 어디까지나 현실을 외면한 학문과 위선에 가득 찬 거짓 도덕이었으며, 모든 학문과 모든 도덕을 배척한 것은 결코 아니었다. 그러기에 그는 실학이라고 불린 새로운 경향의 학문을 발전시킨 대표적인 학자의 한 사람이 될 수 있었던 것이며, 그의 소설을 통해서도 참된 도덕이 무엇인가를 밝혀 보고자 애쓴 비판적 사상가로서의 평가를 받게 된 것이다.

학문과 예절을 앞세우는 유교 사상의 영향을 강하게 받았던 조선시대에 있어서는 정신적 가치를 강조하는 전통이 우선 압도적인 세력을 가졌을 것이다. 더욱이 산업에 종사하는 농공상(農工商)의 직업인들이 천대를 받고, 땀 한 방울 흘리는 일 없이 책장이나 넘기고 한시나 읊조리는 양반계급이 부귀를 누릴 수 있었다는 사실은 생산 및 물질의 가치를 과소평가하는 경향을 조장했을 것이다. 그러나 양반계급의 호화로운 생활 자체도 농공 계급의 노동으로 생산된 재물을 탈취함으로써 가능했던 것이며, 일반 서민층의 기본 생활을 위해서도 어느 정도의 재물이 절대로 요청되었던 까닭에, 경제적 가치에 대한 현실적 요구는 역시 절실하지 않을 수 없었을 것이다. 따라서 말로는 재물을 가벼이 여기는 듯이 하면서 행동으로는 몹시 그것을 탐내는 모순도 범하게 되었을 것이다. 이러한 실정은, 양반들의 무위도식과 위선에 대한 비판 내지 비난을 필연적으로 초래했을 것이니, 양반들의 '학문과 도덕'을 냉소하고 경제적 가치의 중요성을 강조한 일부의 비판적 태도의 본질도 그러한 맥락 속에서 이해되어야 할 것이다. 마치 현대 문화의 비판가들이 정신적 가치의 중요성을 강조함이 물질적 가치의 요긴함을 부정하는 것이 아니라 황금만능주의적 풍조의 지나침을 지적함이듯이, 조선시대의 선각자들이 물질적 가치의 중요성을 역설한 것도 정신적 가치의 막중함을 부인한 것이 아니라 양반들의 무능과 위선을 미워하고 폭로하고자 했음에 그 본뜻이 있었을 것이다.

6. 현대와의 관계

우리는 흔히 현대를 가치 체계의 혼란기라 부르고 새로운 체계의 수립이 시급히 요청된다고 역설한다. 그리고 일부에서는 "도의(道義)가 땅에 떨어졌다."고 말하면서, 은연중 옛날에는 도의가 바로 섰는데 오늘은 그것이 크게 무너졌다는 뜻을 풍긴다. 그 '옛날'이 어느 시대였는지 밝혀서 말하지 않았으므로 분명히 알 수는 없으나, 현재와 비교적 가까운 거리에 있는 조선시대에 대해서도 도의에 관한 한 현재보다는 훨씬 사정이 좋았던 것으로 전제하고 이야기가 시작되는 경우가 많다. 그러나 이제까지의 우리의 고찰은 문제가 그토록 간단하지 아니함을 시사한다. 조선시대에 있어서도 가치관의 문제는 상당히 심각한 양상을 띠고 있었으며, 그때도 더 나은 가치 체계의 수립이 크게 요청되었던 것으로 보인다. 그 요청은 만족되지 못한 채 조선시대는 종말을 고한 것이다. 아마 그 요청을 만족시키지 못한 것이 일본의 침략 앞에 망국의 치욕을 막지 못한 가장 큰 원인이었을지도 모른다. 국가와 개인이 당면하는 현실적인 문제들을 원만히 처리하기에 부족함이 없는 가치 체계의 수립이 일제의 억압 밑에서 달성될 수 없었음은 말할 나위도 없다. 결국 건전한 가치 체계의 수립이라는 중대한 과제는 8 · 15 이래의 불안정한 세월을 통하여 다시 새로운 시련을 겪어 가며 오늘에까지 이른 것으로 보인다. 이와 같이 볼 때, 조선시대 우리 조상들이 가졌던 가치관의 문제와 우리들의 그것 사이에 긴밀한 연속성이 있음을 부인하지 못한다.

조선시대 가치관의 문제와 현대 우리들의 그것 사이에 연속성이 있다 함은, 그 두 시대의 가치관의 문제가 엄밀하게 같은 내용을 가졌다는 뜻은 물론 아니다. 가치관의 문제는 결국 충돌하는 욕구를 화해시키는 문제 및 욕구와 현실의 격차를 좁힐 수 있는 사고방식의 문제로 압축시킬 수 있다고 보거니와, 조선시대에 있어서 경험된 욕구의 충돌과 현대 우리가 경험하는 그것이 반드시 같은 성질의 것이 아니며, 욕구와 현실의 격차도 조선시대의 것과 현대 우리들의 것 사이에는 현격한 차이가 있다. 그러나 또 한편 그것들 사이에 한 줄기 공통성도 없지 않아. 그것들을 전혀 관계없는 두 가지로 보기도 어려운 실정이다. 두 시대의 문제가 가졌던 차이와 공통점을 비교하는 출발점으로서 우선 조선시대 가치관에 깃들었던 문제점의 큰 것을 간추려 보기로 한다.

(1) 조선시대 가치관의 첫째 결함은 그 자기중심적 성격에서 찾아볼 수 있을 것이다. 여기서 '자기중심적'이라 함은 도덕적 의무의 근거 내지 근원을 자기와 다른 사람과의 개인적 관계에서 찾으려 하는 경향을 말한다. 예컨대, 자기와 혈연관계가 있거나 주종관계가 있는 사람, 자기와 같은 붕당(朋黨)에 속하는 사람, 자기에게 은혜를 베푼 사람, 또는 자기와 의형제를 맺은 사람에 대하여, 각각 어길 수 없는 도덕적 의무가 있음을 인정하였다. 그 반면에

자기와 별다른 개인적 관계가 없는 사람이나 단체에 대해서는 절실한 의무의 존재를 느끼지 않았다. 다시 말해서, 자기가 살고 있는 사회 내지 국가의 전체적 상황 또는 일반적 요청을 근거로 삼고 행동의 방향을 결정하는 것이 아니라, 이미 과거에 맺어진 자기와의 개인적 내지 가족적 인간관계에 기인하는 신의(信義) 또는 정리(情理)를 사회윤리의 근본으로 삼았던 것이다. 가족주의적 사고방식과도 밀접하게 연결되어 있는 이 자기중심적 도덕관념은 매우 심각한 폐단을 동반하였다. 그 폐단의 첫째는, 소수의 인간관계에 의거하여 행동을 결정하는 까닭에, 행동이 파당성을 띠기 쉬운 동시에 더 큰 공동체의 요청을 배반하는 결과가 되기 쉽다는 사실이다. 둘째의 폐단은, 윤리의 근거를 개인중심 내지 가족중심의 인간관계에 구할 때, 사람들의 윤리적 행동이 과거지향적 경향을 벗어날 수 없다는 사실에 있다. 혈연, 지연, 사제관계, 동문 등 개인적 내지 가족적 인간관계는 이미 과거에 맺어진 인연인 까닭에, 그러한 특수한 인간관계에 얽매어 행동을 결정할 경우에는, 행동의 지침이 과거에서 도출되는 동시에 우리의 행동은 자연히 과거지향의 경향으로 흐르게 된다. 그리고 조선시대는 벌써 근대화로 달리는 다른 나라를 뒤쫓아 앞으로 나아가야 할 요청에 가득 찼던 까닭에 과거지향의 경향이 강한 행동양식은 그리 적절한 것이었다고 보기 어려운 것이다.

(2) 조선시대 가치관의 둘째 결함은, 높은 관직에 올라 영화를 누리는 것을 가장 귀중한 일이라고 생각한 가치 서열의 전도에서 찾아볼 수 있다. 높은 관직이나 정치권력은 치열한 경쟁을 통해서만 손에 넣을 수 있는 것이며, 소수의 양반에게만 과거의 등용문을 열어 준 조선시대의 경쟁은 출발부터 불공평한 것이었다. 그뿐만 아니라, 양반계급 내부에서의 경쟁조차도 잔인하고 비열한 싸움으로 타락한 경우가 많으며, 이 타락한 경쟁은 당사자들의 파멸을 부르는 동시에 나라의 질서를 문란케 하는 결과로 연결되기 일쑤였다.

입신양명을 위한 경쟁은 재산을 둘러싼 경쟁을 그 안에 포함하고 있었다.

세도 있는 벼슬자리에 오르면 국록(國祿)이 높아질 뿐 아니라, 그 세도를 악용하여 많은 재물을 긁어 모을 수도 있었던 까닭에, 관직과 세도를 둘러싼 경쟁은 더욱 치열한 양상을 띠게 되었으며, 조선을 망국으로 이끈 당파 싸움을 더욱 조장하는 근본이 되기도 하였다.

(3) 조선시대 가치관의 세 번째 문제점은 그 비민주적 성격에 있었다. 인간을 양반, 중인, 상민, 천민 등으로 나눈 그 불공평한 사회제도를 그대로 시인하는 사고방식은 당시의 가치 체계 전체를 크게 병들게 하였다. 다만 그 당시 상민 또는 천민에 속했던 사람들은 대체로 자기의 불우한 처지를 팔자소관으로 체념하고 크게 반발하지 않았던 까닭에, 수직적 인간관계에서 오는 가치관의 모순이 심각하게 표면화되지 않았다는 사실도 무시할 성질의 것은 아니다. 서민층의 권리 의식이 미약했다는 사실은 그 당시의 가치관이 내포했던 모순을 잠재 상태에 머물게 했으며, 그로부터 현실적 문제가 일어난 경우는 비교적 적었다.[76] 그러나 그 모순은 언제가는 드러나지 않을 수 없는 모순이었으며, 따라서 그것은 일종의 시한폭탄과 같은 성질의 것이었다.

(4) 조선시대 가치관의 넷째 결함은 숙명론적 인생관과 밀접하게 관련되어 있다. 모든 것이 하느님의 뜻에 달렸다는 전근대적 세계관과 문벌이 인생의 승패를 결정하다시피 하는 봉건적 사회제도로 말미암아, 사람들은 숙명론에 사로잡혔고, 자신의 힘으로 자기의 생애를 개척할 수 있다는 신념이 부족하였다. 따라서 자기의 환경을 구성하는 자연 및 사회 현실의 악조건을 스스로의 노력으로써 타파하고자 하는 의지력과 당위 의식이 미약하였다.

---

76 조선시대의 상민 또는 천민 가운데 똑똑한 사람들로서 양반에게 반발한 예가 없는 것은 아니다. 심한 경우에는 종이 상전을 죽인 사건도 있었으며, 민중이 봉기하여 관청을 쳐부수고 현감이나 목사를 추방한 예도 있었다. 그러나 그것은 특수한 사례이며, 일반적인 경우 대부분의 상민과 천민들은 자신의 사회적 지위를 숙명으로 받아들였다.

(5) 앞에서 말한 결함들이 한데 어울려서 또 하나의 결함을 초래하였다. 그것은 민족 내지 국가와 같은 더 큰 공동체의 질서와 발전을 도모하기에 적합한 행동의 원리를 체득하지 못했다는 사실이다. 조선시대 사람들은 가족이나 부락과 같은 작은 집단의 단결과 협동을 위해서는 비교적 적절하게 처신하였으나, 국가라는 더 큰 공동체의 일원으로서 행동하기에 필요한 실천적 지혜는 부족했던 것이다. 이 결함은 매우 심각한 뜻을 가진 것이었다. 왜냐하면 그 당시에 벌써 이웃 나라에서는 강한 국민국가를 세우는 데 성공하고 우리나라의 안보를 위협하기에 이르렀으며, 우리의 조상들로서는 민족적 단합을 통하여 조국을 지킬 사명에 당면했기 때문이다.

시선을 돌려 현대 한국인의 가치관을 살필 때, 위에서 말한 조선시대 가치관의 결함 가운데서 어느 측면은 이미 극복되었으나, 다른 측면은 다소 양상이 바뀌었을 뿐 그 바탕은 여전히 남아 있다고 말할 수 있을 것이다. 첫째로, 현대 한국인의 대다수는 도덕적 의무의 근거가 사사로운 인간관계에 있다고 이론상으로 믿지는 않을 것이다. 그러나 실제로 행동을 결정하는 순간에 이르러서는, 아직도 사사로운 고려에 좌우되는 경향이 여전히 강하다. 우리는 지금도 친구들의 어려운 사정 또는 신세진 사람의 부탁 따위를 냉정한 마음으로 처리하기는 힘들며, 자칫하면 인정에 끌려 공사를 혼동하기가 쉽다. 이와 같은 사사로운 의리 또는 정리(情理)에 끌리는 마음 그 자체는 매우 인간적인 것이며, 오히려 아름다운 마음의 발로라고 하여도 과언이 아닐 것이다. 그러나 사사로운 인정 또는 눈앞에 보이는 광경에 좌우되는 경향은, 조그만 일에 구애하는 나머지 더 근본적으로 중요한 직책 또는 사명을 망각하는 결과를 초래하기 쉬운 까닭에, 여기에 큰 문제가 있는 것이다.

둘째로, 관직에 올라 입신양명하는 것을 인생 최고의 보람으로 생각하던 조선시대의 경향은 크게 감소되었다. 그러나 오늘도 관존민비의 관념은 의외로 강하게 남아 있어서, 입으로 민주주의를 떠드는 사람들도 관료주의를 당연한 것으로 받아들이는 경향이 있다. 여기에 관련해서 또 한 가지 지적할 것은, 상당히 많은 사람들이 높은 관직 대신 돈 또는 재물을 가치 체계의 정상에 올려놓는 경향을 나타내기 시작했다는 사실이다. 돈이나 재물도 그것이 치열한 경쟁성을 지녔다는 점에 있어서는 관직 또는 정치권력과 다를 바가 없는 까닭에, 최고 가치의 자리를 관권에서 금전으로 바꾸어 놓았다 하더라도, 그것이 사회 전체의 일반적 풍조에 대해서는 실질적으로 큰 변화를 가져오지 못한다. 그뿐만 아니라, 오늘날 우리 사회에 있어서 거의 제도화된 금력과 권력의 결합은 금전의 추구와 권력의 추구의 차이를 더욱 무의미한 것으로 만들고 있다.

셋째로, 사람을 상하로 나누는 봉건적 인간관계도 많이 해소되었다. 문벌이 사람의 일생을 좌우하는 불합리는 거의 없으며, 본인의 실력 여하로 사회진출의 길이 열리고 있다는 것을 부인하지 못한다. 그러나 한편 사람을 은근히 차별하는 저 전근대적 사고방식의 잔재가 아직도 여러 가지 형태로 남아 있다는 것도 역시 부인하기 어렵다. 그뿐만 아니라, 돈과 권력을 중심으로 한 새로운 특권계급이 탄생하고 있다는 것도 주목할 사실이다.

넷째로, 숙명론적 인생관도 거의 없어져 가는 듯한 인상을 받는다. 대부분의 사람들은 자기 삶에 대하여 책임을 질 사람은 자기 자신이라는 것을 이해하고 있다. 가난한 농민이나 어민의 경우와 같이 자신의 힘으로 삶의 새 지평을 연다는 것이 거의 불가능에 가까운 사람들까지도, 역시 자신의 노력이 중요하다는 것을 깨닫고 있다. 다만 무엇을 어떻게 했으면 좋을지 모르도록 그들의 삶의 조건이 불리하다는 점에 심각한 문제가 남아 있다. 또 한 가지 여기에서 지적해야 할 것은, 개인의 생애에 관해서는 숙명론을 벗어난 듯이 보이는 사람들이, 국가와 민족의 장래를 생각하는 마당에서는 숙명론으로 돌아가는 경향이 있다는 사실이다. 19세기 말 이래 우리나라의 운명은 주로 강대국의 외교적 흥정에 의해서 결정되어 왔고, 앞으로도 또 그런 일이 있을 수 있는 징조가 없지 않다. 따라서 우리 한국인은 우리나라의 흥망을 결정하는 관건이 우리 스스로에게 달려 있으며, 파란 많은 우리나라를 끝까지 지켜야 할 사람은 우리 자신이라는 사실을 망각하기 쉽다.

다섯째로, 오늘날 우리 한국 사람들의 정치의식은 상당히 높은 수준에 달해 있으며, 전체로서의 국가와 민족에 대한 관심도 깊은 편이다. 도시와 농촌 어느 곳을 가도 나라를 진심으로 생각하는 사람들을 만날 수 있다. 그러나 우리나라 현재의 실정은 그 정도의 의식 수준과 애국적인 사람들로서는 해결하기 어려운 심각한 문제들을 안고 있는 까닭에, 더 많은 사람들에 의하여 실천적 지지를 받는 확고한 가치 체계의 수립이 요청되고 있는 것으로 보인다. 감정적인 비평가나 감상적이며 배타적인 애국자는 큰 도움이 될 수 없다. 말로만 나라를 위하는 위선자는 나라에 해를 끼칠 뿐이다. 진실로 요청되고 있는 것은 원대한 시야와 정확한 관찰에 입각한 깊은 지혜와 실천의 덕이다.

현대 한국의 가치관의 문제는 조선시대에는 별로 겪어 보지 못했던 새로운 사태의 첨가로 말미암아, 더욱더 어려워지고 있다. 한국은 아직 경제적 발전 도상의 국가에 속함에 틀림이 없을 것이나, 서양의 경제적으로 앞선 나라들에서 흔히 발견되는 정신 상태 내지 생활 태도는 우리나라 사람들의 마음속에도 상당히 깊숙이 침투하고 있다. 금전만능주의, 관능적 쾌락에 대한 심한 애착, 인간의 자기부정, 이기적 개인주의 등 현대 물질문명이 낳은 생활 태도가 우리나라에도 급속도로 퍼져 들어오고 있다. 지금 이 자리에서, 금전과 기계에 의하여 움직이는 현대 문명 가운데 포함된 여러 가지 난점들에 대하여, 그것은 이미 식자들에 의하여 거듭 논의된 문제인 까닭에, 다시 거론할 필요는 없을 것이다. 다만 여기서 지적해 두고자 하는 것은, 현대 한국이 당면한 가치관의 문제는 그 근원이 동양적 전통과 서양의 새 문명에 걸쳐 있다는 사실과, 그 가운데서도 서양 문명에서 유래한 문제의 측면이 도리어 더 심각하다는 사실이다. 후자가 더 심각하다고 보는 이유는, 동양적 전통의 힘은 차차 줄어드는 반면에, 서양 문명의 영향은 점점 강해져 가는 단계에 있다고 보는 관찰에 있다.

어느 시대 어느 지역에 있어서나 인류가 공통으로 추구한 목표의 가장 기본적인 것은 물질생활의 안정과 마음의 평화였다. 인류가 부딪친 모든 문제들은, 직접 또는 간접으로 이 기본적 목표에 연결되고 있다. 이와 같이 공통된 목표에 연결되어 그 기원이 비슷하다는 사정으로 말미암아, 인간이 부딪친 문제들은, 그것이 동서고금 어디에서 경험된 것이든, 기본적인 유사성을 가졌다. 그러나 한편, 인간이 물질생활의 안정과 마음의 평화라는 기본적 목표를 달성하고자 애써 가며 살았던 그 상황은 시대와 지역을 따라서 다른 특색을 가졌던 까닭에, 인류가 봉착한 삶의 문제에도 시대와 지역의 특수성에 따른 차이점이 있었다. 이와 같은 일반적 현상에 비추어서 조선시대의 가치문제와 현대 한국의 그것 사이에서 발견되는 공통점과 차이점도 이해되어야 할 것으로 보인다.

기본 생활의 안정을 위하여 필요한 물질의 생산 및 마음의 평화를 얻기에 불가결한 조건의 하나는, 같은 공동체에 속하는 사람들 상호간의 인화(人和)와 협력이다. 조선시대의 가족주의는 가족이나 붕당과 같은 작은 집단의 협력과 인화를 위해서는 적합했을지 모르나, 국가 또는 민족과 같은 규모가 큰 집단의 요청을 만족시키기에는 충분한 원리가 아니었다. 그 당시에도 이미 국가가 개인에 대하여 갖는 의미는 매우 컸던 까닭에, 가족주의를 넘어서는 한 계단 높은 차원의 원리가 요청되었던 것이나, 조선시대의 조상들은 이 요청에 부응하지 못하고 말았다. 따라서 새로운 가치 체계를 세우는 문제는 후일의 자손들이 해결해야 할 숙제로서 남았던 것이다.

인화와 협력을 얻기에 적합한 가치관을 수립해야 한다는 점에 있어서 조선시대와 현대는 공통된 과제를 나누어 가졌다 할 수 있을 것이나, 수백 년 전에 조상들이 당면했던 문제와 오늘날 우리들의 그것이 내용에 있어서 아주 같은 것은 아니다. 문제의 성질에 변화를 초래한 새로운 사정들 가운데서 중요한 것으로는 다음의 세 가지를 들 수 있을 것이다. ① 개인적 자유에 대한 요구의 증가, ② 과학과 기술의 비약적 발전, ③ 복잡하고 밀접한 국제관계. 이러한 새로운 사정들을 염두에 두고, 우리는 현대의 한국인이 당면한 가치관의 문제를 대략 다음과 같은 말로 표현할 수 있을 것이다. "기계문명이 발달하고 국제관계가 긴밀한 오늘의 세계에 있어서, 생활에 필요한 생산과 마음의 평화를 얻기를 부족함이 없는 사회적 협력 및 자유롭고 조화로운 인간관계를 실현하기 위하여, 우리 한국인은 어떠한 원리를 따라서 행동해야 할 것인가?" 이 거창한 문제와 정면으로 대결하는 것은 이 글의 범위 밖의 일이다. 여기서 우리는 다만 이 문제와 관련성을 가진 다음 문제에 대해서만 간단히 고찰하는 것으로서 그치고자 한다. 즉, "조선시대에 우세했던 가치관 가운데서, 현대의 한국인이 당면한 문제를 해결하기에 크게 도움이 될 수 있는 어떤 원리나 요소가 있는가? 있다면 그것은 어떠한 것인가?"

조화로운 인간관계 및 협력을 가장 크게 저해하는 것은 사람들을 심한 이기주의로 모는 치열한 경쟁이다. 그리고 권력이나 재물과 같은 경쟁적이며 배타적인 가치가 가치 체계의 가장 높은 자리를 차지하는 동안 치열한 경쟁은 불가피하다. 따라서 배타성 또는 경쟁성이 약한 가치를 가치 체계의 정상에 올려놓는 일이 매우 중요하다. 배타성 또는 경쟁성이 별로 없는 가치의 예는 생명, 건강, 자유, 사회정의, 평화, 도덕적 인품, 탁월한 예술, 지식, 우정 등 흔히 '인간적 가치(human values)'라고 불리는 가치들이다. 필자는 이러한 가치들을 '내면적 가치(internal values)'라는 이름으로 부르고자 하거니와,[77] 내면적 가치는, 그것이 배타성과 경쟁성이 적다는 특색 이외에도, 정치권력이나 재물 또는 관능의 쾌락 등 '외면적 가치(external values)'보다도 높이 평가되어야 할 근거를 가지고 있다.[78] 그러므로 실천적 견지에서 보나 이론적 견지에서 보나, 어떤 내면적 가치를 새 시대의 가치 체계의 정상에 자리잡게 해야 한다는 결론에 도달하게 된다.

조선시대의 우리 조상들이 배타성과 경쟁성이 없는 가치들을 그와 반대 계열의 가치보다 더욱 중요시했다고 말할 수는 없다. 그들도 높은 관직과 정치 권력 따위의 경쟁적 가치를 더욱 열심히 추구했던 것이다. 그러나 여기서 한 가지 주목해야 할 것은, 우리가 흔히 '정신적 가치'라고 부르는 도덕, 탁월한 예술, 또는 학문 따위의 내면적 가치를 상당히 존중했다는 사실이다. 이 사실이 주목을 끄는 이유는, 만약 훌륭한 교육 체제로써 국민을 선도하기에 성공한다면, 위에 말한 가치들을 숭상하는 경향을 사회정의, 자유, 평화 등을 포함하는 모든 내면적 가치를 경쟁성 많은 외면적 가치보다도 더욱 귀중히 여기는 가치관을 수립하는 방향으로 이끄는 계기로 삼을 수 있기 때문이다.

조화로운 인간관계를 위해서 또 한 가지 매우 중요한 것은, 맹자나 흄(David Hume) 같은 사상가들이 도덕의 근본이라고 생각한 저 따뜻한 인정 또는 인간애이다. 오늘날 기계문명과 금전문화 그리고 도시화의 추세 속에서 이 인정 또는 인간애가 점차 메말라 가는 것은 매우 걱정스러운 현상이거니와, 조선시대의 우리 조상들에게는 대체로 따뜻한 인정이 풍부했던 것으로 짐작된다. (그리고 이 경향은 현대의 한국인에게도 아직 크게 살아 있는

---

77 필자는 "Problems of Development and Fundamental Value Assumptions"라는 제목의 논문 가운데서 처음 'internal values'라는 말을 쓰는 동시에, 권력, 금전, 사치스러운 관능적 쾌락, 명예 등을 'external values'라는 이름으로 묶었다. 그리고 이러한 이름이 'spiritual values'와 'material values' 또는 'human values'와 'nonhuman values'보다 낫다는 이유를 이어서 참가하였다. Tae-Kil Kim, "Problems of Development and Fundamental Value Assumptions", The East-West Center, Open Grants, *Working Paper Series*, No.3, pp.9-12, pp.20-22 참조.

78 그 근거에 대한 설명은 같은 논문, pp.23-34에 제시한 바 있다. 문맥상 직접 필요하지 않으므로 여기서는 되풀이하지 않는다.

것으로 보인다.) 그러나 불행히도, 조선시대의 조상들은 저 따뜻한 인정미를 자기들 주위의 좁은 범위에만 국한하고 먼 곳에는 미치지 않았던 까닭에, 그들의 인정은 도리어 파벌 또는 편애 따위의 불행한 결과로 연결되었다. 하지만 따뜻한 인정이라는 것이 반드시 좁은 범위에만 국한될 수밖에 없는 필연성을 가진 것은 아니며, 우리가 적합한 교육과 지성적 반성으로써 저 원초적 정서를 승화시키기만 한다면, 우리의 인간애를 먼 곳에까지 미친다는 것은 결코 불가능한 일이 아닐 것이다. 그리고 그렇게 하는 것이 바로 우리의 가치관을 떠받드는 유교 도덕의 기본 개념인 '인(仁)'의 정신을 충실하게 실현하는 길이기도 할 것이다.

셋째로, 우리 조상들의 비교적 소박하고 검소했던 생활 태도 가운데도 우리가 보존해야 할 귀중한 것이 있다. 조선시대의 우리 조상들에게 사치나 낭비의 풍조가 전혀 없었다고 말할 수는 없다. 일부 특권층의 경우에는 상당한 사치가 유행하기도 하였다. 그러나 현대의 높은 소비문화의 나라들 또는 현대 한국의 일부에서 보게 되는 저 호화로운 생활양식에 비하면, 그것은 그래도 검소한 편에 들어간다. (예컨대, 상류계급의 경우도 부녀자가 은가락지나 거울을 갖는 것은 큰 사치에 속했으며, 명주 옷, 약과, 약식, 조청, 식혜 따위도 모두 극히 고급 생활품에 속했다.) 그뿐만 아니라, 사치스러운 물품에 대한 욕망은 일부 특권층에겐 일반적인 현상이었으나, 그 탐욕의 심리가 일반 서민층에까지 널리 전파되지는 않았다. 서민 대중도 물론 물질과 재산에 대해서 깊은 관심을 가졌다. 그러나 그것은 그들의 기본 생활을 위해서 필요했기 때문에 그랬던 것이며, 사치와 허영심을 위한 것은 아니었다. 그들은 대체로 검소한 생활 가운데 자족할 줄을 알고 있었다.

필자는 결코 검소한 생활 그 자체가 가장 바람직한 물질생활이라고 주장하는 것이 아니며, 금욕주의를 찬양하는 것은 더욱 아니다. 만약 모든 사람들이 다 같이 호화로운 생활을 즐길 수만 있다면, 그렇게 사는 것이 도리어 바람직하다는 것을 필자도 믿는다. 다만, 한국의 현실이 사치와 낭비 그리고 허영을 용납할 수 없다는 사정에 문제의 핵심이 있는 것이다. 조밀한 인구밀도, 그리 넉넉하지 못한 자연 자원, 그 밖의 여러 가지 어려운 경제 사정을 고려할 때, 가까운 장래에 우리 한국인의 전부 또는 대부분이 사치스러운 생활을 누릴 수 있으리라고는 낙관하기 어렵다. 이러한 관찰을 부인하지 못하는 한, 우리가 현실적으로 바람직한 목표로서 세울 수 있는 것은, 오직 모든 국민이 검소한 생활에 자족하면서 나라를 세우는 길밖에 없을 것이다. 오직 극히 제한된 숫자의 사람들만이 사치스러운 생활을 즐길 수 있는 실정임에도 불구하고, 만약 모든 사람들이 호화로운 물질생활을 유일한 보람으로 추구한다면, 치열하고 무자비한 경쟁이 불가피할 것이며, 그러한 경쟁은 사회적 협력과 조화로운 인간관계를 거의 불가능하게 할 것이다. 만약 검소한 생활이 한국의 현실을 위해서 적합한 것임에 틀림이 없다면, 이것은 한국 사람 전체가 한결같이 실천에 옮겨야 할 것이며, 사회적 지위를 핑계로 어떤 예외를 인정할 성질의 것이 아니다.

이상의 분석이 우리에게 시사하는 바는, 오늘날 우리 한국인이 전통적 가치관의 유산을 너무 가볍게 여겨서도 안 되겠지만, 너무 많은 것을 그것에 기대할 수도 없다는 중용론일 것이다. 진실로 창조적이며 근본적인 개조가 절실히 요청되고 있다. 이 요청을 어느 정도 만족시킬 수 있기 위해서는 무엇보다도 정치와 교육의 분야에 좋은 지도자가 나오거나 그들을 길러 내야 할 것이다.

(1972년 봄)

2장 현대소설에 나타난 한국 지식인의 정치의식

1. 연구의 주제와 범위

이것은 '소설 문학에 나타난 한국인의 가치관'에 관한 연구의 일환으로서 시도되는 논의다. 필자는 1972년에서 1975년에 걸쳐 조선시대의 소설 및 구한말과 일제시대에 쓰인 한국 소설에 나타난 한국인의 가치관을 연구하여, 그 결과를 단행본으로 발표한 바 있다. 이 글은 그 연구의 계속으로서, 8·15 이후에 쓰인 우리나라의 소설을 소재로 삼고, 거기에 나타난 한국인의 가치관 가운데서 지식층의 정치의식에 관한 부분을 정리하고자 하는 데 그 주요 목표가 있다.

이 연구는 한국 소설에 대한 문학적 관심에서 출발한 것이 아니라 한국인의 가치관에 대한 윤리학적 관심에서 시도된 것이다. 소설은 소재로서 사용되었을 뿐, 소설의 문학적 가치나 역사적 의의를 고찰하는 따위의 일은 이 연구가 의도하는 바가 아니다. 한국 소설가의 가치관 내지 사상을 중점적으로 탐지하는 일도 이 연구의 목표가 아니다. 소설가도 지식층에 있어서 상당한 비중을 차지하며, 소설에 등장하는 인물들 가운데는 작가의 분신이 흔히 그려지기 마련이므로, 소설을 소재로 삼고 거기에 나타난 지식층의 가치 의식을 추출해 낼 때, 자연히 작가의 가치관이 크게 부상될 것이다. 그러나 필자의 의도는 소설가를 포함한 한국의 지식층 일반의 가치관 특히 그 정치의식을 탐구함에 있으며, 한국 소설가들의 정치의식 내지 가치관을 특별히 연구하고자 함에 있지 않다.

8 · 15 이후에 우리나라에서 발표된 모든 소설을 망라하여 연구의 대상으로 삼을 필요는 없을 것이다. 그 가운데서 소재로서의 가치가 많은 것을 선별적으로 다루고자 하거니와, 여기서 소재로서의 가치가 많다 함은 반드시 문학적 가치가 높다는 것을 의미하지 아니함은 물론이다. 이 연구를 위하여 중요한 것은 지식층의 정치의식을 탐구하는 데 많은 도움을 줄 수 있는 작품들이며, 그 작품들의 문학적 가치는 직접적인 관심의 대상이 아니다. 다만, 일반적으로 높이 평가되는 작품들이 소재로서의 가치도 많이 담고 있을 가능성이 크다고 생각되기에, 근래 문제작으로 널리 알려지고 있는 작품들을 우선적으로 훑어보았고, 그 가운데서 비교적 많은 자료를 뽑았다. 그러나 이것이 작가에 관한 연구가 아닌 까닭에, 반드시 모든 우수 작가를 망라하고자 시도하지 않았으며, 문학적으로는 별로 문제가 되지 않는 작품들이라 할지라도 이 연구를 위하여 도움이 된다고 생각한 것은 소재로서 활용하기를 기피하지 않았다.

근래 참여문학의 추세가 강해지면서 작가 자신들의 사회적 관심을 간접적으로 표명한 작품들이 많이 발표된 것으로 알고 있다. 그러나 지식층 일반의 가치관 특히 그 정치의식을 직접적인 대상으로 삼은 작품은 그리 많은 편이 아닌 것으로 보인다. 필자가 문학에 문외한임을 감안하여, 여러 사람들의 조언을 받아 가며 찾아보았으나, 그리 많은 것을 발견하지 못했다. 특히 1970년대 이후의 지식층의 정치의식을 찾아보기에 마땅한 소설은 귀한 편이었다. 이러한 취약점을 보충하기 위하여, 필자는 소설 이외에서도 약간의 도움을 얻어야 했다. 특히 대학생들의 정치의식을 다룬 소설의 결핍을 보완하기 위해서 대학생들의 글 또는 그들과의 대화로부터 상당한 도움을 받았다.

'지식층'이라는 말은 그 뜻이 모호한 가운데 일반적으로 사용되는 일상용어의 하나다. 국어사전은 이 말을 "비교적 높은 지식을 가지고 지적 노동에 종사하는 사회층"의 뜻으로 풀이하여 그 한계를 명백히 규정하기가 어려움을 암시하고 있다. 그러나 이 연구를 위해서는 '지식층'이라는 말의 상식적 이해로 충분한 것이며, 굳이 그 외연을 명확히 규정할 필요는 없을 것이다. 이 연구가 '지식층의 정치의식'을 관심의 대상으로 선정했을 때, 관심의 초점은 '정치의식' 쪽에 있으며, '지식층의'라는 수식어는 부차적으로 부가되었다 하여도 과언이 아니다. 우리나라의 경우에 있어서 정치의식이 뚜렷이 강한 것은 이른바 지식층이며, 소설 가운데서도 사회나 정치 문제에 대하여 어떤 의견을 표명한 사람들이 대개 그 계층의 사람들인 까닭에, 그러한 수식어가 따랐다고 보아도 좋을 것이다. 그러므로 우리는 이 연구에 있어서 '지식층'이라는 말을 비교적 넓은 의미로 사용하게 될 것이다.

8 · 15 이후 오늘까지의 한국인은 격동하는 시기에 살아왔고, 따라서 많은 사회적 변천을 경험하였다. 그러므로 흔히 '지식층'이라고 불리는 사람들도 그 성장 과정과 사회적 체험이 다양하며, 그들의 정치의식에도 자연히 여러 갈래가 있다. 소설만을 소재로 삼고 그 여러 갈래를 모두 들추어 내기는 불가능할 것이다.

여기서는 우선 4 · 19를 하나의 큰 전환점으로 보고, 그 전과 후에 있어서 우리나라 지식층의 정치 내지 사회 문제에 대한 생각들이 어떠했는가를 그것들이 소설에 나타난 것을 중심으로 살펴보기로 한다.

2. 불분명한 정치의식

1) 지식층의 좌경

8 · 15에서 6 · 25에 이르는 사이에 한국의 젊은 지식인들이 경험했던 갈등과 방황을 다룬 이병주(李炳注)의 『관부연락선(關釜連絡船)』의 한 구절은 1946년의 어느 고등학교에 관하여 다음과 같이 말하고 있다.

> 당시의 학교는 학원의 생리로써만 움직이고 있었던 것이 아니다. 일종의 정치단체적인 생리가 작용하고 있었다. 그러므로 학생들은 교사들의 교사로서의 자격을 묻기 전에 대상이 되는 교사가 그들의 편인가 아닌가에 중점을 두는 경향이 있었다.[1]

민족의 해방을 맞이하여 독립된 신생국을 건설한다는 꿈에 들뜬 시대였다. 당시의 모든 고등학교가 정치적 관심으로 과열 상태에 빠졌다고 말할 수 있을지는 의문이나, 적어도 일부의 고등학생들과 대부분의 대학생들이 정치 문제에 대하여 깊은 관심을 가졌으리라는 것은 상식으로도 능히 추측할 수 있을 것이다. 여기서 우리의 흥밋거리가 되는 것은, 당시의 학원에 정치 바람이 불었다는 그 사실 자체보다도, 그 정치 바람의 방향 또는 양상이다.

『관부연락선』의 주인공 유태림(柳泰林)이 근무한 C고교의 경우를 보면, "학교의 주도권은 완전히 좌익세력의 수중에 있었다. 교장과 교감, 그리고 몇몇 교사들을 빼놓곤 대부분의 교사들이 학교의 체통과는 전연 다른 정치

1 이병주, 『관부연락선』, 신구문화사, 1973, 상권, p.33.

단체의 조직 속에 들어 있었고, 학생들도 대부분이 학생동맹이란 좌익단체에 소속되어 있었다."[2] 그리고 다른 학교의 경우도 비슷했다고 적혀 있는 이 소설의 내용에 약간의 과장이 들어 있지 않을까 하는 생각이 드나, 대체로 말해서 당시 학원에 좌익세력이 일찍이 선수를 치고 침투한 것은 널리 알려진 사실이다. 해방 전부터 우리나라에는 민족주의와 결합된 공산주의의 지하조직이 있었고, 8 · 15를 맞이함과 동시에 그들의 세력이 젊은 지식층 속으로 파고들었던 것이다.

그러한 좌익의 움직임에 비판적인 세력도 없지 않았으나 대체로 약세의 위치에 머물렀다. "좌익계열의 움직임에 반대하는 언동은 곧 미 군정에 추종하는 것으로 되고, … 일제 때의 노예근성을 청산하지 못한 소치이며, 조국의 민주적 독립을 반대하는 노릇이란 일종의 통념 같은 견해가 지배적이었다."[3]는 작가의 서술을 글자 그대로 받아들이기는 어렵다 하겠으나, 그렇게 본 사람도 있었다는 사실은 주목할 만하다. 특히 "교양이 있고 학식이 있는 사람이면 무조건 자기들의 편이 되지 않으면 안 된다."고 생각한 좌익이, 교사나 학생들 가운데서 쟁쟁하고 똑똑한 사람들에게 손을 뻗쳐 포섭하는 데 어느 정도 성공했다는 사실은, 대세에 큰 영향을 미쳤다.[4]

지식인이 좌경한 동기에는 여러 가지가 있을 것이다. 역사의 흐름으로 보아 좌익에 가담하는 편이 "전도 유망한 청년으로서의 대접을 받고 애국자로서 행세할 수 있는" 길이라는 이해타산에서 그렇게 한 사람도 있을 것이고,[5] 유태림과 함께 학병의 경력을 가진 사람들로서 C시 안에 있는 친구들의 모

2 같은 책, p.35.
3 같은 책, p.36.
4 같은 책, p.140, p.171 참조.
5 같은 책, 하권, p.70.

임에 나타난 P의 경우와 같이, "거부(巨富)의 아들이면서 인민대중을 위할 줄도 안다는 제스처"를 위해서 또는 어떤 속죄의 심리에서 좌익에 가담한 사람도 있을 것이며,[6] 또 그 밖에도 여러 가지 유형이 있었을 것이다. 그러나 지식인의 특성을 가장 잘 나타내어 우리의 주목을 끄는 것은 『관부연락선』의 여주인공 서경애(徐敬愛)의 경우다.

유태림에게 보낸 서경애의 긴 편지에 따르면, 그녀는 "조국의 민주적 독립을 위해서", 그리고 그 길이 비록 험준하기는 하나 "다수 인민과 더불어 걷는 길이니 그 사실만으로도 충분히 보람이 있을 줄" 믿는 까닭에, 다시 말하면 "우리 민족이 살아갈 수 있는 활로를 찾자는 절실한" 동기에서, 그 길로 뛰어들었다.[7] 그러나 그녀가 처음부터 공산주의의 이론이나 실제를 알고 들어간 것은 아니며, 다만 "놀고 있으니까 동무들이 여맹(女盟)에 가입하자고" 하기에 "승낙을 한 것도 안 한 것도 아닌 상태에서 보류하고 있었는데, 굉장한 감투를 씌워 버리는" 바람에 어물어물 끌려들어 간 것이었다.[8] 요컨대 서경애는 확고한 이론적 근거 위에서 그 길을 택한 것이 아니라, 다분히 낭만적이며 막연한 판단에서 출발한 것이라고 볼 수 있다.

일제시대에는 고등학교만 다녀도 부유층의 자녀로 보일 정도였다. 대학이나 전문학교에 다닌 사람으로서 가난한 가정의 출신은 거의 없었다. 따라서 그 당시 지식인 좌익의 대부분은 이른바 기본성분(基本成分)이 아니었다. 직접 착취를 당한 원한으로 가득 찬 사람들이 아니었던 것이다. 요컨대 그들은, 부유층에 대한 적개심이 아니면 철저한 '혁명투사'가 될 수 없다는 계급이론으로 볼 때, 복잡한 동기와 한계성을 가지고 출발한 사회주의자들이었

6 같은 책, 하권, p.132.
7 같은 책, 상권, p.402.
8 같은 책, 상권, p.327.

다. 철저한 공산주의자가 되기에 부적합한 성분과 교육의 배경을 가졌던 까닭에, 그들의 사상 가운데는 공산주의가 배격하는 감상주의 내지 인도주의의 색채가 따르기 일쑤였다.[9]

좌익이 일어나면 우익도 생기기 마련이다. 그 당시의 일반적 풍조가 사람을 좌(左) 아니면 우(右)로 보는 양분법의 그것이었고, 특히 좌익에서는 자기네에게 동조하지 않는 사람이면 반동 즉 우익으로 모는 형편이었으므로, 자연히 우익으로 인정되는 사람들이 생기기 마련이었다. 물론 처음부터 적극적으로 좌익에 대항하는 자세로 임한 사람들도 있었다. 그러나 지식인으로서 극성스러운 우익은 적어도 8·15 직후에는 많지 않았다. 지식층 가운데 조직적인 우익운동이 활발하게 된 것은 뒤에 생긴 일이며, 처음에는 좌익도 우익도 아닌 위치에 자리한 지식인들이 많았다. 좌우 어느 편의 주장에도 부분적인 공감과 저항을 느끼는바 이를테면 중간노선에 가까운 사람들, 현대 어느 사회에서나 흔히 찾아볼 수 있는 그러한 사람들이 우리나라에도 많았다. 『관부연락선』의 유태림도 아마 이러한 부류에 속하는 전형적 인물일 것이다.

2) 막연한 중간노선

유태림은 대지주의 아들로 태어난 수재로서 일본에 건너가 대학 공부를 한 청년이다. 일본에 유학했을 당시 민족주의 운동에 가담한 혐의로 검거당한 경력도 있고 학병으로 끌려간 경력도 있다. 학병에서 돌아온 1946년에 그는

---

9 같은 책, 하권, p.142에, 공산주의자로 자처하는 P가 실은 센티멘털리스트 내지 '지드주의자'에 불과하다는 말이 보인다. 해방 직후의 지식인 공산주의자들에게 인도주의의 색채가 강했다는 것은 박경리의 『시장과 전장』에도 곳곳에 나타나고 있다.

모교인 C고등학교의 교사로 초빙되었다. 실력이 쟁쟁한 그는 곧 학생들의 존경을 받게 되었고, 좌익계열의 교사들은 그를 자기네로 끌어들이고자 애를 쓴다. 그러나 유태림은 학생들을 선동하여 학원에 정치 바람을 몰고 오는 그들의 태도에 동조할 수가 없었다. 학원을 정치의 도구로 이용하는 것이 옳다고 생각되지 않았을 뿐 아니라, 수단과 방법을 가리지 않고 날뛴다 해서, 좌익이 말하는 바와 같은 좋은 세상이 올 것 같지도 않았다. '혁명'의 이름으로 모든 것을 한꺼번에 달성하려고 서두르는 급진주의보다는 한 걸음 한 걸음 이상으로 접근하는 점진주의가 더 현명하다고 생각되었다. 유태림의 이러한 생각은 서경애와의 대화에서도 여실히 나타나고 있다.

"지식인에게는 지식인으로서의 이상이 있다. 국가로 말하면 자유가 있는 나라, 모든 계층이 평등한 자격으로 정치에 참여할 수 있는 나라, 능력과 노력에 의해서 응분의 보수를 받고 살 수 있는 나라."

"그런 이상국이 가만히 앉아 있어도 출현할까요?"

"그 방향으로 노력하고, 그 방향에서 이탈할 때는 저항도 해야지. 그리고 지식인의 이런 이상이 급격하게 달성될 수는 없더라도, 지식인은 끈덕지게 이런 이상을 추구해 가야 되잖을까. 그대로 안 된다고 하더라도, 이 이상이 거울이 되고 도표(道標)가 되어 조금씩 낫게 하는 작용을 하거든."

"이를테면 점진주의군요."[10]

유태림과 서경애의 견해 차이는 다음 대화에 있어서 더욱 명백하게 나타난다.

---

10 같은 책, 하권, p.320. 여기서 지식인의 이상에 대해서는 의견의 대립이 없는 것이 주목된다. 양심적인 지식인들이 대립하고 고민한 것은 주로 이상에 도달하는 방법에 관한 문제요 목적 그 자체에 관한 문제가 아니었음은 대체로 일반적 현상이 아니었을까 한다.

"말하자면 공산주의냐, 자본주의냐, 이자 택일을 하자는 얘긴데, 우리가 명료하게 간단하게 세상을 보련다고 해서 세상 자체가 그렇게 명료하게 간단하게 되나요. 예를 듭시다. 명료하고 간단한 방향으로 러시아 혁명이 진행되는 가운데 줄잡아도 피아간 4, 5백만의 인명이 죽었다고 합니다. 4, 5백만을 죽이고 80점 쯤 되는 나라를 만들기보다 사람 하나 죽이지 않고 60점 쯤 되는 나라를 만들자는 편에 나는 서 있는데, 경애씨는 4, 5백만 명을 죽이는 한이 있더라도 혁명을 해야겠다는 말씀인가?"

"그럼 유 선생은 혁명의 희생만 생각하고, 불합리한 제도 때문에 눈에 보이지 않게 죽어 가는 생명은 생각지도 않으시는 모양입니다."

"그러니까 점진적으로 그런 불합리한 제도를 고쳐 나가는 편에 서겠다는 것 아닙니까."

"그런 가능이 있을까요?"

"그 가능이 아마 공산 혁명의 가능보다 더욱 가까울 겁니다. 구체적으로 말하면, 이 나라를 소비에트 같은 나라로 만드는 것이 쉽겠습니까, 스웨덴 같은 나라로 만드는 것이 쉽겠습니까? …"[11]

유태림은 노동자와 농민을 위해서 희생을 무릅쓰고 싸워야 한다는 일부 지식인들의 인도주의적 공산주의에 반대한다. 그는 러시아 혁명이 성공을 거둔 뒤에 인도주의적 공산주의자들은 결국 숙청당하고, "노동자, 농민을 빙자하여 스스로를 특권적 지위에 앉히려는" 술수에 있어서 앞섰던 사람들만이 영화를 누리게 된 사실을 지적한다. 자기는 그런 희생물이 되고 싶지 않다는 것이다. 그러나 그는 자기의 기득권을 지키기 위해서 노동자와 농민에 대항

11 같은 책, 하권, p.321.

하여 싸우고 싶은 생각도 없다고 확언한다. 노동자와 농민들이 "그들의 실력을 가지고 사회나 국가의 주인이 될 수 있다면 그것은" 바람직한 일이라는 것이다.[12]

유태림은 하나의 중도노선을 따라서 점진적으로 나아가야 한다는 점까지는 주장이 확실하나, 구체적으로 무엇을 어떻게 해야 할지 몰라서 엉거주춤할 수밖에 없는 그런 지식인이다. 예컨대, 미 군정에 대하여 어떠한 태도를 취하는 것이 옳을지 모른다고 그는 솔직히 고백하기도 하였다. 어느 대화에서 공산주의자 M교사는 "설혹 악화되는 한이 있더라도 현재의 상황은 바꿔 놓고 보아야 한다."는 전제에서, 공산주의를 무기로 삼고 무조건 미 군정에 항거해야 한다고 단언하였다. 한편 우익의 입장을 택한 이 선생은 "해방의 은인이며 민주주의 종주국이라고 할 수 있는 미국의 정책에 협조하면서, 우리 민족에게 유리한 방법을 모색하는 것"이 옳다고 말하였다. 그러나 유태림은 "미 군정에 항거하는 태도가 옳은 건지 추종하며 이용하는 태도가 옳은 건지 … 판단이 서질 않는다."고 고백하면서, "그러니까 나는 내가 감당할 수 없는 범위에 대한 판단은 일체 보류하고, 내가 감당할 수 있는 범위, 예를 들면 내 고장, 이 학원에 일어난 일이면 그때 그 테두리 안에서 최선을 다해 대응할 수밖엔 없다고 생각한다."고 말하였다. 다만 그는 자기의 그런 태도가 절대로 옳다는 것은 아니라고 인정하면서, "되도록이면 보다 높고 넓은 시야의 정치적 또는 인간적인 견식을 갖도록 노력해야겠다."고 부언하였다.[13]

결과를 중요시하는 신중론자였던 유태림은 정치 문제에 관해서 방관자의 태도를 취할 경우가 많았다. 과연 어느 길이 좋은 결과를 가져올 것인지 판단

---

12 같은 책, 하권, pp.319-320 참조.
13 같은 책, 상권, pp.211-212 참조.

이 어려울 경우가 많았고, 따라서 자연히 행동을 보류하곤 하였던 것이다. 울적한 마음을 달래기 위하여 기생집에서 음주로 비생산적 시간을 보내기도 하였다. 유태림은 자신의 이러한 방관자적 태도를 소시민적 근성에 유래하는 것으로 진단하고, "조국이나 민족을 위해서 지푸라기 하나 들려고 하지 않았던" 비실천적 태도를 청산해야 한다고 반성하며 괴로워한 적도 있다.[14]

항상 방관만 해온 자신을 부끄럽게 여기면서 "보잘것없는 자기를 지키기에 전전긍긍하는 꼴을 탈피하고 싶었던" 유태림은, 1947년 남한 단독정부 수립이 문제되었을 때 이에 결연히 반대하고 나섰다. 단독정부의 수립은 국토의 분열을 항구화시킬 염려가 있을 뿐 아니라 남북 전쟁의 위험을 조장한다는 것이 유태림의 주장이다. 그러나 유태림의 친구이며 일인칭(나)으로 『관부연락선』의 이야기꾼 구실을 하는 이 선생에 따르면, 유태림이 단독정부 수립에 반대하는 것도 지식인다운 그의 심약한 성격 탓이라 볼 수 있다. 다시 말해서, "서경애의 음연한 압력, 언제가 말한 M선생과 같이 밤중에 찾아왔던 공산당 C시 당책의 권고에 대한 체면, 옳은 일엔 스스로 앞장서겠다고 한 학생들에게 대한 맹세, 누구에게나 굿 보이(good boy)가 되어야 하는 수작들이 누적되어 유태림을 궁지에 몰아넣고 있음이" 그로 하여금 단독정부 수립에 반대하지 않을 수 없게 했다는 것이다.[15] 다만, 이 선생은 단독정부 수립을 찬성하는 견지에 섰던 사람이므로, 그의 관찰에 약간의 편견이 작용했을 가능성도 없지 않다.

어쨌든 확실한 것은 유태림이 단독정부 수립에 반대했다는 사실이다. 사석에서 반대했을 뿐 아니라, 국제연합(UN)에 보내는 '남조선 단독정부 수립

14 같은 책, 하권, p.230 참조.
15 같은 책, 하권, pp.226-229 참조.

반대 진정서'에 관한 서명 운동에도 참여했다.[16] 이 서명 운동은 좌익이 주동한 것이었다. 평상시 좌익에 비판적인 그가 좌익이 추진한 단체 운동에 가담했다는 사실은, 지식인 유태림의 복잡하고 괴로운 입장을 상징하는 것으로 볼 수 있을 것이다.

유태림은 자기와 같은 계층을 인민의 적으로 규정하는 공산주의에 동조할 생각은 없었지만, 그들을 적극적으로 증오하는 반공 사상도 뚜렷하게 없었다. 그의 집에는 박창학과 강달호 같은 남로당 간부가 된 동창 친구가 드나들었고, 때로는 그들을 숨겨 주기도 하였다. 그뿐만 아니라, 그는 몇 차례에 걸쳐 좌익의 무허가 집회에 참석했다는 혐의를 받기도 하였다. 이런 유태림을 좌익인 학생동맹 아이들은 반동이라 부르고, 우익인 학생연맹 아이들은 회색분자라고 불렀다.[17]

6 · 25가 일어났을 때, 그는 반동분자라는 죄목으로 정치보위부에 체포되었다. 동창 친구이며 좌익 운동을 하다가 쫓겨났을 때 유태림의 신세를 진 일이 있던 강달호의 주선으로 풀려나게 되었으나, 거기에는 한 가지 조건이 따랐다. C시 연극동맹의 책임자로서 일해야 한다는 조건이었다. 그때 강달호는 C시 인민위원회의 문화부장을 맡고 있었으며, 유태림의 석방을 위하여 정치보위부 책임자를 설득하는 과정에서 그러한 조건이 따르게 된 것이다. 우정으로 자기를 돕고자 하는 강달호의 면목을 무시할 수 없었던 절박한 상황에서, 유태림은 본의 아니게 그 자리를 수락했다.

새로 극단을 조직하여 이동연극을 공연하는 것이 유태림의 임무였다. 지연 작전을 써가며 그 준비를 하고 있는 동안에 전세가 바뀌어 공산군이 후퇴

---

16 같은 책, 하권, pp.241-245 참조.
17 같은 책, 하권, pp.87-88.

하고 국군이 다시 들어왔다. 지도위원이라는 이름의 감시원도 달아나고 없었다. 유태림은 극단을 해산하고, 자유로운 몸이 되었다.

그러나 그 자유를 오래 누리기 전에 유태림은 한국 경찰에 체포되었다. 부역자(附逆者)라는 죄목이다. 유태림 자신은 자기가 대한민국에 죄를 지었다고 느끼지 않았으나 현실은 냉엄하였다. 곧 풀려나기는 했으나, 그는 마음에 큰 상처를 입었다. 공산군의 기관에도 잡히고 대한민국의 경찰에도 구속되었다는 그 사실 자체에 큰 충격을 받은 것이다. 자기 딴에는 양심껏 살아 보려고 한 것인데, 이젠 설 자리가 없다는 기분이 들었고 도무지 살맛이 나지 않았다.[18]

1951년 5월, 유태림은 해인사를 찾아갔다. 고요한 환경 속에 한동안 묻혀 살고 싶었던 것이다. 그러나 그곳도 그에게 조용한 안식처는 아니었다. 7월 12일 밤, 해인사를 습격한 빨치산 부대에 의하여 유태림은 납치되고 말았다. 납치된 뒤의 소식은 아무도 모른다.

일제 말기에 교육을 받은 젊은 지식인들의 생각과 행동을 그린 『관부연락선』의 끝머리에서 우리는 다음과 같은 구절을 읽는다.

> 유태림이 자기 나름으로 옳게, 착하게, 바르게, 보람 있게 살려고 했던 것을 의심하지 않는 나는, 한국의 지식인이 그 당시 그렇게 살려고 애썼을 경우, 월등하게 운이 좋은 환경에 있지 않는 한, 거개 유태림과 같은 운명을 당하지 않았을까 하는 생각을 지워 버릴 수가 없다. …[19]

18 같은 책, 하권, p.368 참조.
19 같은 책, 하권, pp.381-382.

3. 6 · 25와 4 · 19

1) 지식인과 공산주의

체험의 뒷받침이 없는 정치의식 내지 정치 이념은 모호한 관념론의 색채를 벗어나기 어렵다. 8 · 15를 계기로 사람들은 갑자기 민주주의 또는 공산주의를 표방하고 나섰지만, 일제의 통치 아래서 정치적 훈련의 기회를 갖지 못했던 한국인의 정치의식이 뚜렷한 개념과 구분의 기초를 갖지 못했음은 당연한 일이다. 그들의 마음속에는 민족, 자유, 평등, 진보 등의 관념이 정리되지 않은 상태로 혼재했을 뿐, 비교와 비판 그리고 선택을 거친 확신의 체계로서의 정치사상을 간직한 사람은 드물었다.

6 · 25의 민족적 시련은 한국인이 가졌던 막연한 정치의식에 뚜렷한 골격을 부여하는 데 크게 기여한 심각한 체험이기도 하였다. 좌우 두 진영 사이의 경계선을 명확하게 구획하는 결과를 가져오기도 한 6 · 25의 체험을 생생하게 그려 동족상잔(同族相殘)의 의미를 여실히 부각시킨 작품의 하나로서 박경리(朴景利)의 『시장(市場)과 전장(戰場)』을 손꼽을 수 있을 것이다. 이 소설에 나오는 주인공들의 언행에 대한 분석은 그 당시의 한국인이 가졌던 정치의식을 이해함에 상당한 도움이 될 것으로 기대된다.

『시장과 전장』에 등장하는 인물들 가운데서 특히 우리의 주목을 끄는 것은 인텔리 출신의 공산주의자 하기훈(河基勳)과 장덕삼(張德三)이다. 이들은 모두 지주의 가정에 태어나 대학 교육을 받은 젊은이들이며, 공산 조직에 투신하여 혹은 지하공작원으로 혹은 빨치산으로 활동하면서 그들이 말하는 '투쟁 경력'을 상당히 쌓아 올린 사람들이다.

하기훈이 어떠한 동기에서 공산주의자가 되었는지는 분명히 밝혀진 바 없다. 때로는 냉담한 허무주의자 같기도 하고 때로는 다정다감한 시인 같기도

한 그가 독자들에게 소개되었을 때는 이미 공산주의자가 되어 있었다. 그는 보기에 따라서는 아주 투철한 공산주의자 같기도 하다. 기회주의적 동기에서 남로당 입당원서에 서명까지 한 자기 아우를 '반동분자'로 규정하면서, "만일 남반부의 전부가 해방되고 전쟁이 끝난다면 난 너를 어느 구석의 탄광에 보내겠다."고 말했을 정도의 그는,[20] 6 · 25 당시 부하를 거느리고 지프차를 타고 다닐 수 있는 위치에 이미 오르고 있었다.

그러나 하기훈을 어릴 때부터 알고 있으며 한때 공산주의에 심취한 적도 있었던 민족주의자 석산(石山) 선생에 따르면, 기훈은 진정한 공산주의자가 되기 어려운 인물이다. 낭만적이며 시인 기질이 너무 강하다는 것이다. 석산 선생에 따르면, 하기훈의 낭만적 시인 기질은 허무주의로 통한다. 그는 결국에 가서 아무것도 믿지 않는다는 것이다. 공산주의자가 되려면, "마치 예수쟁이가 하나님만을 믿는 것처럼" 완강한 믿음을 가져야 하는데, 하기훈에게는 그 맹목적인 믿음이 없다는 것이다. 심지어 석산 선생은, "자네는 공산주의 사회에서 가장 위험한 인물"이라고까지 말한다.[21]

하기훈이 석산 선생을 배반하고 공산주의자가 될 것임을 암시했을 때, 그것은 "너 자신을 배반하는 것과 마찬가지"라는 말을 들은 적이 있다. 기훈은 그와 비슷한 말을 그의 애인 이가화(李嘉禾)로부터도 들었고, 그의 직속 부하 장덕삼으로부터도 들었다. 그가 "나는 아무도 사랑한 일이 없다. 나는 내 이념을 사랑했을 뿐이다."라고 말하며, 가화에 대한 애정이 없는 것처럼 말했을 때, 가화는 그것이 일종의 자기기만 내지 위악(僞惡)이라고 대꾸했다. 그리고 언젠가 회의적인 자신의 심중을 털어놓은 장덕삼에게 '반역자'라고

20 박경리, 『시장과 전장』, 현암사, 1964, p.201.
21 같은 책, p.71.

매도하며 호통을 쳤을 때, 장덕삼은 "하동무, 하동무, 거, 거짓말 그, 그만 하시오. 당신이나 나나 마찬가지요. 당신이 좀 더 냉정하고 참을성이 있다는 점이 다르지요."라고 받아 넘긴 일이 있었다.[22]

하기훈에게는 다정다감한 일면이 있었다. 학생 시절에 해인사에 가 있었을 때, 고독에 못 견디어 돼지 새끼들에게 정을 붙인 적이 있었고, 6·25 중의 어느 날 노상에서 비둘기에게 모이를 주는 어린이와 잠시 친구가 되곤, 다음에 올 때는 콩을 많이 갖다 주겠다고 약속하기도 하였다. 그리고 인민군이 후퇴하는 위급한 마당에서 부상당한 소년병을 동생처럼 돌보아 주는 인간미를 보이기도 하였다.[23] 한마디로 말해서, 그에게는 휴머니스트의 색채가 있었다.

장덕삼도 하기훈을 휴머니스트라고 평한 적이 있다. 다음에 그들의 대화한 구절을 인용해 보기로 하자.

> "아무튼, 아무튼, 뭐라 해도 하동무는 휴머니스트요!"
>
> "맑스는 휴머니스트가 아니더란 말이오? 맑시즘은 휴머니즘이 아니란 말이오?"
>
> "맑스는 휴머니스트였죠. 하지만 볼셰비키는, 레닌은 아니었습니다. 스탈린도 아니었습니다. …"[24]

그렇다면 북한의 공산주의는 어느 쪽일까? 하기훈과 장덕삼의 대화는 이 문제에까지는 언급하지 않았다. 그러나 이 문제는 그들에 있어서 매우 절실

---

22 같은 책, p.130, pp.191-192 및 p.356 참조.
23 같은 책, pp.93-94, p.173 및 pp.268-269 참조.
24 같은 책, p.223.

한 문제였을 것이다.

장덕삼은 학생 시절에 "연인을 생각하듯 커뮤니즘을 동경한" 낭만적인 성격의 소유자다. 공산주의 이론에 대한 정확한 지식이 있었던 것은 아니고, 다만 혁명가 교의문답(敎義問答)에 나오는 멋있는 문구와 그 주인공 네차예프의 소설적 인물에 반한 것이 동기가 되어, 젊은 꿈을 안고 공산주의 세계에 뛰어든 사람이다. 월북을 감행한 행동파이기도 했던 그는 전형적 이상주의자였다.[25]

새롭고 옳은 사회를 건설하는 보람된 과업에 참여한다는 꿈을 안고 월북한 장덕삼은 머지않아 회의에 빠지게 된다. "몇 사람의 지도자들을 빼놓고 과연 지식 분자들이 그 세계에서 필요한가?" 하는 의문을 품게 된 것이다. 자기 딴에는 열성적으로 하느라고 하지만, 저쪽에서 그것을 믿어 주지 않고 받아들이지 않고 있음을 눈치 챘을 때, 공산주의자들 사이에도 계급의 벽이 있음을 깨닫고, 그는 자기의 처지에 고독을 느꼈다. "같이 박수를 치고 소리를 지르다가도 문득 혼자서 있는 걸 느끼곤" 했다. 처음에는 지식인으로서의 우월감을 가지고 임했던 것인데, 이젠 속절없이 열등감으로 떨어져야 함을 알았을 때, 인간 장덕삼은 역시 괴로웠다고 술회한다.[26]

북한 당국으로부터 받은 불신과 소외에 대하여 장덕삼은 한때 불평과 야속함을 느꼈다. 그러나 전세가 불리하여 패주하는 빨치산 대열에 끼여 갖은 고생을 했을 때, 그는 "그네들의 판단이 정확했다."고 뉘우쳤다. 노동자, 농민 출신의 빨치산과 같은 투철한 계급의식과 강인한 투쟁심이 자기에게 없다는 것을 깨달은 것이다. 그들의 계급의식과 투쟁심이 본능인 데 비하여 지식인

---

25 같은 책, pp.219-220 참조.
26 같은 책, p.222 참조.

의 그것은 의지적임에 불과함을 알았고, 지식인에게는 언제든지 배반할 수 있는 가능성이 숨어 있음을 제 마음속에 발견하였다. 그는 그의 선배이며 상사인 하기훈에게 이렇게 말하고 있다.

> "우리의 뿌리는 부르주아 계급에 있는 겁니다. 우리는 다만 프롤레타리아에게 가지를 뻗었을 뿐입니다. 하나, 그들은 무산계급에 뿌리를 박고 꿋꿋이 서 있습니다. 설령 그들이 부르주아 계급에 가지를 뻗었다 하더라도 그 가지는 쳐버리면 그만입니다. 그러나 우리는 가지를 쳐버려도 뿌리에서 새싹이 돋아나지 않습니다. 그 유식한 의식 때문입니다. 우리는 물 위에 뜬 기름입니다. 우리는 돌아갈 길이 없습니다."[27]

산길을 타고 북으로 도주하다 장덕삼은 토벌대에 잡혔다. 살고 싶어서 그는 정직한 자백서를 썼다. 이념에 대한 정열도 혁명에 대한 히로이즘도 이제 모두 사라지고, 그는 오로지 살고 싶었다. 결국 그는 귀순하여 국군에 협력한다. 그리고 이념이나 구호가 없는 한국으로 돌아온 것을 자기를 위한 진정한 해방이라고 느꼈다.[28]

8 · 15에서 6 · 25에 이르는 약 5년 동안에 공산주의로 기울었던 젊은 지식인의 수효는 상당히 많았을 것으로 짐작된다. 그들 가운데는 명백한 이해타산에서 그 길을 택한 사람들도 있을 것이나, 대부분의 경우는 미지의 것에 대한 막연한 동경 또는 낭만 섞인 이상주의를 따라 그렇게 했을 것으로 추측된다. 하기훈과 장덕삼은 바로 그러한 청년들의 표본이다.

27 같은 책, pp.356-357.
28 같은 책, pp.403-404.

8·15 이후 남한과 북한의 현실을 지배한 것은 낭만주의도 아니고 이상주의도 아니었다. 모든 시대의 모든 사회가 대체로 그랬듯이 여기도 생존과 지배를 위한 치열한 경쟁의 마당이었다. 질서가 잡히기 이전의 과도기였던 까닭에, 세속적 사회 경쟁이 특히 가열했다고 보는 편이 옳을 것이다. 이러한 사회 풍토 안에서 낭만주의자나 이상주의자가 뜻을 이루고 산다는 것은 매우 어려운 일이어서, 젊어서 한때 꿈을 사랑하던 사람들도 조만간 생존의 현실로 돌아오기 마련이었다.

어떤 이념을 위해서 자신을 희생하겠노라 나서는 사람들도 그 마음의 바닥에는 자기 자신을 아끼는 마음이 깔려 있다. '올바른 새 사회'의 건설을 위해서 그 길을 택한다고 공언한 젊은 지식인들의 경우도 아마 대개는 예외가 아닐 것이다. 그토록 헌신적인 노력으로 공을 세우면, 앞으로 실현될 '새 세상'에서 인정도 받고 어느 정도의 대접도 받을 것을 기대하는 것이 인간의 심리일 것이다. 그러나 이 기대가 충족될 수 없는 것임을 깨닫고 장덕삼은 자기의 행로에 대하여 회의와 딜레마를 느끼기 시작한 것인데, 이와 같은 기대의 어긋남을 경험한 것은 장덕삼에게만 특유한 사건이 아니었다.

성격이 냉정하고 인내심이 강한 하기훈의 경우는 장덕삼보다는 공산주의 사회에 대한 적응력이 강했다. 그는 의식 자체도 견고했으며, 대한민국으로 돌아올 수 있는 기회가 있었으나 끝내 마음을 바꾸지 않았다. 그러나 그도 지식인 공산주의자의 한계를 모를 정도로 우둔한 사람은 아니었다. "남반부에 완전한 해방이 오면 그때부터 5개년 혹은 3개년 계획을 할 일꾼들은 따로 있어. 당신이나 나 같은 소모품은 쓸모없이 된단 말이요."라고 덕삼에게 말했을 때 그는 농을 하듯 싱글싱글 웃었다지만,[29] 인간 하기훈의 마음 바닥은 역

---

29 같은 책, p.222.

시 허전했을 것으로 생각된다.

6 · 25를 전후해서 월북한 지식인들이 그쪽에서 실제로 어떠한 생애를 겪게 되었는지 소상한 내막은 알 수 없다. 다만, 그들의 계급이론 또는 남로당 숙청설 등으로 미루어 볼 때, 그리 만족스럽지 못한 사례가 많을 것이라는 것이 일반적 관측이다. 어쨌든, 6 · 25의 처절한 비극을 몸소 경험한 지식인들 사이에 북한에 대한 안이하고 낭만적인 태도가 안개처럼 사라졌다는 것은 우리 모두 잘 아는 사실이다.

공산주의 또는 북한에 대한 태도가 달라진 것은 지식인만이 아니었다. 공산주의를 싫어하는 감정이 남한 각계각층에 퍼지기 시작했다. 대부분의 소시민과 농민들은, "불편부당이라야 살아 남는다."는 정감록의 비결을 믿은 것일까. 전란이 일어나던 초기에는 마치 제삼자인 양 관전하는 경향이 현저했으나,[30] 전쟁이 장기화하며 밀고 밀리고 편싸움이 지속되는 가운데, 국외자로서 불편부당(不偏不黨)으로 남는다는 것이 사실상 어렵게 되었다. 필경은 양자택일이 불가피하게 되었고, 그래서 남한의 국민은 모두 자기가 남한의 국민임을 자인하는 동시에 공산주의를 '무섭고 나쁜 사상'으로 규정하는 데 동의하기에 이르렀다.

그러나 이승만의 독재정권을 사랑하고 지지한 것은 아니었다. 막연히 '민주주의'의 편을 선택하기는 하였으나, 지켜야 할 민주주의가 현실적으로 손에 잡혔던 것은 아니고, 민주주의 조국이라는 공동의 관심사는 미래를 위한 과제로서 떠올랐을 뿐이다.

---

30 같은 책, p.165 참조.

2) 민주 의식의 발아

8 · 15 직후 수년 동안의 남한의 정치 풍토는 분열과 혼란으로 특징지어진다. 서울은 서울대로, 지방은 지방대로, 좌와 우가 갈라지고 또 그 사이에 중간노선이 있었다. 학교의 선생들과 학생들도 그렇게 분열되고, 그 밖의 일반 직장도 비슷한 사정이었다. 그러던 것이 6 · 25 전쟁을 계기로 국론은 통일의 조짐을 보이기 시작했다. 공공연하게 좌익을 지지하는 사람이 자취를 감추었을 뿐 아니라, 중간노선을 들고 나오는 사람도 보기 어렵게 되었다. 이를테면 '민주주의'의 기치 아래로 모든 국민이 모이기 시작한 셈이다. 그러나 엄밀하게 말해서, 민주주의에 대한 투철한 의식의 뒷받침이 있어서 그러한 태도의 일치가 나타난 것으로 보기는 어렵다. 사람들의 태도의 일치는 공산주의에 반대한다는 부정의 면에 있어서 이루어졌을 뿐이다. '민주주의'에 대한 막연한 관념과 막연한 동경을 가지게 된 것은 사실이나, 그 개념에 대한 정확한 이해나 확고한 신념에는 아직 도달하지 못한 것이 국민 대다수의 실정이었다.

민주주의의 나라를 건설하기 위해서는, 일반투표와 다수결 등의 형식적 절차도 물론 중요하지만, 사람들의 사고방식 내지 생활 태도가 민주주의에 적합한 것으로 바뀌어야 한다. 예컨대, 민주 사회에 있어서의 자유의 의미, 자유에 따르는 책임, 권리와 의무의 관계, 인간의 존엄성과 평등 등에 대하여 수준 높은 양식이 있어야 하고, 그 양식이 생활화해야 한다. 그러나 개화의 기운이 일자마자 일제의 통치 아래 놓이게 된 한국인은 민주주의적인 교육 또는 훈련을 거의 받지 못한 상태에서 해방을 맞이했고, 따라서 다시 회복한 조국을 민주주의의 나라로서 건설하기에 필요한 정신적 준비가 매우 미흡한 상태에서 출발할 수밖에 없었다.

1948년 5월, 초대 국회를 위한 총선거는 국제연합이 산파역을 맡고 민주주의적 절차에 따라서 실시되었다. 그러나 그 투표에 참가한 유권자들 가운데는 자기의 투표 행위의 의미를 모르는 사람들도 많았다. 막걸리 한 잔 또는 고무신 한 켤레에 주권을 판 사람도 많았고, 남의 지시를 따라서 기계적으로 붓뚜껑을 누른 사람도 많았다. 같은 해 7월에 제정된 헌법은 서구식 민주주의의 모형을 따라서 별로 손색없는 내용을 갖추었다. 그러나 그 헌법의 정신을 그대로 살리기에는 사람들의 의식구조에 문제점이 많았다.

수십 년의 세월을 미국에서 살았고 민주주의적 투표의 절차를 거쳐서 선출된 초대 대통령 이승만 자신도 이 나라를 민주주의적으로 이끌어 갈 결심이 부족하였다. 그는 국부(國父)로서 자처했고 가부장적 자세로 국민을 대하였다. 어떠한 장관에 대해서도 그는 '자네'라는 호칭을 사용하였고, 장관은 고사하고 국회의장까지도 이승만 앞에서는 일개 비서에 지나지 않았다.

이승만 정권의 '민주주의'는 오직 형식과 절차에 관한 것이었고, 그 내용은 철저한 1인 독재였다. 이승만은 가끔 민의를 앞세웠으나, 그가 말하는 '민의'는 곧 자기의 의사에 지나지 않았다. 그는 자기가 세 번째로 대통령이 될 수 있는 길을 열기 위해서 헌법의 개정을 명령하였고, 개헌안에 대한 찬성표가 한 표 부족함이 발견되었을 때, '사사오입(四捨五入)'이라는 수학의 개념을 자의로 해석 적용함으로써 그것을 통과시켰다.

이승만 정권을 떠받드는 여당으로서 자유당이 생기고, 이를 견제하는 야당으로서 민주당이 생겼으나, 이것도 민주주의의 외형을 갖추는 구실을 하는 데 그쳤고 실질적인 정당정치를 위한 단체로 보기는 어려웠다. 자유당은 정당이 아니라 도당(徒黨)이라는 말이 있을 정도로 그 생리가 비민주주의적이었다. 자유당의 비민주성을 상징적으로 입증하는 것으로서는, 야당 탄압의 수단으로서 깡패 조직을 공공연하게 이용했다는 사실을 지적할 수 있을 것이다.

이승만 정권과 자유당의 비민주적 횡포는 1960년 정부통령 선거에서 자행한 부정(不正)에 의하여 극에 달하였다. 이른바 이 3·15 부정선거에 있어서 자유당은, 반대파의 대통령 입후보를 "폭력으로써 방해하여 무경쟁 상태를 조작"했으며, 부통령 선거에 있어서는 '부정선거 비밀 지령'에 의하여 "유권자의 약 4할을 기권케 함으로써, 투표 개시 시간 전에 그만큼 되는 수의 무더기표를 투입했으며, 또 4할은 3인조, 9인조를 통하여 내통식 공개투표를 유권자에게 강요하는" 묘안을 실천에 옮겼던 것이다.[31] 민주주의를 근본적으로 부정한 이 만행은 학생들을 비롯한 국민의 분노심을 자극하여 급기야 4·19 혁명을 일으켰거니와, 3·15 부정선거와 4·19 혁명 당시의 상황을 소재로 삼은 소설로서 강신재(康信哉)의 『오늘과 내일』이 있다.

작가 강신재의 눈에 비친 4·19 학생운동의 기본 특색은, 그 의거의 동기가 정치적이라기보다는 윤리적이라는 점에서 찾을 수 있을 것이다. 『오늘과 내일』의 주요 등장인물의 하나인 대학생 영택과 그의 친구 윤미와의 대화는 이 점을 잘 말해 주고 있다.

> "저이 여대에도 모측에서 맹렬히 정치적 교섭을 벌여 오고 있어요. 매일 공부도 할 수 없을 지경으로."
>
> 그녀는 우울한 듯 이마를 수그리며 말을 이었다.
>
> "우리로서는 우리대로의 생각이 있어서 혹시 어떤 행동으로 나가기를 결의한다 하더라도, 무슨 정당의 공작 같은 것의 영향을 받고 싶지가 않은 거예요.… 동기는 혼탁하게 만들 수가 없어요. 곤란한 건 매수당한 일부 남자 대학생들이 끈질기게 밀고 나오며 강요하듯 하는 일입니다. …"
>
> "오늘 나는 우리 학교의 회장을 만나 보고 준호와도 애기를 했습니다만, 학

31 『동아일보』, 1960년 3월 18일자, 사설 참조.

생운동의 순수성을 고수하자는 태도에 관해서는 논의의 여지도 없는 것 같더군요. 생각이 그런데야 뭐 답답할 거 있습니까? 여자 대학도 소신대로 밀고 나갈 뿐이겠죠."[32]

데모 대열에 끼어들어 필경 희생자가 된 고교생 대섭의 경우는 그 동기가 더욱 순진하고 소박하다. 대섭은 집을 나간 아버지를 찾아 시골에 갔다가 돌아오는 길에 우연히 데모대와 마주쳤고, "학생으로서의 본분을 잃지 않고 그리고 할 말을 하자는 그들의 자세는 훌륭한 스포츠 정신과도 같아서" 감격한 나머지 그 대열에 뛰어들었던 것이다. "국가기관이 국민의 의사 표시에 발포로 응하였다는 것은 심각한 일이었다. 국가와 국민의 의사가 앞으로도 계속 소통하지 않으리라는 것은 그보다 더 심각한 일"이라는 견지에서, 그를 시정하기 위한 것이 데모라면, 거기에 참가하는 것이 자기의 의무라고 판단했던 것이다.[33]

4 · 19 혁명은 정권교체라는 명확한 목표를 위한 조직적 운동은 아니었다. 그것은 부정과 불의 그리고 비인간적 만행에 대한 분노와 울분의 자연적 폭발이었고, 처음부터 정권을 이어받거나 누구에게 넘겨주겠다는 목적의식이 있었던 것은 아니다. 1960년 4월 18일의 고려대학생 선언문과 그 다음 날의 서울대학생 선언문에 정권 타도에 관한 말은 한마디도 없다는 주목할 만한 사실이 4 · 19 학생운동의 성격을 단적으로 말해 준다. (4월 25일에 채택된 대학교수단 시국선언문에서 비로소 대통령을 위시한 삼부요인(三部要人)들의 인책 사임을 요구하는 발언이 나온다.)

32 강신재, 『오늘과 내일』, 『신한국문학전집』, 어문각, 1976, 11권, pp.45-46.
33 같은 책, pp.68-69.

정권 교체에 대한 확고한 목적의식이 없었던 까닭에, 이 대통령이 하야(下野)를 선언했을 때, 어떠한 이데올로기로써 앞으로 이 나라를 건설해 나가야 한다는 복안이 없었다. 다만, "청신하고 의욕에 불타는 새 정권의 출현"을 기다릴 뿐이었다. 그리고 "보복적인 가열한 처벌, 이를테면 법률을 떠난 정치재판 같은 형식의 음산한 숙청이 그들 책임자들에게 가해질 것을" 이승만과 면담까지 한 학생대표 영택도 원치 않았다.[34] 부정과 불의를 용납할 수 없다는 학생들의 의사가 표현되는 그것이 받아들여진 것으로 학생들의 소임은 일단 끝난 것으로 보았다.[35]

4·19 학생운동이 순수하고 소박했다는 것은 영택이를 포함한 다섯 명의 대표가 이 대통령을 면접하는 대목에서 더욱 잘 나타나고 있다. 이 박사 앞에 안내되었을 때, 다섯 사람은 우선 허리를 굽혀 경의를 표시했다. 그리고 그들은 그 국가원수를 규탄하고 물러나게 하려고 그곳에 갔지만, "그 늙은 애국자를 증오하고 저주하는 의미로 적일 수는 없다"고 보았다. 마침내 대통령이 하야의 뜻을 밝혔을 때는, "문책자들도 갑자기 눈물이 복받쳐 오른 것을 억제하기 어려웠을" 정도로, 그들은 감상적이기도 하였다.[36]

물론, 면담 장면에 관한 이러한 묘사에는 여류작가 자신의 심리도 투영되어 있을지 모른다. 그러나 이 박사가 경무대를 떠나던 날, 수많은 군중이 연도를 메우고 서서 열띤 박수와 뜨거운 눈물로 그를 '환송'했다는 엄연한 사실로 미루어, 소설 중의 장면이 단순한 주관의 날조는 아닐 것으로 보인다.

비록 정권 교체의 뚜렷한 목적의식에서 출발한 것은 아니었으나, 4·19를 계기로 우리나라의 지식층이 바라는 정치가 어떠한 것인지 그 방향이 뚜렷이

---

34 같은 책, p.128.
35 같은 책, p.98 참조.
36 같은 책, pp.95-97.

드러나게 되었다. 『오늘과 내일』에 소개된 고려대학생들의 결의문에도 그것이 어렴풋이 나타나고 있으나 그보다도 앞에서 언급한 고려대학교 및 서울대학교 학생회가 발표한 선언문에 더욱 명백하게 그것이 언명되고 있다.

고려대학생 선언문에는, "우리 고대는 … 해방 후에는 인간의 자유와 존경을 사수하기 위하여 멸공전선의 전위적 대열에 섰으나, 오늘은 진정한 민주 이념의 쟁취를 위한 반항의 봉화를 높이 들어야 하겠다."는 말이 있다.[37] 그리고 서울대학생 선언문에도 "한국의 일천한 대학사(大學史)가 적색전제(赤色專制)에의 과감한 투쟁의 거획(巨劃)을 장(掌)하고 있는데 크나큰 자부를 느끼는 것과 같은 논리의 연역(演繹)에서 민주주의를 위장한 백색전제(白色專制)에의 항의를 가장 높은 영광으로 우리는 자부한다."는 말이 있다.[38]

적색전제도 백색전제도 모두 거부하고 진정한 민주주의를 위해 싸우겠다는 선언이다. 그 민주 이념의 기본 개념은 의당 자유일 수밖에 없었다. 서울대학생 선언문의 짧은 글 속에 '자유'라는 말이 열네 번이나 사용되고 있음은 그들이 갈망한 민주주의의 핵심이 무엇인가를 잘 말해 준다. "민주주의의 정치사는 자유의 투쟁사다." "근대적 민주주의의 기간(基幹)은 자유다." 이렇게 거듭 강조하면서, 그들은 "자유의 전장"에 "기쁨에 넘쳐 자유의 횃불을 올린다."고 외쳤던 것이다.

서울대학생 선언문 가운데 또 거듭 사용된 단어로는 '이성' 또는 '지성'이라는 말과 '양심'이라는 말이 있다. 진정한 민주주의 사회는 이성과 양심이 지배하는 사회라는 신념이 깔려 있었다고 해석해도 좋을 것이다. 이성과 양심이 지배하는 자유로운 나라의 실현, 이것이 4·19 혁명을 주도한 지성의

37 『한국현대명논설집』, 『신동아』, 1972년 1월호 별책부록, p.304.
38 같은 책, p.305.

절실한 소망이었다.

그러나 이러한 민주 의식이 그 당시 전체 국민에게 확고했다고는 생각되지 않는다. 정치에 대한 무관심 내지 방관적 태도가 아마 더 일반적이었을 것이다. "이 박사가 됐든지 신익희가 됐든지 알게 뭐란 말요. 그저 우리 건이 중학교 쑤욱 들어가서…" 이런 식의 사고방식은 『오늘과 내일』의 백 여사만의 생각은 아니었을 것이며, 그의 남편이 읽어 내려가는 신문의 구절은 더욱 암시적이다. "개표는 참관 없이, 시민은 관심 없이, 낮술 들이켜는 시민, 개표 결과엔 흥미 잃고, …"[39]

오랫동안 눌려만 살아왔기 때문일까. 한국의 국민은 체념이 빠르다. "정권 다 뺏기고 난 연에 네미, 데모가 무슨 소용이야. 그렇잖아? 소 잃고 외양간 고치는 격이지. … 세상은 자유당 판인데, 아 기왕 그렇게 생긴 놈의 걸 뭘 찾아 먹겠다구 마산 것들은 들이 뎀볐을까, 들이 뎀비길…"[40] 이것은 키 작고 잔망스러운 복덕방 영감의 말이지만, 아마 이 비슷한 생각을 한 사람은 그 밖에도 많았을 것이다. 영택이 어머니 즉 매지마누라 같은 사람은 숫제 독재를 하더라도 "이승만 우리 대통령" 같은 분이 꽉꽉 눌러 가며 국민을 다스려야 나라 꼴이 된다고 믿었다.[41]

다만, 부정과 부패 그리고 비인간적 만행만은 막아야 한다고 믿은 점에 있어서, 온 국민의 의견은 대체로 일치하였다. 깡패인 둘째 아들 만택이가 벌어들인 돈뭉치를 대견스럽게 생각한 매지마누라까지도, "부정부패는 못쓴다. 사람이 맑아야지." 하고 말했을 정도다.[42] 학생들이 가두시위에 나섰을

---

39 강신재, 『오늘과 내일』, p.24.
40 같은 책, p.35.
41 같은 책, p.28 참조.
42 같은 책, p.33 참조.

때 다수의 시민이 호응한 것도 부정과 부패 그리고 마산에서의 비인간적 만행에 대한 울분이 가장 큰 요인이었을 것으로 짐작된다.

권력층의 부정과 횡포에 항의하는 국민 전체의 일치된 감정도 민주주의의 실현을 위한 필요조건이라 하겠으나, 그것만으로 충분한 것은 아니다. 더욱 중요한 것은 주권자로서의 권리와 의무에 관한 확고한 신념이다. 학생 및 그 밖의 지식층의 자유에 대한 강조는 민권 의식의 표현이라 하겠다. 그리고 이성과 양심에 대한 강조는 그것이 자신에게 적용될 때 권리에 따르는 의무의 의식에 미치게 될 것이다. 그런 뜻에서, 자유와 이성과 양심을 내세운 지식층의 정치의식은 민주 이념의 실현을 위한 값진 토대라고 할 수 있을 것이다. 그러나 이론과 실천 사이에는 대체로 먼 거리가 있다. 자유와 이성과 양심을 주장하는 사람들도, 자기의 자유와 남의 양심을 걱정하는 데만 골몰하고, 남의 자유와 자기의 양심의 문제는 소홀히 하는 경향이 있다. 지식층뿐 아니라 온 국민이 주권자로서의 권리 의식에 투철한 동시에, 국민으로서의 의무에도 실천적으로 민감할 때, 비로소 진정한 민주주의 사회가 실현될 것이다. 4 · 19는 우리나라의 정치발전을 위한 획기적인 전환점이었음에 틀림이 없으나, 명실이 상부한 민주주의 실현은 아직도 요원한 과제로서 남아 있었다.

4. 민족의식과 민주 의식

1) 대학가의 불협화음

4 · 19 직후 한동안 한국의 젊은 지식층은 희망에 부풀어 의욕이 넘쳤다. 독재와 부패로 민심을 잃었던 자유당 정권은 물러가고, 민주 정권이 설 것이 기대되었다. 해묵은 부패의 풍토는 대학생이 앞장선 신생활 운동의 힘으로 점차 개선될 수 있을 듯하였다. 심지어 일부에서는 민족의 염원인 남북통일을

위한 새로운 일보(一步)를 내디딜 수도 있을 것이라고 희망하기도 하였다.

그러나 역사적 현실은 젊은 지식층의 낙관적 기대와는 다르게 전개되었다. 장면(張勉)을 수반으로 하는 민주당 정권이 수립되었으나, 누적된 문제들을 갑자기 풀어 나갈 특별한 묘방(妙方)이 있을 리 없었다. 자유당 시절에 비하여 자유로운 분위기가 지배한 점은 좋았으나, 그 자유로운 분위기를 민주 사회 건설의 활력소로서 살리기에는 민도(民度)가 충분히 높지 못했고, 강력한 규제의 부재가 도리어 사회의 혼란을 부르는 사례도 적지 않았다. 권력층의 부패는 자유당만의 특수한 실태가 아니어서, 사회 정화에 대한 국민의 여망은 신생활운동의 기치나 청조회(淸潮會)의 구호 정도로는 충족될 전망이 보이지 않았다.

자신들의 실력에 의해서라기보다는 학생들의 응원에 힘입어 그 자리를 차지하게 된 민주당 정권은 그 기반이 충분히 든든하지 못했다. 그런데 당시의 국내외 사정은 너무나 많은 어려움을 안고 있었다. 밖으로는 잠시도 마음을 놓을 수 없는 북한과 대결해야 했고, 안으로는 참담할 정도로 심각한 빈곤과 싸워야 했다. 민주주의적이면서도 강력한 통솔력을 가진 정권을 요구하는 상황이었는데, 민주당 정권에게는 안정된 기반 위에서 발전을 도모하기에 충분한 힘이 없었다. 강력한 통솔력이 부족했던 까닭에 국론은 분열되고 휴전선은 날로 불안했으며, 대다수의 국민은 기본 생활마저 위협을 받는 형편이었다. 이토록 불안한 상황을 배경으로 삼고, 드디어 1961년 5·16 군사혁명이 일어나게 되었다.

5·16의 주체 세력은 5·16 군사혁명이 4·19 정신을 계승했다고 공언했으나, 4·19의 주동 세력으로 볼 수 있는 대학생 계층은 5·16에 대해서 처음부터 다소간 거리감을 느끼는 경향이 있었다. 대학생에도 여러 부류가 있었으므로 5·16을 보는 그들의 견해도 한가지로 묶어서 말할 수는 없을 것이나, 적어도 정치나 사회 문제에 관심이 많은 학생들의 경우는 당시의 현실을

부정의 각도에서 보고자 하는 경향이 있었다. 이 현실 부정의 태도는 대학생들이 가진 젊음과 밀접한 관계가 있었을 것이다.

젊음과 어느 정도의 지식을 아울러 가진 대학생들은 이상주의로 달리기 쉽고, 이상주의의 견지에서 볼 때, 현실은 대체로 개조를 요청하는 것으로 나타나기 마련이다. 5 · 16 군사정권도 '구악(舊惡)의 일소(一掃)'와 '인간 개조' 등 혁신을 외치고 나서기는 했으나, 이미 집권층으로서 현실에 대한 책임을 져야 할 위치에 놓인 그들은 함부로 변혁과 급진을 추구할 입장이 아니었다. 밖으로는 안보의 열쇠를 쥔 미국의 의견을 무시할 수 없었고, 안으로는 경제적 기반이 강한 보수세력과 제휴하지 않을 수 없었다. 젊은 혁신주의자들은 본래부터 보수세력에 저항을 느껴 왔고, 새로운 보수세력으로 등장한 군사정부에 대해서도 큰 기대를 갖지 않았던 것으로 보인다.

5 · 16 주체 세력과 많은 대학생들은 함께 민족주의를 들고 나왔다는 점에 있어서 공통점을 보이기도 하였다. 그러나 그들은 다 같이 민족을 앞세웠지만, 정치적 현실을 대하는 태도에는 현격한 차이가 있었다. 본래 한국에 있어서의 민족주의는 일본과 미국에 대한 반감과 경계심에서 출발했다 하여도 과언이 아닐 것이다. 현실에 대한 이렇다 할 부담도 없이 단순하게 자기 감정에 충실할 수 있었던 대학생들의 민족주의는 거리낌 없는 반일(反日)과 반미(反美)를 주장의 줄거리로 삼게 되었고, 그런 뜻에서 '타협 없는 민족주의'라고 부를 수 있는 성질의 것이었다. 그러나 북한과 대결해 가며 정권을 유지해야 한다는 부담을 안고 있는 5 · 16의 주체 세력은 미국 및 일본의 협력을 필요로 했고, 미국과 일본을 맹방(盟邦)으로 삼을 수밖에 없는 그들의 민족주의는 현실과의 타협에서 출발할 수밖에 없었다.

현실과의 타협이 불가피하다 함은 보수의 길을 택할 수밖에 없다는 뜻이 된다. 국제관계에 있어서 보수의 길을 택할 수밖에 없었던 5 · 16 정권은 국내에 있어서도 보수세력의 계층을 정치적 기반으로 삼기 마련이었다. 결국

5 · 16의 민족주의는 보수적 민족주의로서 그 성격을 굳힐 수밖에 없었던 것이며, 특히 외교와 경제에 있어서 철저한 민족주의를 고집할 수 없었던 까닭에, 민족주의의 중심을 문화 정책 쪽으로 옮기는 결과를 빚기도 하였다.

반일과 반미에 역점을 두는 대학생들의 민족주의는 타협을 싫어하는 젊은이의 기질을 따라서 급진적 혁신을 지향하는 동시에 5천만 한민족의 절실한 염원인 남북통일을 시급한 당면 과제로서 생각하는 경향이 강했다. 민주당 정권 시절에, 대학생들의 일부가 민족통일연맹(民族統一聯盟)의 이름 아래 북한의 대학생들과 만나 통일의 실마리를 찾겠다고 서두른 것도 그러한 경향의 표현이거니와, 남북문제에 대한 이러한 태도를 매우 못마땅하게 생각한 것이 바로 군부의 장성들이었고 5 · 16의 주체 세력이었다. 요컨대, 양자가 모두 민족의 주체성을 강조했지만, 하나는 기존 보수세력을 지지 기반으로 삼았고 다른 하나는 대중의 대변자임을 자처한 급진주의자에 가까웠던 까닭에, 두 입장이 하나의 통합된 힘으로 뭉치기 어려운 이질성을 간직하고 있었다.

급진적 민족주의의 경향을 가진 학생들이 수적으로 큰 비율을 차지했다고는 생각되지 않는다. 비록 그들의 수는 적었으나 의식이 확고하고 적극성을 띠었던 까닭에 일반 대학생들에게 미치는 영향이 컸다. 정치의식에 있어서 보수적인 학생들까지도 군인들의 보수적 민족주의보다는 학생들의 급진적 민족주의 쪽에 친화감을 느끼는 경향이 있었다. 군인과 지식인의 사고방식의 차이, 대학생끼리의 동류의식, 그리고 비판과 부정 쪽으로 기울기 쉬운 지식사회의 인습적 경향 등이 아울러 작용한 것일까. 5 · 16 이후의 대학 사회와 정치 권력층 사이에는 불협화(不協和)의 분위기가 은연중 지배하였다.

당시의 많은 대학생들은 5 · 16 군사정권에 대하여 우호적이 아니었을 뿐 아니라 그 정권 아래 있는 사회 현실 전반에 대해서도 불만이 많았다. 현실에 대한 불만은 시위라는 방법으로 표현되었다. 학생들의 시위 행위는 4 · 19의 여세를 몰아 민주당 정권 시절에는 유행처럼 빈번히 일어났으며, 5·16 이후에도 같은 행태가 계속되었던 것이다. 민주당 정권은 학생들에게 약했던 까닭에 대학생들의 소란을 보고만 있었으나, 5·16 군사정권은 강한 제압으로 이를 저지했다. 강한 제압에 대하여 대학가는 더욱 반발하였고, 심한 반발은 또다시 새로운 제압을 초래하는 악순환이 계속되었다. 정권 주변과 대학가 사이의 불협화는, 같은 정권이 공화당을 주축으로 삼는 민간 정부로 형태를 바꾼 뒤에도 여전히 계속되었다.

대학가의 시위와 이에 대한 정부의 제압은 1964년 한일회담을 계기로 절정에 달하였다. 이른바 6·3 사태로 불리는 이 소란은 대학생들이 일반적으로 가졌던 반일 민족 감정을 바탕으로 삼은 것이며, 이 민족 감정에 불을 지르는 구실을 한 것은 근로대중의 대변인임을 자처하는 소수의 급진적 민족주의자들이었다고 보는 견해가 강하다. 어쨌든, 한일 국교 정상화에 반대한 것은 대학생들에 국한되지 않았고, 많은 교수들과 언론인들까지도 이에 동조하였다. 이들 대부분이 어떤 정치적 확신 내지 이데올로기를 배경으로 삼고 동조한 것은 아니며, 일본에 대한 소박한 민족 감정과 일본에 대한 경제적 예속을 두려워하는 막연한 피해의식에서 그렇게 한 경우가 많을 것이다.

한일회담을 쟁점으로 삼은 지식층의 반발이 격렬했던 만큼 이에 대한 정부 측의 제압도 혹심했다. 근 반년 가까이 대학들이 문을 닫았고, 언론과 사상의 자유에도 제한이 음양으로 가해졌다. 지식인이란 대부분 기질이 연약한 편이어서 강력한 제압 앞에서는 몸을 움츠리는 경향이 있다. 6·3 사태 이후에도 대학생의 시위 행위는 연중행사처럼 계속되었으나, 지엽적 문제에 트집을 잡는 듯한 유형의 것이 많았고, 정치나 사회에 대한 신념을 정직하게 표명하는 경우는 적었다.

소설 가운데도 5·16 이후의 정치 문제를 정면에서 소재로 다룬 작품은 아직까지 별로 없다. 김동선(金東銑)의 『황지(荒地)』는 1960년대 중반의 동숭동 문리대생들의 생활을 주제로 다룬 것이다. 간고한 학생이 가정교사 노릇하는 이야기, 하숙집 아주머니의 유혹에 빠져 정을 통하곤 피해 다니는 이야기, 캠퍼스 근방의 술집과 다방 이야기 등으로 엮어졌을 뿐, 학생들의 정치의식이나 이른바 학원 사태에 대해서는 별로 말이 없다. 1970년 3선 개헌을 반대하는 데모와 이로 인한 휴교에 간단한 언급이 있기는 하나, 데모를 감행한 학생들의 의식이나 사상에 대해서는 전혀 말이 없다. 다만, 학원이 평온을 되찾은 늦가을, 소용돌이 속에 "황금 같은 시절을 절단내 버린" 학생들이 허탈과 감상에 못 견디어 "잃어버린 시간을 안타까워하며" 술집으로 돌아다닌 이야기만 좀 전했을 뿐이다.[43]

난민촌, 평화시장 등으로 소재를 찾아다니는 가운데, "현재에 빠근하게 살아 있는 삶들과 떠돌면서 만났던 현장의 이야기들만을 추려서 묶었다."는 박태순(朴泰洵) 창작집 『정든 땅 언덕 위』도 대충 훑어보았으나, 작가나 작중인물의 정치적 이념이나 견해를 맹백하게 노출시킨 곳을 발견하지 못했다. 그 가운데 실린 단편 「이야기, 이야기, 이야기」에서는 숨겨 놓은 이야기가 많은 듯이 암시하고, "이 시대를 시끄럽게, 살아 움직이게 외쳐 부르짖게 할 이야기"를 할 듯 말 듯하다가, 종래 시원스러운 이야기는 묻어 둔 채 붓을 놓았다.[44]

조세희(趙世熙)는 1977년 작 「육교 위에서」라는 단편에서 대학 사회의 한 단면을 그렸다. "학생들의 의사를 나타낼 수 있는 유일한 방법인 데모가 잘 훈련된 조직과 새로운 데모 진압 기계에 의해 억압받기 시작한 때" 현실에 대하여 비판적인 학생들이 모여서 토론을 했고, 그들의 생각을 학교 신문에

43 김동선, 『황지』, 순천당, 1980, pp.144-145 참조.
44 박태순, 『정든 땅 언덕 위』, 민음사, 1973, 후기 및 pp.65 이하 참조.

발표하기 위하여 밤을 새워 원고를 쓴 이야기. 그러나 그 원고는 주간을 맡은 교수에 의하여 설교와 함께 되돌려졌다는 이야기. 그 원고를 이번에는 지하실 전등 아래서 등사판으로 밀었고, 그것을 다음 날 아침 학생들에게 나누어 주었으나 "학생들은 몸을 움츠리고 종종걸음을 쳤다."는 이야기. "큰 소리로 구호를 외쳐 대던 아이들이 군에 들어가고, 몇 개의 법도 새로 만들어진 뒤"에는 "같은 생각을 갖고 자주 만나 이야기한 학생들도" 등을 돌리기 시작했다는 사연. 아이들은 카드 놀이의 재미를 뒤늦게 알고 캠퍼스 안에서 포커에 열중했다는 이야기. 학생들의 원고를 실어 주지 않은 주간교수는 일본의 한국 지배를 위해 일한 사람의 손자이고, 「인간 이기붕(李起鵬)」이라는 글을 신문에 실은 사람의 아들로서, 계보(系譜)가 뚜렷한 인물답게 필경 관계(官界)로 진출하여 큰 감투를 썼다는 사연. 감투를 쓴 그가 학창 시절에 데모에 앞장섰던 졸업생을 협박과 유혹으로 회유했으며, 회유를 당한 졸업생은 고민 끝에 그 사람 곁으로 가까이 가더니, "냉난방 시설을 갖춘 큰 집에 없는 게 없이 해놓고 산다."는 이야기 등. 그러나 그 유인물로 만든 학생들의 원고의 내용이 무엇이며 카드 놀이를 즐기는 학생들의 머릿속을 채우고 있던 생각이 무엇인지는 한마디도 말하지 않았다.[45]

소설이란 연구 논문과는 달라서 이야기를 위주로 하는 것이니, 작가나 작중인물의 의식 세계를 반드시 명시해야 할 이유는 없을 것이다. 그러나 4·19 이전의 것에 비하여도 사상 문제를 명시적으로 다룬 것이 훨씬 적다는 사실로 미루어 볼 때, 지식인 사회에 현실 부정의 경향이 강했고, 그러한 경향을 거리낌없이 털어놓을 수 있는 분위기가 아니었다는 사정도 크게 작용했다는 해석도 가능할 것으로 보인다.

---

45 조세희, 「육교 위에서」, 『난장이가 쏘아올린 작은 공』, 문학과지성사, 1978, pp.153-167 참조.

2) 개혁에 대한 염원

젊은 지식인들의 정신세계를 내면적으로 파고들어 간 작가로서 최인훈(崔仁勳)을 들 수 있을 것이다. 자전적 요소가 강한 작품으로 알려진 『광장(廣場)』 및 『회색인(灰色人)』의 주인공 이명준(李明俊)과 독고준(獨孤俊)이 대표하는 지식인상은 직선적 저항과 과격한 행동을 숭상하는 급진주의자들과는 다른 유형으로서, 아마 겉으로 드러나지는 않으면서도 수적으로는 더 많은 현대 한국인의 지식층을 반영한 것이라고 보아도 좋을 것이다. 『광장』은 1952년 중립국으로 가는 석방 포로를 실은 인도의 배가 떠나는 장면부터 시작이 되고, 『회색인』의 이야기는 1958년 가을을 기점으로 전개되지만, 최인훈의 문학적 관심의 초점이 1950년대에 있었다고는 생각되지 않으며, 그의 작품에 나타난 한국의 정신적 상황과 지식인의 고민과 문제는 1960년대를 거쳐 1970년대 이후까지도 지속된 상황이요 문제라고 보는 편이 옳을 것이다.

『광장』의 이명준이 그랬듯이, 『회색인』의 독고준도 생명을 불사를 만한 보람된 삶을 갈망한다. 젊은이로서 해볼 만한 일이라면 역시 '사랑과 혁명'일 것이라고 그는 생각한다. 그러나 사랑에 목숨을 걸 수도 없고, 혁명을 위하여 생명을 불태우기도 어렵다. 현대인의 사랑은 매우 이기적이다. 남자와 여자가 다 같이 자기 자신을 위해서 상대편을 요구하는 까닭에, 사랑은 곧 한계점에 이르러 싫증을 일으키고 따라서 거기에 목숨을 걸 수 없음을 발견한다. 그러면 혁명의 길은 어떠한가?

혁명의 길로 눈을 돌릴 때, 젊은이들은 더욱 환멸을 느끼고 무력감에 사로잡힌다. "무슨 일을 해보려 해도 다 절벽인 사회, 한두 사람 힘으로는 어쩔 수 없는 시대"에 살고 있음을 느끼는 것이다. 이 땅을 "구제할 수 없는 땅"으로 보고 한국인을 "세계의 고아, 버림받은 종족"으로 느끼는 자조와 자학 속에, "회색 의자에 깊숙이 파묻혀서 몽롱한 눈으로 세상을 바라보기만 하는" 방관자로서의 자신을 발견하는 것이다.[46]

독고준이나 그의 친구 김학(金鶴)이 말하는 '혁명'이란 어떤 뚜렷한 정치적 목표를 두고 하는 말이라기보다는 막연한 사회 개혁을 지칭하는 것으로 보인다. 우리 사회 현실이 전반적으로 불만스러운 것이며, 어떤 개혁을 갈망해 보지만 그것이 현실적으로 불가능하다고 생각되기 때문에, 무력감 내지 좌절감에 빠져 방관만 하게 된다는 것이다. 현실의 어떤 점이 특히 불만스러운지는 사람들의 부류를 따라서 차이가 있을 것이나, 『회색인』의 독고준과 그의 친구들이 표명한 바로는 주로 주체성을 상실한 문화와 이름만이 민주주의인 정치 현실에 대한 언급이 많다.

8 · 15를 계기로 독립국으로서 새출발을 했다고는 하지만, 경제와 군사 그 밖의 여러 가지 면에서 미국의 영향을 받아 온 한국은 문화 일반에 있어서도 주체성을 잃어 가고 있었다. 물질적으로 서양의 기계문명의 지배를 받게 되었을 뿐 아니라, 정신 상태까지도 남의 나라의 식민지를 자청하는 지경에 이르렀다. "지성인이기 위해서는 될수록 많은 외국어를 습득해야 할 입장에 놓이게" 되었고, "외국서 돌아온 예술가들은 미국 문학의, 불란서 문학의 선전원 자격으로 돌아온" 듯한 태도를 취하는 사례가 많았던 것이다.[47] 소위 지성인으로 자처하는 사람들이 자진해서 미국화 내지 서구화를 서둘렀던 것이며, 또 그것을 자랑으로 여기기까지 하였다. 그러나 이러한 풍조에 대한 반성이 식자들 사이에 일어나기 시작했고, 외래 문물의 맹목적 수용에 대한 신랄한 비판과 더불어 우리나라 전통문화에 대한 관심이 일부에 높아졌다. 이

---

46 최인훈, 『회색인』, 삼중당, 1974, p.14 및 p.31 참조.
47 같은 책, p.49 및 p.93 참조.

러한 반성의 여론은 특히 민족주의의 경향이 강한 대학생들 사이에 강하게 일어났다.

정치에 대한 대학생들의 관심은 문화에 대한 그것보다도 훨씬 크고 깊다. 따라서 그들의 현실에 대한 불만도 정치 문제에 관련해서 더욱 강하게 나타났다. 정치 현실에 대한 불만에도 몇 가지 갈래가 있을 것이나, 『회색인』의 등장인물들의 경우는 주로 말로만 민주주의를 내세우고 실제는 그것이 아니라는 점을 강조하고 있다. 예컨대, 젊은이들로부터 현자(賢者)라고 존경을 받는 시골의 선비 황 선생의 입을 빌려서, "민주주의가 어디서 발생했든 이건 훌륭한 사상"이라는 것, 그러나 우리나라의 경우는 민주주의를 움직이고 있는 사람들이 정치를 세도(勢道)로 착각하고 있기 때문에 말로만 민주주의를 한다는 것, 그리고 "외국 침략자들에게 결탁해서 돈을 모으고 벼슬을 하고 농민을 울리던 사람들이 이 사회의 등뼈를 이루고 있으니" 여기에 참된 민주주의가 실현되기 어렵다는 것 등을 평범한 수준에서 말하고 있다.[48]

독고준과 김학이 '혁명'이라는 단어를 애용하고 황 선생도 그 말을 쓰고 있지만, 이들이 주장하는 '혁명'은 자유민주주의 체제를 부정하는 그것은 아니다. 다시 말해서, 이름만의 민주주의를 참된 민주주의로 바꾸어야 한다는 뜻에서 '혁명'을 주장하는 것이며, 대중과 대변인을 자처하는 급진적 민족주의자들이 생각하는 혁명과는 구별되는 점진적 혁신을 주장하고 있을 따름이다. 그것은 대학생 김학이 한마디의 반박이나 반문도 없이 감명 깊게 들은 황 선생의 담화 가운데 잘 나타나 있다. 황 선생은 노동자와 농민의 힘을 조직화하고 활성화하여 당장에 혁명을 서둘러야 한다고 주장하지 않고, "민주주의는 공기처럼 당연한 것이라는 교육을 받고 자란" 오늘의 학생들이 자라서 장

48 같은 책, pp.78-81 참조.

차 민주주의의 일꾼으로서 한 세력을 형성할 때 비로소 '혁명'이 가능하다고 말했다. 그뿐만 아니라 서양의 민주주의를 떠받들고 있는 것은 기독교 사상이라고 전제하고, 동양인 우리나라의 민주주의를 위해서는 불교 사상이 같은 구실을 할 수 있을 것이라고까지 말하고 있다.[49]

최인훈은 그가 생각하는 민주국가의 바람직한 인간상을 1968년에 발표한 「주석(主席)의 소리」를 통하여 부분적으로나마 암시하고 있다. 즉, 민주국가의 주체를 "편의상, 정부, 기업인, 지식인, 국민으로 나누고" 그들 각 계층의 바람직한 행위의 방향을 대략 다음과 같이 제시하였다. (가) 정부는 안으로 "헌법에 쓰여 있는 것에 좇아 권한을 행사하고" 밖으로 민주국가의 "독립을 유지하고 더 나은 국제적 지위를 얻기 위하여 국민을 조직하고 지도할 책임이 있다." 정부는, "공산주의에 대한 가장 강한 정부는 민주적 정부"임을 명시하고, 진정한 민주주의를 위하여 "국민에 의한 비판의 온갖 기회를 스스로 개방하여야 하며, 결과적으로 그것이 그 정권 자체의 득(得)이기도 하다는 것을 알아야" 한다. 그리고 국민의 주권자로서의 참여를 위한 최대의 기회인 선거가 자유롭도록 보장해야 한다. (나)기업인은 "자기의 이익은 국가의 이익과 직결돼 있다는 것을 알아야" 하며, "인간은 사회로부터 무엇인가를 받았으면 무엇인가를 내어줘야 하는 도리"를 명심해야 한다. 기업인은 유럽 자본주의의 자기 수정 과정을 본받아, "기업의 공익성에 대해 최대의 노력과 자세를 보여야" 한다. 그리고 그들은 선진국에 비하여 불리한 여건을 근면과 창의로써 극복해야 한다. (다) 지식인은 그들의 사명이 진리의 옹호임을 명심하고, "민족국가의 독립을 지키고 사회정의를 실천하고, 사회적 부(富)의 증대를 가져오기 위한 과학적 방법을 연구하고 이것을 사회에 보고하는 일"

49 같은 책, pp.80-87 참조.

을 게을리하지 말아야 한다. 그리고 "윤리적 기술자"이기도 한 그들은, 헌법이 규정한 언론의 자유를 부단히 행사함으로써, "정부와 기업에 대한 비판자로서의 의무"를 다해야 한다. (라) 국민 각자는 정치와 직장으로부터 소외당하는 일이 없도록 하기 위하여, 자기를 소외시키는 자를 찾아내어 "그와 투쟁하고 협상하고 거래함"으로써 인간으로서의 권리를 지켜야 한다. "우리는 우리가 인간일 수 있게 하라고 상황에 대해 요구할 권리를 가짐과 동시에, 우리 자신이 인간임을 개인으로서 증명할 의무가 있음을 명심해야 한다."[50]

「주석의 소리」에 나타난 민주주의의 개념이 작가 최인훈 자신의 신념이기도 하다는 것은 명백하다.[51] 그리고 이것은 최인훈의 특유한 사상이라기보다는 자유민주주의를 신봉하는 한국의 지성인들이 일반적으로 가지고 있는 생각을 다듬고 정리한 것이라고 보아야 할 것이다. 「주석의 소리」에 나타난 것과 대동소이한 내용의 민주주의 사상에 공감을 느끼는 사람들이 한국의 지식인 사회에 있어서 대다수를 차지할 것이라는 심증을 필자는 가지고 있다. 앞에서 언급한 급진적 민족주의나 또는 그 밖의 어떤 정치 이념을 가진 지식인보다 수적으로는 우세하나, 자기의 신념을 구현하는 일에 그리 적극적인 편은 아닌 것이 자유민주주의를 믿는 한국의 지식층이 아닌가 한다.

1970년대에 이르러 우리나라의 불우한 계층의 그늘진 생활상을 소재로 삼는 젊은 작가들이 나타났다. 『객지(客地)』, 「한씨연대기(韓氏年代記)」 등을 쓴 황석영(黃晳暎), 『아홉 켤레의 구두로 남은 사내』, 「직선과 곡선」 등으로 알려진 윤흥길(尹興吉), 『난장이가 쏘아올린 작은 공』, 「은강 노동가족의 생계비」 등으로 주목을 끈 조세희, 「정든 땅 언덕 위」, 「단씨(段氏)의 형제들」

---

50 최인훈, 「주석의 소리」(1968), 『광장』, 민음사, 1973, pp.290-300 참조.

51 예컨대, 『문학과 지성』 1980년 봄호에 실린 최인훈의 논설 「상황의 원점」을 음미할 때, 우리는 「주석의 소리」가 곧 작가 자신의 소리임을 직감한다.

등을 발표한 박태순이 그 대표적인 사람들이다. 이들은 우리 사회에 있어서 가장 어렵게 사는 사람들의 참담한 생활 현장의 어두운 모습을 적나라하게 묘사하여 발표함으로써, 일종의 사회 고발의 효과를 거두고 있다. 간척지 공사장의 잔혹한 부조리 또는 철거민 난민촌의 비정한 실태 등을 고발한 그들의 작품은 특히 젊은 대학생들 사이에 많이 읽히고 또 많은 화젯거리가 되고 있는 것으로 안다. 1978년 문학과지성사에서 발간한 조세희의 소설집 『난장이가 쏘아올린 작은 공』이 불과 4개월 만에 9판을 찍어 냈다는 한 가지 예만으로도, 이들의 작품이 젊은 독자층 안에 일으킨 관심과 선풍의 정도를 짐작할 수 있을 것이다.[52]

무릇, 우리나라 사회 현실의 개조를 열망하는 한국의 지식층을 우리는 그들이 갖는 관심의 초점을 따라서 크게 두 부류로 나눌 수 있을 것이다. 그 하나는 자유와 민주화에 비교적 큰 비중을 두면서 점진적으로 여러 가지 사회문제를 서서히 개선해 나갈 것을 생각하는 사람들이다. 그리고 또 하나는, 평등과 생존의 보장을 더 근본적인 문제로 보고, 급진적 사회 개혁으로써 이 문제를 시급하게 해결해야 한다고 믿는 사람들이다. 6 · 25를 체험한 연배의 지식인들은 대개 전자의 부류에 속할 경우가 많으며, 최인훈의 작품 가운데 인물들도 그쪽에 가깝다고 보아야 할 것이다. 6 · 25를 체험하지 못한 젊은 층의 경우에 있어서도 전체의 숫자는 첫째 부류가 우세할지 모르나, 그 가운데는 둘째 부류에 속하는 사고방식에 공감을 느끼는 사람들도 상당히 많은

---

52 조세희의 이 작품은 문학과지성사에서 1978년 6월에 초판을 냈고, 같은 해 10월에 9쇄를 냈다. 그리고 초판 발행 후 9개월 만에 15쇄를 찍었고, 1년 10개월 만에 21쇄를 기록했다. 창작과비평사에서 1974년에 초판을 낸 황석영의 『객지』는 2년 반 만에 6쇄를 거듭했고, 1977년 10월에 초판을 간행한 윤흥길의 『아홉 켤레의 구두로 남은 사내』는 1년 만에 4쇄를 찍어 냈다.

것으로 보인다. 앞에서 '급진적 민족주의'라고 부른 경향에 동조하는 사람들이 바로 그들이다.

악조건하에서 일하는 공장 근로자들과 그 밖의 가난한 소외 계층의 심각한 생활상을 날카롭게 파헤친 작품을 읽고 아무런 감상이나 충격도 받지 않는 사람은 적을 것이다. 어느 정도 식견이 있는 사람이라면, 이 인간소외 지대에 중대한 사회문제가 존재함을 인정하고, 제도적 차원에서 개선해 나가야 한다고 믿을 것이다. 그런데 대학생들을 포함한 젊은 지식인들 가운데는 극빈 계층의 생활 실태에서 받는 충격이 보통 사람들보다 훨씬 더 깊고 큰 사람들이 있다. 젊은 감수성에 바탕한 정의감과 이상주의의 색채가 강한 사람들이다. 그들은 빈부의 사회문제를 대안(對岸)의 화재가 아닌 자신의 문제로 느끼고, 이 문제에 대한 근본적 해결을 서둘러야 한다고 생각한다. 이와 같은 급진주의가 반드시 어떤 소설의 영향으로 생긴다는 것은 물론 아니다. 오히려 급진주의라는 사상이 먼저 있고 그 영향 아래서 그러한 소설이 쓰일 경우가 많을 것이다. 그 인과의 선후가 중요한 것은 아니며, 가난한 소외 계층의 생활상을 그린 소설이 하나의 조류를 이루고 나타났다는 사실과 그러한 계열의 작품들이 젊은 대학생들 사이에서 크게 환영을 받고 널리 읽히고 있다는 사실이 주목을 끈다는 점을 말하고 싶은 것이다.

근래에 대두한 이른바 참여문학과 이에 대한 젊은 독자층의 적극적 반응이 갖는 의미 또는 의의에 대하여 어떤 단정적인 말을 하기에는 시기가 아직 빠를 것으로 보인다. 다만, 1979년 10·26 사건 이후 한동안 의사의 발표에 있어서 심리적 부담이 별로 없었던 시기에, 대학생들이 벽보 또는 대학 신문을 통하여 표명한 정치와 경제 그리고 사회 문제에 대한 견해를 읽고, 필자는 이 참여문학을 연상했으며 참여문학과 그리로 쏠리는 젊은이들이 관심이 던지는 문제점에 대하여 깊은 통찰이 필요함을 느꼈다.

5. 급진주의와 기성세대의 과제

1) 민족과 민중

1979년 10월 26일의 충격적인 사건이 있은 뒤에 정부 당국은 '경제 발전과 병행하는 정치발전'이 앞으로의 과제임을 천명했고, 이에 대하여 대다수의 국민 특히 지식층은 정부 측의 견해에 대하여 원칙적인 찬동을 느꼈다. 그러나 '정치발전'이라는 단어의 의미는 상당한 융통성을 가진 것이어서, '정치발전'이라는 목표 설정에 있어서 막연한 합의에 도달한 한국의 여러 계층 사람들이 한국의 미래상에 대하여 구체적 합의에 이르렀다고 보기는 어려웠다. 우리는 '민주적 정치발전'이라는 목표에까지 합의를 보았으나, '민주적' 이라는 말에도 다양성이 있었고, 같은 대학 사회 안에 있어서도, 한국이 앞으로 지향해야 할 목표와 그 실현 방법에 관하여 구체적인 의견의 일치에 이르기까지에는 상당한 시일이 필요할 것임을 간과할 수 없었다. 필자의 경우 특히 이 점을 강하게 느낀 것은, 1980년 초기에 대학의 '자유게시판' 및 대학 신문에 나타난 대학생들의 견해를 읽었을 때였다. 대학의 교수들이 일반적으로 바라고 있다고 생각되는 '민주적 정치발전'과 정치 문제에 대해서 특별히 관심이 많은 대학생이 옳다고 생각하는 '한국의 진로' 사이에도 상당한 거리가 있다는 것을 대학생들의 말을 통해서 느꼈던 것이다.

A : 1970년대의 학생운동은, 초기의 광주 대단지 사건, 전태일 분신자살 사건에서 보듯, 민중의 경제적 요구가 표면화함으로써, 민중의 문제, 사회구조적 문제로 눈을 돌린 데 큰 특색이 있다고 할 수 있겠습니다. …

B : 근대화의 모순이 1970년대 초에 전면으로 드러나게 되어, … 그 모순들에 대해 초기적인 반응을 보이다가, 1970년대 후반의 더욱 경직된 상황

에서 현장 특히 노동 현장에 중점적으로 들어가게 되었다고 할 수 있겠지요.… 이들은 1960년대 후반의 정치적 민주화를 위한 일련의 투쟁에서 실패를 경험한 후, 정치적 변혁만으로는 사회의 민주화가 불가능하다는 걸 깨닫고, 기층세력과의 연계를 강화하는 운동으로 나아갔다고 할 수 있겠지요.…

C : 1970년대 후반의 경제적 위기, 사회적 불안에 대한 학생운동과 기층세력의 역량 과시가 부마(釜馬) 민중항거라 할 수 있는데, 이후의 전개는 학생운동을 어느 정도 풀어 주는 방향으로 반동 세력이 후퇴할 수밖에 없었지요. 여기서 학생운동은 나름대로의 득실이 있게 되는데, 학생회 부활 등 일련의 학원사태로 운동의 확산이 빨랐다는 점은 득으로 지적될 수 있겠지만, 투쟁의 표적이 일단 흐려짐으로써 전열(戰列)은 자칫 흐트러지지 않겠느냐 하는 점은 충분히 경계해야 할 겁니다.

A : 기존의 지식인의 노농현장(勞農現場)에의 낙하산식 투입 방식에서 노농(勞農)이 자생적으로 일어나는 방식으로 역사발전 단계가 나아갔다고 봅니다. 또 소시민층은 4 · 19 당시보다 훨씬 광범위한데, 이들의 합세 여부는 속단할 수 없고, 또 이들은 충격에 즉자적으로 대응하는 만큼 외적 충격을 가할 필요가 있다고 생각돼요.

C : 학원 민주화 운동이나 정치적 이슈의 제기를 학생운동적 차원에서만 전개할 때, 대학 사회에의 확대는 당장 가능하겠으나, 반동 세력에게 깨어질 가능성이 높지요. 학생 세력만을 누르는 것은 별로 어려운 일이 아니니까요. 여기서 학생운동이 살아남기 위해서는 현재 비등하고 있는 기층세력의 운동과 동일한 보조하에 전개되어야 합니다. 학생 세력만으로는 일시적인 분위기에 그칠 우려도 배제할 수는 없겠지요.

B : 학생운동은 정치발전의 문제도 있지만, 노동운동과 어떤 연계를 가지고 그를 활성화시키는 길을 뚫는 것이 아주 시급합니다.

D : 현 정권이 이제 반동적 마각(馬脚)을 명확히 한 시점에서, 학생운동도 1970년대의 소수권 운동에서 벗어나 1980년은 다시 전 대학 사회로의 확산과 동시에, 종래 있어 왔던 지도체와 학생 대중 간의 의식의 갭을 보완해 가는 것이 우리의 과제라 생각됩니다.

B : 경제적 측면에서 현재의 투쟁은 그간 매판적 독점자본의 주축이 된 대외 의존적 종속 체제를 무너뜨리는 작업이 되어야 한고, 동시에 평등에 기초한 새로운 경제 질서를 세우기 위한 작업이어야 합니다.

이상은 1980년 5월 5일자 『대학신문』에 실린 학생들의 좌담 「현 정세와 대학의 사명」 중에서 그 일부만을 뽑은 것이다. 신문 한 면 전체를 차지하는 기록 가운데서 띄엄띄엄 단편적으로 뽑아서 연결이 잘 되지 않는다. 그러나 학생운동에 앞장선 젊은이들의 문제의식과 그들의 목표를 짐작하는 데 도움이 될 수는 있을 것이다. 여기 인용되지 않은 부분에 "민주화 투쟁이 우리의 당면 과제"라는 말을 사용하여, 학생들의 궁극 목표가 '민주화' 이상의 것임을 암시하는가 하면, '혁명적 민족주의' 또는 '민족주의 이념'이라는 말을 사용하여 그들에게 민족주의 색채가 뚜렷함을 밝혀 주기도 한다.

이 좌담을 통하여 명백하게 알 수 있는 것은 학생운동의 성격이 4 · 19 때에 비하여 크게 달라졌다는 사실이다. 4 · 19의 학생운동은 불의에 대한 단순한 항거로서 자연 발생적인 소박한 의사표시였고, 학생들 자신도 그 '순수성'을 자랑으로 여겼다. 이에 비해서, 1970년대 이후의 학생운동은 매우 조직적이며, 막연한 의사표시에 그치지 않는 목적의식을 가졌다는 점이 크게 다르다. 또 4 · 19 당시의 학생운동은 학생들만의 운동이었으나, 근래에 와서 대학 밖에 있는 '기층세력'과의 합세를 강조하고 있는 점도 주목된다.[53]

1980년 1학기에 발행된 『대학신문』에는 대학생들의 글이 비교적 많이 실려 있다. 그들의 주장에도 개인적 견해의 차이가 없을 수는 없으나, 전체적으로 볼 때 하나의 주류를 이루는 색조가 있음을 발견한다. 대학생들의 여론을 이끄는 주류에게 공통된 색조의 하나는 '민중'을 강조하며 자신들을 민중의 대변자로 자임하고 있다는 사실이고, 그 또 하나는 강한 민족주의의 경향을 띤다는 것이다. 학생과 민중의 관계를 강조한 글로서는 J군의 「새 시대 지식인의 사명」이라는 것을 예로 들 수 있을 것이다. 몇 구절만 옮겨 보자.

> 지식인은 … 민중의 관점에서 사물을 평가하는 사람이다. 민중은 역사적으로 직접 생산자였으면서도 노동 생산의 결과 즉 사회적으로 생산된 경제 잉여의 정당한 참여로부터 소외된 사람들이다. …
>
> 민중의 목소리는 한곳으로 모아지지 않은 모습을 하고 있다. 그러기에, 민중이 보상을 받도록 향도의 역할을 할 사람이 필요한바, 그 일을 한 사람이 다름 아닌 지식인인 것이다.

J군은 민족 통일도 민중을 주체로 삼고 이루어져야 한다고 주장한다.

> 민족 통일이란 한 정부나 한 사회단체의 요구에서 나오는 것이 아니다. 그것은 민족 전체의 요구다. 그러기에 명실상부 민중을 주도세력으로 하여 민족 통일의 문제를 해결해야 하는바, 그 향도적 역할을 지식인이 해야 하는 것이다. 여기에서 바로 지식인과 민중의 적극적인 접맥이 요구되는 것이다.[54]

민중의 대변인으로 자처하는 대학생들은 대체로 통일 문제에 대해서도 관

---

53 좌담 「현 정세와 대학의 사명」, 『대학신문』(1078호), 1980년 5월 5일자 참조.
54 『대학신문』(1068호), 1980년 2월 25일자, 6면 참조.

심이 깊다. 그들은 민족 통일의 당위성을 특히 강조하면서, 하루라도 빨리 그것이 이루어지도록 노력해야 한다고 역설한다. '민중을 위해서'라는 그들의 이념이 민족주의와 연결되어 있는 것이다. 1980년 봄에 발행된 『대학신문』을 보면, 학생들이 쓰는 「월요논단」을 통해 세 차례나 거듭 통일 문제를 다루고 있거니와, 세 편의 논설이 모두 민중과 민족을 묶어서 강조하고 있다.

「냉전 논리 극복의 의의」라는 글을 써서 이데올로기보다도 민족이 중요함을 강조한 K군은, 같은 글 가운데서 "안보라는 명목하에서 노동운동을 제약해서는 안 되며, 노동자의 생활 향상이 이루어지고 권익이 옹호되어야 비로소 안보가 공고히 될 것이다."라고 말하여 분단의 극복과 민중의 문제를 연결시키고 있다.[55] 「통일의 당위성과 그 실현을 위한 전제 조건」이라는 논설을 발표한 G군도, "민족 자주와 민중을 도외시한 어떠한 통일 이념이나 방법론도 그 논리적 타당성에도 불구하고, 새로운 분열이나 종속을 간과하고 있다는 점에서, 일체 배격되어야 할 것이다."라고 말하며, 역시 민족과 민중이 통일 문제에 관하여 핵심 개념임을 강조하고 있다. 요컨대, "외세와 매판 세력의 논리가 분단을 고정화"한다고 진단하고, "주체적 민중의 신념과 역량이 통일의 관건"이라고 주장하는 것이다.[56]

「통일 논의의 경과와 반성」이라는 글을 발표한 L군 역시 '민중과 민족'이라는 각도에서 통일 문제를 보고 있다. 다음은 L군의 글 가운데서 한두 구절을 뽑은 것이다.

---

55 『대학신문』(1076호), 1980년 4월 21일자, 3면 참조.
56 『대학신문』(1073호), 1980년 3월 31일자, 5면 참조.

민족사의 선결과제로서의 통일을 향한 작업은 여러 가지 요인에 의해 방해받고 있다. 이러한 요인은 크게 통일에 대한 국제적인 장애 요인과 국내적인 장애 요인으로 나누어 볼 수 있다. 국제적인 장애 요인은, 한반도에 군사적, 경제적 이해관계를 가지고 있고, 이에 대한 고려에서 한반도의 분단을 고착하려는 강대국에 의해 산출된다. …

국내적인 장애 요인은 … 남북한의 집권 세력으로부터 기인한다. 즉각적인 통일보다는 북한의 '민주기지화'를 우선시한 공산주의자들과 자기 존립을 위해 외세와 결탁, 단독정부 수립을 부르짖은 남한의 기회주의적 우익 보수 세력은, 평화통일을 향한 민중의 요구를 묵살하고, 자신의 세력을 국토의 나머지 반쪽에 확대하기 위해 처절한 동족상잔을 저질렀다.

통일을 위한 국내적 조건의 마련은 분단에 의해 증폭된 한국 사회의 구조적 모순의 척결 작업을 의미한다. 여기에서 통일 논의는 변혁적인 민중운동과 궤를 같이하게 된다. …

통일은 민족사의 발전을 질곡하는 외세와 반민족적 매판 세력에 대한 투쟁을 통해 민주국가 수립의 기저적 역량을 마련하는 저항 민족주의가 전진적으로 자신을 구현할 수 있는 이념과 체제를 구비할 때, 비로소 가능할 것이다.[57]

통일 문제를 논하는 대학생들은 한결같이 남북한의 현 정권에 대하여 비판적이다. 양자 중의 어느 편도 민족 전체를 생각하기에 앞서서, 자신들이 속해 있는 집권층의 이익에 집착한다고 생각하는 모양이다. 이러한 비판의 시비보다도, 젊은 대학생들의 정치의식이 그들의 윤리 의식과 결합되고 있다

57 『대학신문』(1077호), 1980년 4월 28일자, 3면.

는 사실이 주목된다. 그들의 정치의식이 윤리 의식에 바탕을 두고 있다는 사실은, 그들의 정치적 견해가 다른 일반 학생들에 대하여 설득력을 갖게 한다는 결과를 수반한다는 점만을 고려하더라도, 가볍게 간과할 것이 아니다.

가정환경과 성장 과정이 다양한 까닭에 학원 사태나 정치 문제를 대하는 대학생들의 태도에도 여러 갈래가 있기 마련이다. 그러나 같은 사회의 같은 세대에 속하는 그들의 윤리 의식은 거의 비슷하다. 따라서, 개인적 처지와 이해관계를 따라서 실천적 태도를 달리하는 학생들도, 강경한 학생들의 윤리 의식에 바탕을 둔 정치적 내지 사회적 태도에 대하여 내적 공감을 느끼는 경향이 있다. 다시 말해서 윤리 의식에 공통분모를 둔 강경론이 설득력 있는 것으로 받아들여지는 것이며, 강경론자와 행동을 달리할 경우에도 내심으로는 그들에게 성원을 보내고 심지어 죄책감을 느끼는 학생들이 많은 것이다. 아직은 강경론자에 속하는 대학생들이 수적으로 우세하다고 생각되지 않으나, 그들의 주장이 다른 온건론자들에게 윤리적 공감을 일으키는 경향이 있다는 사실을 고려할 때, 국론의 통일이 요청되는 이 시점에서, 결코 가볍게 생각할 수 없는 숫자라고 보아야 할 것이다.

앞에서 편의상 '급진적 민족주의'라고 부른 이념으로 쏠린 젊은이들과 여기서 '민족과 민중을 앞세우는 강경론'이라고 부른 주장으로 이끌리는 대학생들은 결국 같은 길에서 만나는 사람들이다. 그리고 감미로운 애정소설보다도 삭막한 현실을 파헤친 참여소설을 택하는 젊은이들은 이들의 급진주의 내지 강경론에 어느 정도 윤리적 공감을 느낄 수 있는 사람들이라고 보아서 크게 어긋나지 않을 것이다. 이들 젊은 지식층의 사상과 태도는 우리 사회에 있어서 적지 않은 문제를 던지는 것으로 보아야 할 것이며, 이 문제에 이성적으로 대처하는 것도 기성세대의 과제의 하나로 보아야 할 것이다.

2) 국론 합일의 과제

민주주의 국가는 사상의 자유를 허용하는 것을 원칙으로 삼는다. 정치나 사회 문제에 대해서 모든 국민의 견해가 같은 공장에서 제조되는 규격품처럼 일치할 수는 없으며, 어느 정도 견해의 대립이 생기는 것은 자연스러운 현상이다. 대립된 견해를 변증법적으로 조화시키는 가운데 더 타당한 견해를 발견하는 것이 본래 민주주의의 공식이기도 하다. 그러나 그 견해의 대립이 화해의 여지가 없을 정도로 극도에 달하는 것은 심각한 불행의 원인이 되기 쉽다. 특히 우리 한국의 경우와 같이 이미 매우 긴장된 상황 속에 살고 있는 나라에 있어서는 지나친 국론의 분열은 바람직한 것이 될 수 없다. 비록 모든 문제에 대하여 의견의 일치를 볼 수는 없다 하더라도, 국가가 지향하는 기본적 방향에 관해서만은 국론의 통일을 기하지 않을 수 없는 것이 우리들의 절박한 현실이다.

지금까지의 고찰에도 나타났고 또 이 땅에 살아온 우리가 체험으로도 알고 있듯이, 해방 이후 계속적인 격동기를 맞이했던 한국인은 서로 다른 몇 가지 정치적 태도의 대립 속에서 긴장하며 살아왔다. 그 대립의 양상도 시기에 따라서 차이가 있었거니와, 우리에게 가장 큰 관심거리가 되는 것은, 그 대립의 과거의 모습이 아니라 현재의 양상이다.

현재 우리 한국인이 가지고 있는 정치적 태도를 우리는 편의상 크게 세 부류로 나눌 수 있을 것이다. 첫째는 「주석의 소리」가 상징하는바 점진적 개혁을 주장하는 자유민주주의의 계열이다. 둘째는 일부의 대학생들에 의해 지지되는 급진적 민주주의의 계열이다. 그리고 셋째는 이상 두 계열에 의하여 비판의 대상이 되고 있는 보수세력의 그것이다. 자체의 보존과 발전을 도모하며 나아가서는 남북통일이라는 민족적 과제를 안고 있는 국가 공동체로서의 견지에서 볼 때, 이 세 계열의 대립은 어떤 해결을 요구하는 문제로서의 의미를 갖는다. 현 상태로의 날카로운 대립을 그대로 두고서는 국가 또는 민족의 발전이라는 공동의 목표를 달성하기가 어려운 것이다.

세 계열의 태도의 대립이 야기하는 문제를 해결하는 방법은 두 가지 길로 모색될 수 있을 것이다. 하나는 어느 태도가 옳으냐 하는 것을 이론적으로 추구하고, 가장 옳은 것으로 판명된 하나의 이념 내지 노선을 함께 선택함으로써 합류하는 길이다. 또 하나는 태도의 대립을 완전히 제거하기보다는 우선 대립의 완화를 꾀하고 나아가서 여러 입장의 조화를 통한 높은 차원의 길을 모색하는 방법이다.

첫 번째 길은 두 가지 이유로 말미암아 성공할 가능성이 매우 희박하다. 첫째로, 대립한 정치적 태도 가운데서 어느 편이 옳으냐 하는 문제는, 과학적 사실의 문제와는 다른 까닭에, 이론적 탐구만으로는 일치된 결론이 나오지 않는다. 이 문제는, 스티븐슨(C. L. Stevenson)이 주장했듯이, 결국 설득의 문제로 귀착하거니와, 우리의 현실은 단순한 이론적 설득만으로 세 길 가운데서 하나가 옳다는 합의에 도달할 수 있는 상황이 아니다. 둘째로, 이론적 합의가 반드시 실천적 합의를 보장하지 않는다. 다시 말해, 우리는 상대편의 주장이 옳다는 것을 이론적으로 인정한 다음에도 실천적 태도는 바꾸지 않을 경우가 많다. (실천이 관념을 따르지 못하는 것은 보통 사람들의 일반적 경향이다.) 그런데 우리에게 궁극적으로 필요한 것은 실천적 태도의 일치인 것이다.

우리에게 남는 길은 태도의 대립을 우선 완화시킴으로써 국론의 지나친 분열을 막는 방안이다. 이 방안의 적용을 성공으로 이끌기 위해서, 우리는 태도의 대립을 초래한 근본 원인부터 고려해야 할 것이다. 정치 내지 사회 문제에 대하여 개인이 취하는 태도는 그가 속해 있거나 대변하고자 하는 계층의 이익을 옹호하고자 하는 심리의 영향을 크게 받는다. 즉 우리는 자기가 옹호하고자 하는 계층의 이익에 배반되는 것으로 보이는 정치적 태도나 이론을 받아들이기가 어렵다. 따라서 내가 옳다고 믿는 태도나 이론이 상대편의 동조를 얻기 위해서는, 내가 지지하는 태도나 이론이 상대편이 옹호하는 계층을 위해서도 받아들일 만하다는 근거가 제시되어야 한다.

정치나 사회 문제에 관해서 대립된 태도를 취해 온 A와 B가 그 대립을 완화시키거나 해소시키기 위해서는 그 태도의 대립을 유발한 이해의 대립이 완화되거나 해소되어야 한다. 그런데 태도의 대립을 유발하는 것은, 엄밀하게 말해서, 객관적 사실로서의 이해의 대립 그 자체라기보다도 이해의 대립에 관한 인식 내지 의식이다. 실제로는 이해의 대립이 별로 없다 하더라도 큰 이해의 대립이 있다고 믿는 두 사람은 태도를 달리할 것이고, 실제로 큰 이해의 대립이 있더라도 그 사실을 모르는 두 사람은 태도를 같이할 것이다. 그러므로 이해의 대립에 관한 잘못된 인식으로 인하여 태도의 대립이 격화되었을 경우에는, 우선 그 인식을 고침으로써 태도의 대립을 완화시킬 수 있을 것이다.

대국적 견지에서 긴 안목으로 볼 때, 같은 공동체의 성원들의 이해는 일치하는 측면이 많다. 그러나 우리는 흔히 눈앞의 이해관계에만 관심을 국한함으로써, 이해가 대립하는 측면을 과장해서 생각하는 경향이 있다. 서로 대국적 견지를 취하도록 노력함으로써 이해가 일치하는 측면까지도 깊이 고려한다면, 지나친 태도의 대립을 시정함에 도움이 될 것이다.

그러나 더욱 중요한 것은 사회 현실의 모순과 비리를 제거함으로써 구조적 불공정에 유래하는 이해의 대립을 극소화하는 일이다. 태도의 대립을 심각하게 만드는 가장 큰 원인은 사회 현실의 모순과 비리이다. 모순과 비리가 지배하는 사회 현실에 변화가 오거나, 적어도 변화를 약속하는 조짐이 보이지 않는 한, 그 모순과 비리의 피해자들은 현실에 대한 부정적 태도를 버리지 않을 것이다. 그리고 사회 현실의 모순과 비리에 대한 피해 계층의 부정적 태도는 감정적 색채를 강하게 띠기 쉬운 까닭에, 사회 현실의 모순과 비리가 심할 수록 현실 문제에 대한 태도의 대립이 격화될 가능성이 크다.

만약 공정한 사회가 실현되어 구조적 모순에서 오는 이해의 대립이 해소된다면, 현실 문제에 대한 심각한 태도의 대립은 크게 완화될 것이다. 그러나 사회 현실을 개조하여 공정한 사회를 건설하자면, 사회 현실을 움직일 수 있는 실력을 가진 계층이 솔선하여 선도적 임무를 맡아야 할 것이다. 그런데 현재 유리한 계층이 현실의 개혁을 위하여 솔선한다는 것은 자신의 기득권을 어느 정도 포기함을 의미한다. 여기서 생기는 문제는, 유리한 계층의 입장에서 볼 때, 자신의 기득권을 어느 정도 포기하는 것을 정당화할 근거가 있느냐 하는 것이다.

첫째로, 인도주의의 종교 내지 도덕에서 그 근거를 찾아보는 경우를 생각할 수 있을 것이다. 인도주의의 견지에서 볼 때, 남의 몫을 빼앗거나 불공정한 현실을 긍정하는 것은 도리가 아니며, 비록 나의 손실을 무릅쓰더라도 그 시정을 위해서 노력해야 마땅할 것이다. 그러나 이 논법은 인도주의를 신봉하는 사람에게만 타당성을 가질 뿐 그 밖의 사람에게는 설득력이 없다. 그리고 관념적으로 인도주의를 믿는다 하더라도, 그 믿음이 그대로 행동적 실천에 옮겨지기는 매우 어렵다는 사실도 이 첫째 근거가 갖는 큰 약점이다. 열광적 신자가 아닌 일반인의 경우에 있어서, 자기의 이익을 지키고자 하는 동기가 어떤 교리를 따르고자 하는 동기보다 강한 것이 보통이다.

둘째로, 정신주의적 가치론을 근거로 삼고 물질적 이익의 자진 포기의 이유를 찾아볼 수 있을 것이다. 경제가 지나치게 큰 비중을 차지하는 현대 생활에 있어서, 사람들은 물질적 가치만을 '이익'으로 여기는 경향이 있다. 그러나 나를 통하여 실현된 모든 가치는 더 근본적인 의미에 있어서 나의 이익이다. 특히, 사회정의 내지 이성적 사회의 건설, 우정과 평화의 실현 등은 인간의 큰 업적이요 승리인 동시에, 넓은 의미로 우리 모두를 위해서 큰 이익인 것이다. 나의 경제적 손실을 대가로 삼고 도덕적 선과 마음의 평화를 얻는 것은, 거시적 안목의 계산이라는 관점에서 볼 때, 매우 현명한 행위라는 결론에 이르게 되는 것이다. 다만, 이 논법에도 앞의 경우와 유사한 약점이 있다. 정신적 가치론을 거부할 수 없도록 입증하기가 어렵다는 난점과, 이론적으로는 정신적 가치론을 받아들이더라도 실천적으로는 물질적 가치를 선택할 가능성이 존재한다는 약점이다. 그러나 현대인에 있어서의 지성의 발달을 고려할 때, 앞에서 말한 인도주의에 비하여 이 약점은 극복이 수월한 약점이라고 생각된다.

셋째로, '신중한 이기주의(prudential egoism)'의 견지에서 보더라도 물질적 특권에 대한 오늘의 자제가 긴 안목으로 볼 때 유리하다는 결론을 얻을 수 있을 것이다. 한 개인이 물질적 가치를 즐길 수 있는 범위는 육체적 한계에 의한 제약을 받는다. 쉽게 말해서, 한 개인이나 그의 가족이 평생을 통하여 사용할 수 있는 물질의 총량은 큰 부자의 재산의 총량에 비하면 아주 적은 것이며, 재벌들은 많은 경우에 실제로 필요한 재산의 여러 배를 가지고 있다가 죽거나, 남는 재산을 불필요한 목적을 위해서 낭비한다. 그러나 이것은 이기주의의 견지에서 보더라도 결코 현명한 짓은 아니다. 이미 필요 이상의 재산을 가진 사람을 위해서 가장 요긴하고 유익한 일은, 그 이상의 축재나 사치가 아니라, 사회적 격변을 미연에 방지하는 일이다. 그리고 사회적 격변을 미연에 방지하는 가장 효과적인 방법은 빈부의 지나친 격차를 줄이는 것이다. 그러므로 유리한 고지를 차지한 계층이 솔선하여 공정하고 명랑한 사회의 건설을 위해서 노력하는 것은, 결국 자신을 위해서도 유리하다는 결론이 되는 것이다.

이 셋째의 논리에도 약점은 있다. 이기주의의 입장을 고수하는 한, 아무리 신중하게 계산을 한다 할지라도, 유리한 고지에 선 사람이 양보할 수 있는 선은 어느 한계를 넘어서기 어렵다는 약점이다. 즉, 적어도 자기에게 필요한 것은 미리 확보하고 나머지만을 양보할 것이므로, 완전하게 공정한 사회의 실현이 어려우리라는 약점이다. 그러나 '완전하게 공정한 사회의 실현'이란 어느 길을 택한다 하더라도 먼 장래를 위한 이상에 지나지 않는다. 급진주의자들의 길을 따라서 혁명이 성공한다 하더라도, 새로운 승자들은 또 새로운 특권층을 형성하고 패자에게 지나친 보복을 할 것이다. 오늘의 인간성이 크게 변하여, 인간이 글자 그대로 이성적 존재가 되지 않는 한, 우리는 완전히 공정한 사회의 주민이 되기는 어려울 것이다.

끝으로, 힘에 의하여 반대 의견을 탄압함으로써 국론의 통일을 기하는 방법에 관하여 간단히 사견을 피력해 두고자 한다. 결론부터 말하면, 힘으로 누를 수 있는 것은 겉으로 나타나는 행동에 그치며, 마음속에 도사린 사상이 아닌 까닭에, 이 방법은 일시적 응급 대책 이상의 것이 될 수 없다. 현실을 전적으로 부정하는 어떤 과격한 사상의 만연을 방치하면 사회의 기본 질서가 무너질 것으로 판단되었을 때, 당장의 위기를 모면하는 일시적 방편으로서 표현의 자유를 막는 수가 있다. 이 방법의 도덕적 당위성의 문제는 묻지 않는다 치더라도, 이 방법은 근본 대책이 못 된다는 점에 치명적 한계가 있다. 우리나라와 같은 개방사회에 있어서 어떤 사상의 뿌리를 뽑을 수는 없는 일이며, 힘에 눌려 밖으로의 표현이 막힌 사상은 지하로 숨어서 자라기 마련이다. 보이지 않는 곳에서 모르는 사이에 팽창한 저항적 사상이 어떤 계기에 폭발하게 되면, 봇물이 터질 때와 같이 파국을 부른다.[58]

특히 반대 의견을 가진 상대가 대학생과 같은 젊은이들일 경우에는, 기성세대 특히 위정당국은 교육적 견지에서 문제의 수습을 꾀하는 것이 바람직하다. 우선 진지한 대화를 통하여 상대편의 주장에 귀를 기울여야 할 것이

58 여기서 말하는 '표현의 자유'란 언론을 통한 표현의 자유를 지적하는 것이며, 행동을 통한 의사의 표현까지를 포함하는 것은 아니다.

다. 다음은 상대편의 주장에 편견 또는 오해가 있거나 논리적 모순이 있다면 사실과 논리에 의거해서 그것을 지적해야 할 것이다. 그리고 젊은이들이 모르는 고충이 있으면 그것을 호소하고, 세상 일이 소박한 이론대로 되지 않는다는 사실을 일깨우는 것도 좋을 것이다. 그러나 가장 중요한 것은, 상대편의 주장 가운데 옳은 점은 이를 솔직히 시인하고, 그 옳은 주장을 살려 우리 현실의 개조에 반영시키도록 성의를 다하는 일일 것이다.

정치 또는 사회 문제에 관하여 대학생들이 취하는 태도에도 이기적 동기가 숨어서 작용할 수 있다. 그러나 많은 경우에 있어서 대학생들의 동기는 더 윤리적이다. 이해타산에 의해서보다는 그들 나름의 정의감에 의해서 어떤 태도를 취하는 것이 보통이다. 따라서 그들의 주장 가운데는 사회 현실의 모순 또는 부조리를 반영한 것들이 있을 확률이 높다. 그리고 비록 반대론자의 의견일지라도 옳은 점은 받아들여서 시정할 것은 시정하는 것이 정도(正道)이다. 사회 현실의 모순과 부조리가 줄어듦에 따라서 부정의 음성도 낮아질 것이다.

(1980년 7월 20일)

3장 단편소설에 나타난 북한인의 가치 의식*

1. 연구의 과제와 방법

남북통일은 하루바삐 실현되어야 할 민족의 염원이다. 그러나 현재 우리의 남과 북 사이에 가로놓인 장벽은 매우 높은 것이며, 이 장벽을 그대로 두고 남북통일이 원만하게 실현되기를 바랄 수는 도저히 없다는 것이 우리의 상식이다. 그리고 원만한 통일을 어렵게 하는 장벽 가운데 가장 근본적인 것의 하나로서, 우리는 이 두 집단이 갖는 가치관의 차이를 들지 않을 수 없다. 따라서 남한과 북한 사람들의 가치관을 비교하는 동시에, 그 차이를 좁히기 위하여 우리가 해야 할 일이 무엇인가를 살피는 것은 국토 통일에 대비하는 준비 작업의 일환이 될 것이다.

이 글은 주로 북한 사람들의 가치관과 행동 양식을 허락된 자료에 의거하여 고찰하는 것을 주목적으로 삼는다. 다만, 그것을 고찰하는 동기는 남북통일에

---

* 이 글은 공산주의문제연구소가 주최한 '남북한의 문화 문제 세미나'에서 발표한 논문이다.

직결되고 있으며, 따라서 우리는 지면이 허락하는 범위 안에서 남한 사람들의 가치관 내지 행동 양식과의 비교를 언급하게 될 것이며, 앞으로 우리가 해야 할 일이 무엇인가에 대해서도 약간의 암시 정도는 모색하게 될 것이다.

그러나 북한 사람들의 가치관 내지 행동 양식을 직접 관찰할 수 있는 길은 완전히 막혀 있으며, 읽을 수 있는 문헌조차도 극도로 제한되어 있다. 이와 같이 어려운 조건 아래서 필자가 궁여지책으로 취한 방법은, ① 북한의 작가들이 쓴 소설 가운데 나타난 가치관과 행동 양식을 분석적으로 정리한 다음에, ② 그들의 작품 가운데 나타난 가치관과 행동 양식이 과연 현실적 인물의 것인가, 또는 공산주의자들의 요청 내지 소망을 반영한 허구에 불과한 것인가를, 북한에 있어서 비교적 중요한 직책을 담당하다가 근자에 월남하여 그곳 사정을 잘 아는 지도층의 인물들과의 면담을 통하여 가려내는 그것이었다. 그리고 보충을 위해서, 외국의 여행가가 쓴 북한에 대한 기행문을 참고로 삼았다.

필자는 우선 천세봉(千世峰)의 「옥이(玉伊)」, 김병권(金秉勸)의 「길동무들」, 박웅걸(朴雄杰)의 「압록강」, 이정숙(李貞淑)의 「봄」, 김창수의 「과원의 새아침」 등 10여 편의 단편소설을 읽고, 그들 소설 가운데 나오는 인물들의 말과 행동을 분석하여, 그들의 가치관과 행동 양식을 기록한 카드를 작성하였다. 그러한 작업의 과정에서 바로 느낄 수 있었던 것은, 어느 작품을 읽어 보나 거기에 나오는 사람들의 생각하는 바와 행동하는 태도가 근본에 있어서 같은 유형에 속하는 것이 많다는 사실이었다. 예컨대, 어느 소설에 나오는 인물이든, 그들은 예외 없이 부지런하고 봉사 정신이 투철하며, 예외없이 김일성(金日成)을 숭배한다. 다시 말하면, 자유주의 사회의 소설에 있어서 갖가지 개성을 가진 다양한 인물들이 변화 무궁한 인간관계를 맺어 가는 것과는 달리, 그쪽 소설에 나오는 사람들은 대개 생각하는 바나 행동하는 것이 비슷비슷하며, 그들이 맺는 인간관계도 어디를 가나 몇 가지 카테고리로써 정리할 수 있을 정도로 공통점이 많다. 이것은 공산주의 사회의 이념으로 볼 때 당연한 일이기도 하거니와, 북한의 공산주의자들이 요망하는 인간상이 어떠한 것인가를 알기 위해서 반드시 무수히 많은 소설을 읽을 필요가 없다는 것을 느끼게 하였다. 작가가 그린 소재와 이야기는 구체적 내용에 있어서 소설마다 다르나, 작품의 바탕에 깔린 근본정신과 주인공들의 궁극적 이상은 어느 작품에 있어서나 같은 곳으로 귀착하기 때문이다.

소설에 나오는 사람들의 가치관과 행동 양식을 기록한 카드의 작성이 끝난 다음에, 필자는 북한에서 월남한 인사 두 사람을 만나 보았다. 그 가운데 한 사람은 어느 군(郡)에서 요직을 맡았던 인물이고, 또 한 사람은 평양에서 그곳의 최고학부를 마친 젊은 지식인이었다. 두 월남 인사와 필자는 같은 시간에 만난 것이 아니라, 때와 장소를 달리하여 따로따로 만났으며, 다른 사람들이 들을 염려가 없는 은밀한 장소에서 이야기하였다. 그리고 그 면담이 학술적 연구를 위한 것임을 밝히고, 그 면담에서의 발언 내용이 그대로 일반에게 공개되는 일은 없으리라는 것을 다짐하였다.

필자의 질문에 대한 두 사람의 대답은 거의 완전에 가깝도록 일치하였다. 간혹 약간의 차이가 있었다면, 그것은 강조점의 차이에 불과했거나, 그렇지 않으면, 인간 심리의 내면에 관한 추측의 차이에 지나지 않았다. 그리고 그들의 대답은 매우 논리가 정연했으며, 듣는 사람에게 깊은 신빙감을 주었다. 그러므로 두 사람이라는 숫자는 매우 적었음에도 불구하고, 필자는 많은 사람들을 만나 본 것이나 다름없다는 인상을 받았다. 공산주의 사회의 고유한 획일성으로 말미암아, 부분적 접촉이 부분적 정보 이상의 것을 제공해 줄 수 있었다고 생각된다.

공산주의 국가에 있어서 순문학(純文學), 즉 문학을 위한 문학이 허용될 수 없다는 것은 널리 알려진 상식이다. 공산주의 사회의 실현이라는 기본 목표를 위해서 시인도 소설가도 봉사해야 한다. 따라서 모든 작품은 강한 계급성을 나타내야 하며, 읽는 사람으로 하여금 계급적 자각을 느끼도록 하는 동시에, 공산주의 사회의 실현을 위해서 힘을 다하고자 하는 의욕을 북돋아 주고 그 의욕을 실천에 옮기는 구체적 방안을 제시해 주는 것이 아니면, 작품으로서의 가치를 인정받을 수 없을 뿐 아니라, 발표의 기회를 얻을 수도 없다.

위에서 말한 바와 같은 정치적 내지 사회적 목적을 위해서 봉사해야 하는 까닭에, 북한의 소설가들은 그 사회의 밝고 희망적인 측면을 그려야 하며, 읽는 사람들에게 불평 또는 좌절감을 주는 글을 써서는 안 된다. 북한의 현실에 대하여 부정적인 사상을 표명해서는 안 됨은 물론이요, 독자들로 하여금 부정적 태도를 갖게 할 염려가 있는 작품도 용납될 수가 없다. 따라서 그곳 소설에 나오는 인물들은 대개 모범적인 사람들이며, 간혹 그곳 기준에 의해서 비판의 대상이 되는 인물이 등장한다 하더라도, 마침내 그는 전비(前非)를 뉘우치고 개전하는 사람으로서 그려지는 것이 보통이다. 그러므로 북한의 소설만을 보고서 그곳의 대부분의 사람들이 현실적으로 가진 인격이나 행동 양식을 판단하기는 매우 어려운 일이며, 그들의 소설을 읽고 우리가 짐작할 수 있는 것은 오직 그들 사회에 있어서 요구되고 찬양받는 사람들이다. 다시 말하면, 북한의 소설을 통해서 대답을 얻을 수 있는 물음은, "현재 북한에 살고 있는 사람들은 어떠한 사람들인가?"가 아니라, "오늘날 공산주의 북한에 있어서 요청되고 있는 사람들은 어떠한 사람들인가?"에 가깝다.

그러나 그곳 소설에 나오는 인물들이 전혀 터무니없는 공상의 산물이라고 생각해서는 안 된다. 그들의 소설이 전하는 이야기가 그대로 실화는 물론 아니다. 그러나 그것은 '있을 수 있는 이야기'라고 보는 것이 진실에 가까울 것이다. 그곳의 소설가들은 그 환경 속에서 일어날 수 있는 이야기와 있을 수 있는 인물을 그린다. 다만, 그것들을 그리는 목적은 사실을 사실대로 묘사하는 데 있는 것이 아니라, 이른바 '공산주의 인간형'을 제시함으로써, 새로운 유형의 인간을 만들어 내고자 함에 있다. 공산주의에 적합하도록 인간을 개조하자는 것이다. 개인이 자기 자신의 신념에 따라서 자기를 개조하자는 것이 아니라, 공산주의자들의 공통된 철학이 요구하는 바를 따라서 인간을 만들어 내고자 꾀하는 것이며, 소설가들까지도 그와 같은 정치적 목표를 위하여 동원되고 있는 것이다.

북한의 소설가들은 그곳에 있어서 전형적 인물을 그리는 것을 요청받고 있다. 다시 말하면, 그 사회에 있어서 가장 선두에 선 사람을 그려서 널리 알림으로써 대중으로 하여금 본받게 하는 것이 그들의 사명의 중요한 부분이다. 그런데 현실적으로 전혀 있을 수 없는 이야기는 사람들에게 실천적인 감명을 주지 못한다. 그러므로 '그 환경 속에서 가능한 사람'을 소설 안에 등장시켜야 한다. 전형적 인물, 즉 가장 선두에 선 사람을 그리기 위해서, 북한의 소설가들은 집단농장, 탄광, 제철공장 등을 찾아가서, 그곳에서 살아가며 그곳의 사람들을 관찰해야 한다.

위에서 말한 바와 같은 그곳 소설가의 특색을 고려할 때, 공산주의 국가의 소설을 통하여 그곳 사람들의 가치관 내지 행동 양식을 발견하는 일은 자유주의 국가에 있어서 같은 방법으로 그것을 발견하는 일보다 쉽다는 결론을 얻을 수가 있을 것 같다. 그러나 앞에서도 말한 바와 같이, 공산주의 국가의 소설가들이 그들의 현실을 모두 자유롭게 그릴 수 있는 것은 아니다. 오직 밝고 희망적인 측면만을 추상하는 경향이 있을 뿐 아니라, 드물게 있는 특수한 경우를 미화하여 선전적으로 소개하는 경우도 없지 않다. 그리고 사회적 요구에 따라서 표면상 찬양받을 행위를 하는 사람들의 내면에 숨겨진 이기적 동기 등에 대해서는 거의 언급하지 않는 경향이 있다. 따라서 소설만으로 공산주의 사회 사람들의 가치관이나 행동 양식을 탐지하기는 어려운 일이며, 면접의 방법을 통하여, 또는 다른 문헌의 조사를 통하여 약간 보충하는 바 있다 하더라도 역시 불충분함이 있다는 것은 미리 자인하고 출발해야 할 것이다.

2. 궁극목표와 '혁명 과업'

북한을 포함한 모든 공산주의 국가에 있어서 도덕적 가치의 근본원리가 되는 것은 공산주의 사회의 실현이라는 그들의 궁극목표임은 논의의 여지가 없다. 이것은 우리 사회에 있어서 자유주의의 이름으로 추구되는 이상이 우리들의 도덕을 위한 기본 원리의 구실을 하는 것과 마찬가지의 사정이다. 다만 자유주의의 이상과 공산주의가 표방하는 이상 사이에 견해의 차이가 있으며, 특히 이상에 도달하는 올바른 방법에 대한 두 진영의 신념이 근본적으로 다른 까닭에, 공산주의 도덕과 자유주의의 그것 사이에 본질적 차이점이 불가피하게 되었다.

물질의 결핍에 의하여 어려움을 당하지 않는 생활, 즉 경제적으로 풍요한 생활을 바람직하다고 믿는 점에 있어서, 자유주의와 공산주의는 공통된 가치관을 나누고 있다. 인간이 숨기고 있는 능력을 유감없이 발휘하여 찬란한 문화를 창조함이 값진 일이라고 믿는 일에 있어서도 두 진영은 다를 바가 없다. 그리고 두 진영은 모두 인간의 평등을 내세우며, 여러 사람들의 희생을 대가로 삼고 일부만이 호화롭게 사는 것은 공정한 일이 아니라고 공언한다.[1]

그러나 위에서 지적한 공통점을 근거로 삼고, 자유주의와 공산주의가 지향하는 궁극의 목표는 같은 것이라고 속단해서는 안 된다. 자유주의자들은 개인이 도달해야 할 이상적 상태에 대하여 관심의 초점을 두고 있음에 비해서, 공산주의자들은 전체로서의 인류가 도달해야 할 이상에 대하여 더 깊은

---

1 이념으로서 공언하는 바와 실천 사이에는 큰 거리가 있는 것이 보통이다. 민주주의를 표방하는 나라에 있어서도 그들이 내세우는 이상과 그들의 사회 현실 사이에는 상당한 차이가 있거니와, 공산국가에 있어서의 그 차이는 더욱 큰 것으로 알려져 있다. 여기서 말하는 '공통된 가치관'에 대한 서술은, 두 세계가 주장하는 이념에 관한 것일 뿐, 그들의 현실에 관한 것은 아니다.

관심을 표명한다. 불가분의 관계를 가지고 얽혀 있는 두 가지 존재, 즉 개인과 사회라는 두 가지 존재를 마주 세우고, 그 어느 편을 더 근본적이고 더 중요하다고 보아야 하느냐는 철학적인 물음 앞에 나누어진 이 두 가지 견해의 대립은, '자아의 의미'에 대하여도 대립된 해석을 초래했으며, 인간의 이상에 관해서도 강조점의 차이를 빚어내지 않을 수 없었다.

자유주의와 공산주의가 더 심각한 견해의 차이를 보인 것은, 인간의 이상으로서의 궁극적 목표에 관해서가 아니라, 그 목표에 도달하는 방법에 관해서이다. 즉, 자유주의자들은 협상과 토론이라는 평화적 방법에 의하여 사회의 불공정한 현실을 개조해야 한다고 믿고 있음에 비하여, 공산주의자들은 폭력에 의한 무자비한 투쟁에 의해서만 그 목적에 도달할 수 있다고 믿는 것이다. 그리고 목표 도달을 위한 방법에 관한 견해의 차이는 매우 근본적이며 중대한 의미를 가지고 있다. 왜냐하면, 우리에게 가장 절실한 문제는 백 년이나 2백 년 뒤의 사회를 어떻게 만드는가에 있는 것이 아니라, 우리의 현재와 가까운 장래에 있어서 무엇을 할 것인가에 있으며, 이 가까운 장래의 중간목표를 좌우함에 있어서 가장 결정적인 힘을 가진 것은, 궁극목표의 달성을 위한 방법에 관한 신념이기 때문이다. 즉 방법에 관한 견해의 차이는, 단순히 방법의 문제로서 그치는 것이 아니라, 당면한 목표의 차이를 가져오는 것이며, 이 목표의 차이는 우리들의 가치관에 결정적인 영향을 미친다.

공산주의 사회의 실현이라는 궁극의 목표를 내걸고 있는 북한 공산 집단의 당면한 과제는, 남한을 포함한 한반도 전체를 완전히 적화(赤化)하는 일이다. 다시 말하면, 이미 공산 정권의 지배 아래 있는 북한에 있어서는 모든 자본주의적 잔해를 몰아내는 동시에, 북한의 인력과 물력을 총동원하여 남한까지도 무력으로써 통일하는 일이다. 이 과제는 그들에 있어서 지상의 명령이며 모든 행위의 시비선악(是非善惡)은 이 '혁명 과업'을 평가의 기준으로 삼고 판단된다.

북한의 소설에 나오는 인물들은 대개가 이러한 공산주의의 혁명 과업을 완수하기에 매우 적합한 생각과 행동을 하는 사람들이다. 그리고 소설의 주인공들이 생각하고 행동하는 바를 본받아서, 북한의 주민들도 그와 같은 사상과 행동으로써 혁명 과업 완수에 이바지할 것을 요청받고 있음은 다시 말할 필요도 없다.

공산주의가 시도하는 바와 같은 급진적 혁명을 성취하기 위해서 첫째로 요구되는 것은, 사람들이 자기의 개인적 사정을 초월하여 전체의 목적 아래 단결하는 일이고, 둘째로 요구되는 것은, 혁명에 방해가 된다고 생각하는 사람들에 대한 뜨거운 증오감과 무자비한 복수심이다.

전체의 목적을 위해서 전 국민이 무조건 단결하도록 촉진하는 가장 빠른 길은 독재이거니와, 독재가 반발을 당함이 없이 원만하게 지속되기 위해서 가장 효과적인 길은 독재자에 대한 대중의 존경과 사랑을 두텁게 하는 일이다. 그리고 이러한 사정은 북한의 소설의 경우에 있어서도 여실하게 반영되고 있음을 발견한다.

북한의 소설을 읽는 사람은, 김일성이 비범한 인물로서 우상화되고, 대중이 그를 지극히 존경하는 장면을 자주 발견한다. 유도희의 「사랑의 품」과 같이 김일성을 주인공으로 삼은 작품은 말할 것도 없거니와, 다른 일반적인 작품에 있어서도 그를 존경하고 사랑하는 사람들의 언행이 종종 소개되고 있다. 여기서 우리가 알고 싶은 것은, 그러한 소설의 사연이 과연 어느 정도의 현실성을 가지고 있느냐는 점이 아닐 수 없다.

필자가 만난 두 월남 인사의 증언에 의하면, 북한 사람들은 실제로 어떤 개인을 비범한 인물로서 우러러보도록 교육받고 있으며, 그 교육은 상당한 실효를 거두고 있다. 이 점은 어떠한 명성이나 지위를 가진 사람에 대하여도 비판적 관찰을 게을리하지 않는 우리 남한 사람들의 경향과 대조적이라 할 것이며, 민주적 통일이라는 목표와 관련하여 여기에도 문제점이 있음을 본다.

북한의 소설 가운데는 제국주의, 자본가, 지주 등에 대한 증오와 복수심을 불태운 장면도 종종 발견된다. 그리고 실제에 있어서도 북한 사람들 가운데는 그러한 증오감과 복수심을 품고 있는 사람들이 많다고 보아야 할 것이라는 증언이었다. 교육과 선전의 힘이 그러한 결과를 가져왔다고 생각되거니와, 우리 한국 사람들의 반공적 격정(激情)과 관련시켜서 생각할 때, 그러한 감정의 깊은 대립이 남북통일에 적지 않은 어려움을 가져오지 않을까 걱정된다.

3. 노동과 직장 윤리

소설 속에 나오는 북한 사람들은 남녀노소 누구나 대단히 부지런하다. 거의 쉬지 않고 일을 한다. 협동농장에서 일하는 젊은이들은 새벽에 앞을 다투어 일찍 일어나 일터로 나간다. 그것도 밖으로부터 강요당해서가 아니라, 각자가 자진하여 힘을 아끼지 않고 직장과 국가를 위해서 일을 한다. 심지어 어떤 아가씨는 작업에 열중한 나머지 맞선 보는 일까지 잠시 잊을 정도였다고 쓴 소설까지 있다. (이것은 과장된 이야기라고 하며 증인들은 웃었지만.)

소설에 있어서만 그런 것이 아니다. 북한 사람들은 실제에 있어서도 부지런히 일한다고 들었다. 그런데 그들은 과연 자진해서 그렇게 부지런히 일하는 것일까? 한 증언에 의하면 그들이 부지런히 일하는 것은 틀림없는 사실이다. 그러나 그것은 타율적으로 그렇게 당하고 있는 것이다. 북한에 있어서 유능한 간부란 자기의 책임 아래 있는 사람들로 하여금 부지런히 움직이게 하여 집단생활을 빈틈없이 이끌어 나가는 사람이다. 다른 증언에 의하면, 북한 사람들의 부지런한 노동은, 높은 지점에서 볼 때는 '타율적'이라고 해석할 수 있을 것이나 상식적인 의미로는 자율적이라고 보아야 한다. 다시 말하면, 사회의 조직과 분위기가 각자로 하여금 부지런히 일하지 않을 수 없게 만든다. 그러나 본인들은 강제나 감시를 느끼지 않는다. 훈련과 교육의 힘으로 '자진해서 부지런히 일하는 사람'으로서 이미 길이 든 것이다.

여하튼 북한에 있어서 노동이 중요시되고 있는 것만은 의심의 여지가 없다. "노동은 행복의 원천이요, 새 인간 창조의 원리다."라는 구절에 대하여, 한 증인은 "그것은 그들의 이론에 불과하다."고 말했다. "인간인 이상, 누가 힘든 노동 그 자체에 행복을 느끼겠느냐."는 것이다. 그러나 또 한 사람의 증인은, "노동 그 자체에 행복을 느낀다는 것은 어려운 일이겠으나, 노동을 행복의 근본 전제라고 믿고 있는 것은 사실"이라고 말했다. 여하튼 노동을 천시하는 경향은 전혀 없으며, 노동이 행복을 위한 귀중한 수단이라고 믿고 있음에는 틀림이 없을 것으로 보인다.

노동과 깊은 관련성을 가진 것은 기술이거니와, 북한 사회에 있어서 탁월한 기술을 가진 사람이 대단한 존경과 숭배를 받는 장면이 가끔 소설에 나타난다. 그리고 실제에 있어서도 기술에 대한 평가는 대단히 높다는 것이 그곳에서 온 사람들의 증언이다. 기술이 그토록 높이 평가되는 이유는, 기술자가 좋은 대우를 받으며 사회적으로 크게 인정을 받기 때문일 것이라고 그들은 분석하였다.

노동의 신성함을 역설하는 북한의 소설은 직업에 귀천이 없다는 것도 가끔 강조한다. 당과 나라를 위해서 가장 도움이 되는 일이 가장 보람된 일이라는 것이다. 그러나 증인들이 말하는 바에 의하면, 그 사회에도 사람들이 원하는 직업과 원하지 않는 직업의 구별은 있다. 예컨대 광산, 수산, 산림 따위의 직장은 현저하게 기피를 당하고 있다. 요컨대, 보수가 좋고 사회적으로 유력한 직업을 얻고자 하는 경쟁이 있기는 어느 사회나 마찬가지인 모양이다.

우리 남한에 있어서도 부지런함은 미덕으로 인정되고 있으며, 노동을 중요시하고 기술자를 우대하는 경향도 차차 높아 가고 있다. 따라서 근면, 노동, 기술 등에 관한 가치관의 차이가 통일에 지장을 가져오리라고는 생각되지 않는다. 그러나 근면과 노동을 실천할 수 있는 습성에는 정도의 차이가 있을 것이며, 진정한 자율에 의한 근면의 미덕을 습득하는 것은 통일 뒤의 원만한 사회생활을 위해서 필요할 것이다.

집단 속에서 부지런히 일하는 것이 생활의 대부분을 차지하는 북한에 있어서, 직장 윤리가 차지하는 비중은 우리들의 경우보다 더욱 크리라고 생각되거니와, 그곳 소설이 직장 안에서의 인간관계를 묘사한 장면은 대단히 많다. 직장을 그린 장면에서 가장 강조되고 있는 것은, 그들이 직장에 대하여 깊은 애착과 뜨거운 충성심을 가지고 있다는 사연이다. 예컨대, 협동조합 농장에서 일하는 사람들은, 우리가 가정을 사랑하듯이 조합을 사랑하며, 조합의 번영에 무한한 기쁨을 느낀다. 따라서 그들은 같은 직장에서 일하는 사람들 사이에 우정이 두텁고 서로 사이좋게 협력한다. 그리고 자기가 속해 있는 직장을 버리고 다른 곳으로 직장을 바꾸려는 생각을 하는 것은 용서 못할 자유주의자로서 비판을 받는다. 자유주의자가 생겼을 때는 그를 묵과하지 않고 비판하는 것이 그들의 직장 윤리의 일부이기도 하거니와, 그 비판의 목적은 성심성의껏 선도함으로써 자유주의를 탈피하도록 인간을 개조함에 있다는 것이 그들의 이론이다.

목격자들의 증언에 의하면, 북한 사람들이 자기 직장에 대해서 애착을 느끼고 있으며 직장 일이 잘 되도록 애써 협력하고 있다는 이야기는 거짓이 아니다. 그들에 있어서는 직장이 생활 전체에서 차지하는 비중이 매우 크다. 직장이 잘 되어야 개인에게도 유리하다. 가령 협동농장에서 일하는 사람의 경우는, 농장에서 올린 수확의 양에 따라서 개인에게 돌아가는 몫도 결정된다.

같은 직장에서 일하는 사람들 사이의 인화(人和)가 매우 잘된다는 사연에 대해서 한 증인은, "사람들이 모여 사는 곳에는 어디에나 알력이라는 것은 있지 않겠습니까? 그러나 직장의 공동 목표에 관해서는 일반적으로 협력이 잘되는 편이라고 봐야 할 것입니다."라고 말했다. 그리고 "공산주의 사회에서는 친구끼리도 서로 감시하고 경계한다."는 소문에 관해서 물었을 때, "정치성이 있는 문제에 관해서는 서로 감시한다."는 뜻으로 대답하였다.

"직장에 있어서 더 나은 자리를 엿보는 태도를 자유주의라고 비난한다."는 사연에 관해서 물었을 때, 증인들은 그것이 사실임을 인정하였다. 다만, "사람들이 내심에 있어서는 더 나은 자리를 얻으려고 기회를 엿보는 본능적인 심리를 버리지 못하는 것은 그 사회에서도 일반"이라고 덧붙였다.

북한에 있어서도 개인의 자발성과 창의는 매우 강조되고 있다. 공산주의의 기본 목표에 어긋나는 자발성이나 창의는 물론 허용될 수 없지만, 그들의 기본 목표를 위해서 도움이 되는 일이라면, 단순히 상부의 지시를 따라 수동적으로 복종하는 것만으로는 부족한 것이며, 부단한 연구와 노력으로 자발성과 창의에 넘치는 협력을 할 것이 요청되고 있다.

직장에 있어서 충성심, 자발적 협력, 동료간의 우의 등이 요청되는 것은 우리 남한의 경우도 마찬가지다. 다만, 경제 제도의 근본적인 차이로 말미암아 '직장' 그 자체에 대한 개념이 남과 북이 있어서 크게 다르다는 사정이 통일 문제와 여러 가지 어려움을 가져오지 않을까 염려된다.

4. 동지애 또는 이웃 사랑

공산주의는 동지와 적을 확연히 구별한다. 공산주의자들은 자본가 내지 자유주의자에 대한 적개심을 극도로 고취하는 반면에 무산계급 내지 공산주의자 상호간의 동지애를 매우 강조한다.

이 점은 그곳 소설에도 잘 반영되어, 가슴이 뭉클할 정도의 미담이 여기저기 나타나고 있다. 곤경에 빠진 사람이 있으면 앞을 다투어 도와준다. 친구나 동료에게 좋은 일이 생기면, 마치 자기 일처럼 그것을 기뻐한다. 심지어 처지가 곤란한 부하를 위해서 집과 살림의 일부를 제공하는 이야기까지 나온다. 동료 가운데 잘못이 있으면 따끔한 비판을 가하는 것은 사실이나, 비판의 목적은 어디까지나 개과천선하도록 선도하는 데 있으며, 그에게 상처를 주기 위한 것이 아님이 강조된다.

과연 현실에 있어서도 그들 북한 사람들은 이웃끼리 그토록 서로 위하고 아끼며 사는 것일까? 증인들의 말에 의하면, 그 사회에 있어서 동지애와 협조가 대단히 강조되고 있음은 사실이다. 그리고 적어도 표면상은 서로 사이좋게 도와 가며 살고 있다는 것을 부인하기 어렵다. 그러나 그것이 정말 마음 바닥에서 우러나는 진정한 사랑인지는 의문이라고 한다. 왜냐하면, 공산주의 사회의 사람들이 가장 강하게 원하는 것은 사회적 찬양을 받는 일이며, 헌신적으로 남을 도와준 사람은 높이 찬양되는 동시에 크게 보도되기 때문이다. 요컨대, 당이나 정부 기관으로부터 칭찬을 받기 위해서 좋은 일을 많이 한다는 분석이며, 그곳도 인간이 모여 사는 곳인지라, 마음 바닥에는 미움과 시샘이 끊일 수 없다는 관찰이다.

그러나 속마음이야 어떻든 간에 적어도 겉으로는 서로 사이좋게 도와 가며 사는 까닭에, 사회생활에 있어서 표면상의 마찰은 적다. 상대편의 잘못이 아무리 크다 하더라도, 큰 소리로 고함을 치거나 완력으로 제재를 가하는 일은 별로 없다. 예컨대 공장 노동자에게 용서 못할 잘못이 있을 때, 그 사람을 감독할 위치에 있는 간부가 욕설을 하거나 폭력을 가했을 경우에는 그 간부까지도 비판의 대상이 된다.

비록 표면상만이라도 서로 사이좋게 도와 가며 산다는 것은 원만한 사회생활을 위해서 도움이 되는 습성임에 틀림이 없다. 다만 문제가 되는 것은 이웃 내지 동포 또는 인간에 대한 사랑이 어느 한계에까지 미칠 수 있느냐는 점이다. 우리는 이 점을 공산주의자들이 강조하는 '적(敵)에 대한 무자비한 복수심과 증오감'의 관념과 관련시켜서 생각하게 된다. 만약 북한의 주민들이 자기네끼리는 동지로서의 느낌을 교환하는 반면에 우리 남한 사람들의 상당히 큰 부분에 대하여 뜨거운 적개심을 품고 있다면, 그들의 색채 있는 동지애가 민족적인 통일에 어떤 저해의 요소로서 작용할 수도 있을 것이다. 따라서 이웃 간에 사이좋게 지내기를 시도하는 그들의 행동 양식이 진정으로 선량한 인간성으로 발전할 때, 비로소 남북통일을 위한 커다란 역량으로서 작용할 것이다.

우리가 남북통일을 열망하는 것은, 경제적 및 정치적 이유도 있겠지만, 우리가 북한 사람들과 동일한 민족이라는 문화적 이유가 가장 클 것이다. 따라서 우리가 갖는 민족의식이 얼마나 강하며 동포애가 얼마나 깊은가는 우리가 염원하는 통일의 성패에 지대한 영향을 미칠 것으로 보인다.

우리에게 민족의식이 강하다는 것은 자타가 공인하는 사실이며, 이 점은 북한 동포들의 경우도 크게 다르지 않으리라고 짐작된다. 그러나 동포애에 관해서는 간단히 논하기 어려운 미묘한 감정의 갈등이 있는 것으로 관찰된다. 우리는, 약소민족의 심리가 흔히 그럴 수 있듯이, 동포에 대한 사랑과 미움을 뒤섞어 느끼는 경향이 있다. 우리 민족이 허약하고 뒤떨어졌다는 사실에 대한 불만이 동포에 대한 미움의 감정으로 발전하기 쉬운 까닭에, 우리는 우리 민족에 대하여 한결같은 사랑만을 느끼기 어려운 것이다.

그뿐만 아니라, 북에서는 민족의식에 앞서서 계급의식이 더욱 강조되고 있다. 그리고 계급의식의 강조는 반대 계급에 대한 증오감을 고취하는 것이므로, 문제는 더욱더 복잡해진다. 일부에서는 민족 감정의 분열을 막을 수 있도록 북한 동포들을 교육적으로 선도할 방안을 강구해야 한다고 주장한다. 매우 의욕적이라는 점에서 높이 평가되어도 좋을 주장이라 하겠으나, 이 문제를 너무 안이하게 생각해서는 안 될 것이다. 필자가 짐작하는 바로는, 북한의 젊은 세대는 공산주의 사상으로 굳게 무장하도록 철저한 교육을 받고 있다. 우리가 현재 사용할 수 있는 방법으로 그들의 생각을 바꾸기에는,

그들의 사상은 이미 너무나 견고하게 굳어지고 있는 것이 아닐까 염려된다.

북한 동포의 사상을 걱정하기에 앞서서 해야 할 일이 있다. 우리 남한의 사상을 반성하고 우리 자신의 가치관을 새로운 방향으로 정리해 세우는 일이다. 우리 자신의 가치관과 사고방식에는 너무나 낡고 허약한 부분이 많은 것이다.

5. 성도덕과 가정생활

북한 소설에서 남녀의 사랑을 주제로 한 이야기를 찾아보기는 대단히 힘들 것이다. 사랑의 감정을 묘사한 대목이 가끔 나오기는 하나, 그것은 어디까지나 그들의 공동 목표를 달성하는 데 도움이 되는 삽화적 사건에 불과하다. 요즈음 자유주의 세계의 문학 내지 예술에 있어서 막대한 비중을 차지하는 섹스의 묘사는, 필자가 아는 범위 내에서는 전혀 없다.

이것은 소설의 세계에만 국한된 이야기가 아닌 것 같다. 증인들의 말에 의하면, 실제 생활에 있어서도 성도덕은 매우 엄격한 편이다. 한마디로 말해서 일부일처(一夫一妻)가 대단히 철저하게 강조되고 있다. 연애는 반드시 결혼을 전제로 한다. 성적 관계만을 맺고 결혼은 기피할 경우가 생기면 심한 비판을 받는다. 특히 여자들의 정조 관념을 중요시하며, 성도덕을 어지럽히는 행동이 알려질 경우에는 무서운 사회적 간섭을 면치 못한다.

북한에 있어서는, 사랑보다도 직장 일이 더욱 중요하다. 성(性)이나 사랑에 몰두하기에는 시간이 너무 바쁘며, 또 일반의 분위기가 그것을 허용하지 않는다. 여자들까지도 농장이나 공장에서 일하기 마련인 북한에 있어서, 직장을 통하여 남녀가 접촉할 기회는 비교적 많을 것이다. 틈이 날 때마다 남녀가 어울려 노래도 부르고 춤도 추며 때로는 음악회나 연극 공연도 갖는다. 이러한 오락 또는 예술 활동을 통해서 그곳의 남녀들은 그들 나름의 낭만을 즐긴다. 그러나 낭만과 환락에는 스스로 한계가 있는 것이며, 그들의 공동 목표를 위해서 필요한 과정의 일부로서, 그와 같은 레크리에이션의 시간이 허용되고 장려되는 것이다.

북한의 소설을 보면 그곳 사람들의 사랑은 노동과 직결되고 있거니와, 현실에 있어서도 그러한 경향이 강하다고 그곳에서 온 증인들은 말하고 있다. 그곳의 작가들도 여성의 미(美)를 그리지만, 그 묘사에 있어서 가장 많이 강조되는 것은 건강한 혈색과 발랄한 활동력 그리고 명랑하게 즐기며 일에 열중하는 모습이다. 그리고 실제에 있어서도 건강하고 일 잘하는 여자일수록 매력이 있어 보인다는 것이 그곳에서 넘어온 사람들의 증언이다.

연애를 위한 연애가 허용되지 않고, 남녀의 교제는 언제나 결혼으로 연결되어야 하는 북한 사회에 있어서, 젊은 남녀가 평가의 대상이 될 경우에는 배우자의 후보로서 또는 며느리나 사위의 후보를 물색하는 각도에서 바라보게 되기가 쉽다. 그리고 공산주의 사회에서는 그 사회에서 좋은 평가를 받지 못하는 사람과 결혼을 하게 되면, 비록 본인이 출중하다 하더라도, 사회 진출에 막대한 지장이 있다. 따라서 첫째로 계급 성분이 좋고, 둘째로 일을 잘하는 젊은이들이 배우자 또는 며느리나 사위의 후보로서도 환영을 받는다. 사회적으로 높은 평가를 받는 사람일수록 겉으로도 광채가 나 보이는 것은 인간 심리의 일반적 경향이다.

가족을 가장 귀중한 집단으로 생각하는 유교적 가족주의는 공산주의 사회에 있어서 용납될 여지가 없을 것이다. 가족보다도 더 큰 사회로서의 국가에 대해서 온갖 충성심이 바쳐져야 할 것이기 때문이다. 그러나 오늘날 북한에 있어서, 사람들이 갖는 가족적 감정은 어느 정도 존중을 받고 있으며, 또 공산주의의 목적 달성을 위해서 그 가족적 감정이 교묘하게 이용되고 있는 것으로 보인다. 알기 쉽게 말해서, 먼 장래에는 어떻게 될 지 모르지만, 적어도 현 단계에 있어서는 우리나라에 있어서 깊은 전통을 가진 가족제도가 그 나름의 보호를 받고 있으며, 효도 및 우애와 같은 가족적 덕목이 크게 권장되고 있다. 이 점은 그곳 소설에도 여실히 나타나고 있거니와, 월남한 사람들의 증언도 같은 사실을 뒷받침해 준다.

그러나 전통적 가족주의 그 자체를 북한의 공산주의자들이 시인한다는 것은 생각할 수 없는 일이며, 유교 사상에 근원을 둔 우리나라의 가족주의적 가치관은 점차로 약화해 가는 과정에 있다고 보아야 할 것이다. 우리 남한에 있어서도 유교적 가족주의 및 가족제도는 조금씩 파괴되어 가고 있다는 사실을 생각할 때, 옛날로부터 내려온 우리나라의 전통적 가족주의는 어느 곳에 있어서나 심각한 시련을 겪고 있다는 결론을 얻게 된다. 그러나 전통적 가족주의가 파괴되어 가는 방향, 다시 말하면, 전통적 가족주의가 파괴된 다음에 그 자리를 대신해서 올 것이 가리키는 방향은, 남한의 경우와 북한의 경우에 있어서 정반대인 것으로 보인다. 남한에 있어서는 대가족 → 핵가족 → 개인의 방향으로 자아와 외연이 축소해 가는 데 비하여, 북한에 있어서는 가족 → 지역사회 → 국가의 방향으로 생활의 중심이 옮겨 가는 것이 아닌가 하는 생각이 든다.

우리나라의 가족제도가 남과 북에 있어서 각각 방향을 달리하는 힘의 작용에 의하여 내면적인 변화를 가져오고 있다 할지라도, 단시일 안에 근본적인 차이점이 가족 감정 내지 가족생활에 생길 것같이는 생각되지 않는다. 따라서 가족 윤리에 관한 차이점으로 말미암아 남북의 통일이 큰 지장을 받을 염려는 적을 것으로 보인다. 그보다 더욱 중요한 문제는, 남한이 개인주의의 극으로 달리고 북한은 사회주의 내지 집단주의의 극으로 달리는 결과로 생길 가치 체계의 근본적인 대립 내지 간격을 어떻게 극복할 것이냐 하는 더 일반적인 물음에 의해서 제기되어야 할 것으로 믿는다.

개인과 사회의 관계를 총괄적으로 일별하기에 앞서서, 한마디 언급해야 할 문제가 있다. 즉 성도덕에 있어서의 남북의 차이가 우리에게 촉구하는 반성에 관하여 간단히 언급해 두고자 한다.

성도덕에 관하여 보수와 개방으로 갈라지는 두 견해의 시비를 여기서 논할 필요는 없을 것이다. 다만 한 가지 고려하지 않을 수 없는 것은 두 집단이 경쟁 내지 적대의 관계로서 대립했을 경우에, 성의 개방을 외치고 성의 쾌락으로 달리는 경향이 강한 것과, 성도덕이 엄격하여 성의 쾌락에 있어 자연히 절제를 지키게 되는 경향이 강한 것과 어느 편이 그 싸움을 위해서 유리할 것이냐 하는 문제다. 그리고 이 문제에 관해서는, 후자의 길을 택하는 편이 그 집단의 힘을 강화하기에 유리할 것이라고 보는 것이 우리들의 상식이다. 왜냐하면, 성의 쾌락을 추구하기에 소모되는 시간과 정력 그리고 물자는 막대한 반면에 성적 근원을 가진 정열이 대상작용을 통하여 다른 목적을 위하여 경주될 때 그 정열은 막대한 힘으로 변하기 때문이다. 여하튼, 성의 향락을 공공연하게 구가하는 경향이 심한 우리 남한의 풍조가 우리 현실에 적합한 것인지 재고의 여지가 있는 것으로 보인다.

6. 개인과 사회

김수범의 「열정(熱情)」이라는 단편소설은, 해발 2천 미터에 달하는 대각령 산판에서 생산된 통나무를 운반하기 위하여 6천 미터의 트랙터 길을 산 위로 닦는 공사장을 소재로 삼고 있다. 길을 통해야 할 중간 지점에 거대한 바위가 가로놓여서 그 바위에 굴을 뚫어야 하는 등, 어려운 문제가 많은 그 공사를 여러 사람들의 열정에 가득 찬 연구와 노력의 힘으로 성공시킨다는 줄거리의 이 소설 끝머리에 다음과 같은 구절이 있다.

> 리창진은 몸을 내맡기듯 권만수를 끌어안았다.
>
> 권만수는 리창진과 박성락의 손목을 이끌며 사람들 쪽으로 걸어갔다.

"자네들이 아니믄사, 원 어림두 없지, 이렇게 큰 일을…"

권만수가 중얼거렸다. 그러자 이번에는 박성락이 말을 건넸다.

"이 공사의 창안과 설계에는 아바이의 성함도 적혀 있어야 합니다."

"뭐? !"

권만수는 박성락을 건너다보며 머리를 설레설레 저었다.

"원 별 소리… 거기에 뉘 이름이 적힌들 뭬라나."[2]

위의 인용에서 권만수의 마지막 한마디는 매우 상징적이다. 권만수라는 '아바이'는 글공부를 별로 못한 육체노동자로서 그 공사장에서 작업반장 정도의 일을 맡아 본 사람이거니와, 그가 "거기에 뉘 이름이 적힌들 뭬라나."라는 말을 한 것은 개인의 공명심에 대한 부정을 지향하는 공산주의 사상의 한 부분을 잘 나타낸 것이라고 보인다.

북한의 주민들이 현재 일반적으로 개인의 공명심을 초월해 있다고는 생각하지 않는다. 오히려 공명심이 매우 강한 것이 그들의 오늘의 심리 상태가 아닐까 한다. 공산주의 아래 사는 북한 사람들은 재산에 대한 욕심은 그리 대단하지 않다고 전해 들었다. 재산에 대해서 욕심을 내봤자 그 욕망은 충족될 수 없기 때문이다. 그리고 재산의 대표라고 할 수 있는 돈을 많이 번다 하더라도, 우리 남한의 경우와 같은 효용이 없다. 자본주의 사회에서는 돈만 있으면 모든 향락과 영화를 누릴 수 있지만, 공산주의 북한에서는 그렇지 못하다. 마음대로 물건을 살 수도 없고, 호의호식하고 좋은 주택에 산다 하여 남들의 존경이나 감탄의 대상이 되지도 않는다. 반면에 그쪽의 정책에 순응하여 부지런히 일하면 최저 생활은 보장된다. 따라서 어떤 특별히 높은 지위에

2 『조선문학』, 1969년 3월호, p.47.

있는 사람들을 제외한다면, 물질생활을 통하여 자기의 우수성을 과시할 수는 없다. 공산주의 사회에 있어서 자기의 우수성을 증명하는 길은 사회적 시인 내지 찬양을 받는 그것이다. 다시 말하면, 명예가 가장 소망스러운 가치로서의 자리를 차지한다. 그러므로 북한의 주민들은 다른 무엇보다도 명예를 갈망한다. 예컨대 '영웅 칭호'를 받고 신문에 크게 나는 것은 그들이 가장 열망하는 목표다.

유물사관에 입각하여 물질의 힘과 경제의 중요성을 극도로 강조하고 출발한 공산주의 사회에 있어서, 사람들이 돈보다도 명예를 좋아하게 되었다는 사실은 역설적이며 흥미롭다. 돈과 명예의 대립에 있어서뿐만 아니라, 일반적으로 비물질적 내지 정신적인 것의 힘과 가치를 강조하는 경향이 공산주의 사회에 의외로 강하다는 것은, 그쪽의 소설에도 나타나 있고 증인들의 말로도 짐작할 수 있다.

유도희의 「사랑의 품」이라는 단편소설 가운데 다음과 같은 말이 김일성의 발언으로서 기록된 곳이 있다.

> "우리에게는 무엇보다도 먼저 그 하자고 하는 그 결심이 필요하오. 우리가 하자고 결심하고 못한 일이 어디 있소 … 조국을 하루 속히 일떠세우겠다는 전체 인민들의 드높은 결의와 각오 … 그것이 수많은 기적들을 낳게 하였던 것이오. … 보수주의 소극분자들은 이 과학을 리해 못할 거요. 그렇소! 그건 과학이오."[3]

의지의 힘이 기적을 낳을 수 있다고 역설하고, 그것이 바로 과학이라고까

3 『조선문학』, 1969년 1월호, p.36.

지 말하고 있는 것이 주목되거니와, 이것은 관념 내지 정신의 힘을 부정하는 것이 공산주의의 사상이라고 생각하는 일부의 상식을 뒤집는 것이다. 공산주의자들이 유물론을 디디고 서서 경제적 조건이 우리의 관념을 결정하고 나아가서 역사의 전개를 좌우한다고 주장한 것도 사실이나, 관념 즉 사상의 중요성을 누구보다도 강조하는 것이 그들이라는 것도 명백한 사실이다. 이 점은 앞에서 인용한 소설 가운데서 소개된 김일성의 다음과 같은 말에서도 뚜렷이 나타나 있다.

> "선결문제는 사상 문제지, 사상이 바로 서면 어디서 무슨 일을 하든지 틀림이 없거던, 틀림이 없단 말이오."[4]

이 김일성의 말은 임재성의 단편 「철길 우의 별」 가운데 나오는 선로 반장의 충고와도 일치한다. 철로 순회원으로서 근무하기 위하여 처음으로 찾아온 젊은이에게 선로 반장은 다음과 같은 말을 했던 것이다.

> "기술두 중요하지만 그보다는 당과 수령에 대한 충성심을 잘 배우오."[5]

그리고 이와 같은 발언은 마르크스-레닌주의 사상 교육에 큰 역점을 둔 그들의 교육과정을 통하여 전국적으로 실천에 옮겨지고 있다.

여하튼, 정신과 인격의 가치의 우위를 주장하는 정신주의 철학에 입각했다는 자유주의의 여러 나라에 있어서는 물질문명의 풍요를 구가하는 가운데

---

4 『조선문학』, 1969년 1월호, p.36.
5 『조선문학』, 1969년, 3월호, p.97.

인간소외의 자기모순에 빠져 감을 걱정하고 있는 데 비하여, 물질과 경제의 가치의 우위를 주장하는 물질주의 철학에 입각했다는 공산주의의 나라들에 있어서는 빈곤과 결핍에 시달리면서 명예와 사상의 중요성을 강조하고 있다는 사실은, 사상과 현실의 역사를 지배하는 법칙이 복잡하고 미묘함을 알리는 것으로서 매우 흥미 있는 현상이다.

북한 사람들이 '물질적'이라고 말할 수 있는 이해관계에 대해서는 개인적 이기주의를 어느 정도 포기하고 있는 반면에 자기가 받는 평가 내지 명성에 대해서는 매우 초조한 것으로 보인다는 것을 앞에서 지적하였다. 이것은 개인주의의 극복을 꾀하는 공산주의 북한에 있어서, 개인이 추구하는 가치의 내용은 바뀌었으나 개인주의적 사고방식 그 자체는 아직도 남아 있다는 것을 의미한다. 그러나 비록 현재에 있어서는 개인주의적 사고방식을 벗어나지 못하고 있다 할지라도, 장차 오랜 세월이 흐르는 동안에 개인적 자아의식이 점차로 약화된다는 것은 생각할 수 있다. 만약 그렇게 된다면, 개인적 자아의식이 하루하루 강화되어 가고 있는 우리 남한 사람들의 가치관과의 거리가 굉장히 멀어지고 만다는 결과가 될 것이다. 설령 북한 사람들의 개인적 자아의식이 약화되지 않고 그대로 존속한다 하더라도, 사회주의 내지 공산주의의 목표 달성을 위해서 헌신적으로 노력함으로써 명성을 얻기를 열망하는 방향으로 발달한 자아의식과, 사유재산의 증대와 개인적 행동의 자유를 무엇보다 소중히 여기는 방향으로 발달한 자아의식과는 그 내용에 있어서 상당한 차이가 있다고 보아야 할 것이다. 요컨대, 이대로 간다면 남한 사람들과 북한 사람들의 가치관의 차이는 어차피 점점 커질 가능성이 크다는 결론에 이른다.

국가 또는 사회에 우선을 인정하는 사상과 개인에 대하여 그것을 인정하는 사상은 매우 심각한 가치관의 차이를 그 가운데 내포하고 있다. 그것은 돈을 가장 중요시하는 생각과 명예를 가장 중요시하는 생각의 대립보다도 더욱 근본적인 문제를 숨기고 있는 가치관의 대립이라고 보아야 할 것이다. 따라서 철저한 사회우선주의자들의 집단과 철저한 개인우선주의자들의 집단이 합하여 하나의 국가를 형성했을 경우에 매우 어려운 문제들이 일어날 것이 예상된다. 그러나 이 두 집단이 본래는 하나의 국가를 형성했던 같은 민족이라면, 언제가는 다시 통일되어야 할 과제를 짊어지고 있는 것이며, 따라서 저 심각한 가치관의 대립을 극복하기 위한 어떤 방안이 강구되어야 할 것이다.

첫째로 생각할 수 있는 것은, 우선 정치적 통일을 이룩해 놓고 그 다음에 서서히 가치관의 차이를 좁혀 간다는 길이다. 본래 남북의 가치관이 그토록 심각한 차이를 갖게 된 근본 사유가 정치적 분단에 있었다는 사실을 상기할 때, 그리고 한 나라의 정치형태가 그 국민의 가치 의식에 대하여 결정적 영향을 미친다는 사실을 고려할 때, 정치적 통일이 앞서면 가치관의 조화도 어느 정도 실현할 수 있으리라는 것을 기대해도 좋을 것이다. 그러나 여기서 첫째로 문제가 되는 것은, 가치관을 근본적으로 달리하는 두 집단이 어떻게 정치적 통일을 먼저 이룩할 수 있느냐는 것이다. 가치관이 근본적으로 다른 두 개인이나 집단 사이에는 지성적 대화가 열리기 어려우며, 따라서 전혀 다른 가치 체계에 의하여 살고 있는 두 집단이 평화적으로 통일되기는 매우 어려운 일이 아닐 수 없다. 남는 것은 무력 통일의 길뿐이라는 결론이 되겠으나, 무력에 호소하는 길은 그 자체가 비극적일 뿐 아니라, 한 집단의 가치관을 다른 집단에게 강요하는 불합리를 초래할 것이다.

둘째로 생각할 수 있는 것은, 정치적 통일에 앞서서 북한 사람들이 가치관을 바꾸도록 선전과 교육의 기능을 동원하는 길이다. 그러나 앞에서도 언급한 바와 같이, 이 길은 현재의 여건으로서는 한갓 공론에 지나지 않는다.

셋째로 생각할 수 있는 것은, 우리 남한의 가치관에 어떤 변화를 가져오는 길이다. 그러나 우리의 가치관이 민주주의라는 기본 원칙의 테두리 밖으로 근본적 전환을 감행한다는 것은 생각하기 어려운 일이다. 다만 여기서 우리가 반성해야 할 것은, 우리가 현재 참된 민주주의를 실현한 단계에 이르지 못하고 있다는 사실이다. 참된 민주주의는 이기주의의 극복을 요청하는 동시에, 큰 공동 목표의 달성을 위해서 때로는 소아(小我)를 버리고 협조한다는 미덕을 그 안에 포함한다. 그러나 우리의 개인주의는 아직 이기주의의 색채가 농후하며, 국가와 사회 전체에 대한 고려가 크게 부족한 실정에 있다. 이에, 참된 민주주의를 실현한다는 것은 우리 남한이 본래부터 내세운 공동의 목표로서 계속 노력해야 할 과제일 뿐 아니라, 진실로 민주주의적인 사상과 행동의 습성을 길러 익힌다는 것은, 국토의 통일을 염원하는 우리들이 해야 할 준비의 첫째이기도 하다. 상대편의 잘못을 들추고 욕하기에 앞서서 나 자신의 자세를 가다듬는 일은, 개인의 경우에 있어서나 집단의 경우에 있어서나 극히 중요한 선결문제가 아닐 수 없다.

(1969년 10월)

2부
사회정의의 이념과 현실

프랑케나(William K. Frankena)는 "역사의 대부분은 … 사회정의의 탐구의 과정이라고 보아도 무방할 것"이라고 주장한 바 있다. 이 주장에 약간의 과장이 있을지는 모르나, 사회정의의 문제가 인류의 역사에 있어서 가장 중대하고 어려운 문제의 하나임에는 의심의 여지가 없다. 특히 현대는 이 문제가 유난히 심각한 양상으로 제기되고 있는 시대다. 우리 한국에 있어서도 사회정의의 문제는 가장 기본적인 실천의 과제로서 우리의 관심을 재촉하고 있다.

1장 사회정의의 이념

1. 서언

프랑케나(William K. Frankena)는 "역사의 대부분은 … 사회정의의 탐구의 과정이라고 보아도 무방할 것"이라고 주장한 바 있다.[1] 이 주장에 약간의 과장이 있을지는 모르나, 사회정의의 문제가 인류의 역사에 있어서 가장 중대하고 어려운 문제의 하나임에는 의심의 여지가 없다. 특히 현대는 이 문제가 유난히 심각한 양상으로 제기되고 있는 시대다. 우리 한국에 있어서도 사회정의의 문제는 가장 기본적인 실천의 과제로서 우리의 관심을 재촉하고 있다. 그러나 우리 한국의 경우에 있어서 — 다른 나라의 경우에 있어서도 사정은 대동소이하지만, 특히 우리 한국의 경우에 있어서 — 우리가 실현해야 할 '사회정의'의 이상이 어떠한 것인지 분명한 개념의 확립이 선행하고 있는

1 William K. Frankena, "The Concept of Social Justice", *Social Justice*, R.B. Brandt ed., New Jersey, 1962, p.1.

것으로는 보이지 않는다. 우리는 다 같이 '사회정의'를 부르짖고 있지만, 각자는 서로 다른 내용의 주장을 하고 있을지도 모르며, '사회정의'를 외치는 사람들 자신도 자기가 주장하는 바에 대하여 명백하고 뚜렷한 생각이 없을지도 모른다.

위에 말한 바와 같은 실정을 고려할 때, '사회정의'의 개념 또는 이념을 분석적으로 명백히 하는 것은 매우 뜻있는 일이 될 것으로 생각된다. 여기 이 글을 시도하는 동기가 있다. 사회정의란 어떠한 사실을 말하는 것일까?

이 글은 한국의 현실에 대한 관심을 배경으로 삼는 것이기는 하나, 우리의 현실 문제를 직접 다루지는 않는다. 다시 말하면, 한국이 지향해야 할 사회정의의 이상을 구체적 청사진으로 제시하거나 한국의 사회정의 실현을 위한 방안을 모색하는 따위의 실천적 연구는 이 글의 범위 밖으로 미루어진다. 이 글의 의도는, 구체적 실천의 문제가 만족스럽게 다루어질 수 있기 위해서 반드시 미리 밝혀져야 할 철학적 기본 문제들을 순수한 이론의 견지에서 탐구하고자 함에 그친다.

어떤 개념의 의미를 밝히고자 하는 철학적 시도는 일반적으로 만만치 않은 난관에 처음부터 부딪치기 마련이다. 철학적인 문제가 됨직한 개념들은 대개 현실에 있어서는 여러 가지 뜻으로 사용되고 있다는 사실에서 오는 난관이다. 이 점은 '사회정의'를 탐구의 문제로 선택한 우리의 경우에 있어서 더욱 심하다. "정의란 무엇인가?"라는 물음에 대한 대답은 역사상에 윤리학설의 종류가 많은 것과 거의 비등한 숫자로 헤아려야 할 정도로 구구하기 때문이다. 그러므로 우리는 우리가 여기서 문제로 삼는 '사회정의'의 의미에 어떤 제한을 가함으로써 우리 문제의 윤곽을 정하는 것이 바람직하다고 생각된다.

동양에서 쓰이는 '정의(正義)'라는 말의 뜻이 반드시 서양어의 'justice' 또는 'Gerechtigkeit' 따위의 그것과 같다고는 생각되지 않는다. 우리가 '정의를 사랑한다', '정의를 위해서 싸운다', 또는 '정의파' 따위의 말을 사용할 때, 우리의 마음속을 스쳐 가는 것은 '악한 강자와 맞서서 싸우는 용기' 따위의 격정적 관념일 경우가 많다. 그리고 '정의'의 덕(德)은, 사회 전체가 갖는 속성이라기보다는 한 개인의 속성으로서 우선 연상되는 경향이 있다. 그러나 'justice' 또는 'Gerechtigkeit' 등의 서양어가 풍기는 느낌은 더 냉정하며, 그러한 말들의 뜻은 사회적인 맥락에 있어서 더욱 뚜렷하게 떠오른다. 우리들의 '정의'라는 말과 저들 서양어가 갖는 함의의 차이는 우리가 '정의감'이라는 말을 자주 쓰는 데 비하여 'justice'나 'Gerechtigkeit'에는 그와 같은 뜻의 복합어가 별로 쓰이지 않는다는 사실에도 잘 나타나고 있다.

이 글에서 필자가 다루고자 하는 것은 감정과 깊은 관계를 가진 개인적 미덕으로서의 '정의'의 문제가 아니라, 법과 정치와 경제를 중심으로 삼는 사회생활 전체의 문제로서의 '사회정의'의 그것이다. 우리의 주제는 영어의 'social justice'에 해당하는 것이며, '정의'보다는 '공정(公正)'이라는 말로 표현하는 것이 더욱 적절할지도 모를 문제다.

앞에서도 말한 바와 같이, 이 글의 관심의 배경을 이루는 것은 지금 우리가 살고 있는 이 시대의 사회 현실이다. 따라서 이 글에서 우리가 문제로 삼는 사회정의는 현대의 우리 사회에서 문제되고 있는 사회정의이며, 고대와 중세의 철학까지도 포함한 역사적 전 과정에 나타난 사회정의의 이념을 남김없이 검토하는 따위는 이 글이 의도하는 바가 아니다. 짧게 말해서, 우리의 관심은 근대적 내지 현대적 개념으로서의 사회정의의 이념을 추구하는 일에 국한된다.

앞으로 이 글을 전개함에 있어서, 필자는 첫째로 사회정의의 이념에 관한 고전적 견해 가운데서 대표적인 것 몇 가지를 비판적으로 일별할 것이다. 둘째로, 필자는 사회정의의 개념과 밀접한 연관성을 가지고 있는 '평등' 및 '자유'의 개념과의 관계를 분석적으로 검토할 것이다. 그리고 앞에서의 고전적 견해에 대한 비판과 이 분석적 검토에 입각하여, 사회정의의 이념에 관한 하나의 결론적 정리를 꾀할 것이다.

2. 공정의 기준에 관한 고전적 견해

앞에서 이야기한 바와 같이 우리말 '정의'가 가진 정서적 어감을 고려한다면, 사회정의가 실현된 사회를 '정의로운 사회'라고 부르는 것보다 '공정한 사회'라고 부르는 것이 적당할 것이다. 그러면 이때 '공정하다' 함은 어떠한 사실을 가리키는 말일까? 다시 말하면, 공정한 사회와 불공정한 사회를 구별하는 기준은 무엇일까? 이것은 바로 이 글이 다루고자 하는 문제의 표현을 바꾸어 본 것에 지나지 않는 물음이거니와, 이 물음에 접근하는 방법으로서, 같은 물음에 대답한 고전적 견해 한두 가지를 검토해 보기로 하자.

공정(justice)에 관한 매우 오래된 견해의 하나는, "사회가 그 성원 각자에게 그들이 당연히 가져야 할 바를 베풀어 줄 때 그 사회는 공정하다."는 그것이다. 이 견해는 소크라테스의 입을 빌려, "공정(dikaiosyne)이라 함은 … 각자가 자기 자신의 것과 자신에게 당연히 속하는 것을 소유하고 또 실행함을 의미한다고 볼 수 있다."고 말했을 때, 이미 플라톤에 의하여 정식화되었던 것이며,[2] 그 뒤에도 하나의 형식으로서는 나무랄 데 없는 정의로서 많은 지지를 받아 온 견해다. 그러나 이 견해는, '각자가 당연히 가져야 할 바'가 무엇이냐에 관해서 이론의 여지가 없는 원리와 더불어 결합되지 않는 한, 구체적 내용을 갖지 못한 공허한 형식론에 머물게 된다. 그리고 '각자가 당연히 가져야 할 바'를 밝히는 일은 '공정'의 의미를 밝히는 일에 못지않게 어려운 과제인 것이다.

---

2 Platon, *Politeia*, Bk. Ⅳ, 433. 여기의 인용은 Jowett의 영역본에 의거함.

'각자가 당연히 가져야 할 바'는 법률에 의하여 명백하다는 견해도 성립될 수 있을 것이다. 그러나 이 견해의 난점은 법률 자체도 불공정할 수가 있다는 사실 가운데 뚜렷하다. 법률 대신, 그 사회에서 통용되고 있는 도덕관념에 호소한다 해도 문제가 해결되지 않기는 마찬가지다. 전통적 세력을 가지고 있는 도덕관념에도 공정하다고 볼 수 없는 것이 있기 때문이다.

'당연히 가져야 할 바'는 참된 법률 또는 참된 도덕이 가르치는 바에 의하여 찾아볼 수 있다고 주장하는 사람들이 있다. 모든 실천법의 이념적 법원(法源)으로서의 자연법(jus naturale)의 존재를 믿는 사상가들 또는 모든 역사적 도덕의 비판적 기준으로서의 절대적 도덕의 존재를 믿는 사람들에게 흔히 볼 수 있는 주장이다. 그러나 현대적 지성의 견지에서 볼 때, 그들이 말하는 자연법 또는 절대적 도덕에 관한 형이상학적 신념을 뒷받침할 만한 사실은 주어진 바 없으며, 설령 그러한 선천적 원리의 존재를 인정한다 하더라도, 그것이 어떠한 내용의 것인지는 알려져 있지 않으며, 앞으로 알려지리라는 보장도 없다.

'공정한 사회'에 관한 또 하나의 고전적 견해는 일부의 공리주의자(公利主義者)[3] 및 복지사회론자들의 그것이다. "전체를 가급적 최대한으로 풍부하게 하여, 성원이 모두 행복을 누릴 수 있는 사회가 공정한 사회"라는 주장이다. 그러나 이 주장이 타당성을 인정받을 수 없음은 상식으로도 알 수가 있다. 공정이라 함은 이익 내지 재물의 분배와 밀접한 관계를 가진 것이며, 전

---

3 'Utilitarianism'은 일본 학자들에 의하여 '功利主義'로 번역되었고, 우리나라에도 같은 번역을 그대로 빌려 써왔다. 그러나 필자는 졸저 『윤리학』에서 '公利主義'의 역어(譯語)를 사용했으며, 여기서도 그것을 따르기로 한다. 필자가 '功利'를 '公利'로 바꾼 이유는 '최대 다수의 최대 행복'을 표방하는 'Utilitarianism'의 공공연한 목표는 공중(公衆) 전체의 이익을 도모함에 있으며, '功利'라는 말이 뜻하는 '공명(功名)과 이득(利得)' 또는 '실리(實利)'뿐만이 아니라, 고상한 정신적 가치의 추구도 그 안에 포함되고 있기 때문이다.

체가 아무리 부유하고 모든 성원들의 불편과 고통이 최소한으로 줄어든다 하더라도, 그것으로 그 사회를 공정하다고 부를 수는 없을 것이다. 한편, 전체가 빈곤하고 모든 성원들이 고생스러운 생활에 시달린다 할지라도, 그것으로 그 사회를 불공정하다고 단정할 수도 없을 것이다. 전체가 풍부하고 유복하다는 사실은 그 사회가 공정을 실현하기에 매우 유리한 조건이 될 수는 있을 것이나, 그 자체가 공정한 사회임을 의미하지는 않는다. 그리고 사회의 공정성은 이상적 사회가 되기 위하여 필요한 조건의 하나이며, 공정하다는 것 한 가지만으로 그 사회가 충분히 만족스러울 수는 없다.

밀(John Stuart Mill)은 공리주의의 대성자(大成者)로 알려져 있으나, 풍요한 사회를 곧 공정한 사회라고 보는 단순한 견해에 머물지 않았다. 그는 소크라테스적인 귀납법을 통하여 '공정(justice)'의 특색을 찾아낸 다음, 그 결론을 그의 최대 행복의 원리(the principle of utility)와 연결시킨다. 밀은 우선 공정(또는 불공정)하다고 인정되는 행위 내지 처사들의 여러 가지 형태를 다음과 같이 열거해 본다.

(1) 몇몇 예외적인 경우를 제외한다면, 법에 의하여 주어진 개인의 자유, 재산 또는 그 밖의 것을 박탈하는 것은 불공정한 일이라고 거의 모두가 생각한다.

(2) 남의 도덕적 권리를 박탈하거나 억제하는 것은 불공정한 일이다.

(3) 각자로 하여금 그가 받아서 마땅한 것(that which he deserves)을 받게 함은 공정한 일이요, 그가 받을 자격이 없는 이득을 얻거나 또는 그가 입을 이유가 없는 피해를 입는 것은 불공정한 일임은 보편적으로 인정된 사실이다.

(4) 다른 사람에 대한 약속을 어기거나 … 또는 의식적이고, 고의적인 행위로써 자기에게 어떤 기대를 걸도록 만들어 놓고, 그 기대를 배반하는 것은 분명히 공정하지 못한 일이다.

(5) 차별 대우하는 것이 공정의 정신에 어긋난다는 것은 누구나 인정하는 사실이다. … 공평무사(impartiality)의 관념과 밀접한 관계가 있는 것으로서 평등(equality)의 관념이 있다.[4]

위에 열거한 바와 같은 다섯 가지 형태의 공정 내지 불공정을 검토하고, 밀은 공정 내지 불공정의 공통된 특색을 다음과 같이 요약한다. 즉, 위에 말한 다섯 가지의 어느 경우에 있어서나, 거기에는 우리가 해야 할 어떤 의무가 있는 동시에, 그 의무의 수행을 요구할 권리를 가진 어떤 개인이 존재한다는 것이다. 다시 말하면, "공정은 그것을 하는 것이 옳고, 하지 않는 것은 옳지 않은 어떤 무엇을 포함하고 있을 뿐만 아니라, 그것의 실천을 자기의 도덕적 권리로서 우리에게 요청할 수 있는 어떤 개인의 존재를 내포하고 있다."는 것이다.[5] 여기서 밀이 강조하는 것은, 공정의 원리가 요청하는 의무와 공정 이외의 다른 도덕의 원리가 요청하는 의무 사이에는 확연한 구별이 있다는 주장이며, 그것을 강조하는 의도는, 공정의 의무와 다른 도덕적 의무의 차이점을 지적함으로써, 공정의 개념의 특색을 밝히고자 함에 있다. 공정의 의무와 다른 도덕적 의무의 차이점에 관한 밀의 주장을 좀 더 부연해 보기로 하자.

공정의 의무와 다른 도덕적 의무와의 구별을 알기 쉽게 설명하기 위하여 밀은 완전 의무(perfect obligation)와 불완전 의무(imperfect obligation)의 구별을 방편으로 사용한다. "완전 의무라 함은 그 의무에 대응하는 권리가 어떤 개인 또는 개인들에게 귀속하는 따위의 것을 말한다. 그리고 불완전 의무라 함은 어떤 권리를 발생함이 없는 따위의 것을 말한다."[6](불완전 의무의 예로서는 자선을 들 수가 있다. 밀에 의하면, 우리는 누구나 자선을 행할 의

4 J. S. Mill, *Utilitarianism*, The Library of Liberal Arts, New York, 1957, pp.54-57.
5 같은 책, p.62.
6 같은 책, p.61.

무가 있기는 하지만, 그 자선을 꼭 일정한 사람에게 베풀 의무는 없으며, 따라서 자선을 필요로 하는 사람 측에서 그것을 요구할 권리는 없다는 것이다.) 밀은 이 완전 의무와 불완전 의무의 구별이 바로 공정의 원리가 요구하는 의무와 그 밖의 도덕원리가 요구하는 그것의 구별과 일치한다고 설명한다. 즉, 공정의 원리가 요구하는 의무는 어떠한 경우에 있어서나 완전 의무에 해당하며, 그 의무가 수행되기를 요청할 수 있는 권리를 가진 사람이 반드시 있다는 것이다.

요컨대, 밀에 의하면, '공정한 사회'란 성원 각자의 권리가 침해를 당하지 않도록 보장이 잘되어 있는 사회를 말한다. 이것은 일단 무난한 결론 같기도 하나, 사회가 보호해야 할 '각자의 권리'가 무엇인지 밝혀지지 않는 한, "사회정의의 이념은 무엇인가?"라는 우리의 물음은 오직 형식적인 대답을 얻었을 뿐, 실질적으로는 아무런 해결도 보지 못한 셈이 된다. 그러면 밀은 그가 말하는 '권리'의 개념에 어떠한 내용을 담고 있는 것일까?

밀은 '권리'를 선천적으로 주어진 어떤 독자적 실재라고는 보지 않았다. 그는 권리를 사회심리학적인 경험의 산물로 보았으며, 권리의 근거는 결국 최대 행복의 원리에서 발견할 수밖에 없다고 생각했다. 이 점은 다음 구절 가운데 분명히 나타나고 있다.

> 권리를 갖는다 함은, 내가 보기에는, 개인이 그것을 잃지 않도록 사회가 보호할 의무를 지는 어떤 무엇을 소유한다는 뜻이다. 만약 반대론자가 "사회가 그것을 보호할 의무의 근거는 무엇인가?"라고 추궁한다면, 나는 전체의 최대 행복밖에는 다른 이유를 제시할 도리가 없다.[7]

7 같은 책, p.166.

밀의 주장을 따른다면, 결국 사회는 그 사회의 최대 행복을 도모할 의무를 지고 있으며, 사회의 각 성원은 그 의무의 수행을 사회에게 요구할 권리를 가졌다. 다시 말하면, 각자는 한 개인으로서의 자기 자신의 권익을 옹호해 줄 것을 사회에 요청할 수 있는 개인적 권리를 가지고 있는 것이 아니라, 다만 전체를 대변하는 입장에서, 풍요하고 안녕과 질서가 유지되는 사회를 요망할 권리가 있을 뿐이다. 따라서 자기 한 개인이 비록 억울한 일을 당하는 일이 있더라도, 그것이 최대 다수의 최대 행복의 원리에 어긋나지 않는 한, 이에 항변할 권리는 없는 셈이 된다. 이것은 결국 공정의 원리를 최대 행복의 원리 속에 흡수시키고 마는 결과가 되는 것이니, 단순히 풍요하고 안녕과 질서가 유지되는 사회를 '공정한 사회'라고 부를 수 없다고 말한 앞에서의 우리 견해를 버리지 않는 한, 받아들일 수 없는 결론이 아닐 수 없다.[8]

"사회정의란 어떠한 것인가?"에 대한 또 하나의 고전적 해답은, "사정이 본질적으로 같은 두 개의 경우에 있어서 차별 대우를 하지 않는 사회는 공정한 사회다."라는 견해다. 이것은 "네 의지의 준칙이 항상 동시에 보편적 입법의 원리로서 타당하도록 행위하라."고 말한 칸트(I. Kant)의 근본 원칙 가운데 이미 암시되고 있는 견해이며,[9] 19세기의 대표적 윤리학자인 시지윅(Henry Sidgwick)에 의해서도 지지를 받은 주장이거니와,[10] '사회정의'에 대한 개념적 파악으로서 충분히 만족스럽다고 보기는 어려운 학설이다. 왜냐하면, 사정에 본질적 차이가 없는 한 차별 대우를 하지 않는 것만으로 그

8 밀은 '최대 다수의 최대 행복'의 원리 속에 공평무사와 평등의 원리가 들어 있는 것처럼 막연히 생각한 모양이나, 공리주의의 철학이 사회생활의 불공평 내지 불평등의 모순을 배격할 만한 논리적 근거를 준비하고 있지 않다는 것은, 전문가들 사이에서는 이미 상식화된 비판이다. 같은 책, p.67 이하 참조.

9 I. Kant, *Kritik Der Braktischen Verunuft*, Vorlander, p.36 참조.

10 H. Sidgwick, *The Methods of Ethics*, Macmilan, 1907, p.137 이하 참조.

사회를 정당한 사회(just society)라고 보기는 어려울 것이기 때문이다.

'공정한 사회'라고 불릴 수 있기 위해서는 우리가 정당하다고 인정할 수 있는 사회라야 할 것이다. 그런데 본질이 같은 경우에 있어서 차별 대우를 하지 않는 것만으로 그 사회를 정당한 사회로서 용인할 수는 없다. 예컨대, 정직하고 부지런한 사람들에 대해서는 누구에게나 높은 비율의 세금을 매기고 부정축재로 거부(巨富)가 된 사람에 대해서는 예외 없이 면세의 특전을 주는 사회를 가상해 보라. 우리는 그 사회가 차별 대우를 하지 않는다는 뜻에서 평등의 원리를 가졌다고 말할 수는 있을 것이나, 진정한 의미로 '공정한 사회'로서 그 사회를 용인할 수는 없을 것이다.

3. 공정과 평등

앞 절에서 우리는 평등한 사회가 곧 공정한 사회는 아니라는 사실을 보았다. 그러나 공정과 평등 사이에 밀접한 관계가 있다는 것은 의심의 여지가 없는 상식이다. 그러면 공정과 평등은 어떠한 관계에 있는 것일까? 이 물음에 대한 분석적인 고찰은 사회정의의 이념을 탐구함에 있어서 극히 필요한 과정이 될 것으로 생각된다.

평등주의(egalitarianism)는 사실에 관한 주장으로서의 측면과 당위론으로서의 측면을 아울러 가지고 있거니와, 당위론으로서의 평등주의의 기본명제는 "같은 처지와 형편 아래 있는 두 사람은 언제나 똑같은 대접을 받아야 한다."로 표현할 수 있을 것이다. 모든 사람을 언제나 똑같이 대접하라는 것이 아니라 '같은 처지와 형편 아래 있는'이라는 제한이 붙어 있다는 사실은, 처지와 형편이 다를 경우에는 대접을 달리해도 무방하며, 또 사정에 따라서는 대접을 달리하는 것이 마땅하다는 뜻을 숨기고 있다. 그러나 처지와 형편이 다르기만 하면 언제나 대우를 달리해도 좋다고 인정하는 평등론자는 없다. 예컨대, 피부의 빛깔이 다르다는 사실을 차별 대우의 정당한 이유라고 믿는 평등주의자는 없다. 처지와 형편의 차이 가운데는 차별 대우의 정당한 이유로 인정되는 것도 있고 그렇지 못한 것도 있는 셈이다. 이에 평등주의의 기본명제에 대한 첫째 물음이 제기된다. "처지와 형편의 차이 가운데서 차별 대우의 정당한 이유가 되는 것은 어떠한 것들인가?"라는 물음이다.

처지와 형편이 같은 경우에는 대우도 동등해야 한다는 것은 단순한 논리의 일관성의 요구에만 근거를 둔 것으로 보이지 않는다. 만약 논리의 일관성의 요구에만 의거한 것이라면, 앞에서 예로 든 '부정 축재로 거부(巨富)가 된 사람들에 대해서는 예외 없이 면세의 특전을 주는 사회'를 평등주의자의 입장에서 용인 못할 이유가 없을 것이다. 여기서 평등주의의 기본명제에 대한 둘째 물음이 제기된다. "처지와 형편이 같은 두 사람에 대하여 차별 대우를 해서는 안 된다는 근거는 무엇인가?"라는 물음이다.

위에 말한 두 가지의 물음에 대답하는 것은 '평등'의 이념 자체를 명백히 하는 데 필요할 뿐만 아니라, '사회정의'의 이념을 확립하는 데 결정적인 기초가 될 것이다. 왜냐하면, 이 두 개의 물음이 대답될 때 "진실로 올바른 평등이란 무엇인가?"라는 물음에 대답한 결과가 될 것이며, '진실로 올바른 평등'이 실현된 사회는 다름 아닌 공정한 사회에 해당할 것이기 때문이다.

위의 두 가지 물음 가운데서 그 둘째 것이 더욱 기본적인 것으로 여겨진다. 왜냐하면, 둘째 것에 대한 해답은 곧 첫째 물음에 대한 해답의 기초가 되리라고 인정되기 때문이다. 따라서 우리는 둘째 물음에 대답하는 일부터 시도하는 것이 좋으리라고 생각된다.

평등주의 사상은 일찍이 스토아(Stoa) 철학자들 및 기독교 사상가들에 의하여 표명된 바 있거니와, 그것이 뚜렷한 기치를 밝힌 것은 근세의 인권 사상의 대두와 때를 같이한다. 근대적인 의미의 평등주의는 저 인권 사상의 한 부분으로서 이해해야 할 것이다. "왜 차별 대우를 해서는 안 되는가?"라는 물음에 대한 해답도 인권 사상의 근본정신을 따라서 주어져야 할 것이다.

인권 사상 자체도 물론 일정불변한 내용으로 고정된 사상이 아니다. 예컨대, 18세기의 시민혁명을 배경으로 삼는 인권 사상과 20세기 사회주의 혁명을 배경으로 삼는 그것 사이에는 상당한 해석의 차이가 있다. 그러나 그것이 '인권 사상'의 이름으로 불릴 수 있는 이상, 거기에는 한 줄기 기본적인 공통 신조가 깔려 있는 것으로 보인다. 그 공통된 신조의 기본적인 것으로서 우선 들 수 있는 것은 누구를 막론하고 인간은 존귀하다는 신념일 것이다. 그리고 여기서 '존귀하다' 함은 '그 자체가 목적으로서의 대접을 받아야 할 본래적 선을 간직한 주체'라는 뜻을 포함한다. 인간은 존귀한 존재인 까닭에, 모든 사람은 그의 기본적인 욕구를 채워 가면서 안녕과 행복을 누릴 권리를 가졌으며, 국가와 사회는 그 모든 성원들의 안녕과 행복을 최대한으로 실현하도록 노력할 의무를 지니고 있다는 생각이 뒤따른다.

사정에 본질적 차이가 없는 한 차별 없이 대우해야 한다는 당위의 근거도, 모든 사람의 안녕과 행복을 위하여 (또는 모든 사람의 안녕과 행복의 중요한 부분으로서) 평등한 대우가 요구된다는 사실을 떠나서 생각할 수는 없다. 여기서 우리는 우리의 둘째 물음에 대한 해답이 풀려 나왔음을 본다. 즉, 인간은 누구나 다 같이 존귀한 것이며, 그 존귀한 인간들이 모두 안녕과 행복을 누리고 살 수 있기 위해서는 평등한 대우가 절대로 필요할 까닭에, 특별한 이유가 없는 한, 차별 대우는 용납될 수 없는 것이다.

평등이 요청되는 근본 이유가 성원들 모두의 안녕과 행복을 도모하고자 하는 목적에 연결되고 있는 까닭에, 성원의 전체 또는 일부의 불안 내지 불행을 초래할 염려가 있는 처사는, 비록 그것이 형식적 평등의 원칙에 어긋난 바 없다 하더라도, 정당한 평등으로서 시인될 수는 없다. 정직하고 부지런한 사람에게는 많은 세금을 물리고 부정 축재자에게는 면세의 혜택을 주는 것이, 아무리 형식적 평등의 원리에 부합했다 하더라도, 정당한 평등의 정신에 부합하는 처사라고 볼 수 없는 이유도 여기에 있다.

이상의 고찰로써, 사회정의와 평등의 관계의 일부분이 명백하게 드러난 것으로 보인다. 우리가 사회정의를 부르짖는 이유는 불공평을 미워하는 도덕감에만 오로지 있는 것은 아니다. 사회의 성원 모두가 안녕과 행복을 누릴 수 있기 위해서는 사회정의가 실현되어야 한다고 믿는 까닭에, 우리는 더욱 공정을 강조하는 것이다. 그러므로 사회정의의 이념은 공정의 핵심으로서 평등을 요구하는 것이나, 그 평등이 단순한 형식적 무차별에 그칠 수는 없는 것이다. 논리의 일관성을 위해서 요구되는 형식적 무차별의 원칙을 만족시킬 뿐만 아니라, 더 나아가서 사회생활 전반에 걸친 안녕과 행복의 실질적 향상이 수반되도록 사회의 질서가 바로잡혔을 때, 비로소 우리는 사회정의의 이념에 부합하는 평등이 실현되었다고 말할 수 있게 될 것이다. 다시 말하면, 사회정의의 이념은 같은 경우에는 언제나 예외 없이 동등한 대우를 받을 것을 요구할 뿐만 아니라, 그 무차별한 대우가 동시에 성원들 전체의 안녕과 행복을 조성할 것을 요망한다.

우리의 해답을 기다리는 다음 물음은, "처지와 형편의 차이 가운데서 차별 대우의 정당한 이유로서 인정될 수 있는 것은 어떠한 것들인가?"라는 것이었다. 이 물음은 각 개인이 타고난 육체와 정신의 여러 조건 및 각 개인을 둘러싼 환경적 요인들이 현실에 있어서 구구한 차별상을 띠고 나타난다는 사실에 의하여 불가피하게 제기된 것이다.

사람들은 개인마다 그 용모와 체격, 기질과 성격, 그리고 사회적 배경 등이 서로 다르다. 그 차이점들 가운데서 어느 것은 차별 대우의 당연한 조건으로서 인정을 받아 온 경향이 있으며, 다른 어느 것은 차별 대우의 근거가 될 수 없는 것으로서 인정되는 전통을 가졌다. 예컨대, 부모가 자녀들에게 먹을 것을 나누어 줄 때 자녀들의 용모와 재질의 우열을 따라서 차별을 두는 것이 마땅하다고 믿는 사람은, 적어도 지식인의 사회에서는, 거의 없다. 한편, 식욕과 체격의 대소(大小)를 따라서 큰 사람은 많이 주고 작은 사람은 적게 주는 것은 보통 당연한 차등으로서 인정을 받는다. 그러나 그것이 차별 대우의 이유로서 충분한 조건이 될 수 있느냐 없느냐에 관해서 의견의 대립이 심한 문제들이 많으며, 이러한 문제들은 곧 "무엇이 차별 대우를 위한 정당한 사유가 될 수 있는가?"라는 일반적인 물음을 불러일으킨다. 어떠한 원칙에 의한 불평등을 우리는 '정당한 불평등(equitable inequality)'이라고 부를 수 있는 것일까?[11]

옛날에는 가문의 차이를 차별 대우의 당연한 이유로 인정하는 나라가 흔히 있었다. 남녀의 성별을 차별 대우의 당연한 사유라고 믿는 관념도 오랜 전통을 가졌으며, 이 전통은 우리 한국에 있어서 아직도 약간의 생명을 유지하고 있다. 그러나 오늘날 학자나 반성적 저술가 가운데서 문벌 또는 성별을 차별 대우의 당연한 이유라고 주장하는 사람은 거의 없다. 인종이나 종교의 차이 따위도, 적어도 이론상으로는, 차별 대우의 이유가 될 수 없는 것으로 알려지고 있다. 그러므로 문벌, 성별, 인종, 종교 등은 이미 우리의 문제를 위한 고찰의 대상이 되지 않는다. 이에 우리의 문제가 되는 것은, 학자들 사이에서 차별 대우의 이유가 되느냐, 안 되느냐로 논쟁의 거리가 되고 있는 사항에 국한된다.

블라스토스(Gregory Vlastos)는 '정당한 분배'의 원칙으로서 오늘날 흔히 주장되고 있는 것을 다음과 같이 열거하였다.[12]

(1) 각자의 필요(need)를 따라서 분배한다.

---

11 '정당한 불평등(equitable inequality)'과 '부당한 평등(inequitable equality)'의 용어를 사용한 문헌의 예로서는 Gregory Vlastos의 "Justice and Equality", *Social Justice*, R. B. Brandt ed., p.32 참조.

12 같은 글, p.35.

(2) 각자의 가치(worth)를 따라서 분배한다.

(3) 각자의 능력과 업적(merit)을 따라서 분배한다.

(4) 각자의 사업(work)을 따라서 분배한다.

(5) 각자가 체결한 계약(agreements)을 따라서 분배한다.

이상의 다섯 가지 원칙 가운데서 둘째 것의 중심 개념을 이루는 '가치'는 인간으로서의 가치를 의미하는 것으로 보인다. 그리고 "인간으로서의 가치는 만인에 있어서 동등하다."는 것이 블라스토스의 의견이다.[13] 그러므로 이 둘째 원칙은 차별 대우의 사유로서 실질적인 의의를 잃는 까닭에, 여기서는 일단 고찰의 대상에서 제외한다. 그리고 넷째 원칙의 중심 개념이 되고 있는 '사업'은 개념상으로는 첫째의 '필요'와도 구별되고 셋째의 '능력 및 업적'과도 혼동될 수 없는 것이나, "차별적 분배의 이유가 되느냐, 안 되느냐?"는 물음을 고찰하는 마당에 있어서는, 따로 독립시킬 필요 없이, 첫째 및 셋째 원칙 가운데서 아울러 고찰할 수가 있을 것으로 보인다. (그 이유는, 만약 사업이 차별적 대우의 사유가 될 수 있다면, 그것은 사업을 위한 필요 때문이거나 사업의 결과로서 생기는 업적 때문일 것이라고 판단할 수 있다는 사실에 있다.) 그러므로 이 넷째의 원칙, 즉 '사업의 원칙'도 일단 고찰의 대상에서 제외한다.

블라스토스가 열거한 원칙들 가운데서 가치의 항목과 사업의 항목을 제외하면 결국 필요와 능력 및 업적과 계약의 세 항목이 남는다. 그리고 이 세 항

---

13 같은 글, p.43. '인간으로서의 가치' 즉 인격 가치가 만인에게 과연 동등한가에 관해서는 이론(異論)이 있을지도 모른다. '인간' 또는 '인격'이라는 말의 다의성으로 말미암아 그러한 이론은 더욱 조장될 것이다. 그러나 '인격'이라는 말을 도덕적 탁월의 뜻으로 해석하고 인격에는 고저의 차이가 있다고 인정하는 사람일지라도, 그 차이를 곧 차별적 분배의 정당한 이유로서 보는 경우는 적을 것이다. 따라서 그러한 이론의 여지를 고려한다 하더라도, 여기서 일단 논의의 대상에서 제외하는 것은 결론적으로 무방할 것으로 보인다.

목은 '정당한 불평등'의 사유로서 오늘날 논의되는 경우의 대부분을 그 안에 포섭한다고 생각되는 까닭에, 앞으로 이 세 항목을 중심으로 고찰을 계속해 보기로 하자.

첫째, "각자의 필요를 따라서 분배한다."는 원칙은, 하나의 이상으로서 볼 때, 이론의 여지가 별로 없는 것으로 보인다. 병으로 치료가 필요한 사람에게는 의약을 제공하고 건강한 사람에게는 그것을 제공하지 않는 것은, 비록 일종의 불평등이기는 하나, 거기에 어떤 부당성이 있다고는 생각되지 않는다. 몸이 커서 큰 옷이 필요한 사람에게는 큰 옷을 주고, 몸이 작은 사람에게는 작은 옷을 주는 것도 정당한 불평등에 속한다. 필요에 따라서 분배함이 정당하다는 사상이 자명한 원리로서 옛날부터 통용된 것은 물론 아니다. 플라톤 같은 위대한 철학자도 더 이상 일할 능력이 없는 사람은 살 권리가 없다고 주장했으며,[14] 옛날에 있었던 고려장의 전설도 그러한 사상의 반영이라고 볼 수가 있다. 그러나 인간은, 그가 하는 일 때문이 아니라, 그 자체로서 귀중한 존재라고 보는 현대적인 가치관에 입각하는 한, 필요에 따라서 분배함을 하나의 이상으로서 주장하는 견해에 반대하기는 어려울 것이다.

각자의 필요를 따라서 분배함이 하나의 이상으로서 바람직하다는 것은 의심의 여지가 없다. 그러나 이 이상은 분배할 수 있는 재물 또는 서비스가 무진장으로 많은 경우에만 실천에 옮길 수 있는 먼 목표다. 우리의 현실적인 문제는 무한히 많은 재화와 인력을 어떻게 분배하는 것이 옳으냐는 그것이 아니라, 한정된 재화와 인력을 어떻게 분배해야 하느냐는 그것이다. 그러므로 "각자의 필요를 따라서 분배한다."는 원칙은 하나의 이상으로서는 나무랄 곳이 없으나, 현실적 처방으로서는 많은 난제를 내포하고 있다. 다만, '필요

14 Platon, *Politeia*, 406-407.

에 따라서 분배할 수 있는 사회'를 건설할 것을 당위와 노력의 목표로서 제시하는 점에서, 이 원칙은 사회사상으로서 중대한 의의를 갖는다.

"각자의 필요를 따라서 분배한다."는 원칙의 또 하나의 난점은, '각자가 필요로 하는 것'이 무엇인지를 결정하는 것이 그리 쉽지 않다는 사실에 있다. 기본적 생존을 위해서 필요한 것이 무엇인지는 분명히 알 수가 있다. 그러나 인간은 기본적 생존만으로 만족할 수 있는 동물이 아니다. '말 타면 경마 잡히고 싶은' 심리를 따라서 사람의 욕망에는 한정이 없다. 무한히 뻗어 가는 욕망을 모두 '필요'라고 인정할 수는 없을 것이다. 그러면 무엇을 기준으로 삼고 필요한 것인지 아닌지를 판단할 것인가를 결정하기 어려운 경우가 비일비재하다. 예컨대, 특별한 소질은 없지만 교양으로 피아노를 배우고자 하는 여자에게 피아노가 필요하다고 볼 것인가, 아니라고 볼 것인가? 다섯 식구의 가정을 위해서 정원의 면적은 몇 평이나 필요한 것이며, 장미, 상록수, 잔디밭, 그네, 연못, 수영장, 테니스 코트 가운데서 필요한 것은 무엇무엇이며 필요하지 않은 것은 무엇무엇일까? 병약한 배우자를 가진 사람에게 정부(情婦) 또는 정부(情夫)가 필요한 것일까, 필요하지 않은 것일까? 쉽사리 결정하기 어려운 문제들이 많다.

재화와 인력에 한도가 있으므로 모든 필요를 무차별하게 만족시킨다는 것은 사실상 불가능하다는 현실적 제약으로 말미암아 특정한 사람의 '필요'를 우선적으로 대우해야 한다는 의견이 생기게 되었다. "각자의 능력과 업적을 따라서 분배한다."는 우리들의 둘째 원칙이다. 이 둘째의 원칙은 어떠한 장점과 단점을 가지고 있는 것일까?

능력이 많은 사람에게 기회를 우선적으로 베풀어 주고, 일을 많이 하여 업적이 큰 사람에게 그만큼 많은 보수를 주는 것은, 언뜻 생각하면 당연한 것 같기도 하다. 그러나 런던 대학의 윌리엄스(Bernard Williams)도 지적하고 있는 바와 같이, "각자의 능력과 업적을 따라서 분배한다."는 원칙에는 "각자의 필요를 따라서 분배한다."의 경우보다도 문제점이 많다.[15] 첫째로, 분배하고자 하는 일정한 재화 내지 기회와 정당하게 관련시킬 수 있는 능력이 어떠한 종류의 것인지에 관하여 이론의 여지 없는 판단에 도달하기가 매우 어렵다. 예컨대, 일정한 숫자의 젊은이들에게밖에 돌아갈 수 없는 대학 교육의 기회를 부여함에 있어서, 어떠한 능력을 구비 조건으로서 요구할 것인지의 문제를 생각해 보기로 하자. 지능, 의지력, 그리고 어느 정도의 체력이 여기에 요구되는 구비 조건이라고 일단 상식적인 대답을 줄 수는 있다. 그러나 좀 더 파고들어 가 생각한다면, 여기에도 단순하지 않은 문제들이 대기하고 있음을 발견할 것이다. 천부의 재능은 있으나 경제난으로 말미암아 학습을 충분히 못한 까닭에 시험 점수가 약간 낮은 젊은이와, 타고난 재질은 평균 이하이나 돈이 많은 덕택으로 과외 공부 등을 충분히 한 까닭에 점수가 약간 높은 학생 가운데서, 누구에게 우선권을 인정할 것인가? 부모나 본인의 경제적 능력도 취학을 위한 능력 가운데 헤아려질 것인가, 아닌가? 이러한 물음이 제기되었을 때, 우리가 자본주의의 경제체제를 긍정하는 전제 아래서, 이에 간단하게 대답하기는 결코 쉬운 일이 아니다.

둘째로, 재질과 지능이 우수한 사람에게 우선적으로 대학 교육의 기회를 주어야 한다는 것도 결코 '자명한 진리'가 아니다. 역설같이 들릴지도 모르나, 재능이 있는 사람은 독학으로도 능히 어려운 학문을 할 수 있으니, 오히려 중간 성적의 젊은이들에게 대학 교육의 기회를 주는 것이 옳다는 의견도 있을 수 있는 일이다. 그리고 어떤 가정을 대전제로 세우지 않는 한, 이 의견의 부당성을 입증할 도리는 없다.

---

15 B. Williams, "The Idea of Equality", *Philosophy, Politics and Society*, Laslett & Runciman eds., Second Series., Oxford, 1964, p.132 참조.

셋째로, 업적을 따라서 분배한다고 할 때, 그 '업적'을 비교하고 평가하는 기준을 어떻게 세우느냐는 문제가 있다. 같은 종류의 일에 종사하는 경우라면, 업적을 어느 정도 객관적으로 측정할 수 있을 것이다. 예컨대, 고무신을 만드는 일이라면 직공 각자의 생산 실적을 따라서 그 업적을 비교할 수 있을 것이며, 운동선수들의 경우라면 그들의 경기 기록을 따라서 우열을 가릴 수 있을 것이다. 그러나 비교의 대상이 되는 두 사람의 종사하는 일이 서로 다를 경우에 그 업적의 많고 적음을 어떻게 평가할 것인가? 예컨대, 대학교수와 군인 장교의 업적을 어떻게 비교해야 할 것이며, 국장급 관리와 일류 가수가 비교의 대상이 될 때 누구의 보수를 얼마나 더 많이 책정해야 할 것인가? 주관적이고 독단적인 기준을 따를 수밖에 없을 것이다.

넷째로, 설령 업적의 비교와 평가를 위한 기준은 적당히 정할 수 있다 하더라도 업적을 따라서 분배의 양을 정한다는 것 자체가 반드시 타당한 일인지, 여기에도 이론의 여지는 충분히 있다. 일반적으로 말해서, 많은 업적을 올리는 사람은 비교적 많은 재화를 필요로 하는 경향이 있다. 예컨대, 연구를 많이 하는 학자일수록 많은 서적과 시설을 필요로 한다. 대통령 같은 요직을 맡은 사람에게는 교통순경의 경우보다 많은 물질과 화폐가 필요하다고 보아야 한다. 그리고 국가나 사회를 위하여 중요한 일을 많이 하는 사람이 많은 재화를 필요로 한다면, 그에게 그만큼 많은 분배를 제공하는 것은 당연한 일이라 하겠다. 그러나 업적과 필요가 언제나 정비례하는 것은 아니다. 업적은 많으나 필요는 적은 사람도 있으며, 업적은 적으면서 필요만은 많은 사람도 있다. 천재적인 작곡자는 창작에 많은 업적을 남기지만 특히 많은 재화는 필요로 하지 않을 수가 있다. 내분비선의 이상으로 거인이 된 사람은 별로 하는 일이 없더라도 의식(衣食)에 많은 비용이 필요하며, 만성질환으로 앓는 사람은 아무런 업적도 올리지 못하면서 많은 의약품과 치료를 필요로 한다. 이와 같이 업적과 필요가 상반(相反)하는 경향을 보일 경우에, 업적을 따라서 분배할 것인지, 필요를 따라서 분배할 것인지의 어려운 문제가 생긴다. 문화의 창조를 인류의 최고 목표로서 숭상하는 사람들은 업적에 의거해야 한다고 주장할 것이며, 인간의 평등한 자연권을 강조하는 논자들은 필요에 의거해야 한다고 단언할 것이다. 하여간, '업적에 따라서 분배함'이 당연하다는 것을 자명한 원리라고 보기는 어렵다.

우리가 고찰해야 할 마지막 분배의 원칙은 "각자가 체결한 계약을 따라서 분배한다."는 것이었다. 여기서 '각자가 체결한 계약'이라 함은 반드시 문서나 구두로 명백한 합의에 도달한 약속만을 가리키는 것이 아니라, 은연중에 성립한 묵약(默約)까지도 포함하는 것이다. 분배의 문제에 관하여 쌍방이 유언무언간에 어떤 합의에 도달했을 때, 그 합의한 바에 따라서 분배하는 것이 당연하다는 주장이며, 그 바탕이 되고 있는 것은 일종의 자유주의임을 알 수가 있다.

본인의 자유의사로 맺은 계약을 따라서 분배하는 것은 완전히 합법적이며, 거기에 아무런 이론의 여지가 없을 것 같기도 하나, 깊이 살펴보면 그 원칙이 언제나 반드시 옳다고 보기 어려움을 알 수 있다. 예컨대, 일정한 액수의 보수를 받는다는 양해 아래 취직을 한 사람은 그 액수의 봉급을 받을 권리가 있으며, 그 이상을 요구할 권리는 없을 것 같다. 그러나 이것은 고용계약이 쌍방의 완전한 자유의사로 체결되었을 경우에만 참이다. 다시 말하면, 계약 자체가 공정성을 잃었을 경우에는 계약대로의 분배는 비록 합법적이기는 하나 참으로 공정한 분배라고 보기는 어렵다. 그런데 우리들의 현실 사회에 있어서 맺어지는 계약 가운데는 공정한 체결이라고 보기 어려운 것이 많다. 취직난으로 말미암아, 고용주 측에만 선택의 자유가 있고 피고용자에게는 사실상 선택의 자유가 없는 실정 아래서 고용의 계약이 체결될 경우에, 비록 명목상으로는 자유계약임에 틀림이 없다 할지라도, 실질적으로는 일방적인 계약이 맺어질 수가 있다. 국고금의 지출에 있어서도, 합법적이기는 하나 공정하지 않은 분배가 생길 수 있다. 세금을 내는 국민들은 국고금의 지출이 일정한 직책을 가진 공무원들의 의사를 따라 결정될 것을 양해하고 있는 셈이다. 즉, 국가의 예산 편성을 공직자들에게 일임한 것이다. 따라서 소정의 법적 절차를 밟고서 예산이 편성되고 집행되는 한, 그것은 완전히 '계약에 따르는 분배'에 해당한다. 그러나 국고금의 징수와 처분을 위임 맡은 공무원들이 언제나 공정하게만 그 권한을 행사한다고 믿을 근거는 없다. 요컨대, "각자가 체결한 계약을 따라서 분배한다."는 원칙은 그 계약이 공정하다고 인정될 경우에만 타당성을 갖는다는 결론이 된다.

이제까지 우리들은 '공정'과 '평등'의 관계를 밝혀 볼 뜻으로 두 개의 물음을 제기하고 이에 대한 해답을 모색하였다. 첫째로 고찰한 물음은, "처지와 형편이 같은 두 사람에 대해서는 차별 없는 대우를 해야 하는 이유가 무엇인가?" 였으며, 이에 대한 해답은 대략 다음과 같은 것이었다. 인간은 누구나 다 같이 존귀한 것이며, 그 존귀한 인간들이 모두 안녕과 행복을 누리고 살 수 있기 위해서는 평등한 대우가 필요한 까닭에, 특별한 이유가 없는 한, 차별 대우는 용납될 수 없다.

우리가 둘째로 고찰한 물음은, "처지와 형편의 차이 가운데서 차별 대우의 정당한 이유로서 인정될 수 있는 것은 어떠한 것들인가?" 하는 것이었으며, 이에 대한 우리의 답은 대략 다음과 같은 것이었다.

(1) "각자의 필요를 따라서 분배한다."는 원칙은, 하나의 이상으로서는 이론의 여지가 없으나, 현실적 처방으로서는 많은 난제를 내포하고 있다.

(2) "각자의 능력과 업적을 따라서 분배한다."는 원칙은, '능력과 업적'이 높은 사람이 동시에 '필요로 하는 것'도 많다는 병행의 관계가 성립할 경우에는 별로 이론의 여지가 없으나, 그렇지 못할 경우에는 '능력과 업적'의 원칙 및 '필요'의 원칙 사이에 있어서 어느 원칙에 대하여 우선권을 인정하느냐 하는 어려운 문제가 생긴다. 그리고 "필요를 따라서 분배함이 공정한가 또는

능력과 업적을 따라서 분배함이 공정한가?"라는 표현으로 제기할 수 있는 이 물음에 대한 대답은, 어떤 증명된 사실에서 논리적으로 풀려 나올 수 있는 성질의 것이 아니라, 가치문제에 관한 가장 기본적인 전제들 가운데서 어느 원리를 선택하느냐에 따라서 결정될 성질의 것이다.

(3) "각자가 체결한 계약을 따라서 분배한다."는 원칙은 체결된 계약이 공정하다고 인정될 경우에만 타당성을 갖는다. 그리고 주어진 계약이 공정한 것이냐, 아니냐를 판별하는 기준은 '평등'의 이념 자체 속에서 발견될 수는 없다.

이상의 요약으로부터 우리는 다음과 같은 결론을 이끌어 낼 수 있을 것으로 보인다. ① 사회정의의 이념은 "처지와 형편이 같은 두 사람에 대해서는 언제나 같은 대우를 해야 한다."는 평등의 원칙이 만족되기를 요구한다. 그리고 이 점에 있어서, 사회정의의 이념은 평등의 원칙에 의하여 제약을 받는다고 말할 수 있다. ② 그러나 "처지와 형편의 차이 가운데서 정당한 차별 대우의 사유가 될 수 있는 것은 어떠한 것들인가?"라는 가장 근본적인 문제에 대한 대답은, 평등의 개념 그 자체를 분석함으로써 얻을 수 있는 것이 아니라, 공정의 이념이 확립되었을 때 그 이념에 비추어서 비로소 얻을 수 있다. 그리고 이 점에 있어서는, 도리어 평등의 이념이 사회정의의 이념에 의하여 그 내용에 제약을 받는다.

4. 공정과 자유

앞에서 우리는 공정의 관념과 평등의 관념의 관계를 살펴보았다. 공정과 평등 두 개념 사이에 밀접한 관계가 있다는 전제 아래, 그 관계를 고찰함으로써 우리의 주제인 사회정의의 이념을 탐구하는 방편으로 삼자는 의도에서였다. 그러나 평등의 관념과의 관계를 살핀 것만으로 어떤 결론적 견해를 시도하기에 충분한 준비가 되었다고는 생각되지 않는다. 그러므로 이제 사회정의 내지 공정과 관계를 가진 또 하나의 개념, 즉 자유의 개념과의 관계를 고찰함으로써 우리의 준비에 보충을 가함이 마땅할 것으로 보인다.

사회정의의 관념은 본래, 모든 사람은 누구나 다 같이 천부의 인권을 가지고 있다는 신념에 입각한 것이다. 그리고 그 인권의 첫 번째 것으로서 프랑스의 인권선언은 '자유'를 들었다. '평등'이 그랬듯이, '자유' 또한 사회정의의 이념 가운데서 중심적 위치를 차지하는 개념이다.

우리가 사회정의를 부르짖고 또는 평등을 외치는 것도 결국은 자기를 포함한 모든 인간의 행복을 염원하기 때문이다. 그런데 인간이 행복을 얻기 위하여 반드시 필요한 것 가운데 가장 중요한 것으로서 '자유'가 있다. 인간은 자기의식을 가진 존재다. 자기의식은 인간의 기본적 특색의 하나이거니와, 자기의식을 가진 인간이 행복을 느낄 수 있기 위해서는 자기가 남의 구속을 받고 있지 않다는 것을 믿을 수 있어야 한다. 다시 말하면, 자유는 인간의 행복을 위해서 필수의 조건인 것이다. 만약 사회정의를 주장하는 근본 동기가 만인의 행복을 염원하는 심정에 있고 자유를 떠나서 인간의 행복이 실현될 수 없는 것이라면, 사회정의의 이념은 개인의 자유에 대한 요청을 내포한다는 결론이 따르게 된다. 봉건귀족의 세력에 항거하여 인간의 자연권과 사회정의를 부르짖고 나온 근세의 사회사상가들이 대부분 동시에 자유주의자였다는 사실은 매우 자연스러운 일이다.

근세의 자유주의가 19세기에 이르러서 '자유방임'의 경제 이론을 초래했다는 것은 널리 알려진 사실이다. 그리고 산업혁명의 사상적 배경을 이룬 자유방임의 경제 이론이 결국 일부 상공 계급의 이익만을 옹호하는 결과가 되었다는 사실도 또한 주지의 상식이다. 자유경쟁에 내맡긴 경제정책은 농업에 의존한 봉건귀족의 몰락을 가져왔을 뿐 아니라, 많은 실업자와 빈곤한 임금노동자를 배출했던 것이다.

사회정의의 이념이 요청하는 자유가 단순한 명목상의 자유가 아니라 실질적 자유일 것임에는 의심의 여지가 없다. 그렇다면 고전적 자유주의의 결과로서 기본 생활에 위협을 받는 가난한 대중의 수가 크게 늘었다는 사실은, 고전적 자유주의가 표면상 자유의 수호자임을 자처하는 사상이기는 하나, 참된 사회정의의 이념을 탐구하는 견지에서 볼 때는 많은 난점을 가지고 있음을 폭로하는 것이 아닐 수 없다. 우리는 그 난점을 적어도 두 가지 각도에서 지적할 수가 있다.

첫째, 자유란 이른바 자유주의 국가에서 헌법에 명기하는 바와 같은 법조문만으로 보장할 수 있는 것이 아니다. 바꾸어 말하면, 우리는 강제 노동, 구속, 처형 등의 물리적 방법에 의존하지 않고도 사람의 자유를 구속할 수가 있다. 적극적인 의미의 자유는 자기가 원하는 바를 실행할 수 있을 때 성립하는 것이며, 오늘날 우리 사회에서 사람들이 하고 싶은 일이란, 그 대부분이 다소간의 물자 또는 돈을 필요로 한다. 따라서 경제력의 뒷받침이 없는 자유는 명목상의 자유에 그친다. 그러므로 고전적 자유주의가 초래한 결과는, 많은 사람들을 오직 명목상의 자유를 향유함에 그치도록 강요한 셈이 되는 동시에, 현대적인 사회정의의 견지에서 볼 때 심각한 오류를 범했다는 결론을 가져온다.

둘째, 사회정의의 이념에 있어서 궁극의 관심사라고 할 수 있는 개인의 행복이 실현될 수 있기 위해서는 우선 개인의 기본 생활이 위협을 받지 않아야 한다. 따라서 자유방임주의의 경제정책이 많은 실업자와 극빈자를 배출했다는 사실은, 자유방임주의가 결과에 있어서 사회정의의 실현을 방해한 사상이라는 평가를 불가피하게 한다. 일부의 특수층만이 부유하고 대부분의 서민은 빈곤에 시달려야 하는 사회를 우리는 공정 내지 정의가 실현된 사회라고는 부르지 않는다. 그러므로 아무리 자유를 표방하는 사회일지라도, 빈부의 차이가 심한 사태를 빚어내는 한, 사회정의의 이념에서는 멀리 이탈했다고 보아야 할 것이다.

자유방임의 경제체제가 빈부의 차이를 크게 만든 것은, 물론 그 체제가 분배의 공정의 원리를 배반했기 때문이다. 형식 이론의 견지에서 볼 때 자유주의 경제 제도가 반드시 분배의 불공정을 수반하리라는 필연성은 없다. 분배의 실권을 잡은 경제인들이 자율적으로 공정을 기한다는 것은 이론상 가능한 일이다. 그러나 역사의 기록은 자율에 맡김으로써 분배의 공정을 기대함이 사실상 매우 어려운 일임을 증명했다. 그것이 어려운 이유의 하나는 사리사욕을 초월하지 못하는 인간성의 도덕적 약점에 있을 것이다. 그러나 그보다도 더욱 직접적인 이유는 '자유경쟁'이라는 경제의 메커니즘 자체가 공정한 분배를 허용하지 않는다는 사실에 있을 것이다. 경제적 자유경쟁에서 이기기 위해서는 자본의 축적이 불가피하게 요청되는 것이며, 이 요청을 만족시키자면 인건비의 절약이 대단히 필요하게 되는 것이다. 따라서 자본주의는 기업가로 하여금 노동자들에게 되도록 적은 보수를 주고 일은 가능한 한 많이 시키기를 원하지 않을 수 없는 처지에 놓이게 한다.

자유경쟁의 경제구조 아래서, 경제인의 자율적 도의심이 분배의 공정을 실천할 것을 기대하기 어렵다면, 우리는 어떠한 방법으로 분배의 공정을 기할 수 있을 것인가? 그 방법의 하나로서 생각할 수 있고 또 종종 실천되고 있는 것은 노동자들이 단결과 투쟁으로 더 많은 임금을 쟁취하는 길이다. 그러나 이 방법은 부분적이고 일시적인 미봉책에 그칠 뿐 아니라, 분쟁과 불화가 연속하는 불안한 방법이다. 여기에 좀 더 근본적인 대책을 강구할 필요가 생겼고, 실제로 여러 나라에 있어서 어느 정도 더 적극적인 방도가 시도되었다.

좀 더 근본적이고 적극적인 대책이란, 정치의 권력이 경제활동에 간섭함으로써, 분배의 공정과 나아가서는 국민 생활의 안정과 향상을 기하는 방법이다. 최저임금제와 누진세제의 실시 또는 노동조건의 개선 등은 정부가 분배의 공정을 위하여 가하는 간섭의 대표적인 예이거니와, 이와 같이 분배에 직접으로 관계하는 조처만으로는 실업 문제를 포함한 여러 가지 사회문제를 전체적으로 해결하기는 어렵다. 이에 정부가 분배뿐만 아니라 생산에까지도 간섭하지 않을 수 없다는 통제경제의 이론이 대두하였고, 그 이론은 각국에 있어서, 혹은 온화하게 혹은 철저하게 실천에 옮겨졌다.

'통제'는 '자유'와는 본래 대립하는 개념이다. 정부가 국민의 경제활동에 통제를 가한다는 것은 국민의 자유가 그만큼 제약을 받는다는 뜻이 아닐 수 없다. 여기서 우리는 사회정의 이념이 요청하는 두 가지의 조건, 즉 '분배의 공정'과 '자유' 사이에 일종의 상반되는 관계가 존재함을 발견한다. 다시 말하면, 경제활동을 무제한한 자유에 맡길 때 분배의 공정이 위협을 받는가 하면, 분배의 공정을 위하여 정부가 적극적인 통제로 임할 때는 이번에는 개인의 자유가 위협을 받는다는 딜레마에 부딪치고 있음을 발견하는 것이다. 이 딜레마가 우리에게 던지는 실천적 문제는 상당히 심각한 성질의 것이다. '자유'와 '공정한 분배'를 양립시킬 수 있는 길이 있는가? 만약 그것들을 양립시킬 수 있는 길이 없다면, 어느 편에 우선적 비중을 둘 것인가?

자유와 공정한 분배를 양립시킬 수 있는 길이 이론상 전혀 막혔다고는 생각되지 않는다. 실업자를 없애고 만인을 평등하게 잘살게 하는 공정한 분배가 실현되도록 경제적 통제를 실시하되, 그 통제가 일부의 독재에 의하여 강요되는 것이 아니라 민주주의적 합의를 통하여 가해진다면, 우리는 거기에 자유에 입각한 공정한 분배가 실현되었다고 말할 수 있을 것이다. 물론, 통제 정책에 관해서 만장일치의 합의에 도달하기는 어려울 것이므로, 여기에도 개인의 의사가 결과적으로 제약을 받는 현상이 생길 것이다. 그러나 다수의 의사 앞에 소수의 의사가 양보한다는 것은 민주주의의 원칙이며, 인간 사회에 있어서 민주주의적 자유 이상의 완전한 자유를 기대한다는 것은 한갓 공상에 지나지 않는다.

민주주의적 합의에 의하여 합리적이고 공정한 계획경제를 실시한다는 것은 이론상으로 가능한 일이다. 그러나 실제에 있어서는 그것은 매우 어려운 과제라고 보아야 할 것이다. 인간의 이기성 및 충돌하는 이해관계로 말미암아 그 자유와 공정한 분배를 양립시킬 수 있는 현실적 가망성이 없는 상황에 처한 사회 내지 국가도 있을 것이다. 이러한 상황에 놓인 국가의 경우에 있어서, 자유와 공정한 분배에 관한 딜레마를 어떻게 해결할 것인가 하는 매우 어려운 문제가 일어난다.

이 문제에 대한 대답은 크게 두 진영으로 나누어진다. 하나는 분배의 공정을 단념하는 한이 있더라도 자유를 끝까지 고수해야 한다는 주장이며, 또 하나는 자유를 희생시키더라도 분배의 공정을 실현해야 한다는 대답이다. 사람들은 자기가 처한 사회적 위치와 자기에게 미치는 이해관계의 영향을 받아 가며 하나의 대답을 택하는 경향을 보일 것이다. 그러나 냉철한 견지에서 타당성 있는 해결을 꾀하는 사람은 자유 또는 공정한 분배 가운데서 그 하나를 완전히 희생시키는 방안에 찬동하지 않을 것이다. 그들은, 지금 당장은 그것이 불가능하더라도, 장차 가급적 빠른 시일 안에 저 두 가지를 양립시킬 수 있는 길을 모색할 것이다. 미래에 있어서 자유와 공정한 분배를 양립시키고자 하는 방안도 역시 크게 두 갈래로 나누어진다.

그 방안의 하나는, 어디까지나 자유의 원칙을 고수하면서 자유주의의 자율적 자기 수정을 통하여 경제적 번영을 이룩하는 동시에, 그 번영의 토대 위에서 공정한 분배가 실현되도록 점진적인 노력을 해야 한다는 주장이다. 방안의 또 하나는, 일시적인 자유에 희생이 있더라도 우선 경제적 건설을 이룩하고, 만인을 고루 잘살게 만듦으로써, 일부만의 자유가 아니라 모든 사람의 자유가 실질적인 것이 되도록 급진적 개혁을 시도해야 한다는 주장이다. 전자의 방안은 개인의 자유에 맡김이 국가 전체의 경제적 번영을 위해서도 빠른 길이라는 전제에서 출발하고 있으며, 후자의 방안은 중앙집권적 통제가 경제적 성장을 가장 빨리 달성하는 길이라는 전제에서 출발하고 있음을 보거니와, 두 방안 가운데서 어느 것이 더욱 많은 타당성을 갖느냐는 것은 그 방안이 적용될 국가 내지 사회의 현실적 조건에 따라 다를 것이다. 따라서 어떤 독선의 견지에 서지 않는 한, 두 방안 가운데 어느 하나를 절대 보편적인 타당성을 가진 견해라고 단정할 수는 없을 것이다. 다만 하나의 일반론으로서 우리가 지적할 수 있는 것은, 자유주의의 자율적 자기 수정을 통하여 공정한 분배를 실현하고자 하는 전자의 방안은, 비극적 혼란을 일으킬 위험성이 적은 비교적 온건한 길이라는 장점이 있는 반면에, 그 이상이 실현되기까지에는 대단히 오랜 세월이 걸릴 것이라는 단점이 있으며, 급진적 개혁을 통하여 공정한 분배를 먼저 서둘러야 한다는 후자의 방안은, 과거의 악(惡)을 제재하는 일이 급속도의 진전을 보일 가능성이 크다는 장점이 있는 반면에, 전환기의 혼란과 새로운 악을 초래할 염려가 있다는 약점을 가졌다는 사실이다. 그리고 여기서 우리가 또 한 가지 지적해 둘 것은, 어떤 방안이 결과에 있어서 좋은 방안으로 판명되느냐, 나쁜 방안으로 판명되느냐 하는 문제는 그 방안을 실천하는 사람들 여하를 따라서 크게 좌우된다는 점이다. '자유'를 표방하는 방안이 실제에 있어서는 대중의 자유를 크게 유린할 수도 있으며, 공정한 분배를 공약하는 통제의 방안이 결과에 있어서는 새로운 특권계급을 형성함에 그칠 수도 있다는 사실을 우리는 기억해야 할 것이다.

5. 결론

이제까지 우리는 사회정의의 이념에 관한 고전적 견해 가운데서 대표적인 것 한두 가지를 살폈고, 나아가서 사회정의와 매우 밀접한 연관성을 가진 두 개의 개념, 즉 평등 및 자유의 개념과 우리의 주제와의 관계를 기본적이라고 생각되는 각도에서 검토하였다. 이제 우리는 지금까지 고찰한 바를 토대로 삼고, 또 지금까지의 고찰에서 누락된 점을 보충해 가며, 이 글의 결론적 정리를 꾀해 보기로 하자.

우리가 사회정의 또는 '공정한 사회'를 하나의 당위로서 요구할 때, 거기에는 자명한 원리로서 전제된 하나의 판단이 있다. 그 대전제의 구실을 하는 판단이란 "인간은 누구를 막론하고 다 같이 존귀하며, 모든 사람은 행복하게 살 권리를 가졌다."는 주장이다. 개인이 가진 재능이나 덕성 또는 개인이 세운 공적 때문이 아니라, 단순히 그가 인간이기 때문에 그는 존귀하며, 따라서 행복하게 살아야 한다는 것이다. 이 대전제를 정당화하기 위해서 우리가 제시할 수 있는 사실이 적어도 두 가지 있다고 필자는 믿는다. 그 첫째는, 내가 나 자신을 귀중하다고 생각하는 동시에, 나 자신의 행복을 갈망하고 있다는 심리학적 사실이다. 그 둘째는, 나 이외의 다른 사람들도 모두 나와 같은 생물학적 및 심리학적 구조를 가지고 있으며, 또 나와 마찬가지로 각각 자기의 행복을 염원하고 있다는 사실이다. 그러나 이 두 가지 사실에 의하여 저 대전제의 타당성이 증명되는 것은 아니다. 이 두 가지 사실은 우리로 하여금 저 대전제를 믿게 하는 심리적 근거이기는 하지만, 그것을 증명하는 논리적 이유가 될 수는 없다. 그러나 비록 증명된 원리는 아닐지라도, 우리가 현대인의 견지에서 사회정의를 실현해야 할 목표로 인정할 때, 우리는 이미 그 대전제를 믿는 태도로써 출발하고 있는 것이다.

"인간은 누구를 막론하고 다 같이 존귀하며, 모든 사람은 행복하게 살 권리가 있다."는 대전제로부터 우선 하나의 원칙이 풀려 나온다. "모든 개인의 인격을 한결같이 존중하는 동시에 모든 개인의 행복을 차별 없이 추구하는 사회는 공정한 사회다."라는 원칙이다. 이 원칙을 사회정의의 원칙으로서 받아들이지 않을 수 없다는 견해에 대해서는 아마 크게 이론(異論)이 없을 것이다. 그러나 각자에게 실현되어야 할 '행복'이 무엇이며 그 '행복'을 실현하는 방법으로서 어느 길이 가장 적합한가에 관해서는 사람들의 의견은 상당한 불일치를 보인다. 그리고 이 불일치로 말미암아, 사회정의 이념이 더 구체적인 세칙에 들어가서 논의될 때, 많은 견해의 대립이 일어나기 마련이다.

인간은 누구나 다 같이 인간인 한에 있어서 동등하게 귀중하다는 전제에서, "처지와 형편이 같은 두 사람은 똑같은 대우를 받아야 한다."는 평등의 원칙이 추론되었다. 그러나 사람들의 처지와 형편은 서로 다를 경우가 많이 있다. 그러므로 처지 또는 형편의 차이 가운데서 차별적 대우의 정당한 사유가 될 수 있는 것과 없는 것을 판별할 필요가 생겼다.

사람들이 필요로 하는 바의 차이가 차별적 대우의 사유가 된다는 것은 대체로 일치된 의견이다. 책이 필요한 사람에게는 책을 주고, 악기가 필요한 사람에게는 악기를 주는 것은 확실히 사리(事理)에 적합한 일이다. 각자 필요로 하는 바가 다르다는 것은 각자의 행복을 위해서 요구되는 조건이 다르다는 뜻이다. 따라서 필요에 의거하여 분배를 달리한다는 것은 모든 성원의 행복이 다 같이 실현되도록 하는 방법에 지나지 않는 것이니, 대국적 관점에서 볼 때에는 평등의 이념에 합치되는 바가 되는 것이다.

그러나 앞서도 지적한 바와 같이, 사람들이 필요로 하는 것은 무엇이거나 급여한다는 것은, 물자와 인력의 부족으로 말미암아, 사실상 불가능하다. 여기서, "누구의 어떠한 필요에 우선권을 인정하는가?" 하는 어려운 문제가 일어난다. 이 문제에 대한 대답의 하나로서 볼 수 있는 것이 "각자의 능력과 업적을 따라서 분배하라."는 주장이다. 능력이 높고 업적이 많은 사람이 필요로 하는 바에 대하여 우선권을 인정하자는 이 주장은 확실히 사리에 맞는 것 같으며, 실제로 여러 나라에 있어서 실천되고 있는 원칙이다. 그러나 우리가 '각자의 필요를 따르는 분배'를 하나의 이상(理想)으로서 긍정한 이상, 저 '능력과 업적을 따라서'의 원칙을 응보주의적(應報主義的) 공정(retributive justice)의 견지에서 정당화하기는 어려울 것이다. 왜냐하면, 만약 능력 또는 업적 그 자체가 지닌 본래적 가치(intrinsic value)에 대한 보수로서 후한 분배를 해야 하는 것이라면, '필요의 다과(多寡)'와 '능력 및 업적의 고저'가 정비례하지 않는 한, 결국 분배의 원칙이 복수(複數)로 대립하게 되기 때문이다. 따라서 우리는, "각자의 필요를 따라서 분배한다."는 원칙을 실현하기 위한 합리적 방편으로서 '능력 및 업적을 따르는 분배'의 원칙을 받아들여야 할 것이다.

모든 사람들에게 필요한 것을 되도록 풍족하게 공급해 주기 위해서는 사람들의 능력을 최대한으로 활용하여 많은 업적을 올리도록 해야 한다. 그리고 유능한 사람들의 능력을 살려 그들의 업적을 높이기 위해서는, 그들에 대한 지원을 우선적으로 실행해야 할 것이다. 그러나 이러한 우대의 근거는 그렇게 하는 것이 '각자의 필요를 따라서 분배'하는 공정한 사회를 실현하는 지름길이라는 사실에 있다. 그러므로 어떠한 능력과 어떠한 업적이 더 중요시되어야 하느냐는 문제도 저 궁극목적에 비추어서 대답될 수 있을 것이다.

"누구의 어떠한 필요에 우선권을 인정해야 하는가?"라는 물음에 대해서 우리가 줄 수 있는 또 하나의 대답이 있다. 그것은 "더 원초적이고 기본적인 욕구일수록 우선적으로 충족시켜야 한다."는 대답이다. 의식주와 같은 기본적 욕구의 충족은 이른바 '고상한 욕구'의 충족보다도 앞서야 한다. 왜냐하면, 원초적이고 기본적인 욕구의 충족은 인간의 생존과 행복을 위한 가장 근본적인 필요조건일 뿐 아니라, 더 '고상한 욕구'의 충족을 위한 토대가 되는 것이기 때문이다.

원초적 욕구에 대하여 우선권을 인정하는 것은 만인의 행복을 동등하게 존중한다는 평등의 이념에도 부합한다. 예술이나 학문 따위의 상위의 욕구는 기본 생활의 문제가 이미 해결된 사람들 가운데서 다시 특수한 개성을 가진 사람들에 의하여 발동되는 것이지만, 의식주와 같은 원초적 욕구는 빈부나 남녀노소의 구별 없이 누구나 갖는 것이다. 누구에게나 있는 이 보편적인 욕구를 우선적으로 충족시켜야 한다는 것은 우리가 인간의 가치가 동등함을 인정하는 이상 자명한 일이다. 민주주의를 자랑하는 나라에 있어서도, 일부 특권층의 사치스러운 욕구를 만족시키기 위하여 많은 서민들의 기본 생활이 위협을 받아도 이를 방치하는 사태가 일어나는 경우가 많으나, 이는 참된 민주주의 정신에는 위배되는 현상이 아닐 수 없다.

서민의 최저 생활을 보장하되 그 보장이 자선사업과 같은 선심의 발동이라는 형태로 주어지는 것은 바람직하지 않다. 그것이 바람직하지 않은 이유의 첫째는, 자선사업이나 선심을 통한 해결은 일시적 미봉책에 지나지 않으며 결코 근본적 대책이 될 수 없다는 사실에 있다. 그 둘째 이유는, 듀이(John Dewey)가 누누이 지적한 바와 같이, 선심은 그것을 받는 사람의 자존심을 해치고 그들의 의뢰심과 태만을 조장하게 되기 쉽다는 사실에 있다.[16] 만인의 기본욕구가 우선적으로 충족되도록 분배하되, 불구(不具)와 노유(老幼) 같은 특수한 경우를 제외하고는, 그 분배는 각자의 사회적 공헌에 대한 당연한 보수의 형태로 실시되어야 한다. 그렇게 하기 위해서는, 일할 수 있는 능력을 가진 사람들에게 일할 기회가 균등하게 주어져야 하며, 각자가 한 일에 대해서는 억울하지 않은 보수가 지급되어야 함은 물론이다.

'사회정의'의 이념이 궁극의 관심사로 삼는 행복이 실현되기 위해서 두 가지 필요한 조건이 있다. 하나는 정신생활의 자유이고, 또 하나는 물질생활의 안정이다. 그런데 근대 이래의 인류의 역사는 그 두 가지 조건이 동시에 만족되기는 어려움을 입증하였다. 즉, 앞에서 밝힌 바와 같이, 국민의 경제생활을 각 개인의 무제한한 자유에 내맡길 때 많은 서민층이 물질생활의 위협을 받으며, 한편 서민의 물질생활을 안정시키기 위하여 정부가 경제의 통제를

16 J. Dewey, "The Economic Basis of the New Society", *Intelligence in the Modern World*, J. Ratner ed., pp.417-418 참조.

감행할 때는 국민의 자유를 일부 억제해야 한다는 딜레마가 역사적 사실로서 나타나게 되었다. 여기서 일어난 것이, "자유에 중점을 둘 것인가, 안정된 물질생활에 중점을 둘 것인가?" 하는 문제다.

이것은 대답하기 매우 어려운 문제다. 결국은 자유를 희생함이 없이 만인의 물질생활이 안정되도록 하는 것이 우리의 목표가 되어야 한다는 점에는 의심의 여지가 없다. 그러나 문제는 그 목표에 이르기까지 어느 길을 선택하느냐에 있다. 문제는 먼 장래에 있는 것이 아니라, 오늘의 이 현재에 있는 것이다.

이 어려운 문제를 생각하는 데 약간의 실마리가 되는 것은 '자유' 및 '물질생활의 안정'이 모두 인생의 궁극목적이라고 보기는 어렵다는 사실이다. 인간에게 절대 완전한 자유는 있을 수 없는 까닭에 자유를 인생의 궁극목적으로 삼을 수 없으며, "나는 물질생활의 안정을 내 인생의 목적으로 삼는다."는 말이 어색하다는 사실은 후자도 인생의 궁극목적이 될 수 없음을 알려 준다. 인생의 궁극목적이 될 수 있는 것은 '자유'도 '물질생활의 안정'도 그 안에 포섭하는 더 큰 가치라야 할 것이다. 그리고 우리는 그것을, 아리스토텔레스의 지혜를 따라서, '행복'이라고 부를 수 있을 것이다.[17] 자유도 물질생활의 안정도 결국은 행복을 위해서 필요한 조건이다. 그렇다면 우리는 "자유냐 또는 물질생활의 안정이냐?"는 방식으로 물음을 제기할 것이 아니라, "어느 방안이 모든 사람의 행복을 되도록 널리 그리고 많이 실현할 수 있는 길인가?"를 물어야 할 것이다.

이 처음이요 마지막인 물음에 대한 올바른 대답은 문제의 대상이 된 국가 내지 사회의 특수한 사정에 따라서 다를 것이다. 그러나 필자가 보기에는,

17 Aristoteles, *Ethica Nicomachea*, BK. I, Ch. V 참조.

더 많은 경우에 있어서 '물질생활의 안정'을 우선적으로 시도함이 더 많은 사람들의 더 공정한 행복을 실현하기에 적합한 길이 될 것 같다. 왜냐하면, "최저 생활의 위협은 받으나 자유를 즐긴다."는 상태는 현실적으로 생기기 어려움에 비하여, "자유는 제약을 받으나 물질생활의 안정을 즐긴다."는 상태는 일어날 수 있기 때문이다. 이것은 앞에서 말한 "두 가지 필요를 다 같이 충족시킬 수 없을 경우에는, 원초적 필요를 충족시킴에 우선권을 주어야 한다."는 주장과 일치한다. 먹고 산다는 것은 생물로서의 인간에게 가장 원초적인 필요임을 부인하기 어려울 것이다.

물론, 모든 사람에 있어서 의식주의 욕구가 자유에 대한 욕구보다 더욱 강렬하고 절실한 것은 아니다. 개성에 따라서 노예 상태보다는 오히려 죽음을 선택하는 사람도 있다. 그러나 일반적으로 볼 때는, 역시 생존에 대한 욕구가 더 원초적이라고 보아야 할 것이다. 과거에 노예제도라는 것이 가능했다는 사실과 현재에도 독재가 심한 나라의 국민들이 대부분 자살의 길은 택하지 않는다는 사실이 그러한 견해를 뒷받침한다.

어떤 통제가 물질생활의 안정을 위한 방편이 된다 함은, 그러나 모든 통제가 물질생활의 안정에 이바지한다는 뜻은 물론 아니다. 정치권력에 의한 통제가 서민의 생활을 더욱 곤궁하게 만드는 경우도 있다. 인간의 역사에는, 자유의 미명 아래 자유를 박탈하는 위선이 있듯이, '대중을 위한다'는 공약 아래 대중을 괴롭히는 악정(惡政)도 있다. 어디에 있어서나 지도자의 도덕적 의지는 가장 근본적인 의의를 갖는다.

이제까지 우리는 분배의 공정에 주로 화제를 돌리고 응보(應報)의 공정에 대해서는 거의 논하지 않았다. 그러나 필자는, 보복을 위한 보복을 주장하는 이른바 응보주의(應報主義)의 이설(理說)에는 찬동하지 않는 까닭에, 처벌이나 배상과 같은 응보의 조처도 결국은 '모두가 다 같이 잘살자'는 평등의 이념을 실현하기 위한 방편이라고 본다. 따라서 분배에 초점을 두고 논한 지금까지의 고찰을 응보의 문제에까지 넓혀서 적용시킬 수 있을 것으로 믿는다.

우리는 또 이제까지 재산상의 공정의 문제에 골몰한 나머지, 신체나 생명을 해치는 행위에 관련된 공정의 문제 및 경제적이 아닌 가치에 대한 공정의 문제는 직접 언급하지 않았다. 경제적 가치만이 인간의 행복을 위해서 필요한 것의 전부가 아님은 물론이다. 그러나 바로 앞에서 언급한 자유에 관한 고찰과 그 앞에서 논술한 평등에 관한 고찰에 포함된 함축을 충분히 뽑아낸다면, 신체와 생명 및 그 밖의 경제 외적 가치에 대한 공정의 문제에 대해서 우리가 주장할 바도 스스로 명백할 것이다.

(1967년 2월)

2장 사회정의: 그 이념과 현실

사회정의 실현은 오늘날 세계 거의 모든 나라에 있어서 중대한 과제가 되고 있다 할 것이다. 특히 우리 한국의 특수 사정은 이 세계적 과제를 더욱 절실한 관심사로 부각시켰다. 국토의 분단이라는 민족적 불행을 평화통일이라는 원대한 목표로써 극복하고자 하는 우리 한국의 염원이 달성되기 위한 가장 기본적인 선행조건의 하나가 바로 사회정의에 있어서의 후진성을 탈피함에 있기 때문이다.

오늘날 우리 한국에 있어서 사회적 불균형이 심각하다는 사실을 부인하거나 사회정의의 실현이 바람직한 일이라는 견해에 반대하는 사람은 아마 별로 없을 것이다. 사회정의에 대한 일반적인 인식과 긍정 그리고 지도층의 공언 내지 개선적 시도가 우리의 현실에 아무런 변화도 일으키지 못하고 있다고 말한다면 편파적인 발언이 될 것이나, 대국적 안목으로 볼 때 문제의 핵심이 구태의연한 고질성을 벗어나지 못하는 가운데, 본격적 해결의 실마리가 풀렸다고 낙관하기에는 아직 때가 이르다는 느낌이 강하다.

거의 모든 사람들이 사회정의의 실현을 바람직하다고 인정하고 있음에도 불구하고 여전히 불공정한 사회 현실이 지속되는 것은 무엇 때문일까? 모든 사람이 희망한다고 공언하는 사회정의의 실현을 어렵게 하는 저해 요인을 우선 밝힘으로써 우리들의 공통된 소망의 달성을 위한 준비 작업에 다소라도 도움이 되고자 하는 것이 이 글이 의도하는 바다.

1.

만인이 소망한다고 말하는 사회정의가 좀처럼 실현되지 못하는 첫째 이유는 "어떠한 사회가 정의로운 사회인가?"라는 물음에 대하여 명확한 개념 규정에 도달하지 못했다는 사실을 지적해야 할 것이다. 즉, 사회정의 이념이 분명하지 않은 것이다. 사회가 정의로운 것이 되기 위해서 갖추어야 할 조건에 대하여 하나의 뚜렷한 규준이 확립되어 있지 않은 까닭에, 사람들은 각각 자기에게 유리하도록 '사회정의'를 해석하게 된다. 현재의 상황이나 현재의 제도가 자기에게 유리하다면, 비록 그것이 객관적 관점에서 볼 때 정의의 이념에 위배되는 것이라 할지라도, 그대로 정의에 가까운 것인 양 현재를 긍정하고 현재의 불공정을 옹호 내지 은폐할 수 있는 여지가 있는 것이다.

이론의 여지가 없는 '사회정의'의 정의(定義)를 내리는 일은 이 글의 한계를 넘어서는 일이다. '선(善)'의 정의를 내리는 일이 그렇듯이 '사회정의'의 정의를 구하는 문제도 마지막 단계에 있어서 주체적 결단 내지 선택의 행사를 완전히 배제할 수는 없는 까닭에, 이 문제에 관해서 하나의 객관적 정의에 도달한다는 것은 엄밀한 의미에서는 불가능할 것이다. 그러나 우리의 지성과 통념으로 볼 때, 도저히 사회정의라고 볼 수 없는 것이 무엇인가를 밝히는 것은 가능한 일일 것이며, 부정(不正)의 범위를 대략 밝히는 것만으로도 불공정한 현실을 자기에게 유리한 해석으로 용인할 수 있는 기만의 여지는 크게 줄어들 것이다. 다시 말해서, 분명히 사회정의에 어긋나는 것을 배제하는 것만으로도 사회정의 개념의 윤곽을 정함에 있어서 상당한 접근이 될 수 있을 것이며, 그것이 비록 이론적으로 만족스러운 정의(定義)를 대신하지는 못한다 할지라도, 사회정의의 실현을 기도하는 실천적 목적을 위해서는 큰 도움을 줄 수 있을 것이다. 로크(J. Locke)가 말한 바와 같이 바다의 깊이를 정확하게 몰라도 어느 정도 믿을 만한 해도(海圖)만 있으면 항해에는 큰 지장이 없듯이, 우리가 목표로 삼는 사회정의가 공상의 나라처럼 완전무결한 것이 아니라면 '사회정의'의 정의(定義)에 약간의 이론적 불만이 있다 하더라도, 이상으로부터의 거리가 너무나 요원한 현실을 개선하고자 하는 실천적 목적을 위해서는 사실상 큰 지장은 없을 것이다.

사회정의의 실현을 어렵게 하는 또 하나의 사유는 현상의 유지 속에서 도리어 이익을 발견하는 보수세력의 이기심이다. 사회정의란 그것을 말로 주장하는 것만으로 실현되는 것은 아니며 실천으로 사회 현실에 변화를 초래해야 한다. 사회정의가 실현되기 위해서는 재화, 기회, 자유, 권리 등의 재분배가 있어야 하거니와, 이 재분배는 주로 의식적 행위를 통하여 이루어진다. 그런데 여기서 재분배의 주도권은 정치 또는 경제의 지배층에게 있으므로 재분배 행위를 직접 할 수 있는 것은 오직 이 계층의 사람들뿐이다. 사회정의를 위한 재분배란 많이 가진 사람들의 몫을 줄이는 작업을 뜻하는 것이니, 지배층이 자진해서 그렇게 할 수 있기 위해서는 특별한 동기가 발동해야 한다. 그러나 사람의 이기심이란 거의 본능과도 같은 것이어서 사회정의에 대한 약간의 반성이나 어려운 사람들에 대한 미온적 동정 따위는 이기심을 누르기에 부족하다. 평소에 사회정의의 당위성을 주장하던 사람도 자기 자신의 몫을 스스로 줄이거나 포기해야 할 때에 이르러서는 태도가 달라지기 쉽다.

사회정의의 이념 또는 목표가 선 다음에는 그것을 실천에 옮길 행위가 필요하다. 그러나 본능에 가까운 이기심이 그 행위를 막는 것이다. 여기 사람들의 이기심 특히 지배층의 이기심을 억제할 수 있는 어떤 기능이 요청되거니와, 그 기능의 구실을 할 수 있는 것이 무엇인가 하는 현실적인 문제에 부덮친다.

듀이(John Dewey) 같은 민주주의론자들은 교육을 통해 개발된 도덕심 내지 지성의 힘으로 이기심의 장애를 극복할 수 있다고 믿는다. 니버(Reinhold Niebuhr) 같은 사회철학자들은, 우리가 인간의 도덕심에 기대할 수 있는 것은 개인적 인간관계에 국한되며, 단체의 이기심에 대해서는 도덕이나 지성은 극히 무력하리하고 주장한다. 그리고 고전적 공산주의자들은 한 걸음 더 나아가 오직 폭력만이 재분배의 길을 열 수 있다고 단정한다. 이러한 견해를 염두에 두고 사회정의의 실현에 관련하여 지성과 폭력의 문제를 차분히 살피는 것은 국토의 평화적 통일이라는 막중한 과제를 안은 우리로서 한 번 거쳐야 할 작업이라고 생각된다.

결국 이 글이 의도하는 바는 크게 두 가지로 요약된다. 첫째는, 사회정의의 이념을 탐구하되 엄격한 정의를 얻으려 하기보다는 명백한 부정의 조건을 확인함으로써 사회정의의 윤곽을 우선 밝히는 일이다. 개념의 윤곽만을 밝히는 것으로 만족하고자 하는 것은, 그것만으로도 사회정의의 실천 목표를 세우기에는 충분하리라고 믿기 때문이다. 둘째는, 지배층이 그들의 도덕심 내지 지성을 동원한 자제력으로 그들의 불공정한 이기심을 어느 정도까지 극복할 수 있으며 또 그들의 도덕심 내지 지성의 힘을 강화하기 위하여 우리가 무엇을 할 수 있는가 하는 물음을 포함하여, 사회정의에 있어서의 지성과 폭력의 문제를 고찰하는 일이다. 먼저 사회정의 이념의 문제부터 시작하기로 한다.

2.

개인의 덕성으로서의 정의 또는 개인적 행위의 속성으로서의 정의도 생각할 수 있으며, 그것도 중요한 문제이기는 하나, 여기서는 사회 또는 제도의 속성으로서의 정의에만 고찰의 범위를 국한하기로 한다. 한 사회 또는 사회제도가 정의로운 것이 되기 위해서 갖추어야 할 조건들은 어떠한 것들인가? 어떠한 경우에 우리는 한 사회 또는 사회제도가 불공정하다고 말할 수 있는 것일까?[1]

"정의로운 사회 또는 공정한 사회는 어떠한 것인가?" 하는 우리의 물음은 "이상적인 사회는 어떠한 것인가?" 하는 물음과 똑같은 물음은 아니다. 정의 내지 공정성은 사회가 이상적인 것이 되기 위해서 필요한 조건일 뿐 충분한 조건은 아니다. 이상적인 사회는 높은 수준의 인간애, 번영, 능률 등을 아울러 요구하거니와, 정의 또는 공정에는 이러한 가치가 포함되지 않는다.[2] 그러나 적어도 현대에 있어서는 사회정의가 번영, 평화, 능률 등의 기초가 된다는 뜻에서 공정은 이상적 사회를 위한 기본 조건이라고 볼 수 있다. 정의와 아울러 이상적 사회의 기본 조건이 되는 것은 인간애다. 정의와 인간애 중 어느 것이 더 중요한가 하는 물음에 대해서는 일률적인 대답이 어려울 것이다. 다만 현실에 있어서 사회의 규모가 클수록 공정이 더 큰 힘을 발휘하고, 규모가 작은 공동사회에 있어서는 인간애의 작용이 크다는 사실을 지적할 수 있을 것이다.

롤즈(John Rawls)는 사회정의 원리를 다음과 같은 두 원칙으로 공식화하였다.

---

1 서양어의 'justice' 또는 'Gerechtigkeit'는 우리말의 정의보다도 공정에 더 가깝다고 필자는 생각한다. 특히 'justice'의 반대인 'injustice'는 부정의보다도 불공정으로 옮기는 것이 더 자연스럽다. 따라서 앞으로 필자는 문맥의 어감에 있어서 공정 또는 불공정이라는 말을 정의 또는 부정의의 동의어로 사용하고자 한다.

2 이와 똑같은 주장을 이미 여러 사람들이 하였다. 예컨대, John Rawls의 "Justice as Fairness" (*Philosophical Review*, 1958) 첫머리에도 그런 말이 있고, W. K. Frankena, "The Concept of Social Justice" (*Social Justice*, R. B. Brandt ed., 1962)에도 같은 말이 보인다.

(1) 모든 개인은 다른 사람들의 같은 자유와 양립할 수 있는 가장 광범위한 기본적 자유에 대하여 동등한 권리를 가져야 한다.

(2) 사회적 및 경제적 불균형은 다음 두 조건을 만족시키도록 조정되어야 한다. ① 그 불균등이 모든 사람들을 위해서 이익이 되리라는 것을 합리적으로 기대할 수 있다. ② 그 불균등의 모체가 되는 지위와 직무의 기회는 모든 사람에게 공개되도록 한다.[3]

롤즈는 사회정의 문제가 크게 두 가지 측면을 가지고 있는 것으로 보았다. 하나는 국민의 기본적 자유에 관한 문제이고, 또 하나는 사회적 및 경제적 가치들의 분배에 관한 문제다. 이 두 가지 기본 문제에 대한 해결의 원칙을 각각 부여하고자 그는 위에 적은 두 원리를 제시했던 것이다.

첫째 원리는 광범위한 기본적 자유에 대하여 모든 국민이 동등한 권리를 누려야 한다는 것을 규정하고 있다. 여기서 말하는 기본적 자유는 투표권 및 피선거권을 포함한 정치적 자유, 언론과 집회의 자유, 양심과 사상의 자유, 인신(人身)의 자유와 재산 소유의 자유 등으로서 민주 사회의 통념과 일치하는 것들이다.[4] 따라서 이 첫째 원리에 특별히 새로운 점은 없다고 볼 수 있다. 다만 모든 사람들에게 절대적 자유를 허용함이 사실상 불가능한 현실에 있어서, 자유의 향유 또는 그 제한의 규정 원리를 '동등한 권리(equal right)'라는 개념으로 밝힌 점에 묘미가 있다. 기본적 자유를 '법이 정한 테두리 안에서 누린다'거나 '국가의 안녕과 질서를 해치지 않는 범위 안에서 누린다'는 것보다는, 기본적 자유에 대하여 모든 국민이 '동등한 권리를 갖는다' 함이 사회정의 원리로서는 더 합리적이라고 볼 수 있을 것이다. 법이 잘

3 J. Rawls, *A Theory of Justice*, Harvard University Press, 1971, p.60. 같은 내용의 것이 다른 표현으로 그의 논문 "Justice as Fairness"에도 이미 나타나 있다.

4 같은 책, p.61 참조.

못될 수도 있고, '국가의 안녕과 질서를 해치지 않는 범위 안에서'라는 기준이 자의적 해석의 여지를 가지고 있기 때문이다.

사회적 및 경제적 가치의 분배에 관한 둘째 원리는 정당한 불평등의 기준을 밝히고자 함에 핵심이 있다. 사회적 가치와 경제적 가치를 모든 국민에게 똑같이 고르게 분배하는 절대적 평등은 어느 사회에 있어서도 현실에 맞지 않는다. 대통령과 수위가 동등한 권한을 가질 수는 없으며, 대장과 일등병의 월급을 똑같이 지급한다는 것은 사실상 적절하지 않은 일이다. 각 개인의 능력과 활동 또는 봉사의 차이에 따라서 그들의 대우에 어느 정도의 차등을 두는 것은, 지금의 사회 현실과 인간성에 근본적인 변혁이 없는 한, 부득이한 일이다. 그러나 그 불평등은 정당하다고 인정할 수 있는 범위 안에서 억제되어야 한다. 현대사회에 있어서 심각한 문제가 되고 있는 것은 사람들이 받는 대우에 차등이 있다는 사실이 아니라, 그 차등이 정당한 정도를 훨씬 넘어서 있다는 사실이다.[5] 그렇다면, '정당성을 인정받을 수 있는 불평등(justifiable inequality)'이란 어떠한 원칙을 따른 불평등일까?

롤즈에 따르면, 불평등이 정당성을 인정받을 수 있는 것은 다음과 같은 조건이 만족되었을 경우에 국한된다. 첫째로, 그 불평등으로 말미암아 그 사회의 모든 성원이 유리한 결과를 얻으리라는 것이 사리(事理)를 따라 예견되어야 한다. 즉 그 사회에 있어서 가장 불리한 처지에 놓인 사람들까지도 그 불평등한 분배로 인하여 결과적으로 도리어 이익을 얻을 수 있으리라고 당연히 기대할 수 있는 그러한 내용과 정도의 불평등이라야 한다. 둘째로, 그 불

5 니버(Reinhold Niebuhr)는 현대사회에 실재하는 불평등에 대하여 그 정당성을 주장하는 많은 변명이 있으나, 사리에 맞는 것은 하나도 없고, 모두 권력층의 이기적 처사를 은폐하는 위선적 궤변이라고 비판하였다. R. Niebuhr, *Moral Man and Immoral Society*, New York, 1932, pp.8-9 참조.

평등한 분배에 있어서 더 큰 몫을 차지할 수 있는 지위나 직무는 모든 성원에게 공개되어야 한다. 즉 불평등한 분배의 근거가 되는 지위나 직무는 기회균등의 원칙에 의하여 모든 사람에게 접근이 가능해야 한다.

롤즈의 사회정의 원리는 둘인 까닭에 그 우선순위가 결정되어야 한다. 롤즈에 따르면, 첫째 원리가 둘째 원리에 우선한다. 즉 더 큰 사회적 및 경제적 이익을 이유로 평등한 자유의 원칙을 벗어나서는 안 된다는 것이다. "재산과 수입의 분배 및 권위의 위계질서는 평등한 시민권의 자유와 기회균등의 원칙과 양립해야 한다."[6]

롤즈는 그가 제시한 정의의 원리의 우선순위를 다시 부연하여 다음과 같은 세칙을 밝히고 있다. 첫째로, 자유의 제한은 오직 더 큰 자유를 위해서만 허용된다. 즉 ① 모든 사람이 향유하는 전체적 자유의 체계를 강화하기 위해서라면, 어떤 자유에 제한을 가하여도 무방하다. 그리고 ② 자유의 불균등이 그 불균등에 있어서 불리한 위치에 놓이는 사람들을 위해서도 바람직할 경우라면, 그 불균등은 정당한 것으로 인정된다.[7]

둘째로, 사회정의의 둘째 원칙 즉 불균등의 원칙은 효율의 원칙 및 이익의 총량 최대화(maximizing the sum of advantages)의 원칙에 우선한다. 그리고 기회균등의 원칙은 저 사회적 및 경제적 가치의 불균등의 원칙에 우선한다. 즉 기회균등의 원칙을 어길 수 있는 것은 그렇게 함으로써 불리한 기회의 분배를 받은 사람들의 기회의 절대량이 커질 수 있을 경우에만 국한된다.[8]

요컨대 자유와 기회, 재산과 소득, 자기 존중의 근거 등 모든 사회적 기본

---

6 J. Rawls, *A Theory of Justice*, p.61.
7 같은 책, p.302 참조.
8 같은 책, pp.302-303 참조.

가치는 균등하게 분배하는 것을 원칙으로 삼되, 이러한 가치들의 불균등한 분배가 허용될 수 있는 것은, 그 불균등한 분배에 있어서 가장 불리한 처지에 놓이는 사람들을 위해서도 그것이 도리어 유리할 경우에 국한된다는 것이 롤즈의 근본적인 생각이다. 롤즈가 지금 소개한 바와 같은 사회정의의 원칙을 가장 타당하다고 믿는 이유는 사회계약론적 사고에 근거를 두었다. 그가 제시한 두 가지 원칙은, 원초적 상황(initial situation)에 놓인 사람들이 무지의 베일(veil of ignorance)에 싸인 상태에서 사회정의의 원칙을 선택한다고 가정할 경우, 아마 거의 모든 사람들이 채택하기에 찬동할 원칙이라는 것이다. 즉 자기의 소질과 역량, 개성과 사회적 배경 등이 아직 결정되기 이전의 상황에서, 그리고 앞으로 자기가 어떠한 운명의 제비를 뽑게 될지 전혀 알 수 없는 백지의 상태에서, 사회정의를 위한 원칙을 논의한다면 그 논의에 참여한 모든 사람들은, 그들의 합리적 사고에 의존하는 한, 위에 소개한 두 가지 원칙에 찬동하리라는 것이다.[9]

3.

롤즈의 두 원칙으로 '사회정의'의 개념이 논란의 여지 없이 확립되었다고는 보이지 않는다. 정의의 원리를 어떤 명증설(明證說)을 빌려 독단적으로 설정하지 않고, 모든 사람들의 동의의 가능성을 내다보며 인간성의 사실에 근거를 두고 조심성 있게 그것을 찾아내고자 한 그의 접근법에 일단 수긍이 간다 하더라도, 그가 제시한 두 가지 원칙을 사회정의의 기본 원칙으로서 확

9 롤즈의 'initial situation' 및 'veil of ignorance'에 관해서는 그의 *A Theory of Justice*, p.17 및 p.12, p.19를 각각 참조.

립하는 데 성공했다고 보기에는 몇 가지 미흡한 점이 있다.

첫째로, 그의 사회적, 경제적 불균등의 원칙에 모든 사람들이 찬동하리라는 주장에 의문의 여지가 있다. '모든 사람들을 위해서 이익을 주리라고 기대되는' 불균등이라 할지라도, 불균등은 원치 않는 사람들이 있을 수 있다. 사회는 되도록 평준화하는 것이 바람직하다고 믿는 사람들이 있을 수 있으며 그들은 자기가 누리는 사회적 및 경제적 가치가 현재의 수준을 능가하지 못할망정, 사회적 및 경제적 불균등을 초래하면서까지 더 많은 '이익'을 얻기를 원치 않을 가능성이 있다.

여기서 이익(advantage) 가운데는 사회 균등도 포함된다고 주장함으로써 롤즈를 변호하고자 한다 하여도 성공하기 어려울 것이다. '이익' 가운데 사회 균등까지 포함시킬 경우에는, 사회 균등 제일주의자라 할지라도 롤즈의 둘째 원칙에 반대할 이유는 없을 것이다. 그러나 사회 균등을 매우 중요한 '이익'으로 간주할 경우에는 롤즈의 둘째 원칙은 그 실천적 의의를 크게 상실하는 결과가 될 것이다. 왜냐하면 사회 균등의 가치를 중요시하면 할수록 다른 어떤 이익을 위하여 불균등을 감수하게 될 경우는 사실상 일어나기 어렵기 때문이다.

둘째로, 두 원칙 사이의 우선순위에 관한 롤즈의 주장에도 문제점이 남는다. 두 원칙 가운데 어느 것이 우선적이냐 하는 문제도 역시 사회계약설의 견지에서 해결되어야 한다고 보는 것이 롤즈의 입장이 아닐 수 없다. 즉 '원초적 상황'에서 '무지의 베일'에 싸인 사람들이 사회정의의 원칙을 세우기 위하여 논의한다고 가정할 때, 원칙들 사이의 우선순위의 문제도 모든 사람들의 동의에 따라서 결정하는 것이 가장 타당한 길일 것이다. 롤즈는 자유를 사랑하는 인간의 본성으로 보아 누구나 첫째 원칙 즉 균등한 자유의 원칙에 우위를 인정하는 데 찬동하리라고 가정한 듯하나, 이 문제에 관해서는 사람들의 의견이 그토록 간단하게 일치점에 도달할 수 있을지 의심스럽다. 물질생활이 어느 수준의 안정을 얻기 이전에는 차등 분배에 관한 둘째 원칙의 우선을 주장할 사람도 있을 것이나, 어느 정도 물질생활이 안정된 뒤에는 누구나 자유의 원칙이 우선하기를 원할 것이라는 것이 롤즈의 주장이다. 그러나 국민 모두가 상당한 수준의 풍요로운 물질생활을 즐기게 된 다음은 모르지만, 현재 지구 위에 많은 국가에 있어서는 아직 자유보다도 풍요로운 물질생활을 더욱 중요하다고 생각하는 사람들이 일부에 있을 것이다. 그렇다면, 롤즈의 학설은 경제적으로 상당히 높은 수준의 국가에 있어서나 적용될 수 있는 학설일 뿐, 오늘날 지구 위에 존재하는 대부분의 국가들을 위해서는 실용성이 별로 없다는 결론을 피하기 어려울 것이다. 우리에게 더욱 절실한 것은 아직도 가난이 남아 있는 나라들의 문제다.

그러나 롤즈의 정의 원칙이 비록 이론적으로 완벽하다고 보기는 어렵다 할지라도, 우리의 실천을 위해서 사회정의의 이념의 윤곽을 정하고자 하는 우리의 현실적 목적을 위해서 크게 도움이 될 수 있다고 생각한다. 오늘의 한국이 놓인 여러 가지 현실적 상황을 전제로 삼고 또 우리가 민주주의의 실현을 공동의 목표로 삼는다는 것을 전제로 삼는다면, 롤즈의 두 원칙을 그대로 받아들이기에 별다른 이론이 없을 것으로 보인다. 롤즈의 두 원칙은 이미 민주주의 사회에 있어서 널리 받아들여지고 있는 정의의 통념을 공식화한 것에 가깝다. 그의 두 원칙에 특별히 새로운 점이 있는 것이 아니라, 민주주의의 이념 속에 이미 형성되어 온 정의의 개념을 치밀하고 명확한 표현으로 공식화하는 동시에 공식화된 두 원칙을 사회계약설의 견지에서 정당화하고자 꾀한 점에 새로운 경지를 보였으며, 그 정당화의 시도가 상당한 설득력을 보였다는 점에 그의 학설이 높은 평가를 받는 근거가 있다고 생각된다.

롤즈의 두 원칙을 하나하나 떼어서 생각할 때, 우리가 일반적으로 이해된 민주주의의 이념을 따르는 한, 이를 원칙적으로 받아들이기를 거부할 이유는 별로 없을 것으로 보인다. 두 원칙의 의미에 불분명한 점을 지적하거나,

두 원칙을 구체적 현실에 적용함에 있어서의 어려운 점을 비판할 수는 있을 것이나, 두 원칙의 큰 테두리에 대해서는 크게 반대할 이유가 없는 것으로 보인다. 다만 논란의 여지가 있다면, 두 원칙 사이의 우선순위에 관해서 문제가 있지 않을까 한다. 미국이나 그 밖의 경제적 선진국의 경우와 같이 물질적 기본 생활의 문제가 원만한 해결을 본 나라의 경우에 있어서는 사회적 및 경제적 이익보다는 평등한 자유가 더욱 중요하다는 견해에 반대할 사람이 별로 없을 것이나, 의식주의 기본 생활의 안정이 심각한 문제로 남아 있는 후진국의 경우에 있어서는 저 두 가지 가치의 우선순위의 문제에 관해서 의견의 대립이 있을 수 있다고 생각된다.

두 원칙 사이의 우선순위의 문제를 일단 접어 두고 두 원칙을 개별적으로 받아들일 경우, 우리는 사회정의의 개념을 만족스럽게 규정하지는 못할 것이나 어떠한 제도 또는 처사가 불공정한가에 관해서는 상당히 많은 것이 밝혀질 수 있을 것이며, 그렇게 함으로써 사회정의의 윤곽을 어느 정도 구체적인 언어로 규명하는 실효를 거둘 수 있을 것이다.

첫째로, "모든 사람은 가장 광범위한 기본적 자유에 대하여 동등한 권리를 갖는다."는 제일 원칙을 따라서, 자유를 누리는 정도에 있어서 어떠한 차별대우도 불공정한 것으로 물리침을 받아야 한다. 모든 사람은 법 앞에 평등한 것은 물론이요, 일반 국민에게 허용되지 않는 자유를 특정인에게 허용하거나, 일반에게 허용된 자유를 특정인에게만 제한하는 것도 불공정한 일이다.

둘째로, 더 큰 자유를 위해서가 아니라면, 어떠한 자유의 제한도 비록 그것이 모든 사람에게 고루 적용되는 제한이라 할지라도 공정한 일이 못 된다. 다만 여기서 '더 큰 자유를 위해서'라는 말 가운데 '자유'의 개념을 어떻게 이해하느냐 하는 것은 생각해야 할 문제인 것으로 보인다. 롤즈는 정치적 자유, 언론과 집회의 자유, 양심과 사상의 자유 등 이른바 민주주의 사회의 기본적 자유만을 염두에 둔 것으로 보이나, 우리는 여기서 '자유'를 더 폭넓게 이해하는 것이 현실에 적합할 것으로 보인다. 명목상으로는 모든 사람들에게 동등한 자유가 허용되었다 하더라도 실제에 있어서는 그 자유가 한갓 공허한 관념에 불과할 경우가 있다. 법률이 보장한 자유가 한갓 문서상의 자유에 그치지 않고 현실적으로 누릴 수 있는 자유가 되도록 사회 현실을 개조하는 일도 정의의 실현을 위해서 중요한 일이다. 자유를 문서상으로만 보장하고 그것을 현실적으로 누릴 수 있는 여건이 갖추어지지 않은 사회도 불공정한 사회가 아닐 수 없다.

다음은 의식주의 기본 생활이 안정되지 못한 사람들이 겪는 부자유의 문제도 고려해야 할 것이다. 우리가 사회정의의 실현을 공동의 과제로서 중요시하는 이유는 인간은 누구를 막론하고 다 같이 존귀하며 모든 사람은 행복하게 살 권리가 있다고 믿기 때문이다. 사회정의의 이념이 궁극의 관심사로 삼는 이 행복의 실현을 위하여 필요한 조건의 하나는 기본 생활의 안정이다. 따라서 기본 생활의 안정의 문제를 깊이 고려하지 않은 정의의 이념이란 무의미한 것이다. 그런데 만약 '동등한 자유'를 철칙으로 삼는 롤즈의 첫째 원칙에 절대 우선의 권위를 인정하는 동시에 그 '자유'의 개념 속에 기본 생활의 안정을 포함시키지 않는다면 롤즈의 두 원칙이 규정하는 사회정의의 이념은 내용이 공허하게 될 가능성이 있다. 그러므로 '자유'의 개념을 넓게 해석하여, 사람들의 기본 생활 안정을 도모하는 일도 '더 큰 자유를 위하는' 일에 포함되는 것으로 보는 편이 좋을 듯하다.[10]

'자유'의 뜻을 좁게 해석하여 이른바 정신적 자유에 국한시킬 경우에는 "자유와 기본 생활의 안정이 충돌할 경우 어느 편이 우선하는가?" 하는 문제

10 기본 생활의 안정을 자유의 개념 속에 포함시키지 않고 롤즈의 둘째 원칙에 나오는 이익(advantage)의 개념 속에 포함시키는 것이 언어의 관용으로는 자연스러울 것이다. 그러나 그 경우에는 두 원칙 사이의 우선순위의 문제를 근본적으로 재검토할 필요가 생길 것이다.

가 생긴다. 이때 우리는 "자유냐 또는 기본 생활의 안정이냐?" 하는 방식으로 물음을 제기할 것이 아니라, "어느 길이 모든 사람들의 행복을 되도록 널리 그리고 많이 실현하기에 가장 적합할 것인가?"를 물음으로써, 행복의 필수 조건으로서의 경중을 묻는 편이 좋을 것으로 보인다. 자유 또는 기본 생활의 안정을 궁극의 목적으로 보지 않고 행복의 조건으로 볼 경우에는, 두 조건을 배타적 택일의 대상으로 보지 않고 구체적 상황에 따라서 두 가지 요구를 절충할 수 있는 여지가 생기기 때문이다.

자유를 우선적으로 생각하느냐 또는 기본 생활의 안정을 우선적으로 생각하느냐 하는 문제는 그 문제가 일어난 국가 내지 사회의 고유한 사정에 따라서 대답되어야 할 것이다. 다만, 오늘의 경우와 같이 기본 생활의 안정의 문제가 아직 일반적 문제로서 남아 있는 나라에 있어서는, 기본 생활의 안정의 문제를 먼저 해결하는 편이 더 많은 사람들의 더 공정한 행복을 실현하기에 적합한 길이 될 것으로 보인다. 왜냐하면 '최저 생활의 위협은 받으나 자유를 즐긴다'는 상태는 현실적으로 생기기 어려운 데 비하여, '정신적 자유는 제약을 받으나 물질생활의 안정을 즐긴다'는 상태는 생각하기 어렵지 않기 때문이다.[11]

셋째로, 롤즈의 둘째 원칙을 따라서 사회적 및 경제적 불균등이 용납될 수 있는 것은 오직 그것이 모든 성원들의 이익을 위해서 도움이 된다고 인정될 경우에 국한되므로 분배의 재량권을 가진 사람들의 이기적 동기가 작용한 모든 분배는 불공정한 분배로 보아야 할 것이다. 이기적 동기에서 유래하는 사회적 불균등이 결과적으로 모든 사람들에게 이익을 더하리라는 것은 원칙

11 이와 같은 견해는 1967년에 발표한 졸고 「사회정의의 이념」에서도 이미 피력한 바 있다. 『아세아 학보』 제3집, pp.24-57 참조.

적으로 생각하기 어려운 일이다.

현대사회의 사회적, 경제적 불균형은 대부분의 경우 분배의 재량권을 잡은 사람들 측의 이기심도 작용함으로써 생긴 결과라 하여도 과언이 아닐 것이다. 따라서 현대사회에서 우리가 경험하는 대부분의 사회적 불균형은 사회정의의 원칙을 벗어난 불공정한 현상이라고 보아야 할 것이다.

끝으로, 롤즈의 둘째 원칙은 모든 지위와 직무에 대한 기회의 균등을 요청한다. 따라서 유리한 지위 또는 직무를 차지할 수 있는 기회가 모든 사람들에게 고루 주어지지 않는 사회는 불공정한 사회다. 지위나 직무는 사람의 능력에 따라서 주어져야 하며, 능력 이외의 다른 요인이 지위나 직무를 결정함에 지배적으로 작용하는 사회는 불공정한 사회로 규정된다.

소질을 연마하여 능력을 기를 수 있는 기회, 즉 교육의 기회도 모든 사람들에게 고루 주어져야 한다. 다시 말해서, 교육의 기회도 역시 그 사람의 소질과 능력에 따라서 주어져야 할 것이며, 그 밖의 다른 비본질적인 요인에 따라서 배울 수 있는 기회의 행방이 결정되는 사회는 불공정한 사회가 아닐 수 없다. 기회균등의 원칙에 부합하도록 교육제도 및 장학제도를 확립하는 것은 사회정의의 실현을 위한 귀중한 기초 작업이다.

4.

사회정의의 실현이 어려운 것은 무엇이 사회정의인지 몰라서라기보다도, 양심이 옳다고 판단하는 바를 따라서 실천하는 일이 어렵기 때문이다. 사회정의의 개념을 이론적으로 완벽하게 확정하기는 어려운 일이다. 그러나 현재의 사회 현실 가운데서 어떠한 점에 불공정이 깃들어 있는가를 알아내는 것은 어려운 일이 아니며, 앞에서 간단히 살펴본 롤즈의 이론도 우리가 앞으로 지향해야 할 사회정의의 방향과 윤곽을 밝히는 데 큰 도움이 될 수 있으리라고 믿는다. 이에 사회정의의 이념에 관한 고찰을 불충분한 대로 일단 여기서 멈추고, 사회정의를 실현함에 있어서 우리가 부딪치는 어려운 문제, 즉 사회정의의 실현을 방해하는 이기심을 극복하기 위해서 우리가 동원해야 할 가장 적합한 역량이 지성인지, 폭력인지 하는 문제로 화제를 바꾸기로 한다.

폭력의 행사는 그 자체가 악이며, 폭력의 사용이 불가피하지 않은 한 폭력에 호소해서는 안 된다는 것이 우리들의 통념이다. 폭력론자들도 폭력 그 자체가 악이라는 주장에는 반대하지 않는다. 다만 사회정의의 실현을 위해서는 폭력의 행사가 불가피하다는 근거에서 폭력의 사용을 시인하는 것이다. 그러나 듀이에 따르면 폭력의 사용이 불가피하다는 주장은 한갓 독단에 불과한 것이다. "불가피성을 앞세우는 것은 언제나 독단의 결과다. 지성은 실험의 결과가 아니고는 안다고 감히 말하지 않는다."고 말하면서[12] 듀이는 '해방된 지성(freed intelligence)' 또는 '사회적 지성(social intelligence)'을 조직적으로 활용함으로써, 사회개조의 길을 방해하는 세력을 점진적으로 극복해야 한다고 역설한다.

지성을 통한 사회개조를 주장하는 듀이에게 반대하는 것은 반드시 공산주의자만은 아니다. 기독교 신앙에 바탕을 두고 중도(中道)의 길을 주장한 니버 같은 사회철학자도 이성이나 양심에 호소하는 것만으로는 사회문제는 해결될 수 없다고 판단하며 힘에는 힘으로 대하는 정치적 결단이 병행해야 한다고 주장한다.[13]

니버의 이러한 주장을 단순히 관념론의 독단이라고 보기는 어려우며 그러한 주장의 배후에는 사회 현실에 대한 관찰이 어느 정도 근거의 구실을 하고

---

12 J. Dewey, *Liberalism and Social Action*, 초판, 1935, Capricorn, 1963, p.78.

13 R. Niebuhr, *Moral Man and Immoral Society*, p.xii , p.146, p.170 참조.

있다. 니버도 인간에게 타인의 이익을 존중히 여기는 도덕심이 있으며 이 도덕심이 교육을 통하여 강화될 때 자타의 권익을 공평하게 고려하는 정의의 관념으로 발전한다는 사실을 인정한다. 그러나 이러한 도덕심 내지 정의감이 실천적 행동을 좌우할 수 있는 것은 개인적 인간관계에 국한되며, 사람들이 집단을 형성하게 되면 이기심을 억제하는 이성과 타인의 사정을 고려하는 이해력, 그리고 남의 괴로움을 슬퍼하는 동정심이 약화되는 동시에, 집단적 이기심이 발동하여 맹수처럼 잔인한 행동이 사회 현실을 불공정한 방향으로 이끌어 간다는 것이다. 따라서 개인적 이해관계의 대립은 어느 정도 도덕적 해결이 가능하지만 전체로서의 사회정의의 실현은 인간의 이성이나 도덕심의 힘만으로는 불가능하다는 것이다. 그리고 이것이 단순한 독단에 근거한 주장이 아님을 밝히기 위하여, 니버는 동서고금의 역사 속에서 많은 실례를 들어 설명하고 있다.

듀이도 인간의 이기적 충동에 비하여 이성 또는 양심이 매우 허약한 심성이라는 것을 모를 리 없다. 그럼에도 불구하고 지성적 대화를 통한 사회정의의 실현을 주장한 이유는, 인간성이라는 것이 불변적 천성이 아니라 교육에 따라서 새로운 인간상의 형성이 가능하다고 본 그의 심리학적 낙관에 있었다. 인간이 유사 이래 오랜 세월을 두고 동물적 이기심을 버리지 못하여 역사가 흐르면 흐를수록 도리어 사회적 불평등의 폭이 넓어졌음에도 불구하고, 듀이는 이러한 사태가 불가피한 것으로는 보지 않았다. 올바른 교육의 힘으로 '해방된 지성'의 새로운 인간상을 탄생시킬 수 있으며, 새 인간상의 형성을 통하여 더 합리적이고 공정한 사회를 폭력 없이 건설할 수 있다고 믿었던 것이다.

폭력의 사용이 불가피하다고 주장하는 측에서 듀이의 견해에 대하여 몇 가지 반론을 제기할 수 있을 것으로 보인다. 첫째로, 교육의 힘으로 새로운 인간상을 형성하는 일이 비록 가능하다 하더라도, 그 방법이 너무나 오랜 시간을 요구하는 길이라는 사실이 지적될 것이다. 현재 유리한 고지를 점령한 계층에게는 오랜 세월을 기다리는 것이 크게 짐이 되지 않을지 모르나, 불우한 처지에 시달리는 계층으로 볼 때는 50년 또는 백 년 뒤에 실현되리라는 사회정의는 한갓 관념에 불과하게 느껴질 것이다. 둘째로, 듀이가 말하는 올바른 교육을 과연 누가 할 수 있느냐 하는 문제가 있다. 어느 나라에 있어서나 교육정책의 결정권은 현재의 지배층이 가지고 있거니와, 만약 현재의 인간성이 각자의 이익만을 추구하도록 되어 있다면, 그들에게 불리한 교육정책을 단행할 것을 현재의 지배층에 기대하기는 매우 어려운 일이다. 따라서 새로운 인간상을 형성할 수 있는 교육을 생각해 낼 수 있다 하더라도, 그것을 실천에 옮길 사람이 나오기 어렵다는 문제가 남는다.

듀이가 새로운 교육철학을 역설하고 나선 지도 이미 반세기가 지났으며, 그의 교육 이론은 미국을 비롯한 여러 나라에 실제로 상당한 영향을 미쳐 온 것으로 알려졌다. 그러나 오늘날 세계 어느 구석에도 듀이가 기대한 바에 가까운 새 인간상이 탄생하고 있다는 징조는 보이지 않는다. 이 한 가지 사실만을 가지고 보더라도, 새 교육을 통한 새 인간상의 배출이라는 것이 얼마나 어렵고 요원한 목표인가를 알기에 충분하다.

그러나 여기서 우리가 사회정의의 실현을 위해서는 폭력의 사용이 불가피하다는 결론으로 비약해서는 안 될 것이다. 폭력의 사용 자체가 악이라는 사실을 고려해야 할 뿐 아니라, 폭력을 사용하면 과연 논자들이 약속하는 바와 같은 사회가 실현될 수 있는가에 관하여 신중히 검토하는 과정이 앞서야 할 것이기 때문이다.

인류의 역사는 폭력혁명도 이미 여러 번 경험하였다. 그러나 폭력이 진정한 사회정의의 실현을 위해서 성공적인 방법임을 확신할 수 있기에 적합한 사례를 우리는 아직 모른다. 프랑스 혁명은 자유와 평등과 박애를 약속하면서 잔인한 폭력에 호소했으나, 그들의 약속이 실현되지 않았을 뿐 아니라 오히려 더 불행한 사태를 초래하였다. 20세기에 이르러 러시아를 위시한 여러 나라의 공산주의자들이 폭력혁명을 일으켜 정권을 장악하는 데 성공했으나, 그것으로 사회정의가 실현되었다고 보기에는 너무나 많은 새로운 문제점이 노출되었다. 경제적 가시의 분배에 있어서 평등으로 한 걸음 접근했음을 솔직하게 시인한다 하더라도, 그 대가로 치러야 했던 인간적 자유의 불평등은 너무나 과중한 희생이었다. 그뿐만 아니라 공산혁명을 일으킨 나라들 중에서도 유혈과 학살이 심했던 나라보다는 폭력의 사용을 자제한 나라들이 도리어 더 나은 결과에 도달하고 있다는 사실은 폭력주의의 타당성에 대한 결정적인 위협이 아닐 수 없다.

폭력론자들이 말하듯이, 인간의 이기심으로 말미암아 강자의 이성적 자제력에 기대할 수 없는 것이 사실이라면, 폭력혁명에 성공한 새로운 강자들도 역시 자신의 이기심을 억제하지 못할 것이므로, 그들이 장악한 권력을 불공정하게 남용할 수밖에 없을 것이다. 따라서 폭력의 행사로 많은 희생을 치르고도 결국은 또 하나의 새로운 부정의를 초래함에 그치고 만다는 결론에 이른다. 이리하여 우리는 또다시 원점으로 되돌아오고 만다.

플라톤의 이상 국가론은 통치 계급의 교육에 특별히 치중했다는 점에 있어서 탁월한 지혜를 보였다. 통치자의 인간성이 높은 지성과 도덕성을 갖추지 못하는 한, 권력의 집중은 언제나 심각한 위험성을 안고 있다. 따라서 인간성의 개조 없이 사회정의의 실현에 도달할 수는 없다는 결론이 되는 동시에, 인간성의 개조가 넓은 의미의 교육의 과제임을 생각할 때, 우리는 또 한 번 듀이의 문제로 되돌아오고 만다.

교육의 힘으로 과연 어느 정도까지 인간성을 개조할 수 있는가 하는 것은 어려운 문제임에 틀림이 없으나, 인격이라는 것이 선천적으로 결정되는 것이 아님을 부인하지 못하는 이상, 적절한 방법으로 오래 노력만 하면 새로운 인간성의 실현이 전혀 불가능한 목표가 아님을 인정해야 할 것이다. 그리고 눈앞의 이익에 눈이 어두운 지배층이 과연 올바른 교육제도에 성의를 보일 수 있겠는가 하는 문제는 현실적으로 무시할 수 없는 어려움을 내포하고 있음에 틀림이 없으나, 한 나라의 교육이 정치적 이해관계에 의해서만 전적으로 좌우되는 것이 아니며, 바른 인간 교육은 누군가가 해야 할 절실한 요청임을 생각할 때, 비록 그것이 어려운 과제라 할지라도 우리로서는 단념할 수 없는 목표가 아닐 수 없다.

5.

인간이 그의 이기심을 버리지 못하는 한 사회정의의 실현은 불가능한 것일까? 인간이 근본적으로 이기적임을 면하지 못한다 하더라도, 다음과 같은 두 가지 경우에 있어서는 공정한 사회를 건설할 수가 있을 것으로 보인다. 첫째로 사회를 형성하는 성원 또는 계층의 세력이 어느 정도 균형을 얻을 경우에 사회정의가 실현될 수 있는 길이 열릴 것이다. 둘째로, 공정한 사회를 건설함이 오늘의 지배 계층을 위해서도 이익이 된다는 것이 사실이고 또 그것이 밝혀질 수 있을 경우에도 사회정의의 실현을 위한 가능성의 문이 열리게 될 것이다.

관계하는 국가들이 균형된 세력을 가졌을 경우에 국제사회에 있어서의 공정한 관계의 수립이 가능하듯이, 한 나라의 내부에 있어서도 권력을 잡은 집단과 이와 맞서는 집단의 세력이 비슷할 경우에는 사회정의의 실현이 가능하게 될 것이다. 힘이 횡포를 부릴 수 있는 것은 상대편이 만만할 경우에 있어서이며, 상대편의 분노가 두려울 경우에는 무모한 공격을 삼가는 것이 일반적 현상이다. 이러한 관점에서 볼 때, 세력의 분산이 원칙적으로 바람직하다는 결론을 얻게 되는 동시에, 약자의 위치에 선 개인들 또는 집단들이 결속하여 강자와 겨룰 수 있을 정도의 세력을 형성하는 것은 권장할 만한 일이라는 것을 알게 된다. "집단적 세력이 … 약자를 착취할 경우에 있어서, 그 힘에 대항할 만한 또 하나의 힘을 기르지 않는 한 그것을 막아 낼 도리가 없다."고 한 니버의 말도 그 뜻을 과격한 방향으로 이해하지 않는다면 타당한 주장이라고 보아야 할 것이다.[14]

그러나 강자와 맞설 수 있을 정도의 대항 세력을 형성하는 것이 바람직하다 함은, 그렇게 형성한 세력으로 곧 상대편을 공격하여 폭력혁명을 기도하는 것이 언제나 바람직하다는 뜻은 아니다. 강대국의 횡포를 막기 위하여 약소국들이 자위(自衛)의 힘을 기르는 것은 바람직하나 약소국들이 강대한 세력으로 변하여 강대국을 공격하는 것은 바람직하지 않듯이, 국가 내부에 있어서도 새로운 세력으로 등장한 신흥 집단이 보수세력을 폭력으로 공격하여 약육강식의 새로운 판도를 준비하는 것은 바람직하지 않을 경우가 많다. 물론 새로운 세력의 형성만으로 잃었던 정의가 회복되지는 않을 것이며, 기른 힘을 배경으로 삼는 어떤 투쟁이 불가피할 것이다. 다만, 그 투쟁에는 평화적 담판에서부터 유혈의 싸움에 이르기까지의 여러 종류가 있거니와, 그 가운데서 가장 잔인하고 폭력적인 방법에 호소하는 것이 언제나 옳다는 생각에는 동의할 수 없다. 폭력 그 자체는 악임에 틀림이 없으므로, 더 큰 악을 막기 위하여 불가피할 경우 이외에는 폭력을 사용해서는 안 될 것이다. 그리고 폭력의 사용이 불가피하다는 결론은, 폭력보다 온건한 어떠한 방법도 소용이 없다는 것이 실험적으로 밝혀지기 전에는 내려질 수 없다.

힘의 횡포를 막기 위해서 하나의 세력이 지나치게 강대해지지 않는 것이 좋다 하였으나, 이것은 집단 내부의 정의가 문제되었을 경우를 말한 것이며, 집단이 외적의 위협 아래 놓였을 특수한 경우에 있어서 그 외적을 물리치기

14 같은 책, p.xii.

위하여 강경한 권력의 집중이 요청될 수도 있다는 사실을 배제하는 것은 아니다. 그리고 비록 밖으로부터의 위협이 없을 경우라 할지라도, 집단 내부의 평화와 질서를 유지하기에 필요할 정도의 안정 세력은 언제나 필요하다는 상식적 사실도 물론 부인하지 않는다. 정치 문제에 관해서 여러 특수한 경우에까지도 적용할 수 있는 절대적 법칙이라는 것은 거의 없을 것으로 보인다.

다음은 공정한 사회를 건설함이 현재의 지배층을 위해서도 이익이 된다는 것을 밝힐 수 있으리라는 가설을 검토해 보기로 한다. '이익이 된다'는 말은 물질적 소득에 국한하여 쓰이는 경우도 많으나, 그 말을 넓은 의미로 해석한다면, '더 많은 가치를 얻을 수 있다'는 뜻을 갖는다. 그리고 여기서 '가치'라 함은 정신적 가치 또는 인간적 가치도 포함하는 것이니, 사회정의의 실현이 현재 많이 가진 계층의 물질적 가치의 손실을 의미한다 하더라도, 그로 인하여 얻는 정신적 가치가 클 경우에는 전체로 볼 때 '지배층을 위해서도 이익이 된다'는 결과를 얻을 수가 있을 것이다.

불공정한 사회에서 공정한 사회로 변화할 때 가진 계층이 잃는 것은 재산과 권력뿐이다. 그리고 그 대가로서 얻는 것으로는 마음의 평화, 자아의 성장, 원만한 인간관계 내지 우정 등이 있다. 그리고 우리가 만약 옹졸한 개인주의의 테두리를 벗어나서 생각하는 마음의 여유를 갖는다면, 사회정의의 실현 그 자체 및 불우하던 인간 가족들의 행복 속에서도 더욱 많은 소득을 발견할 수 있을 것이다.

우리가 지금 사용하고 있듯이, '이익'이라는 말을 아주 넓은 의미로 이해할 때, 그것은 '만족'이라는 말에 가깝다. 그리고 무엇에 인간이 더 큰 만족을 느끼느냐 하는 것은 그의 욕구의 체계에 달려 있으며, 그의 욕구의 체계는 사회적, 문화적 요인의 다양성을 따라서 다양하다. 산업사회에 사는 현대인이 물질적 내지 외형적 소득에서 가장 큰 이익을 발견하는 것은 산업사회가 빚어낸 금전 문화 내지 물질문화가 사람들의 욕구 체계를 물질주의적으로 오도

(誤導) 내지 전도(顚倒)했음에 기인하는 것이요, 현대인이 가지는 이해득실의 느낌이 반드시 유일한 객관적 평가의 기준이 되는 것은 아니다. 다시 말해서, 우리들의 가치 체계가 바뀌면 사회정의의 실현 과정에서 경험하게 될 각 개인의 손익계산도 달라진다. 따라서 만약 현대인의 가치 체계에 잘못이 있을 경우에는, 사회변동에 따르는 이해득실을 현재의 잘못된 가치척도로 계산할 것이 아니라, 전도가 시정된 새로운 가치 체계의 척도에 따라서 계산해야 할 것이다.

가치 체계의 우열을 판별하는 기준을 세우는 일은 많은 이론적 난관에 가로막힌 문제이기는 하나, 오늘의 물질 지상적 가치 체계에 근본적 결함이 있다는 것을 부인하는 사람은 별로 없을 것으로 보인다. 첫째로, 우리들의 가치 체계는 수단이 목적을 압도하는 모순을 안고 있다. 금전, 권력, 정치, 법률 등은 모두 인간을 위해서 사용될 수단에 불과하거니와, 오늘날 우리 사회에 있어서는 저러한 수단들이 목적인 인간을 압도하는 경향이 있다. 둘째로, 우리들의 가치 체계는 포괄성이 작은 가치가 포괄성이 큰 가치보다도 도리어 우위를 차지하고 있다는 모순을 가지고 있다. 페리(R. B. Perry)를 따라서 우리는 소수의 욕구보다도 다수의 욕구를 만족시킬 수 있는 가치를 포괄성(inclussiveness)이 크다고 보아야 하거니와, 오늘날 우리 사회에 있어서는 학문과 예술, 우정과 평화 등 여러 사람이 참여하고 즐길 수 있는 가치보다도 권력과 금력 따위의 소수만이 즐길 수 있는 가치들이 도리어 높은 자리를 차지하고 있다. 셋째로, 우리들의 가치 체계에 있어서는 지속성이 작은 가치가 지속성이 큰 가치보다도 더욱 높은 위치를 차지한다는 모순을 지적할 수가 있다. 지속성은 가치의 우열을 비교하는 기준의 하나이거니와, 우리 사회에 있어서는 일시적 만족을 주는 물질적 가치가 장구한 만족을 주는 정신적 가치를 압도할 경우가 허다하다.

학문이나 예술보다도 밥이나 옷이 더 귀중할 경우가 있는 것은 사실이다.

그러나 그것은 그 밥이나 옷이 생명 또는 건강을 위해서 직접적으로 요구될 경우에 국한된다. 다시 말해서 밥이나 옷이 더없이 귀한 것은 기본 생활이 보장을 받기 이전의 단계에 있어서이며, 쓰고 남을 정도로 많이 가진 사람들의 경우에 있어서 그것들이 갖는 가치는 매우 작은 것이다. 그러나 오늘의 우리 사회에 있어서는 기본 생활과는 관계없는 사치의 수단이 정신적 가치를 앞지를 경우가 허다하다.

수단의 가치보다도 목적의 가치를, 포괄성이 좁은 가치보다도 그것이 넓은 가치를, 지속성이 짧은 가치보다도 그것이 긴 가치를 더 높이 대접하는 올바른 가치관으로 볼 때, 사회정의 실현이 현재의 지배 계층을 위해서도 역시 얻는 바가 크다는 계산이 나올 가능성은 크다. 특히 사회정의의 실현만이 항구적인 평화를 위한 정도(正道)임을 생각할 때, 오늘의 상황에 있어서 불우한 사람들의 원한과 분노를 미연에 방지하는 것은 유리한 고지에 사는 사람들을 위하여 매우 현명한 결과가 될 것이다. 평화에 의하여 가장 많은 것을 얻는 것은 유리한 고지의 사람들이며, 사회적 불안에 의해서 가장 많은 것을 잃는 것도 역시 그들이다.

이상의 고찰을 통하여 우리가 도달하는 결론은 다음과 같다. 사회정의의 실현을 위하여 우리가 첫째로 힘써야 할 것은 사람들의 이기성을 극복하기 위한 인간 교육에 힘쓰는 일이다. 인간성이라는 것이 선천적으로만 결정되는 것이 아니므로 이 노력은, 비록 이기심을 완전히 소멸하기는 어렵다 하더라도, 교육의 목표와 방법을 바로 세움으로써 상당한 효과를 거둘 수 있을 것으로 기대된다. 둘째로 우리는 사회를 구성하는 성원 내지 계층 사이의 세력이 균형을 얻도록 최선을 다해야 할 것이다. 지배 계층이 솔선하여 이 방면에 힘써 주는 것이 바람직하나, 그것을 기대하기 어렵다면 약세에 놓인 사람들이 스스로의 권익을 위하여 이성과 용기를 발휘해야 할 것이다. 셋째로, 우리는 인간적 가치 또는 정신적 가치가 그 본래의 높은 자리를 되찾는 바른 가치 체계의 수립을 위하여 최선을 다함으로써 사회정의의 실현이 지배층을 위해서도 바람직하다는 사실이 알려지도록 해야 할 것이다.

(1976년 봄)

3장 인간 사회: 그 이상과 현실

1. 이상(理想)

우리는 우리의 삶이 뜻있고 보람되기를 염원한다. 삶에 대한 긍정, 그리고 보람된 삶에 대한 염원, 이것은 우리의 논의의 출발점이다.

어떠한 삶이 가장 바람직한 것인가 하는 물음에 대하여 여러 가지 대립된 철학적 내지 종교적 견해가 있을 수 있을 것이나, 우리는 이 물음을 둘러싼 끝없는 논쟁을 뛰어넘어서, 현대의 많은 지성인들이 수긍하는 하나의 상식적 견해를 — 흔히 인본주의(humanism)로 불리는 상식적 견해를 — 우리의 견지로서 택하고자 한다. 인간을 역사의 주체로 보는 이 견해는 현대의 과학적 세계관과 잘 조화될 뿐 아니라, 전 인류의 현실적인 소망을 가장 포괄적으로 반영한다고 믿기 때문이다.

"우리는 어떻게 살아야 할 것인가?" 하는 근본적인 물음에 대해서 인본주의자들은 "사람답게 살아야 한다."고 대답한다. 인본주의의 견지에서 볼 때, 인간의 욕망은 충족을 요청하는 결여의 상황이다. 그러나 모든 욕망을 남김없이 충족시킨다는 것은 현실적으로 불가능한 일이며, 두 가지 이상의 욕망이 갈등을 일으켰을 경우에는 더 근본적이고 더 포괄적인 욕망을 우선적으로 충족시켜야 마땅하다는 것이 인간적 논리다. 그리고 인간에 있어서 가장 근본적이고 가장 포괄적인 욕망을 우리는 일단 '인간답게 살고자 하는 욕망'이라는 말로 표현할 수 있을 것이다. 이상과 같은 심리와 논리를 근거로 삼고, 인본주의자들은 "인간은 인간답게 살아야 한다."는 명제를 당연한 전제로서 앞세우게 되는 것이다.

그러나 '인간답게 산다'는 말은 가치 언어를 포함한 표현으로서 그 뜻이 명백하지 않다. "어떻게 사는 것이 인간다운 삶인가?" 하는 물음이 제기되었을 때, 여러 가지 서로 다른 대답이 나올 여지가 있다. 그러므로 여기서 우리는 '인간다운 삶'의 개념을 윤곽이나마 밝히고 넘어가야 한다.

'인간답게 산다'는 말은 인간이 일반 동물과는 차원이 다른 특수한 존재라는 생각을 전제로 삼는 것이며, '인간답게 살아야 한다'는 주장은 인간의 특수성이 충분히 발휘되도록 살아야 한다는 뜻으로 해석된다. 그러므로 '인간다운 삶'의 윤곽을 밝히고자 하는 우리들의 접근은 인간의 기본적 특성에 대한 물음으로부터 시작되어야 할 것이다.

인간의 기본적 특성은, 오랜 전통을 따라서, 역시 탁월한 정신적 능력에서 찾아야 할 것이다. 이성적 사유와 풍부한 상상력 그리고 도덕적 판단력과 예술적 창조력은 인간을 다른 동물들과 구별되게 하는 기본적 특색이다. 생물학의 발달이 아무리 인간과 일반 동물과의 공통성을 강조하고 이성의 기원을 경험론적으로 밝힌다 하더라도, 이들 정신적 능력에 있어서 인간이 월등하게 앞서 있다는 사실을 부인하지는 못할 것이다. 인간은 그의 탁월한 정신적 능력으로 말미암아 인간이 되었고, 또 역사의 주역이 되었다.

단순한 생물학적 생존에 만족하지 못하고 '인간답게 살아야 한다'고 말할 때, 우리는 분명히 우리 스스로 자랑스럽게 여기는 인간의 특수성을 염두에 두고 있다. 다시 말해서, 우리는 탁월한 정신적 능력을 가진 이성적 존재로서 부끄러움이 없는 삶을 살아야 한다고 믿고 있다.

이성적 사고력과 도덕적 판단력 그리고 예술적 창작력을 소유하는 인간은 그 생활양식에 있어서, 단순히 주어진 환경에 적응하는 데 그치지 않고, 스스로 능동적으로 삶의 길을 개척한다. 그는 미래를 내다보며 삶의 목표를 설정하고 그 목표에 따라서 스스로 삶의 과정을 설계한다. 그는 필요에 따라서 환경을 개조하며, 환경 개조에 필요한 갖가지 도구와 장치를 만들어 낸다. 이와 같이, 밖으로부터 오는 힘에 단순히 밀려 다니기를 거부하고 스스로의 의사를 따라서 산다는 의미에 있어서, 적어도 인간답게 산다고 말할 수 있는 모든 사람은 우선 자기 자신의 주인공이다. 바꾸어 말하면, 인간은 그 본연의 모습에 있어서 자유의 주체다. 그는 자기 자신의 삶을 가질 수 있다는 의미에 있어서 자유를 가진 존재다.

인간이 그 본연의 모습에 있어서 자유의 주체라 함은, 자유의 주체로서 살 때 비로소 인간다운 삶이 실현된다는 의미를 함축한다. 인간은 자기 자신의 소망과 소신을 따라서 스스로 값지고 옳다고 믿는 길을 걸어갈 때 비로소 인간다운 삶의 주인공이라고 불릴 수 있다.

인간이 자유의 주체로서 살 수 있는 것은 그가 탁월한 정신적 능력의 소유자이기 때문이다. 정상적인 사람이라면 누구나 자유의 주체로서 사람다운 삶을 누릴 수 있고 또 누려야 한다고 우리가 믿는 것은, 모든 정상적인 사람은 탁월한 정신적 능력의 소유자라고 믿기 때문이다. 그러나 모든 사람이 날 때부터 현실적으로 고도의 이성을 발휘한다고 볼 수는 없으며, 비록 천재라 할지라도 처음부터 저절로 깊은 인식과 높은 도덕 또는 훌륭한 예술에 도달해 있는 것은 아니다. 정확하게 말해서, 누구나 가지고 있는 것은 탁월한 정신적 능력의 소유자로서 성공할 수 있는 가능성이다. 그러므로 한 개인이 사람답게 살아가는 생애는 그가 인간으로서 타고난 가능성, 즉 소질을 연마하고 실현해 나가는 과정이기도 하다.

타고난 소질을 연마하여 탁월한 정신적 능력의 소유자, 즉 성숙한 인격으로서 성장하자면, 경험을 쌓고 교육을 받아 가며 생존을 계속해야 한다. 다시 말해서, 자유의 주체로서 인간다운 삶을 향유하려면, 우선 생물학적 생존이 선행해야 한다. 그리고 현대사회에 있어서 생계를 유지하고 일정한 수준의 교육을 받을 수 있기 위해서는 기본 생활을 보장할 수 있을 정도의 경제력이 있어야 한다. 기본 생활이 위협을 받지 않을 정도의 경제력의 확보는 사람이 사람답게 살기 위해서 갖추어야 할 선행조건이다.

기본 생활에 필요한 경제력은 오로지 정신 개발만을 위한 수단으로서 소중한 것은 물론 아니다. 지나치게 고생스럽지 않은 물질생활을 즐기는 것은 그 자체가 사람다운 삶의 일부다. 사람은 본래 정신과 육체를 아울러 가지고 있는 존재이며, 이 두 측면은 불가분의 관계를 가진 것으로서, 그 어느 하나만을 인간의 전부로 볼 수는 없다. 물질생활을 떠난 정신생활을 생각할 수 없을 뿐 아니라, 전자는 단순히 후자를 위한 수단에 그치는 것도 아니다. 비록 정신생활의 가치에는 미치지 못한다 할지라도, 쾌적한 물질생활은 그 자체로도 값진 것이니, 사람다운 삶의 한 부분으로 보아야 할 것이다.

이상의 고찰로써 개인의 입장에서 본 사람다운 삶의 이상은 대략 그 윤곽이 드러난 셈이다. 사람은 누구나 상당한 수준에까지 발전할 수 있는 소질을 타고난다. 이 소질을 가능한 최대한도까지 발전시킬 때 개인적 자아가 실현되는 것이며, 자아의 인격을 최대한으로 실현하는 일은 각자의 삶의 목표에 해당한다. 그리고 이 목표로의 꾸준한 접근이 이루어질 때 우리의 삶은 보람을 찾는 것이며, 또 그러한 과정이 곧 사람다운 삶의 길이기도 하다.

육체와 정신 두 측면에 걸쳐서 한 개인이 타고나는 소질의 내용은 여러 가지 요소들의 복합이다. 그러나 이 여러 요소들을 모두 최대한으로 발전시킬 수는 없다. 우리는 누구나 대개 학자의 소질과 예술가의 소질, 운동가의 소질과 기술자의 소질, 정치가의 소질과 종교가의 소질 등 여러 가지 소질을 아울러 타고난다. 그러나 실제에 있어서 이 모든 소질을 충분히 키울 수는 없는 것이며, 여러 소질을 비교하여 그 중의 어느 것은 취하여 연마하고 다른 어느 것은 아주 버리거나 일부만 키우는 것으로 만족해야 한다. 예컨대, 천부의 재질이 풍부하여 과학자로서 성장할 소질도 있고 소설가로서 성공할 가능성이 있을 뿐 아니라 정치가로서 대성할 수 있는 잠재력도 아울러 가지고 있는 어린이가 있다고 하자. 이 경우에 있어서, 그 어린이는 과학과 문학 그리고 정치의 세 가지 길 가운데서 하나를 택하여 주로 그 길을 닦음으로써 그 방면의 대가가 되는 동시에 다른 가능성은 거의 포기하거나, 또는 세 가지 소질을 고루 조금씩 연마함으로써 여러 개의 작은 열매를 거두는 대신 한 가지 큰 업적을 남기는 길은 포기하거나, 아니면 그 밖의 어떤 절충의 길을 선택해야 할 것이다.

자기의 소질을 고려하고 주어진 환경을 감안하여 목적의 체계를 선택하고 그 목적의 달성을 위한 삶의 설계를 꾸미는 일은 최종적으로 그 사람 본인이 결정할 문제다. 인간을 자유의 주체로 보고 사람다운 삶은 우선 자기 자신의 주인공이 되는 길에서 찾아야 한다고 믿는 것이 우리들의 입장이기 때문이다. 소질을 연마하여 자아를 실현하되, 그 자아실현의 설계와 추구의 과정에 있어서 항상 주체적으로 판단하고 주체적으로 행위할 때, 진실로 사람다운 삶의 실현이 가능하다고 보는 것이 우리의 소신이다.

삶의 보람은 생애의 결산으로서 성취된 업적에만 있는 것은 아니며, 이른바 정신적 업적의 달성만이 삶을 값지게 하는 것은 더욱 아니다. 스스로 작성한 설계를 따라서 목표를 향해 살아가는 그날 그날의 생활 과정 그 자체 안에서 인간적 가치는 매일같이 실현되는 것이며, 음식을 즐기고 노래하며 춤추는 여가의 생활 속에서도 삶의 보람의 일부는 실현된다. 비록 물질적인 생활이라 할지라도, 그것이 자유의 주체로서의 생활인 한, 그런대로의 의의를 갖는다.

'사람다운 삶'을 논의할 때 우리는 자연히 정신생활의 비중을 강조하게 된다. 인간적 특색의 더 큰 비중이 그 정신적 능력에 있다고 보기 때문이다. 그러나 물질생활의 가치를 무시하거나 또는 정신생활을 위한 수단적 가치에 불과한 것으로 보는 것은 우리 본의가 아니다. 정신적 소질의 발휘를 위해서 필요한 조건일 뿐 아니라, 물질적 내지 생물학적 생활에도 그 나름의 고유한 의의가 있다고 보아야 할 것이다. 우리가 강조하고자 하는 것은 물질생활에 대한 관심이 정신적 자아실현의 관심을 압도할 정도로 비대해서는 안 된다는 점이며, 고행 또는 고생 그 자체를 값진 것으로 여기는 따위의 금욕주의에 동조하고자 하는 것은 아니다. 다만, 자연 자원의 부족을 극복하고 인류의 후손에게도 생존의 기회를 주기 위하여, 또는 다른 어떤 큰 목적을 위하여 검소한 생활을 택하는 것이라면, 그것은 전혀 별개의 문제에 속하는 것으로 보아야 할 것이다.

이제까지 우리는 바람직한 삶 내지 사람다운 삶의 문제를 고찰하되 한 사람의 추상적인 개인을 가상하고 논의를 전개하였다. 다시 말해서, 개인이 그 속에 사는 사회의 존재는 고려하지 않고, 마치 개인 혼자서 제멋대로 살아갈 수 있는 것처럼 단순하게 생각한 것에 가까웠다. 그러나 현실에 있어서 사람은 누구나 사회 안에서 다른 사람들과의 관계 속에 살고 있으며, 혼자 제멋대로 자아실현의 길을 걷는 사람은 없다. 인간은 본래부터 사회 안의 존재로서, 사회의 도움과 제약을 받아 가며 각자의 삶의 길을 추구하기 마련이다. 사회가 개인 생활에 미치는 영향은 거의 절대적이며, 개인들이 자아를 실현해 가며 사람다운 삶을 누릴 수 있기 위해서는, 그들이 사는 사회가 전체로서 건전하고 올바른 집단이라야 한다.

건전하고 올바른 사회가 입각해야 할 기본 원리 및 그 원리를 실천에 옮길 갖가지 제도와 규범에 대해서는 여러 가지 학설과 사상의 대립이 있는 것으로 안다. 그러나 올바른 사회가 지향해야 할 목표 내지 이상에 대해서는 동서

두 진영이 다 같이 지지하는 정설이 있다. 자유와 평등 그리고 우애의 세 원리가 지배하는 사회를 건설하는 일은 프랑스 혁명 당시 여러 계층의 호응을 받은 인본주의자들의 꿈이었고, 오늘도 여전히 우리 모두의 이상을 집약하는 개념으로서 살아 있는 것이다.[1]

중세적 봉건사회에 있어서는 많은 사람들이 여러 가지 억압을 감수하고 살았다. 신도들은 종교의 교리와 권위의 억압을 받았고, 다수의 국민은 소수의 위정자의 억압을 받았다. 평민계급은 귀족계급의 억압을 받았고, 여자들은 남자들의 억압을 받았다. 이러한 억압의 부당성을 지적하고 이 부당한 억압으로부터의 해방을 외친 것이 근세 초기 자유주의자들의 기본 사상이었다. 그들의 기본 사상은 오늘도 민주 사회의 근본 이념으로 살아 있거니와, 현대의 인본주의자들은 밖에서 오는 억압으로부터의 해방으로서의 소극적 자유뿐 아니라, 인간이 타고난 가능성의 현실화 즉 자아의 실현으로서의 적극적 자유까지도 이루어져야 한다고 믿는다. 사람이 사람을 억압하는 불합리한 일이 없을 뿐 아니라, 모든 성원들의 잠재한 소질이 유감 없이 발휘되어 각각 사람다운 삶의 행복을 누릴 수 있도록 길을 열고 도와주는 것이 현대의 인본

---

1 19세기 초부터 오늘에 이르기까지 똑같은 의미의 자유와 평등 그리고 우애가 줄곧 인류의 목표로서 지속되었다는 뜻은 아니다. 시대에 따라서, 그리고 사상가에 따라서, 자유와 평등과 우애의 개념에는 차이와 변동이 있었다. 그러나 그러한 차이와 변동에도 불구하고, 이 세 기본 개념의 핵심에는 일관된 정신이 지속해 흘렀으며, 이 세 개념에 현대적으로 가장 바람직한 의미를 부여한다면, 오늘에 있어서도 우리가 지향해야 할 사회의 목표를 상징적으로 표현하는 데 이 세 개념은 여전히 적합하다고 생각된다.
'fraternité (fraternity)'는 일본 학자들이 '박애(博愛)'로 번역하였고, 우리나라에서도 주로 이 번역을 사용해 왔다. 그러나 이 번역어가 자비와 동정의 뜻을 강하게 풍기므로, 현대적인 이상 사회를 상징하기에 부적합하다고 생각되어 '우애(友愛)'로 바꾸었다. 프랑스 혁명 당시에는 민족주의 사조가 강했으므로, 'fraternité'의 구호에는 동포애로서의 함의가 컸고, 또 여러 민족 간의 친화의 심성으로서의 인류애의 뜻도 포함되었으리라고 생각된다. 필자는 여기서 '우애'라는 말을 인정과 인인애(隣人愛)까지도 포함하는 매우 넓은 의미로 사용하고 있다.

주의자들이 바라는 건전하고 정당한 사회가 갖추어야 할 조건의 하나다.

전근대적 사회에 있어서 인간이 인간을 공공연하게 억압할 수 있었던 것은 불평등한 신분제도 때문이었다. 인간을 상하 또는 귀천의 계급으로 구별하는 신분제도는 아래 계급에 대한 위 계급의 억압을 당연한 것으로 용인하였고, 약자에 대한 강자의 억압은 신분의 격차를 더욱 벌어지게 하였다. 전근대적 사회에 있어서의 억압과 불평등은 불가분의 관계를 가지고 서로 조장했던 것이다.

근세에 이르러 인간에 대한 인간의 억압을 부당한 것으로 거부했을 때, 그것은 동시에 인간의 불평등에 대한 항거이기도 하였다.[2] 근세의 인본주의자들이 모든 인간은 날 때부터 자유라고 선언했을 때, 그들은 동시에 모든 인간은 존엄성과 권력에 있어서 평등하다는 것도 아울러 주장했던 것이다. 자유의 주체로서 자아를 실현해 가며 살 수 있는 가능성과 자격은 누구에게나 있다고 본 것이며, 특권을 누리는 소수만이 아니라 모든 사람이 사람답게 살 권리가 있다고 믿었던 것이다. 이러한 믿음은 시대의 흐름을 따라서 점점 더 강화되고 일반화되어 오늘에 있어서는 거의 전 세계인의 상식으로 굳어져 가고 있다. 그러므로 각자의 타고난 소질을 개발해 가며 사람다운 삶을 실현하는 데 필요한 기회와 수단을 분배함에 있어서 불공평함이 없도록 해야 한다

2 프랑스 혁명의 사상적 배경이 되었던 초기의 자유주의는 약자의 자유를 목표로 삼은 혁신의 이념이었으며, 따라서 그것은 동시에 평등주의를 포함하고 있었다. 현대 자본주의 사회에 있어서 자유의 이념과 평등의 이념 사이에 갈등을 보게 된 것은 자유주의의 본질이 바뀌었기 때문이다. 본래 자유주의는 주로 상공 계급을 위한 이데올로기로서의 성격을 띠고 발전했거니와 상공 계급이 약자의 위치에서 억압을 받던 근세 초기에 있어서는 혁신 사상으로서의 성격이 강했으나, 프랑스 혁명을 비롯한 수차의 시민혁명을 거쳐서 상공 계급이 지배계급으로 부상한 뒤에는 그들의 자유주의는 도리어 강자의 자의(恣意)를 옹호하는 보수의 이념으로서의 성격이 강하게 되었다. 자유의 초점이 강자에게로 옮겨질 때, 자유의 강조는 현실적으로 사회 불균형을 조장하는 결과를 초래하므로, 자유와 평등 사이에 갈등이 생기게 된 것이다.

는 것이 현대인의 공통된 신념이며, 그 공평을 보장할 수 있는 제도와 질서를 확립하는 것은 우리가 바라는 건전하고 정당한 사회가 지향해야 할 또 하나의 목표다.[3]

건전하고 정당한 사회, 즉 이상적이라고 부를 수 있는 사회가 갖추어야 할 또 하나의 조건은 인정(人情), 즉 넓은 의미의 사랑이 풍부하여 사회 전체에 화기(和氣)가 충만하는 일이다. 아무도 남의 자유를 침범함이 없고 또 모든 권익이 공평의 원칙에 맞도록 보장된다 하더라도, 만약 인정이 메마르고 화기가 부족하다면, 그런 사회는 공정하고 질서 있는 사회라고는 할 수 있을 것이나, 참으로 건전한 사회라고는 보기 어렵다. 본래 사회적 존재로서의 인간은 서로의 적극적인 협조와 친화(親和)를 필요로 한다. 개인들이 소질을 발휘하여 자아를 실현하기 위해서도 그것이 필요하고, 행복의 주관적 요소로서의 깊은 만족감을 위해서도 그것이 필요하다.

자유와 평등과 우애가 실현된 사회를 건설하는 것은 그 자체가 본질적으로 값진 일이며, 단순히 개인들의 자아실현을 위한 수단으로서 중요한 데 그치는 것은 아니다. 개인들이 건전하고 정당한 사회를 건설함에 있어서 결정적인 구실을 할 주역이기는 하나 그 수단으로 볼 성질의 존재가 아니듯이, 사회도 개인들이 그 안에서 자아를 실현하는 공동체이기는 하나 개인들을 돕기 위한 단순한 수단은 아니다. 개인들을 떠나서 사회가 따로 있는 것이 아니라, 개인들이 모여서 사회를 형성한다. 개인들이 자아를 실현하고 행복한 삶을 누린다는 것과 건전하고 정당한 사회가 건설된다는 것은 같은 사실의 두

---

3 체력과 지능, 그 밖의 타고난 소질에 있어서 개인차가 심한 까닭에 완전한 평등을 지향할 수 없는 것이 인간의 현실이다. 이에 평등의 이념이 현실적으로 요구하는 것이 무엇이며, 구체적으로 기회와 수단을 어떻게 분배하는 것이 진실로 공정한 처사인가 하는 문제는 또 하나의 어려운 문제로서 제기되며 이에 대해서는 여러 학설의 대립이 있다.

측면이다. 떼어서 보면 개인들의 자아실현이요, 묶어서 보면 사회 건설이다. 본래 사회적 존재인 인간은 여럿이 서로 협동하는 가운데 자아를 실현하기 마련이며, 원만한 협동관계를 맺고 있는 개인들의 조직이 곧 건전한 사회에 해당한다.

2. 현실

모든 성원들이 그 안에서 자아를 실현해 가며 사람다운 삶을 누리게 되는 자유와 평등과 우애의 사회를 건설하는 일은, 근세 이래 인류가 함께 추구해 온 공동의 목표였다. 그리고 역사의 진전을 따라서, 그 목표로 접근함에 부분적인 성공을 거두기도 하였다. 세계의 많은 지역의 사람들이 종교의 횡포 또는 폭군의 학정으로부터 해방되었고, 많은 천민(賤民)들이 세습적 구속을 벗어나 자유 시민으로서의 신분을 회복했으며, 여자의 인권도 여러 나라에 있어서 크게 신장하였다. 소질의 개발에 필요한 교육의 기회와 능력을 따라서 직업을 택할 수 있는 길이 널리 공개되었다. 생산성의 상승으로 대중의 생활수준도 높아졌으며, 능률적인 기계의 발명으로 원시적인 노동의 고역이 크게 감소되고, 의학의 발달로 인간의 평균 수명은 현저하게 증가하였다.

그러나 오늘의 인간의 현실을 전체로서 바라볼 때, 건전하고 정당한 사회를 지향하는 인류의 이상이 순조롭게 실현되어 가고 있는 것으로 판단하기는 어려운 상황이다. 문명 비평가들에 의하여 누누이 지적되어 왔듯이, 현대 산업사회는 여러 가지 새로운 문제에 부딪치게 되었으며, 아직 산업화에 이르지 못한 나라들의 경우에도 또 그들 나름의 어려운 문제에 봉착하고 있는 실정이다. 논자들 가운데는 오늘의 인류가 과거 어느 때보다도 심각한 위기에 처해 있다고 경고하는 사람들도 있다.

현대가 당면한 심각한 문제의 하나로서 일찍부터 널리 지적되고 있는 것은, 산업사회의 물질문명 속에 있어서 일어나는 인간의 자기 상실 현상이다. 산업사회 속에 사는 현대의 이른바 자유민은, 타인이 의도적으로 가하는 억압으로부터는 많이 풀려났다고도 볼 수 있을지 모르나, 스스로 자청한 새로운 종류의 억압에 얽매여 살고 있다. 흔히 사용되고 있는 표현을 빌리면, 오늘의 인간은 생활에 도움이 되도록 사용하기 위하여 자신이 만들어 낸 것에 의하여 도리어 지배를 당하고 있다. 인간은 '문명의 이기(利器)'로 불리는 온갖 기계를 만들어 냈거니와, 지금은 그 기계들에 대한 지배력을 상실하고 도리어 그것들에 의하여 제약과 위협을 받고 있다. 자본주의 사회에 있어서 많은 사람들이 홍수처럼 쏟아지는 상품과 그 광고에 얽매이고 있다. 그리고 돈이 수단이라기보다도 그 자체가 목적으로서 추구되는 가치 풍토 속에서 사람들은 돈의 노예가 되어 가고 있다. 그 밖에, 본래는 사회생활을 원활하게 하기 위하여 사람들이 고안한 조직 또는 올바른 여론의 형성을 위하여 이바지해야 할 대중매체도 이제는 사람 위에 군림하는 추세를 보이기에 이르렀다. 한마디로 말해서, 현대인은 자신이 만들어 낸 여러 가지 사물의 숲 속에 파묻히고 그 홍수에 떠내려가는 가운데, 자기 본연의 모습을 상실하고, 자신에 대한 주인의 자리에서 밀려나고 있는 것이다.

그뿐만 아니라, 오늘날 민주주의를 표방하지 않는 나라는 거의 없으나, 현실에 있어서는 아직도 세계 여러 나라의 많은 국민들이 지능적인 전제 정권에 의한 자유의 박탈과 인권의 유린을 감수하고 있다. 제2차 세계대전 이후 세계는 동서 두 진영의 대립과 냉전에서 오는 긴장과 전쟁 위협 속에 살아왔으며, 점점 더해 가는 긴장 상태를 배경으로 삼고 몇몇 공산국가와 여러 후진국가에 있어서 전제주의적 정치가들이 정권을 장악하였다. 그들은 긴장 상태와 전쟁 위협을 그들의 전제 정권 정당화의 구실로 이용하였고, 그들이 고취한 긴장 상태는 다시 전쟁 위협을 가속화하는 악순환을 초래하였다. 여기에 인종의 차별에서 오는 인권의 유린 및 종교적 교리에 근거를 둔 자유의 제한까지 남아 있어서, 오늘도 세계 인구의 과반수가 아직 지배층의 억압을 제대로 벗어나지 못하고 있는 실정이다.

자유의 목표를 실현함에 성공하지 못한 현대인은 평등의 문제에 있어서도 아직 많은 과제를 남기고 있다. 현대 산업사회의 두드러진 현상으로서 치열한 생존경쟁과 한정 없는 소비성향을 경험하게 되었거니와, 이 두 가지 현상은 상승작용을 통하여 평등의 문제에 많은 어려움을 더하고 있는 것이다.

과학 기술에 바탕을 둔 산업사회가 빚어낸 물질문명은 금전과 권력 그리고 향락 등의 외면적 가치를 절대적 가치의 위치로 올려놓는 가치 체계 전도의 현상을 초래하였다. 다시 말해서, 가치 체계의 하위에 머물러 있어야 마땅한 금전과 권력 또는 향락이 최고의 절대적 가치인 양 추구되는 가치 풍토의 병리학적 현상이 일어난 것이며, 이들 외면적 가치는 모두 경쟁성이 몹시 강한 까닭에, 이들에 대한 광적인 추구는 사람들의 사회 경쟁과 소비성향을 가속화하는 결과를 초래하였다. 그리고 이 과열된 생존경쟁과 지나친 소비성향은 사회 불균형을 더욱 심하게 만들어, 평등의 이념에 역행하는 현상을 초래한 사례가 많다. 더욱이, 사회의 하층에 머물러 불리한 처지에 놓인 사람들의 인권 의식과 기대의 수준이 매우 높은 까닭에, 사회 불균형에 연유하는 사회문제는 과거 어느 때보다도 한층 심각하다고 보아야 할 것이다.[4]

셋째로, 인정과 우애에 가득 찬 사회의 건설을 염원했던 인간의 희망은 어느 모로 보나 별로 달성되지 않았을 뿐 아니라, 일반적으로 말해서 사회의 인심은 옛날에 비하여 도리어 악화되었다고 보는 편이 옳을 것이다. 현대 산업

---

4 사회 불균형의 문제는 오직 경제적 가치의 분배에 국한된 문제로서 다룰 성질의 것이 아니다. 그러므로 일부 공산주의 국가에 있어서 경제적 불균형을 시정하는 데 어느 정도의 성과를 거두었다 하더라도, 여러 가지 사회참여와 교육의 기회를 허용함에 관하여 정치성을 띤 불평등이 감행되었다면, 평등의 이념을 실천에 옮기는 일에 있어서 큰 전진을 이룩했다고 보기는 어려울 것이다.

사회와 물질문명의 여러 가지 여건은 개인주의적 자아의식과 합리주의적 사고방식을 조장했으며, 인간 가족 및 자연에 대한 깊은 애정은 크게 함양되지 못하고, 증오감 또는 시기심과 같은 좋지 못한 정념(情念)이 앞서는 인품을 비교적 많이 배출하였다.

현대사회의 인심을 각박하게 만든 원인의 하나로서 인구의 폭발적 증가와 도시화 현상을 들 수 있을 것이다. 과학 기술의 발달은 공업 및 상업으로 하여금 산업의 주종을 이루게 하였고, 상공업의 발달은 인구의 급격한 증가와 합세하여 여러 나라에 있어서 국토의 도시화를 촉진하였다. 상공업에 종사하는 사람들의 의식구조는 농민이나 어민에 비하여 개인주의적이고 이해타산적이기 마련이어서, 그들이 사는 도시의 환경은 사회의 인심을 각박하고 비정한 방향으로 몰고 가는 추세를 보였다. 본래 농경 사회를 배경으로 삼고 형성되었던 순박하고 온후한 인심이 공업화와 도시화 속에서 점점 사라져 가는 것은 오늘날 세계적인 추세라 할 것이다.

현대사회의 인심을 각박하고 비정한 방향으로 몰고 간 또 하나의 원인은, 금전과 권력 등 외면적 가치를 최고의 가치인 양 숭상하는 전도된 가치 풍토와 이에 따르는 과열된 사회 경쟁에서 찾을 수 있을 것이다. 앞에서도 언급했듯이, 금전과 권력 또는 향락과 같은 외면적 가치는 동일한 것을 여럿이 동시에 소유하기가 어려워 치열한 경쟁의 대상이 되며, 따라서 여러 사람들의 공동의 목표가 되기 어렵다. 무릇 넓은 의미의 우애는 공동의 목표를 향하여 힘을 합해 일하는 가운데 커가는 것인데, 사람들의 관심이 사회 전체의 향상을 위한 공동 목표보다 각자의 이기적 목표로 쏠리게 되므로, 자연히 인심은 냉담하고 비정한 방향으로 흐르게 된다.

상공업의 발달과 도시화 그리고 금전만능의 풍조는 상품 문화의 사회를 초래하였고, 상품 문화 속에 사는 사람들은 그들이 어떤 직업에 종사하든 간에 상인 기질의 사고방식을 갖게 되었다. 상인 기질의 첫째 특색은 이윤의 추구와 이해의 계산에 있는 까닭에, 그것은 이해관계를 초월하는 우애나 남을 돕는 가운데 보람을 발견하는 애타주의(愛他主義)와는 거리가 멀다. 그러므로 산업사회에 사는 현대인에게 일반적으로 상인 기질이 강하다는 것은, 다정하고 후덕한 인심이 쇠퇴해 감을 의미하게 된다.[5]

건전하고 정당한 사회를 건설하고자 하는 인간적인 염원을 실현함에 있어서 세계 전체가 성공적 발전을 이룩했다고 보기 어려운 현대의 일반적 상황 속에서, 우리 한국은 우리에게 주어진 여러 가지 불리한 여건으로 말미암아 더욱 많은 과제를 안고 있다. 제2차 세계대전의 종식을 계기로 민주국가를 표방하며 희망에 찬 새 출발을 한 지 어언 35년이 지났으나, 국토의 분단이라는 결정적 불행을 극복하지 못한 채 많은 시행착오를 거듭하고 있는 실정이다.

일제가 물러감으로써 우리 민족은 전체로서 '해방'을 맞이했으나, 이 민족 해방이 즉시에 자동적으로 개인적 자유를 초래하는 것은 아니었다. 국민 모두에게 개인적 자유가 실현되기 위해서는 참된 민주주의가 이루어져야 하거니와, 자생적 기반이 약했던 우리나라의 민주주의가 내실을 갖추는 데는 많은 어려움이 수반하였다. 민주주의가 제 궤도에 오르기 위해서는 우선 사람들의 의식구조 내지 사고방식이 민주주의에 적합해야 하는데, 우리에게는 그 심성의 준비가 부족하였다. 전체로 볼 때 이성적 사유의 전통이 약한 편이었고, 일부 특권층에게는 구시대의 유물인 관존민비의 관념이 짙게 남아 있었다. 위정자와 관료들 가운데는 자신들만이 국가의 주인이라는 생각을 가지고 국민들 위에 군림하는 사람들이 많았고, 일반 국민들 가운데도 국가와

5 공산국가의 경우에 있어서는 상인 기질이 일반화했다는 주장을 적용하기 어려울 것이다. 그러나 그들의 경우에 있어서는 정치권력과 당적(黨的) 지위를 둘러싼 사회 경쟁 및 조직 속에서의 상호 감시 등으로 인하여, 각박하고 비정한 풍토를 조성한 사례가 많은 것으로 안다.

정부를 동일시하는 경향이 있었다.

민주주의의 발전을 저해해 온 가장 큰 요인은 국토의 분단에서 오는 불안과 긴장 상태였다. 6·25가 일단 수습된 뒤에도 전쟁의 불씨는 늘 남아 있었고, 전쟁의 재발을 막기 위해서는 모든 국민의 단결과 협동이 요망되었다. 정국의 안정과 국론의 통일이 바람직했음에 틀림이 없었고, 이러한 안보적 요청은 전제정치를 정당화하는 근거로 악용되었다. 위기의식이 필요 이상으로 강조되었고, 비민주적 탄압을 '강력한 영도력'으로 오인하기도 하고 또 자화자찬하기도 하였다. 언론과 비판의 자유는 민주주의 발전을 위한 기본 조건의 하나이거니와, 집권층에게는 정론(正論)을 수용할 만한 아량이 없었고, 지식층에게는 위험을 무릅쓸 만한 용기가 부족하였다. 반공법이 왕왕 비판자 탄압의 방편으로 악용되었고, 한때 정론을 펴던 지성인이 회유를 당하여 어용(御用)의 누명을 자초하기도 하였다.

해방을 계기로 미국의 물질문명이 조수처럼 밀려왔고, 1960년대부터는 근대화가 당면의 목표로서 추구되었다. 금전만능의 가치관과 향락주의의 생활 태도는 산업화의 실적을 앞지르고 사회를 풍미하게 되었고, 따라서 정신적 가치가 상대적으로 후퇴하는 가운데, 사람들은 자유의 주체로서의 본연의 모습을 잃어 가는 경향을 보였다. 이리하여 우리는 정치의 후진성에서 유래하는 자유의 문제와 인간성의 상실에서 오는 자유의 문제를 아울러 갖게 되었다.

평등의 이념을 구현하는 문제는 자유의 이념의 경우보다도 더욱 절실한 과제로서 표면화되고 있다. 국민의 대다수를 차지하는 대중의 견지에서 볼 때, 자유의 제한에서 오는 불만보다도 사회적 불균형에 대한 불만이 훨씬 강하게 느껴지기 때문이다. 우리의 경우에도 평등의 이념에 부합하도록 사회의 불균형을 시정하는 것이 바람직하다는 주장이 하나의 정론으로서 널리 받아들여지고 있다. 그러나 사회의 현실은 반드시 이 여론을 따라서 개선되지 않았다.

평등한 사회를 요망하는 여론에도 불구하고 실천이 뒤따르지 못하는 이유의 하나로서, 한국 경제의 현 단계가 평등한 분배에 역점을 두기 어려운 상황에 있다는 약점이 흔히 지적된다. 수출의 증대를 통하여 국제수지를 개선해야 할 당면 과제를 위해서는 수출산업의 국제경쟁력을 강화해야 하거니와, 자연 자원이 부족하고 과학 기술이 뒤떨어진 한국으로서 국제경쟁력을 높이는 길은 노동자의 임금을 낮은 수준에 묶어 두는 방향에서 찾을 수밖에 없다는 것이다.

이 극히 상식적인 논리를 일단 받아들인다 하더라도, 사회적 불균형에 관한 우리나라의 현실을 오로지 저 논리 하나만으로 정당화할 수는 없을 것이다. 국제경쟁력의 강화를 위하여 국민의 일시적 희생이 필요하다면, 그 희생은 각계각층이 고루 분담해야 할 것이며, 또 그 희생을 통하여 축적된 우리의 자본은 모두 새로운 생산을 위해서 재투자되어야 마땅할 것이다. 그러나 이 점에 있어서 우리 현실은 당위의 요구를 크게 배반해 온 것이다. 저임금의 원칙이 모든 봉급 생활자에게 고루 적용된 것은 아니며, 국민 전체가 절약과 내핍 생활을 강요당한 것도 아니다. 직종과 직급에 따른 봉급의 격차는 정당한 선을 멀리 벗어났으며, 일부 부유층의 사치와 낭비는 용납할 수 없을 정도로 높은 수준에 이르렀다. 노동자의 저임금 덕택으로 얻은 이윤은 반드시 전부가 생산에 재투자되었다고 보기 어려우며, 대기업은 비업무용 토지를 대량 매입했을 뿐 아니라, 일부 재벌의 재산 해외 도피설까지 서민들의 신경을 자극하고 있는 실정이다.

우애와 인정이 가득한 사회를 희구하는 관점에서 볼 때에도 우리 한국은 서구 사회의 전철을 밟게 되지 않을까 하는 염려가 적지 않다. 한국은 본래 같은 민족끼리 한 부락을 형성하는 경우가 많은 농업 국가로서 발전한 나라이므로, 순박하고 후덕한 인심을 자랑으로 삼아 왔다. 지금도 이러한 전통의 여운이 남아 있어서, 다른 나라들과 비교할 때 인정의 나라다운 일면이 살아 있다. 그러나 서구의 물질문명이 급격하게 들어오면서, 상공업의 발달과 도시화 현상, 그리고 인구의 이동과 치열한 사회 경쟁 등의 영향을 받고, 우리나라의 인심도 이제는 점점 각박하고 살벌한 편으로 변화해 가는 추세를 보이고 있다. 특히 종교적 신앙심이 물러간 자리를 메울 만한 새로운 철학의 형성이 없어서, 피상적인 친교의 기풍은 살아 있을지 모르나, 같은 운명을 가진 유한자(有限者) 인간으로서 서로 아끼고 동정하는 인간애적 정서는 대체로 미약한 편이다.

해방 이후 우리나라의 인심이 악화(惡化)의 방향으로 기울었다는 것을 가장 알기 쉽게 드러내는 것은, 사회생활의 거의 모든 국면에서 발견되는 불신 풍조다. 정직하고 성실한 사람보다는 속임수에 능한 사람이 득세하는 사례가 많았던 혼란기를 배경으로 삼고 기만과 불신의 풍조가 일어났거니와, 이러한 풍조는 그 자체가 인심의 타락을 의미하는 것이며, 사람과 사람의 친화를 근본적으로 방해하는 장애로서 작용하는 악순환의 요인이기도 하다. 인간적 신뢰의 바탕이 무너지면 우애와 인정은 그 뿌리를 잃고 시들어 버린다.

3. 우리의 장래

인류의 미래에 대한 지나친 비관론으로 좌절감에 빠지는 것은 좋지 않을 것이다. 그러나 근거가 박약한 낙관론에 기대어, '설마 어떻게 되겠지' 하는 막연하고 안이한 자세로 세월을 보내는 가운데 돌이킬 수 없는 파국에 이르는 일이 없도록, 우리들의 지혜를 동원하여 냉철한 대책을 강구함에 게으름이 없어야 할 것이다. 계속 증가하는 인구, 절대량이 크게 부족한 자연 자원, 공업의 발달에 따르는 심각한 환경오염, 지나친 이기주의의 방향으로 굳어 가는 현대인의 심성, 그리고 인류의 멸망을 재촉하는 전쟁의 위협 등을 고려할 때, 인류가 큰 위기에 처해 있다는 식자들의 경고는 결코 공연한 기우에 불과한 것으로 볼 성질의 것이 아니다. 여러 국가들은 각각 자기 나라의 특수성에 맞는 계획과 대책이 있어야 할 것이고, 세계 전체로서는 국제적 차원의 협동과 대책이 있어야 할 것이다. 싸움과 약육강식으로써 우리들의 문제가 원만한 해결을 보리라고 보기는 어려운 것이 오늘의 상황이며, 슬기로운 계획과 이성적 협동만이 우리 자손들에게까지 삶의 기회를 남겨 줄 수 있는 유일한 길이 아닐까 한다.

숲과 산의 모습을 전체로서 조감하는 원대한 안목이 오늘처럼 절실하게 요청된 적은 없었다. 싸움판이 벌어지면 조만간 승부가 나고, 패자는 망하지만 승자는 번영을 누리게 된다는 단순한 논리는, 이젠 좁은 시야 안에서만 타당성을 가질 것이다. 승리의 기쁨은 길지 않을 것이며, 결국은 함께 멸망할 가능성이 큰 것이 오늘의 상황이다. 개인적인 문제에 있어서나 국제적인 문제에 있어서나, 우선 추구해야 할 것은 평화와 친화의 관계이며, 다음에 할 일은 공동 목표를 향한 협동일 것이다.

개인의 이기심을 누르고 전체를 위한 합리적 계획을 꾸준히 밀고 나갈 수 있을 정도의 강력하고 권위 있는 정권의 탄생 내지 유지가 바람직할 것이다. 그러나 국가의 주인은 국민이며 정부는 오직 국민을 위해서 존재한다는 민주주의의 원칙이 침범을 당하는 일은 결코 없어야 한다. 어떠한 형태의 것이든 독재정치는 긴 안목으로 볼 때 정도(正道)로서 인정될 수 없을 것이며, 정권에 대한 평화적 교체의 길은 항상 열려 있어야 할 것이다.

개인의 부당한 이기심이 억제되어야 하듯이 국가나 민족의 부당한 이기주의도 억제되어야 할 것이다. 특히 강대국의 횡포나 침략을 막기 위하여 약소국들은 굳은 단결로 대처해야 한다. 국제적 분쟁을 조정하여 해결할 수 있도록 강력하고 권위 있는 기구를 갖지 못한 것은 인류의 불행이다. 그러나 국제적 분쟁의 평화적 해결을 위한 지성의 노력은 중단됨이 없어야 할 것이며, 약소국가들의 자주적 결속은 국제사회의 정의를 실현하는 데 도움이 될 것이다.

그러나 인류와 세계의 문제를 하나의 청사진을 따라서 일괄적으로 해결하는 이성의 길은, 먼 장래를 위한 옳은 방향임에 틀림이 없으나, 아직은 실현성이 희박한 한갓 희망에 지나지 않는다. 현 단계에 있어서 좀 더 현실적인 길은, 우선 각 국가 단위로 건전하고 정당한 사회를 건설하는 일에 최선을 다하는 길일 것이다. 특히 우리 한국의 경우는, 인류와 세계의 문제를 걱정하기에 앞서서, 먼저 대처해야 할 가까운 문제들이 산적해 있다.

한국의 지성은 지금 여러 가지 점에서 딜레마에 빠지기 쉬운 상황에 놓여 있다. 상식적으로 생각할 때, 서로 충돌하여 함께 달성하기 어려운 상반된 목표를 동시에 추구해야 하기 때문이다. 첫째로, 우리는 국민 생활의 경제적 안정을 위하여 산업화를 서둘러야 한다. 그러나 공업화가 인간의 비인간화를 초래한 선진국의 전철을 밟아서는 안 되며, 생활을 근본적으로 위협하는 환경의 오염을 용납할 수도 없다. 산업화는 서두르되 그것에 따르기 마련인 폐단은 막아야 한다는 것이니, 어려운 과제가 아닐 수 없다. 둘째로, 우리나라의 현실은 한편으로는 밖으로부터의 침공에 대비하여 국토를 지키고, 다른 한편으로는 국가 발전의 종합적 계획을 수행하기에 손색이 없는 강력한 정권을 요청한다. 그러나 국민의 인권이 정치권력이나 관료들에 의하여 유린당하는 일은 용납될 수 없으며, 자유의 주체로서의 국민 각자의 자아실현에 차질이 있어서는 안 된다. 셋째로, 우리는 나라 전체의 경제성장을 위하여 기업의 육성을 꾀해야 한다. 그러나 공정한 분배를 통하여 사회의 불균형을 시정하는 일도 우리들의 중대한 과제의 하나다. 여기도 기업의 육성과 근로자의 보호 사이에 갈등이 생길 요인이 있다. 넷째로, 국토의 평화적 통일은 우리 민족의 절실한 과제요 염원이다. 평화적 통일은 대화를 통해 이루어져야 하고, 그 대화는 공정하고 성실해야 한다. 그러나 우리의 현실은 잠시도 방심할 수 없는 상황이어서, 우리는 항상 경계하고 국방력을 강화해야 하며, 때로는 국민에게 동족에 대한 적개심을 고취해야 한다. 다섯째, 날로 발전하고 날로 좁아지는 세계 속에서, 우리는 외국 문화의 좋은 점을 너그럽게 받아들여야 한다. 그러나 오랜 전통을 가진 우리 민족문화가 외래문화의 그늘 속에 시드는 일이 있어서는 안 되며, 전통문화의 뿌리를 살려 새로운 민족문화를 창조하는 가운데 국민 각자의 자아가 실현되어야 할 것이다. 여기에도 외래문화의 수용과 전통문화의 계승 사이에 갈등이 예상된다.

대립된 두 가지 요청 가운데서 하나를 버리고 하나를 취함으로써 딜레마를 벗어나는 길도 논리적으로는 생각할 수 있을 것이다. 그러나 실제에 있어서 그 길은 비현실적이거나 바람직하지 않다. 삶의 궁극적 목적에 가까운 길을 버리고 수단에 가까운 길을 택할 수는 없을 것이며, 목적을 취하고 수단을 버리면 결국은 목적마저 버리는 결과가 될 것이기 때문이다. 결국 우리는 두 길을 종합하는 방향으로 해결을 모색해야 할 것이며, 그 종합의 기본 원리는 삶의 궁극목적 내지 이상에서 찾을 수밖에 없을 것이다.

우리가 산업화를 서둘러 경제 발전에 안간힘을 쓰는 것도 결국은 사람다운 삶의 실현을 위해서 경제적 기반이 불가결하다고 믿기 때문이다. 그러므로 인간의 비인간화 또는 환경의 치명적 오염을 대가로 치르는 산업화는 의미가 없을 뿐 아니라 극히 어리석은 일이다. 여기서 우리가 부딪치는 것은, 인간의 비인간화와 극심한 오염을 동반하지 않는 산업화가 과연 가능한가 하는 문제다. 산업화가 인간의 비인간화와 환경의 오염을 몰고 온 근본 원인은 사람다운 삶을 위한 수단으로서 산업화를 추구하지 않고 돈벌이를 위한 수단으로서 그것을 추구한 잘못에 있을 것이다. 다시 말해서, 돈을 본래적 가치로서 착각한 가치관의 전도가 아니었다면, 산업화가 반드시 불행한 결과를 동반하지는 않았을 것이다. 그러므로 만약 건전한 가치관만 회복될 수 있다면, 인간의 비인간화와 환경의 오염을 초래하지 않고도 산업화를 성취할 수가 있을 것이다.

그러나 건전한 가치관을 회복한다는 것은 아주 오랜 시일이 걸리는 일이다. 정치적 세뇌와 구별되는 훌륭한 가치관 교육이 실시되어야 하거니와, 이 교육이 충분한 성과를 거두기 위해서는 많은 시간이 필요한 것이다. 따라서 전 국민의 가치관을 바로잡은 다음에 폐단 없는 산업화를 꾀한다는 순서를 따른다면 일이 너무 늦어질 것이다. 가치관을 바로잡는 교육의 과제와 산업화를 지향하는 경제의 과제는 동시에 추진되어야 한다. 이는 국민 생활의 질적 향상을 목표로 삼는 종합적 계획을 따라서 산업화가 질서 있게 추진되어야 한다는 것을 의미하며, 이 길을 실천할 수 있는 진실로 역량이 큰 민주 정부가 전제되어야 한다는 것을 의미한다.

국가 발전의 종합적 계획을 수행하기에 부족함이 없는 강력한 정권은 전제주의에 의해서만 가능하다는 생각을 가진 사람들이 적지 않은 것은 불행한 일이다. 국가 권력의 근원은 국민 각자의 인권에 있는 것이며, 국민 전체의 지지에 힘입어 강한 정권이 탄생하는 것이 가장 사리에 합당할 것이다. 여러 후진국에 있어서 독재자가 국민의 인권을 찬탈함으로써 스스로 강자가 되는 사례를 흔히 보나, 이는 오직 역사적 불행에 속하는 것이며, 결코 불가피한 현상은 아니다. 자유의 주체로서의 국민 각자의 권익을 옹호하고 그 자아실현을 돕는다는 본래의 사명을 완수하는 일과 국토를 방위하고 국가 발전의 종합적 계획을 수행하는 일은 같은 사업의 두 측면이어야 한다. 그리고 이 두 측면을 아울러 달성할 수 있는 것은 전 국민의 자발적 지지에 의하여 강하게 된 민주적 정부다. 결국, 문제를 해결하는 궁극적 관건은 국민의 의식 수준에 달려 있으며, 오직 위대한 국민만이 위대한 정부를 가질 수 있다는 평범한 상식으로 귀착한다.

셋째로, 기업의 육성과 공정한 분배를 양립시키는 일도 본래 근본적으로 불가능한 과제라고는 생각되지 않는다. 기업 육성의 목적이 국민 생활 전체를 고루 향상시킴에 있다는 기본 원칙만 충실하게 지킨다면 문제 해결의 실마리는 풀릴 것이다. 내일의 국민경제를 위해서 모든 국민이 다 같이 내핍 생활을 한다면, 근로 대중도 기꺼이 고생을 참을 것이다. 근로 대중에게 적게 분배한 대신 그 여분이 모두 내일을 위한 생산에 투자된다면, 대중은 불평 없이 협력할 것이다. 대중의 분노를 자극하는 것은, 오늘의 가난한 살림이 아니라, 일부 특권층의 불필요한 사치와 낭비, 재벌의 재산 해외 도피설, 그리고 비업무용 토지의 대량 매입 등 불합리한 처사들이다. '기업의 육성을 위해서'라는 명분을 내세워 국민을 기만함이 없이, 기업가와 정부가 성실한 자세로 일관한다면, 우리 한국은 한결 명랑하고 풍요로운 사회로 발전하게 될 것이다.

우리 남한만이라도 우선 명랑하고 풍요로운 사회로 발전시키는 일에 성공한다면, 그것은 평화적인 통일을 위한 큰 기반이 될 것이다. 끊임없는 국력의 배양과 속임수가 아닌 성실한 대화가 지속되는 가운데 통일의 기회는 조만간 올 것으로 믿어진다.

끝으로, 민족문화 창달의 문제는 우리 전통문화와 서구적인 외래문화를 비교하고 그 어느 편을 택하느냐 하는 각도에서 다룰 문제가 아니다. 현대의 한국 문화는 현대 한국인의 자아를 표현하는 것이어야 하고 또 그것으로 족하다. 한국의 전통문화는 그것이 우리들의 생활공간의 산물이라는 점에서 우리 자신의 것이요, 그것이 지나간 시대에 속하는 한에 있어서 남의 것이다. 서구의 현대 문화는 그것이 외국에 근원을 두었다는 점에서 남의 것이요, 우리 시대의 상황을 반영하고 있는 한에 있어서 우리의 것이다. 현대의 한국인의 자아 속에는 한국의 전통성에서 유래한 요인들도 있고 세계의 현대성에서 유래한 요인들도 있다. 이 모든 요인들을 살려서 우리들에게 잠재해 있는 가능성을 최대한으로 발휘할 때 개인으로서는 자아의 실현을 얻을 것이고, 민족으로서는 문화의 발전을 얻을 것이다.

생존에서 자유에 이르는 여러 가지 문제들을 안고 있는 인간의 장래가 어떻게 될 것인가 하는 문제는 필경 인간이 어느 길을 선택하는가에 — 다시 말해서 인간이 어떤 가치관을 체득하는가에 — 달려 있다. 그리고 그 선택을 좌우하는 것은 어느 순간의 작용이 아니라 우리들의 사람됨 전체다. 여기서 우리는 넓은 의미의 교육의 중요성을 상기하는 동시에, 자기교육을 포함한 인간 교육의 문제에 더 많은 관심을 기울여야 한다는 반성에 도달한다.

(1980년 3월 22일)

4장 사회 균형의 당위성에 관한 가치론적 고찰

1. 사회 균형과 가치 체계의 문제

평화를 위협하는 가장 큰 원인의 하나는 강대국과 약소국 및 부자와 빈자의 격차가 심하여 균형을 얻지 못한다는 사실에 있다. 열세에 놓인 사람들은 말할 것도 없이, 유력한 지위를 향유하고 있는 사람들까지도 적어도 그들이 식자층에 속한다면, 세력 균형 또는 사회 균형을 실현함이 바람직하다는 것을 공언한다. 그러나 이러한 공언에도 불구하고 우리들의 현실에는 강약과 빈부의 격차가 여전하여, 영속적 평화의 이상은 아직도 요원한 거리에 있다. 균형이 바람직하다고 공언은 하지만, 그 공언에 부합하는 성실한 실천적 노력이 없기 때문이다. 약자는 무력한 까닭에 속수무책이고, 강자는 자신의 우세한 지위를 유지하고 싶은 동기에 지배되는 까닭에, 성실하고 적극적인 실천의 노력이 뒤따르지 않는 것이다.

강대국 또는 부유층에 속하는 사람들은 일종의 딜레마에 빠져 있는 셈이다. 자신의 우세한 지위를 계속 유지하고자 하는 자연적 충동과 국제사회 및 국내 사회의 심한 강약 빈부의 격차를 좁혀야 한다는 인간적 당위 의식 사이의 딜레마다. 다만 실천적 행동의 세계에 있어서는 자연적 충동이 지배적인 작용을 하는 까닭에 사회 현실은 좀처럼 개선되기 어렵다. 여기서 우리는 매우 중요한 이론적 문제 하나를 제기하게 된다. 즉 "현재 우세한 지위를 누리는 계층이, 그들의 특권적 지위를 상실하게 될 가능성을 무릅쓰고, 경제적 내지 사회적 불균형의 시정을 위해서 적극적으로 노력해야 할 진정한 이유가 있는가?" 하는 물음이다.

종교적 교리 또는 형이상학설에 입각해서 우리들이 저 물음에 대답할 수도 있을 것이다. 예컨대, 기독교적 '박애(博愛)'의 교리나 유교적 '인도(人道)'의 개념에 새로운 해석을 가함으로써 긍정적 대답을 얻을 수도 있을 것이다. 그러나 그러한 대답은 그 교리 또는 개념의 절대성을 신봉하는 사람들에게만 구속력을 가지며, 오늘날 종교적 교리 또는 형이상학적 가설에 대하여 절대적 신심(信心)을 가진 사람들이 절대다수를 차지하는 것으로는 보이지 않는다. 따라서 더 넓은 범위의 설득력을 가진 해답을 모색하는 뜻에서, 처음부터 어떤 종교 또는 형이상학에 의지하는 길은 피하기로 한다.

실천윤리의 중요한 문제는 양립할 수 없는 두 가지 이상의 값진 것 가운데서 하나만을 선택해야 할 경우에 일어난다. 쾌락, 돈, 건강, 평화 등의 사상 하나하나를 떼어서 생각할 때 그것이 좋은 것인가 또는 나쁜 것인가 하는 물음에도 이론적 난관이 전혀 없는 것은 아니다. 그러나 쾌락이나 돈 또는 건강 따위를 하나하나 떼어서 볼 때 그 자체로서는 바람직한 것이라는 데 현대인의 대부분은 동의한다. 따라서 다른 어떤 목표 달성에 지장을 초래하지 않는 한, 쾌락이나 돈 또는 건강을 갖는 것은 그 반대의 것을 갖는 것보다 바람직하다는 결론에 도달하는 데 별로 큰 어려움이 없다. 그러나 쾌락과 명예 또는 돈과 사랑 중에서 하나를 골라야 할 처지에 놓였을 때, 우리의 사정은 전혀 다르다. 둘 가운데 어느 것이 더 소중한 것인지 반드시 자명하지 않으며, 사람들은 흔히 명확한 대답을 하지 못한 채 심리적 갈등을 경험한다. 요컨대,

실천윤리의 가장 근본적인 문제는 두 가지 이상의 대상에 담긴 가치의 우열을 비교하는 문제와 관련하여 야기된다.

인류가 위기에 처했다고 말하는 현대에 있어서, 우리가 당면하는 윤리 문제의 가장 큰 핵심은 가치 서열에 관한 바른 원칙이 확립되지 못하고 있다는 사실에서 찾아야 한다. 서로 충돌하는 목표들 가운데서 하나를 선택해야 할 경우에 안심하고 의거할 수 있는 가치 비교의 척도가 확립되지 못한 까닭에, 사람들은 우왕좌왕하며 방황하거나, 판단을 그르쳐 개인과 사회의 불행을 조장한다. 물론 행동의 세계를 관찰할 때, 현대사회에 가치 선택의 기준이 전혀 없다고 말하기는 어렵다. 엄밀하게 말해서, 우리들에게 가장 심각한 문제는 가치 체계의 부재에 있는 것이 아니라 그 혼란 또는 전도(顚倒)에 있다.

산업화한 서양의 여러 나라들 및 서구의 패턴을 따라서 산업화를 서두르고 있는 여러 나라들에 있어서 일반적으로 발견되는 두 가지의 현저한 가치관적 태도가 있다. 첫째는 금전과 권력 및 관능의 쾌락을 강하게 추구하는 경향이다. 둘째는 자유와 평등과 인권 그리고 유덕한 인격을 위시한 정신적 탁월의 중요성을 강조하는 경향이다. 여기서 특히 주목해야 할 것은, 이 첫째 경향과 이 둘째 경향 사이에 일종의 갈등 관계가 깃들어 있다는 사실이다. 다시 말하면, 첫째 부류의 목표를 달성하는 일과 둘째 부류의 목표를 달성하는 일 사이에 일종의 상호 배척의 관계가 있으며, 이러한 배척 관계가 현대의 윤리적 상황을 복잡다단하게 만들 뿐 아니라, 그것을 몹시 위선적인 것으로 만든다는 사실에 주목이 가는 것이다.

금전, 권력, 지위, 명예, 향락 등 첫째 부류의 목표들은, 우리들의 외부에 있는 대상이거나 외부의 자극에 의하여 유발되는 요구의 대상이다. 그러므로 이 부류에 속하는 목표들을 편의상 외면적 가치라고 부르기로 한다. 인격, 지식, 예술, 자유, 우정, 정의 등 둘째 부류에 속하는 것들은 우리 인간 내부에 있는 것의 보존 내지 발전의 여러 가지 구현으로 볼 수 있다. 따라서 이 부류에 속하는 것들을 편의상 내면적 가치라고 부르기로 한다. 그리고 첫째 부류의 가치와 둘째 부류의 그것 사이에 상호 배척의 관계가 있다 함은, 예컨대 재물 또는 권력을 얻기 위해서는 인격, 건강, 자유 등 내면적 가치를 다소간 희생하지 않을 수 없는 것이 우리 현실의 일반적 상황이라는 사실을 지적한다.

외면적 가치의 획득과 내면적 가치의 실현은 흔히 양립하기 어려운 까닭에, 그 중 하나를 선택해야 할 경우가 종종 생긴다. 이 두 부류의 가치 가운데서 하나를 택하는 일은 선택하는 사람과 그 사회의 가치 체계에 깊이 연결되어 있는 까닭에, 두 가지 옷 중에서 하나를 고르듯이 간단한 일이 아니며, 그 선택의 경향을 순간적 기분에 따라서 쉽사리 변경할 수도 없다.

한 개인의 가치 체계는 그가 사는 사회와 문화의 영향을 크게 받는다. 따라서 같은 문화권 속에 사는 사람들의 가치 체계는 비슷한 경향을 가지며, 사람들의 가치 선택의 경향에도 자연히 공통성이 있다. 그렇다면 오늘날 산업사회에 있어서, 또는 산업화 도상에 있는 물질문명 사회에 있어서, 외면적 가치와 내면적 가치 중 하나를 택해야 할 상황에 놓인 사람들의 가치 선택의 일반적 경향은 어떠한 것일까? 소수의 예외는 있겠지만, 대부분의 경우 외면적 가치를 우선적으로 선택한다. 강대국과 약소국 사이의 격차가 좁아지지 않고 부자와 빈자의 격차가 시정되기 어려운 것도, 실은 유리한 고지를 점령한 사람들이 내면적 가치의 실현보다도 외면적 가치의 계속적 보유를 더 강하게 추구하기 때문이다. 재물 또는 권력의 획득을 자유와 평등 또는 인간의 성장보다도 우선적으로 추구하는 경향은 강자와 부자에게만 국한된 것이 아니라 일반 대중들까지도 같은 경향을 좇고 있다.

내면적 가치에 대한 외면적 가치의 우위를 공공연하게 주장하는 사람은 적다. 입으로는 아직도 정신적 가치 또는 인간적 가치의 중요성을 강조한다. 오늘도 언어의 세계에서는 유덕(有德)하기 짝이 없는 견해가 한결같이 피력되고 있다. 다만 그것이 언어에 그치고 실천에까지 미치지 못하는 아쉬움이 있는 것이다. 언행의 불일치를 '위선'이라는 이름으로 부른다면, 현대는 위선이 일반적 현상이 된 시대라 하여도 과언이 아닐 것이다. 그러나 그 위선을 반드시 고의적이라고 보기는 어렵다. 정신적 가치 또는 인간적 가치를 소중히 여긴다는 말이 반드시 마음에 없는 말은 아니다. 마음속에서도 분명히 그렇게 생각한다. 다만 재물, 권력 또는 향락 따위의 외면적 가치에 대한 애착이 더 강한 까닭에, 내면적 가치들에 대한 사랑은 실천의 세계에서 불발탄의 처지가 되는 것이다.

이제 이 글의 주제로 되돌아오면, "현재 우세한 지위를 누리는 계층이, 그들의 특권적 지위를 상실하게 될 가능성을 무릅쓰고, 경제적 내지 사회적 불균형의 시정을 위해 적극적으로 노력해야 할 진정한 이유가 있는가?"라는 우리들의 중심 문제를 다음과 같은 표현으로 바꾸어 놓을 수 있다. "현재 우세한 지위를 누리는 계층이, 그들의 특권적 지위를 상실하게 될 가능성을 무릅쓰고, 외면적 가치보다도 내면적 가치를 우선적으로 추구해야 할 진정한 이유가 있는가?" 이 물음은 인간의 이상의 문제와 직결되는 물음이며, 논리적으로 완벽한 해답을 기대하기 어려운 물음이다. 그러나 현대사회의 근본 문제를 철학적 근거 위에서 해결하기를 꾀하는 사람에게는 이 물음은 결코 외면할 수 없는 절실한 문제의 하나로서 제기된다.

2. 가치 체계의 우열

필자는 외면적 가치보다도 내면적 가치를 우선적으로 추구해야 할 충분한 이유가 있다고 믿는다. 그 이유를 밝히기에 앞서서, 여기 우선 지적해 두어야 할 두 가지 사실이 있다.

그 첫째는, 필자가 내면적 가치의 우위를 주장할 때, 그것이 곧 외면적 가치에 대한 적극적 배척의 뜻을 갖는 것으로 오해해서는 안 된다는 점이다. 필자는 재물 또는 관능의 쾌락 따위의 외면적 가치도 매우 귀중하다는 것을 믿는다. 내면적 가치의 실현에 지장을 초래하지 않는 한, 외면적 가치의 추구는 바람직한 일이다. 여기서 필자가 주장하고자 하는 것은 외면적 가치와 내면적 가치 사이에 어떤 충돌이 생겨 그 중에서 하나만을 택해야 할 경우에 후자에 대하여 우위를 인정해야 한다는 점에 그친다. 다만, 현대의 물질문명 속에서 이 두 계열의 가치는 흔히 심각한 충돌을 빚고 있으며, 행동의 세계에 있어서 사람들은 외면적 가치를 우선적으로 추구하는 경향이 강하다고 본 까닭에, 특히 이 점을 강조하는 것이다.

둘째로 지적해 두고자 하는 것은, '외면적 가치에 대한 내면적 가치의 우위'를 엄밀한 증명으로 입론(立論)할 수 없다는 제약이다. 현대의 여러 분석적 윤리학자들이 주장하듯이, 가치판단의 궁극적 기준에 관한 어떠한 학설도 경험적으로 증명된 것이 아니며 또 직각적으로 자명한 것도 아니다. 가치판단을 위한 선천적이고 절대적인 기준이 존재한다는 가설을 뒷받침할 만한 아무런 증거도 제시된 바 없으며, 앞으로 제시되리라는 기대도 미약하다. 다만 확실한 것은 모든 시대와 모든 사회에 권위가 인정된 평가의 기준이 존재했다는 사실이다. 그러나 이 권위 있는 평가의 기준은 사회를 따라 다양하고, 시대를 따라 변동해 왔다. 권위를 가졌던 평가의 기준도 조만간 새로운 기준에 의하여 수정을 받아야 했으며, 이 새로운 기준조차도 또 그보다 새로운 기준에 의해서 수정되어야 했다. 결국 경험의 세계에 나타난 모든 평가의 기준, 즉 가치의 척도는 그것이 인간에 의해서 제시된 것이며 인간에 의해서 권위가 주어진 것이라는 뜻에서 인간적이며 상대적이다.

우리가 아는 범위 안의 모든 가치의 척도가 인간적이고 상대적이라 함은 여러 개의 가치척도 또는 가치 체계 사이에 우열의 차이가 없다는 뜻이 아니며, 가치척도 또는 가치 체계의 타당성을 논의할 여지가 없다는 뜻도 아니다. 비록 인간을 초월한 선천적 가치척도를 전제로 삼지 않는다 하더라도 우리는 능히 주어진 가치 체계의 우열 또는 그 타당성을 문제 삼을 수가 있다. 그것은 마치 절대로 완전한 선천적 모범어(模範語)를 전제로 삼지 않더라도, 주어진 언어의 우열을 가릴 수가 있는 것과 같은 논리라 하겠다.

우리는 사투리를 쓰는 것보다는 표준어를 사용하는 것이 낫다고 믿는다. 즉, 표준어와 방언 사이의 우열을 인정하고 있는 것이다. 인디언의 어떤 부족의 언어와 영어를 비교하여 어느 것이 절대적으로 옳은 언어라고 주장할 수는 없을 것이다. 그러나 미국으로 유학을 가고자 하는 사람을 위해서는 영어가 더 값지다고 말하는 것이 조금도 이상할 것이 없다. 즉, 언어의 사용자가 누구냐에 따라서는 두 나라 말 사이에도 우열을 구별할 수 있음이 인정되고 있는 것이다. 이와 같이 언어에 있어서 우열을 말할 수 있는 것은 반드시 절대적 타당성을 갖는 선천적 모범어가 있기 때문은 아니다. 비록 선천적 모범어의 존재를 전제로 삼지 않더라도 우리는 우리가 놓인 처지와 우리들의 의식구조를 따라서, 주어진 언어를 평가할 수 있으며 또 실제로 평가하고 있는 것이다. 문자의 우열에 관한 평가를 상기하면 우리들의 주장은 더욱 이해하기 쉬울 것이다. 우리는 한글이 매우 우수한 문자임을 인정한다. 외국인 가운데도 한글의 우수성을 인정하는 학자가 존재한다는 사실은 이러한 평가에 어떤 근거가 있음을 말해 준다. 그러나 그 근거를 반드시 선천적으로 존재하는 절대적 모범문자(模範文字)에서 구할 필요는 없을 것이다.

가치 체계의 평가를 위해서 사용할 수 있는 절대적으로 객관적인 기준이 비록 없다 하더라도, 광범위한 동의를 얻을 수 있는 몇 가지 평가 기준을 제시할 수는 있을 것이다.

첫째로, 가치 체계가 그 타당성을 인정받을 수 있기 위해서는 가치 체계로서의 구실을 제대로 해야 한다. 왜냐하면 가치 체계의 기능 중 가장 큰 것은 만족스러운 삶을 위한 도구의 구실을 하는 일인 까닭에, 이 구실을 제대로 못하는 가치 체계는 가치 체계로서 타당할 수가 없기 때문이다. 가치 체계가 제 구실을 하기 위해서는 시대와 사회에 적합해야 하며, 그 적합성이 널리 인정되어야 한다.

둘째로, 가치 체계가 타당성을 갖기 위해서는 그 안에 현저한 논리적 모순을 내포하지 말아야 한다. 왜냐하면 논리적 정합성은 모든 이론 체계가 갖추어야 할 기본 요건일 뿐만 아니라, 자기모순을 내포한 가치 체계는 그것이 사회 현실에 적용되었을 때 (즉 행동으로 나타났을 때) 혼란을 초래할 것이기 때문이다.

셋째로, 사람들의 욕구를 더 포괄적으로 (즉 더 광범위하게) 만족시킬 수 있는 가치 체계 또는 가치관은 오직 좁은 범위의 인간적 욕구만을 만족시키는 데 그치는 가치 체계 또는 가치관보다 우월하다고 인정해야 한다. 이것은 페리(R. B. Perry)가 포괄성의 원리(principle of inclusiveness)라는 이름으로 부른 민주주의의 이상을 재확인하는 것에 불과하다.[1] 그리고 이 포괄성의 원리는 바로 앞에서 말한 논리적 정합성의 요구와 밀접하게 내면적으로 연결되고 있다.

위에서 제시한 세 가지 기준 가운데 어느 것에 비추어 보더라도 내면적 가치의 우위를 인정하는 가치 체계가 외면적 가치의 그것을 인정하는 가치 체계보다도 낫다는 결론에 도달하리라고 필자는 믿는다. 그러나 그것으로써 외면적 가치에 대한 내면적 가치의 우위가 증명되는 것은 아니며, 이 증명은 앞에서도 말한 바와 같이 결국 불가능한 일이다. 우리가 할 수 있는 일은 내면적 가치가 우위에 오는 것이 마땅하다는 우리들의 주장에 되도록 많은 동조자가 생기도록 우리들의 주장을 뒷받침하는 이유를 제시하는 것뿐이다.

1 R. B. Perry, *Realms of Value*, Harvard University Press, 1954, p.60 참조.

이러한 처리는 논리적으로 완벽한 학문을 추구하는 견지에서 볼 때 만족스러운 것이 못 된다. 그러나 더 나은 방도는 없는 것이다. 내면적 가치의 우위를 인정하지 않는 사람은 외면적 가치의 우위를 뒷받침하는 이론을 제시할 책임이 있다. 그러나 이것은 더욱 어려운 일이다. 우리는 외면적 가치와 내면적 가치 중 어느 하나의 우위를 인정해야 하는 것이며, 이 결정을 끝내 회피할 자유를 갖지 않았다. 듀이(John Dewey)도 지적한 바와 같이, 인간에게는 아무런 행위도 하지 않을 수 있는 자유가 없는 까닭에,[2] 외면적 가치와 내면적 가치 사이에서 어느 하나를 선택해야 할 처지에 놓였을 때, 두 가지 종류의 가치 중 어느 하나의 우위를 실천적으로 인정하지 않을 수 없다. 그리고 자기의 실천적 행위가 정당한 것임을 주장하는 사람은 자기가 선택한 가치의 우위를 이론적으로 뒷받침할 책임을 지는 것이다. 다시 말하면, 우리는 내면적 가치와 외면적 가치 사이에서 어느 하나만을 선택하지 않을 수 없는 처지에 종종 놓이게 되는 까닭에, 우리의 행위와 사유 사이의 자가당착을 원하지 않는 한, 내면적 가치의 우위를 부인하는 사람은 외면적 가치의 우위를 이론적으로 옹호해야 할 책임을 져야 하는데, 이것은 내면적 가치의 우위를 옹호하기보다도 더욱 어려운 일이다.

3. 내면적 가치의 우위

내면적 가치, 즉 인간의 생명과 정신 또는 인격에 직결되는 가치들이 재물과 지위가 대표하는 외면적 가치보다 높이 평가되어야 한다는 필자의 주장

2 J. Dewey, "The Logic of Judgments of Practice", *The Journal of Philosophy*, XII, 1915, p.519 참조.

을 정당화하기 위하여, 여기 몇 가지 사실을 지적하고자 한다.

첫째로 지적하고자 하는 것은 사람은 누구나 인간을 이 지상에 있어서 가장 귀중한 존재로 생각하지 않을 수 없다는 사실이다. 정상적인 사람이라면 누구나 자신을 귀중한 존재로 느끼기 마련이며, 몸과 마음의 기본적 구조에 있어서 자기와 다를 바가 없는 모든 타인에 대해서도 마찬가지의 귀중성을 인정하지 않을 수 없음을 알고 있다. 이리하여 동서를 막론하고 인간의 존엄성 또는 그 귀중성을 강조하는 전통이 오래다.

만약 인간이 경험계에 있어서 가장 귀중한 존재임을 인정하지 않을 수 없다면, 우리는 인간의 전부를 — 그의 몸과 마음의 전부, 특히 인간의 본성을 — 보존하는 것이 바람직하다고 믿지 않을 수 없다. 인간을 인간답게 하는 그 본성을 논란의 여지 없이 밝힌다는 것은 매우 어려운 일이다. 그러나 우리들의 대부분은 이성이 인간의 본성 가운데서 핵심적인 자리를 차지한다는 것을 의심하지 않는다. '이성'의 개념 자체도 매우 모호하다. 그러나 '이성'이 인간이 가진 어떤 능력을 가리키는 말임에는 틀림이 없으며, 인간으로 하여금 '이성적'이라고 불릴 수 있게 만든 그 능력 가운데 사유와 자유 그리고 창조의 능력이 포함되지 않을 수 없음에도 의심의 여지가 없다. 인간이 가진 사유의 능력 가운데서 가장 높이 평가되어야 할 것은 자기 자신을 대상으로 삼는 사유이며, 특히 자신을 초월하고자 하는 사유의 능력은 인간의 존엄성의 중요한 근거다.[3] 다음에 '자유의 능력'이라 함은 인과율의 영향을 받지 않는다는 뜻이 아니라 인간이 자기 자신의 주인공이 될 수 있는 능력을 일컫는다. 그리고 창조의 능력으로 말미암아 인간은 자기의 가능성을 발휘하여 인간

---

3 마르셀(Gabriel Marcel)은 인간이 자기의 유한성을 자각하고 있다는 그 사실이 그를 존엄한 존재로 만든 가장 큰 이유라고 주장한 바 있다. G. Marcel, *The Existential Background of Human Dignity*, Harvard University Press, 1963, p.129 참조.

문화의 새로운 지평을 — 정신적 가치의 새로운 지평을 — 개발한다.

현대인의 상황을 논하는 사람들은 흔히 '인간의 비인간화', '인간의 자기 소외' 또는 '인간의 자기 상실' 따위의 말을 한다. 이러한 말들이 의미하는 바는 사람에 따라서 약간의 차이가 있을 것이나, 대체로 인간이 인간을 대접하는 태도에 근본적인 잘못이 있음을 지적하는 뜻을 가진 것으로 안다. 여기서 중요한 것은, 이러한 말들이 타인 아닌 자기애 대한 대접에 관해서도 적용될 수 있다는 사실이다. 다시 말하면, 우리는 비인간화의 풍조 속에서 타인만을 인간 이하로 대접하는 것이 아니라, 자기 자신까지도 제물로 삼고 있다는 사실을 주목해야 한다. 그리고 인간이 인간을 인간 이하로 대접하게 된 가장 큰 원인이 돈 또는 권력 따위의 외면적 가치의 과대평가에 있다는 것은 중론(衆論)의 일치를 본 상식에 가깝다. 특권층에 속하는 사람들까지도 돈과 권력 또는 관능적 쾌락을 열심히 추구하는 가운데, 사유와 자유 그리고 창조의 능력을 가진 주체로서의 자신의 모습을 상실해 가고 있다.

인간이 경험계에 있어서 가장 귀중한 존재임을 부인할 수 없다면, 외면적 가치에 대한 내면적 가치의 우위도 부인할 수 없을 것이다. 왜냐하면, 우리가 말하는 내면적 가치란 (생명, 우정, 지식, 예술 따위의 예로 알 수 있듯이) 인간 그 자체의 보존 또는 인간의 고유한 기능의 발휘에 있어서 실현되는 가치이며, 한편 외면적 가치란 (돈의 경우와 같이) 내면적 가치의 실현을 위한 수단이거나, (관능적 쾌락의 경우와 같이) 인간적 가치 가운데서 지엽적 위치를 차지하는 것이기 때문이다. 그리고 정의, 평등, 평화 등 사회적 가치도, 그것이 인간 이상의 사회적 측면이며 인간이 진실로 인간다울 때 실현되는 목표인 까닭에, 우리의 분류에 있어 내면적 가치에 속한다. 외면적 가치에 대한 지나친 애착으로 말미암아 정의와 평화 등의 사회 이상의 실현이 많은 어려움을 겪었다는 것은 누구나 잘 아는 상식이다. 우리가 만약 내면적 가치를 우선적으로 대접하는 원리에 충실하게 행위한다면, 그것은 우리들의 사회적 가치의 실현에 결정적인 도움을 줄 뿐 아니라, 타인들의 외면적 가치 및 내면적 가치의 실현을 위해서도 크게 도움이 될 것이다.

둘째로, 외면적 가치에는 강한 경쟁성이 있다. 돈과 권력의 경쟁성에 대해서는 아무런 설명도 필요하지 않을 것이다. 사치스러운 관능적 쾌락의 경쟁성도 명백하다.[4] 모든 종류의 사치성 관능적 쾌락은 물질과 서비스를 통해서 얻을 수 있거니와, 사치스러운 향락의 수단이 되는 물질과 인력은 공급이 수요에 크게 미치지 못한다. 따라서 사치스러운 향락은 어떤 경쟁의 관문을 통해서 얻기 마련이며, 현대사회에 있어서는 금력 또는 권력을 위한 경쟁에서 이긴 사람들이 향락을 위한 경쟁에서도 승자의 자리를 차지한다.

외면적 가치의 획득을 위한 노력은 필연적으로 치열한 사회 경쟁을 초래하며, 수단을 가릴 여지가 없는 치열한 경쟁은 인간의 비인간화라는 무서운 결과에 도달한다. 모든 잔인한 방법을 동원하는 이기적 경쟁에 열중하는 가운데, 사람들은 타인을 인간 이하로 대우하게 될 뿐 아니라, 자기 자신의 본연의 모습까지도 상실하고 마는 파국에 이른다.

외면적 가치의 획득을 위한 경쟁은, 개인의 행복과 공동체의 번영을 위해서 극히 중요한 사회적 협동을 크게 저해한다. 지나친 경쟁의 당사자들은 서로의 이해가 어긋나는 까닭에 대동단결한 협동이라는 것이 원칙적으로 어렵다. 특수한 경우에 이해가 일치하여 협동이 가능할 경우도 없지 않으나, 그것은 오직 일시적이고 피상적일 뿐이다. 때로는 말로만 협동과 단결을 외치

---

4 '사치스러운 관능적 쾌락'이란 그것이 아니더라도 정상적인 인간 생활에 근본적 지장이 없는 관능적 쾌락을 뜻한다. 어떤 관능적 쾌락은 생물학적 기본 욕구와 불가분의 관계를 가진 까닭에 건강한 인간 생활을 위해서 절대 불가결하나, 환락가의 향락과 같은 일부의 관능적 쾌락은 정상적인 생활을 위해서 없어도 무방할 뿐 아니라, 왕왕 많은 폐단을 동반한다. 현대 우리 사회에 있어서 관능적 쾌락의 추구가 정도를 지나치고 있다 할 때, 여기서 문제가 되는 것도 바로 '사치스러운 관능적 쾌락'이다.

는 가운데, 위선과 불신이 미만하여 공동 목표의 달성을 크게 위협한다.

외면적 가치의 경쟁성에 비교하면, 내면적 가치의 그것은 거의 문제가 되지 않을 정도다. 학문 또는 예술에 있어서의 큰 업적 따위의 내면적 가치의 추구가 어떤 경쟁을 동반한다는 사실을 우리는 부인하지 못할 것이다. 그러나 이 경우에 있어서의 경쟁의 성질은 전혀 다르다. 예컨대, 서로 아는 두 과학자가 각각 다른 연구실에서 같은 문제에 대한 연구에 종사할 때, 그들 사이에 경쟁 심리가 일어날 가능성은 충분히 있다. 그러나 이러한 경우에 있어서의 경쟁은 결코 상대편에 대하여 방해가 되지 않는다. 그 경쟁심이 도리어 쌍방을 위한 자극이 될 수도 있으며, 두 과학자가 모두 그 연구에 성공한다는 것도 불가능한 일이 아니다. (시장의 독점 또는 고관의 지위와 같은 외면적 가치를 위한 경쟁에 있어서 쌍방이 모두 목적을 달성한다는 것은 있을 수 없다.) 건강, 덕성, 사회정의 따위의 내면적 가치의 경우에는 경쟁성은 더욱 문제가 되지 않는다. 많은 내면적 가치에 대한 사람들의 소망은, 원만한 인간생활을 위해서 절실하게 요청되는 사회적 협동을 크게 조장하는 계기가 되기도 한다.

인간의 내면적 가치를 가치 체계의 정상에 위치하게 하는 일에 일단 성공한다면, 우리의 사회 현실은 크게 달라질 것이다. 일반적 경쟁 대신에 일반적 협동이 사회 기풍의 기조를 이룰 것이다. 물론 경쟁이 전혀 자취를 감추지는 않을 것이며, 사람들은 여전히 남보다 앞서려는 욕망의 영향을 받을 것이다. 그러나 그 경쟁의 성질과 양상은 크게 달라질 것이다. 금력 또는 권력을 잡으려는 경쟁 대신에, 학문 또는 예술 따위의 내면적 가치의 성취를 위한 경쟁이 사람들의 행동을 좌우할 것이며, 이러한 경쟁은 도리어 인류의 번영과 문화의 발전을 위해서 중요한 원동력이 될 것이다.

셋째로, 외면적 가치의 획득에 대한 지나친 욕망을 자제하고 인간적 가치의 실현을 위해서 함께 노력하는 것은, 긴 안목으로 볼 때, 강대국 또는 특권층을 위해서도 현명한 길이 될 것이다. 약소국가 또는 불우한 대중들의 권리 의식이 날로 고양되어 가고 있는 오늘날, 강자가 힘이나 계략으로써 약자를 적당히 다루기는 차차 어려워질 것이다. 약자들의 오랜 불만이 그들의 고양된 권리 의식과 결합되는 날, 불만은 분노로 변할지도 모르며, 그 분노의 정도가 심할 경우에는 굴레(Deais Goulet)도 지적했듯이, "절망에 빠진 군중은 새 질서를 마련할 자신이 없다 하더라도 묵은 질서를 산산이 파괴할 것이다."[5] 그리고 질서의 파괴에 의하여 가장 많은 것을 잃는 것은 구질서(舊秩序)의 체제 가운데서 유리한 고지를 점령한 사람들이다. 그리고 비록 사회적으로 불우한 계층의 사람들의 경우라 할지라도, 급격한 질서의 파괴를 통하여 얻는 것보다 잃는 것이 더 많을 확률이 높은 까닭에, 지성의 냉정한 판단이 가르치는 바를 따라 평화적 방법으로 사회의 부조리를 무리 없게 제거하는 것은 모든 계층을 위해서 현명한 방안이 될 경우가 많다.

넷째로, 앞 절에서 제시한 세 가지 기준에 비추어서 내면적 가치 우위의 체계와 외면적 가치 우위의 체계를 비교할 때, 전자에 대해서 더 높은 평가가 내려져야 할 것으로 보인다. 우선 내면적 가치 우위의 체계는 그 반대의 것보다도 인간 이상의 실현을 위한 지도 원리로서의 가치 체계의 구실을 더 낫게 할 수 있을 것이다. 이 체계에 있어서 인간이 이상으로 삼는 바는 인간 안에 잠재한 가능성을 되도록 유감 없이 현실화하는 일이다. (기본 생활의 안정은 이 이상의 실현을 위한 필수 조건이다.) 이 이상의 실현이 용이하지 않다는 것은 우리도 인정해야 할 것이다. 그러나 우리 모두가 진심으로 내면적 가치를 숭상하고 이 이상의 실현을 위해서 노력한다면, 그 목표에 어느 정도 접근

5 D. Goulet, *The Cruel Choice: A New Concept in the Theory of Development*, New York, 1971, p.136.

할 수 있음을 부인하지 못한다. 그뿐만 아니라, 내면적 가치에 우위를 인정하는 가치 체계는 매우 합리적인 까닭에 이를 공공연하게 반대할 사람이 적다는 사실도 이에 관련하여 매우 중요한다. 왜냐하면 어떤 가치 체계가 제구실을 할 수 있기 위해서 중요한 조건의 하나는, 그 가치 체계가 광범위한 지지를 받는다는 사실이기 때문이다.

한편 외면적 가치 우위의 체계가 보편적 실천의 원리로서 적합할 수 없다는 것은 스스로 명백하다. 모든 사람이 외면적 가치의 획득을 위한 경쟁에서 승리자가 된다는 것은 논리상 불가능한 일이다. 치열한 사회 경쟁의 풍토 속에서 재물 또는 권력에 대한 사람들의 탐욕은 무한히 증대하므로, 이 욕망을 충분히 만족시킬 수는 없다. 그러므로 외면적 가치를 우선적으로 숭상하는 체계를 따라서 열심히 행동하는 풍조가 강하면 강할수록, 사회적 혼란과 욕구불만은 더욱 심하게 된다.

그뿐만 아니라, 내면적 가치 우위의 체계에 있어서는 관념과 행동 (또는 언어와 실천) 사이의 괴리를 불가피하게 만들 사유가 없으나, 그 반대의 체계에 있어서는 사람들로 하여금 위선이라는 자기모순에 빠지지 않을 수 없게 하는 허점이 발견된다. 경험의 세계에 있어서 인간이 가장 귀중하다는 명제를 정면으로 부인하지 못하는 한, 돈이나 권력 따위의 외면적 가치가 자유나 인격 또는 그 밖의 내면적 가치보다도 소중하다는 것을 공공연하게 주장할 수는 없다. 따라서 외면적 가치를 최고의 목표인 양 추구하는 사람들도 겉으로는 내면적 가치의 우위를 인정하지 않을 수 없는 까닭에, 실천과 언어가 서로 다른 표리(表裏)의 부동(不同)을 초래하게 되는 것이다. 이것은 가치 체계의 논리적 부정합을 내포하지 않는 것이 바람직하다는 우리들의 둘째 기준에 비추어 보더라도, 내면적 가치 우위의 체계가 낫다는 것을 의미한다.

우리들의 셋째 기준, 즉 포괄성의 원리에 비추어 볼 때도 우리는 같은 결론에 도달한다. 내면적 가치 우위의 체계에 있어서의 인간의 이상은 각 개인의 자아 전체를 보존하는 동시에 (평등과 정의의 실현을 통하여) 모든 사람들로 하여금 타고난 소질을 개발할 수 있는 기회를 마련하는 일이다. 한편 외면적 가치 우위의 경우에 있어서는, 개인이 권력욕 또는 관능욕 따위의 부분적 욕구에 몰두하는 행동이 묵인되며, 소수를 위해서 다수가 희생을 당하는 모순이 허용된다. 포괄성에 있어서 전자의 경우가 앞선다는 것은 너무나 명백한 까닭에 이 이상의 설명은 필요하지 않을 것이다. 그러나 논자들 가운데는, "내면적 가치 우위의 체계가 더 넓은 포괄성을 가지고 있다는 것은 한갓 이론에 불과하며, 이 체계가 암시하는 이상에는 실현성이 희박하다."고 반박할 사람들이 있을지 모른다. 이 반박에 대해서 필자는 두 가지 사실만을 간단히 지적하여 답변에 대신하고자 한다. 첫째로 지적하고자 하는 것은, 이상이란 본래 어느 것이나 실현이 어려우나 인간적 노력을 통하여 어느 정도는 접근할 수 있는 것이라는 평범한 사실이다. 둘째로 지적하고자 하는 것은, 내면적 가치의 우위를 원칙으로 삼는 인간 이상이 실현 불가능한 것이라고 보는 그 견해 자체가, 이기적 경쟁이 지배하는 물질문명의 가치관 즉 외면적 가치를 우선적으로 추구하는 가치 체계의 산물이라는 사실이다.

다섯째로, 인간은 조만간 죽음을 면할 수 없는 유한자(有限者)라는 사실이 외면적 가치에 대한 지나친 집착의 부당성을 암시한다. 우리의 가치관이 만족스럽기 위해서는, 모든 중요한 인간의 조건들에 대한 충분한 고려가 그 가운데 반영되어야 할 것이다. 그리고 죽음으로 운명지어진 유한자라는 사실은 인간의 조건 가운데서 가장 심각한 것의 하나다. 만약 우리가 이 죽음의 사실을 깊이 고려한다면, 외면적 가치에 정상의 자리를 허용하는 생활 태도에 진심으로 찬동하기 어려울 것이다. 인생이 허무한 까닭에 도리어 일시적 향락에 몰두하는 것이 상책이라는 생각에서, 외면적 가치의 우위를 인정하는 결론으로 도달하는 논리의 진행도 불가능한 것은 아니다. 우리가 아무에게도 피해를 줌이 없이 일생을 향락으로 소일할 수 있다면, 아마 향락주의의 이론을 논리적으로 극복하기는 매우 어려웠을 것이다. 그러나 우리 현실에 있어서 향락의 실현은 많은 희생을 대가로서 요구한다. 때로는 경쟁자를 잔인과 냉혹으로 대접해야 하고, 때로는 가족과 친지까지도 배반해야 한다. 인간이 죽음을 면할 수 없는 운명을 다 같이 나누고 있음을 고려할 때, 그토록 막대한 대가를 치르면서까지 부귀나 그 밖의 외면적 가치의 획득을 위해서 광분하는 생활 태도를 마땅한 것으로 시인하기 어려움을 느낀다.

이상의 고찰을 통하여, 우리는 흔히 '인간의 가치' 또는 '정신적 가치'의 이름으로 불리는 것들이 흔히 '물질적 가치'로 불리는 대상들보다도 소중하다는 결론을 뒷받침하였다. 만약 우리가 이 결론을 받아들인다면, 우리가 이 글의 첫머리에서 제기한 물음에 대해서도 하나의 해답을 얻는 결과에 이를 것이다. 즉 "현재 우세한 지위를 누리는 계층이, 그들의 특권적 지위를 상실하게 될 가능성을 무릅쓰고, 경제적 내지 사회적 불균형의 시정을 위해서 적극적으로 노력해야 할 진정한 이유가 있는가?"라는 우리들의 물음에 대해서 긍정적인 대답을 내리는 것이 옳다는 결론에 도달할 것이다. '특권적 지위의 상실의 위험을 무릅쓰고 사회적 불균형의 시정을 꾀한다' 함은, 외면적 가치의 상실을 대가로 지불할 것을 각오하고, 내면적 가치의 실현을 위해서 노력하는 것에 해당하기 때문이다.

내면적 가치의 우위에 대한 인식이 인간 사회의 바람직한 변화를 위한 충분한 조건일 수는 물론 없다. 그러나 그것이 필요한 조건의 하나임에는 틀림이 없다. 어떤 가치 체계가 바람직하다는 신념이 확고하고, 이 신념을 함께 나누는 여러 사람들이 그 체계의 실현을 위해서 성의를 다한다면, 현실의 개혁을 이룩하는 데 필요한 구체적 방안도 발견될 수 있을 것이다. 바람직한 가치 체계가 어떠한 것인가에 대한 일반적 동의 다음에 와야 할 것은, 인문, 사회, 자연 등 여러 분야의 전문가들이 함께 구체적 방안을 탐구하는 일이라고 생각된다.

(1974년 11월)

3부
문화와 윤리

인간은 자신의 잠재력이 개발되었을 때 또는 자신의 능력이 훌륭히 발휘되었을 때 만족과 보람을 느낀다. 우리는 누구나 자신의 잠재력이 개발되고 자신의 능력이 발휘되기를 바라거니와, 이 욕망이 다름 아닌 문화적 욕구에 해당한다. 다시 말해서 우리가 문화적 욕구의 충족에 보람을 느끼는 것은, 그것이 자아의 개발 내지 성장을 의미하기 때문이다.

1장 문화와 그 평가

1. 문화의 개념

'문화'라는 말은 매우 여러 가지 의미로 쓰인다. 그리고 우리나라 말의 '문화'는 영어의 'culture'나 독일어의 'Kultur'와 반드시 똑같은 뜻으로만 쓰이지는 않는다. 따라서 우리는 우리의 논제인 '문화'의 개념을 우선 한정하고 넘어가야 할 것으로 보인다.

우리는 일상적인 대화 가운데서 '문화'라는 말을 어떤 뛰어난 것, 또는 비교적 '상류'에 속하는 것을 가리키는 뜻으로 쓰는 경우가 많다. '문화의 혜택을 입지 못하는 두메 산골'이라고 말할 때, 또는 문화인, 문화주택, 문화시설 따위의 복합어를 사용할 때, 우리는 '문화'라는 말을 어떤 특수한 것을 가리키기 위하여 쓴다. '문화'라는 말이 곧 예술이나 학문과 같은 상층적인 것을 연상케 하는 것도 그러한 용법 때문이라고 생각된다. 그러나 여기서 우리가 다루어야 할 '문화'는 어떤 특수한 사람들만의 소유로서의 그것이 아니라, 국민 전체의 생활양식 내지 사고방식의 유형을 말하는 그것이라고 생각한다. 그리고 '문화'를 전체적 생활양식으로 이해하는 것은 문화인류학의 일반적인 정의에도 가깝다.

문화와 문명을 구별하여, 인간 생활의 물질적 측면을 '문명'이라고 부르며 그 정신적 측면만을 '문화'라고 부르는 사람도 있다. 그러나 전체로서의 국민의 행동과 사상의 유형을 문제 삼는 우리에게는 그러한 구별이 필요하지 않다. 우리는 문화를 넓은 의미로 이해하여, 물질생활의 측면까지도 포함시키는 것이 좋을 것이다.

결국 우리는 사회생활 안에서 습득된 인위적인 것으로서 그 사회에 의하여 일반적으로 받아들여지고 기대되는 전부를 '문화'라는 개념으로 이해하는 문화인류학적 견해를 따르는 셈이 된다. 다시 말하면, 학문과 예술, 종교와 도덕, 법률과 관습 등 사회생활의 모든 측면에 나타나는 인간의 습득적인 여러 가지 능력과 행동 양식 및 생활 방식은 모두 우리가 고찰하고자 하는 '문화' 안에 포함된다. 그리고 우리들 인간의 행동은 대부분의 경우에 있어서 도구의 사용을 통해서 이루어지므로, 한 국민이 일반적으로 사용하는 도구의 총화로서의 이른바 '물질문명'도 우리들이 문제 삼는 문화 가운데서 중요한 자리를 차지하는 것으로 보아야 한다.

그러나 우리들의 관심의 초점이 되는 것은 개별적인 하나하나의 행동 양식 또는 그 행동에서 사용되는 도구의 종류는 아니다. 우리의 관심은 오히려 그 개별적인 행동들의 근원을 이루는 인간의 정신 상태로 향한다. 다시 말하면, 우리가 알고자 하는 것은 한 문화가 표출하는 무수한 외형의 모습이 아니라, 한 문화의 바닥을 흐르고 있는 국민정신 내지 시대정신의 내용이다. 우리가 지금 우리의 문화를 문제로 삼는 것은 결코 단순한 호기심으로서의 지식욕의 발동으로 말미암은 것은 아니며, 우리들 자신의 인생과 운명에 대한 깊은 관심에 연유하는 것이라고 생각된다. 그리고 우리들의 인생의 보람과 운명의 해방은 결국 우리 인간의 정신 상태가 어떠하냐에 따라서 크게 좌우된다고 판단되는 까닭에, 우리의 관심은 사회생활의 외형적 양상보다도 그 바닥을 흐르는 인간 정신의 심층으로 기울어지는 것이다.

문화란 사회적 조건형성(social conditioning)을 통하여 습득한 사고방식 및 행동 양식의 전체를 가리키는 말이었다. 인간은 필연적으로 사고하고 행동하기 마련이거니와, 그 사고와 행동을 일으키는 근원은 인간의 욕구다. 단순한 생존을 위한 생물학적 기본욕구로부터 더 '고상한' 정신적 욕구에 이르는 모든 종류의 인간적 욕구는 반드시 어떤 행동을 통하여 충족된다. 그러나 오랜 생활의 역사를 통하여 고도로 발달한 인간의 욕구를 복잡하게 엉클어진 사회적 관계 안에서 유감 없이 만족시킨다는 것은 매우 어려운 일이다. 특히 여러 사람의 여러 가지 욕구의 경쟁적 대립은 항상 우리를 어려운 '문제의 상황(problematic situation)' 속으로 몰아 넣는다. 그러므로 우리는 우리의 욕구로 말미암아 제기된 문제를 스스로 해결하기 위하여 적절한 행동을 선택해야 한다. 어떠한 행동이 적절한가를 본능이나 선천적 지식으로 알 수는 없는 까닭에, 우리는 "어떻게 하는 것이 좋을까?"를 경험에 비추어 생각해야 한다. 이리하여, 욕구로 말미암은 행동의 필요는 동시에 사고의 필요를 수반하게 된다. 한마디로 말하면, 우리의 행동과 사상은 다 같이 우리의 욕구를 충족시키는 수단으로서의 의의를 가졌다.

인간이 하는 사고와 행동 가운데 사회생활의 원만한 진행을 위하여 효과적이라고 알려진 것들은 '올바른 사고' 또는 '올바른 행동'으로서의 가치를 인정받고 반복되며 지속되는 반면에, 그렇지 못한 것들은 '그릇된 사고' 또는 '그릇된 행동'이라는 판정과 더불어 물리침을 받는다. 이리하여 일종의 자연도태의 과정을 거쳐서, 일정한 사고방식과 행동 양식은 하나의 전통 내지 습성을 이루고 그 사회 안에서 일반적으로 받아들여진다. 그리고 일단 받아들여진 사고 내지 행동의 방식은 하나의 사회적 표준으로서의 권위를 동반하게 되며, 장차의 사고 내지 행동이 그 방식에 순응할 것을 기대하는 심리가 그 사회에 널리 퍼진다. 문화란 바로 이와 같이 표준화되고 축적되어서 한 사회 안에 널리 받아들여진 사고와 행동의 방식 및 그러한 사고와 행동의 결과로서 생산된 인간적 창조물의 전체를 통틀어서 가리키는 개념이라고 볼 수 있다.

우리의 행동과 사고는 본래 인간이 그 생활환경 가운데서 부딪치는 문제를 해결하기 위한 수단으로서 발달한 것이었다. 그러나 페리(R. B. Perry)가 '관심의 변전(mutation of interest)'이라고 부른 심리의 경향을 따라서, 본래는 한갓 수단으로서 존중되던 것이 나중에는 그 자체가 목적으로서의 존중을 받는 수가 있다. 본래는 수단으로서 존중되고 발달한 행동이나 사고라 할지라도, 그 소중함이 오랜 체험을 통하여 깊은 인상으로 기록될 경우에는, 그 자체가 목적으로서 추구되기에 이르는 경우가 많다. 이와 같이 수단으로서의 가치가 목적으로서의 가치로 변전(變轉)한 것의 대표로서 우리는 학문과 예술의 세계를 지적할 수 있다. 학문과 예술도 그 기원을 살피면 역시 수단의 가치로서 출발한 것으로 짐작되나, 오늘날에 있어서는 그것들은 단순한 수단으로서의 지위에 머물러 있지 않고, 동시에 그 자체가 목적으로서의 가치를 지니게 되었다. 이것이 한 걸음 더 나아가서는, 학문과 예술이 가진 수단으로서의 측면을 전적으로 부정하고, 오로지 학술적 탐구 그 자체만을 위해서 학문을 탐구하고 예술적 창작 그 자체만을 위해서 창작적 활동에 종사하는 태도가 생기기에 이른다.

여기서 우리는 학문과 예술에 관한 대립된 두 가지 견해의 분기점을 뚜렷이 들여다보는 동시에, 그 일장일단(一長一短)을 종합적 견지에서 판단할 수가 있다. 즉, 학문과 예술에 오직 수단으로서의 가치(instrumental value)만을 인정하고 목적으로서의 가치(intrinsic value)는 인정하지 않는 견해와, 학문과 예술은 오직 그 자체만을 위해서 있다고 강조하면서 그것들이 인생 전체를 위해서 해야 할 수단으로서의 사명을 망각하는 견해가, 각각 무엇에 근거를 두었는지 알 수 있는 동시에, 그 두 가지 견해가 모두 학문과 예술의 한쪽 측면에만 주목하고 다른 쪽 측면은 간과하고 있음을 깨닫는다. 요컨대 학문과 예술은 그 발생학적 기원으로 말하면 오로지 더 원천적인 욕구의 충족을 위한 수단으로서의 의의만을 가진 것이었으나, 문화가 발달한 오늘에 있어서는 인생을 위한 수단인 동시에 그 자체가 인간적 추구의 중요한 목표이기도 하다. 학문과 예술뿐만이 아니라, 도덕, 종교, 언어와 같은 다른 문화의 분야에 대해서도 같은 주장을 할 수가 있으며, 이 여러 가지 분야의 문화가 평가의 대상이 될 경우에는 우리는 그것들이 갖는 수단으로서의 측면과 목적으로서의 측면을 아울러 고찰해야 할 것이다.

당면한 문제들을 해결하고 원만한 사회생활을 영위하는 데 효과적이라고 알려진 사고와 행동의 방식이 축적되어 문화를 형성하는 것이기는 하나, 사회생활의 여러 가지 조건과 상황이 변동함에 따라, 과거에는 효과적인 것으로 알려졌던 사고방식 또는 행동 양식이 이제는 부적당한 것으로 판단되는 경우가 있다. 그리고 표준화되어 일반에게 받아들여진 사고나 행동 그 자체의 효과에는 변동이 없다 하더라도, 새로운 경험과 창의로 말미암아 더 효과적인 사고나 행동의 방식이 발견되었을 경우에는, 과거에 있어서 받아들여졌던 사고나 행동의 방식은 상대적으로 그 효용 가치가 떨어진다. 여하튼 전통적 문화를 구성하는 사고방식이나 행동 양식이 우리에게 가능한 최선의 것이 아니라는 사실이 발견되었을 때, 전통적 사고방식 내지 행동 양식은 '낡았다'는 비판을 받게 되는 것이며, 여기 문화가 평가의 대상이 되는 계기가 있다. 사회생활의 조건과 상황은 항상 변동하며, 인간의 경험과 창의는 날로 새로운 면을 더해 간다. 따라서 인간이 자기가 사는 사회의 전통적 문화를 평가와 비판의 눈으로 바라보는 동시에 새로운 문화의 창조를 꾀하는 것은, 항상 더 나은 것을 추구하는 인간의 본성으로 보아, 매우 자연스러운 일이다.

2. 현대 문화의 위기

현대의 서구 문화를 몰락의 위기에 처해 있는 것으로 관찰한 학자들이 많다는 것은 널리 알려진 사실이다. 일찍이 『서양의 몰락(*Der Untergang des Abendlandes*)』을 저술한 슈펭글러(Oswald Spengler)를 비롯하여, 베르디아예프(Nikolai A. Berdiajev), 토인비(Arnold Toynbee), 슈바이처(Albert Schweitzer), 듀이(John Dewey) 등 현대 문화의 위기를 경고한 것으로 알려진 학자들은 많다.

현대 문화를 몰락의 위기에 처한 것으로 전망하고 관찰하는 배경에는, 문화를 일원적(一元的)이며 하나의 완성된 단계를 향하여 직선적으로 부단히 발전해 가는 것으로 보지 않고, 다원적(多元的)이며 생명체적인 것이어서 각기 그 특색을 따라 어느 기간 동안 성장하고는 조만간 쇠멸하기 마련이라고 보는 문화인류학적 이론의 전개가 있다. 어떻게 보면 현대의 위기설은 이러한 문화인류학적 이론의 적용 같기도 하다. 그러나 문화 다원론 내지 문화 생명체론이 바로 이 20세기에 나타난 것은 단순히 우연한 일로 생각되지 않으며, 오히려 현대의 문화가 몰락의 위기에 처했다는 관찰이 앞섰고, 그러한 관찰을 근거로 삼고, 또는 그러한 관찰의 자극을 받고, 문화인류학적 이론이 제창된 것으로 보아야 할 것이다. 따라서 현대 문화의 위기설은, 학자들의 주관적 이론에서 도출된 기우(杞憂)로서 낙관할 수 없는 심각한 경고라고 보지 않을 수 없다.

현대의 문화가 위기에 처했다고 경고하는 학자들의 견해에도 각각 그 강조하는 점에 차이가 있으나, 그들에게 공통된 주장은 현대의 서구 문화가 물질적인 기계문명에 있어서만 지나친 발달을 이룩하고 그 정신적인 측면은 극도로 쇠약해졌다는 관점에 있다. 그러면 현대의 서구 문화가 물질적 측면에 있어서만 과도로 비대해졌다 함은 어떠한 사실을 가리키는 것이며, 또 그 원인은 어디에 있는 것일까?

현대 서구 문화에 있어서의 정신의 위축을 의미하는 첫 번째 것으로서, 우리는 흔히 논의되는 '인간의 자기 상실' 또는 '인간의 비인간화'를 언급할 수 있을 것이다. 옛날부터 인간은 노동을 통하여 필요한 물품을 생산해 가며 살아왔다. 그런데 기계문명이 극도로 발달하기 이전에는 노동은 그 자체가 보람과 즐거움을 내포하는 생활의 일부였다. 노동은 생각해 가며 하는 인간적인 활동의 과정이었으며, 그 가운데 위안과 놀이의 요소가 포함된 삶의 일부였다. 이를테면, 노동 그 자체 가운데 휴식의 요소가 포함되어 있었다. 예컨대, 수공업 단계의 도자기공은 실용을 위한 그릇의 생산자인 동시에 예술품의 제작자이기도 하였다. 그리고 스스로의 창작 속에서 보람과 기쁨을 발견할 수 있었던 것이다. 그러나 기계공업이 극도로 발달한 오늘에 있어서 사정은 크게 달라졌으며, 노동의 의미도 근본적으로 바뀌었다. 첫째로, 일하는 사람이 자기의 뜻을 따라서 기계를 마음대로 부리는 것이 아니라, 기계의 구조와 성능을 따라서 기계의 한 부분처럼 움직여야 하는 오늘의 경우에 있어서, 노동 가운데 그 일하는 사람의 개성을 찾아볼 수가 없다. 누가 해도 일은 마찬가지이며, 기계의 부속품을 갈아 끼우듯이 노동자도 갈아 치울 수가 있는 실정이다. 둘째로, 노동자는 자기가 하는 일의 의의를 모른다. 어디에 어떻게 쓰이는지도 잘 모르는 부속품만을 한결같이 만들어 내는 사람이 사회를 위해서 뜻있는 일을 하고 있다는 자부심을 갖기는 어려운 일이며, 오직 몇 푼 안 되는 품삯 가운데 의의의 전부를 발견해야 한다. 이러한 성질의 노동에서 즐거움이나 휴식의 요소를 발견하기는 어려운 일이며, 노동에 종사하는 동안 인간은 완전히 자기의 주체성과 개성을 잃고 오직 기계의 일부분으로서 만족해야 한다. 따라서 인생의 즐거움을 따로 마련된 휴식과 오락의 시간 속에 찾아야 하나, 현실적으로는 겹친 피로와 경제난으로 말미암아 오락다운 오락을 갖지 못하고 오직 잠자는 시간 속에 인생의 유일한 즐거움을 발견해야 할 경우도 적지 않다.

물질의 측면만이 지나치게 팽창하고 정신적 측면은 빈약하게 위축된 현대 서구 문화의 또 하나의 특색으로서, 두 번째로 우리는 인간이 자기의 충절심(忠節心)과 정력을 전적으로 기울일 수 있는 생활의 중심을 잃었다는 사실을 지적할 수 있을 것이다. 이미 듀이에 의하여 거듭 지적된 바와 같이, 현대의 개인들은 자기의 모든 정성을 바칠 수 있고 삶의 보람을 그것에서 발견할 수 있는, 그러한 확고부동한 목표를 잃었다. 목표를 잃은 까닭에 사람들은 당황하고 방황한다. 지금도 물론 종교나 정치의 신조(信條)를 위하여 물불을 가리지 않는 광신적(狂信的) 인물이 없는 것은 아니다. 그러나 그들의 그러한 야단법석이야말로, 이미 시대의 사조가 그들에게 불리함을 밝혀 주는 증거이기도 하다.

물질적 가치만이 숭상되고 정신의 가치가 빛을 잃은 시대에 있어서, 사람들이 모든 정성을 기울일 수 있는 인생의 목표를 발견하지 못하는 것은 당연한 일이다. 물질의 가치란 그 본질에 있어서 수단적이거나 일시적인 성질의 것이며, 이성의 소유자로서의 인간이 수단적 가치 또는 일시적인 가치에 온 생명을 걸기는 매우 어려운 일이기 때문이다.

사람들이 확고한 인생의 목표를 세우지 못하고 우왕좌왕하는 것은 인격의 틀이 잡히지 않았기 때문이다. 그리고 인격의 틀이 잡히지 않는 첫째 이유는, 사람들이 국가와 사회를 위해서 뚜렷하고 보람 있는 임무를 수행하지 못하고 있다는 사실에 있다. 다시 말하면, 자기는 국가와 사회를 위해서 크게 이바지하고 있으며 따라서 국가와 사회를 위하여 매우 소중한 존재라는 것을 자타가 공인할 만한 처지에 놓여 있지 않기 때문에, 자중(自重)하고 자애(自愛)하는 인격의 틀을 갖추기 어려운 것이다. 사회를 위해서 이바지하고 있다는 의식, 즉 사회 안에서의 자기의 중요성에 대한 의식을 갖지 못한 개인들은, 그 마음의 공간을 메우기 위하여 사사로운 돈벌이와 육체적 쾌락을 추구하기에 여념이 없다.

국가나 사회를 위하여 중요한 일꾼이 되지 못하는 배후에는 돈벌이에만 열중하는 경제적 이기주의가 있다. 기계의 발달과 더불어 성장한 자유방임적 자본주의의 체제 아래서 기업가들은 오로지 이윤의 추구를 위하여 수단을 가리지 않는 풍조를 빚어냈으며, 이러한 풍조는 사회생활 전반에 만연하여 급기야 황금만능의 문화적 풍토를 초래하였다. 황금만능의 풍토 가운데서는 사업가 이외의 다른 사람들까지도 모두 돈벌이에 열중하게 되며, 국민 각자가 누구나 '돈'을 좇아 헤매는 이기적인 분위기 속에서, 국가나 사회의 전체적인 번영을 위하여 정열을 쏟기는 어려운 일이 아닐 수 없다.

기계공업의 놀라운 발달과 자유방임의 경제체제, 그리고 그 안에서의 치열한 돈벌이 경쟁은 경제적 불안을 초래하기 일쑤였거니와, 이 경제적 불안은 틀이 잡힌 인격의 형성을 방해하는 악순환을 가져왔다. 공업 기술의 발달이 많은 실업자를 배출했음은 널리 알려진 사실이며, 언제 직장을 쫓겨날지 모른다는 불안과 가까워 오는 정년퇴직에 대한 공포는, 실업 그 자체보다도 사람의 마음에 심각한 그림자를 던진다. 맹자(孟子)도 "항산(恒産)이 없으면 항심(恒心)이 없다."고 지적했거니와, 현재와 같은 경제적 불안 속에서 마음의 자세를 가다듬기는 매우 어려운 일이다.

경제의 불안은 빈민층에게만 있는 것이 아니라, 중소 규모의 사업가나 월급쟁이에게도 있고, 경우에 따라서는 재벌에게도 있다. 정직하게 그리고 부지런히 일만 하면 실패할 염려가 없다는 보장은 아무에게도 주어져 있지 않다. 이러한 사정 속에서 사람들은 미덕(美德)에 대한 존경심을 잃고, 투기나 교제에 의한 일확천금을 더 현명한 처세술로 인정한다.

사람들이 확고한 인생의 목표를 세우지 못하고 우왕좌왕하는 모습은 사회생활의 어떠한 분야에 있어서도 찾아볼 수가 있다. 이는 자본주의 문명의 주인공으로 볼 수 있는 자본가들의 경제활동의 경우도 결코 예외가 아니다. 어떤 의미로는 자본가들에게는 확고부동한 목표가 있다. 돈을 번다는 목표다. 그러나 돈이란 본래 무엇인가를 위해서 써야 할 수단이었다. 그런데 자본가에게는 그 돈으로써 달성할 목표가 뚜렷하지 않다. 물론 개인적 향락이라는 정도의 목표는 있다. 그러나 향락에서 진정한 인생의 보람을 느끼는 사람은 적으며, 또 개인적 향락을 위해서라면, 무한정 많은 돈을 벌기 위해서 그토록 열중할 필요는 없을 것이다. 간혹 자선사업을 목적으로 내세우는 사람도 있다. 그러나 그 자선심이란 마땅히 해야 할 사회적 임무를 다하지 못함에서 오는 죄의식을 미온적인 방법으로 씻으려는 심리적 갈등의 표명에 불과할 경우가 많다.

인간의 목표 상실은 정치적 사회에 있어서 더욱 뚜렷하다. 정부나 여당은 겉으로는 훌륭한 강령과 정책을 내세우나, 실제에 있어서는 개인적 이득을 추구하는 결과로 흐르기가 일쑤이며, 확고한 국가적 목표를 추구하는 경우는 비교적 드물다. 사태는 야당의 경우도 다를 것이 없다. 야당의 정객(政客)들은 항상 "현실을 뜯어고쳐야 한다."고 외친다. 그러나 어떻게 뜯어고친다는 것인지 그 목표도 방법도 막연하다. 야당의 주장이 공염불이라는 사실은 그 야당이 집권당의 자리를 차지했을 때 현실적으로 증명된다.

물질의 측면만이 우세하고 정신의 측면은 위축된 현대 문화의 또 하나의 폐단으로서 지적해야 할 것은, 대중문화에 있어서 대중이 소외되고 있다는 사실이다. 오늘의 문명사회를 대중적 사회라고 부르며 오늘의 문화를 대중문화라고 부르는 사람들이 있다. 옛날에 비하여 대중의 사회 진출이 현저하며, 예술 및 오락을 중심으로 하는 대중문화가 크게 발달하고 있음은 부인할 수 없는 사실이다. 그러나 '대중문화'라고 불리는 것의 내용을 살펴보면, 그것에 있어서 대중은 사실상 소외되고 있음을 발견한다. 대중가요, 대중잡지, 대중소설, 대중영화, 그리고 라디오와 텔레비전의 대중 프로그램, 이들 이른바 '대중문화' 속에서 대중이 하는 일이 무엇인가를 생각해 보라. 가난한 호주머니의 돈을 털어 그것을 사는 수동적 고객의 구실 이외에 하는 것이 없다. 그것은 대중이 적극적으로 참여해서 창조해 냈다는 뜻에서 대중문화가 아니라, 돈벌이를 노리는 장사치들이 대중의 구미를 고려해서 만들었다는 뜻에서, 그리고 대중이 그것을 구매한다는 뜻에서 대중문화일 따름이다. 그것은 비록 '대중문화'라 불리고 있기는 하나 실은 한갓 소비문화에 지나지 않는 것이다. 대중의 창의와 지혜, 그리고 그들의 깊은 정서를 집중적으로 승화한 결정(結晶)으로서의 문화가 아니라, 한갓 돈벌이의 목적을 위하여 조잡하게 만들어 낸 속임수에 지나지 않는 까닭에, 그것은 저속할 수밖에 없으며, 어떤 기본 원리에 의하여 일관된 바 없는 잡다한 것들의 나열에 지나지 않는다.

이토록 저속하고 난잡한 것들이 버젓이 대중문화로서 통하게 된 사태에 대하여는 대중 자신에게도 물론 책임이 있다. 그것을 용인하고 돈까지 치러 가며 환영한 책임이다. 그러나 오늘날 대중이 놓인 사회적 상황과 그들의 심리적 조건을 고려할 때, 그들이 그러한 유혹의 농락을 당하는 것은 도리어 당연한 일이라고도 생각된다.

오늘의 대중은 이미 기계적인 노동의 과정을 통하여 비인간화하였으며, 돈에 묶여 돈을 좇는 가운데 자기를 상실하기에 이른 고독한 존재였다. 그리고 그 고독에는 긴장과 피로까지 겹쳤다. 기계의 톱니바퀴처럼 빈틈없이 합리적이고, 시계추처럼 단조롭기 짝이 없는 노동의 긴 시간을 통하여 긴장과 피로에 시달린 사람이, 섹스와 만화 그리고 뒷골목 이야기와 같이, 손쉽게 긴장을 풀고 위안을 얻을 수 있는 합리성 이전의 오락으로 흡수되는 것은 너무나 자연스러운 현상이다. 대중이 소외된 대중문화의 출현이라는 역설적 현상도 실은 현대 자본주의 아래 발달한 기계문명의 필연적인 한 부분이라고 볼 수 있을 것이다.

'대중문화'라는 이름에 부끄럽지 않은 대중문화는 대중의 지성과 정서의 개발을 그 바탕으로 삼는 것이 아니면 안 된다. 정신의 개발을 떠나서 참된 의미의 문화를 생각할 수는 없기 때문이다. 예술이나 학문 같은 문화의 정수도 역시 개발된 정서와 지성이 어떤 형태를 갖추고 결정(結晶)된 것이라고 해석된다.

따라서 정말 대중적인 예술 또는 대중적인 학문이 성취되려면, 그것은 대중 밖에 있는 어떤 전문가들의 대리작품(代理作品)을 대중이 돈을 주고 삼으로써 가능한 것이 아니라, 대중 자신의 개발된 정신의 적극적이고 능동적인 참여를 통해서 이루어져야 할 것이다. 다시 말하면 '대중의 것'이라고 떳떳하게 부를 수 있는 현대의 새로운 문화는, 땀으로 일하는 대중의 어깨와 등을 밟고 올라선 소수의 '엘리트' 또는 '사이비 엘리트'의 손으로 건설될 성질의 것이 아니라, 일하는 대중 자신들의 마음이 우선 개발되고, 그 개발된 정신으로 그들 자신이 지식과 예술의 세계에 자발적으로 참여함으로써 실현되어야 할 성질의 것이다.

대중의 정신이 건전한 방향으로 개발되기 위해서는, 우선 사람들이 자기를 비인간화의 진행 과정으로부터 해방하고, 잃었던 주체성을 회복해야 할 것이다. 그리고 인간이 상실된 자기를 회복하는 일을 광범하게 달성할 수 있으려면, 사회제도 전반에 걸친 근본적인 혁신이 뒷받침되어야 할 것이니, 여기서 우리는 지극히 거창하고 어려운 문제에 부딪치게 됨을 깨닫는다.

지성과 정서의 개발을 직접적인 목적으로 삼고 운영되는 기관으로서 학교가 있다. 학교교육이 성공하느냐 실패하느냐는 문제는 새로운 문화의 건설이 성공하느냐 실패하느냐는 문제로 곧장 연결된다. 그런데 오늘날 기계와 금전이 압도적인 영향력을 가진 여러 나라에 있어서, 학교교육이 참된 의미의 성공을 거두고 있는 경우는 많지 않은 것으로 보인다.

자유방임의 경제 이론이 실천되고 있는 나라에서는, 대부분의 경우 대단히 많은 학교가 설립되고 있으며, 국민 일반이 그 교육을 받고 있다. 그러나 그 학교들의 교육목적이 뚜렷하지 못하고 진정으로 산 교육을 실시하고 있지 않은 까닭에, 표면상으로는 교육이 매우 널리 보급되고 있는 것 같은 인상을 풍기는 것이 사실이나 그 내막에 있어서는 참된 교육의 효과를 올리지 못하는 경우가 많다.

각급 학교에 있어서 기술 교육의 중요성이 크게 강조되는 동시에 실제로 많은 기술자가 양성되고 있음은 사실이다. 그러나 그 기술 내지 기술자가 잠재적으로 지니고 있는 사회적 기능을 체계적으로 연구하는 학교는 아무 곳에도 없다. 숙련된 기술자는 많이 양성되고 있으나, 그 기술이 봉사할 보람 있는 목적에 관한 철학은 없는 것이다.

고등교육기관임을 자랑하는 여러 종류의 학교에서는 심오한 전문 지식을 수여하기에 많은 힘을 기울인다. 그러나 그러한 학교도 사회생활의 깊은 현실 문제를 심각하게 다루는 것은 은연중에 회피한다. 그리고 여러 학교가 현대 문명의 바닥에 깔린 사회문제를 자유롭게, 그리고 공정한 견지에서 파고들지 못하는 것은, 듀이가 지적한 바와 같이, 돈벌이에 온갖 정력을 기울이는 경제계가 가하는 간접적 압력 때문이다. 여기서도 또 한 번 우리의 고찰은 경제사회의 문제로 연결된다. 교육의 성과를 포함한 문화의 문제는 결국 경제의 문제를 떠나서는 해결될 수 없다는 결론에 도달한 셈이다.

3. 문화 평가의 문제점

우리의 관심은 우리들 자신의 현실에서 출발하여 결국 우리들 자신의 현실로 되돌아온다. 우리가 이 글의 1절에서 '문화의 개념'을 고찰한 것도, 그리고 2절에서 서구 세계에 있어서의 '현대의 위기'를 살펴본 것도, 결국은 우리 한국의 문화에 대한 관심 때문이며, 우리 한국의 문화에 대한 관심은 전체로서의 한국의 현실에 대한 떨칠 수 없는 관심의 일부가 아닐 수 없다. 다시 말하면, 이제까지의 우리의 고찰은 우리 한국의 문화를 평가적 관점에서 반성하는 데 어떤 기초적인 참고가 되기를 원하는 동기에서 출발했던 것이다.

그러나 이 글은 한국의 문화를 직접 분석하고 평가하는 일까지를 한번에 단행하는 것을 목적으로 삼지 않는다. 이 글이 의도하는 당면의 목표는 우리가 한국의 문화를 비판적으로 분석할 때 고려해야 할 점이 무엇인가를 암시하는 일에서 그친다. 그러면, 앞에서 전개한 1절과 2절이 '문화의 평가'에 있어서 고려해야 할 점으로서 암시하는 바는 무엇일까?

우리는 1절에서, 문화는 본래 욕구의 충족을 위한 도구로서 발달한 것임을 보았다. 그 발달의 초기에 있어서뿐만 아니라 현재에 있어서도, 문화는 우리가 인생의 문제를 풀어 감에 있어서 좋은 도구로서 봉사해야 할 사명을 짊어지고 있다. 따라서 우리는 문화의 가치를 평가하는 마당에 설 때 그것이 우리 인생에 대하여 기여하는 도구로서의 기능을 고려하지 않을 수 없다는 첫째 결론을 얻는다.

오늘의 한국은 진실로 많은 어려운 문제들에 부딪치고 있다. 한국이 발전 도상에 있는 후진국이라는 사정에서 오는 문제들이 있고, 국토가 분단되었다는 현실에서 오는 문제가 있으며, 크고 강한 나라들과의 미묘한 국제관계에서 오는 문제들이 있다. 그리고 그 밖에 생존경쟁이 치열한 현대에 있어서 어느 나라에서나 찾아볼 수 있는 심각한 문제들이 여기에 겹쳐 있다. 이 곤란한 문제들이 저절로 해결되리라고 기대하기는 어려우며, 하나하나 우리들의 행동을 통하여 풀어 나가야 한다. 그리고 우리의 행동은 신중한 사색을 전제로 하는 것이되, 우리의 사고와 행동의 방향은 현존하는 우리의 문화에 의하여 크게 제약되는 것이다. 그렇다면 우리의 문화는 우리의 사고와 행동을 좋은 방향으로 이끌어 우리의 어려운 문제들의 해결에 크게 이바지할 수 있는 성질의 것일까? 우리의 문화가 평가의 대상이 될 경우에 우선 이 점을 고려하지 않을 수 없다.

현존하는 한국의 문화는, 거시적 관점에서 볼 때, 크게 두 가지 측면을 가지고 있다. 그 하나는 전근대적 근원을 가진 계통에 속하는 사고와 행동의 습성이고, 또 하나는 미국, 유럽 또는 일본 등을 통하여 들어온 비교적 새로운 외래의 사상에 좌우되는 측면이다. 이 두 가지 측면은 모두 오늘의 한국에 뿌리를 두고 성장한 문화의 요소가 아닌 까닭에, 한국의 현실과는 잘 조화되지 않는 요인을 가지고 있을지도 모르며, 따라서 한국의 현실 문제를 타결하는 도구로서 그리 적합하지 못한 점을 가지고 있을지도 모른다. 이러한 관점에서 볼 때, 한국의 문화를 평가하는 마당에 있어서 그 사회적 기능을 더욱 조심성 있게 검토할 이유가 있음을 깨닫는다.

다음에 우리는 문화의 정수(精髓)로서의 학문, 예술, 도덕 등에는 수단으로서의 가치뿐만 아니라, 그 자체를 목적으로 삼는 본래적 가치도 깃들어 있다는 사실을 지적하였다. 여기서 필연적으로 연역되는 결론은, 우리가 한국의 문화를 평가의 대상으로 삼을 경우에도, 문화의 실용성 문제를 넘어서서, 문화 그 자체 속에 담긴 본래적 가치의 측면을 소홀히 해서는 안 된다는 것이다.

그러나 문화의 본래적 가치를 평가한다는 것은 그 도덕적 가치를 저울질할 경우보다도 훨씬 더 어려운 문제를 포함하고 있다. 도구적 가치가 문제될 경우에는 평가의 대상이 도구로서 봉사해야 할 목적은 이미 정해져 있다는 전제가 있다. 따라서, 어떤 사상 내지 행동이 현실 문제 해결의 도구로서의 사회적 기능을 잘 발휘할 수 있을 것인가 하는 문제는 인과율적 예견의 문제가 된다. 복잡하고 미묘한 사회현상에 관하여 인과율적 예견을 똑바로 한다는 것은 사실상 매우 어려운 일임에 틀림이 없다. 그러나 적어도 이론상으로는, 인과율적 예견이란 원칙상 가능한 일이며, 비록 정확성을 기하기는 어렵다 할지라도, 언제나 과학적 탐구의 대상으로서의 성질을 잃지 않는다. 그러나 대상의 본래적 가치가 문제될 경우에는 사정은 근본적으로 다르다. 왜냐하면, 사물의 본래적 가치를 측정하는 객관적 기준이 확립된 바 없으며, 그 기준을 세우는 문제가 원리적으로 여러 가지 난점을 포함하고 있기 때문이다. 사실은 예술이나 도덕과 같은 문화적 소산의 본래적 가치의 평가를 위한 일반적 기준을 세우는 일 자체가 한 민족 또는 국가의 중요한 문화적 과제의 일부를 차지한다. 그러나 이 자리에서 우리는 가치론에서도 가장 어려운 철학적 문제에 속하는 '본래적 가치의 평가를 위한 기준의 문제'에 깊이 관여할 겨를이 없다. 여기서는 다만 한 가지 사실만을 더 지적해 두고 다음으로 고찰을 옮기기로 한다. 그 한 가지 사실이란, 비록 엄밀하게 증명된 보편적 평가의 기준은 본래적 가치에 관한 한 어느 사회에서도 찾아보기 어려우나, 대부분의 시대의 대부분의 사회에는 그 사회에서 일반적으로 널리 받아들여진 평가의 척도가 있으며, 이 점에 있어서는 우리 한국도 예외가 아니라는 사실이다.

2절로 넘어와서 우리는 서구 문명의 위기설을 긍정적 각도에서 음미하였다. 우리 한국의 문화를 고찰의 대상으로 삼을 경우에도, 우리는 역시 '위기'의 관념을 염두에 두고 문제를 생각해야 할 것이다. 여기서는 주로 서구 문명이 가진 폐단과 약점이 우리나라의 경우에도 발견되는가, 안 되는가를 비교하는 작업이 큰 비중을 차지하게 될 것이다.

우리는, 현대의 서구 문화가 위기에 처했다고 걱정하는 첫째 이유로서, '인간의 기계화' 및 '인간의 자기 상실'이라고 부를 수 있는 현상을 언급하였다. 우리 한국의 경우는 아직 기계공업이 크게 발달하지 않았으며, 자본주의의 성장도 아직은 서구에 견줄 수 있는 단계에 이르지는 않았다. 따라서 서구 문화에 관해서 주장한 '인간의 기계화'의 관념을 똑같이 한국에 적용하기는 어려울 것이다. 그러나 한국의 경제가 오늘날 밟고 있는 노선이 19세기적 자본주의의 그것과 대동소이하다는 것은 부인하기 어려우며, 전체가 가난한 나라인 까닭에 노동조건은 도리어 선진 자본주의의 나라들보다도 더 나쁜 점이 적지 않다. 따라서 우리나라의 경우에 있어서도 인간이 기계화하며 자기를 상실할 위기는 충분히 있다고 보아야 할 것이다. 그렇다면, 과연 그 위기가 어느 정도로 심각한 것이며 또 그것이 어떠한 양상으로 우리들 생활의 여러 측면에 반영되고 있는가를 구체적으로 검토하는 일은, 우리나라의 문화를 반성하는 마당에서 빼놓아서는 안 될 작업이라고 하지 않을 수 없다.

위기에 처한 서구 문화의 두 번째 특색으로서 우리가 지적한 것은, 인간이 자기의 충절심과 정력을 전적으로 기울일 수 있는 생활의 중심을 잃었다는 사실이었다. 이 점도 역시 한국의 경우와 관계가 없는 이야기라고 보기는 어려울 것 같다. 보람을 느껴 가며 생명을 기울일 수 있는 생활의 중심을 갖지 못했다는 점에 있어서, 우리 한국인은 다른 나라 사람들의 경우보다도 더한층 심한 증세에 빠져 있는 것이 아닐까? 다만 우리들 한국인이 생활의 중심을 잃고 방황하는 양상과 또 그렇게 된 원인에는 반드시 다른 나라의 경우와 같지 않은 점도 있을 것이다. 우리나라 사람들의 정신적 방황의 모습과 그 원인을 분석적으로 음미하는 일도 우리 한국의 문화를 평가하는 마당에서 생략할 수 없는 항목이라고 생각된다.

'생활의 중심'을 발견하는 문제는 국민 생활의 전반적인 안정의 문제와 깊은 관련성을 가졌다. 국가와 사회에 대한 신뢰와 애착은 생활의 중심을 위한 심리적 기반의 핵심이기 때문이다. 따라서 여기서도 문화에 대한 비판은 그 나라의 정치 및 경제의 상황에 대한 반성을 토대로 삼고 시도되어야 한다는 상식에 부딪친다.

서구 문명의 또 하나의 폐단으로서 우리가 세 번째로 지적한 것은 '대중문화 속에서의 대중의 소외'라고 부를 수 있는 역설적 현상이었다. 한국 문화를 생각하는 마당에서도 우리는 '대중문화'의 문제를 중요시하지 않을 수 없을 것이며, 한국에서 대중문화로 통하고 있는 것이 진실로 그 이름에 부끄럽지 않은 것인지를 검토해야 할 것으로 믿는다.

민주주의가 표방되고 만인의 평등이 당연한 상식으로 알려진 오늘날, 이른바 '엘리트'만의 정신적 개발을 의미하는 소수의 문화가 아니라, 국민 전체의 지성과 정서의 개발로서의 대중문화가 우리들이 지향해야 할 정당한 목표임을 부인하는 사람은 적을 것이다. 현재 우리나라에 있어서도 의무교육이 실시되고 있으며, 신문과 잡지를 비롯한 여러 가지 도서 출판계 및 영화계와 가요계를 비롯한 이른바 연예계에 있어서 대중성이 크게 강조되고 있다는 사실을 상기할 때, 바야흐로 이 나라에도 대중문화의 시대가 도래했음을 느끼지 않을 수 없다. 그러나 그것이 어떠한 내용의 '대중문화'인 것일까? 통계 숫자로 보아 날로 늘어 가는 저 많은 학교교육에 있어서 과연 참된 민주시민을 길러 내는 좋은 가르침이 베풀어지고 있는 것일까? 그리고 출판계나 연예계 또는 그 밖의 곳에서 '대중성'이 크게 강조될 때, 과연 대중들 자신을 위해서 그것이 강조되고 있는 것일까? 또는 그것을 강조하는 사람들 측의 상업적 목표를 달성하기 위해서 그것이 강조되는 것일까? 이러한 점이 충분히 관찰되고 분석되어야 할 것으로 안다.

대중문화의 문제와 관련해서 학교교육이 갖는 의의는 자못 중대하다. 많은 학생을 동시에 수용하는 오늘날의 각급 학교는 대중의 정신을 개발하기 위한 가장 대표적인 공공 기관이기 때문이다. 그러므로 대중문화에 관한 반성은 자연히 학교교육에 대한 반성을 촉구하거니와, 여기서 우리는 다음과 같은 물음들을 따라서 한국의 학교교육의 실정을 음미해야 할 것이다. 교육의 목적에 관한 깊은 철학이 있는가? 교육의 방법이 모방과 매너리즘에 빠져서, 겉으로 내세우는 교육의 목표를 한갓 공염불로 만들고 있지 않은가? 피교육자 자신들의 인격이 충분히 존중되고 있으며, 정말 그들을 위한 교육이 실시되고 있는가? 교육적 환경의 조성과 교육자의 솔선수범을 통하여 새 시대에 적합한 도덕교육이 베풀어지고 있는가? 특히 민주 시민으로서 갖추어야 할 기본적 미덕으로서의 공정(justice)의 정신, 단순한 이기성을 넘어서서 국가와 사회를 아끼고 사랑하는 국민 의식, 그리고 자유와 법의 양립을 가능하게 하는 자율의 정신을 길러 주고 있는가? 교육기관이 그 경영자, 문교 관리 또는 교육자들의 사사로운 이익을 위하여 이용되는 일이 없는가? 정권 또는 금권의 압력이 학원의 자유를 위협하는 일이 없는가? 피교육자들이 학교를 그 본래의 목적과는 어긋나는 방향으로 이용하는 일은 없는가?

대중문화와 관련해서 또 한 가지 고려해야 할 것은 '대중성'은 '저속성'과 동일하지 않다는 사실이다. 대중문화는 곧 저속 문화를 의미한다고 생각하는 사람들이 있으며, 오늘날 '대중문화'로 통하고 있는 것이 대부분 저속한 것도 사실이다. 그러나 저속성은 대중이 소외된 병든 대중문화의 일반적 특색이기는 하나, 마땅히 실현되어야 할 대중문화의 이념의 필연적 속성은 아니다. 다시 말하면, 대중문화가 저속성과 결합한 것은, 대중문화가 상인들의 저속한 동기로 말미암아 소비문화로 전락하는 과정에서 필연적으로 생긴 폐단이요, 대중문화 그 자체의 본질에서 유래한 것은 아니다.

문화는 저속화함으로써 대중적인 것이 되는 것이 아니라, 대중의 능동적 참여를 통해서 대중적인 것이 된다. 논자들 가운데는, 대중의 광범위한 참여가 가능하기 위해서는 저속화가 불가피하다고 주장할 사람이 있을지도 모른다. 그러나 대중은 저속할 수밖에 없다는 전제에서 출발한 이러한 사고방식이야말로, 대중을 언제까지나 노예적인 상태에 묶어 놓기를 원하는 비민주적 관념의 표본인 것이다. 대중의 지성과 정서를 개발하여 그들을 저속성의 수렁으로부터 빠져나오게 하는 일이야말로, 그 이름에 알맞은 대중문화의 목표가 아닐 수 없다.

여기서 우리는 대중문화의 이상을 위하여 '엘리트'로서의 지성인에게 맡겨진 사명이 무엇인지를 뚜렷이 내다볼 수가 있다. 대중문화를 역설하는 것은 결코 엘리트로서의 지성인을 소홀히 여기거나 그들의 사회적 사명을 망각하는 몰상식이 아니다. 민주 사회에 있어서의 참된 지성인은, 대중으로부터 자기를 격리함으로써 엘리트가 되는 것이 아니라, 대중 속에 들어가서 대중을 위로 끌어올림으로써 엘리트가 되는 것이다.

이제까지 우리는 1절에서 고찰한 '문화의 개념'과 2절에서 살펴본 '서구 문화의 위기'가 암시하는 바를 따라서, 한국 문화를 평가의 대상으로 삼을 때 고려할 점을 참고삼아 생각해 보았다. 따라서 이제까지의 고찰은 현대의 기계문명과 자본주의의 영향 아래 있는 모든 나라의 경우에 통용될 수 있는 일반적인 고찰이며, 한국 문화의 특수성을 고려한 의견의 전개는 아니었다. 그러므로 여기서 우리는 한국의 특수 사정을 염두에 두었을 때 고려해야 할 점 몇 가지를 첨가함으로써 끝을 마무리하는 것이 좋을 것 같다.

한국 문화를 평가적인 각도에서 검토함에 있어서 고려해야 할 특수 사정의 가장 기본적인 것은, 한국이 지금 문화적으로도 과도기에 처해 있다는 사실일 것이다. 근대화로의 전환을 꾀하고 있는 한국은 지금 계통이 다른 여러 가지의 문화 요소를 잡다하게 아울러 가지고 있다. 한편으로는 샤머니즘, 불교 및 유교와 같은 동양적 전통의 문화 요소가 남아 있고, 또 한편으로는 유럽과 미국의 새로운 풍조가 흘러들어 오고 있을 뿐 아니라, 그 밖에 동서의 혼합으로 이루어진 일본 문화의 영향도 무시할 수 없는 세력으로 밀려오고 있다.

여러 가지 이질적 요소를 잡다하게 섞어 가지고 있는 문화적 풍토에 있어서 크게 문제가 되는 것은, 문화의 통일성(integration)이다. 어떤 사회의 문화가 여러 가지 이질적 요소들을 잡다하게 포함하면 포함할수록 그 통일성에 대한 요청이 커진다. 다시 말하면, 아무리 잡다한 요소들의 복합으로 이루어진 문화라 할지라도 일종의 통일성은 필요하다. 그것이 필요한 첫째 이유는 문화의 통일성을 얻지 못한 사회일수록 가치관의 통일을 얻기 어렵다는 사실에 있다. 습성화된 사고방식 내지 행동 양식으로서의 '문화'는 규범적 성격을 띠게 되거니와, 그 규범적 성격으로 말미암아 문화는 그 핵심으로서 가치관을 내포하기 마련이며, 한 사회의 문화가 통일성을 얻지 못할 경우에는 그 사회의 가치관도 분열을 면치 못한다. 그리고 가치관의 분열은 국민적 단결을 방해하는 요인인 동시에 개인적으로는 인격의 통일을 방해하는 난점이다.

잡다한 외래의 문화 요소들을 조화롭게 통일시키는 구심(求心)의 원리가 될 수 있는 것은 오직 그 국민의 주체성이다. 여기서 우리는, 한 국민 문화에 통일성이 있느냐 없느냐의 문제는 그 국민에게 주체성이 있느냐 없느냐의 문제와 직결됨을 본다.

과도기에 처하여 잡다한 외래의 문물이 흘러들어 오고 있는 한국의 문화를 평가함에 있어서 또 한 가지 고려할 점은 모방성과 독창성의 문제다. 문화의 도구적 가치가 아니라 그 본래적 가치가 문제될 경우에는 독창성의 여부가 결정적인 조건이 된다는 것은 평범한 상식이다. 특히 외래의 문물이 급속도로 흘러들어 오는 후진국의 경우에 있어서, 단순한 모방에 머물지 않고 그 외래의 요소들을 소재로 삼는 독창적 종합을 성공적으로 이룩함에 그 국민의 문화적 과제가 있다. 여기서 말하는 '창조적 종합'이 바로 잡다한 문화 요소를 통일의 방향으로 이끌어 가는 과정임을 생각할 때, 문화에 있어서의 통일성과 주체성, 그리고 독창성의 문제는 내면적으로 밀접하게 연결되고 있음을 알 수 있다.

(1967년 7월)

2장 문화 창조의 윤리적 기초

1. 자랑스러운 문화

어떻게 사는 것이 가장 바람직한 삶인가? 윤리학에 있어서 첫째이자 마지막 문제인 이 물음에 대하여 우선 할 수 있는 대답은, "우리가 원하는 바를 되도록 많이, 그리고 되도록 깊게 만족시킬 수 있게 사는 것이 바람직하다."라는 추상적인 판단일 것이다.

우리가 원하는 것 가운데서 가장 기본적인 것의 첫째는 의식주를 비롯한 원초적 욕구의 만족이고, 둘째는 타고난 자질을 발휘하여 자기의 인격의 성장을 이룩하는 동시에 자랑스러운 업적을 남기는 일이며, 셋째는 여러 개인의 단결과 협력을 통하여 공정하고 명랑한 사회를 건설하고 그 안에서 사랑과 정의의 인간관계를 실현하는 일이다.

물론 위에서 말한 세 가지의 소망은 서로 밀접하게 연결되어 있다. 의식주의 기본 생활을 어느 정도 안정시킴이 없이는 자질을 발휘하여 자랑스러운 업적을 남길 수 없으며, 개인의 인격적 성장이 없이는 공정하고 명랑한 사회의 건설을 실현할 수가 없다. 그리고 반대로, 공정하고 명랑한 사회의 건설이 없이는 개인이 그 자질을 발휘하여 인격의 성장을 이룩할 것을 기대하기 어렵다. 요컨대, 이 세 가지의 인간적인 소망은 서로가 서로를 위한 수단인 동시에, 서로가 서로의 목적이 되는 상호 관계를 맺고 있으며, 그 성취를 종합적으로 꾀할 성질의 것이다. 그리고 이 세 가지의 소망을 종합적으로 성취했을 때, 우리는 값지고 영광스러운 문화를 창조한 결과가 될 것이다.

이상과 같은 관점에서 볼 때 우리들 인간의 궁극적 목적은 자랑스러운 문화를 창조함에 있다고 말할 수 있을 것이다. 자랑스러운 문화의 창조가 성취되는 날에는 사람들의 기본 생활도 보장될 것이며, 각자의 인격적 성장과 명랑한 사회의 건설도 그 안에 포함될 것이기 때문이다. 다만 문제는, "어떠한 것을 자랑스러운 문화의 창조라고 부를 수 있는가?"에 있을 것이다.

현대인으로서 우리의 가치관에 입각해서 판단할 때, '자랑스러운 문화'라고 불릴 수 있기 위해서는 적어도 세 가지의 조건을 만족시켜야 한다고 생각된다. 어떤 문화가 자랑스러운 것이 되기 위해서는, 첫째로 좋은 의미의 민주성과 대중성을 가져야 하며, 둘째로 고유한 특색 내지 독창성을 가져야 하며, 셋째로 모든 개발된 정신에 대하여 공감을 줄 수 있는 보편성, 즉 인류의 역사의 척도로 본 높은 수준을 가져야 한다. 이 세 가지 조건은 서로 연관하여 서로 보완하는 성질의 것이거니와, 이제 그 하나하나에 대해서 좀 더 상세한 고찰을 해보기로 하자.

오늘날 문화가 자랑스러운 것이 되기 위해서는 민주성과 대중성을 가져야 한다는 주장의 근거는, 모든 인간의 평등한 인권과 존엄성을 믿는 민주주의 그 자체에 있다. '문화'라는 것을 일부 특권층의 당연한 독점물로 생각했던 시대가 있으며, 오늘도 그것을 탁월한 소질과 교육을 갖춘 일부 엘리트만의 일이라고 보는 사람들이 있다. 그러나 문화(culture)가 본래 '자연 상태'에 대한 '인위적 개발'을 의미하는 개념임을 생각할 때, 그리고 인간의 소질은, 그것이 누구의 것이든 또 어느 정도의 것이든, 모두 유감 없이 연마하고 개발하는 것이 민주주의의 이상임을 반성할 때, 문화를 어떤 특수층만의 독점물로 간주하는 사고가 잘못임은 명백하다. 인간의 개발로서의 문화는 모든 개인이 주체적으로 참여해야 한다는 뜻에서 그것은 민주적이어야 하며, 인간 개발의 정화(精華)로서의 협의(狹義)의 문화는 모두가 다 같이 그것을 즐길 수 있어야 한다는 뜻에서 그것은 대중적이어야 한다.

자랑스러운 문화는 민주성과 대중성을 가져야 한다는 주장을 저속한 문화의 옹호 내지 찬양으로 오해해서는 안 된다. 대중적인 것은 반드시 저속할 수밖에 없다는 필연성은 어느 곳에서도 찾아볼 수 없을 것이다. 오늘날 우리 사회 현실에 있어서 저속한 것이 대중성을 갖는 경향이 있음은 사실이나, 그러나 이것은 현대 문화의 근본적인 잘못을 폭로하는 현상에 불과한 것이며, 대중성과 저속성 사이에 논리적 필연성이 있음을 입증하는 근거로 볼 성질의 것은 아니다. '대중은 저속할 수밖에 없다'는 바로 그 생각이 모순에 가득 찬 현대사회의 그릇된 사고방식의 산물일 따름이다. 대중적이기는 하나 저속하지는 않은 문화의 창조, 이것이 바로 더 나은 내일을 지향하는 우리들의 공동 목표가 아닐 수 없다.

자랑스러운 문화는 둘째로 고유한 특색 내지 독창성을 가져야 한다고 하였다. 이것은, 문화가 인생에 대하여 가진바 수단으로서의 측면을 사상(捨象)하고, 문화 그 자체의 자기 목적적 측면, 즉 문화가 가진 본래적 가치(intrinsic value)의 측면에 관해서 한 말이다. 그리고 문화의 본래적 가치의 근본이 그 개성 및 독창성에 있다는 것은, 문화철학자들의 거의 공통된 견해이며 또 우리들의 상식이기도 한 까닭에, 이 주장을 뒷받침하기 위한 새삼스러운 설명이 필요하지는 않을 것이다. 다만, 이 자리에서 언급해 두는 것이 좋으리라고 생각되는 것은 앞으로 우리 한국이 세울 문화의 개성과 독창성에 관한 고찰이다.

우리나라가 지금 시급한 근대화를 요청하는 후진국이라는 판단에서, 유럽과 미국의 사상과 문명을 무조건 섭취해야 한다고 성급히 서두르는 경향이 있다. 한국이 경제와 과학 기술에 있어서 후진국이라는 것은 숨길 수 없는 사실이며, 그 점에 있어서 서양의 문물을 크게 받아들여야 한다는 것도 이론(異論)의 여지가 없는 상식이다. 그러나 경제와 과학 기술 내지 물질문명에 있어서 뒤떨어졌다는 사실이, 반드시 한국을 문화의 모든 면에 있어서 후진국이라고 단정할 이유가 되는 것은 아니며, 외래문화의 알뜰한 섭취와 감쪽같은 모방만으로 자랑스러운 문화의 나라를 건설할 수는 없다는 사실을 잠시라도 망각해서는 안 될 것이다. 개성과 독창성을 상실할 때, 문화는 그 생명을 잃는다.

고유한 문화의 수립을 꾀할 때, 우리는 전통적인 것의 가치를 자연히 강조하게 된다. 전통을 무시하고 문화의 고유성을 지키고 발전시킨다는 것은 생각하기 어려운 일이기 때문이다. 그러나 전통에 대한 애착이 고유한 문화를 위한 올바른 길의 전부는 아니다. 특히 우리 한국의 경우에 있어서 전통에 대한 애착 내지 숭상만으로 위대한 문화를 실현하기는 어려울 것으로 보인다. 왜냐하면, 첫째로 우리 문화에 있어서 전통적인 것의 핵심을 이루는 것의 대부분은, 비단 우리나라에만 고유한 것이라기보다는 중국 및 인도로부터 건너온 문물의 변형이며, 둘째로 우리의 전통적 문화의 바탕을 이루고 있는 중국 및 인도의 사상 내지 제도는 현대의 상황에 맞지 않는 낡은 요소를 너무나 많이 가지고 있기 때문이다. 비록 중국 또는 인도로부터 건너온 문화일지라도 이미 우리의 생활 속에 완전히 동화된 것인 이상, '우리의 것'으로 간주해야 마땅할 것임에는 의심의 여지가 없다. 그러나 중국이 유교를 앞세우고 인도가 불교를 앞세울 수 있는 것과 같은 정도의 떳떳함을 가지고 우리 한국이 유교 또는 불교에 의존하여 '고유한 문화'의 바탕을 구축하기는 어려울 것이다. 그리고 유교와 불교의 사상은 시대를 따라 성장하기를 오늘에 이르기까지 계속한 오래고도 젊은 사상이 아니라, 이미 옛날에 그 성장이 정지한 과거의 전통인 까닭에, 새로운 문화의 창조를 위한 지도 이념이 되기에는 너무나 미흡하다.

서양의 문물을 섭취하는 우리의 태도 또한 선택적이요 비판적이 아닐 수 없다. 관능적 쾌락과 물질 그리고 금전에 대한 지나친 애착과 탐욕이 서양의 문명을 위기로 몰고 있다는 비판이 서양 자체의 선각자들에 의하여 심각하게 제기되고 있는 오늘날, 특히 우리 동양 사람이 서양의 것을 받아들이는 태도가 맹목적일 수는 없는 일이다.

고유한 특색과 독창성을 가진 새로운 문화의 창조를 위한 출발점 내지 발판은 미래로 향한 우리의 현실 속에서 찾아야 할 것이다. 문화란 인간의 의식적인 사유와 행동, 그리고 그것들이 낳은 산물을 통틀어서 일컫는 것이라고 할 수 있다. 그리고 우리가 사유하고 행동하는 것은 현실의 생활 속에서 당면하는 여러 가지 문제들을 순조롭게 해결해 나가기 위해서다. 그리고 '문제를 해결한다' 함은 현재에 대한 부정을 통하여 더 만족스러운 미래를 가져오는 일을 가리킬 따름이다. '문화의 창조' 또한 '더 만족스러운 미래를 가져오는 일'의 별명이라고 보아도 무방하겠거니와, 어떠한 문화를 창조할 것이냐는 물음은 곧 어떠한 미래를 가져올 것이냐는 물음의 색다른 표현에 지나지 않는다.

"어떠한 미래를 가져올 것인가?"에 실천적으로 대답하는 작업은 우리가 처해 있는 현실에 대한 관찰과 파악으로부터 출발하지 않을 수 없다. 그리고 그것은 '더 나은 내일'의 구상을 통하여 계속 진행될 성질의 것이다. 현재 우리가 놓여 있는 상황의 특수성은 무엇이며, 그것은 어떠한 미래를 요망하는 것일까? 이 물음에 대한 대답이 바로 우리가 지향하는 새 문화의 출발점이 된다는 뜻에서, 새 문화의 창조의 올바른 출발점 내지 발판은 오로지 '미래로 향한 우리의 현실' 속에서 찾아야 한다고 보는 것이다.

어떤 사람들은, 빨리 서양의 문물을 받아들임으로써 우리의 후진성을 탈

피해야 한다고 주장한다. 다른 어떤 사람들은, 우리의 묵은 전통을 다시 발굴함으로써 고유한 문화를 세워야 한다고 역설한다. 또 다른 사람들은 동양의 옛것과 서양의 새것을 종합하고 융합함으로써 더 높은 차원의 문화를 창조해야 한다고 단언한다. 모두 일리가 있는 주장임에 틀림이 없다. 그러나 도대체 무엇 때문에 서양의 문화를 섭취하며, 무엇 때문에 동양의 전통을 발굴하자는 것인지, 또는 무엇 때문에 동양의 것과 서양의 것을 융합해야 한다는 것인지에 관해서 착실한 고찰이 없는 한, 그러한 주장은 모두 허공에 들떠 있는 추상론을 면치 못한다. 우리 현실을 극복하여 더 만족스러운 내일을 가져오는 데 필요함을 따라서, 우리는 서양의 새 기술을 빌리기도 하고, 동양의 옛 지혜를 묻기도 하는 것이다. 결국은 모두가 '미래를 전망하는 발전의 안목으로 파악한 현실의 문제'로 초점을 맞추고 집중해야 한다. 이 초점을 잃지 아니함이 바로 우리의 주체성이며, 주체성의 요청을 따라서 재조직될 때 비로소 서양의 새것도 동양의 옛것도 우리가 지향하는 내일의 문화를 위한 소재가 될 수 있을 것이다.

모든 나라 모든 시대의 현실은 고유한 특색과 독특한 문제를 가지고 있다. 그 고유한 특색을 살려 독특한 문제를 훌륭하게 해결해 나갈 때, 구태여 고유한 문화를 창조해야 한다고 외치지 않더라도, 거기 스스로 고유하고 독창성 있는 문화의 건설이 이루어질 것이다.

우리가 서양의 문화를 섭취하는 한편 동양의 전통을 존중히 여겨야 하는 이유는, 현재 우리가 당면하고 있는 여러 가지 문제를 해결함에 있어서 그렇게 하는 것이 가장 적절한 길이라고 생각된다는 사실에 있다. 현대의 상황에 적응할 수 있기 위해서는 우선 근대화의 과정을 밟지 않을 수 없는 형편이기에, 서양의 과학 및 합리적 사고방식을 받아들여야 하는 것이며, 우리의 '근대화'가 '문명의 위기'를 경고받고 있는 서양의 전철을 밟지 않기 위해서, 우리는 동양의 전통으로부터 배우는 바가 있어야 할 것이다. 서양의 과학 및 합리적 사고방식을 받아들여야 한다고 주장하는 것은, 그것들 자체가 절대적 가치를 가졌다고 보기 때문이 아니라, 우리의 생활을 개선하는 데 그것들이 필요한 수단의 구실을 한다고 믿기 때문이다. 동양의 전통을 아껴야 한다고 주장하는 것도, 동양의 과거에 있어서 일정한 형태를 갖추고 나타난 기성의 종교나 학설을 절대의 진리라고 믿기 때문이 아니라, 그들 종교와 학설 및 그 밖의 동양 문화의 밑바닥을 흘러온 직관적이고 인간애에 가득 찬 전통적 정신 속에 영원한 빛이 깃들었다고 보기 때문이다.

문화가 자랑스러운 것이 되기 위해서는 셋째로, 모든 개발된 정신에 대하여 공감을 줄 수 있는 보편성, 즉 인류의 역사의 척도로 본 높은 수준을 가져야 한다고 하였다. 이것은 문화의 정화(精華)라고 할 수 있는 과학, 철학, 사상, 예술 등에 있어서 새로운 경지에 도달하는 바 있어야 함을 지적한 것에 지나지 않는다. 앞에서 고찰한 두 번째 조건, 즉 고유한 특색과 독창성의 발휘는 이 세 번째 조건의 만족을 위해서 직접적인 관계를 가졌다. 고유한 특색과 독창성은 문화가 높은 수준에 오르기 위해서 간직해야 할 필수의 조건이기 때문이다. 그러나 고유한 특색과 독창성만으로 한 문화가 세계적인 수준에 오를 수 있다고는 단정하기 어렵다. 고유하고 독특하기는 하나 높은 평가를 받기는 어려운 문화도 있을 수 있기 때문이다. 문화가 높은 수준에 도달하기 위해서는, 탁월한 자질과 위대한 정신을 가진 사람들로 하여금 그 능력을 충분히 발휘할 수 있는 기회를 갖게 하고 훈련을 받게 하는 사회적인 뒷받침이 있어야 할 것이다.

2. 문화 창조의 윤리

이제까지 우리는 문화가 자랑스러운 것이 되기 위해서 갖추어야 할 조건들의 중요한 것을 고찰하였다. 다음은 그러한 문화를 창조하기 위해서 우리는 어떻게 해야 할 것인지의 문제를 다루되, 다만 여기서는 윤리적 측면에만 국한하여 이 문제를 생각해 보기로 하자. 문화라는 것은 인간이 그 사회생활을 통해서 창조하는 건설이다. 따라서 일정한 특색과 내용을 가진 문화를 창조하기 위해서 우리가 다 같이 지켜야 할 사회적 규범이 있을 것이다. 그렇다면 그 규범, 즉 윤리가 무엇인가를 살펴보고자 하는 것이다.

어떤 문화의 창조를 위해서 필요한 윤리의 문제를 다루는 것은 윤리가 문화의 창조를 위한 수단으로서의 기능을 가졌다는 전제에서 출발하는 것이다. 그러나 이것은 윤리의 확립 그 자체가 문화의 중요한 일부라는 사실, 즉 윤리에는 그 자체에 목적으로서의 일면이 있다는 사실을 부인하는 것은 물론 아니다. 훌륭한 도덕은 그 자체가 자연스러운 문화의 일부인 동시에, 그 문화의 창조를 위한 추진력이기도 하다.

자랑스러운 문화의 첫째 조건은 민주성 내지 대중성이었다. 문화가 민주적이고 대중적인 것이 되기 위해서는 우선 정치와 경제를 중심으로 한 사회생활에 있어서 정의가 실현되어야 한다. 다시 말하면, 모든 개인의 정당한 권리가 실천적으로 존중되어야 하며, 특권층이 서민을 유린하거나 다수가 소수를 억압하는 일이 있어서는 안 된다. 한마디로 말해서, 참된 민주주의가 실현되어야 한다.

오늘날 민주주의를 표방하는 나라는 대단히 많다. 그러나 그들의 민주주의는 대부분의 경우에 있어서 오직 명목상의 것이다. 만인에게 평등한 국민의 권리가 헌법에 보장되어 있다고는 하나, 그 헌법상의 권리를 실질적으로 행사하기 위해서는 반드시 돈을 가져야 한다. 그러나 그 돈이 공정하게 분배되지 못하고 일부에게 몰리는 까닭에, '법 앞에서의 평등'은 다만 문서상의 것임을 면치 못하는 실정이다.

참된 민주주의의 이념으로 말하면, 모든 국민의 의사와 이익을 공평하게 존중하는 정치 또는 행정이 운영되어야 하며, 일할 수 있는 모든 개인은 주체성과 자유의지로써 자기에게 적합한 경제활동에 종사해야 한다. 그러나 오늘날 민주주의를 표방하는 국가에 있어서도 일부의 특권층에게만 유리한 입법과 행정을 감행하는 사례가 드물지 않으며, 순전히 수동적으로 남의 의사를 따라서 움직여야 하는 단순한 기계와 같은 고용자의 위치에서 맹목적인 경제활동에 종사하는 사람들이 다수를 차지하는 것이 일반적인 현상이다.

정치와 경제에 있어서의 그러한 폐단은 제도의 결함에서 오는 것이 있을 것이며, 그 시정을 위해서는 당연히 제도의 개혁을 생각해야 할 것이다. 그러나 외형적인 제도의 개혁만으로 근본 문제가 해결되지는 않는다. 세상 사람이 모두가 동시에 위정자가 될 수는 없는 일이며, 노동력을 가진 모든 개인이 공장 또는 농장의 경영주가 되는 경제 제도를 생각할 수 없는 이상, 위정자 또는 경영자의 권력 남용을 제도의 개혁만으로 방지하기는 어려울 것 같다.

가장 근본적인 것은 사람들이 갖는 가치관이다. 남의 권리 또는 남의 행복을 나의 그것처럼 소중히 여기는 공정한 도덕심이 서 있지 않고 각자 자기의 이익만을 추구하는 이기주의가 지배하는 풍토에서는, 제도를 아무리 뜯어고친다 하여도 사태에 근본적인 변화는 오지 않을 것이다. 특히 지도층 또는 권력층에 있어서 공공(公共)의 이익을 우선적으로 도모하는 기풍이 일어나지 않는 동안, 새로운 사회의 건설은 기대하기 어렵다.

그러나 자기 자신을 위하고 사랑하는 것은 인간의 거의 본능적인 경향이다. 이 본성을 말살한다는 것은 거의 불가능한 일이며, 또 반드시 바람직한 일도 아니다. 문제는 사람들이 무엇을 참으로 자기를 위하는 길이라고 믿느냐에 달려 있다. 오늘날 우리의 문화를 위태롭게 하는 것은 인간이 자기 스스로를 위하고 사랑하는 그 본능적인 경향 자체에 있는 것이 아니라, 재산과 권력 그리고 관능적 쾌락에 끝없이 애착하는 것이 자기를 위하는 최선의 길이라고 믿는 물질주의적 가치관에 있다. 재산과 권력 그리고 관능적 쾌락 등 물질적 가치는 스피노자가 말한 경쟁적 가치(competitive values)다. 이것들을 인생에 있어서 가장 값진 것으로 믿고 서로 얻으려고 애쓸 때, 파렴치하고 무자비한 경쟁이 불가피하게 되며, 인생은 '모든 사람이 모든 사람을 적으로 삼고 싸우는' 불행한 관계에 지배될 수밖에 없을 것이다.

만약 사람들이 물질적인 가치에 온갖 정열을 기울이는 대신, 자기의 정신적 개발 또는 인격적 성장 그리고 공정하고 명랑한 사회의 건설 따위의 정신적 가치의 실현을 인생에 있어서 가장 보람 있는 것으로 믿고 거기에 모든 정열과 노력을 기울인다면, 사태는 크게 달라질 것이다. 학문, 예술, 도덕, 인격, 우정 등 정신적 가치는 오직 한 사람만이 배타적으로 그것을 가질 수 있는 물질적 가치와는 달리, 여러 사람이 그것을 함께 가질 수 있는 특색을 지녔다. 정신적 가치는, 스피노자가 생각했듯이 경쟁성이 전혀 없다고는 보기 어려울지라도, 물질적 가치의 경우와 같은 치열한 경쟁성은 없다. 따라서 그것의 실현 내지 획득을 위해서 모든 사람들이 노력한다 할지라도, 그것으로 인하여 인간 사회가 싸움과 미움의 지옥으로 화할 필연성은 없다. 정신적 가치의 추구는 도리어 여러 사람들에게 공동의 목표를 제공하며, 협력과 단결 그리고 우애의 계기를 제공한다.

정신적 가치를 존중하고 그것의 실현을 위해서 진지한 노력을 바칠 수 있다는 점에, 인간이 다른 동물과 구별되는 근본적인 특색이 있다. 학문과 예술, 그리고 도덕과 종교 등 갖가지 문화의 창조를 통하여 인류가 자랑스러운 역사의 기록을 남긴 것은, 정신적 가치를 높이 숭상할 수 있었던 인간의 특수성 덕분이었다.

그러나 근세 이후 서양의 문화는 물질의 가치가 정신의 가치를 압도하는 방향으로 흘렀다. 상공 계급의 득세, 과학 기술의 발달, 도시화, 그리고 세속주의 등 새로운 조건들의 영향을 받고, 돈과 물질과 육체적 쾌락을 숭상하는 기풍이 정신적 가치에 대한 관심을 능가하고 일어났다. 아마 인간의 자연을 지나치게 억압한 중세의 교리와 행태에 대한 반동 심리 및 돈이 돈을 낳는 자유방임의 경제 제도도 그러한 기풍의 만연과 깊은 관계를 가졌을 것이다. 여하튼 물질과 관능으로 쏠리는 경향은 세월과 함께 점점 더 강해졌으며, 오늘에 와서는 가히 퇴폐적이라고 불러도 과언이 아닐 지경에 이르렀다. 이것이 곧 역사철학자들로 하여금 '서양 문화의 위기'를 경고하게 한 오늘의 사태이며, 우리나라까지도 휩쓸고 있는 경박한 풍조의 근원인 것이다.

정신적 가치의 중요성을 강조함은, 육체적 기본 생활의 중요성과 그 기본 생활의 보장을 위해서 필요한 경제적 기초의 중요성을 망각해도 좋다는 뜻은 결코 아니다. 인간도 일종의 생물임에는 틀림이 없으며, 생물로서의 기본적인 욕구의 충족은 그 자체가 절대적인 요청일 뿐 아니라, 정신적 가치의 창조 내지 실현을 위해서도 반드시 선행해야 할 기본 조건이다. 경제생활의 안정이 없는 곳에 위대한 정신문화가 건설된 일은 일찍이 없었다.

문화가 민주화하고 좋은 의미로 대중화한다 함은 문화의 창조 내지 감상에 대중이 모두 참여한다는 뜻이 아닐 수 없다. 대중의 일반적인 정신의 개발을 떠나서 대중문화의 실현을 생각할 수는 없다. 오늘날 돈벌이를 목적으로 삼는 상인들이 영화, 방송, 소설, 잡지 등에 있어서 저속한 상품을 만들어 내고, 더 고상한 문화적 가치에 참여할 여유가 없는 서민층이 그것을 사서 즐기는 일반적 현상을 가리켜 '대중문화'라고 부르는 사람들이 많다. 그러나 이러한 현상이 우리가 희구하는 대중문화와는 근본적으로 다른 것임은 스스로 명백하다. 우리가 염원하는 대중문화의 요체는 대중의 정신적 수준을 높이는 데 있다. 그런데 저 상인들이 만드는 이른바 '대중문화'는 대중의 정신을 마비시켜 그 저속한 상태로부터 헤어나지 못하게 하는 것이니, 참된 대중문화에 역행하는 것이 아닐 수 없다.

앞에서 높은 정신문화가 가능하기 위해서는 경제적 기본 생활의 안정이 선행해야 함을 지적하고, 이제 또 대중문화의 요체는 대중 일반의 정신적 개발에 있음을 밝혔다. 여기서 필연적으로 생기는 결론은, 대중의 일반적인 경제 생활의 안정이 없이는 민주적인 대중문화의 창조는 불가능하다는 명제다.

한국과 같이 경제적으로 불리한 조건을 많이 가지고 있는 나라에 있어서 그 난관을 극복하고 전 국민의 생활의 안정을 얻도록 하자면, 그것을 위해서 우리가 가져야 할 마음의 자세 또는 지켜야 할 규범이 있을 것이다. 그 가져야 할 자세 또는 지켜야 할 규범을 '윤리'라는 말로 묶을 수 있다면 한국의 경제 발전을 위해서 요구되는 윤리는 동시에 한국의 문화를 자랑스러운 것으로 만드는 데 요구되는 윤리이기도 하다. 예컨대, 근면, 절제, 기업가 정신, 합리적인 사고와 행동 등은 우리나라의 경제 발전을 위하여 필요한 덕목으로서 인정되고 있거니와, 그러한 덕목의 실천은 곧 자랑스러운 한국 문화의 창조를 위해서 요청되는 조건이기도 하다.

비록 국민의 의식주가 전반적으로 걱정 없는 상태에 도달했다 하더라도 그 생활의 안정이 국민 전체의 자활적(自活的) 노력의 대가로서 얻어진 것이 아닐 경우에는, 대중문화의 실현을 위한 조건이 충족되었다고 볼 수 없다. 가령 특권을 장악한 소수가 나라의 재산과 경제권을 독점하고 합리적 기업의 운영을 통하여 높은 소득을 올린 뒤에, 이를테면 자선사업으로써 모든 국민의 의식주를 보장한다면, 그러한 국민의 생활의 안정은 결코 대중문화의 창조로 연결되지 않을 것이다. 왜냐하면, 대중문화란 대중의 정신 개발을 요체로 삼는 것이며, 경제적으로 자립하지 못하고 남의 선심에 의존해야 하는 개인이 제대로 그 정신을 개발할 수는 없기 때문이다. 문화의 창조를 위한 경제 윤리 가운데서 가장 중요한 것은 각자가 스스로의 판단과 창의를 따라 응분의 경제활동을 할 수 있는 기회를 온 국민에게 고루 부여하는 공정과 자유의 원칙이다. 다시 말하면 경제에 있어서의 참된 민주주의의 확립이 선행해야 하는 것이니, 경제의 제도를 좌우할 수 있는 정권과 금권의 소유자들의 각별한 인식과 결의가 요청되는 바다.

자랑스러운 문화의 둘째 조건은 고유한 특색 내지 독창성을 간직하는 일이었다. 이 둘째 조건의 만족을 위해서 특히 강조되어야 할 덕목은 주체성이다. 민족적 주체 의식은 정치적 자주독립을 위해서 필요할 뿐만 아니라, 자기 나라가 문화적 식민지로 타락하는 것을 막는 데도 반드시 필요한 마음가짐이다. 외래의 것이라면 무엇이든 분별 없이 숭상하는 박약한 정신으로 고유하고 독창성 있는 문화를 창조한다는 것은 상상조차 하기 어려운 일이다.

우리의 둘째 조건에 관련해서 또 한 가지 강조해야 할 것은, 정신적 가치의 귀중함을 재인식함이 긴요하다는 사실이다. 왜냐하면 우리 동방 문화의 가장 근본적인 특색은 정신적 가치의 숭상에 있었으며, 이 오랜 전통적 특색을 포기하고 우리의 고유한 문화를 발전시키기는 어려울 것이기 때문이다. 특히 오늘의 서양 문화가 물질적 가치의 편중으로 인하여 위기에 처했으며, 동양의 여러 나라들까지도 서양의 문물을 비판 없이 숭상하는 풍조로 말미암아 인류의 문화가 전반적으로 위태로운 지경에 이르렀음을 반성할 때, 이 점이 깊이 그리고 신중히 고려되어야 할 것으로 믿는다.

자랑스러운 문화가 되기 위한 셋째의 조건으로서 우리가 지적한 것은 모든 개발된 정신에 대하여 공감을 줄 수 있는 보편성, 즉 인류의 역사의 척도로 본 높은 수준에 도달해야 한다는 사실이었다. 이 셋째 조건을 만족시키기 위해서 요청되는 윤리는 첫째와 둘째의 것을 위해서 요청되는 그것과 중복되는 면이 크다. 실은 문화가 갖는 민주적 대중성 및 고유한 특색과 독창성은 오늘날 어떤 문화가 질적으로 높은 수준에 오르는 데 필요한 바탕이기도 하다. 따라서, 첫째와 둘째 조건의 만족을 위해서 요청되는 윤리와 덕목은 이 셋째 조건을 위해서도 요청되는 바 아닐 수 없다. 대체로 비슷한 이야기가 되기 쉬우므로 이 셋째 조건이 요청하는 윤리나 덕목을 일일이 검토할 필요는 없을 것이나, 다만 여기서 강조해 두고자 하는 것이 두 가지 있다. 하나는 사상 및 표현의 자유가 보장되어야 한다는 점이고, 또 하나는 탁월한 자질을 각별히 아끼고 연마하는 특별한 배려와 노력이 있어야 한다는 사실이다.

사상과 표현의 자유가 왜 여기서 강조되어야 하는지 그 이유를 새삼스럽게 설명할 필요는 없을 것이다. 사상과 표현의 자유가 없이는 국민 일반의 정상적인 정신 개발을 기대하기도 어렵거니와, 특히 문화의 정화로서의 학문과 예술과 사상 그리고 종교가 눈부신 발달을 이루고 높은 수준에 도달할 수 없다는 것은 삼척동자에게도 한갓 상식에 지나지 않는다.

탁월한 자질을 특별히 아끼고 연마해야 한다는 주장에도 별다른 설명이 필요하지 않을 것이다. 다만 오늘의 한국에 있어서 천부의 재능을 가진 사람들의 소질이 제대로 발휘되지 않는 경우가 많다는 실정에 비추어, 이 점을 지적해 둘 필요가 있다고 보았을 따름이다. 오늘날 젊은이의 소질을 연마하는 가장 대표적인 기관은 학교이거니와, 뛰어난 재능을 가지고도 경제의 곤란으로 학교교육을 포기해야 하는 젊은이가 많은 반면에, 타고난 재능은 몹시 열등함에도 불구하고 부모가 돈을 가진 덕택으로 소화도 못 시키는 대학 교육에 공연한 낭비를 하는 사람도 적지 않다. 또 본인의 소질과 적성을 따라서 전공을 선택하는 것이 아니라 취직의 가능성을 고려하여 진학의 방향을 결정하는 까닭에, 예술가의 소질이 높은 사람이 경영학을 공부하는가 하면, 학자가 될 적성을 타고난 사람이 전기공학을 전공하기도 한다. 이러한 실정은 뛰어난 자질을 아끼고 살리는 길에서 먼 것이니, 개인도 깊이 반성해야 할 것이며, 국가의 정책적 고려도 있어야 할 것이다.

금력과 권력만이 숭상되는 문화의 풍토 속에서 사람이 가진 정신적 자질은 대체로 소홀한 대접을 받는 것이 우리들의 일반적인 경향이다. 이러한 경향은 학자와 예술가가 대접을 받지 못하는 우리의 사회 현실 속에 단적으로 나타나고 있다. 그러나 책임이 국가나 정부에만 있는 것으로는 보이지 않는다. 국가나 사회의 적극적인 후원이 있어야 비로소 자기의 소질을 아끼고 연마하겠다는 태도는 타고난 능력을 가진 사람들이 취할 올바른 자세는 아니다.

남이 아껴 주기를 기다리기에 앞서서 스스로 자기의 자질을 아끼고 연마하는 것이, 문화를 창조할 사명을 타고난 사람이 취할 태도일 것이다.

3. 실천과 교육의 문제

우리는 우리나라의 어디가 잘못되었는지 대략은 알고 있으며, 또 어떠한 방향으로 고쳐야 할지도 어느 정도 짐작하고 있다. 그러나 막상 그러한 방향으로 고치는 일을 실천에 옮기고자 꾀하는 단계에 이르러서는, 일보의 전진도 매우 어려움을 깨닫는다. 옳다고 생각은 하면서도 그것을 실천에 옮기지 못함에는 반드시 그럴 만한 이유가 있을 것이며, 그 이유를 살펴 대책을 강구하는 것은 옳은 길을 실천에 옮기는 첫걸음으로서의 뜻을 가질 것이다.

어떤 새로운 길이 옳다고 생각하면서도 그 길을 걷지 못하는 가장 큰 이유는, 자기만이 그 길을 걸어서는 소용이 없을 뿐 아니라 도리어 개인적인 희생을 당하는 결과가 되고 말 것이라는 점을 고려하기 때문일 것이다. 과연 오늘의 우리의 문제는 전체적인 협력을 요구하는 성질의 것이며, 한두 사람의 노력만으로 해결이 가능한 문제가 아니다. 따라서 만약 전체는 계속 그른 길로 달리는데 자기 혼자만이 옳은 길을 가고자 꾀한다면, 마치 하나의 성냥만으로 큰 솥의 밥을 지으려다 그 성냥만 버리는 것과 비슷한 결과가 될 것이다.

현실의 개혁을 꾀하는 움직임이 실효를 거둘 수 있기 위해서는 그 움직임이 거국적인 운동이어야 한다. 그리고 거국적인 운동이 가능하기 위해서는 첫째로 좋은 지도자가 있어야 하고, 다음에는 그 지도자를 따르는 대중의 뜨거운 호응이 있어야 한다. 그런데 우리나라의 경우는 불행히도 이 두 가지가 모두 부족한 것이다.

훌륭한 지도자가 되는 데 필요한 조건의 첫째는 그가 큰 영향력을 발휘할 수 있는 사회적 지위를 갖는 일이고, 둘째는 옳은 길이 어느 것인가를 인식하는 지혜와 그 길을 위해서 싸울 용기와 대중을 이끄는 지도력을 갖는 일이며, 셋째는 옳다고 믿는 길을 솔선수범하는 도덕적 의지와 행동을 갖는 일이다. 그러나 우리 한국에는 이 세 가지 조건을 갖춘 지도자를 많이 발견하기 어려운 것이다. 첫째로, 현재 우리 사회에 있어서 가장 큰 영향력을 가진 것은 정권을 잡은 사람들과 경제권을 가진 사람들이거니와, 우리나라의 정치계와 경제계에 지배적인 가치관은 물질주의 내지 황금만능주의의 이름으로 부를 수 있는 성질의 것이다. 정치계나 경제계에도 새로운 가치관을 향한 정열을 품은 인물이 간혹 있을 것이나, 현재의 전체적 상황 속에서 그들의 정치적 내지 경제적 지위를 확보하기 위해서는 여전히 낡은 가치관에 따라서 행동해야 한다. 그뿐만 아니라, 정치나 경제에 있어서 실권을 장악한 사람들이 반드시 최고 수준의 학자 내지 사상가는 아닌 까닭에, 과연 어느 길이 가장 옳은지에 대하여 막연한 감각은 가지고 있으나, 빈틈없는 이론 체계를 세우기에 충분할 정도의 지식을 가지고 있는 경우가 드물다. 이상과 같은 실정인 까닭에, 정치와 경제의 실권을 장악한 계층 속에서 위에서 말한 여러 조건을 갖춘 지도자가 대량으로 나타나기는 대단히 어렵다.

지도자의 구실을 할 수 있는 사람들로서 다음에 생각할 수 있는 것은 학자와 문필가라 하겠으나, 금력도 권력도 없이 오직 입과 붓밖에는 가진 것이 없는 이들은, 각별한 희생정신과 비장한 각오가 없는 한, 그리 큰 영향력이 있을 정도의 일을 하기 어렵다. 또한 학자나 문필가의 기질은 본래 그리 모험적이 아니며, 특히 우리 한국의 실정은 그들을 오직 조심성 있는 사람으로 만들기에 적합하다. 그뿐만 아니라, 학자나 문필가들은 각각 개성이 강하고 개인주의의 성향이 농후한 까닭에, 여럿이 한데 결속하여 하나의 커다란 지도 세력을 형성하기 어려운 약점을 가지고 있다.

다음에 교육자와 종교가의 경우를 생각할 수 있으나, 오늘의 교육자는 사회적으로 너무나 무력한 계층이고, 종교가들은 그 종파(宗派)가 너무 여러 갈래로 나누어져 있으며 다수를 점령하고 있는 비종교적 인구를 설득하기에 충분한 이론의 체계를 아직 얻지 못하고 있다.

이상과 같이 고찰할 때 어느 한 가지 직업 또는 한 가지 계층의 힘만으로 충분히 강력한 지도 세력을 형성하기는 어렵다는 결론에 도달한다. 따라서 우리에게 남은 길은 나라의 장래를 진심으로 걱정하고 위하는 점에 있어서 뜻을 같이하는 여러 계층의 사람들이 결속하고 협력함으로써 하나의 지도층을 형성하는 방향으로 모색하는 수밖에 없을 것으로 보인다. 각기 그 분야를 따라 적어도 한 가지의 장점을 가진 여러 사람들이 지혜와 용기와 희생정신, 그리고 그 밖의 여러 종류의 힘을 모으면 상당히 강력한 지도층이 형성될 수 있을 것이다. 그리고 이것은 현대가 한두 사람이 전체를 흔들 수 있는 영웅주의의 시대가 아니라 중지(衆知)를 모아서 문제를 해결해야 하는 민주주의의 시대라는 사실에 비추어 보더라도 가장 적절한 길이 아닐까 생각된다.

지도층의 형성만으로 나라의 일이 바로잡히지는 않는다. 그 지도를 따라 움직이는 대중의 협조가 있어야 하며, 그러기 위해서는 우선 지도층의 이념과 신념이 국민 전체의 마음속으로 퍼져 침투해야 한다. 그리고 이념과 신념을 침투시키는 작업은 넓은 의미의 교육이다. 이 교육의 과정에 있어서 가장 중요한 임무를 수행해야 할 기관의 하나는 학교이고, 또 하나는 언론기관이라고 할 수 있다.

오늘날 한국의 학교교육은 매우 한심한 상태에 있다는 것이 많은 사람들의 의견이거니와, 그 가장 큰 잘못은 이른바 '인간 교육'의 측면이 전혀 실효를 거두지 못하고 있는 실정에 있다고 보아야 할 것이다. 특히 새롭고 자랑스러운 문화의 창조를 위한 사람들을 길러 내는 것을 교육의 중요한 목표로 삼을 경우에 있어서, 인간 교육의 중요성은 더한층 강조되어야 할 것으로 믿는다.

인간 교육을 제대로 할 수 있기 위해서 첫째로 중요한 것은 교사의 인격이다. 따라서 훌륭한 인격을 갖춘 교육자를 많이 확보하기 위한 획기적인 노력과 정책적인 조처가 있어야 할 것이다. 첫째로 우수한 자질을 가진 사람으로 하여금 교육자가 되기를 열망하게 할 수 있는 강한 동기 내지 유인(誘因)이 주어져야 한다. 교육자가 천대를 받는 사회에서 탁월한 인재가 교육에 종사하기를 자원한다는 것은 오직 예외적인 경우에 있어서뿐이다. 둘째로는, 교사를 양성하는 대학의 교육과정에 있어서, 확고한 교육의 이념과 고매한 인격을 가진 교육자를 길러 낼 수 있도록 최선의 방법이 강구되어야 한다. 그리고 셋째로, 일단 교사로서 취임한 뒤에도 더욱더 연구하고 끊임없이 노력하지 않을 수 없도록 제도적인 방안을 강구하는 동시에, 교사의 기본 생활이 위협을 받는 일이 없도록 경제적 지원을 정부 내지 사립재단이 책임져야 할 것이다.

인간 교육이 제대로 될 수 있기 위해서 또 한 가지 필요한 것은 사회 전체의 도덕적 질서가 확립되는 일이다. 비록 학교라 할지라도 사회 밖에 홀로 떨어져 있는 별천지가 아니며, 일반 사회의 풍조는 곧장 학교 안으로도 흘러들어 간다. 따라서 온 세상이 혼탁할 때 오직 학교만이 홀로 맑을 수는 없는 일이며, 사회 전체를 개혁함이 없이 학교교육만을 개혁하기는 어렵다는 결론을 피할 길이 없다.

언론기관은 그 자체가 본래 전문적인 교육기관은 아니라 할 것이나, 오늘날 대중매체가 사회 풍조와 일반 여론에 미치는 지대한 영향을 고려할 때, 그 교육적인 의미를 간과할 수가 없다. 대중매체가 무엇을 전달하느냐에 따라서 국민은 이 길로 가기도 하고 또는 저 길로 가기도 한다. 그러므로 대중매체가 어떠한 정신에 의해서 운영되는가는 그 나라의 문화의 방향을 좌우하게 되는 것이니, 대중매체 윤리의 중요성을 강조하지 않을 수 없다.

그러나 대중매체에 관한 우리의 현실은 매우 비관적이다. 대부분의 언론기관은 돈벌이를 목표로 삼는 상업 정신에 의하여 운영되고 있으며, 국가의 장래나 민족문화의 흥망에 대한 깊은 배려는 비교적 미약한 편이다. 국가가 경영하는 방송의 경우는 약간 사정이 다르다 하겠으나, 확고한 철학적 지반 위에서 모든 프로그램이 만들어지고 진행되기에 이르자면, 아직 앞길이 요원하다. 더욱이 국가가 경영하는 언론기관이 어떤 정치적 목적을 위하여 편파적인 보도나 사상을 전달할 경우에는, 언론기관이 상업 정신에 의하여 운영될 경우에 못지않은 폐단을 낳을 수가 있다.

요컨대 자기 한 개인 또는 자기가 속하는 작은 집단의 이익만을 근시안적으로 추구하는 이기주의의 태도를 극복하고, 국가와 민족 전체의 운명을 우선적으로 염려하는 새로운 가치관의 확립이 선행해야 한다. 그러한 가치관에 투철한 사람이 언론기관을 운영하고 교편을 잡을 때, 비로소 우리의 미래는 밝은 전망을 보일 것이다.

(1968년 5월 8일)

3장 문화에 있어서의 예술성과 윤리성

1. 인간 정신의 표현으로서의 문화

인간의 특성을 여러 가지로 말할 수 있거니와, 그 하나로서 '보람을 추구하는 동물'이라는 규정도 가능할 것이다. 인간은 누구나 일단은 자기의 삶이 뜻있고 보람 있는 것이 되기를 염원한다.

우리는 무엇에 보람을 느끼는가? 우리는 도덕적으로 찬양할 만한 행위를 했을 때, 또는 존경받을 만한 인격으로 성장했다고 인정될 때 보람을 느낀다. 우리는 예술적 창작이나 학문적 탐구에 있어서 업적을 냈을 때 보람을 느낀다. 운동경기에서 승리를 거두거나 좋은 기록을 냈을 때도 보람을 느낀다. 훌륭한 친구가 생겼을 때도 보람을 느끼고, 좋은 애인이 생겨도 보람을 느낀다. 이와 같이 열거하는 가운데 우리가 발견하는 것은, 인간은 자기의 어떤 욕구가 충족되었을 때 보람을 느낀다는 사실이다. 그러나 모든 종류의 욕구 충족이 보람을 느끼게 한다고 보기는 어려울 것 같다. 배고플 때 음식을 먹거나 졸릴 때 잠을 잘 경우, 우리는 육체적 만족감과 쾌감을 경험하지만, 그 쾌감을 '보람'이라고 부르기에는 주저스러운 바가 있다. 이를테면, 단순히 동물적인 욕구가 충족되었을 때는 보람을 느낀다고까지 말하기 어려울 경우가 많다.

짐승은 생존과 직결되는 생리적 욕구만을 가지고 있으나, 인간에게는 여러 가지 생리 외적 욕구가 있다. 그리고 그 생리 외적 욕구 가운데는 넓은 의미에 있어서 문화적 욕구라고 부를 수 있는 것들이 많이 있다. 예컨대 창작의 욕구, 탐구의 욕구, 친교의 욕구 등이 그것이다. 이 문화적 욕구가 충족되었을 때, 우리는 대체로 보람을 느낀다. 중병을 앓다 회복했을 때와 같이, 문화적 욕구와 관계없이 보람을 느낄 때도 있을 것이다. 그러나 우리가 보람을 느끼는 대부분의 경우가 문화적 욕구의 충족을 경험했을 때라는 것은 명백한 사실이다. 바꾸어 말해서, 인간이 보람을 추구할 수 있는 가장 큰 영역이 문화적 욕구의 세계인 것이다. 넓은 의미의 문화를 창조 내지 증진함에 성공했을 때, 우리는 보람을 느낀다.

인간은 자신의 잠재력이 개발되었을 때 또는 자신의 능력이 훌륭하게 발휘되었을 때 만족과 보람을 느낀다. 우리는 누구나 자신의 잠재력이 개발되고 자신의 능력이 발휘되기를 바라거니와, 이 욕망이 다름 아닌 문화적 욕구에 해당한다. 다시 말해서 우리가 문화적 욕구의 충족에 보람을 느끼는 것은, 그것이 자아의 개발 내지 성장을 의미하기 때문이다.

문화란 본래 개인의 산물이 아니라 사회의 산물이다. 문화적 욕구 자체가 다분히 사회적 성격을 띠고 있다. 여러 개인들이 사회생활 속에서 그들의 생리 외적 욕구를 충족시키는 가운데 그 결과가 집합하여 어떤 추세와 전통을 형성할 때, 그 추세와 전통의 총체를 그 집단의 문화라고 부른다. 문화는 인간 집단이 가지고 있는 능력과 특색의 사회적 표현이라고 볼 수 있을 것이다. 문화는 인간 집단의 얼굴이다.

인간의 능력과 특색의 본질을 정신적인 것으로 볼 수 있는 한에 있어서 문화는 인간 정신의 사회적 표현이다. 인간은 본질에 있어서 정신적인 동시에 사회적인 존재다. 그러므로 인간 정신의 사회적 표현으로서의 문화는 인간의 본바탕을 나타낸 것에 해당한다. 우리가 우리의 문화를 존중하고 자랑으로 여기는 것도, 그것이 정신적 존재로서의 우리 자신의 표현, 즉 객관화된 우리 자신의 모습이기 때문이다.

민족문화는 그 민족의 능력과 특색의 표현, 즉 그 민족의 객관화된 모습이다. 그러므로 우리는 민족이 이룩한 문화를 통해서 그 민족을 인식하고 또 평가한다. 만약 민족의 우열을 말할 수 있다면, 그것은 그 민족문화의 우열을 통해서 판가름될 수 있을 것이다. 만약 어떤 민족이 스스로 자랑스럽게 여길 이유가 있다면, 그 근거는 그 민족문화에서 찾아야 할 것이다.

우리는 한민족으로 태어나도록 운명이 지어져 있으며, 따라서 우리 한민족을 사랑하도록 마련되어 있다. 우리는 우리가 사랑하는 한민족이 자랑스러운 민족이 되기를 염원하거니와, 우리가 자랑스러운 민족임을 증명하는 길은 우리의 민족문화를 자랑스러운 문화로서 발전시키는 것으로 충분할 것이며, 또 그 밖에 다른 길이 없을 것이다.

우수한 문화유산을 계승하고 또 앞으로 우수한 문화를 창조하기 위해서는 우선 어떠한 것이 우수한 문화인지 알아야 할 것이다. 문화가 우수한 것으로 평가되기 위해서 갖추어야 할 조건을 알아야 하는 것이다. 이에, 문화의 우열을 판별하는 기준에 관해서 한 가지 사견(私見)을 정리해 보고자 하는 것이 이 글의 목적이다.

좀 더 구체적으로 말하면, 어떤 문화를 평가함에 있어서 우리는 흔히 그 예술성에만 주목하는 경향이 있으나, 예술성 못지않게 중요한 것으로서 넓은 의미의 윤리성에도 주목해야 한다는 사실을 밝히고자 함이 이 글을 쓰는 기본적인 의도다.

2. 문화에 있어서의 윤리성

우리가 어떤 문화를 이야기할 때 가장 먼저 떠올리기 쉬운 것은 예술이다. 예컨대, 그리스나 로마의 문화가 화제에 올랐을 때, 우리 머리에 우선 떠오르는 것은 유적으로서의 건축과 조각 또는 벽화 등이다. 우리나라에 '문화인'이라는 별난 말이 있는데, 우리가 '문화인'을 말할 때도 주로 예술인을 염두에 둘 경우가 많다. 한국문화예술진흥원이라는 명칭의 기관이 있는 것도 예술에 중심을 두고 문화를 생각하는 사고방식과 관련이 있는 것이 아닐까 한다.

문화를 식물에 비유한다면, 예술은 그 꽃에 해당된다. 그것은 문화에 있어서 가장 화려하고 찬란한 부분이다. 화려하고 찬란한 까닭에 가장 눈에 띄기 쉽고 인상에 남기 쉬운 이 부분을 문화의 핵심으로 생각하는 것은 극히 자연스러운 일이며, 그 자체로서 아무런 잘못도 없다. 그리고 어떤 문화를 평가함에 있어서 그 꽃에 해당하는 예술적 측면에 중심을 두는 것도 일단 수긍이 가는 일이다. 그러나 문화의 본질이 인간의 정신적 능력의 개발과 발휘에 있다고 말한 앞에서의 고찰을 바탕으로 삼고 볼 때, 어떤 문화에 대한 이해와 평가는 그 문화의 기본에 해당하는 부분을 깊이 파악할 때 비로소 피상적임을 면할 수 있으리라는 반성에 이르게 된다. 결과로서 나타난 꽃이나 열매보다도 그 꽃을 피우고 열매를 맺게 한 원동력에 주목해야 하는 것이다.

민족문화의 경우, 문화의 기본이 되는 것은 민족의 에너지로서의 정신력 또는 생명력이다. 우리의 관심이 과거의 문화로 쏠렸을 경우에는 이미 나타난 예술과 학문 등의 꽃과 열매를 중심으로 생각하는 것도 무방할 것이다. 그러나 우리에게 더욱 절실한 것은 현재와 미래에 관한 문제들이다. 우리 조상들이 어떻게 살았느냐 하는 것도 중요하지만, 더욱 중요한 것은 우리와 우리 자손들이 앞으로 어떻게 사느냐 하는 문제일 것이다. 그리고 미래로 지향하는 관점에서 우리 문화를 볼 때 가장 중요한 것은, 이미 생산된 문화의 꽃과 열매가 아니라 앞으로 생산될 꽃과 열매다. 앞으로 생산될 꽃과 열매를 결정하는 것이 민족의 에너지로서의 정신력 내지 생명력이라는 사실을 생각할 때, 민족문화에 대한 우리의 관심은 마땅히 그 근본으로부터 출발해야 한다는 결론을 얻게 된다.

문화는 사회적인 동시에 역사적이다. 그것은 인간 정신의 사회적 표현으로서 발생하여 후손들에게 전승되면서 더욱 발전한다. 비유적인 의미에 있어서 문화는 생명을 가진 것으로 볼 수 있다. 따라서 어떤 논자들은 문화를, 출생하여 일정한 성장기를 거쳐서 언젠가는 사망하는 생명체에 가까운 것으로 보기도 하였다. 문화를 엄격한 의미의 생명체로 보는 데는 어려움이 있을 것이나, 생명체에 비유할 수 있는 일면을 가졌다는 것은 인정해도 좋을 것이다. 생명체에 비유할 수 있는 일면을 가진 까닭에, 우리는 문화에 관해서 '건전한' 것과 '병든' 것의 구별을 짓기도 한다.

문화에 대한 우리의 관심은 그 근본으로부터 출발해야 한다는 것은, 어떤 문화를 올바로 인식하고 평가하자면 우리는 무엇보다도 그 문화가 생명력이 왕성하고 건전한 것인가 아닌가에 주목해야 한다는 뜻이다. 비록 과거에 아름다운 꽃과 알찬 열매를 풍부하게 생산한 문화라 할지라도, 이미 노쇠하여 앞으로 다시 활발하게 전개할 기력이 없다면, 미래지향적 견지에서 볼 때는 우수한 문화라고 보기 어렵다. 과거에 훌륭한 꽃과 열매를 생산했다는 사실은 그 옛날에 있어서 그 문화가 왕성한 생명력을 가졌다는 것을 의미하며, 옛날의 생명력을 회복한다면 앞으로도 다시 큰 꽃과 열매를 생산할 가능성이 있다는 뜻에서, 높이 평가될 수 있는 근거로 볼 수 있을 것이다. 그러나 현대인으로서의 우리들의 관점에서 볼 때, 더 중요한 것은 문화의 과거가 아니라 그 장래성이다. 그리고 어떤 문화의 장래성을 문제 삼을 때 우리가 첫째로 주목해야 할 것은 그 생명력과 건전성이 아닐 수 없다.

•

문화의 생명력과 건전성의 문제는 넓은 의미에서 그 윤리성의 문제로 볼 수 있을 것이다. 필자는 윤리의 본질을 삶의 지혜로서 이해한다. 삶의 지혜로서의 윤리는, 원만한 사회생활을 위한 질서의 원리로서 구실을 할 뿐 아니라, 집단의 발전을 위한 활력소로서의 구실도 해야 한다. 그런 뜻에서 윤리는 첫째로 건전해야 하거니와, '건전한 윤리'란 질서 정연하고 활기에 가득 찬 사회 발전을 위해서 가장 적합한 윤리라고 필자는 믿는다. 이와 같은 견지에서 볼 때, 문화에 있어서 가장 기본이 되는 그 생명력과 건전성을 편의상 '문화에 있어서의 윤리성'으로 표현하는 것이 허용될 수 있으리라고 생각한다.

여기서 윤리성이 높은 문화라 함은 기존 도덕의 기준에 잘 맞는다는 뜻이 아니다. 기존 도덕은 흔히 지나치게 보수적인 경우가 있다. 지나치게 보수적인 도덕은 생명력을 촉진하기보다도 도리어 위축시키는 경향을 가졌다. 따라서 기존 도덕에 얽매이게 되면 문화가 생기를 잃고 퇴보할 경우도 없지 않다. 예컨대, 미술이나 문학이 도학자적(道學者的) 규범에 얽매이게 되면 예술성이 높은 작품을 얻기가 어렵게 되기 쉽다. 그러므로 여기서 우리가 말하는 윤리성 높은 문화란, 발전하는 새 시대의 진보적 윤리 기준과 잘 조화되는 문화를 일컫는다.

문화에 있어서의 예술성과 윤리성은 반드시 비례하거나 일치하지 않는다. 모든 미녀가 반드시 건강하지 않은 것과 비슷한 사정이다. 그러나 문화의 예술성과 윤리성에는 밀접한 상관관계가 있다. 즉 윤리성이 높은 문화일수록 예술성도 높아질 가능성이 크다. 더 건강한 여자가 더 아름다울 가능성이 큰 것과 비슷한 사정이다. 진실로 건강한 사람에게는 그 건강함 자체에서 오는 아름다움이 있듯이, 진실로 건전한 문화에는 그 건전함 자체에서 오는 아름다움이 있다.

문화의 여러 영역에 따라서, 아름다움의 가치로서의 예술성이 절실히 요구되는 분야가 있는가 하면 그렇지 않은 분야도 있다. 마치 직업의 여러 영역에 있어서, 용모나 음성이 아름다운 사람을 특별히 요구하는 분야와 그렇지 않은 분야가 있는 것과 비슷한 사정이다. 그러나 그 정신이 건전하고 생명력이 왕성하다는 의미로서의 윤리성은 문화의 모든 영역에 있어서 절실하게 요청된다. 학문이나 제도와 같이 굳이 어떤 예술성을 갖출 필요가 없는 문화의 분야도 있지만, 넓은 의미의 윤리성, 즉 생명력과 건전성이 결여해도 무방한 문화의 분야라는 것은 생각하기 어렵다.

어떠한 직업에 종사하는 경우라 할지라도 그 종사자는 우선 건강해야 하듯이, 어떠한 영역의 문화적 생산이든 그 생산자의 정신은 힘차고 건전해야 한다. 이러한 뜻에서, 문화의 윤리성은 그 예술성보다도 기본적이라고 말할 수 있을 것이다.

3. 한국 문화의 새 기틀

힘차고 건전한 윤리성을 바탕으로 삼고 아름다운 예술성이 풍부한 문화를 이룩함이 우리들의 공통된 소망이 아닐 수 없다. 문화에 있어서 이 두 가지 측면이 모두 크게 중요함은 두말할 필요도 없거니와, 갖가지 어려운 현실의 여건 속에서 국가 발전의 기틀을 다져야 하는 오늘의 시점에서 볼 때, 그리고 근간(根幹)이 든든하면 화실(花實)은 조만간 이루어지기 마련이라는 논리를 생각할 때, 우리의 관심은 먼저 그 윤리적 측면으로 쏠린다.

오늘의 한국 문화에 있어서 그 윤리적 측면이 어떠한 수준에 있는가를 단적으로 말하기는 어려울 것이다. 같은 한국인이라 하지만 여러 계층으로 구성되어 있고, 계층이 다르면 의식구조에도 차이가 크다는 사실을 고려할 때, 방대하고 조직적인 연구의 준비도 없이 이 문제에 대하여 함부로 말하는 것은 책임 없는 망발이 될 것이다. 따라서 이 자리에서 우리가 말할 수 있는 것은 다만 우리의 문제가 어떠한 상황에 놓여 있는가를 단편적으로 살펴보는 선에 머무를 수밖에 없을 것이다.

산업화에서 앞선 서구의 선진국들이 주도하는 현대의 문화를 전체로서 바라볼 때, 인간 역사의 오늘의 상황은 낙관을 불허하는 여러 문제점을 가득 안고 있다고 보는 것이 많은 식자들의 견해가 아닐까 한다. 기계문명 또는 금전 문화로 불리는 현대 산업사회의 문화는 대체로 말해서 싱싱한 생명력으로 줄기차게 뻗어 나가는 상승기에 있다기보다는, 이미 전성기를 지나서 이젠 쇠퇴기로 접어든 지 오래라는 인상이 강하다. 생산적이라기보다 소비적이며, 질박보다는 화려를 자랑하는 풍조가 때로는 퇴폐의 경지에 이르기 일쑤인 오늘의 실정이 그러한 인상을 뒷받침하고 있다.

서구 산업사회의 이러한 풍조가 우리 한국인에게 남의 일이 아닌 것은, 바로 그 서구 문명의 영향을 우리가 지금 크게 받고 있기 때문이다. 주로 상업주의적 대중매체를 통하여 외래 문물을 수용하는 오늘의 실정이 외국 문화의 좋은 측면보다도 나쁜 측면을 모방하는 결과를 가져오기 쉽다는 안타까운 경향으로 말미암아, 우리의 문제는 더욱 어려워지고 있다.

필자는 현대 한국의 가치 풍토가 지닌 문제점 가운데서 특히 두 가지를 핵심적인 것으로서 지적하고 싶다. 그 하나는 분수에 넘치는 사치와 낭비를 수반할 정도로 지나친 향락주의의 경향이고, 또 하나는 타인과 공동체에 대한 배려가 너무나 미약할 지경에 이른 근시안적 이기주의다. 모든 동물들이 그렇듯이, 인간도 각각 자기를 중심으로 쾌락을 추구하는 것은 한갓 자연적 현상에 불과하다고 볼 수도 있을 것이다. 그러나 이 인간성의 자연을 스스로 규제함으로써 더 높은 가치와 더 큰 자아를 실현하고자 하는 노력을 통하여, 인간은 일반 동물과 다른 인간이 되었고, 문화라는 크나큰 가치의 세계를 소유하는 유일한 존재가 되었다. 물론, 어떤 삶이 가장 값진 삶이냐 하는 문제에 대해서는 서로 다른 여러 가지 견해가 있을 수 있을 것이다. 그러나 장기적 안목으로 볼 때 결과적으로 자신의 쾌락을 부정할 정도로 어리석은 향락주의와, 거시적 관점에서 볼 때 자신의 자아를 파괴하는 결과를 초래할 것이 예상될 정도로 지나친 이기주의만은 피해야 한다는 점에는 아무도 이론(異論)이 없을 것이다. 그런데 지금 우리 한국인의 향락주의와 이기주의가 적어도 일부에 있어서 그러한 역설적 경지로 접근하고 있는 것이 아닌가 하는 우려를 금치 못하는 것이다.

우리 한국이 처해 있는 오늘의 현실에 비추어 볼 때, 지금 우리에게 가장 절실하게 요청되고 있는 덕목으로서 우선 손꼽아야 할 것이 절제와 협동이라고 필자는 생각한다. 석유를 비롯한 자연 자원의 절대적 부족, 앞으로 당분간 점점 늘어 갈 것으로 예상되는 막대한 외채, 그리고 아직도 기본 생활의 보장이 과제로 남은 수많은 저소득층의 존재 등을 감안할 때, 이 경제적 난국을 극복하는 방안의 일환으로서 철저한 절약, 특히 상류층의 획기적인 소비생활의 변화가 절실하게 요청되고 있음은 의심의 여지가 없다. 그리고 국토의 분단을 비롯한 온갖 어려움 속에서 민족의 흥망과 사활이 걸린 여러 공동의 과제를 성공적으로 수행하자면, 첫째로 각계각층의 협동이 앞서야 한다는 것도 당연한 상식이다. 이러한 관점에서 볼 때, 지나친 향락주의와 이기주의가 우리의 현실 속에서 갖는 부정적 의의는 너무나 명백하다.

지나친 향락주의와 이기주의를 단순히 서구 문명의 영향이라고 단정한다면 그것은 위험한 편견이 될 것이다. 그러나 우리 한국인의 전통적 생활 태도가 사치스럽기보다는 소박함에 가까웠고 개인적 이기심보다는 가족주의적 공동체 의식이 강했다는 사실을 돌이켜 볼 때, 여기 물질주의와 개인주의의 경향이 강한 서구 문화의 좋지 못한 측면을 더욱 악화시켜서 받아들인 잘못도 부분적 요인으로서 관계했다는 가설이 성립한다. 어쨌든 산업 시대의 서구 문명을 받아들임에 있어서 슬기로운 선별이 요구되고 있음은 이미 우리들의 공론(公論)에 속한 지 오래다.

서구 문물의 악영향을 두려워하는 나머지, 우리나라 일각에서는 맹목적 국수주의와 소박한 복고주의로 이에 대처하려는 움직임을 보이고 있다. 그러나 이러한 움직임이 옳지 않음은 명백하다. 우리가 급변하는 가운데 긴밀한 국제적 협조를 요청하는 현대에 살고 있다는 사실과, 우리에게 필요한 것은 후퇴가 아니라 전진이라는 사실에만 비추어 보더라도 그러한 움직임은 시대착오의 산물임이 분명하다.

우리는 우리의 전통으로부터 많은 것을 계승해야 할 것이다. 우리는 우리 조상들의 소박하고 인본주의적인 정신으로부터 많은 것을 배워야 할 것이다. 그러나 우리는 조상들의 시대와는 너무나 판이한 현대에 살고 있다. 우리의 조상과 전통으로부터 배울 것이 많은 것 이상으로, 현대와 세계로부터 배워야 할 것이 많이 있다. 과거나 외국을 모방하는 것이 아니라, 그것들을 주체적으로 소화시킴으로써 지혜롭고 활기 있는 현대의 한국인상을 정립하는 것이 우리들의 공동 과제다.

지혜롭고 활기 있는 현대의 한국인상. 이것은 내일의 한국 문화를 위한 뿌리요 줄기다. 우선 이 근간이 든든히 마련되면, 문화의 아름다운 꽃과 알찬 열매는 시간이 가면 저절로 따르게 될 것이다. 우리가 문화에 있어서의 윤리적 측면의 중요성을 강조한 이유다.

(1980년 6월 25일)

4장 대학원 교육과 문화 발전

1.

'최고학부'라는 말이 있다. 어떤 등급의 학교를 그렇게 부르느냐 하는 것은 그 사회 또는 국가의 문화 수준 내지 발전 단계에 따라서 다르다. 필자가 자란 지방에서는 30년 전만 하더라도 5년제 중학교를 '우리 도(道)의 최고학부'라고 불렀다. 오늘날 한국에서 '최고학부'라면 어디서나 대학을 뜻하거니와, '최고학부'라는 말을 사용하는 사람들의 대부분이 염두에 두는 것은 대학원 과정이라기보다도 학부 과정이다. 그러나 서구의 선진국 사람들이 '최고학부'와 같은 뜻의 말을 사용한다면, 아마 대학원 과정을 연상하는 경우가 많을 것이다.

우리 한국도 이젠 상당히 높은 문화 수준을 지향하고 있는 까닭에, 학부 과정만으로 '최고학부'가 수행해야 할 모든 소임을 제대로 하기는 힘든 단계에 이르렀다. 인구의 증가, 자원의 결핍, 환경의 오염, 사회구조의 복잡화, 가치체계의 혼란 등으로 말미암아, 인간과 그 환경을 만족스럽게 관리할 수 있기 위해서는, 고도의 지성과 심오한 학술이 요청되는 것이며, 이 요청을 만족시키기 위해서는 학부의 수준을 넘어서는 대학원 수준의 연구와 교육이 충실하게 이루어져야 할 단계에 이른 것이다.

한국에 명목상의 대학원이 생긴 지는 이미 오래되었으나, 한 나라의 문화를 이끌어 나가는 견인차의 구실을 할 수 있을 정도의 충실한 연구와 교육을 실천하는 대학원은 아직 없다 하여도 과언이 아닐 것이다. 이제 명실상부한 대학원의 출현이 요망되고 있는 이 시점에서, 한국의 문화 발전과 관련된 대학원의 위치와 사명 그리고 당위에 관해 기본적인 문제들을 고찰하고자 한다.

이른바 특수 대학원과 구별되는 일반 대학원의 경우만 하더라도 여러 가지 분야를 망라해서 다루는 까닭에, 그 사업과 사명을 일률적으로 논하기는 어렵다. 그러나 대학원의 모든 분과들이 공통으로 수행할 것이 기대되는 과업으로서 적어도 두 가지의 것을 지적할 수 있으리라고 생각한다. 그 하나는 전문적 학문의 연구 및 학자의 양성이며, 또 하나는 높은 수준의 지성 내지 사상을 개발하는 일이다. 이 두 가지의 과업에 종사하는 전문적 기관으로서의 대학원이 한 국가 안에서 어느 정도의 비중을 차지하며 또 그것이 어떠한 기본 정신에 입각하여 운영되는가에 따라서, 우리는 그 나라의 사회구조 및 문화 일반의 특색을 어느 정도 짐작할 수 있으며 나아가서는 그 나라의 장래가 어떠한 전망을 가지고 있는지도 점칠 수 있다. 한 나라의 사회구조와 문화의 특색은 그 나라의 정신 풍토와 밀접한 함수관계를 가졌으며, 최고학부로서의 대학원 운영의 실상은 그 나라의 정신 풍토를 크게 반영하는 것이기 때문이다.

어느 나라 어느 대학원의 경우에 있어서나 학문의 연구와 학자의 양성, 그리고 지성의 개발을 목적으로 삼는다는 점에서 다를 바가 없을 것이나, 어떠한 학문을 어떻게 연구하고 어떠한 지성을 얼마만큼 개발하느냐에 따라서, 대학원이 그 나라 문화 발전에 미치는 영향은 크게 다를 것이다. 그러므로 대학원의 운영이 천편일률적인 연중행사표 또는 외국에 대한 단순한 모방에 의존하는 상태는 깊은 반성을 요구하는 것이며, 대학원의 교육과 연구가 지침으로 삼아야 할 기본 이념을 문제 삼지 않을 수 없는 것이다. 우리 한국의 경우를 염두에 두고, 핵심적인 문제에 관해 고찰을 꾀하고자 한다.

2.

학문은 오로지 학문 그 자체를 위한 것이요 다른 무엇을 위한 수단으로서의 성격은 전혀 갖지 않아도 좋다는 견해를 취한다면, 어떠한 종류의 학문을 일삼든 크게 문제되지 않을 것이다. 참되고 깊은 학문이라면 어떠한 것이든 대학원이 종사할 사업으로서 부족함이 없을 것이다. 한편, 학문을 다른 어떤 목적을 위한 단순한 수단에 불과한 것으로 보는 정반대의 견해를 취한다면, 오로지 실용성이 강한 학문만을 일삼아야 한다는 결론에 이를 것이며, 어떠한 학문에 실용성이 강한가 하는 물음에 대답하기도 별로 어렵지 않을 것이다. 그러나 우리는 위에서 말한 두 가지 극단론이 모두 편벽된 견해라고 보는 까닭에, 대학원이 어떠한 학문을 어떻게 연구할 것인가 하는 문제는 바람직한 문화 또는 바람직한 가치 체계에 관한 전반적 고찰의 맥락 속에서 다루어져야 할 것으로 믿는다. 우선 바람직한 문화의 미래상이 부각되어야 할 것이다. 그리고 그 바람직한 문화의 실현을 위해서 대학원이 수행해야 할 기능 또는 사명을 밝혀야 할 것이다.

'문화'라는 개념을 넓은 뜻으로 이해할 때, 그것은 인간의 생활양식 및 인간적 성취의 전체를 총칭하는 것으로 볼 수 있다. 따라서 '바람직한 문화'란 곧 바람직한 인간상과 바람직한 사회상을 아울러 뜻하는 것으로 이해하여도 무방할 것이다. 바람직한 인간상 및 사회상을 어떻게 규정하느냐 하는 문제에 대하여 논쟁의 여지 없는 해답을 내릴 수는 없을 것이나, 다음 몇 가지 점에 있어서 우리들의 견해는 거의 일치할 것으로 생각된다.

첫째로, 인간은 이성적 존재로서의 그 본연의 모습을 상실함이 없어야 할 것이다. 재물과 기계 그리고 향락이 지나친 비중을 차지하는 물질문명 속에서, 인간이 자유의 주체로서의 그 본연의 모습을 잃고 점차로 왜소해지는 것은 현대의 일반적 현상이며, 우리 한국의 경우에 있어서도 같은 경향이 날로 더해 감을 본다. 인간이 정신적 노예 상태를 벗어나 본래의 존엄성을 회복하는 것은 우리들 공통의 소망이 아닐 수 없다.

인간의 자기 회복에 관련하여 아울러 강조해야 할 것은, 사람들이 자기 자신의 자유와 권익을 존중함에 그칠 것이 아니라, 남의 자유와 권익에 대해서도 결코 소홀함이 없어야 한다는 사실이다. '이성의 회복'이라는 개념 가운데 이미 타인을 존중하는 뜻이 포함되는 것이기는 하나, 타인의 자유와 권익을 가볍게 여김이 일반적 현상에 가까운 오늘의 현실을 생각할 때, 특히 이 점을 강조해 두지 않을 수 없는 것이다.

둘째로, 모든 개인은 각자의 개성과 소질을 따라서 삶의 목표를 세우고 그 목표로 접근하는 과정에서 자아의 실현 내지 성장을 꾀해야 할 것이다. 다시 말하면, 전체 또는 공동 목표를 빙자하여 개인의 특수한 의도가 억압 또는 말살을 당하는 일이 있어서는 안 되며, 어떤 외형적 목표의 달성보다도 인간으로서의 내면적 성장이 가치 체계의 정상에 위치해야 한다. 인간은 어떠한 목적을 위해서도 단순한 수단으로 전락할 수 없으며, 하나의 공통된 틀에 맞추어 인간을 획일화하는 것도 용납될 수 없다. 각 개인은 개성과 소질을 따라 혹은 예술가로서, 혹은 학자로서, 또는 그 밖의 어떤 전문가로서 자기가 원하는 길을 선택하고 그 길에서 뜻을 이루어야 한다.

셋째로, 스스로 선택한 목표를 향해 살아가는 각자의 행로가 서로 남의 길을 방해함이 없도록 자율 또는 타율의 규범이 확립되어야 한다. 바꾸어 말하면, 각자의 목표와 행위는 남의 기본적 권익을 침해함이 없는 범위 안에서 선택되어야 한다. 사람들이 만약 금력 또는 권력의 획득과 같은 경쟁적 가치를 삶의 목표로 삼는 대신 자신의 인간적 성장을 궁극의 목표로 삼는다면, 그들의 생(生)의 목표는 서로 조화될 수 있을 것이며, 각 개인의 자아실현의 성과가 합쳐져서 하나의 민족문화를 발전시키는 결과를 가져올 것이다.

인간적 성장 또는 자아실현이라는 궁극적 목표를 달성함에 있어서 특히 필요한 것은 협동과 단결이다. 인간은 본래 사회적 협동을 통하여 번영하도록 마련되었거니와, 현대사회의 지나친 경쟁 상황으로 말미암아 사람들의 이기심이 극도로 조장되었고 따라서 진정한 협동의 인간관계가 크게 붕괴되었다. 서로 조화될 수 있는 인생 목표의 선택을 통하여 사회적 협동의 인간관계를 회복하는 것은, 바람직한 인간상이 달성해야 할 당면한 과제다.

넷째로, 개인들이 모두 각자의 개성과 소질에 맞는 인간적 성장을 이룩할 수 있도록, 모든 사람들의 생활 안정이 보장되어야 하며, 균등한 기회가 누구에게나 개방되어야 한다. 생활 안정의 보장을 위해서 국민경제의 건실한 발전이 앞서야 하거니와, 국민소득의 총액이 크게 증대할 뿐만 아니라, 공정한 분배를 통한 사회적 균형의 실현도 우리들이 당면한 근본 과제의 하나다. 재화의 공정한 분배에 못지않게 중요한 것이 기회의 균등이며, 진정한 자유와 평등의 실질적인 구현으로서의 사회정의의 실현은, 개인의 자아실현을 위한 조건으로서 요청될 뿐 아니라, 그 자체가 우리들 공동 목표의 핵심에 가까운 것이기도 하다.

3.

바람직한 인간상(人間像) 내지 사회상(社會相)의 실현이라는 절실한 목표가 개인들의 산발적인 노력만으로 달성되리라는 것은 기대하기 어렵다. 일찍이 플라톤도 인간 이상(理想)의 실현을 위하여 국가 규모의 조직적 경륜(經

論)이 불가결함을 역설한 바 있거니와, 특히 인간 사회가 규모에 있어서 방대하고 내용에 있어서 극도로 복잡한 현대에 있어서, 개인의 개별적 노력으로 달성할 수 있는 일의 범위는 더욱 큰 제한을 받는다. 따라서 바람직한 인간상 내지 사회상에 대한 염원이 단순한 공상에 그치지 않기 위해서는 고도로 조직화된 설계와 실천이 필요하다. 그리고 고도로 조직화된 설계와 실천을 위해 우선 앞서야 하는 것은 탁월한 과학적 이론과 높은 도덕적 지성이며, 이 두 가지 선행조건을 마련하기 위해 최고학부로서의 대학원이 수행해야 할 일이 많은 것이다.

앞에서 필자는 바람직한 인간상과 사회상에 관한 개인적 견해를 말한 바 있으나, 어떠한 인간 또는 사회가 가장 바람직한가 하는 물음에 체계적이고 타당성 있는 대답을 얻는 일 자체가 지극히 광범위하고 전문적인 연구에 의존해야 한다. 그리고 바람직한 인간상과 사회상을 실현하기에 적합한 방안과 전략을 세우는 일은 더욱 많은 분야의 세분화된 전문적 연구를 요구한다. 이렇게 광범위하고 세분화된 이론적 탐구를 가장 효율적으로 수행하기에 적합한 기관으로서 대학원을 생각하지 않을 수 없는 것이다.

이상적인 인간상과 사회상을 성실하게 추구할 수 있기 위해서는 우선 국민의 기본 생활이 안정을 얻어야 한다. 인구의 폭발, 자원의 고갈, 환경의 오염 등 난제를 안고 있는 현대에 있어서, 기본 생활의 안정이란 용이한 문제가 아니며, 자연과학 및 사회과학의 여러 분과가 전문적이고 종합적인 연구를 통하여 대책을 강구해야 할 과제다. 이 거창한 과제의 수행을 위해서도 최고의 연구 기관으로서의 대학원이 해야 할 일이 많은 것이다.

안정된 경제생활의 토대 위에서 바람직한 인간과 사회를 실현하는 일이 학술적 이론 체계의 완비만으로 달성될 수 있는 목표가 아님은 주지의 상식이다. 올바른 이론을 따라서 개조의 작업에 종사하고자 하는 국민의 공통된 의지가 있어야 하며, 이 의지가 실천으로 옮겨지도록 밀어 주는 사회제도의 뒷받침이 있어야 한다. 이 국민의 의지와 사회제도를 바로잡는 일에 있어서 횃불의 구실을 하는 것은 높은 지성이며, 높은 지성을 함양함에 있어서 중추의 임무를 띠고 있는 것도 최고의 연구 기관인 동시에 최고의 교육기관이기도 한 대학원이 아닐 수 없다.

현대는 인류가 과거 어느 때보다도 많은 어려움에 부딪치고 있는 시대다. 특히 한국의 경우는 근대화, 국토의 통일, 민주주의의 실현, 전통문화의 계승과 새 문화와 창조 등 많은 난제를 안고 있으며, 종횡으로 얽힌 이 문제들을 해결하는 데 가장 유력한 도구가 될 수 있는 것은 자연 및 사회에 관한 고도의 과학적 지식과 바른 길을 지향하는 실천적 의지로서의 탁월한 지성이다. 그리고 고도의 과학적 지식과 탁월한 지성을 함양하는 전문적 기관으로서 우선 대학을 손꼽게 되거니와, 한국의 경우도 이제는 대학원 수준의 연구와 교육이 충실하게 실천되기를 갈망하는 단계에 이른 것이다. 대학원 수준의 연구와 교육으로 얻어진 전문적 지식과 원숙한 지성은 우리 민족이 당면한 공동 과제를 해결하는 데 지휘탑의 구실을 할 것이고, 나아가서는 민족문화의 발전을 위한 원동력으로서 작용하는 결과를 초래할 것이다.

그러나 대학원에서 하는 연구와 교육을 오로지 문제 해결 또는 문화 발전을 위한 수단으로만 보고자 하는 것은 물론 아니다. 학문은 그 자체가 이미 목적으로서의 가치를 지니고 있으며, 지성이 높은 인격은 어떤 실용성이 없다 하더라도 그 자체만으로 무한한 가치를 지녔다. 대학원의 연구와 교육을 통하여 얻게 되는 깊은 학문과 높은 지성은, 그것들의 도구적 효용이 전혀 없다 하더라도, 그 자체만으로도 문화 발전에 큰 보탬으로서 평가되어야 할 것이다. 다만 여기서 강조하고자 하는 것은, 오로지 학문을 위한 학문 또는 사회 발전 내지 문화 발전에 적극적으로 작용함이 없는 지성은 학문 또는 지성으로서 가장 바람직한 것이 아니라는 사실이다. 학문과 지성은 그 자체가 목적일 뿐 아니라 사회 또는 문화의 발전을 위해서 많은 일을 해야 할 수단으로서의 사명도 크게 가지고 있는 것이다.

4.

한국이 당면한 민족적 과제와 이와 관련된 한국 대학원의 사명을 염두에 두고 우리나라 대학원의 과거와 현재를 돌이켜 볼 때, 여기 반성하고 개혁해야 할 많은 문제점이 있음을 간과할 수가 없다.

지금까지의 한국의 대학원은 대부분의 경우 주로 명목을 위한 것이라 하여도 지나친 혹평은 아닐 것이다. '유명무실(有名無實)'이라는 말이 가장 잘 들어맞는 것이 바로 한국의 대학원이다. "대학에는 역시 대학원 과정이 있어서 대학다워 보인다."는 따위의 막연한 이유 이상의 뚜렷한 교육 이념에 입각하여 대학원을 설치하고 운영하는 예가 과연 몇 곳이나 되는지 의심스럽다. 좀 더 단적으로 말한다면, 멀쩡한 사기가 전국 각지에서 공공연하게 용인되고 있는 것이다. 이토록 명백한 부조리가 허용될 수 있었던 가장 큰 이유의 하나는 우리 사회의 일반적 풍토 자체가 부조리의 지배를 받고 있다는 사실이며, 그 또 하나는 대학원에 학적을 두는 학생들의 대부분도 단순한 어떤 명목의 획득을 큰 보람으로 간주하고 있다는 사실이다.

한국의 대학원에 근본적인 개혁이 요청되는 오늘날, 어떠한 교육철학을 바탕으로 무엇을 어떻게 고칠 것인가는 교육학계의 전문가들과 행정 당국에 의하여 별도로 다루어져야 할 문제다. 다만 이 글의 끝을 마무리하는 뜻에서 몇 가지 문외한의 사견을 첨가해 두는 것으로 그치고자 한다.

첫째로, 대학원 설치 기준령이 과학적 근거를 토대로 재조정되는 동시에 이 기준령이 엄격하게 지켜져야 할 것이다. 현재 한국의 여러 가지 여건으로 보아, 대학원 교육을 대량생산의 원칙에 따라 실시하기는 아직 이르다. 모든 대학의 모든 학과에 걸쳐서 대학원 과정을 설치해야 한다는 생각은 매우 비현실적이며, 이러한 허영적 발상은 오늘의 한국 대학원을 유명무실한 것으로 만든 근본 원인이다. 대학원 수준의 교육과 연구를 제대로 실천할 수 있는 준비가 갖추어져 있는 범위 안에서 대학원 과정을 설치하도록 해야 할 것이며, 인력 수급의 견지에서 볼 때 도저히 뒤를 감당할 수 없을 정도의 많은 대학원생을 모집하는 무책임한 처사도 없어져야 할 것이다. 현재와 같이 거의 모든 대학의 모든 학과가 대학원생을 모집할 경우, 학생들의 분산으로 말미암아 학급이 성립하지 않고 따라서 수업다운 수업을 못하고 넘어가거나, 아니면 전국의 대학원생의 수가 너무 많아져서 고급 무직자를 무수히 배출하는 결과를 가져올 것이다.

이미 설치 기준을 무시하고 대학원 과정의 많은 학과들이 인가를 받고 있는 이 시점에서 과감한 정리 작업을 하는 것이 현실적으로 불가능하다면, 여러 대학이 유기적 연합을 통하여 하나의 대학원을 운영하는 방안이 진지하게 연구되어야 할 것이다. 현재도 이미 대학원 간의 협동 문제를 시험적으로 연구하고 실천하는 대학들이 있는 것은 매우 고무적인 현상이며, 이 방향으로의 노력이 좀 더 광범위하고 좀 더 대담하게 추진되는 것이 바람직하다.

둘째로, 대학원의 연구와 교육은 이에 종사하는 교수나 학생들 개인을 위한 것에 그치는 것이 아니라 국가와 사회를 위한 공공의 사업으로서의 의의가 크다는 사실을 인식하고, 이러한 인식을 따라서 대학원이 운영되어야 한다. 대학원은 개인적 탐구심과 명예욕을 만족시키기 위한 것에 그치는 것이 아니라, 국가와 사회가 필요로 하는 학자와 지성인을 양성하기 위한 기관으로서의 사명이 더욱 크다. 따라서 국가와 사회는 그들이 설립한 대학원을 바로 운영하고 육성할 책임을 져야 하며, 대학원의 교수와 학생들은 그들이 속하는 국가와 사회의 요청에 부응할 의무를 져야 한다. 국가와 사회는 대학원 운영에 대한 재정적 책임을 나누어야 하며, 재정적으로 감당할 수 없을 정도의 많은 대학원을 설립하는 일은 미연에 방지되어야 한다. 학생 측에서도 국가와 사회가 요청하는 전문가로서 성장할 수 있는 자질과 학문적 배경을 구비했는지를 각자가 충분히 반성한 뒤에 입학을 지망해야 할 것이며, 취직이 안 되어 갈 데가 없는 열등생들이 대학원으로 몰리는 불합리한 현상이 생기지 않도록 해야 할 것이다.

셋째로, 대학원에서 행하는 연구와 교육이 공동 목표의 달성 또는 민족문화의 발전을 위해서 최대의 도움을 줄 수 있도록 교과과정과 연구 내용을 크게 조정해야 한다. '상아탑(象牙塔)'이라는 독선적 관념에 사로잡혀, 학문 또는 연구가 현실에 깊이 관계하는 것을 탐탁하게 여기지 않는 그릇된 태도는 불식되어야 할 것이다. 그리고 외국에서 행하는 학문과 연구를 무작정 모방하는 안이한 태도도 깊이 반성되어야 한다. 학문이 언제나 반드시 실용을 위해서 연구되어야 하는 것은 아니다. 그러나 현 단계에 있어서의 한국의 실정은 단순히 학문을 위한 학문보다도 현실 문제의 해결을 위해서도 크게 이바지할 수 있는 학문을 더욱 시급하게 요청하고 있다. 우리 자신의 현실에 대한 절실한 문제의식과 밀접하게 연결되었을 때, 비로소 학문은 독창적 경지로 심화되며, 학문으로서의 가치도 따라서 높아진다. 이와 같은 우리의 견해가 상식과 학문을 혼동하는 치졸한 학문관과 같은 것으로 오해되어서는 안 된다. 우리는 지금 대학원 수준의 높은 연구에 관해서 논하고 있는 것이며, 사이비 학자들의 사이비 학문을 문제 삼고 있는 것이 아니다.

넷째로, 대학원이 그 본래의 사명을 완수할 수 있기 위해서는 연구와 사상의 자유가 보장되어야 한다. 대학원에서 연구하는 학문이 단순한 학문을 위한 학문이 아니며 대학원에서 양성하는 것이 단순한 전문가로서의 학자에 그치지 않는 지성인이라는 점을 고려할 때, 연구와 사상에 있어서의 자유 분위기는 절대로 필요한 조건의 하나임은 의심의 여지가 없다. 우리 한국의 실정으로 볼 때 민주주의가 요청하는 자유를 어디서나 무제한으로 허용함이 현실적으로 가능한가의 문제에 대해서는 논란의 여지가 있을 것이나, 최고 수준의 학자와 지성인을 양성하는 대학원에 있어서까지 연구와 사상의 자유를 제한해야 한다면, 사태는 이미 매우 비관적이라고 보아야 할 것이다. 정신적으로 위축된 분위기 속에서 학문과 지성이 활발한 성장을 기록할 수는 없는 까닭에, 위정 당국은 대학원의 자유를 거시적 관점에서 최대한으로 존중해야 하며, 대학원은 그들이 누리는 자유를 책임 있는 연구와 책임 있는 사상으로써 보답해야 할 것이다.

끝으로, 학위 수여에 관한 규정이 엄정하고 권위 있게 확립되어야 할 것이다. 세계적인 공신력을 가진 학위제도의 수립은 대학원 교육의 성패와 직결되는 문제다. 적당히 학위가 오고가는 폐습이 전통화하기 전에 어떤 전환이 있어야 할 것이다. 박사 학위에 관해서는 이를 국가적인 중앙 기관에서 단일화하여 관리하는 방안도 검토해 볼 여지가 있다고 생각한다.

(1974년 10월)

4 부
외래 사상 그리고 주체성

자유주의가 사회 발전의 원리로서 적합하기 위해서는 그 사회가 자유주의에 견딜 수 있는 준비를 갖추고 있어야 한다. 자유주의에 견딜 수 있기 위해서 사회가 갖추어야 할 준비란, 첫째로 그 사회를 형성하는 사람들이 모든 사람들의 의견을 존중히 여기는 태도를 가지는 일이다. 그리고 둘째로 갖추어야 할 것은, 사람들의 이해관계나 의견이 충돌했을 경우에 합리적인 사고와 행동으로써 그 대립을 극복하고자 하는 성실한 태도를 갖는 일이다.

1장 현대 한국과 자유주의 사상

1. 서언

'자유'라 함은 '구속'에 대립하는 개념이다. 구속이 없거나 있더라도 의식하지 못할 경우에는, 자유나 자유주의의 문제는 생기지 않는다.

자유는 자유의 주체를 전제로 삼는다. 주체 의식이 전혀 없는 경우에는 자유나 자유주의의 문제는 생기지 않는다. 주체 의식은 나와 남의 대립을 의식함에서 일어난다. 그러므로 자유의 문제는 자아의식과 밀접한 관계를 가졌다. 요컨대, 주체 의식을 가진 어떤 자아가 타아(他我)에 의한 구속을 느끼고 그 구속으로부터의 해방을 기도하거나 요구하는 데서 자유의 문제는 생긴다. 그러므로 자유의 문제는 구속으로부터의 해방을 요구하는 주체가 무엇이며 그 구속이 어떠한 것이냐에 따라서 여러 가지로 다르게 나타날 수가 있다.

서구적인 의미로 흔히 쓰이는 '자유주의'에 있어서 문제가 되는 것은 개인의 자유다. 공산주의자들의 경우와 같이 집단으로서의 계급의 자유를 들고 나서는 경우도 없지 않으나, 본래의 자유주의는 개인의 자유를 주장하는 데 역점을 둔다.

그러나 논리적으로 생각할 때, 부당한 구속을 받고 있는 집단 전체의 자유를 요구하는 태도도 일종의 자유사상이라고 볼 수 있을 것이며, 이 집단적 자유사상과 저 개인적 자유주의는 근본정신에 있어서 어떤 공통점을 가지고 있다. 그 공통점의 핵심을 우리는 자아의 비판 의식으로 볼 수 있거니와, 많은 경우에 있어서 집단적 자유사상이 먼저 일어나고 그 자유사상 속의 권리의식이 다시 개인적 자유주의로 발전하곤 하였다.

이 글은 8 · 15를 계기로 우리나라에서 큰 비중을 차지하게 된 자유주의 사상 즉 개인주의적 자유사상이 걸어온 길을 돌이켜 보고 또 이 사상이 안고 있는 문제들을 생각하고자 하는 것이다. 그러나 역사를 보는 긴 안목으로 문제를 고찰하는 뜻에서, 우리나라에서 자유가 문제되기 시작한 좀 더 먼 근원에까지 거슬러 올라가서 잠시 살펴보고자 한다.

2. 개화기와 자유사상

우리 한국인의 조상들 가운데는 구속과 억압에 시달린 사람들이 많았다. 조선시대에는 전 국민이 엄격한 계층으로 나누어지는 봉건적 신분 사회 속에 살았다. 가장 위의 계층인 양반계급을 제외한 나머지 세 계층, 즉 중인(中人)과 상민(常民)과 천민(賤民)은 모두 갖은 구속과 억압을 감수해야 했으며, 특히 천민계급은 이루 말할 수 없는 수모와 고통 속에서 살았다. 양반계급 자체 안에서도 대부분의 인간관계는 상하의 위계질서의 지배를 받았으며, 일반적으로 여자는 남자에게 종속하고 젊은 세대는 늙은 세대에게 종속하였다. 그뿐만 아니라, 임금을 포함한 모든 조선인은 중국의 억압을 면하지 못하는 처지에 놓여 있었다.

부당한 억압, 불합리한 구속에 대하여 반발을 느끼는 것은 인간의 본성이다. 양반에게 억울하게 수탈과 강제 노동을 당한 상민 또는 천민들이 반발을 느끼며 자유를 열망했을 것은 당연한 일이며, 임진왜란이나 병자호란과 같은 전란으로 사회가 혼란에 빠졌을 때 또는 사색당쟁(四色黨爭) 등으로 기강과 질서가 문란한 틈을 타서, 서민이 양반에게 항거한 사례가 가끔 있었다. 고종 31년(1894)에 고부(古阜)에서 있었던 민란을 발단으로 일어난 동학란(東學亂)은 그러한 민중 봉기의 대표적인 것이었으며, 그보다 앞서 순조 때에 있었던 홍경래(洪景來)의 난 또는 철종 때에 일어난 진주민란(晋州民亂)도 역시 억압된 군중이 자유를 요구하여 일으킨 반란의 범주 속에 드는 사건이었다. 그러나 민란을 통해 나타난 자유의 요청은 인간의 본성에 근거를 둔 자연 발생적 운동이었으며, 서양의 자유주의의 영향을 직접 받은 것은 아니었다. 그것은 아직 개인주의적 자유의 주장은 아니었으며, 다만 억압된 계층으로서의 민중이 악덕한 관리의 횡포에 대하여 항거한 데 그치는 것이었다. 더욱이 동학란의 경우는 서학(西學), 즉 천주교에 대항함을 표방하며 보국안민(補國安民)을 부르짖었으니, 개인주의적이라기보다는 민족주의 색채가 농후한 사건이었다.

서구적인 자유와 평등의 사상을 우리나라에 있어서 명확한 표현으로 주장한 것은, 일본 또는 미국을 통하여 새로운 문물에 접한 개화당의 인사들이었다. 갑신정변(甲申政變)을 일으킨 김옥균(金玉均)의 수기(手記)인 「군사일록(軍事日錄)」에는, "문벌을 폐지하여 인민 평등의 권(權)을 제정하고, 사람으로써 관(官)을 택하게 하고 관으로써 사람을 택하게 하지 말 것"을 결의했음이 기록되어 있으며, 박영효(朴泳孝)의 「상소(上疏)」와 유길준(俞吉濬)의 『서유견문(西遊見聞)』에는 자유와 평등의 이념이 더욱 소상하게 전개되어 있다.

1888년에 지은 박영효의 「상소」에는 자유와 평등에 관한 조목(條目)이 있어서 "사람이 스스로 생명을 보존하며 자유를 구하고 행복을 바라는 것은 하늘로부터 받은" 절대적 권리임을 강조하고, 남녀의 동등과 문벌의 폐지 등을 구체적으로 역설하였다. 또 1895년에 발표된 유길준의 『서유견문』은 "사람이 천지간(天地間)에 나서 사람되는 이치로 말하면, 사람 위에 사람이 없고 사람 아래에도 사람이 없다. 천자(天子)도 사람이요, 필부(匹夫)도 사람이다."라고 주장하고 있을 뿐 아니라, 한 걸음 나아가서 "자유는 마음대로 해서 거리낌 없음을 말하는 것이지만, 결단코 제멋대로 방탕한다는 뜻은 아니며, 법을 어기어 함부로 행하는 태도가 아님"을 밝혀, 자유와 방종을 확연히 구별하고 있다.[1]

서재필(徐載弼)을 중심으로 1896년에 조직된 독립협회(獨立協會)도 역시 자유와 평등의 사상을 강조했으며, 특히 자유와 평등을 독립과 불가분의 관계를 가진 원리로서 제창하였다. 독립협회는 그것을 단순한 언론으로서 제창한 데 그치지 않고, 자유와 평등에 입각한 독립의 이념을 구현하기 위한 실천적 운동을 전개할 것을 시도하였다. 불행히도 독립협회는 정부의 미움을 받고 1898년에 해산을 당하고 말았지만, 구한말의 우리나라 젊은 지식층과 일반 대중의 의식이 자유민주주의의 방향으로 기울어 가고 있었음은 엄연한 사실이었다. 만약 독립협회의 염원을 따라서 우리나라가 독립국으로서의 발전을 계속했다면, 우리나라의 민주주의와 근대화가 훨씬 빠르게 실현되었을 것임에 틀림이 없었을 것이다.

그러나 우리나라는 곧 일본의 세력 아래 들어갔고 1910년에는 드디어 한일합방이라는 치욕을 면하지 못하였다. 무단정치(武斷政治)로부터 시작된 일제의 식민지 정책은 자유, 평등, 인권의 이념을 근본적으로 무시함으로써 가능한 것이었다. 따라서 크게 볼 때, 일제의 침략은 우리나라의 민주주의와

1 박영효의 「상소」와 유길준의 『서유견문』에 나타난 개화사상 전체에 관해서는, 『한국민족사상대계』 제1권에 실린 박종홍(朴鍾鴻)의 논문 「서구 사상의 도입과 그 영향」 가운데 2절을 참조.

근대화를 저지하고 후퇴시키는 결과를 초래했다고 할 것이다. 다만, 총독부도 표면상으로는 개화를 표방하였고, 양반과 상민을 나누는 신분제도를 형식적으로나마 폐지하는 정책을 지켰다. 따라서 신분의 벽이 무너져 가던 구한말 이래의 추세는 계속되었으며, 특히 새로운 학교교육을 받아들이는 태도에 있어서 상민 계층이 더 개방적이었다는 사실은 계층간의 사회적 이동을 촉진하는 결과를 불렀다.

총과 칼을 앞세운 무단정치 앞에서 우리 한국인은 온갖 수탈과 인권유린을 감수했지만, 세계 전체가 개화의 방향으로 움직인 시대적 추세 속에서 사람들의 자아는 조금씩 눈을 떠가고 있었다. 식민주의적 교육과 사상적 탄압이 계속되는 가운데도 모든 한국인이 폐쇄된 사회 속에 갇혀서 산 것은 아니었던 까닭에, 인권에 대한 사람들의 의식은 서서히 고개를 들었다. 3 · 1 운동, 6 · 10 만세운동 등 대대적인 민족운동이 탄압에 의하여 많은 희생을 내고 가라앉은 뒤에도, 우리나라의 정치사상가, 문필가, 교육자들은 꾸준히 그 길을 걸었다. 표면화된 항일운동이 점점 어렵게 되자, 지식인이 주도하는 민족운동은 민중의 계몽에 역점을 두었다. 교육자는 우리 민족이 세운 사립학교의 교단을 통하여 젊은 세대의 정신교육에 힘썼고, 문필가들은 여러 가지 형태의 글을 통하여 사람들의 머리를 깨우쳐 갔다. 이러한 전체의 흐름 속에서, 자유와 평등에 대한 사람들의 의식도 비록 관념적으로나마 나날이 성장하고 있었음에 틀림이 없다.

3. 8 · 15 광복과 자유주의의 물결

1945년 8월 15일, 제2차 세계대전이 끝나고 일본이 우리 땅으로부터 물러가게 되었을 때, 이제까지 일본의 식민지 정책이 씌웠던 사상의 굴레가 일시에 벗겨졌고, 그와 동시에 여러 가지 외래 사조가 거리낌 없이 쏟아져 들어왔다. 그 가운데 가장 우세했던 것의 하나는 자유주의 사상이었고 또 하나는 공산주의 내지 사회주의 사상이었다. 그것들은 밖으로부터 들어오기 이전에 이미 잠재적으로 내부에 숨어 있던 것이 표면화된 것이라고 보아야 할 일면을 가지고 있었다. 제국주의 일본이 전체주의(全體主義)로써 반세기에 걸쳐 우리를 억압하다가 갑자기 물러간 뒤의 심리적 반작용과 남한에 군대를 진주시킨 미국이 자유민주주의의 나라라는 두 가지 사실은, 해방을 맞은 한국에 있어서 '자유' 내지 '자유주의'의 이름이 크게 환영을 받는 계기의 구실을 하기에 충분하였다. 한편, 공산주의 내지 사회주의의 경우는 지하조직을 가지고 있던 그 계열의 사람들이 재빠른 선수(先手)로 조직적 활동을 전개함으로써 갑자기 그 세력을 확장하였다.

1948년에 대한민국이 수립된 뒤에 불법화된 공산주의 운동은 지하로 들어가게 되어 그 세력이 크게 약화되었고, 6 · 25 전쟁 뒤에는 더욱 민심으로부터 멀어져 갔다. 이리하여 '자유주의'와 '민주주의'는 저절로 이 땅에 군림하는 이름이 되었거니와, 그러나 자유주의 또는 민주주의가 생각과 같이 단순하거나 용이한 것이 아닌 까닭에, 그 뒤에 여러 어려운 문제들을 수반하게 되었다.

서양에서의 자유주의는 오랜 역사와 전통을 가지고 있다. 그것은 몇몇 학자들이 머릿속에서 생각해 낸 학설이 아니라 오랜 실천과 여러 혁명을 겪는 동안에 형성된 사상이다. 그러므로 한가지로 '자유주의(liberalism)'라고 불린다 하더라도, 시대와 국가에 따라서 그 내용이 다양하다.

내용에 다양성과 변천이 있는 가운데도, 자유주의에는 변함없는 특징 또는 확고부동한 신념이 있다. 그것은 인격의 도덕적 가치와 그 존엄성에 대한 굳은 신념이다. 그 신념에 따르면, 인격은 존엄한 까닭에 항상 목적으로서의 대접을 받아야 하며, 타인을 위한 단순한 수단으로서 이용되어서는 안 된다. 인격은 그 자체가 목적인바 존엄한 존재인 까닭에, 본인 스스로가 납득하지 않는 어떠한 제약도 받을 필요가 없는 자유로운 행위자다. 그러나 각 개인이 모두 제멋대로 행동한다면 사회의 질서는 곧 파괴되고 말 것이다. 각자의 자유를 최대한으로 존중하면서도 사회의 질서가 유지되고 공동체가 번영을 유지할 수 있기 위해서는, 각자가 스스로 자기의 행동을 규제하는 자율의 양식이 절대로 필요하다. 인격의 도덕적 가치를 절대시하고 인격의 존엄성을 주장하는 근본 이유도 사실은 인간에게 저 자율의 양식이 있다고 믿기 때문이다. 그리고 자율의 양식의 근본이 되는 것은 다름 아닌 인간의 이성 또는 지성이다. 자유주의의 인성론적 근거는 이성 또는 지성에 대한 깊은 신뢰에 있다. 요컨대, 지성적 존재로서의 인격의 자율적 능력을 사회의 건전한 발전의 토대로 삼아야 한다는 것이 자유주의의 바탕에 깔린 근본 사상이다.

자유주의는 인격에 대한 존중과 이성에 대한 신뢰를 토대로 삼고 성립한다. 따라서 인격에 대한 존중과 이성에 대한 신뢰가 없는 사회에서는 자유주의가 사회 발전의 건전한 철학으로서 제구실을 할 수가 없다. 자유주의라는 사회사상이 발생한 본고장으로 말하면 그러한 사상이 일어났다는 그 사실이 그 사회에 인격 존중과 이성 신뢰의 관념이 선행했음을 의미한다. 이 관념은 바로 자유주의라는 철학을 낳게 한 바탕이기 때문이다. 그러나 자유주의를 외래의 사상으로서 받아들인 나라의 경우는 사정이 다르다. 사상이란 그 외견이 갖는 피상적 매력만으로도 전파될 수 있는 까닭에, 그 바탕에 깔린 근본 정신의 기초 없이도 받아들여지는 수가 있기 때문이다. 그렇다면, 일제의 퇴각을 계기로 자유주의의 사조가 밀려든 우리 한국의 경우는 어떠한가? 자유주의가 사회 발전의 건전한 철학으로서 작용할 수 있는 조건, 즉 인격에 대한 존중과 이성에 대한 신뢰를 어느 정도 준비하고 있었는가?

외래 사상이 흔히 그렇듯이, 자유주의 사상이 우리나라에 크게 번지게 된 사유 가운데 큰 비중을 차지하는 것은 외면적 사정이다. 인격에 대한 존중과 이성에 대한 신뢰가 안으로 가득 차게 되어서, 그 내면적 친화성으로 말미암아 자유주의가 환영을 받은 것이 아니라, 민족과 개인을 부당하게 억압한 일본의 전체주의에 대한 반작용과 '해방의 은인'으로서 군대를 진주시킨 미국이 자유주의의 나라라는 외부적 조건으로 말미암아 자유주의가 큰 조류를 이룬 것이다. 내면적 친화성으로 인하여 흡수된 외래 사상이 아니라 외면적 우연성에 의하여 받아들여진 외래 사상이었던 까닭에, 우리나라의 자유주의는 많은 문제를 안고 있었다.

인격에 대한 존중과 이성에 대한 신뢰라는 점에서 우리나라가 반드시 미약한 전통의 나라로 생각되지는 않는다. 우리나라는 고래로 유교와 불교의 영향을 크게 받았거니와, 유교와 불교는 모두 인간을 존중하는 정신을 바탕에 깔고 있다. 유불선(儒佛仙)을 종합했다고도 볼 수 있는 우리나라의 종교 천도교(天道敎)에서 '인내천(人乃天)'을 근본원리로 삼고 있다는 한 가지 사실만 보더라도, 우리나라에 인간 존중의 전통이 강함을 알 수가 있다. 그리고 인격이니 이성이니 하는 개념이 우리나라에 들어온 것은 별로 오래지 않을지 모르나, 성선설(性善說)에 대한 신봉이 오랜 전통을 가지고 있다는 사실로 볼 때, 인간의 도덕적 심성에 대한 신뢰도 깊은 뿌리를 가졌다고 말할 수 있을 것이다.

그러나 문화적 전통 또는 조상의 얼 속에 깔린 정신적 유산이란 잠재한 상태로 잠잘 수도 있는 것이며, 그 정신이 언제나 활발하게 발휘되는 것은 아니다. 우리나라는 조선시대 말기 이래로 많은 어려움을 겪었고, 특히 일제의 압정 밑에 살았던 반세기 동안의 사회상은 매우 험난한 것이었다. 정신적으로나 물질적으로나 극도로 어려움이 많은 세상이었던 까닭에, 사람들은 모두 제 발등에 떨어진 불을 끄기에 바빴고, 조상으로부터 물려받은 인간 존중의 정신을 충분히 인격 속에 체득할 여유가 없었다. 바꾸어 말하면 우리 문화의 전통 속에는 인간 존중의 정신과 이성에 대한 신뢰가 깊이 깔려 있었음에도 불구하고, 근세 이래의 어려운 생활 조건으로 말미암아, 그 전통이 자유주의 사상의 수용을 위한 충분한 준비가 될 수 있도록 개발되지 못하였다.

자유주의가 사회 발전의 건전한 원리로서 작용할 수 있기 위해서는, 개인 각자가 자율로써 스스로의 방종(放縱)을 억제하는 덕성을 갖추었거나, 그렇지 않으면 국가의 법질서가 확립되어 국민의 부당한 행위가 타율적으로라도 미연에 방지될 수 있어야 한다. 그런데 8 · 15 이후의 우리나라 사정은 국민 각자의 자율성에 있어서나 국가 전체의 법질서에 있어서나, 미흡한 점이 많은 실정이었다. 일제가 물러간 뒤의 우리 한국에는 갑자기 많은 공백과 기회가 주어져 있었다. 일본 사람들이 차지하고 있었던 재산이 적산의 이름으로 남아서, 먼저 점령하는 사람들에게 연고권이 인정되었고, 일본 사람들이 차지하고 있었던 무수한 직장이 새 일꾼들을 필요로 하였다. 그러나 아직 사회질서는 잡히기 이전이었으므로, 재산의 분배나 직장의 안배가 정당한 사유와 기준을 따라서 결정되기 어려웠다. 이러한 상황에서는 공격적이고 약삭빠른 사람들이 많은 것을 얻기 마련이고 자제하는 사람들은 뒤로 밀리기 쉽다. 그뿐만 아니라, 일제시대의 식민지 교육정책이 주로 권위주의에 의존했던 까닭에, 그 시대의 교육을 받은 사람들로서 혼란한 과도기를 자율과 자제로써 처신하기는 대체로 어려운 일이었다. 이러한 실정이었던 까닭에, 갑자기 밀려들어 온 자유주의는 민주주의적 자유보다는 방종에 가까운 행위와 연결되는 경향을 보였다.

한편, 타율적 법질서도 단시일 내에 확립될 수 있는 과제가 아니었다. 법질서가 확립되기 위해서는 우선 정치의 안정이 앞서야 하거니와, 국토의 분단과 경제의 빈곤 등 여러 악조건 아래서 민주적 정치의 안정을 얻기란 결코 쉬운 일이 아니었다. 더욱이 국민의 준법정신이 미약했던 까닭에, 법률의 제정과 사법 행정이 제도상으로 형태를 갖추었다 하더라도 그 실천적 효과에는 큰 제한이 있었다.

4. 자유주의와 민주주의

대한민국이 수립되면서 우리는 자유민주주의를 표방하였다. 서방세계에 있어서 일반적으로 그렇듯이, 우리나라의 경우에 있어서도 자유주의와 민주주의는 불가분의 관계를 맺으며 출발하였다. 자유주의는 당연히 민주정치를 요구하였고, 민주주의는 국민의 자유를 원칙적으로 전제로 삼았다. 이리하여 자유주의와 민주주의는 상호 보완의 관계 또는 표리일체(表裏一體)의 관계를 유지하게 되었으며, 건전한 자유주의의 토착화의 문제는 곧 건전한 민주주의의 토착화의 문제이기도 하였다. 여기서 우리는 건국 이래 우리나라가 걸어온 민주주의에 대하여 일별할 필요가 있다.

북한에 공산주의 정권이 세워진 것을 극복되어야 할 잘못된 현실로 규정한 대한민국이 자유민주주의를 기본 원칙으로 내세운 것은 당연한 추세였으나, 실제에 있어서 우리나라의 역대 정권은 이 '민주주의'의 간판을 일종의 부담으로 느끼는 경향이 있었다. 초대 대통령 이승만(李承晩)은 미국에서 공부한 사람으로서 겉으로는 자유의 수호와 민주주의의 실현을 표방했으나, 본래 군왕(君王)의 자세로 고국에 돌아왔고, 또 한국의 실정이 민주주의로 다스리기에는 시기가 빠르다고 판단하였다. 더욱이 6·25를 겪은 뒤에 혼란한 국내 사정은 전제정치를 정당화하기에 적합한 조건들을 계속 빚어냈다. 이러한 사정 아래서, 이승만 정권은 겉으로만 민주주의를 표방하고 실제에 있어서는 철저한 독재를 감행하였다. 사사오입(四捨五入) 개헌, 지방자치법 개정과 보안법 개정을 위한 2·4 파동, 3·15 부정선거 등 거의 방법을 가리지 않고 전제정치를 자행하였다.

옳든 그르든 자유주의 또는 민주주의를 가장 옳은 길이라고 믿기 시작한 국민들의 기대와 이승만 정권의 전제주의 내지 관료주의는 도저히 조화되기 어려운 두 개의 극이었다. 민심이 이승만 정권을 이탈한 것은 당연한 귀추였으며, 4 · 19는 이 당연한 귀추가 가져온 필연적 종말이였다.

4 · 19가 우리나라의 민주주의 발달을 위해서 매우 중요한 계기를 마련했다는 것은 식자들의 거의 일치된 견해다. 국민이 맨주먹으로 독재정권을 타도하는 데 성공했다는 점에서, 4 · 19가 우리나라 민주주의 발달사에서 차지하는 의의가 막대하다는 것은 의심의 여지가 없다. 그러나 이 역사적 사건의 주동 세력이 정치권력을 직접 인수할 수 없는 학생들이었던 까닭에, 4 · 19가 건전한 민주주의 발전을 위해서 거둔 실효에는 자연히 큰 제한이 따르게 되었다.

4 · 19 혁명의 덕을 입어 다음에 대권을 장악한 장면(張勉) 정권은 남의 힘으로 정권을 얻었다는 약점을 안고 있었을 뿐 아니라, 야당 육성에 별로 성의가 없었던 독재정권 아래서 겨우 명맥을 유지한 집단으로 구성되었던 까닭에, 강력한 통치권을 갖지 못한 채 출발하였다. 이러한 약점을 틈타서 북한 공산 집단은 한층 더 위협을 가해 왔고, 국내의 치안과 경제 사정도 극히 불안한 상태에 빠지고 말았다. 이러한 상황 속에서 일어난 것이 바로 5 · 16 군사혁명이었다.

5 · 16 군사정권은 곧 민정(民政)으로 형태를 바꾸면서 장기 집권의 태세를 갖추기 시작했다. 이 새 정권도 정치의 기본 노선 또는 먼 목표는 역시 민주주의임을 명백히 하였다. 그러나 국가 건설의 당면 과제는 민주주의 그 자체에 있다고 보지 않고 그보다도 경제성장과 국가 안보를 최우선으로 추구하는 정책을 택하였다. 처음에는 경제성장과 국가 안보에 주력하는 일과 민주주의를 추구하는 것 사이에 별다른 알력이 보이지 않았다. 그러나 1970년대에 접어들면서 정부는 더 빠른 경제성장과 더 확고한 국가 안보를 위해서는 더 강력한 행정부가 필요하다고 판단하게 되었고, 이러한 판단을 따라서 1972년 10월에 헌법을 개정하여 정치체제를 크게 바꾸었다. 유신체제(維新體制)로 불리는 이 체제는 서구의 전형적인 민주주의 체제와는 상당한 차이

를 가진 것이어서 일부의 반발을 초래하기도 하였으나, 정부 측에서는 비록 민주주의의 근본정신은 같다 하더라도 그 구체적 적용은 각국의 실정에 적합해야 한다고 주장하면서, 한국 실정에 맞는 '한국적 민주주의'를 추구하는 데 모든 국민이 협력할 것을 요청하였다.

'한국적 민주주의'의 정치 이론에 대해서는 문외한인 필자로서 아는 바가 적으나, '한국의 현실에 적합한 민주주의'라는 그 정의로 미루어 보건대 한국의 현실의 변화를 따라서 그 구체적 정책은 달라질 것으로 기대된다. 그러므로 우리의 국력이 월등하게 강화되어 안보가 반석 위에 놓이고, 국민의 민도(民度)가 하루 빨리 향상되어, 선진 민주주의 국가의 이념으로 보더라도 아무 손색이 없는 민주 정책을 실시할 수 있는 '현실'이 하루빨리 준비되기를 국민 모두가 갈망하고 있을 것으로 믿는다. 그러나 '현실'이란 팔짱 끼고 앉아서 잘되기를 기다릴 성질의 것이 아니라 우리의 힘으로 만들어 나가야 할 과제이므로, 한국 민주주의의 장래는 역시 우리들 자신의 마음가짐과 노력 여하에 달려 있다는 결론으로 귀착한다.

5. 산업사회와 자유주의

인간의 자유에는 신체의 측면과 정신의 측면이 있다. 다시 말해서 우리는 자유를 신체의 문제로서 다룰 수도 있고 정신의 문제로서 다룰 수도 있다. 이 두 가지 측면 사이에는 밀접한 상관관계가 있기는 하나, 언제나 반드시 일치하는 것은 아니다. 신체의 자유에도 불구하고 정신은 자유를 상실할 수도 있고 정신의 자유에도 불구하고 신체는 자유를 상실할 수도 있으며, 신체는 자유를 상실한 상태에서도 정신은 자유를 견지할 수가 있다.

신체의 자유도 중요한 것임에 틀림이 없겠으나, 정신의 자유는 더욱 중요하다고 생각된다. 신체와 정신을 함부로 떼어서 생각할 수는 없을 것이나,

우리가 인간의 인간다움을 이성 또는 지성에서 발견하는 전통을 따른다면, 어떤 사람의 신체가 어떠한 상태에 놓여 있으며 겉으로 나타나는 그의 행동이 어떠한 제약을 받고 있는가 하는 따위의 문제보다도, 그의 정신이 어떠한 상태를 유지하고 있으며 또 어떻게 활동하고 있는가 하는 문제가 더욱 중요하다고 보아야 할 것이다.

현대 산업사회에 있어서 인간이 비인간화하는 경향이 있다고 흔히 말한다. 이 '인간의 비인간화' 또는 '인간의 자기 상실'이라 불리는 현상은 다름 아닌 인간의 내면적 자유 내지 정신적 자유의 상실에 해당한다. 산업사회 속에 사는 인간은 혹은 조직에 얽매이고 혹은 기계에 얽매여서, 이미 밖으로부터 정해진 행로를 따라서 생각하고 행동할 경우가 많이 있다. 혹은 돈의 노예가 되기도 하고, 혹은 매스컴에 현혹되기도 하며, 또는 상품 선전에 농락을 당하기도 한다. 그러는 사이에 자기의 개성에 따르는 내면적 요구나 양심적 판단 등은 권리를 포기하고 무책임한 생활 속에 안주한다. 이러한 현상은 인간이 그 본연의 모습을 상실해 가는 과정인 동시에 또 그 내면적 자유를 잃어 가는 과정이기도 하다. 인간적 자유의 핵심은 인간 스스로의 내면적 요구에 대한 충실성에서 찾아야 하기 때문이다.

서양에 있어서의 근대의 사상사는 자유주의 사상을 주류로 삼고 전개되었다 해도 과언이 아니다. 르네상스로부터 시작한 근대의 사상사는 인간의 주체적 자각에 근원을 두었고, 이 주체적 자각은 인권 의식을 동반함으로써 자유와 평등을 인간이 누려야 할 가장 높은 가치로서 요청하였다. 이러한 요청이 곧 자유주의 사상의 출발점을 이루거니와, 서양에 있어서 이 자유주의를 업고 일어선 최초의 계층은 그 당시 제3계급에 해당했던 상공 계급이었다. 중세 봉건시대를 통하여 특권 귀족들에게 억압을 당해 온 상공 계급이 자신들의 인권과 해방을 주장하고 나선 것이다. 이 초기의 자유주의는 약자가 강자에게 항거하는 성질의 것이며 따라서 혁신 내지 혁명의 사상으로서의 특색을 안고 있었다. 프랑스 혁명을 일으킨 것도 바로 이 초기의 자유주의 사상이었고, 영국의 시민혁명의 원동력이 된 것도 같은 사상이었다.

프랑스 혁명 및 영국의 시민혁명이 성공한 뒤의 자유주의는 혁신의 사상으로서의 특색을 잃고 도리어 보수주의로서의 성격을 띠게 된다. 혁명에 성공한 뒤의 상공 계급은 이젠 약한 계층이 아니라 도리어 강한 계층으로 신분을 바꾸었던 것이며, 약자가 주장한 자유주의가 혁신을 지향한 것과는 달리, 강자의 자유주의는 강자인 자신들의 자유를 통하여 자신들의 권익을 지키자는 것이니, 그것은 자연히 보수를 위한 철학으로 변질되기 마련이었던 것이다.

보수세력의 철학으로 변신한 프랑스 혁명 이후의 자유주의를 경제의 원리로서 적용한 것이 다름 아닌 자유방임주의 경제사상이었다. 두루 알려진 바와 같이 자유방임주의는 산업혁명과 더불어 자본주의 발달의 원동력의 구실을 하였고, 자본주의 발달은 산업사회의 출현을 촉진하는 동시에 인간의 비인간화라는 현대 문명의 심각한 문제를 야기하였다. 그리고 앞에서 말한 바와 같이 인간의 비인간화는 곧 인간의 정신적 자유를 상실함에 해당한다는 견해를 인정한다면, 근대 이래 발달해 온 자유주의는 필경 인간이 자유를 상실하는 결과를 초래했다는 역설적 결과에 도달한 셈이다.

우리나라는 지금 서양의 공업 선진국들의 모형을 따라서 산업화를 서두르고 있는 실정이다. 산업사회가 갖는 여러 가지 문제점을 모르는 바 아니면서도, 생존을 위해서 산업화를 도모하지 않을 수 없는 것이 우리들의 현실인 것이다. 여기서 우리에게 제기되는 문제는 우리 한국도 서양 여러 나라들의 전철을 따라서 결국은 자유주의를 좇는 가운데 자유의 상실에 도달한다는 결말을 감수할 것인가, 또는 우리의 슬기와 노력으로 물질의 번영과 정신의 자유를 아울러 누릴 수 있겠는가 하는 문제다.

역사의 발전이 반드시 같은 행로를 되풀이하지 않을 수 없다고 볼 이유는 없을 것으로 믿는다. 역사도 인과율의 법칙을 따라서 전개된다고 가정한다면, 선행하는 모든 조건이 같을 경우에는 뒤따르는 결과도 같으리라고 보아야 할 것이다. 그러나 우리는 이미 선진 산업국들이 밟은 행로에 잘못이 있었음을 깨닫고 있으며, 이러한 깨달음을 미래를 위한 개선의 노력에 반영시킨다면, 우리는 선진 산업국보다는 유리한 처지에서 내일을 맞이할 수 있다는 논리가 될 것이다. 여기서 우리에게 핵심적인 문제는, 선진 산업사회의 전철을 밟지 않고 인간다운 자유를 누리기 위하여 우리가 해야 할 일이 무엇인가 하는 그것이 아닐 수 없다.

선진 공업국들의 전철을 피하기 위해서 우리는 여러 가지 방면으로 최선을 다해야 할 것이다. 정치가는 정치가로서 해야 할 일이 있을 것이고, 경제인은 경제인으로서 해야 할 일이 있을 것이다. 교육자는 교육자로서 해야 할 일이 있을 것이고, 종교가는 종교가로서 해야 할 일이 있을 것이다. 학자는 학자로서 해야 할 일이 있을 것이고, 예술가는 예술가로서 해야 할 일이 있을 것이며, 그 밖에 모든 지위에 있는 사람들은 각자의 위치에서 해야 할 일이 있을 것이다. 각계각층으로 나누어지는 여러 사람들이 해야 할 구체적 과업은 서로 다를 것이나, 모든 사람들의 개별적인 노력은 하나의 공통된 목표에 있어서 만나야 할 것이다. 그 공동의 목표 가운데서 가장 기본적인 것은, 필자의 사견에 따르면, 현대 물질문명 속에서 혼란과 전도의 현상을 일으킨 우리들의 가치관을 바로 세우는 일이다.

가치의 세계는 무수하게 다양한 종류의 가치들로 구성되었거니와, 여러 가지 종류의 가치들 사이에는 높은 것과 낮은 것의 서열이 있고, 큰 것과 작은 것의 구별이 있다. 이를테면, 그 자체가 목적인 가치는 그 목적을 위한 수단의 가치보다 높고, 전체의 욕구에 대응하는 가치는 부분의 욕구에 대응하는 그것보다 크다. 더 영속적인 가치는 더 순간적인 가치보다 높고, 다수에게 혜택을 줄 수 있는 가치는 소수에게만 혜택을 줄 수 있는 그것보다 크다. 그런데 산업사회 속에 사는 현대인은 그날 그날의 분주한 일과에 쫓기는 가운데 눈앞의 가까운 목표에 집착함이 지나친 나머지, 가치의 고저와 대소에 대하여 혼란과 착각을 일으키게 되었다. 예컨대, 돈은 본래 건강, 인격, 교양, 우정 등 인간적 가치를 위한 수단으로서의 가치에 불과한 것이나, 돈의 위세가 지나치게 팽창한 현대 자본주의 사회에 있어서 돈을 인격이나 우정과 같은 인간적 가치보다도 더욱 중요시하는 사람들이 있다. 또, 자기 한 사람의 욕심을 만족시키는 것보다는 여러 사람이 만족할 수 있는 길을 택할 때 더 큰 가치가 실현되는 것임에도 불구하고, 많은 사람들이 자기 한 사람을 위하여 여러 사람의 소망을 배반한다.

물질문명 속에 사는 현대인이 자기의 본연의 모습을 상실하고 자유를 잃게 된 근본 원인은, 바로 금방 말한 가치 체계의 혼란 내지 전도(顚倒)에 있다고 볼 수 있다. 그러므로 우리가 앞으로 선진 산업사회의 전철을 피해 가며 우리의 인간과 자유를 회복하고자 하는 각 방면의 노력은 가치관의 바른 정립이라는 공통된 목표에 있어서 만나야 하는 것이다.

자유주의가 사회 발전의 원리로서 적합하기 위해서는 그 사회가 자유주의에 견딜 수 있는 준비를 갖추고 있어야 한다. 자유주의에 견딜 수 있기 위해서 사회가 갖추어야 할 준비란, 첫째로 그 사회를 형성하는 사람들이 모든 사람의 인격을 존중하는 태도를 가지는 일이다. 그리고 둘째로 갖추어야 할 조건은, 사람들의 이해관계나 의견이 충돌했을 경우에, 합리적인 사고와 행동으로써 그 대립을 극복하고자 하는 성실한 태도를 갖는 일이다. 자유주의 사상이 우리나라에 들어오기 시작한 지도 이미 오래되거니와, 이 외래의 사상이 우리나라에 건전하게 토착화하느냐 못하느냐 하는 것도, 우리 한국 사람들에게 저 두 가지 정신적 준비가 되느냐 못 되느냐에 달려 있다. 그리고 자유주의가 건실하게 토착화할 때 우리나라의 민주주의도 본궤도에 오르게 될 것이다.

(1978년 봄)

2 장 미국 사상에 대한 한국인의 자세

1. 서언

8 · 15는 우리 한국인에게도 획기적인 전화의 계기였다. 그때로부터 이미 20여 년의 세월이 흐른 오늘의 시점에서 우리의 현재와 과거를 견주어 볼 때, 진실로 많은 변화가 있었음에 새삼 놀라움을 금치 못한다.

변화는 우리들 생활의 모든 측면에 있어서 일어났거니와 그 가운데서 우선 우리의 주목을 끄는 것은 제도와 행동을 통하여 밖으로 나타난 변화들이다. 어떤 사람들은 변화의 이 외형적이고 물질적인 측면을 우리가 겪은 변화의 거의 전부인 것처럼 착각하기도 한다. 그러나 좀 더 깊이 살피는 사람들은 우리들의 내면, 즉 정신과 사상에도 적지 않은 변화가 생겼음을 발견하는 동시에 이 내면적 변화는 저 외형적인 그것보다 더욱 중요한 것임을 깨닫는다.

우리가 지금 어떠한 정신 상태와 사고방식으로 살고 있으며 앞으로 우리에게 더욱 바람직한 정신 상태와 사고방식이 무엇일까를 탐구하는 일은 인간에 관한 학문에 종사하는 사람들이 시도해야 할 매우 중대한 과제의 하나다. 그리고 그러한 탐구는 어떤 관념론자의 사변(思辨)이나 도학자(道學者)의 독선에 내맡길 문제가 아니라 여러 지식인들이 여러 가지 각도에서 과학적으로 접근해야 할 공동의 과제라고 보는 것이 오늘의 상식이다. 이 글은 이러한 공동의 과제에 다소나마 참여하는 결과가 되기를 바라며 시도하는 것이다. 그리고 이 글의 제목은 필자 스스로가 단독으로 정한 것이 아니라, '해방 후 한국에 미친 미국 문화의 영향'이라는 주제 아래 심포지엄과 특별 논문집을 계획한 아세아문제연구소에 의하여 주어진 것임을 밝혀 둔다.

이 글은 그 출발점에 있어서 적어도 두 개의 가정을 받아들이고 있다. 그 가정의 하나는 8 · 15 이후에 우리 한국인이 겪은 내면적 변화에는 미국 문화의 영향이 적지 않다는 의견이다. 그리고 그 가정의 다른 하나는 우리나라에 들어오고 있는 미국의 사상 내지 사고방식에는 우리 한국인의 견지에서 볼 때 바람직한 것과 바람직하지 못한 것이 있으며 따라서 우리는 주체적인 자세로 그것들을 취사선택해야 한다는 당위론이다.

그러나 이 글이 미국의 경우를 특별히 문제로 삼는 것은, 우리나라와 미국의 관계가 대단히 밀접하다는 사실을 고려하고 결정한 선택임에는 틀림이 없으나, 미국 또는 미국 문화만이 우리가 문제 삼아야 할 외국 또는 외국 문화의 전부라고 생각하는 것은 결코 아니다. 이 글은 미국의 경우를 하나의 대표적 사례로서 다루고자 함에 지나지 않는다. 만약 우리가 미국 문화에 대해서 취해야 할 올바른 태도가 무엇인가를 정확하게 파악하는 인식에 다소라도 접근하게 된다면, 그와 동시에 우리는 외국 문화 일반에 대해서 우리가 취해야 할 태도가 무엇인가에 관해서 좀 더 알게 되는 결과에 도달할 것이다.

필자는 이 글을 세 부분으로 나누어서 펼칠 생각이다. 첫째로, 필자는 '미국적(American)'이라고 부를 수 있는 사상 내지 사고방식의 특색이 무엇인가를 살필 것이다. 둘째로, 8 · 15 이후에 우리나라에서 일어난 새로운 풍조 내지 정신 상태 가운데서 특히 미국적 영향의 결과라고 볼 수 있는 것의 중요한 것을 찾아내고자 꾀할 것이다. 그리고 셋째로, 우리 한국인의 마음속에 자리잡고 있는 미국적인 것을 평가의 각도에서 검토하는 동시에, 우리가 미국적인 것을 수용 내지 배척하는 올바른 자세가 무엇인가를 고찰할 것이다.

이와 같이 이 글의 목표를 대략 세웠을 때, 그러나 필자는 우리가 방법론적으로 매우 어려운 처지에 놓이게 됨을 곧 깨닫는다. 첫째로, 미국 문화와 같이 광범하고 잡다한 내용을 포함하는 혼합 가운데서 그 정신적 특색을, 그 나라 밖에서 살고 있는 사람이 특별한 자료도 없이 단시일 안에 찾아낸다는 것은 거의 기적에 가까운 욕심이다. 둘째로, 일회적(一回的)인 까닭에 실험적 관찰이 허락되지 않는 역사 현상 내지 문화 현상에 있어서 어떤 인과관계를 추리해 낸다는 것은 엄밀하게는 거의 불가능한 일이다. 따라서 우리나라의 새로운 풍조 가운데서 미국적 영향의 결과인 것과 그렇지 않은 것을 가려낸다는 것도 그럴듯한 추측의 단계를 벗어나기 어렵다. 셋째로, 설령 미국 사상의 특색과 우리나라의 풍조에 있어서 '미국적인 것'을 찾아내는 데 성공한다 하더라도 그러한 지식으로부터 "우리는 미국적인 것에 대하여 어떠한 태도를 취해야 하는가?"라는 물음에 대한 해답이 형식논리의 법칙을 따라서 기계적으로 풀려 나오지는 않는다. 그 해답을 얻기 위해서는 우리의 주체적 결단을 개입시켜야 하는 것이며, 여기서 우리는 다소간 주관에 호소해야 하는 것이다.

요컨대 우리는 엄밀한 과학이 요구하는 조건을 어느 정도 무시하고 매우 엉성한 논리와 평범한 상식에 의거하여 이론을 전개하는 것으로 만족할 수밖에 없는 처지에 놓여 있다. 그러나 이 글이 관계하는 우리들의 문제의 성질과 우리에게 주어진 지금의 여건을 고려할 때, 그러한 정도의 선을 우선 일차의 목표로 삼고 시론(試論)을 꾀하는 것은 뜻있는 일이라고 생각된다. 실천적 현실의 문제에 당면했을 때 방법론적 난점을 걱정하는 나머지 쓸모없는 판단중지의 주변을 끝없이 맴도는 것은, 이를테면 엄밀학(嚴密學) 소아병(小兒病)의 가엾은 증상의 하나다.

2. 미국 사상의 특징

흔히 사람들은 미국을 용광로에 비유한다. 미국은 나라가 생길 때부터 '잡다한 것의 통일'이라는 특색을 지니고 출발하였다. 전통과 생활양식이 천차만별한 여러 나라의 이민들이 오직 '새로운 세계'를 희구한다는 한 가지의 공통점만을 구심(求心)의 원리로 삼고 건설한 합중국이었다. 건국의 시초에 잡다한 요소와 다양한 정신을 품고 있었을 뿐 아니라, 오늘에 있어서도 미국은 질적으로 서로 다른 — 때로는 정반대의 성질을 가진 — 여러 가지의 정신 내지 사상이 한데 어울려 살고 있는 나라다. 미국을 소개한 기행문이나 이른바 아메리카니즘(Americanism)의 본질을 탐구한 저술가들의 문헌이 왕왕 서로 반대되는 주장을 하는 것도 그 때문일 것이다. 미국인들을 저속한 물질주의자라고 부르는 것도 거짓말이 아니며, 그들을 고상한 이상주의자라고 평가하는 것도 거짓말이 아니다. 미국의 정신을 '자유주의적'이라는 말로 특징짓는 것이 진상의 일면을 파악한 것이라면, 그것을 '획일주의적'이라는 표현으로 나타내는 것도 진상의 일면을 전하는 것이다. 미국은 방종한 무법자가 많은 나라이기도 하고, 안녕과 질서가 잘 유지되는 낙원이기도 하다.

잡다한 것이 섞여 있는 가운데도 거기 '미국적'이라고 부를 수 있는 어떤 사상의 광맥이 흐르고 있는 것을 전혀 발견할 수 없는 것은 아니다. 그리고 그 흐름은 미국의 건국과 발전의 역사에 의해서 이루어진 것으로 보인다.

미국은 유럽의 여러 나라에 있어서 푸대접을 받던 가난하고 지체가 낮은 서민들의 새로운 세계를 지향하는 노력에 의하여 세워진 나라였다. 유럽의 이민들이 처음 도착했을 당시의 신대륙은 무한한 가능성을 포함한 황무지였다. 이 황무지를 개척하여 자유와 안락의 새 나라를 건설하는 것이 그들의 공통된 과업이요 이상이었다. 그리고 그들 가운데 싹터서 성장한 가치관과 사고방식의 대부분은 이 공통된 과업과 이상에 의해서 그 방향이 결정된 것으로 보인다. 듀이(John Dewey)가 거듭 강조한 바와 같이, 본래 우리의 관념 내지 사상은 우리에게 주어진 과제를 해결하기 위한 도구로서 발달하는 것이기 때문이다.

본래 가난한 계급의 출신으로, 새로운 황무지에 옮겨 온 사람에게 가장 시급한 것은 의식주의 기본 문제를 해결하는 일이다. 고상한 정신적 가치에 앞서서 우선 물질적 가치가 생산되어야 한다. 이러한 사정은 개척시대의 미국인에게 강한 경제적 관념을 불어넣었을 것이며, 오늘날에 있어서까지 물질생활의 안락과 경제적 성공을 중요시하는 기풍을 조성했을 것이다.

처녀지를 개척하여 경제적 건설을 성취함에 있어서 가장 요구되는 미덕은 근로의 정신과 활동력이다. 이리하여 초창기의 미국인들은 근면과 활동을 숭상하는 관념을 갖게 되었으며, 이 관념은 오늘날에 있어서도 미국인의 도덕관념 안에서 자못 중요한 자리를 차지한다. 미국인들은 항상 부지런히 일을 해야 한다고 믿고 있으며, 또 실제에 있어서도 매우 부지런히 움직이고 있다. 한가하게 시간이 남는 것은 오직 노인들뿐이며, 그들은 그 나라에 있어서 가장 불행한 사람들이기도 하다.

부지런함과 활동성을 존중하는 미국인들은 따라서 능률과 속도를 매우 숭상한다. 부지런한 활동이 값진 것은 그것이 좋은 성과를 가져오는 경향이 있기 때문이다. 결과를 중요시하는 프래그머티즘(Pragmatism)의 철학을 발전시킨 미국 사람들이 능률과 속도를 사랑하는 것은 당연한 일이 아닐 수 없다. 근면과 활동을 숭상하고 능률과 속도를 사랑하는 것은 결국 업적과 성공을 추구하는 갈망에 심리적 근거를 두었다. 대부분의 미국 사람들이 생애의 목표로서 추구하는 것은 직업에 있어서 업적을 올림으로써 세속적인 의미의 사회적 성공을 거두는 일이다. 그리고 여기에 저 초창기부터의 물질주의적 경향이 결부되어 금전적 수입의 액수를 사회적 성공을 저울질하는 기본 척도로 간주하는 사고방식이 일어났으니, 미국인을 속물주의의 이름으로 경멸하며 미국 문화를 '금전 문화(money culture)'의 낙인으로 비난하는 소리를 듣기에 이른 것이다.

직업상의 업적을 올리고 사회적으로 성공을 거두는 일이 개인을 위하여 바람직한 것임에는 의심의 여지가 없다. 그뿐만 아니라 성공을 목표로 삼는 개인들의 경쟁은 사회 전체를 발전시키는 원동력이 되기도 한다. 그러나 그 경쟁이 극도로 치열한 양상을 띠게 될 경우에는, 개인을 위해서나 사회 전체를 위해서나 도리어 불행한 사태를 초래할 수도 있다. 경쟁에서 이기기 위하여 긴장된 노력으로 항상 몸과 마음을 혹사하는 가운데 개인은 인생을 조용히 음미할 여유를 갖지 못하며, 사회는 전체로서 살벌한 분위기에 휩싸인다. 그것은 승리만을 염두에 두면서 수단을 가리지 않고 싸우는 운동선수들이 진정으로 스포츠를 즐길 여유가 없으며, 그러한 선수들이 모여서 싸우는 경기장이 살벌할 수밖에 없는 것과 마찬가지다.

성공을 위한 미국 사람들의 경쟁이 그토록 극도로 치열한 지경에 도달했다는 뜻은 아니다. 그러나 그러한 방향으로 흘러가고 있음을 암시하는 징조는 이미 뚜렷하다. 가장 행복한 인생을 위해서는 긴장과 한가로움의 조화가 필요한 것인데, 미국인의 생활에는 자극과 긴장의 비중이 지나치게 크다. 긴장을 풀기 위하여 그들은 주말에 모임을 갖거나 여행을 떠난다. 그러나 그 모임과 여행 자체도 어떤 당위성을 가진 관습의 성질을 띠게 되면서 새로운 긴장과 피로의 원인으로 변하지 않을까 하는 염려조차 있다.

미국인들이 경제적 가치를 존중하며 세속적인 성공에 집착한다는 사실을 근거로 삼고 그들을 정신이 빈곤한 한갓 물질주의자로 단정하는 것은 성급한 생각이다. 미국인에게 도덕적 이상이나 철학적 사상이 결여한다고 보는 것은 악의와 편견이 섞인 관찰이다. 적어도 그들이 건국 당시부터 발휘한 청교도의 정신을 상기한다면, 그리고 탁월한 정신력이 아니고서는 그토록 놀라운 성장과 번영이 불가능하다는 사실을 생각할 때, 미국 사람들을 단순한

'물질주의자' 또는 '속물'의 낙인으로 처리하는 것은 공정한 판단이 아니다. 미국인에게는 그들의 번영과 성공을 가능케 한 도덕적 정신이 있으며, 그들의 생활과 경험에 뿌리를 박은 철학이 있다. 그들의 도덕적 정신의 두드러진 것으로 우리는 독립심, 근면, 정직, 관용, 순박, 책임감, 협조, 동정심 등을 들 수 있을 것이며, 그들의 철학으로는 프래그머티즘이 널리 알려져 있다.

그러나 미국의 물질주의 내지 속물주의를 지적하는 비판의 소리에 전혀 근거가 없다고는 생각되지 않는다. 미국에 있어서 유례 없이 고도로 발달한 그 물질문명의 정도와 견주어 볼 때, 철학 또는 예술 따위의 정신적 가치의 비중이 약하다는 것은 인정해도 좋을 것이다. 그리고 미국의 시민들이 일반적으로 누리는 육체적 쾌락에 비하여, 그들이 체험하는 정신생활의 깊이에 손색이 있다는 것도 부인하기 어려운 사실이 아닐까 생각한다.

개척시대에 있어서 그들의 선조들이 발휘했던 그 정신력과 도덕성을 오늘의 미국인들이 그대로 싱싱하게 간직하고 있는지는 의문이다. 그리고 현재의 미국이 처해 있는 세계사적 상황은 개척시대의 단순한 철학이나 윤리만으로 처리하기에는 너무나 복잡하고 어려운 것 같다. 오늘날 미국인들은 그들과 그들의 기계가 만들어 낸 새로운 역사적 상황에 적응하기 위하여 새로운 가치관 내지 철학을 세워야 할 필요 앞에 놓여 있는 것으로 보인다. 미국에 있어서 현재 청소년의 윤리 문제가 교육계의 심각한 당면 과제로서 떠오르고 있다는 사실은 그러한 필요성을 상징적으로 드러내는 것이며, 교육자와 부모들의 연구와 노력에도 불구하고 청소년 지도를 위한 묘안이 좀처럼 발견되지 않고 있다는 사실은 그들이 당면한 문제가 결코 만만치 않음을 보여준다.

건국시대의 특수 사정에 유래하는 미국의 국민사상의 또 하나의 특색으로서 우리는 미국인의 자유주의를 언급하지 않을 수 없다. 널리 알려져 있는 바와 같이, 미국은 특권계급의 압박에 시달리던 유럽의 서민층이 자유를 갈망한 나머지 위험과 고난을 무릅쓰고 세운 새로운 나라였다. 자유가 그리워 정든 고국을 등진 사람들에 의하여 세워진 나라에 자유주의가 무성한 것은 너무나 자연스러운 현상이다. 타인 또는 권력기관에 의한 간섭 내지 억압을 싫어하는 것은 미국인의 전통적 기질이다. 자기의 일은 자기 스스로가 결정하는 것이 가장 좋은 원칙이라고 그들은 믿어 왔다.

미국인의 자유주의는 "사람은 날 때부터 평등하다."는 근대적 인권 사상에 뿌리를 둔 것이었다. 따라서 그들의 자유주의는 평등주의와 표리일체의 관계를 이루고 발전하였다. 그들의 평등주의는 단순한 관념으로서 머릿속에만 살아 있던 것이 아니라, 적어도 건국 초기에는, 어느 정도 현실에 의하여 뒷받침되었다. 맨주먹으로 모여든 이민들만으로 형성된 새 나라에 계급의 차이가 있을 리 없기 때문이다. 이 점은 1770년대의 미국 사회를 그린 크레브쾨르(Michel-Guillaume Jean de Crévecoeur)의 서술 가운데도 잘 나타나 있다.

> 그것은 유럽과는 달라서 모든 것을 소유하는 대귀족(大貴族)과 아무것도 갖지 않은 민중에 의하여 구성된 사회가 아니다. 여기에는 귀족도 왕실도 군왕도 없으며 사교(司教)도 성직자의 지배도 없다. … 수천의 노동자를 부리는 공장주도 없으며 극치에 이른 사치도 없다. … 소수의 도시를 제외한다면 노바 스코티아(Nova Scotia)에서 플로리다에 이르기까지 우리는 모두 땅을 가는 농부들이다. … 우리는 모두 법을 존중한다. 그러나 법을 두려워하지는 않는다. 법은 만인에게 공정하기 때문이다.[1]

---

1 Michel-Guillaume Jean de Crévecoeur, "Letters from an American Farmer"(1782), *Living Ideas in America*, Henry Commager ed., New York, 1951, p.18.

크레브쾨르의 인용의 끝머리에 보이는 "우리는 모두 법을 존중한다. 그러나 법을 두려워하지는 않는다."는 구절은 매우 중요한 뜻을 담고 있다. 자유가 방종으로 흐르지 않기 위해서는 법질서를 존중하는 국민의 자발적 협력이 절실하게 필요하기 때문이다. 미국인들은 권력의 강제를 생리적으로 물리치는 대신 사회 전체의 안녕과 질서를 유지하기 위해서는 자율적으로 협력하는 자제와 양식을 잃지 않았던 것이다.

그러나 미국 사람의 자유와 평등의 이념이 항상 일관된 논리로써 실천에 옮겨진 것은 아니며, 또 그들의 자유주의가 아무런 폐단을 수반함이 없이 좋은 방향으로만 발전한 것도 아니다. 때로는 자유와 평등의 이념과는 모순되는 처사가 공공연히 행해지기도 했으며, 때로는 내 자유가 남의 자유를 유린하는 결과를 가져오기도 하였다.

미국에 있어서 자유와 평등의 이념이 철두철미 관철되었다고 볼 수 없음은 그들이 그 땅의 원주민에 대하여 어떠한 잔인을 자행했는가를 상기할 때 명백하다. 그리고 그들이 중국인과 아일랜드인에 대하여 감행한 배척의 기록에 의하여 명백하다.[2] 과거에 있어서뿐만 아니라 현재에 있어서도 그들의 자유와 평등의 정신에 맹점이 남아 있다는 것은 남부 지방에 있어서는 아직도 시끄러운 흑인 문제에 의하여 드러나고 있다. 평등주의를 표방하고 있음에도 불구하고 인종차별의 감정을 극복하지 못하는 것은 미국인을 괴롭히는 심각한 딜레마의 하나다.

미국의 자유주의는 자유방임의 경제정책을 통하여 미국 자본주의의 전성(全盛)을 초래했으며, 금력의 특권계급과 일반 서민과의 분화를 촉진했다. 빈부의 차이가 별로 없음을 특색으로 삼았던 건국 초기의 사정은 달라졌으

2 H. Commager ed., *Living Ideas in America*, pp.21-24 참조.

며, 거기에도 계급의 차등이 나타나기 시작한 것이다. 기계문명의 영향을 흡족하게 받아들인 미국의 경제는 차차 농업과 수공업의 단계를 벗어나 공업화하는 동시에, 정부를 압도하는 막대한 세력의 독점자본 내지 기업연합이 형성되었다. 거대한 독점자본 내지 기업연합은 그 안에 경제적 독재력을 지니는 것이니, 미국인의 전통적 생활신조였던 '자유와 평등'의 이념도 그 현실성을 잃고 한갓 관념으로 화하는 경향을 보였다.

다시 말하면, 자본주의 제도 아래서 이루어진 금전과 기계의 긴밀한 결합은 새로운 특권 세력을 형성했으며, 개인의 자유와 평등은 실질적으로 무너지기 시작한 것이다. 개인의 발전을 약속하던 자유주의가 도리어 개인의 자유를 억압하는 결과를 초래한 것이니, 이를테면 자유주의의 역설에 부딪친 셈이다.[3]

미국 사람들의 자유주의적 경향을 고찰한 우리는 그들의 애국주의와 충성심에 대해서도 약간 언급해 두어야 할 것이다. 미국인의 자유주의는 개인주의의 전통에 입각한 것이며, 개인주의는 때로는 이기주의로 흘러 국가 전체의 공익을 소홀히 하는 폐단을 동반하기도 하나, 미국의 경우에 있어서는 개인주의와 국가 관념이 비교적 잘 조화되어 주목을 끌기 때문이다.

미국은 개인의 자유와 행복을 염원하는 사람들이 모여서 건설한 새로운 나라였다. 따라서 전체주의나 전제주의는 처음부터 물리침을 받았다. 그러나 미국인들은 나라 전체의 번영과 발전이 국민 각자의 행복을 위하여 절대로 필요한 조건이라는 사실을 잘 알고 있으며, 자유를 희구하는 개인의 이기심이 무제한으로 방임될 수 없음을 깊이 깨닫고 있다. 그들은 국가의 참된 모습

3 미국에 있어서의 금전 문화(money culture)와 낡은 개인주의(old individualism) 및 개인의 자유 상실에 관한 날카로운 자기비판의 좋은 예로서는, John Dewey의 *Individualism, Old and New*, New York, 1929, Chs. Ⅰ, Ⅲ, Ⅳ 참조.

은 여러 사람의 생명을 싣고 바다로 떠난 배와 같다고 비유하며 개인의 자유에 한계가 없을 수 없음을 역설한 자유주의자 윌리엄스(Roger Williams)의 정신을 널리 받아들였다.[4]

미국인은 나라에 대한 충성심이 강한 사람들이다. 그들은 항상 '미국'이라는 나라를 염두에 두고 있으며, 자신이 미국의 국민임을 자랑으로 여긴다. 그들은 자신의 국가의 명예를 매우 존중하며 미국에 대한 외국인의 의견에 대하여 극히 민감하다. 미국인들이 그들의 조국에 대한 관심이 얼마나 깊은가를 상징적으로 알려 주는 것은 그들이 국기에 대하여 표현하는 깊은 존경의 태도다. 미국인에게 애국심과 충성심이 뜻밖에 강하다는 사실을 단순한 자연 발생적 현상으로 보아서는 안 될 것이다. 문화적 배경을 달리하는 여러 민족의 합동으로 커다란 국가를 만든 미국인들은 하나로 융화된 미국을 가질 것을 열망했으며, 또 그 소망을 실현하기 위하여 의식적으로 노력해 왔다. '미국화(Americanization)'를 지향하는 그 의식적 노력은 국가적 기관에 의해서도 행해졌으며 국민 각자에 의해서도 실천되었다. 피교육자의 의사를 지극히 중요시함을 기본 원칙으로 삼는 미국의 교육기관에 있어서도 애국적인 미국인을 길러 내고자 하는 의식적 노력만은 게을리하지 않았다.

개인의 자유와 평등을 강조하면서도 전체로서의 국가를 훌륭하게 발전시키고자 하는 미국인의 의식적 노력 가운데 우리는 그들의 민주주의 정신의 일면을 볼 수 있을 것 같다. 민주주의란 어느 나라의 경우에 있어서나 노력과 투쟁으로써 이룩할 무거운 과제이거니와, 미국인의 경우에 있어서도 그것은 자신들의 내면적 갈등과의 투쟁을 포함하는 어려운 노력의 과정인 것으로

---

4 Roger Williams, "On the Limits of Freedom" (1655), *Living Ideas in America*, p.372 참조.

보인다.

3. 한국인의 사고 가운데 발견되는 미국의 영향

앞 절 첫머리에서 지적한 바와 같이, 미국의 사상은 잡다의 통일이며 때로는 정반대되는 것같이 보이는 요소들이 표리를 이루고 혼재한다. 그 잡다하고 때로는 모순되는 것같이 보이는 여러 가지 요소들이 그런대로 일종의 조화를 이루고 있는 점에 미국인의 사상 내지 문화 일반의 특색이 있다. 버나드(Bernard) 대학의 영문학 교수 코웬호벤(John A. Kowenhoven)은 미국 문화의 상징을 맨해튼의 스카이 라인(sky-line)과 재즈 음악에서 발견했다. 각양각색의 건축 또는 음향이 제멋대로 행세를 하는 가운데도 일종의 통일성과 조화를 부여하는 기본 원리로서 바둑판 같은 도시계획 및 4분의 4 박자의 리듬이 있듯이,[5] 미국인의 사상에는 잡다한 가운데도 일종의 조화를 유지할 수 있게 하는 어떤 원동력이 있을 것이다. 그 원동력이 무엇인지 단적으로 지적하기는 어려운 일이나, 필자가 보기에는 진보를 믿고 추구하는 미국인의 생활 의욕과 젊은 에너지, 과학과 민주주의를 발전시킨 합리적 사고방식, 그리고 북미 대륙의 무한한 자연 자원은 그 원동력을 구성하는 요소들의 중요한 것이 아닌가 생각된다.

미국의 사상 내지 문화는 여러 가지 잡다한 내용을 포함하고 있는 까닭에 미국의 사상 내지 문화가 다른 나라에 미치는 영향은 그것을 받아들이는 나라가 무엇을 선택하느냐에 따라서, 또 받아들이는 나라의 동화력(同化力)이

5 John A. Kowenhoven, "What's American about America", *Harpers Magazine*, 1956년 7월호 참조. 이 글은 『사상계』, 1957년 3월호에 우리말로 옮겨져서 소개된 바 있다.

얼마나 강하냐에 따라서 크게 달라진다. 특히, 미국의 경우와 같이 잡다한 것을 내포하면서도 일종의 통일성을 가질 수 있게 한, 저 용광로 같은 원동력이 없이 그 나라의 것을 함부로 끌어들일 때, 주체성의 상실에서 오는 혼란을 겪으리라는 것은 누구나 쉽게 추리할 수 있는 상식이다. 그러면 8 · 15를 계기로 미국과 각별히 긴밀한 관계를 맺어 온 지 20여 년이 넘는 한국의 경우는 어떠한가? 우선 일상적인 관찰에서부터 시작하기로 하자.

우리가 어느 국가의 사상을 논할 때, 우리는 두 가지 다른 각도에서 그것을 문제 삼을 수 있을 것이다. 즉 그 나라의 전문적 학자들이 제창한 학설을 중심으로 그 나라의 사상의 진수를 뽑아내려는 방침을 따라서 문제를 더듬어 갈 수도 있으며, 또 그 나라 국민들의 일상생활과 행동의 양식을 분석함으로써 그 배후를 밀고 있는 사고방식 내지 사상을 추리하는 방향으로 문제를 다룰 수도 있다. 미국 사상이 한국에 미친 영향을 고찰할 때에도 우리는 이러한 두 가지의 길을 좇을 수가 있으며, 그 두 가지 길을 통한 연구를 종합했을 때 아마 우리의 고찰은 만전을 기함에 가까워질 것이다.

그러나 우리는 앞 절에서 미국 사상의 특징을 고찰했을 때, 미국의 전문적 학자들의 학설을 검토하는 일은 생략하고 말았다. 미국적 사유의 결정(結晶)으로 알려져 있는 프래그머티즘의 이론을 분석함으로써 미국 사상의 근본을 찾아볼 수도 있었음직하나, 우리는 그러한 작업에는 손을 대지 않았다. 전문적 학설을 다루지 않은 이유는 첫째로, 한국의 사상계의 현황으로 볼 때 우리가 받은 미국의 영향이 전문적 학설을 매개로 삼았다고 판단하기에는 좀 이르다고 생각되었기 때문이다. 예컨대, 프래그머티즘을 연구하는 학자가 우리나라에도 더러 있는 것으로 짐작이 되나 아직은 탐구의 욕망으로 그것을 알아보고자 하는 단계에 머물고 있으며, 어떤 특정한 학자의 사상이 프래그머티즘에 영향을 받아 일정한 방향으로 굳어졌다고 말할 수 있는 단계는 아니라고 본다. 그리고 전문적 학설을 문제로 삼지 않은 또 하나의 이유는, 시간과 지면의 제한으로 말미암아 두 가지의 방법을 아울러 쓰지 못할 경우에는, 학설을 매개로 삼는 연구보다는 일상생활과 행동의 양식에서 소재를 구하는 방법을 택하는 편이 나으리라고 판단했기 때문이다. 한 국민의 사상은 어떤 개성을 반영하고 체계화된 학설 가운데보다도 그 학설의 배경을 이룬 국민의 생활 속에 더욱 본래적인 모습으로 담겨 있을 경우가 있다. 그리고 지금 우리가 매우 깊은 관심을 기울여 문제로 삼고 있는 것은 소수의 학자들의 관념적 이론보다도 우리 한국 민중의 일상생활을 뒷받침하고 있는 실천적 사상이다. 그러한 관점에서 미국인의 전문적 학설을 크게 문제 삼지 않은 우리는 이제 한국 사상에 미친 미국의 영향을 살피고자 하는 마당에 있어서도, 한국 학자의 저술을 살피기보다도 일상적인 관찰로부터 시작하기로 방침을 정한 것이다.

지금으로부터 13년 전의 일이다. 미국을 다녀온 어느 철학 교수가 보고 강연을 했을 때, 그는 다음과 같은 토막 이야기를 첨가했다. 즉, 그는 미국 어느 대학에서 그 학교의 교수를 따라서 구내식당에 들어간 일이 있었다. 두 노교수가 한 식탁에 자리를 잡으려고 했을 때 그 식탁의 한구석을 차지하고 있던 학생이 "선생님, 이 자리에는 제 친구가 오기로 했습니다." 하고 이를테면 좌석의 점령권을 주장했다. 그 말을 들은 미국인 노교수는 아무런 불평도 없이 다른 식탁으로 걸음을 옮겼다는 것이다. 사제(師弟)의 도(道)와 장유유서(長幼有序)에 관한 유교적인 관념에 익숙했던 당시의 청중은 그 이야기를 신기하게 듣는 동시에 '아무리 그럴 수가 있을까?' 하고 의아스러운 표정을 지었다.

그러나 13년이 지난 오늘날, 이젠 우리 한국에 있어서도 그 정도의 이야기가 신기할 수는 없게 되었다. 금년 봄의 일이다. 필자는 점심을 먹기 위해서 어느 대학의 구내식당에 들어갔다. '교직원용'이라는 간판이 붙은 곳이었으나, 교수나 직원보다는 학생들이 더 많이 와 있었다. 네 개의 의자가 놓인 식탁 하나에 한 사람의 대학생이 앉아 있는 것을 발견하고 그 옆에 앉으려고 했을 때 그 학생은 나를 제지하면서 말했다. "이 자리는 제 친구가 맡았습니다." 올 친구는 한 사람이었다. 그 식탁에는 아직도 두 개의 자리가 남아 있었기에 나는 조금만 옮겨 앉으면 되었다.

13년 전의 미국의 대학생의 경우와 지금의 우리 한국의 대학생의 경우는 매우 비슷하면서도 몇 가지 다른 점을 가지고 있다. 첫째로, 미국의 대학 식당은 교수와 학생이 함께 이용하도록 되어 있었으나, 한국의 그 구내식당은 교직원용과 학생용이 칸을 달리하고 있었다. 학교에 있어서 교수와 학생의 식당이나 화장실을 따로 만드는 것은 좋지 못한 일이라고 믿는다. 그러나 교직원용과 학생용이 따로 있을 경우에 교직원용 식당에 먼저 들어온 학생이 다음에 들어온 교수에게 "이 자리는 내가 먼저 맡았습니다." 하는 것은, 교직원용과 학생용의 구별이 없을 경우에 그렇게 말하기보다 어려운 일이라고 생각한다. 둘째로 다른 점은, 미국의 대학생의 경우는 좌석의 점유권을 주장했을 때 '죄송합니다(I am sorry)' 또는 '용서하십시오(Excuse me)'라는 말을 반드시 앞세웠을 것으로 생각되나, 한국의 대학생의 경우에는 그러한 예절이 생략되었다는 사실이다. 셋째로 다른 점은, 미국의 대학생의 경우에는 그가 앉은 식탁에 좌석의 여유가 없었으므로 같은 식탁을 교수들과 나누어 앉을 수가 없었으나, 한국의 대학생의 경우는 그가 앉은 식탁에 두 자리나 좌석이 남아 있었으므로 굳이 어떤 권리를 주장할 필요 없이 교수와 학생이 한 식탁을 나누어 앉을 수 있었다는 사실이다. 넉넉히 같이 앉을 수 있는 자리를 나누지 않으려고 한 학생의 태도 배후에는 교수와 한식탁에 앉기를 거북하게 생각하는 무의식이 있었는지도 모른다. 하여간 사제 사이의 예절에 관한 미국풍이 흘러들어 옴에 있어서 그 어느 일면만이 들어오고, 그것과 보조를 같이해야 할 다른 조건들의 변화는 따르지 않은 까닭에, 그 미국풍이 우리 생활감정과 잘 조화되지 않는다는 느낌이 있다.

한국에 있어서도 오늘날 황금 숭배의 사상은 상당히 널리 퍼져 있다. 물질적 가치를 천하게 여기던 옛날과는 달리, 돈을 벌어야 한다는 생각이 거의 모든 사람의 가슴을 채우고 있다. 이러한 경향은 반드시 미국의 영향 때문만은 아닐 것이다. 그러나 부분적으로는 역시 미국의 영향도 있음을 부인하기 어렵다. 그런데 우리는 돈을 귀중히 여기고 그것을 벌려고 애쓰는 점에 있어서는 미국인과 비슷한 바가 많으나, 그 돈을 벌고자 하는 태도와 방법에 있어서는 반드시 같지 않은 면도 있는 것으로 보인다. 즉, 미국인들이 그들의 개척시대에 있어서 돈벌이를 위하여 발휘했던 그 무서운 근면과 검소의 정신에 있어서 우리는 그들을 못 따르고 있는 것이 아닌가 걱정된다. 부지런함과 검소함으로써 돈을 벌고자 하는 사람들도 물론 많이 있다. 그러나 이마에 땀을 흘리기보다는 고관을 매수하여 특혜를 입거나 소비자를 속이는 따위의 부당한 방법으로 일확천금을 노리는 풍조가 강한 것도 사실이다. 이러한 풍조는 그 풍조에 휩쓸리고 있는 경제인들에게만 책임이 있는 것이 아니라, 위정자를 비롯한 전 국민이 고루 책임을 나누어야 할 일이다. 땀 흘려 일을 해서는 돈을 벌기가 어렵고 부당한 방법으로는 돈을 벌기가 쉬운 사회의 현실이 고쳐지지 않는 한 이러한 풍조는 사라지지 않을 것이며, 우리의 사회 현실에 대해서는 전 국민이 (그 가운데서도 특히 위정자와 지도층이) 책임을 져야 할 것이기 때문이다.

우리가 돈벌이에 관해서 관찰한 바는 사회적 성공을 위한 경쟁 전반에 걸쳐서 찾아볼 수가 있다. 우리나라에 있어서도 지금 세속적인 의미의 성공을 목표로 삼는 경쟁은 매우 치열하다. 입학시험을 둘러싼 경쟁이 병적으로 가열한 것도 그 근원은 성공 내지 사회적 승리에 대한 열망에 있다고 볼 수 있을 것이다. 여기서도 우리는 직업적 성공을 목표로 삼는 경쟁이 극도로 치열한 미국의 실정을 연상하거니와, 다만 미국인의 경우와 같은 정직한 노력의 기풍은 아직 미약한 것이 아닌가 염려스럽다. 미국에서는 사회적 경쟁에 있어서의 승부를 결정하는 것은 실력이며 따라서 성공을 위한 경쟁은 결국 실력 양성을 꾀하는 경쟁으로 압축되는 동시에, 저 경쟁은 사회 발전을 위한 중요한 원동력의 구실을 한다. 그러나 우리 한국에 있어서는 아직도 성공과 실패는 실력이 결정한다는 신념이 지배할 정도로 질서가 궤도에 오르지 못했으며, 권모와 술수 또는 정실 관계와 같은 실력 이외의 요인에 의지하려는 기풍이 강하게 남아 있다.

요즈음 우리 한국에서도 도시에서는 '주말을 즐긴다'는 관념이 상당히 일반화되어 가고 있다. 주말뿐만 아니라 평상시에도 캬바레, 나이트 클럽, 당구장 따위의 유흥장은 매우 성황을 이룬다. 미국 사람들이 강조하는 '레크리에이션'의 필요성에 대한 인식이 깊어 가고 있는 것으로 해석할 수 있을지도 모르나, 문제는 미국인의 경우와 같은 긴장된 노동과 진지한 노력의 기간이 선행했느냐 아니냐에 있을 것이다. 어느 기간 동안 부지런히 일한 사람은 그 동안의 긴장과 피로를 풀기 위하여 적당한 오락의 시간을 가질 필요가 있을 것이다. 그러나 근면한 노동의 기풍은 본받지 않고 다만 유흥의 풍속만을 모방한다면 본질은 제외하고 병발증(倂發症)만을 수입한 꼴이 되고 말 것이다. 우리 한국에도 애써 부지런히 일하는 사람들이 많다. 그러나 직장에서 피땀을 흘리며 일하는 사람과 유흥장에서 호기롭게 노는 사람이 같은 사람인지는 의문이다. 만약 일하는 사람 따로 있고 노는 사람 따로 있다면 그 유흥은 결코 '레크리에이션'이 아니라 사치요 방탕이다.

요즈음 한국에서도 여자를 존중하는 풍조가 일부 지식층에게 전파되고 있다. 가정에서도 주부에게 주도권을 맡기는 것이 진보적이라고 생각하는 사람들이 늘어 가고 있다. 여기서도 우리는 미국풍의 영향을 인정해야 할 것이다. 여성을 소중하게 여기는 것은 중세의 기사도에서 유래하는 서양 일반의 풍습이라고도 볼 수 있을 것이나, 미국에 있어서는 서구의 다른 나라의 경우보다도 여성이 높은 대우를 받고 있는 것이 사실이다. 그리고 이 사실은 결코 우연한 현상이 아니다. 초창기의 이민 가운데는 남자가 많고 여자는 적었다는 사실이 여자를 귀중한 것으로 만들었다는 점도 있겠거니와, 그보다도 미국에 있어서 여자가 세운 공로는 실제로 매우 컸던 것이다. 그리스 작가 테오토카스(George Theotokas)는 서부 개척시대에 있어서 여성들이 수행한 사회적 소임을 다음과 같이 찬양하고 있다.

> 그러나 서부의 미개지에 선량한 부인들이 나타났다. 생활은 새로운 양상을 띠었다. 합법적으로 결혼한 부인들은 섬세한 주의를 가지고 가정의 정돈과 질서와 모성애와 자녀 교육을 가져왔다. 그들은 전 주민에게 질서, 얌전한 행위, 명예 감정을 … 도입하였다. 여자를 통하여 개척자들은 국민임을 의식하고 … 가족을 보호하기 위하여 행정부와 입법부 그리고 법원을 요구하였다. 여자들은 자기들의 힘을 인식하였고, 또 그것을 충분히 활용하였다.[6]

테오토카스의 서술에는 과장이 있을지도 모른다. 그러나 그것이 전적으로 거짓이라고는 생각되지 않는다. 건국 초기에 있어서 여성들의 내조의 공이 유난히 컸다는 것은 사실이며, 또 현재에 있어서도 미국의 여성이 가정과 직장에서 세우는 공헌은 대단히 크다. 짧게 말해서, 미국의 여성들이 받는 대우와 존경은 그들 스스로의 실력과 공로를 통하여 획득한 권리요 보답이다.

한국 여성의 미덕이나 공헌을 과소평가하고 싶은 생각은 없으며, 여성을 위하고 아끼는 풍조가 한국에 퍼져 가는 것이 잘못이라는 생각은 더욱 없다. 다만 여기서 우리가 명심해야 할 것은, 실력과 업적의 향상으로 말미암아 여

---

6 George Theotokas, *An Essay on America*, Athens, 1953, 김기두 옮김, 『아메리카 연구』, 을유문화사, 1956, p.129.

성의 지위가 상승하는 것과 "여성을 위하는 것이 신사의 에티켓이다." 또는 "여자를 아낄 줄 모르는 것은 봉건사회의 폐습(弊習)이다." 따위의 막연한 관념의 덕분으로 여성이 대우를 받는 것은 전혀 본질이 다른 두 가지의 사회현상이라는 사실이다. 그리고 또 한 가지 지적해 두어야 할 것은, 오늘날 한국에서 숙녀 우선을 주장하며 실제로 우대를 받고 있는 계층의 여자들이 과연 한국 사회를 위하여 가장 많이 공헌하고 있는 계층인지 의심스럽다는 사실이다. 자기에게 부과된 고생스러운 일을 묵묵히 수행하고 있는 여자들은 오히려 소홀한 대접을 받고, 사치와 계(契)와 화장으로 향락을 일삼는 유한부인들이 '사모님' 또는 '숙녀'로서의 대우를 즐기는 경향이 있지 않은가 염려된다.

오늘날 한국의 도시에서 발견되는 미국풍의 영향을 남김 없이 열거하기는 매우 힘들 것이다. 특히 도시에서는 생활의 거의 모든 측면에서 그것을 발견할 수 있다. 극장에서 인기가수를 향하여 기성을 발하고 옷을 던지는 십대의 방종, 전파를 타고 울려 퍼지는 재즈 음악과 미국풍이 압도적인 한국의 대중가요, 크리스마스 계절의 카드와 선물과 유흥, 가운과 꽃다발이 물결치는 졸업식, 관청과 민간 또는 유식과 무식을 막론하고 함부로 사용하는 영어, 소비성을 자극하는 광고의 홍수와 사치스럽기 짝이 없는 패션쇼, 신문과 방송을 통한 유행의 획일화, 세미나와 칵테일 파티, 때와 장소를 가리지 않고 씹는 껌, 부모와 존장을 우습게 여기는 젊은이들, 본래의 사교와는 등을 지고 숨어서 즐기는 사교춤, 청춘의 애정과 모험의 이야기만이 되풀이되는 영화, 그 밖에도 우리는 수많은 예를 들 수가 있을 것이다.

위에서 열거한 '미국풍의 영향'이 과히 일방적인 관찰이 아니라면, 우리는 여기서 하나의 결론을 내려도 좋을 것이다. 즉 우리는 미국의 사상 또는 문화의 근간을 받아들이기에 앞서서 그 지엽과 말단을 모방하고 있다는 결론이다. 다시 말하면 우리는 숙고에 의한 평가와 선택을 통하여 미국의 것을 수입했다기보다는 감각적인 유혹에 끌려 미국의 것을 좇아갔다는 사실을 반성해야 하겠다는 결론이다.

8 · 15 이후에 우리가 겪은 물심양면의 혼란과 미국의 문물이 우리나라로 흘러들어 온 길이 주로 군대와 영화 그리고 허영심 많은 재주꾼들이었다는 사정을 참작할 때, 그동안 우리나라에 들어온 미국의 사조가 본바탕보다도 지엽 말단에 가까운 것이었다는 사실은 그리 놀라운 현상이 아니다. 그러나 이제는 해방의 격동을 겪은 지도 벌써 20여 년이 지났다. 우리가 우리 스스로의 사상을 모색하는 문제와 아울러, 외래의 사상을 섭취하는 올바른 자세에 관하여 깊이 반성하는 바가 있어야 할 때라고 믿는다.

4. 우리의 주체성과 수용의 자세

오늘날 '한국 사상의 확립'이 우리의 긴요한 과제임을 역설하는 흐름이 한편에 있는가 하면, 다른 한편에서는 '사상에는 국경이 없다'는 신조를 따라서 서구화 내지 미국화를 서두르는 경향이 있다. 대립된 두 가지 태도에 각각 일리가 있음을 인정해야 할 것이나, 전자는 한국 사상의 기반을 과거의 낡은 전통 속에서 찾으려는 움직임을 보이고 있으며, 후자는 외형적 생활양식과 말초적 유행의 모방으로 근대화가 이루어지리라고 믿는 듯한 태도를 보이고 있기에, 양자 모두 근본적인 잘못을 범하고 있는 것이 아닌가 하는 의구심을 느낀다.

한국인에게는 한국적인 사상이 필요하고 소중하다는 생각에는 결론으로서 볼 때 반박의 여지가 없다. 그러나 어떤 국가에게 고유한 사상이 필요하고 소중한 가장 근본적인 이유는 사상의 고유성이 갖는 문화적 가치에서만 찾을 것이 아니라, 고유한 사상이 갖는 현실적 타당성에서도 찾아야 할 것이다. 고유한 사상이 귀중한 것은 그것이 '고유하다'는 사실에만 있는 것이 아니라, 그 현실적 타당성에도 있다. 그리고 어떤 사상의 타당성은 그 사상의 실천적 함의에 관한 한, 그 사상이 그것을 가진 사람들의 인생 문제를 얼마나 원만하게 그리고 포괄성 있게 해결해 주느냐에 의하여 결정된다. 쉽게 말하자면, 한국인에게 한국적인 사상이 필요한 근본 이유의 하나는, 한국인의 문제를 원만하게 해결해 주는 사상이 될 수 있기 위해서는 한국의 특수 사정에 적응하는바 특색 있는 사상이어야 한다는 사실에 있다. 고유한 사상은 현실에 대한 적합성으로 말미암아 진실로 소중하다.

이상의 고찰은 '한국적 사상'이 어떠한 방향에 있어서 모색되어야 할 것인가에 관하여 뚜렷한 시사를 준다. 한국적 사상은 한국인이 오늘날 처해 있는 공통적인 기본 문제를 해결해 주는 사상을 모색하는 방향으로 추구되어야 할 것이다. 한국의 과거와 전통이 중요시되는 것도 그것이 우리가 현재에 당면한 문제들과 깊은 관련이 있으며, 따라서 이 문제를 해결함에 있어서 고려해야 할 요인을 간직하고 있기 때문이다.

"외래의 사상을 어떠한 자세로 받아들여야 하는가?"라는 물음에 대한 대답도 위에 말한 고찰에 의하여 명백한 시사를 받는다. 외래의 사상도 결국은 우리 자신의 사상의 성장을 촉진하는 영양 또는 자극으로서의 도움이 될 때 그 본래의 구실을 한다. 다시 말하면, 우리가 외래의 사상으로 끌려가서는 안 되는 것이며 외래의 사상이 우리 사상 안으로 동화해야 한다. 그런데 우리 사상의 근본 사명은 우리들의 문제를 원만히 해결하는 지침의 구실을 하는 데 있었다. 따라서 외래의 사상도 역시 우리의 공통된 기본 문제를 원만히 해결해 줄 처방의 일부로서 받아들여져야 한다는 결론이 된다.

시대가 다르고 민족이 다르면 국가나 사회도 각각 서로 다른 특수성을 갖게 되며, 그들이 해결해야 할 문제도 서로 다르다. 그러나 한편 모든 인간 사회는 서로 공통된 측면을 가졌으며, 그들이 풀어야 할 과제에도 공통된 측면이 있다. 예컨대, 한국과 미국은 서로 그 특수성을 달리하는 나라이면서도 다른 한편으로는 공통된 사정을 가지고 있는 나라들이다. 서로 특수성을 달리하는 까닭에 한 나라에 있어서 그들의 문제를 풀기에 적합하던 훌륭한 사상이 다른 나라를 위해서도 반드시 적합하고 훌륭한 사상이 되지는 않는다. 그러나 한편 공통된 일면도 가지고 있는 까닭에, 한 나라를 위해서 위대한 성공을 거둔 사상은 다른 나라를 위해서도, 그들 두 나라 사이의 공통성의 크기와 깊이에 따라서, 적합한 처방으로서의 일면을 가질 수가 있다. 미국의 역사를 반영하고 성장한 미국의 사상이 모두 우리나라 풍토에 그대로 적합하지는 않을 것이다. 그러나 한국과 미국은 다 같이 인간이 사는 나라인 까닭에 두 나라에 있어서 각각 해결되어야 할 여러 문제에는 기본적인 측면에 공통점이 발견되는 것이 보통이며, 그 공통점으로 말미암아 한 나라에 있어서 크게 이바지한 사상은 다른 나라에 있어서도 크게 이바지할 수 있는 계기를 가졌다. 따라서 우리가 미국의 사상을 우리의 영양으로서 섭취하기를 꾀할 경우에는, 미국의 번영을 위해서 이바지했으며 또 우리의 번영을 위해서도 이바지할 수 있는 개념 내지 관념이 어떠한 것인가를 살펴야 할 것이다.

미국인의 사상 또는 사고방식은 어느 것이나 미국의 번영과 발전을 위해서 도움이 된 것은 아니다. 그들의 사상 가운데도 그들 자신을 위해서 바람직하지 못한 것들이 있다. 예컨대, 황금만능의 사상, 인종차별의 관념, 성공을 추구하는 지나친 경쟁심 등은 그들 자신을 위해서도 그리 바람직한 것은 아니다. 미국을 위해서는 바람직하지 않은 미국의 사상이 한국을 위해서는 바람직한 것이 될 수도 있다는 논리적 가능성을 생각할 수는 있다. 그러나 '선진국'이라는 선입견에 현혹되어 남의 나라의 문물을 반성 없이 받아들일 때, 그 외국에서도 바람직하지 않은 풍조가 흘러들어 옴으로써 끼치는 해독은 그 본고장에 있어서보다도 한결 더한 것이 보통이다.

미국의 번영과 발전을 위해서 그 원인의 일부가 된 사상과 그들의 번영 및 발전의 결과로서 생긴 사상은 반드시 같은 성질이나 가치를 가지는 것이 아니다. 일단 번영과 발전이 성취된 다음에 그 결과로서 생긴 국민의 정신적 상태 가운데는 그 번영과 발전의 원인이 된 정신 상태에는 보이지 않던 요소들이 새로이 나타나는 수가 있으며, 이 새로운 요소들은 저 번영과 발전을 초래한 정신과는 성질이 다른 것일 수가 있다. 소비생활로 달리는 경향은 그들이 이룩한 번영의 결과로 생긴 습성이며, 개척시대의 검소한 정신과는 성질이 다른 것이다. 우리가 외국의 문물을 받아들일 경우, 번영의 원인이 된 것들과 그 결과로서 생긴 것들 가운데 어느 쪽을 선택하는 것을 원칙으로 삼아야 할 것인가? 이 물음에 대한 대답은 명백할 것으로 보인다. 지금 우리에게 시급히 요구되는 것은 번영과 발전의 원인이요 번영과 발전을 향락하는 방법이나 습성은 아님을 아무도 의심하지 않을 것이기 때문이다. 그럼에도 불구하고 지금 우리들은 미국 사상에 있어서 최상의 것보다는, 즉 그들의 번영과 발전의 원인이 된 정신보다는, 그 최하의 것들을, 즉 그들의 번영과 발전의 부작용으로 생긴 퇴폐적인 정신을 본받는 경향이 있지 않은가 염려되는 바 있음은 앞에서 지적한 바와 같다.

사상이란 본래 형태가 없는 것인 까닭에 우리가 어떤 사상을 직접 지각할 수는 없으며, 오직 그 사상에서 우러난 어떤 유형적 현상을 보고 간접적으로 그것을 알 수밖에 없다. 다시 말하면, 사상의 핵심은 언제나 우리 눈으로부터 가려져 있는 까닭에 우리는 그 외곽적(外廓的) 표현을 매개로 삼고 그것을 추리할 수밖에 없다. 좀 더 엄밀하게 따지자면, 우리는 어떤 지각적 표상과 우리 자신의 마음에 관한 내성(內省)을 근거로 삼는 유비추리를 통하여 남의 마음을 짐작으로 알 수 있을 뿐이다. 그러므로 관찰이 소홀하거나 자기 자신의 사상의 내용이 빈약한 사람은 남의 사상의 진수를 이해하기 매우 어렵다. 경박한 관찰자는 어떤 사상의 병발증(併發症)이나 그 지엽적 표현을 보고 그 사상의 본질로 오인하기가 쉬우며, 자기 스스로의 사상이 빈약한 사람은 자기의 빈곤한 마음속에서 남의 정신을 왜곡하여 파악한다. 이와 같은 고찰이 우리에게 시사하는 결론은 다음과 같다. 첫째, 우리가 어떤 외국의 사상을 이해하고자 할 때 우리는 우연적이고 피상적인 관찰에 의존해서는 안 된다. 우리는 마땅히 그 외국 사상의 핵심으로 향하는 학구적 연구에 힘써야 할 것이다. 둘째, 우리가 풍부한 내용을 가진 남의 사상을 이해할 수 있기 위해서는 우선 우리 자신의 정신적 빈곤을 극복하도록 꾀해야 한다. 이때 말하는 정신적 빈곤은 단순한 독서나 공부만으로 극복할 수 있는 것이 아니라, 학문적 연구심에 아울러 실천적 의지력을 발휘함으로써 비로소 극복할 수 있는 내면의 약점이다.

여기서 우리가 이제까지 미국의 문화를 대해 온 스스로의 과거를 돌이켜 볼 때 새삼 뉘우쳐지는 바 적지 않다. 첫째로, 우리는 그동안 주로 피부를 통하여 미국을 이해한 점은 많으나, 학구적 분석을 통하여 그 나라를 이해하고자 하는 노력에 있어서는 매우 불충분했다. 그동안에 미국의 대학을 거쳐 온 한국인의 수가 막대함에 비하여, 미국의 사상을 본격적으로 연구한 사람은 의외로 적다. 미국인의 민주주의 또는 그들의 사상의 결정(結晶)이라고 볼 수 있는 프래그머티즘에 대한 이해조차도 초보적 단계에 머무르고 있는 실정이다. 이러한 실정의 배후에는 미국을 전문적 연구의 대상으로 삼는 것을 그리 자랑스러운 일이 못 된다고 여기는 한국 지식인의 심리적 갈등이 있는 것이 아닐까 생각된다. 미국을 연구의 대상으로 삼는 것과 사대주의적 사고 사이에 어떤 관련성이 있는 것 같은 상념이 지성인의 조심성을 건드린 것이 아닐까? 그러나 그러한 상념이 그릇된 생각임은 명백하다. 친미(親美) 또는 반미(反美)의 어느 길을 가느냐에 관계없이, 우리와 미국의 깊은 관계가 이미 기정사실인 이상 우리는 미국에 대한 정확하고 깊이 있는 인식을 가져야 하는 것이다.

둘째로, 우리들의 사상적 빈곤과 이 빈곤을 극복하려는 노력의 부족을 뉘우친다. 8 · 15 이후 우리가 겪은 혼란의 가장 큰 이유의 하나는 우리가 올바른 판단을 따라 행동하지 못했다는 사실에 있으며, 또 그것을 못한 가장 큰 이유는 우리의 사상이 빈곤했기 때문이라는 것은 의심의 여지가 없다. 사상의 빈곤이란 하루아침에 극복할 수 없는 난제라고 보아야 할 것이나, 우리는 그것을 극복하려는 노력에 있어서도 매우 불충분했던 것이다. 그 중 하나로서 우리는 한국에 있어서 오늘날 사상 내지 인격의 성장을 위한 교육이 거의 망각되고 있다는 사실을 들 수 있을 것이다.

우리가 남의 나라의 좋은 사상을 골라서 우리의 영양으로 섭취할 수 있기 위해서는 우선 우리 자신이 날카로운 선택의 안목과 용광로 같은 동화력을 가지고 있어야 한다. 그리고 날카로운 안목과 뜨거운 동화력의 바탕이 될 수 있는 것은 오직 우리 자신의 주체성으로 세워진 풍부한 사상뿐이다.

여기서 우리는 우리의 동양적 전통 속에 깃든 깊고 높은 정신을 온존(溫存)해야 한다는 식자들의 견해에 스스로 동조하게 된다. 전통적 정신의 유산을 떠나서 주체성 있는 풍부한 사상의 주인이 될 수는 없기 때문이다. 미국뿐만 아니라 서양 어느 나라의 문물을 받아들일 경우에도, 정신적 가치를 높이 쌓아 올린 동양적 전통을 마음 깊이 간직하는 일이 선행해야 한다. 앞에서 우리는 사상의 가장 기본적 사명은 우리의 현실적 문제를 원만하게 해결함에 있음을 지적했으나, 그때 말한 '현실적 문제'란 비단 물질적인 생활의 문제만을 의미한 것이 아니라, 정신의 가치에 대한 깊은 갈망에서 유래하는 '마음의 문제'까지도 포함했던 것이다.

미국은 넓고 큰 나라다. 거기에는 좋은 것도 많고 나쁜 것도 많다. 그 가운데서 어떠한 것을 어떻게 받아들이느냐 하는 것은 우리 스스로가 하기에 달렸으며, 우리가 어떻게 하느냐 하는 것은 주로 우리들의 마음가짐에 달려 있다.

(1967년 6월)

3장 인간, 자아, 민족 주체성

1. 주체성과 자유

인간으로서 인간답게 사는 것이 우리들 모두의 간절한 소망이거니와, 어떠한 것을 인간다운 삶의 기본 요건으로 보느냐 하는 문제에 대해서는 사람들의 견해가 구구하다. 그러나 적어도 한 가지 점에서 거의 모든 사람들의 견해가 일치하니, 모든 종류의 노예 상태는 인간다운 삶에 위배되는 것이라고 보는 점에 있어서 우리들의 견해는 한곳으로 모인다.

어떠한 상황 또는 관계를 노예 상태라고 보느냐는 문제에 대해서도 여러 가지로 대립된 견해가 있는 것으로 아나, 여기에 있어서도 거의 모든 사람들의 동의를 기대할 수 있는 한 가지 주장이 있다. 개인의 경우에 있어서나 집단의 경우에 있어서나, 자기 자신의 주인공 노릇을 못하는 상황 또는 관계, 다시 말해서, 자아의 사고 내지 활동이 타자의 의사 또는 외적 세력에 의해서 좌우되는 상황 또는 관계를 우리는 넓은 의미의 노예 상태라고 보아서 무방할 것으로 믿는다. 겉으로 나타나는 행동이 남의 지배를 받는 것을 말할 뿐 아니라, 내면적 활동으로서의 사고 내지 사상에 있어서 자주성을 잃는 것도 넓은 의미의 노예 상태로 보아야 할 것이다.

오늘날 유행어처럼 쓰이기도 하고 식자들 사이에서 이론적 화제가 되기도 하는 '주체성'의 문제는, 다름 아닌 노예 상태로부터의 해방의 문제, 즉 인간이 인간답게 살기 위해서 반드시 갖추어야 할 기본 요건의 문제와 직결되고 있다. 주체성이란 자아가 자아의 주인공으로서의 자리를 지키는 마음의 자세 또는 생활 태도 속에 담긴 일종의 덕성, 아니면 자아가 자아의 주인공으로서의 자리를 지키고 있는 상황 속에 인정되는 일종의 가치를 일컫는 개념으로 보아야 할 것이기 때문이다. 이렇게 볼 때, 오늘날 우리 주변에서 빈번하게 논의되는 '주체성'의 문제는 철학에 있어서 이미 오랜 전통을 가진 저 '자유'의 문제가 우리 민족의 특수 상황 속에서 새로운 형태로 제기된 것에 지나지 않음을 알 수 있다.

자유의 문제의 핵심을 주체성의 문제로 파악한 대표적 철학자로서 스피노자(B. Spinoza)를 들 수가 있다. 스피노자에 따르면, 이 세상의 모든 사물은 자기 보존의 욕구(conatus)를 가지고 있다. 자기를 보존하고자 하는 경향은 만물이 공통으로 가지고 있는 기본 특성이다. 이 점에 있어서는 인간도 마찬가지이며, 특히 정신적 측면이 크게 발달한 인간의 경우에 있어서는 자아에 대한 의식이 수반하는 까닭에 자기 보존의 기본 경향은 '의지'의 형태에 나타나는 동시에, 자기 보존이라는 필연적 목표를 의식적 활동으로서의 의지를 통하여 자각적으로 추구하게 된다.

스피노자가 만물은 자기 보존의 기본 경향을 가졌다고 말했을 때, 그는 단순히 생물학적 현상을 염두에 둔 것이 아니었다. 형이상학자로서의 그는 '자기 보존'의 개념을 '본질의 수호'에 가까운 뜻으로 이해하였다. 여기 가치 개념으로서의 성격을 띤 '본질'이 관여하게 됨으로써, "사람은 누구나 자기의 보존을 염원한다."는 스피노자의 심리학적 명제는, "사람은 누구나 자기의 보존을 완수하도록 힘써야 한다."는 윤리학적 명제로 전환한다. 사람은 누구나 자기의 보존을 추구하기 마련이며, 자아의 본질을 유감 없이 지켜 감은 인간이 인간으로서 추구해야 할 당연한 목표라는 것이다.

스피노자에 있어서 '자아의 본질을 지킨다' 함은, 나의 활동이 내 밖의 것에 의하여 좌우되지 않고, 내 스스로의 내부 원인을 따라서 결정된다는 뜻이다. 그것은 바로 스피노자적인 의미의 '자유의 실현'에 해당한다. 무릇 인간은 외적 세력의 영향을 받아 수동적으로 움직일 수도 있고, 자기 스스로의 내적 요구를 따라서 능동적으로 움직일 수도 있다. 수동적 행위는 그 행동 주체의 힘의 위축을 의미하고 능동적 행위는 그 힘의 팽창을 뜻한다고 스피노자는 믿었다. 다름 아닌 이 능동적 행위, 즉 '힘의 팽창'을 스피노자는 그가 삶의 목표로서 제시한 '자기 보존'과 연결시켰고, 한 걸음 나아가서 이들을 동일시하였다. 이리하여 그는 항상 팽창하는 힘으로써 능동적으로 행위하는 삶을 가장 값진 삶이라고 보는 결론에 도달한다. 주위 사정의 끊임없는 변동을 따라서 좌우로 흔들리는 꼭두각시가 될 것이 아니라, 자아의 행로를 스스로 결정짓는 자유인이 되어야 한다는 것이다.

주체성의 견지(堅持)를 보람 있는 삶의 기본 조건으로 본 스피노자의 철학은 개인을 위한 윤리설로서 이해할 수도 있고, 국가나 민족과 같은 큰 집단을 위한 이념으로서 받아들일 수도 있을 것이다. 하여튼, 오늘날 우리 주변에서 거듭 논의되는 '주체성'의 문제가 전혀 새로운 화제는 아니며, 오랜 세월을 두고 거듭 이야기되었던 '자유'의 문제가 우리의 특수 사정 속에서 새로운 형태로 제기된 것으로 이해하여도 잘못은 아닐 것이라고 믿는다. 이제 우리 한국에 있어서 제기되고 있는 주체성의 문제로 넘어가기에 앞서서, 현대 산업사회와 관련된 인간의 주체성의 문제를 간단히 언급해 두고자 한다.

르네상스를 계기로 전개되기 시작한 서양 근세사는 인간의 주체성에 대한 자각을 원동력으로 삼았다 하여도 과언이 아니다. 인간 이성에 의하여 세계를 인식할 수 있다고 믿었으며, 인간 스스로의 힘으로 인간의 운명을 개척할 수 있다고 믿은 휴머니즘도 인간의 주체성에 대한 자각 위에 섰던 것이며, 자유와 평등을 기본 목표로 삼은 민주주의의 이념도 인간의 주체성에 대한 신념에 입각했던 것이다. 그러나 인간의 주체성을 강조하며 만인의 자유를 지향하고 출발한 근세의 역사는, 그 전개 과정에 있어서 매우 역설적인 방향으로 흘러 버렸다. 시대가 지남에 따라서 인간의 주체성과 개인의 자유가 신장되었어야 옳았을 것인데 역사의 현실은 도리어 그와는 반대의 추세를 보인 것이다.

여기서 우리는 '인간소외' 또는 '인간의 비인간화' 등으로 불리는 현대 문명의 진부한 문제를 새삼스럽게 들추어 낼 필요는 없을 것으로 보인다. 다만 이 자리에서 밝혀 두고 싶은 것은, 우리 주변에서 흔히 논란거리가 되는 주체성의 문제와 세계 도처에서 식자들의 화제가 되고 있는 인간소외의 문제가 내면적으로 연결되어 있으며, '주체성'이라는 새로운 말을 만들어 가면서 우리의 특수 사정에 깊이 관계시킨 주체성의 문제가 실은 우리 한국인만이 부딪친 특수한 문제라기보다는, 현대인이 봉착한 일반적인 문제의 한 가지 형태라는 사실이다.

2. 한국의 현실과 민족 주체성

우리 한국 사회에서 '민족 주체성'이라는 말이 널리 사용되기 시작한 것은 1960년대에 들어선 뒤가 아닌가 생각한다. 그러나 민족의 자주성을 중요시하는 사상이 싹트기 시작한 것은 그보다 훨씬 먼저부터였다고 보아야 할 것이다. 민족주의 사상이 일어나는 곳에는 언제나 민족 주체성의 관념이 따르기 마련이고, 우리나라에 있어서 민족의식이 고개를 든 것은 벌써 오래전부터의 일이었다. 지정학적으로 불리한 위치에 놓여 온 우리나라는 옛날부터 인접한 강대국에 의하여 압박과 피해를 받아 왔고, 압박과 피해의 역사가 오래인 만큼 민족의식의 성장도 오랜 역사를 가지고 있다. 그러나 우리나라에 있어서 민족 자주성에 대한 관념이 일어난 기원이나 그 발전의 과정을 살피는 것은 이 글의 관심 밖의 일이며, 여기서는 다만 오늘날 우리들에게 절실한 현실 문제로서의 민족적 자주성의 문제에 국한하여 몇 가지 생각하는 바를 정리하고자 한다.

제2차 세계대전이 끝나고 미군이 진주한 우리 남한에 있어서, 의심의 여지 없이 당연한 것으로 받아들여진 몇 가지 사실이 있다. 그 가운데서도 가장 중대한 결과를 초래한 것은, 미국을 선진국의 이상적 표본으로 보고 정치와 경제, 교육과 문화 일반 등 모든 분야에 있어서 미국을 모방하는 것이 근대화의 첩경이라고 본 일반적 경향이었다. 이러한 경향은 자연히 안으로는 과거와의 단절 또는 전통으로부터의 탈피를 바람직한 변화의 방향으로 생각하는 기풍을 초래하였고, 밖으로는 미국에 대한 일방적인 의존심을 과도하게 조장하는 결과를 몰고 왔다.

강대국과의 관계가 적대적 성격을 띨 경우에 있어서는, 약소국 측의 경계심과 저항감이 민족적 자주 의식으로 발전하기 쉽지만, 1945년 이후의 우리나라와 미국의 관계는 긴밀한 우방 관계였던 까닭에, 미국이라는 강대국에 대한 모방과 의존은, 심각한 민족적 반성의 대상으로서 주목됨이 없이, 상당한 기간 동안 지속될 수가 있었다. 그러나 절도 없는 모방과 의존이 바람직한 국가 발전을 위한 정도(正道)가 아니라는 것은 조만간 밝혀지기 마련이고, 1960년대에 들어서면서 정부와 국민 다수가 '민족 주체성'이라는 구호에 공감을 느끼기에 이른 것은 일종의 때늦은 반성의 표명이라고 볼 수 있을 것이다.

제국주의가 용납될 수 없는 죄악으로 비난을 당하고, 국제 협력이 새로운 세계 질서의 원리로 강조되는 시대다. 세계국가의 이상이 머지않은 장래에 실현될지도 모른다는 희망을 안겨 주는 밝은 학설이 나돌아다니기도 하였다. 그러나 역사적 현실 속에서 우리가 실제로 발견하는 엄연한 사실은 저 인도적 국제주의 내지 세계주의와는 매우 거리가 먼 것이었다. 강한 나라의 경우에 있어서나 약한 나라의 경우에 있어서나, 각각 자기 나라의 이익을 오로지 추구하는 점에 있어서 옛날과 다를 바가 없으며, 자기 나라의 이익을 위해서라면 우방을 배신하거나 희생하는 일조차도 서슴지 않는 사례를 목격하기도 하였다. 우리가 오늘날 민족 주체성의 중요성을 새삼스럽게 강조하지 않을 수 없게 된 것은 이러한 체험과 밀접한 관련성을 가지고 있다. 주위의 나라들이 모두 자기 나라 이익에 집착하는 이기주의를 버리지 않고 있으며, 따라서 경제에 있어서나 국가 안보에 있어서나 궁극적으로 믿을 수 있는 것은 자기 나라밖에 없다는 사실을 알았을 때, 약한 처지에 놓인 한 민족국가로서 자주성을 강조하게 되는 것은 당연한 추세라 할 것이다.

세계 여러 나라들 특히 강대국의 이기주의를 떠나서, 또 하나 우리들에게 민족 주체성의 의식을 고취한 것은, 우리 민족문화가 최근에 겪고 있는 여러 가지 문제점들이다. 우리 한민족은 고유한 문화적 전통을 오랜 세월에 걸쳐서 발전시켜 왔고, 이 점을 크게 자랑으로 삼아 왔다. 그러나 반세기에 가까운 오랜 세월에 걸친 일본의 식민지 문화 정책이 있었고, 그 뒤를 이어서 미국의 문화를 아무런 저항도 없이 받아들이는 가운데, 우리의 고유한 문화는 크게 파괴되었다. 국제 협력이 활발해지고 세계국가의 이상으로 접근한 뒤에도 각 민족의 고유한 문화는 더욱 발전시키고 오래 보존하는 것이 인류 전체를 위해서 바람직한 일이다. 세계에 자랑할 수 있는 오랜 전통을 가진 한민족의 문화를 소중히 간직하고 창달하는 것은, 비단 우리 한국 민족을 위해서뿐만 아니라 전 인류를 위해서도 바람직한 일이다. 그런데 어떤 민족문화가 그 전통의 토대 위에서 발전하기 위하여 우선 전제되어야 할 것은, 그 문화의 주인공인 민족이 자주성 내지 주체성을 견지하는 일이다.

민족의 주체성을 강조하는 또 하나의 근거로서, 각각 사정을 달리하는 여러 나라들이 발전의 목표를 세우고 그 국가 목표를 추구하는 과정에서 취해야 할 길, 즉 정치와 경제 그리고 교육 등 여러 분야에 있어서 취해야 할 방도는, 그 나라의 특수한 사정을 따라서 달라야 한다는 이론을 말하는 사람들이 있다. 자유 진영에 속한 많은 개발도상국들이 그랬듯이, 우리 한국도 민주화를 표방하고 근대화를 추구하며 오늘에 이르렀다. 그리고 민주화 내지 근대화를 꾀하는 과정에서 미국의 제도와 방법을 전적으로 도입한 것이, 1960년대 초반에 이르기까지 우리들이 취한 방침이었다. 그러나 미국의 제도와 방법을 모방함으로써 추구해 온 우리나라의 민주화와 근대화는 많은 시행착오를 겪었고, 오늘도 우리는 민주화와 근대화의 발전 목표를 앞에 두고 적지 않은 문제점들을 안고 있다. 이러한 사정 아래서 일부 학자와 정치가들이 역설하기 시작한 것이 한국의 특수 사정이며, 한국이 추구해야 할 민주화와 근대화는 한국의 특수 사정에 맞게 그 목표가 설정되고 또 그 방법이 강구되어야 한다는 이론이다. 그리고 국가 발전의 목표와 방법을 결정함에 있어서 우리들의 특수 사정을 결정적인 요인으로서 간주해야 한다는 주장은 곧 민족의 주체성 내지 자주성을 견지해야 한다는 주장으로 직결된다.

이제까지 고찰한 바를 요약한다면, 오늘날 우리 한국이 민족의 주체성을 문제 삼는 데는 크게 세 가지 사유가 있다는 이야기가 될 것이다. 첫째로 강대국까지도 포함한 세계 여러 나라들은 아직도 자기 나라의 국가 이익을 오로지 추구하고 있는 현실 속에서, 갖가지 어려움을 안고 있는 우리 한국이 스스로를 지키기 위해서는 정치와 경제 그리고 방위 등 여러 분야에 있어서 자주성을 견지해야 한다는 것이 우리가 민족 주체성을 문제 삼는 사유의 하나다. 둘째로, 오랜 전통을 이어 온 우리들의 자랑스러운 민족문화가 외래 문물의 좋지 못한 영향으로 크게 파괴되는 경향이 있는 오늘날, 우리가 한국의 문화적 전통을 보존하고 더욱 발전시키기 위해서는, 이 문화의 주인공인 우리들의 주인다운 마음가짐, 즉 주체성이 확고해야 한다는 주장이 성립한다.

셋째는, 우리나라도 민주주의 및 근대화의 실현을 국가 발전의 목표로 삼고 있으나, 이 목표의 구체적 내용과 그 실현 방안은 우리의 특수한 실정에 맞도록 정해야 하며, 그렇게 하기 위해서는 확고한 주체 의식이 전제되어야 한다는 견해다. 이상의 항목에 따라서 차례로 살펴보기로 한다.

3. 국가 이익과 주체성

자주성 내지 주체성을 견지할 필요는 개인에게도 있고 집단에게도 있다. 주체성의 문제에 관하여 개인이 취해야 할 바람직한 태도와 집단이 취해야 할 바람직한 태도는 반드시 같지 않으나, 몇 가지 근본적인 측면에 있어서 개인의 주체성의 문제와 집단의 그것 사이에 상당한 유사점이 발견된다. 민족의 주체성의 문제보다는 개인의 주체성의 문제가 비교적 단순하고 분명하므로, 우선 개인의 경우를 살펴봄으로써 민족의 문제를 생각하는 실마리로 삼고자 한다.

한 개인이 살아감에 있어서 남의 힘에만 의존할 수 없음은 간단한 상식이다. 적어도 정상적인 성인의 경우에 있어서, 각자는 자신에 대하여 책임을 져야 하며, 자기 자신의 힘과 노력으로 삶의 문제에 도전해야 한다. 재벌가의 막내아들의 경우와 같이 주위의 보호만으로 평생을 호강하며 살 수 있는 사람이라 하더라도, 그가 남의 힘으로 편하게 사는 것보다는 오히려 자기 자신의 노력과 책임으로 고생하며 사는 것을 우리는 더 값지다고 생각한다. 대부분의 사람들의 경우에 있어서 문제가 되는 것은, 자기 자신의 힘으로 사는 길이 옳은지 또는 남의 힘에 의존하여 사는 길이 옳은지 하는 것이 아니라, 자기 자신의 힘으로 살되 어떠한 목표 아래 어떠한 노력을 기울일 것인가 하는 문제다. 다시 말해서, 봉건시대의 귀공자처럼 주로 남의 힘을 빌려서 살 수 있는 사람은 오늘날 극히 제한된 숫자에 불과하며, 대부분은 자력을 중심으로 삶의 길을 개척해야 하는 것이 현대인의 일반적 사정이다. 그리고 자력으로 살아야 하는 사람들을 위해서 기본적으로 필요한 정신 자세가 곧 주체성의 확립이라고 볼 수 있는 것이다.

집단에 있어서 요청되는 주체성의 문제는 그 집단의 성격에 따라서 차이가 있을 것이다. 오로지 국가의 지원금으로 운영되는 고아원의 경우와 같이 주체성이라는 것을 크게 내세우기 어려운 집단도 있고, 평화 시의 대학이나 삼권분립이 잘된 나라의 사법부의 경우와 같이 고도의 주체성을 생명으로 삼는 집단도 있다. 주체성이 전혀 필요하지 않은 집단이란 아주 특수한 경우 이외에는 생각하기 어려우며, 대부분의 집단들은 각자 나름의 주체성을 가져야 하거니와, 대체로 말해서 규모가 크고 기능이 높은 집단일수록 더 높은 주체성을 견지할 필요가 있다.

국가라는 집단은 가장 높은 수준의 주체성을 요청하는 집단이다. 매우 작은 규모의 국가도 없는 것은 아니나, 대부분의 국가들은 많은 하부 집단과 국민을 거느리는 대규모의 집단이며, 아직도 국제기구의 기능과 권한이 큰 제약을 받고 있는 오늘날, 거의 최고의 자체 결정권을 가진 집단이기도 하다. 따라서 다른 어떤 집단보다도 가장 확고한 주체성을 가져야 하는 것이 국가임에 틀림이 없다.

그러나 현실에 있어서 모든 국가들이 확고한 주체성을 견지하는 것은 아니다. 어느 나라도 국제적 교류를 외면하고 고립해서는 존속할 수 없는 것이 현대의 상황이다. 전 세계가 몇 개의 진영으로 나누어져 대치하고 있으며, 모든 나라들은 그 가운데 어느 진영에 속하기 마련이다. 복잡하고 미묘한 관계를 맺은 여러 나라들이 우방과 비우방(非友邦)으로 나누어지며, 우방국들 사이에서는 '원조'와 '제휴' 등으로 불리는 긍정적 교섭이 이루어지고, 비우방국들 사이에서는 유형무형의 부정적 작용이 왕래한다. 이토록 활발하고 밀접한 국제적 상호관계 속에서 각국이 추구하는 것은 결국 자기 나라의 이익인 것이다. 자기 나라의 이익을 추구하는 강대국의 처지에서 볼 때, 그 나라 세력 밑에 있는 약소국들이 저마다 주체성을 고집하고 독자적 노선을 취하는 것은 바람직한 일이 아니다. 따라서 강대국은 그 세력하의 우방국들이 고분고분하기를 원하며, 고분고분하지 않은 우방에 대해서는 은근한 간섭 내지 압력을 가하게 된다. 이러한 상황 아래서 약소국들이 확고한 주체성을 견지하기는 쉬운 일이 아니다.

강대한 우방의 보호를 떠나서는 도저히 지탱할 수 없을 정도로 허약한 신생국은 그들이 받는 보호 또는 원조의 대가로서 강대국에 대한 순종을 감수한다. 경제와 군사는 말할 것도 없고 정치와 교육 등에 있어서까지 의존과 모방을 벗어나지 못한다. 그러나 그 신생국이 약간의 성장을 이룩하고 어느 정도 민도(民度)가 상승하면, 강대국에 대한 의존과 모방을 벗어나지 못하는 한 하나의 주권국으로서 발전할 수 없음을 깨닫게 된다. 여기서 그들은 자주성 또는 주체성을 강조하며, 안으로는 국민적 자각을 촉구하고, 밖으로는 강대국에 대한 저항의 자세를 취한다.

국가 또는 민족의 주체성을 내세우고 강조하는 그 열성의 정도가 그 국가 또는 민족의 주체성의 현실적 강도를 반영하는 것이 아님은 의심의 여지가 없다. 당위에 관한 역설이 흔히 그렇듯이, 주체성에 대한 역설도 현실적 결핍을 반영할 경우가 많다. 쉽게 말해서, 진실로 주체성이 강한 대국들은 주체성을 논하지 않는다. 굳이 그것을 문제 삼을 필요가 없기 때문이다.

그러나 주체성을 강조하고 나서는 것이 언제나 바람직하지 않다는 뜻은 물론 아니다. 앞에서 말한 바와 같이, 몹시 허약한 신생국이나 약소국은 감히 주체성을 말하지 않는다. 주체성을 외치고 나선다는 것은 아주 낮은 단계를 벗어나서 다음 단계로 성장하고 있음을 알리는 징조라고 보아도 무방할 것이다. 그리고 중간 단계에 이른 개발도상국이 다시 다음 단계로 뛰어오르기 위하여 주체성을 강조하며 국민의 결속을 촉구하는 것이 현명한 정책이 될 경우는 흔히 있는 일이다. 다만 여기서 분명히 말하고자 하는 것은, 주체성의 역설을 곧 주체성의 실현으로 착각해서는 안 된다는 점과 주체성을 강조하고 외치는 상태는 장차 벗어나야 할 중간 단계에 불과하다는 사실이다.

민족국가가 주체성을 강조하고 나설 경우에 있어서 흔히 민족주의의 색채를 강하게 띠기 쉽다. 어떤 중간 단계에 이른 민족국가가 뒤떨어진 현재의 불리한 위치를 극복하기 위하여, 지성이 긍정할 수 있는 민족주의를 방편으로 삼는 것은, 적어도 그 상황에 관한 한 타당성을 가질 것으로 믿는다. 그러나 독선적이고 폐쇄적인 민족주의는 결코 보편적인 타당성을 가질 수 없을 뿐 아니라, 그 민족주의를 내세우는 국가를 위해서도 불행한 결과를 초래할 것이다. 세계가 날로 좁아지고 국제관계가 긴밀한 오늘날, 어떠한 나라도 고립해서 발전할 수는 없다. 따라서 독선적이고 폐쇄적인 민족주의가 좋은 결과로 연결될 수 있는 가능성은 극히 희박하다고 보아야 한다.

아직도 모든 국가들이 각각 자기 나라의 이익을 추구하기에 골몰한 오늘의 현실 속에서, 우리가 우리의 주체성을 잃지 않아야 한다는 것은 너무나 당연한 상식이다. 그러나 현대는 세계가 거의 유기적이라 할 수 있을 정도로 국제적 관계가 긴밀하고, 따라서 우리는 그 긴밀한 국제적 관계를 무시하거나 경시할 수 없다는 것도 역시 명백한 상식이다.

4. 민족문화와 주체성

개인이 자랑스러운 자아를 염원하듯이, 국가나 민족도 스스로 자랑스러운 존재가 되기를 열망한다. 좀 더 정확하게 말하자면, 우리는 개인으로서의 자기가 훌륭한 인물이 되기를 원하는 동시에, 우리가 속해 있는 조국과 민족도 자랑스러운 것이 되기를 염원한다. 개인의 경우에 있어서 '훌륭한 인물'의 객관적 기준을 세우는 일이 용이하지 않듯이, 국가 또는 민족의 경우에 있어서도 그 우열을 평가할 객관적 기준을 밝히는 일에는 이론적인 어려움이 있다. 그러나 엄밀한 이론적 정확성을 문제 삼지 않고 다만 우리들의 통념을 따라서 생각한다면, 우리는 위에 말한 평가 기준에 관하여 대략적인 합의에 도달할 수 있을 것이다. 개인의 경우에 있어서 도덕적 인품, 학식, 예술적 소양, 건강, 용모 등이 그의 사람됨을 평가하는 중요한 기준임을 의심할 수 없듯이, 국가의 경우에 있어서는 자연과 인간, 경제력과 문화 등이 그 나라의 우열을 가리는 중요한 기준임을 부인하기 어려울 것이다.

국가 또는 민족의 우열을 평가하는 데 적용되는 몇 가지 기준 가운데서 가장 중요한 것은 문화가 아닐 수 없다. 침략을 통한 국토의 확대를 가장 큰 자랑으로 여기는 제국주의적 사고도 없지 않았으나, 현대의 양식들은 학문과 예술 그리고 사상 등을 포함한 넓은 의미의 문화를 인간이 이룩한 업적의 가장 으뜸으로 보는 데 의견을 같이한다.

특히 우리 한국은 동양에 있어서 가장 오래되고 훌륭한 문화의 전통을 가진 나라의 하나다. 한국의 문화를 슬기롭게 계승하여 더욱 발전시키는 일은 우리 한국을 위해서뿐만 아니라 인류 전체를 위해서도 바람직한 과업의 하나다. 통일된 국가 안에서도 특색 있는 지방 문화의 보존과 발전이 바람직하듯이, 아무리 세계가 하나로 가까워 가는 경향이 있다 하더라도, 각 민족의 특색 있는 문화를 보존하고 발전시키는 일은 인류의 공통된 과제라고 보아야 한다.

한 민족이 문화를 지키고 발전시키는 일은 물론 그 민족 스스로가 해야 하며, 한 민족이 스스로의 문화를 지켜 감에 있어서 우선 필요한 것은 자주정신이다. 첫째로, 자기 민족문화에 대한 이해와 사랑을 가져야 하고, 둘째로 자기 민족문화에 대한 긍지를 가져야 하거니와, 남의 나라의 것만 숭상하고 자기 나라의 것은 업신여기는 마음가짐으로 민족문화에 대한 이해와 사랑 그리고 긍지를 갖기는 극히 어려운 일이다.

문화를 이해하고 지켜 감에 있어서 또 한 가지 필요한 것은 역사에 대한 의식과 관심이다. 문화란 하루아침에 이루어질 수 없는 역사적 산물이다. 따라서 역사와 전통에 대한 의식 없이는 문화를 이해하기 어렵다. 문화에 대한 인식은 역사에 대한 인식을 포함한다. 좀 더 정확하게 말해서, 한 민족의 문화를 이해한다 함은 그 민족의 역사에 있어서 가장 깊은 측면을 이해함에 해당한다. 문화의 바탕을 이루는 것은 인간 정신이기 때문이다.

역사적 산물로서의 민족문화는 조상과 후손들이 힘을 합하여 만들어 내는 합동 창작물이다. 후손인 우리들이 민족문화를 계승하고 발전시킬 때 우리는 조상들과 하나로 연결되는 것이며, 조상들의 생명은 현재와 미래로 연장되고, 우리 후손들의 생명은 과거와 미래로 연장된다. 역사적 산물로서의 민족문화는 시간 속에서 탄생하고 성장하다가 언젠가는 소멸하는 생명체와도 같다. 후손들의 탄생을 통한 종족의 유지가 조상들의 생명이 연장되는 물질적 측면이라면, 후손들에 의한 문화유산의 계승과 발전은 그 정신적 측면이다. 개인은 민족문화의 계승과 창조에 참여함으로써 그의 생명을 유구한 시간과 광대한 공간 속에 확대시킨다. 민족문화는 소아(小我)가 대아(大我)로 실현되는 현실적 모체(母體)의 으뜸이다.

문화의 전통성 내지 역사성을 강조함으로부터 민족문화를 복고주의의 방향으로 후퇴시키고자 하는 견해로 비약해서는 안 될 것이다. 복고주의로 후퇴할 때 민족문화는 화석화(化石化)의 길로 위축될 것이며, 따라서 그 생명의 단축을 재촉하는 결과가 될 것이다.

민족문화는 미래지향적 후손들에 의해서 활발한 발전을 이룩한다. 문화를 일종의 생명체와 같은 것으로 본 앞에서의 비유를 받아들인다면, 그것은 성장을 통해서만 생명을 유지할 수 있을 것이며, 그 성장의 방향은 마땅히 미래로 향해야 할 것이다.

민족문화는 미래를 지향하고 발전시켜야 할 일종의 생명체임에도 불구하고 우리가 전통을 존중해야 한다고 역설하는 데는 크게 두 가지 이유가 있다. 첫째로, 민족문화의 생명은 그 개성과 자기동일성에 있다. 그리고 그 개성과 자기동일성의 근원을 우리는 전통 속에서 찾아야 하는 것이다. 둘째로, 민족문화는 하루아침에 싹이 터서 짧은 시일 안에 개화(開花)와 결실을 보는 일년초와 같은 것이 아니라, 대지에 깊은 뿌리를 내리고 서서히 성장하는 천년 거목과도 같은 역사적 존재다. 따라서 그 뿌리와 줄기에 해당하는 오랜 전통을 떠나서 새로운 성장 내지 창조를 생각하는 것은 무의미한 일이라 하겠다.

민족문화에 있어서 전통과 개성을 강조하는 우리들의 주장이 폐쇄적인 민족주의 또는 배타적 독선으로 비약해서는 안 될 것이다. 우리에게 우리 민족문화가 귀중하다는 인식은 다른 민족에게 그들의 민족문화가 귀중하다는 것도 인정할 것을 요청한다. 그리고 민족문화가 새로운 발전을 이룩하려면 부단히 새로운 활력의 공급을 받아야 하거니와, 현대에 있어서 선진의 요소를 간직한 외래의 문화들은 그 새로운 활력의 중요한 원천이다. 따라서 남의 나라 문화의 정수를 이해하고 이를 우리 민족문화의 발전을 위한 영양으로서 흡수하는 일은 매우 중요한 일이다. 다만 여기서 망각할 수 없는 것은, 남의 것의 무분별한 모방은 그대로 우리 문화의 발전으로 연결될 수 없을 뿐 아니라, 도리어 혼란과 퇴보의 원인이 될 수도 있다는 사실이다. 우리가 민족문화와 관련하여 민족의 자주성을 강조한 이유도 여기에 있었다.

지금 이 땅에 살고 있는 우리들은 현대인인 동시에 한국인이며 한국인인 동시에 현대인이다. 다시 말해서, 우리는 한민족이라는 민족에 속해 있을 뿐 아니라 현대라는 시대에도 속해 있다. 우리가 한민족의 후예라는 관점에서 볼 때, 서양 또는 그 밖의 문화 속에 '남의 것'을 인정하지 않을 수 없듯이, 우리가 현대의 지성이라는 관점에서 볼 때는 옛날 한국 문화 속에도 '남의 것'으로서의 요소가 있음을 인정해야 할 것이다. 같은 말을 긍정적 표현으로 바꾼다면, 고대로부터 현대에 이르는 민족문화 전체의 흐름 속 어디에나 우리의 것이 있다고 보아야 하듯이, 현대라는 공통의 시간을 통하여 우리에게 연결되고 있는 전 세계 현대 문화의 일반적인 것 어디에나 '우리의 것'으로서의 일면이 있다고 보아야 할 것이다.

우리의 소속이 민족과 시대라는 이중의 구조를 가지고 있음을 따라서, 우리에게 요청되는 주체성에도 두 가지 측면이 있다. 즉, 우리는 한국인으로서의 민족적 주체성뿐 아니라 현대인으로서의 시대적 주체성도 가져야 할 것이다. 우리는 한국인으로서 한국 문화의 전통과 개성을 존중하는 동시에, 현대인으로서 현대의 시대적 상황과 그 요청에도 주목해야 한다. 한국인으로서의 민족적 주체성이 외래문화에 대한 맹목적 모방을 허락하지 않듯이, 현대인으로서의 시대적 주체성은 전통문화에 대한 무분별한 복고주의를 거부한다.

5. 근대화와 민족 주체성

8 · 15를 계기로 주권을 되찾은 우리 한국은 하나의 신생국으로서 새로운 출발을 하게 되었다. 그러나 불행히도 국토가 분단됨으로 인하여 남한과 북한이 각각 다른 두 개의 정치집단으로서 대치하게 되었다. 미군이 주둔하여 잠시 군정을 펴게 된 남한에서는 자연스러운 추세를 따라서 미국식 또는 서구식 민주주의가 이상적 정치제도로서 받아들여졌고, 국민과 정부는 다 같이 민주주의의 실현을 국가 발전의 목표로 삼는 동시에, 이 꿈이 이루어지기를 기대하기도 하고 그 나름의 노력을 기울이기도 했다.

그러나 근대화의 방향이 잡히기도 전에 일제의 식민지가 되었고 주로 타력(他力)에 의하여 그 굴레를 벗어난 우리 한국은, 미국식 민주주의의 실현을 위한 준비 또는 기반이 매우 허술하였다. 민족주의에 대한 이론적 이해가 부족했으며, 민주주의 제도가 그 본래의 정신과 부합할 수 있기 위해서 필요한 실천적 준비는 더욱 부실하였다.

삼권분립(三權分立)을 명시한 민주주의 헌법이 제정 선포되었고, 국민의 일반투표로 대통령과 국회의원이 선출되었다. 교육제도는 미국의 것을 그대로 들여왔고, 행정과 사법에 관한 갖가지 제도도 형태를 갖추었다. 그러나 민주주의의 외형을 갖추는 것만으로 곧 민주주의의 내실이 수반되는 것은 아니다. 많은 시행착오가 있었을 뿐 아니라, 낭비와 비능률 그리고 위선과 부조리가 그칠 줄 몰랐다. 순조로운 민주주의를 위한 기본적인 공덕심(公德心), 준법정신 그리고 자율심이 미약했던 까닭에 갖가지 사회 혼란이 야기되었다.

그러한 가운데서도 민주주의는 조금씩 그 내실을 더해 가는 추세로 발전하였다. 밖으로부터 빌려온 민주주의라고는 하나 국민의 대다수가 그 타당성을 믿기에 이르렀다. 특히 북한의 공산주의와 맞서 온 우리에게 있어서 민주주의는 거의 절대적인 대안이었다. 결국, 서구의 민주주의가 우리나라에 적용되는 과정에서 많은 시행착오를 빚어냈음은 사실이나, 민주주의의 기본이념 그 자체는 역시 옳은 것으로 계속 받아들여졌다.

여기서 이를테면 하나의 수정안 또는 종합안으로서 제시된 것이 '한국 실정에 맞는 민주주의'라는 개념이다. 민주주의의 근본정신은 따르되, 서구나 미국의 형태나 제도를 그대로 본받을 것이 아니라, 우리나라의 특수 사정에 맞도록 조절함으로써 우리의 고유한 민주주의를 발전시켜야 한다는 주장이다. 그리고 남의 나라의 제도를 그대로 모방하는 것이 아니라 우리 스스로의 창의로써 새로운 것을 개발해 나가기 위해서는, 우선 자주정신이 전제되어야 한다. 이러한 논리를 따라서, 여기 민주주의 실현 문제에 관련하여 또다시 민족적 주체성이 거론된다.

비슷한 논리는 한국의 근대화의 문제에 관해서도 성립할 수 있다. 세계 전체가 산업사회를 향하여 급격하게 변화해 가고 있는 현대에 있어서 우리 한국이 살아남기 위해서는, 의식주의 생활양식에서 생산, 교통, 행정에 이르기까지의 모든 영역에 있어서 근대화가 절실하게 요청된다. 비과학적이고 비능률적인 종전의 생산방식과 소비 양식으로는 오늘의 제반 현실 문제를 적절히 해결할 수가 없다. 그러나 우리 한국의 근대화는 우리나라의 전통과 특수 사정에 맞도록 추구되어야 할 것이며, 서양의 여러 나라가 밟은 근대화의 과정을 그대로 답습할 수는 없다. 서양이 근대화를 서두르던 그 당시의 그들의 사정과 오늘의 우리 사정은 크게 다르다. 그리고 서양 여러 나라의 근대화에는 여러 가지 좋지 못한 폐단 내지 부작용이 따랐다. 그러므로 우리는 우리 한국의 실정에 맞도록 근대화를 이룩해야 하며, 근대화에 따르기 쉬운 여러 가지 부작용은 최소한으로 줄여야 한다. 정신생활의 측면에 있어서는 근대화의 내용조차도 서양의 그것을 그대로 모방할 수 없으니, 엄밀하게 말하자면 '근대화'의 개념 자체를 우리 한국의 특수성에 비추어 새로 정립해야 한다. 짧게 말해서, 한국의 근대화는 한국인의 주체성을 따라서 이루어져야 한다. 대략 이상과 같은 것이 근대화에 관련하여 주체성을 강조하는 식자들의 공통된 주장이다.

민주주의의 실현에 있어서나 근대화의 과정에 있어서나 우리들의 전통과 실정을 충분히 고려해야 한다는 것은 너무나 당연한 주장이며, 따라서 민주주의와 근대화를 추구하는 우리들에게 매우 필요한 것의 하나가 자주정신 내지 주체성이라는 것도 논의의 여지가 없는 상식에 가깝다 하겠다. 다만 여기서도, 우리의 주장 또는 태도가 편협한 독선으로 흐르지 않도록 하기 위해서, 지적하고 넘어가야 할 몇 가지 사항이 있다.

첫째로, 우리가 어떤 이념 또는 노선을 원칙적으로 받아들이고 다만 부분적인 수정을 가하고자 할 때, 우리는 어디까지가 근본 원칙이고 어디서부터가 수정을 용납하는 부분적인 문제인가를 분명하고 정확하게 가려내야 할 것이다. 만약 이 구별이 모호할 경우에는 특수 사정을 강조하며 열심히 수정을 가하는 과정에서, 우리가 본래 따르려 했던 이념 또는 노선의 근본정신까지도 망각 내지 배반하는 결과에 이를 염려가 있다.

고려해야 할 특수 사정이 많고 커서 부분적인 수정만으로는 문제를 해결할 수 없을 정도로 사태가 심각할 경우도 생각할 수 있다. 이러한 경우에 있어서 우리가 취해야 할 올바른 태도는 무엇일까?

우선, 우리는 그 '심각한 현실'이 어느 정도 장기화할 것인가에 대하여 정확한 분석과 인식을 해야 할 것이다. 만약 그것이 수백 년을 헤아릴 오랜 세월에 걸쳐서 장기화할 전망이라면, 그리고 지금까지 우리가 신봉했던 이념이나 노선으로는 도저히 극복할 수 없는 문제를 내포하고 있음이 틀림없다면, 우리는 그 이념이나 노선의 근본정신에까지도 수정을 가하지 않을 수 없을 것이다. 그리고 이때 우리는 우리가 애당초 표방했던 이념 또는 노선의 이름까지도 포기해야 할 것이다. 근본에 이르기까지 내용을 바꾸고 그 명칭만을 그대로 할 경우에는 불필요한 논쟁과 혼란이 불가피하게 된다. 만약 심각한 현실을 초래한 그 특수 사정이 조만간 소멸될 성질의 것이어서 언젠가는 해소될 것으로 전망될 경우에는, 우리는 일시적 대응책으로서 우리의 이념 또는 노선에 잠정적 수정을 가할 수 있을 것이다. 다시 말해서, 우리의 궤도 수정은 마땅히 임시응변(臨時應變)으로서의 성격을 가져야 하며, 언젠가 그 심각한 특수 사정이 해소되는 날, 본래의 궤도로 되돌아올 결의를 명백히 해야 할 것이다.

주체성 있는 민주주의 및 근대화의 문제와 관련해서 또 한 가지 지적해 두고자 하는 것은, 한 민족의 주체성을 세우기 위해서는 그 민족에 속하는 개인들의 주체성을 세워야 한다는 사실이다. 국민 한 사람 한 사람이 주체성을 잃을 때, 그러한 개인들의 집합으로서의 민족에게 주체성이 있을 리 없다. 따라서 주체성 있는 민주주의 또는 근대화를 원한다면, 우선 국민 각 개인이 주체성 있는 개인이 되도록 길을 여는 동시에 그들의 자주성을 존중하는 풍토를 조성해야 할 것이다. 그리고 국민 각자를 위하여 주체성을 고취하고 그들의 자주성을 존중하는 풍토를 조성하는 근본은 인간 존중의 정신이다. 민주주의 및 근대화의 근본정신인 인간 존중의 정신(이것은 곧 자유의 이념이기도 하다)은 어떠한 특수 사정 아래서도 민주주의와 근대화의 실현을 위한 기본이다.

6. 결어

인간으로서 인간답게 사는 것은 우리 모두의 한결같은 소망이다. 인간이 인간다운 삶을 갖기 위해서 필요한 가장 기본적인 조건은 노예 상태를 벗어나는 일, 즉 자기 자신의 주인으로서 행세하는 일이다. 그러나 자기 자신의 주인이 되는 것만으로 인간다운 삶을 위한 충분한 조건이라고 보기는 어렵다. 한 걸음 나아가서 개성을 발휘함으로써 자아를 실현함에 어느 정도 성공했을 때, 우리는 진정한 의미의 인간다운 삶에 도달했다고 말할 수 있을 것이다. 노예 상태로부터의 해방이 인간다운 삶의 소극적 조건이라면, 개성의 신장은 그 적극적 조건이다.

우리가 흔히 논의의 대상으로 삼는 주체성이란, 노예 상태로부터의 해방과 개성의 신장을 아울러 포함하는 개념으로 이해된다. 주체성이란, 자기 자신에 대하여 주인 노릇을 하는 동시에 한 개체 또는 집단으로서의 자기동일성을 뚜렷하게 드러내는 상태 또는 그 덕성을 일컫는 말로 이해할 때, 그 뜻이 가장 선명하다.

주체성은 개인에게도 필요하고 집단에게도 필요하다. 주체성이 없는 개인들의 집합은 집단 전체로서도 주체성을 갖기 어렵다. 그리고 집단 전체가 주체성을 상실했을 때, 그 집단을 형성하는 개인들도 주체성을 지키기 매우 어렵다. 개인의 주체성과 집단의 주체성은 서로 의존한다.

우리 한국이 오늘날 처해 있는 상황은 여러 가지 측면에서 민족적 주체성의 발휘를 요청하고 있다. 세계의 열강이 각각 자기들의 국가 이익을 추구하는 국제적 현실 속에서 우리들 자신의 권익을 옹호하기 위해서 그것이 필요하다. 전통을 달리하는 외래문화가 밀물처럼 쏟아져 들어오는 빈번한 교류에 현혹됨이 없이 우리의 민족문화를 계승하고 발전시키기 위해서도 그것이 필요하다. 그리고 국토의 분단과 남북의 대결로 많은 어려움과 무거운 과제를 안고 있는 우리 한국이 우리 실정에 맞는 민주주의와 근대화를 이룩하기 위해서도 민족의 주체성이 전제되어야 한다.

그러나 주체성의 강조가 편협한 민족주의나 폐쇄적인 복고주의 또는 세계사의 일반적 사조를 무시한 독선으로 흘러서는 안 된다. 진정으로 주체성이 강한 민족은 자신에 가득 차 있으며, 자신에 가득 차 있는 민족은 결코 편협하고 폐쇄적인 태도를 취하지 않는다.

말로 주체성을 강조하는 것과 실제에 있어서 주체성이 강한 것과는 반드시 일치하지 않는다. 말로 주체성을 강조하는 것은 주체성의 필요성을 인식하고 있다는 뜻에서 긍정적인 의의를 갖는 동시에, 현실에 있어서 주체성의 부족을 암시한다는 뜻에서 부정적인 의의도 아울러 가지고 있다. 진실로 주체성이 확고한 민족은 굳이 주체성을 역설하지 않을 것이다.

(1978년 봄)

직업윤리와 한국인의 가치관

머리말

우리나라의 전통 사회에서는 가족 또는 가문이 생활의 중심이었고, 가족 또는 가문 안에서의 처신이 그 사람의 인생을 좌우하였다. 처음 만난 사람과 인사를 나눌 때에 우선 족보부터 따지는 것이 상식이었고, “길(吉) 자 동(童) 자 되시는 분이 저의 고조부이시며…” 하는 식으로 자신을 소개해야 말이 통하였다.

현대사회에서는 직장 또는 직업이 생활의 중심이다. 자기를 소개하기 위하여 사용하는 명함에는 으레 직장과 직위를 밝히는 것이 보통이며, 가문이나 족보에 대한 관심은 크게 줄었다. 심지어 결혼 상대를 구할 때에도 가장 궁금하게 여기는 것이 상대편의 직업이다.

가족이 생활의 중심이었던 전통 사회에서는 윤리(倫理)의 중심도 가족에 있었다. 가족 윤리를 근간으로 삼고 전체로서의 윤리 체계가 형성되었다. 같은 맥락에서 볼 때, 직업이 생활의 중심을 차지하고 있는 현대사회에서는 직업윤리가 전체로서의 윤리 체계에 있어서 큰 비중을 차지해야 마땅하다. 옛날에 가족윤리가 중요했듯이, 현대에는 직업윤리가 중요한 의의를 가진다고 보아야 한다.

그러나 직업윤리를 그토록 중요하다고 생각하는 사람은 그리 많지 않다. 직업의 본질과 직업윤리의 의의에 대한 사람들의 인식이 크게 부족한 것이다.

'직업윤리'의 문제를 제대로 이해하고 직업에 대한 올바른 태도가 무엇인가를 깊이 알기 위해서는 삶 전체를 대하는 태도 또는 가치관(價値觀) 전체가 바르게 서야 한다. 바꾸어 말하면, 직업윤리의 문제는 전체로서의 삶의 문제와 연결시켜서 고찰함이 바람직하다. 현재 우리가 어떤 시대에 살고 있으며 우리의 문제 상황이 어떤 양상을 띠고 있는지를 알게 되면, 우리가 어떠한 자세로 현대를 살아야 하는지가 밝혀지는 동시에, 직업을 대하는 바람직한 태도가 무엇인지도 따라서 밝혀진다.

직업만을 따로 떼어서 직업을 미시적(微視的)으로 분석하여 그 이모저모를 다루는 것도 중요하지만, 삶 전체의 맥락 속에서 직업의 문제를 생각해 보는 기회를 갖는 것은 더욱 중요하다고 보는 것이 저자가 평소에 가지고 있는 생각이다. 이러한 관점에서 엮은 것이 바로 이 한 권의 책이다. 책 제목을 『직업윤리와 한국인의 가치관』이라고 붙인 것도 같은 맥락에서이다.

이 책의 전반부를 차지하는 「한국의 현실과 새 시대의 직업윤리」는 본래 삼성경제연구소 정책연구실에서 1994년에 발행한 『신경영 연구 시리즈』 가운데 한 권으로서 발표되었던 것이다. 이번에 이 글의 전재(轉載)를 허락해 준 삼성경제연구소의 후의에 깊이 감사한다. 그리고 이 책을 만드는 과정에서 수고를 많이 하신 철학과현실사 전춘호 사장의 호의에도 감사의 뜻을 전한다.

1997년 2월
방배동 철학문화연구소에서
김 태 길

차례

1부
한국의 현실과 새 시대의 직업윤리

1장 오늘의 한국과 한국인

1. 국제화 시대와 한국

세상이 눈부신 속도로 변화하고 있다. 저자가 어렸을 때에 '옛날'이라고 하면 수백 년 전을 연상했으나, 지금은 10년 전도 옛날이요 5년 전도 옛날이다. 이 땅에 타이프라이터라는 문명의 이기(利器)가 들어온 지 오래지 않은데, 이제 그것은 컴퓨터에 밀려서 박물관이나 쓰레기통에 어울리는 물건이 되었다.

세계가 날로 좁아지고 있다. '이웃'이라는 말은 본래 '이웃 사람' 또는 '이웃집'을 가리켰고, 기껏해야 '이웃 마을'을 의미하였다. 그러나 머지않아서 '이웃 나라'라는 말조차도 별로 의미가 없는 옛말이 될 전망이다. 이제는 '지구촌'이라는 말이 실감나게 들리고, 세계 여러 나라 가운데 '이웃 나라' 아닌 나라를 찾아보기가 어렵게 되어 가고 있다.

이 시대를 사람들은 '국제화 시대'라 부르기도 하고, '세계화 시대'라 일컫기도 한다. 혹자는 앞으로 국경이라는 것이 점차 의미를 잃게 될 것이라고 내다본다. 여기서 우리는 냉철한 정신으로 깊이 생각해 보아야 한다. '국제화' 또는 '세계화'가 우리 한국인에게 무엇을 의미하며 어떤 결과를 가져올 것인가에 대하여 차분하게 생각해 보아야 한다.

국제화의 정신이, 세계의 여러 나라들이 진정으로 상호 협조하고 유무상통(有無相通)하여, 모든 나라들이 고루 잘사는 세상을 만들고자 함에 있다면, 우리는 아무런 걱정도 할 필요가 없을 것이다. 세계화의 근본정신이, 온 인류가 한마음이 되어 하나밖에 없는 지구를 지키고, 모든 국가 이기주의와 집단 이기주의를 떠나서 자유와 평등과 인간애가 가득한 세계를 만들고자 함에 있다면, 우리는 그저 뜨거운 박수로 내일을 환영하고 새 시대에 동참하기만 하면 될 것이다.

그러나 이 시대의 실상(實相)은 단순하고 소박한 낙관을 허용하기에는 너무나 복잡하고 다단하다. 만약 우리가 안이한 정신과 소극적 자세로 세계의 흐름에 그저 떠내려가기를 일삼는다면, 국제화 내지 세계화의 물결은 우리 민족을 삼켜 버리는 불행을 초래할 염려가 적지 않다. 오늘의 지구 위에 국가 이기주의는 여전히 살아 있으며, 강대국 진영과 약소국 진영이 하나의 공동 목표 달성을 위하여 졸연히 대동단결하리라고 기대하기에는 어려움이 있기 때문이다.

국제화라는 말이 일상 용어가 된 것은 그리 오래지 않다. 그러나 세계의 역사가 국제화의 방향으로 움직이기 시작한 것은 결코 작금에 시작된 새로운 현상이 아니다. 19세기 말엽에 서양의 강대국들이 군함을 앞세우고 동양의 여러 나라를 위협하며 개항(開港) 내지 개국을 요구했을 때, 그것은 이미 국제화를 예고하는 신호탄이었다. 제1차 세계대전의 종전을 계기로 국제연맹(The League of Nations)이라는 기구가 생겼고, 제2차 세계대전이 끝난 직후에 국제연합(The United Nations)이라는 기구가 생겼다는 것은 중학생들도 아는 역사적 사실이다.

군함을 앞세우고 개항을 강요한 행위는 말할 것도 없으며, 국제연맹과 국제연합을 위시한 대부분의 국제기구가 한 일은 대개 강대국들을 위한 강대국들의 놀음이었다. 그들 국제기구가 세계의 평화와 국제간의 협력을 위하여 공헌한 바도 적지 않으나, 국제기구의 주도권을 장악한 강대국들이 최선을 다하여 추구한 것은 각각 자기 나라의 이익이었으며, 자국의 손해를 무릅쓰고 약소국을 위하여 희생정신을 발휘한 사례는 아직 별로 없다. 아마 앞으로의 국제화 물결도 그 역학(力學)의 근본은 당분간 크게 달라지지 않을 것이다.

우리 한국이 세계의 강대국들과 어깨를 나란히 하고 선두주자 그룹에 속해 있다면, 우리는 아무런 걱정도 할 필요 없이 그저 콧노래나 부르며 국제화 물결을 타기만 하면 될 것이다. 그러나 현재 우리의 좌표는 선진국과 후진국 사이의 중간 지점에 위치하고 있으며, 우리가 하기에 따라서 한국은 정말 용이 되어 하늘로 치솟을 수도 있고, 한낱 지렁이가 되어 땅바닥에 뒹굴 수도 있다.

2. 아시아 · 태평양 시대와 한국

앞으로 세계사의 중심이 아시아와 태평양으로 옮겨질 것이라고 전망하는 사람들이 있다. 먼 옛날에는 그리스, 이스라엘, 이집트 등 중동의 여러 나라들이 세계의 문화를 주도한 때가 있었다. 그 다음에는 로마 시대를 거쳐서 스페인과 영국 그리고 프랑스와 독일 등 유럽의 여러 나라들이 세계의 패권을 잡았다. 제1차 세계대전을 계기로 미국이 최대 강국으로 부상하였고, 현재도 미국은 세계 최대 강국이다. 아메리카 대륙의 동해안에 발을 붙이고 건국한 미국이, 서부로 서부로 개척의 영역을 넓히고 마침내 태평양 한가운데 위치한 하와이까지 집어삼키는 발전을 거듭하여, 세계 최대의 강국으로 부상한 것이다.

그러나 논자들에 따르면, 미국도 이제 전성기를 지나서 점차 기울어 가는 조짐을 보이고 있다. 일본은 이미 미국과 어깨를 겨루는 경제 대국으로 부상했으며, 한국과 중국 및 동남아 국가들이 선진 대열을 뒤쫓고 있다는 것이다. 그러니 앞으로 지구 위의 어느 지역에 위치한 나라들이 세계사를 좌우하게 될 것인지는 스스로 명백하다고 논자들은 내다본다.

앞으로 아시아 · 태평양 시대가 도래할 것이라는 예측에는 그 나름의 논리와 경험적 근거가 있다고 생각한다. 그리고 이 예측은 당연히 우리 한국 사람의 귀에 반갑게 들리기 마련이고, 많은 사람들이 이 낙관적 예측에 입각하여 한국의 내일을 구상하기도 한다. 비관론자보다는 낙관론자들이 미래를 밝게 건설할 공산이 크다는 상식에 비추어 볼 때, 고무적 현상이라고 일단 생각해도 무방할 것이다.

그러나 여기에 우리들이 신중하게 고려해야 할 문제가 있다. 설령 아시아 · 태평양 시대가 도래한다 하더라도 아시아 · 태평양 지역에 위치한 모든 국가가 영광과 번영을 누리게 된다는 보장은 없다는 사실에 관한 문제다. 과거에 유럽이 세계사를 주도했던 시대에도 그 지역의 약소국들은 강대국들의 틈바구니에서 매우 어려운 시련을 겪어야 했다. 세계사의 중심이 아메리카 대륙으로 건너간 뒤에도 영광과 번영은 미국과 캐나다에 국한되었고, 남미의 여러 나라들은 그 그늘에서 위축된 처지를 감수해야 했으며, 서인도제도의 작은 나라들도 숨을 죽이고 살아야 했다.

앞으로 아시아 · 태평양 지역이 세계의 중앙 무대로 부상하게 될 경우, 중국과 일본이 새 시대의 주역으로서의 구실을 하게 될 확률은 매우 높다고 생각된다. 중국은 막대한 자연 자원과 인적 자원을 보유하고 있다는 강점을 가지고 있으며, 일본은 막강한 경제력과 세계 최첨단의 과학 기술을 확보하고 있을 뿐 아니라 국민적 단결력과 높은 질서 의식을 가지고 있기 때문이다.

그러나 우리 한국의 경우는 사정이 좀 다르다. 우리가 어떻게 하느냐에 따라서 새 시대의 주도국으로 상승할 가능성도 있고, 한낱 주변국으로 전락할 가능성도 있다. 우리 한국인에게는 강인한 생명력이 있고, 신바람이 나면 무섭게 타오를 수 있는 정열이 있다. 그러나 우리는 중국과 같이 큰 땅덩어리와 저렴한 노동력을 갖고 있지 않으며, 일본과 같은 경제력과 첨단 기술을 가지고 있지도 않다. 한마음된 노력으로 더 열심히 뛰어야 할 형편인데, 우리는 각자의 작은 '나'만을 생각하는 이기주의와 편하게 살기만을 좋아하는 향락주의에 빠져 있다. 적어도 현재의 객관적 여건으로서는 우리 한국이 중국과 일본보다 불리한 처지에 있다고 보아야 하며, 우리가 중국과 일본 사이에 끼어서 약소한 주변국으로 전락하지 않기 위해서는 심기일전하여 새로운 마음가짐으로 새 시대를 맞아야 할 것이다.

과거의 역사가 미래에도 다시 되풀이되리라고 단언할 수는 없으나, 과거에 있었던 일은 미래를 위한 거울이 된다는 관점에서 우리는 과거의 역사에 대하여 깊은 관심을 갖게 된다. 그런데 지정학적으로 불리한 지점에 위치한 우리 한반도는, 과거에 중국과 일본 두 나라의 부당한 침략 내지 억압으로 인하여 너무나 많은 고초를 겪었다.

과거와 같은 불행한 역사가 다시는 되풀이되는 일이 없어야 하겠거니와, 과거사의 불행이 되풀이되는 것을 막는 길은 오직 우리나라가 강대국 내지 선진국의 대열로 합류하는 길뿐이다. 앞으로는 새로운 세계 질서가 확립될 것이므로 국가와 국가 사이에 약육강식의 현상이 일어나지 않을 것이라고 전망하는 것은 아직 성급한 낙관이다. 한 국가가 국가적 이기주의를 버리는 일은 한 개인이 개인적 이기주의를 버리는 일보다도 더욱 어렵다. 개인적으로 만나 보면 사리에 밝은 사람들이 많다는 인상을 주는 나라일지라도, 그들이 집단적으로 행동할 때 매우 부도덕한 면모를 나타내는 경우는 흔히 있는 일이다.

앞으로 이른바 국제화의 시대가 도래할 것으로 예상되기는 하나, 비록 국재화의 시대가 온다 하더라도, 우리 한국은 우리 자신이 지켜야 한다는 상황이 바뀌지는 않을 것이다. 국제적인 교류가 증대하고 이해관계를 둘러싼 갈등의 기회가 많아질수록, 각국이 스스로를 지켜야 할 부담은 더욱 커질 것이다. 앞으로 우리는 하나의 세계를 건설하는 일에 적극적으로 협조하는 넓은 마음과, 힘에는 힘으로 대항할 수밖에 없다는 모진 각오를 함께 가지고 다가오는 21세기를 맞이해야 하는 이중의 부담을 지고 있다.

3. 통일의 과제와 한국

한반도의 통일 문제는 단순한 민족 정서가 요청하는 문제에 그치는 것이 아니라, 우리나라가 중국과 일본 두 강대국 사이에서 약소국으로 전락하는 것을 모면하기 위해서도 반드시 이루어져야 할 과제다. 1945년 전쟁에서 승리한 강대국들의 무책임한 결정에 의하여 남북으로 분단되기 이전에도 우리나라는 중국과 일본의 틈바구니에서 약소한 국가로서 부당한 억압을 거듭 당해 왔다. 구한말에서 1945년에 이르는 반세기 동안은 일본 제국에 강점당하였고, 그보다 앞선 조선시대와 고려시대에도 중국과 일본 양국의 억압과 침공을 감수한 것이 우리나라의 과거였다. 그 이전에도 약소국으로서의 불행한 역사를 오랫동안 가졌던 우리나라가 다시 남북으로 갈라졌던 것이다.

우리나라가 강요당한 것은 국토의 분단에 그치지 않았다. 38선 이남에는 미국의 결정적 영향 아래서 미국식 '자유민주주의' 정부가 수립되었고, 그 이북에는 소련의 절대적 영향 아래서 소련식 '인민민주주의' 정부가 수립되었다. 이 두 정부는 양립하기 어려운 두 가지 이념을 각각 신봉했으며, 본래 한 국가였던 우리나라는 서로를 가장 치열하게 적대시하는 두 나라로 갈라졌다. 단순한 냉전 속에서 적대시했을 뿐 아니라, '6 · 25 전쟁'이라는 민족상잔의 비극까지도 치러야 했다.

반세기에 가까운 세월이 흐르는 동안 한반도와 그 주변에 많은 변화가 있었고, 남한과 북한은 각각 독립국으로서의 면모를 갖추게 되었다. 이것은 우리 민족이 외세(外勢)의 간섭을 물리치고 우리끼리 다시 하나가 될 수 있는 기회가 도래했음을 의미한다. 그러나 반세기 동안 극단적으로 대립하는 두 체제 밑에서 살아온 남한과 북한은 정치와 경제뿐 아니라 의식구조와 문화 일반에 이르기까지 모든 분야에 걸쳐서 심한 이질화 현상을 조성하였다. 일반 국민들의 정서는 남북의 통일을 열망하지만 체제의 대립, 경제력의 격차, 사고방식의 차이 등으로 인하여 통일이 국민들의 순박한 소망대로 간단하게 이루어지기는 어려운 형편에 놓인 것이다.

통일은 어디까지나 평화적으로 이루어져야 한다는 것이 우리들의 기본 원칙이다. 체제가 근본적으로 다른 두 나라가 평화적으로 통일하기 위해서는 여러 단계를 점진적으로 밟아야 하며, 완전한 통일을 목표로 삼는 많은 준비가 선행해야 한다. 그 준비 가운데서 가장 중요한 것은 통일을 감당할 수 있는 경제력을 축적하는 일과 남한인과 북한인 사이에 예상되는 갈등을 극복할 수 있는 슬기로운 마음가짐이다.

동서독 통일의 경우를 통하여 짐작할 수 있듯이, 남북한의 통일에도 막대한 비용이 들 것이다. 통일을 달성할 당시의 서독은 서방 세계 안에서도 굴지의 부국(富國)이었고, 동독은 공산주의 진영에서는 가장 부유한 나라였다. 그리고 분단 시절의 동독과 서독의 대립관계는 남한과 북한의 그것에 비하면 훨씬 유연한 것이었다. 그럼에도 불구하고, 동독을 흡수한 서독은 그 막대한 통일 비용을 감당하느라 큰 어려움을 겪었고, 빈부의 격차와 사고방식의 차이에 연유한 동서독 사이의 갈등은 통일의 기쁨을 무화(無化)할 정도로 심각했음이 판명되었다.

독일식 흡수 통일은 한국의 경우에는 바람직하지 않다는 것이 중론이다.

비록 흡수 통일이 아닌 다른 방식으로 통일을 이룩한다 하더라도 막대한 비용이 들 것이며, 그 비용은 주로 남한 사람들이 맡아야 할 것이다. 그런데 현재 우리의 경제력으로는 그 막대한 비용을 감당하기가 어려울 것으로 전망된다. 쉽게 말해서, 순조로운 통일을 위하여 우리는 부강한 나라가 되어야 하며, 부강한 나라가 되기 위해서는 더 부지런히 일해야 하고, 더욱 절약하여 저축에 힘써야 한다.

남한 사람들과 북한 사람들 사이에는 본래 상당한 기질의 차이가 있었으며, 분단 반세기 동안에 사고방식 내지 인생관을 비롯한 여러 분야에 현저한 이질화 현상이 생겼다. 성적(性的) 친화력을 가진 한 남자와 한 여자가 결합할 경우에도 성격과 사고방식의 차이가 크면 갈등이 심각하기 마련이다. 하물며 이질화된 두 지방 사람들이 결합할 경우에는 그 갈등이 더욱 심할 가능성이 높다.

남한 사람들과 북한 사람들 사이에 생길 것으로 예상되는 갈등을 해소하기 위해서는 남쪽과 북쪽 사람들의 의식이 높은 수준에 이르러야 한다. 현재 상태로는 우리가 북한 사람들의 의식 수준을 향상시키는 일에 관여할 수가 없으므로, 우선 우리 남한 사람들의 의식구조 내지 생활 태도에 관심을 기울일 수밖에 없을 것이다. 어쨌든 우리 남한 사람들은 통일 후의 한반도에서 주도적 임무를 수행해야 할 것이며, 그 임무를 원만하게 수행하기 위해서는 현재보다 한층 높은 의식 수준으로 발돋움해야 한다는 것이 식자들의 의견이다.

4. 한국인, 씩씩하고 강인한 기상이 있는가

사치와 낭비 또는 부정과 부패 따위의 고질적 현상이 거듭 나타났을 때, '민족성'에 문제가 있다는 말을 흔히 듣는다. 그러나 민족성이라는 고정불변한 실체가 있다는 것은 아니다. 오늘의 한국인의 생활 태도를 두루 관찰하고 여러 가지 두드러진 공통점을 발견한다는 것은 충분히 가능할 것이다. 그런 점을 근거로 삼고 '현대에 국한된 한국인의 민족성'을 편의상 말할 수는 있을 것이다. 그러나 옛날부터 오늘에 이르기까지 변하지 않고 이어져 내려온 '한국인의 민족성'을 단정적으로 말하기는 어려울 것으로 보인다.

이른바 민족성이라는 것이 시대를 따라서 변화하는 가운데서도 예외를 찾아보기 어려운 한 가지 중대한 사실이 있다. 사람들의 기상(氣像)이 강건하고 도덕성이 건전했던 시대에는 사회가 안정되고 국가가 흥기(興起)한 반면에, 사람들의 기상이 연약하고 도덕성이 타락했을 경우에는 사회가 안정을 잃고 국가가 쇠망했다는 사실이다. 특히 지배층의 기강과 도덕성 여하가 국가 전체의 정신적 상황을 좌우하고, 급기야는 국가의 흥망과 성쇠로 연결된 사례를 우리는 동서고금의 역사를 통하여 확인할 수 있다.

돌이켜 보건대, 우리나라의 역사에서 국력이 가장 크게 신장했던 것은 고구려와 삼국통일을 달성하기까지의 신라였다고 생각된다. 이 두 시기를 우리나라 역사의 자랑스러운 시대로 만듦에 있어서 크게 기여한 것으로 두 가지 공통된 특징이 있다. 그 하나는 국민의 정신 상태가 질박하고 건전했다는 사실이요, 또 하나는 외세 침공의 위협 앞에서 국민 전체가 하나로 뭉친 단결력이다. 일반적으로 말해서, 질박하고 강건한 국민정신과 구심점을 향해서 하나로 뭉치는 단결력은 국가의 융성을 위하여 대단히 중요한 필수 조건이라 해도 과언이 아니다.

여기서 우리가 묻게 되는 것은 앞으로 도래할 국제화 시대를 맞이하여, 아시아 · 태평양 지역이 세계의 중심이 될 가능성이 높은 국제화 시대를 맞이하여, 역사를 주도하는 강대국으로 부상하느냐 또는 주변의 약소국으로 전락하느냐 하는 기로에 놓인 우리 한국이 그 두 가지 필수 조건을 갖추고 있느냐 하는 물음이다.

우리 한국인은 왕성한 생명력을 가진 민족이라고 저자는 생각한다. 고구려시대에 만주 일대에까지 영역을 넓혔던 사실을 과대평가해서가 아니다. 중국 대륙과 섬나라 일본으로부터 거듭된 침략을 받았음에도 불구하고, 우리가 아직도 단일민족으로서의 정체성(正體性)을 지키고 있으며, 우리 민족 고유의 문화를 지키고 발전시켜 왔다는 사실 하나만으로도, 우리 민족의 강인한 생명력을 입증하기에 충분하다. 최근 30여 년 동안에 이룩한 놀라운 경제 발전과 세계 각국으로 퍼져 나간 교포들의 힘찬 생활력을 통해서도, 우리는 우리 한민족의 왕성한 생명력을 확인할 수 있다.

왕성한 생명력은 질박하고 강건한 국민정신에 의해서 유지된다. 1960년대 중반부터 1980년대에 이르는 경제적 도약의 시기에 우리는 저 질박하고 강건한 국민정신을 크게 발휘하였다. 그러나 최근에 이르러 우리들의 질박하고 강건한 정신이 다소 쇠퇴해 가는 조짐이 보인다. 갑자기 부자가 된 사람들에게서 흔히 볼 수 있는 사치와 유흥의 풍조가 일부에 일면서 호화스러움을 좋아하는 문약(文弱)의 기풍이 일어나기 시작한 것이다.

남자들의 여성화 내지 중성화 현상도 같은 맥락에서 염려가 된다. 여권이 신장되고 남녀가 평등하게 되는 것은 바람직한 일이나, 남성이 무기력하게 되고 가정에서 대들보의 구실을 하던 아버지의 자리가 허물어지는 것은 결코 바람직한 일이 아니다. 그런데 요즈음 우리 젊은 세대 가운데 여성을 연상케 하는 연약한 남자들을 자주 발견한다. 차라리 여성이 남성화하는 데는 바람직한 측면도 없지 않으나, 남성의 여성화는 백해무익하다고 단정해도 좋을 것이다.

현재 우리나라의 문화적 상황 가운데 남자 아이들의 여성화를 촉진할 수 있는 조건이 적지 않다. 첫째로 가정에서 아이들이 아버지와 함께 보내는 시간이 너무 짧으며, 양육과 교육을 주로 담당하는 어머니들에게는 자녀를 과잉 보호하는 경향이 있다. 둘째로 유치원의 선생님이 거의 여성일 뿐 아니라, 초등학교 교사들도 대부분이 여성이다. 셋째로, 무대 위에 나와서 춤추고 노래하는 연예인들의 몸짓이 남녀를 불문하고 '여성적'이라는 인상을 풍기는 경우가 많으며, 이들 젊은 연예인은 나이 어린 학생들의 우상으로서 모방의 대상이 되고 있다.

여자들도 때로는 그렇지만, 특히 남자들은 씩씩하고 강인한 기상을 견지해야 앞으로 다가올 국제화 시대의 치열한 경쟁에서 이길 수 있을 것이다. 자녀를 기르는 부모들과 학교교육을 담당하고 있는 교사들은 이 점에 각별히 유의해야 한다. 교사라는 직업이 남자들에게도 매력 있는 분야가 될 수 있도록 하는 위정자들의 배려도 요청되고 있다.

역대 군사정권은 '체력은 국력'이라는 표어를 앞세우고 우리나라를 스포츠 강국으로 만들기 위하여 많은 힘을 기울였다. 이 체육에 치중한 정책의 근본 목적이 국민의 씩씩한 기상을 함양함에 있었다고 말할 수 있을지는 의문이나, 체육의 진흥이 결과적으로 국민의 건전한 기상 함양에 기여할 수 있다는 것은 부인하기 어려울 것이다. 그런 뜻에서 앞으로도 체육에 대하여 응분의 비중을 두는 정책은 어느 정도 계속돼야 하리라 본다.

그러나 소수 정예의 탁월한 선수들을 양성하고, 그들이 뛰고 달리며 싸우는 모습을 국민 대다수가 박수를 치며 구경하도록 하는 종래의 체육 정책은 재고되어야 할 것이다. 소수의 직업적 운동선수가 뛰는 모습을 보고 대리만족을 즐기는 것도 건전한 오락이 될 수 있을 것이나, 그것이 국민에게 씩씩한 기상을 심어 주는 데 있어 크게 기여하기는 어려울 것이다.

체육을 권장하되 국민 모두가 운동장에 나가서 뛰고 달리는 방안을 제도화하는 것이 바람직하다.

5. 한국인, 단결력과 협동심이 강한가

우리가 전통적으로 가지고 있던 씩씩하고 강건한 기상이 최근에 쇠퇴하는 경향을 보이기는 하나, 그 경향이 크게 우려할 정도로 심각하다고는 생각되지 않는다. 일부 계층에 문약(文弱)의 풍조가 일어나고 있기는 하나, 우리 민족의 왕성한 생명력은 아직 건재하다고 보아도 좋을 것이다. 저 문약의 풍조가 경계해야 할 조짐임을 명심하고 빨리 대책을 강구한다면, 늦기 전에 큰 폐단을 막을 수 있을 것이다.

그러나 국가의 융성을 위한 또 하나의 필수 조건인 구심점을 향한 단결력의 문제는 훨씬 더 비관적이다. 우리 민족이 대동단결의 힘을 과시한 것은 임진왜란과 병자호란 같은 국난에 처했을 경우였다. 구한말에 일본의 침공을 받았을 때는 왕실이 두 세력으로 분열되는 바람에 난국을 이겨 내지 못하는 결과를 불렀다. 주권을 일제에 빼앗긴 뒤의 상황을 단순하게 말하기는 어려우나 일부의 친일파를 제외한다면, 독립을 염원하는 민족의식은 어느 정도의 응집력을 수반하고 유지된 것으로 생각된다. 다만 일반에게는 '조국의 광복'이 조직적 접근의 목표이기보다는 막연한 희망으로 느껴졌던 까닭에, 응집력에는 뚜렷한 한계가 있었다.

민족 전체가 하나로 뭉치는 단결력이 약화됐을 경우에도 가족을 단위로 한 소규모의 단결은 꾸준히 계속된 것이 우리나라의 전통이었다. 국가와 민족과 같은 큰 공동체에 대한 관심이 희박한 사람들도 가족 또는 가문과 같은 작은 공동체와 자신을 동일시하는 의식을 강하게 갖고 있었다. 바꾸어 말하면, 저 한 사람밖에 모르는 이기주의자는 우리나라의 전통 사회에서 흔히 볼 수 있는 인간상이 아니었다. 적어도 해방 이전까지의 한국인은 강한 '우리' 의식을 가지고 살았다.

그러나 해방을 계기로 한국인의 의식구조에 크나큰 변화가 생겼다. 개인으로서의 '나'가 눈을 뜨기 시작한 것이다. 우리는 알게 모르게 서구식 사고방식의 영향을 받게 되었고, 서구적 개인주의의 관점에서 볼 때 우리나라의 가부장적 가족주의는 전근대적 모순으로 가득 차 있었다. '우리' 속에 '나'는 매몰되고, 가부장적 권위에 눌려서 개인의 자유가 실종되는 것이 사리에 맞지 않는다는 것을 느끼기 시작한 사람들이 날로 늘어난 것이다.

일제 식민지 시대를 산 대부분의 한국인은 이중의 억압을 겪었다. 일본 제국주의의 억압뿐 아니라 전통 사회의 봉건적 억압까지 겹쳐서, 젊은 세대와 여성 그리고 소작농을 위시한 서민층은 기를 펴지 못하고 살아야 했다. 그런 상황에서 '해방'이 오고 새로운 세상을 맞이하게 된 것이다. 해방은 자유를 의미한다 하였으니, 새로운 세상은 자유의 세상이 되리라는 기대감이 팽배하였다.

그러나 자유라는 말이 갖는 복잡한 의미를 아는 사람은 별로 없었으며, 이제 모든 구속으로부터 벗어날 수 있는 새 세상이 왔다고 단순하게 기뻐하는 사람들이 많았다. 자유를 곧 방종(放縱)과 다름없는 것으로 생각하는 경향이 지배적이었던 것이다. 이중의 억압 속에 눌려 살던 사람들이 심리적 반동으로 반대의 극단을 향해서 달리기 시작했다.

타율(他律)의 규범 체계가 무너지고 아직 자율(自律)의 도덕은 형성되지 못한 상태였다. 이를테면 '윤리의 공백 상태'에 가까운 현상이 생긴 것이다. '윤리'니 '도덕'이니 하는 것을 부정적 시각에서 보는 냉소주의자들이 늘어났다. 일본인들이 남기고 간 재산을 '적산(敵産)'이라고 불렀거니와 적산은 먼저 점유하는 사람이 임자 노릇을 하였다. 미군 창고에서 물건을 훔쳐 내는 행위를 비난하는 사람은 거의 없었으며, 취직을 위해서 이력을 속인 사람들이 허다했고, 그런 것을 알고도 모르는 척하는 것이 피차를 위하는 길이었다. 일본인의 저술을 우리말로 옮겨서 자기의 저서로 삼는 대학교수들이 있었지만 심한 비난은 받지 않았다.

윤리니 도덕이니 하는 말에 대하여 반사적으로 거부감을 느끼는 사람들이 많았다. 그것은 새 시대와는 맞지 않는 과거의 유물이라고 생각하는 경향이 있었다. 해방 직후의 혼란상을 목격하고 도덕성의 회복이 긴요하다고 느낀 저자는 법학에서 윤리학으로 전공을 바꾼 바 있거니와, 저자의 이 결심을 많은 사람들이 바보스러운 짓이라고 안타까이 여겼다. 아무짝에도 쓸모없는 윤리학을 공부해서 어쩌자는 것이냐고 말하는 친구도 있었다.

남한에는 미군이 주둔하고 미 군정이 들어섰다. 좌익이 아닌 대부분의 사람들은 미국을 환영하였고, 자연히 미국 문화의 영향을 크게 받았다. 미국 군인들과 미국 영화를 통하여 미국 문화를 받아들인 까닭에, 미국 문화의 좋은 점은 모르고 나쁜 점만 본받는 결과가 되었다. 미국인들의 시민 의식은 보지 못하고 그들의 개인주의에만 주목했던 까닭에, 한국인이 받아들인 개인주의는 이기주의에 가까운 것이었다. 미국 영화 화면에 비친 호화로운 장면만을 보고 일반인들의 검소한 생활은 보지 못한 까닭에, 분수를 생각하지 않고 사치스러운 생활만을 부러워하는 풍조가 생겼다.

'윤리'라는 것은 여러 사람들을 서로 연결시켜 주는 끈과 같은 것이다. '도덕'이라는 것은 여러 사람들을 하나로 뭉치게 하는 풀과 같은 것이다. 윤리 또는 도덕의 바탕을 이루는 것은 인간에 대한 사랑이다. 나를 사랑하고 또 타인을 사랑하는 마음이 윤리 또는 도덕의 근본이다. 그러므로 윤리 또는 도덕을 부정적으로 보는 사람들은 어떤 공동의 목적을 위해서 단결하고 협동하기가 매우 어렵다. 해방 직후의 혼란 속에서 윤리를 무용지물로 생각한 한국인들이 미국의 개인주의를 이기주의로 변질시켜서 받아들인 것은 당연한 귀추였다.

6. 한국인의 생활 태도

해방 직후의 혼란 속에서 생긴 도덕성의 타락은 단순한 일시적 현상으로 그치지 않았다. 세월이 흐름에 따라 심한 혼란이 수습되고 어느 정도 질서가 회복된 것은 사실이다. 그러나 마음의 평화를 보장할 정도의 도덕성은 좀처럼 회복되지 않았고, 도덕에 대한 불감증이 고질화하는 추세를 보였다. 그 뒤의 반세기 동안 우리가 경험한 사회적 상황과 우리들의 생활 태도는 도덕성의 회복에 도움이 되지 못했다.

일본인들은 그들이 소유했던 토지와 가옥과 공장 등을 모두 버리고 갔으나, 한국인의 대부분은 여전히 가난했다. 미군 부대의 풍부한 물질생활을 목격했던 까닭에 상대적으로 더욱 빈곤감을 느낀 점도 있었을 것이나, 먹고 입는 기본 생활조차 어려운 절대 빈곤 상태가 여전히 지속되었다. 미국이 무상으로 원조해 준 밀가루와 미군 부대에서 훔쳐 낸 의류의 분량이 적지 않았으나, 가난은 여전하였다. 국민의 생산성이 너무 낮았던 것이다.

박정희 정권이 통치의 제일 목표로 삼은 것은 절대 빈곤의 추방이었다. "우리도 하면 된다."는 구호를 앞세우고 군대식으로 밀어붙인 박정희의 경제정책은 일단 성공하였다. '한강의 기적'이라고 불릴 정도의 놀라운 고도성장이 지속되었고, 국민의 먹고 입는 문제는 어느 정도 해결되었다. 그는 대기업을 집중적으로 지원하여 공업화와 수출 증대에 박차를 가함으로써 '근대화'의 기틀을 마련하였다. 그의 경제정책에 순응한 기업인들 가운데는 갑자기 거부가 된 사람들도 많이 나타났다.

그러나 풍요로운 물질생활이 도덕성의 회복을 위하여 반드시 유리한 조건은 아니었다. 풍요로운 물질이 도리어 사람들의 마음을 가난하게 만들었다. 돈을 많이 갖는 것이 곧 잘사는 길이라는 단순한 인생관은 금전만능의 풍조를 조성하였고, 금전만능의 풍조는 도덕성의 타락을 조장하였다. 금전만능의 관념은 돈을 버는 데도 옳은 길과 그른 길이 있다는 사실을 망각하게 만들었으며, 방법을 가리지 않고 돈을 벌겠다는 태도는 바로 도덕성의 타락을 의미했던 것이다.

사태를 더욱 나쁘게 만든 것은 향락과 사치를 추구하는 과소비의 풍조였다. 가난하던 사람들이 갑자기 부자가 되었을 때 취하는 태도는 크게 두 가지로 나누어진다. 하나는 결핍에 대한 한풀이라도 하는 듯이 돈을 마구 쓰는 태도요, 또 하나는 또다시 가난이 닥쳐올까 걱정이 되어 돈을 쓰지 않고 모으기만 하는 태도다. 성격이 낙관적인 사람들은 전자의 길을 택하기 쉽고, 비관적인 사람들은 후자의 길을 택하기 쉽다. 한국인은 대체로 천성이 낙관적인 까닭에, 1960년대 후반 이후의 높은 경제성장은 사치와 낭비의 풍조를 조장하는 데 기여했다.

많은 한국인에게 '잘산다'는 말과 '돈이 많다'는 말은 거의 같은 뜻으로 이해되었고, 많은 돈을 소유하는 의의는 주로 향락을 위해서 소비하는 데 있었다. 수단을 가리지 않고 돈을 모아서 사치와 향락으로 여가를 보내면, 그것이 곧 행복이라고 생각하는 가치관이 팽배한 것이다. 정당한 방법으로 돈을 벌어서 여러 사람들을 위한 뜻있는 일에 사용하고자 하는 삶을 설계하기에는 인생을 바라보는 국민 일반의 시야가 지나치게 협소하였다.

사람들의 생활 태도에는 개개인에 따라서 다소간의 차이가 있다. 그러므로 한국인의 생활 태도를 일률적으로 말하기는 어려우나, 대다수의 사람들이 가장 열심히 추구한 목표가 금전과 재물, 권력과 지위, 향락과 과소비 등 외면적(外面的) 가치였다고 보아도 크게 잘못은 아닐 것이다. 물론 생명과 건강, 인격과 사상, 사랑과 우정, 학문과 예술, 자유와 평등 등 내면적(內面的) 가치의 소중함을 느끼고 그것들을 원하는 마음이 없었다는 뜻은 아니다. 내면적 가치에 대한 간절한 소망이 없었던 것은 아니나, 외면적 가치에 대한 욕구가 더욱 강했던 까닭에 그것은 한갓 마음속의 소망으로 그치고, 그 소망의 달성을 위한 최선의 노력은 이루어지지 않은 경우가 많았다는 뜻이다.

우리나라가 현재 보유하고 있는 외면적 가치의 총량(總量)은 대체로 일정한 수준에 머물러 있다. 예컨대, 우리나라가 현재 가지고 있는 토지와 건물, 재화와 생산 시설, 선망의 대상이 되는 지위 등은 대략 정해져 있으며, 그 총량을 마음대로 증대할 수는 없다. 그런데 소유의 극대화 또는 향락의 극대화가 행복의 필요하고도 충분한 조건이 된다고 믿는 사람이 많은 우리나라의 가치 풍토 안에서는 외면적 가치에 대한 사람들의 욕구가 자족(自足)을 모르고 무한정 늘어난다. 이미 많은 것을 가지고 있어도, 그것만으로 만족하지 못하고 더욱 많은 것을 갖고 싶어 한다.

나누어 먹을 수 있는 떡의 크기는 일정한데 서로 자기가 더 많이 갖겠다고 아우성을 치는 양상이 되었다. 이러한 양상은 해방 후에 심하게 된 개인적 이기주의와 맞물리게 되어, '우리'는 안중에 두지 않고 '나'만을 생각하는 좋지 않은 풍조를 더욱 조장하였다. 때로는 '우리'를 앞세워 집단의 이익을 꾀하는 함성을 지르기도 하나, 실은 각자의 이익을 극대화하기 위하여 같은 처지에 놓인 사람들이 편의상 집단의 힘을 과시하는 행태에 지나지 않는다.

"우리도 한번 잘살아 보자."는 구호를 앞세우고 경제성장을 위하여 열심히 뛰었을 때, 사람들은 돈만 벌면 행복이 보장되리라고 믿었다. 그러나 행복의 필수 조건인 마음의 평화가 물질의 풍요에 뒤따라오지는 않았다. 물질의 풍요와 보조를 같이하여 정신의 풍요도 병행해야 행복이 실현될 터인데, 사실은 그렇게 되지 않은 것이다. 물질생활의 풍요가 도리어 정신생활의 빈곤을 부르기도 한다는 사실을 우리는 경험하게 되었다.

값비싼 음악회나 미술 전시회에 참석할 수 있는 기회가 많으냐 적으냐 하는 것도 정신생활의 풍요도를 측정하는 척도가 될 수 있을 것이다. 그러나 정신생활의 풍요도 또는 빈곤도를 측정함에 있어서 가장 근본적인 기준이 되는 것은 사람들이 서로 주고받는 정(情)이 얼마나 참되고 지속적이냐 하는 인간성(人間性)의 문제다. 쉽게 말해서 많은 사랑을 주고받는 사람들은 정신생활이 풍요로운 사람들이고, 미움과 시샘이 가득한 사회는 정신생활이 빈곤한 사회다. 물질이 흔하더라도 인정(人情)이 메마른 사회는 정신이 빈곤한 사회요, 물질이 매우 빈곤하다 하더라도 인간미(人間美)가 넘치는 사회는 정신적으로 풍요로운 사회다. 이와 같은 관점에서 볼 때, 오늘의 한국사회는 결코 정신적으로 풍요로운 사회라고 말하기 어렵다.

옛날의 우리나라는 미풍양속을 자랑하는 인정의 사회였다. 가난한 가운데서도 서로 아끼고 서로 도와 가며 고락을 함께하는 인정의 사회였다. 그러나 오늘의 우리 사회는 증오와 시기와 불신으로 서로가 서로를 물리치는 살벌한 사회에 가깝다. 먹을 것이 넉넉하고 입을 것이 넉넉한 사람들까지도 서로 미워하고 시기한다. 겉으로는 웃으며 악수를 나누는 순간에도 안으로는 서로 경계하며 불신한다.

물질적 가치를 둘러싼 치열한 사회 경쟁은 빈부의 격차를 크게 벌렸다. 지나친 빈부의 격차는 사회를 불안하게 만든다. 적게 가진 사람들은 가난의 원인이 사회구조의 모순에 있다고 보는 까닭에 불평 세력이 되어 가진 사람들을 적대시하므로 가난한 사람들은 부유한 사람들에 대한 불평과 증오심 때문에 마음이 불안하고, 부유한 사람들은 가난한 사람들의 도전 때문에 마음이 불안하다.

경제적 성장에 따르는 물질생활의 풍요도 내일의 전망은 불투명하다. 모두가 '더 많은 내 몫'을 요구하는 바람에 노동 임금이 올라갔고, 노동 임금이 올라간 까닭에 우리 상품의 국제경쟁력이 떨어졌다. 국제경쟁력이 떨어진 까닭에 수출이 부진하게 되었다. 수출이 부진한 까닭에 '아시아의 네 마리 용 가운데 하나'로 꼽히던 우리가 '지렁이'에 비유되는 수모를 겪게 되었다. 이러한 상황임에도 불구하고 지금 우리는 힘들고 어려운 일 또는 위험한 일을 기피하여 몸 편하게 살기만을 꾀하는 경향을 보이고 있다.

사치와 낭비 또는 향락주의의 풍조도 우리의 내일을 불투명하게 만들고 있다. 수입에 비하여 소비가 지나치면 경제적 파탄을 초래할 염려가 있다는 것은 가정경제의 차원에 국한된 사실이 아니다. 개인적으로 남아돌 정도의 많은 돈을 소유한 사람들이 그들의 재력을 낭비한 결과 우리 한국 전체로 볼 때 지출이 수입을 초과하게 된다면, 우리나라의 경제는 파탄을 일으킬 것이라는 점도 깊이 고려해야 한다.

과소비로 인하여 자연 자원의 고갈이 촉진되고 환경의 오염이 가속화된다는 사실도 내일에 대한 우리의 전망을 어둡게 한다. 자연 자원의 결핍과 환경오염의 문제가 인류의 존망(存亡)이 걸린 중대한 문제라는 사실을 알고 있으면서도, 우리는 이 문제에 대한 실천적 대처는 게을리하고 있다. 이 중대한 문제에 실천적으로 대처하는 마당에서 누구나 손쉽게 참여할 수 있는 길이 소비를 억제하고 쓰레기를 줄이는 일상적 노력이다. 그런데 우리는 이 노력을 게을리하고 있는 것이다.

우리는 지금 여러 가지 어려운 문제들과 직면하고 있다. 국제화와 개방화의 물결 속에서 보호막 없는 자유경쟁의 시대를 맞이하여 경제적으로 살아남는 문제, 앞으로 다가올 아시아·태평양 시대에 주변국으로 몰락하지 않고 주도국의 위치를 확보하는 문제, 평화롭고 만족스러운 남북통일을 실현하는 문제, 우리 모두가 서로 아끼고 사랑하며 행복하게 살 수 있는 건전하고 공정한 사회를 건설하는 문제, 그리고 그 밖에도 여러 가지 중대한 문제들이 우리 앞을 가로막고 있다. 이 어려운 문제들을 해결하기 위해서는 우리들의 생활 태도가 각별히 지혜로워야 한다.

그러나 앞에서 대략 살펴본 바와 같이, 지금까지 우리가 취해 온 생활 태도는 이 시대가 요구하는 지혜로움과는 거리가 멀다. 만약 우리가 지금까지의 생활 태도를 그대로 지속한다면, 우리들의 어려운 문제들이 순조롭게 해결될 가능성은 극히 희박할 것이다. 우리는 이제 삶을 대하는 근본적 자세의 문제에서부터 다시 시작해야 할 시점에 도달하였다. 삶의 문제를 근본적으로 다시 생각하는 반성에서부터 시작해야 할 것이다.

2장 행복과 그 조건

1. 삶에 대한 물음

우리에게는 한이 맺힐 정도로 가난했던 시절이 있었다. 배불리 먹고 등 따뜻하게 입을 수만 있다면 더 바랄 것이 없다고 생각했을 정도로 가난했던 시절이 있었다. 그러나 다행히 절대 빈곤을 벗어나게 되었을 때 우리는 그것만으로는 만족할 수 없음을 알게 되었고, 더욱 풍요로운 물질생활을 원하기에 이르렀다. 미국 사람들처럼 풍요로운 물질생활을 즐기는 곳에 진정한 행복이 있다고 생각하게 된 것이다. 돈의 위력을 새삼 느끼게 된 우리는 돈벌이에 더욱 열중하였고, 열중한 덕분에 상당히 큰돈을 만질 수 있게 된 사람들이 늘어났다. 그들은 그 돈을 아낌없이 소비하였고, 더러는 향락을 탐닉하였다.

풍요로운 소비생활을 통하여 삶의 기쁨을 느낀 사람들도 많을 것이다. 그러나 그 느낌이 오래 지속되기는 어려운 것이 우리의 일반적 상황이다. 우리들의 마음을 불편하게 하고 내일을 걱정하게 만드는 일들이 항상 도처에서 일어나고 있는 것이다. 우리는 우리들의 마음을 불편하게 하는 일들이 무엇이며 내일을 걱정하게 만드는 사유가 무엇인지에 대하여 앞에서 이미 예를 들어 가며 살펴본 바 있다.

근본적인 잘못은 우리들의 인생관에 있었다. 많은 돈을 소유하고 풍요로운 소비생활을 즐기면 그것으로 삶이 만족스럽고 마음도 편안하게 되리라고 생각했던 우리들의 인생관에 근본적인 문제가 있었다. 소유의 극대화와 향락의 극대화 속에 행복이 있을 것이라고 믿었던 생각이 빗나간 것이다. 우리는 삶에서 가장 소중한 것이 무엇인지에 대하여 깊이 생각할 겨를도 없이 돈과 향락을 추구해 온 셈인데, 이러한 생활 태도에 문제가 있음이 밝혀졌다고 보아야 할 것 같다. 이제 원점으로 돌아가서 삶의 문제를 다시 생각해 보아야 할 시점에 도달한 것이다.

삶에 대한 물음은 현재 우리가 살고 있다는 엄연한 사실에서부터 출발하는 것이 좋을 듯하다. 다시 말하면, "도대체 살아야 하느냐, 살지 말아야 하느냐?" 하는 물음에서부터 출발할 것이 아니라, "어떻게 살아야 하는가?" 하는 물음에서부터 시작하는 것이 현실적이다. 왜냐하면 우리는 지금 삶의 세계 밖에서 삶의 세계 안으로 뛰어들까 말까 하며 망설이고 있는 것이 아니라, 이미 삶의 세계 안에 들어와 있기 때문이다. 주사위는 이미 던져진 상태이며, 우리에게 현실적으로 절실한 문제는 "이미 시작된 이 삶의 과정을 어떻게 보낼 것인가?"라고 보아야 한다.

중학생 시절에 "우리는 무엇 때문에 사는가요?"라는 질문을 아버지에게 드린 적이 있었다. 아버지의 대답은 동문서답에 가까웠다. "너는 아직 어려서 모르느니라. 더 크면 자연히 알게 될 것이다. 우선 공부나 열심히 하여라." 이 대답은 불만스러운 것이었지만, 나는 그 이상 더 캐묻지 않았다.

저자도 어른이 된 뒤에 "무엇 때문에 사는가?" 하는 질문을 여러 번 받은 적이 있다. 철학 교수라는 직업을 갖게 된 까닭에 그 같은 질문을 받게 된 것 같다. 그러한 질문을 나에게 던진 사람들은 모두 젊은이들이었으며, 어른들은 그런 것을 묻지 않았다. 어른들이 묻지 않은 것은, 이미 해답을 알고 있었기 때문이라기보다는 골치아픈 문제와 대결하고 싶지 않았기 때문일 것이다.

"무엇 때문에 사는가?" 라는 물음은 곧 "삶의 목적이 무엇인가?" 라는 물음에 가깝다. 삶의 목적이 무엇이냐고 묻는 사람은 삶의 목적이 존재한다는 것을 은연중에 전제하고 있다. 삶의 목적이 없다면, "삶의 목적이 무엇인가?" 하는 물음은 무의미한 물음이 될 것이다. 비유컨대, 인어(人魚)라는 것이 전혀 존재하지 않는다면, "인어는 어떤 모습을 하고 있는가?" 하는 물음은 무의미한 것이 되는 것과 마찬가지다.

옛날의 철학자들 가운데는 삶의 목적이 정해져 있다고 믿는 사람들이 많았다. 인생에 목적이 있음은 말할 나위도 없으며, 인간 이외의 다른 사물들도 모두 어떤 목적을 위해서 존재한다고 믿었다. 이른바 '목적론적 세계관'이다. 그러나 자연과학의 발달로 인하여 목적론적 세계관에 대한 믿음이 약화되기 시작하였다.

강과 산과 들은 자연현상으로서 그저 있을 뿐이며, 그것들이 어떤 목적을 위해서 존재하는 것은 아니라고 보는 것이 자연과학자들의 세계관이다. 시냇가에서 자라는 버드나무나 산기슭에 만발한 진달래는 무엇을 위해서 그곳에 그렇게 있는 것이 아니라 그저 자연의 법칙을 따라서 그렇게 있을 뿐이라고 대부분의 자연과학자들은 생각한다. 동물을 포함한 모든 자연물이 인과율을 따라서 생기기도 하고 없어지기도 할 뿐이며, 어떤 목적을 위해서 존재하는 것은 아니라고 보는 것이다. 이러한 자연과학적 세계관에 입각한다면, 인간도 역시 어떤 주어진 목적을 위해서 이 세상에 태어나는 것이 아니라 젖은 흙 위에 떨어진 도토리에서 참나무 싹이 나듯 그저 하나의 자연현상으로 생겨날 뿐이라고 보아야 할 것이다.

그러나 목적론적 세계관은 절대로 틀렸고, 자연과학적 세계관만이 옳다고 간단하게 단정지을 수는 없다. 이것은 그토록 간단한 문제가 아니다. 다만 한 가지 분명하게 말할 수 있는 것은, 현대의 지식사회에 있어서는 자연과학적 세계관이 압도적 지지를 받고 있다는 사실이다. 그리고 자연과학적 세계관에 따르면, 모든 사람들이 그것을 위하여 살아야 할 객관적 목적이 미리부터 정해져 있다고 단정할 수 있는 증거는 아직 발견된 바 없다고 보는 것이 정직한 견해일 것이다.

자연과학적 세계관이 옳다고 가정하더라도, 우리가 부정하게 되는 것은 인간이 세상에 나오기 전부터 미리 정해진 목적에 국한되며, 인간 스스로가 주체적으로 정하는 삶의 목적까지 부정할 수는 없다. 비유해서 말하면 용(龍)에 관하여 자연과학적 세계관이 부정할 수 있는 것은 이 세상에 인간이 나타나기 이전부터 하늘을 날아다니던 용에 국한되며, 우리들의 마음속에 살아 있는 용까지 부정할 수는 없는 것과 마찬가지의 이치다. 자연과학적 공간으로서의 하늘을 날아다니는 용은 아마 없다고 보는 것이 옳을 것이다. 그러나 우리 동양인의 마음속에 살아온 영물(靈物)로서의 용의 존재를 완전히 무(無)로 돌릴 수는 없다.

갓난아기나 식물인간이 아닌 모든 사람들은 '생각'이라는 것을 가지고 살아간다. 생각을 가진 모든 사람들은 어떤 목적을 머릿속에 그리기 마련이다. 머릿속에 그려진 목적이 매우 희미할 경우는 있을 것이나, 아무런 목적도 생각함이 없이 단순히 기계적으로 움직이는 사람은 없다. 쉽게 말해서, 모든 의식적 행동에는 목적이 있다. 식당으로 향하는 발걸음에는 음식을 취하고자 하는 목적이 있고, 호주머니에서 지갑을 꺼내는 행위에는 대금을 치르고자 하는 목적이 있다.

아리스토텔레스에 따르면, 모든 행위의 직접적 목적은 그보다 한층 더 높은 목적을 위한 수단이다. 식당으로 걸어가는 행위의 목적이 음식을 먹는 것이라면, 음식을 먹는 목적은 식욕을 채우기 위해서이며, 식욕을 채우는 목적은 건강을 유지하기 위해서다. 내가 지금 펜대를 쥐고 있는 것은 원고를 쓰기 위해서이고, 원고를 쓰는 것은 책을 출판하기 위해서이며, 책을 출판하고자 하는 것은 학자로서의 업적을 쌓고 돈도 벌기 위해서다. 학자로서 업적을 쌓고 돈을 버는 것도 그것이 마지막 목적은 아니며, 그보다 더 높은 다른 목적을 위한 수단으로서의 일면을 가지고 있다.

우리가 일상생활에서 추구하는 목적은 그보다 더 높은 목적을 위한 것이요, 그보다 더 높은 목적도 또 더 높은 목적을 위한 수단이 된다는 것인데, 이와 같이 수단과 목적의 관계를 거슬러 올라가면, 그 이상 더 올라갈 곳이 없는 마지막 목적에 도달할 것이다. 그 마지막 목적을 아리스토텔레스는 '궁극목적(窮極目的)'이라고 불렀다. 결국 아리스토텔레스는 인간의 모든 행위가 저 '궁극목적'을 위해서 이루어진다고 본 것이며, 그 궁극목적이 우리가 지금 문제 삼고 있는 '삶의 목적'에 해당할 것이다.

'궁극목적'이 무엇이냐는 물음을 천착한 끝에 아리스토레스가 도달한 해답은 '행복(eudaimonia)'이었다. 진정한 의미의 행복을 얻게 되면 우리는 그것만으로 충분할 것이며, 그 이상 더 바랄 것이 없을 터이므로, 그것이 바로 삶의 궁극목적에 해당한다는 것이다. 그 다음에 우리가 부딪치는 것은 "행복이란 무엇인가?" 하는 물음이다. 여기서 우리는 계속 아리스토텔레스를 따라가서 그의 행복론을 살펴볼 수도 있을 것이나, 이 지점에서 아리스토텔레스와는 일단 작별하는 것이 좋을 듯하다. 추상적 논리를 따라서 전개되는 아리스토텔레스의 행복론보다는 우리들의 일상적 정서와 잘 조화되는 우리들 자신의 행복론을 찾아보는 것이 더욱 적절하리라고 생각되기 때문이다. 우선 '행복하다'고 말할 수 있기 위해서는 어떤 조건을 갖추어야 하는가 하는 문제부터 생각해 보기로 하자.

2. 행복의 주관적 조건

'행복한 사람'이라고 인정될 수 있기 위해서는 첫째로 마음이 평화로워야 한다. 증오와 시기심 또는 분노와 공포심 등으로 마음이 항상 불안한 사람을 우리는 행복하다고 말하지 않는다. 근심이나 걱정이 많아서 정서의 안정을 잃고 고민하는 사람을 우리는 행복하다고 말하지 않는다. 마음의 평화는 행복의 기본 조건이다.

그러나 사람인 이상 근심이나 걱정이 전혀 없을 수는 없다. 우국지사는 나라를 생각하는 가운데 근심과 걱정으로 마음이 아프고, 철학자는 인간의 유한성(有限性)에 부딪쳐서 마음고생을 한다. 그렇지만 모든 우국지사와 모든 철학자를 불행하다고 말하기는 어렵다. 바꾸어 말하면, 근심과 걱정이 있고 마음의 고통을 느낀다는 사실만으로 어떤 사람을 불행하다고 단정할 수는 없다는 것이다. 우리가 지금 다루고 있는 행복의 문제는 여러 요인이 복합된 미묘한 문제이므로, 결론을 너무 서둘러서는 안 될 것으로 생각된다.

우국지사라고 하더라도 언제나 근심과 걱정만으로 세월을 보내지는 않는다. 진실로 나라를 위하는 사람은 자신이 국가를 위하여 애쓰며 고생하는 그 일 가운데서 삶의 보람을 느끼기도 한다. 어떤 철학자도 모든 나날을 마음의 고통 속에서 보내지는 않는다. 풀릴 듯 풀릴 듯 하면서도 좀처럼 풀리지 않는 문제와 씨름하는 자신의 진지한 생활 가운데서 철학자는 삶의 기쁨을 느끼기도 하고 그 사람 나름의 만족을 경험하기도 한다.

일반적으로 말해서, 우리들의 삶에는 고통스러운 측면도 있고 만족스러운 측면도 있기 마련이다. 고통과 불만의 측면이 환희와 만족의 측면을 압도하는 사람을 우리는 흔히 '불행하다'고 말하며, 환희와 만족의 측면이 고통과 불만의 측면을 압도하는 사람을 보통 '행복하다'고 말한다. 결국 완전히 행복한 사람 또는 완전히 불행한 사람은 현실적으로 찾아보기 어렵다. 보통 사람들은 행복한 시간과 불행한 시간을 아울러 경험하며 살고 있는 셈이다.

'행복한 사람'이라고 인정될 수 있기 위해서는 둘째로 자신의 삶에 대해서 보람을 느껴야 한다. 자신의 삶에 대해서 별다른 의미도, 이렇다 할 보람도 느끼지 못하는 사람을 우리는 '행복하다'고 말하기 어렵다. 한 인간으로서의 의미 있는 하루를 보냈다고 스스로 인정하며 편안한 마음으로 잠자리에 드는 사람을 우리는 행복한 하루를 보낸 사람이라고 말할 수 있다. 달력의 마지막 한 장을 바라보면서 보람된 한 해였다고 스스로 회고하는 사람에 대해서 우리는 '행복하다'는 말을 적용할 수 있을 것이다.

삶의 보람에 대한 느낌과 마음의 평화 사이에는 불가분의 관계가 있다. 비록 고생스럽기는 했으나 고생한 보람이 있었다고 스스로 인정할 때, 우리는 마음의 평화를 얻는다. 마시고 춤추며 즐거운 나날을 보냈지만 결과적으로 아무런 보람도 의미도 없는 세월이었다고 회고할 때, 우리의 마음은 편안하기 어렵다. 유흥과 방탕 그 자체를 '보람되고 의미 있는 삶'이라고 느끼는 사람도 간혹 있을지 모른다. 그러나 그러한 느낌이 오래 지속되지는 않을 것이다. 그에게는 그러한 삶이 무의미하다는 것을 깨닫게 될 날이 조만간 찾아올 것이다.

순간적 즐거움보다는 지속적 즐거움 속에 행복이 깃들어 있으며, 지속적 즐거움은 보람되고 의미 있는 세월을 보내는 사람들만이 느낄 수 있는 삶의 기쁨이다. 여기서 우리는 잠정적 결론 하나를 얻을 수 있게 된다. 보람되고 뜻있는 삶을 살고 있음을 스스로 인정하는 가운데 마음이 평화로운 사람은 행복하다는 결론이다. 행복에는 즐거움이 필수적이다. 다만 행복과 불가분의 관계가 있는 것은 순간적 쾌락이 아니라 지속적 만족감이다.

마음의 평화, 삶에 대하여 느끼는 보람, 그리고 지속적 만족감. 이것들은 모두 주관적 심리 상태를 일컫는 말이다. 행복하다고 인정될 수 있기 위해서는 마음이 평화로워야 하고 삶에 대해서 지속적 만족감을 느껴야 한다는 말은 행복이 그 사람의 주관적 심리 상태와 불가분의 관계가 있다는 뜻을 함축한다. 뛰어난 용모와 체격, 명석한 두뇌, 부귀와 영화 등을 두루 갖추고 있어서 만인의 선망을 받는다 하더라도, 그가 만약 신경이 과민하거나 욕심이 지나쳐서 그래도 불만이 많다면, 우리는 그를 진정 행복하다고 말하기 어려울 것이다. 자신의 삶에 깊은 만족을 느낀다는 것은 행복을 위한 필수 조건이다.

자신의 삶에 대한 깊은 만족이 행복의 필수 조건이라 함은 행복이니 불행이니 하는 것이 결국 주관(主觀)에 달려 있다는 뜻이 되는 것일까? 객관적 상태는 매우 나쁘다 하더라도 자신의 삶에 대해서 깊은 만족을 지속적으로 느끼기만 하면, 적어도 그러한 만족을 느끼는 동안, 그는 행복한 사람이라고 말할 수 있는 것일까? 바꾸어 말해서 자신의 삶에 대한 주관적 만족은 행복을 위한 필요하고도 충분한 조건이라고 볼 수 있는 것일까?

그러나 주관적 만족만으로 행복이 성립한다고는 생각되지 않는다. 나의 처지가, 냉철한 관점에서 볼 때 도저히 만족할 만한 것이 아님에도 불구하고 내가 나의 처지를 제대로 알지 못함으로 인하여 나의 삶에 대해서 항상 만족하고 있다면, 그러한 나를 행복한 사람이라고 보기는 어렵다. 다시 말해서, 나의 처지가 객관적 관점에서 만족할 만한 근거가 있어서 내가 만족할 경우에 나는 비로소 참으로 행복한 사람이 될 수 있는 것이다. 객관적 근거는 없고 오로지 주관에 불과한 만족은 우리를 행복한 사람으로 만들지 않는다. 그러면 객관적 근거 없이 오로지 주관에 불과한 만족이란 어떠한 경우를 말하는 것일까?

그릇된 인식 또는 착각으로 인해서 자신의 삶에 대하여 만족을 느끼는 경우는 아주 흔하지는 않지만 더러 찾아볼 수 있다. 예컨대, 남들은 별로 잘났다고 보지 않는데 본인은 자기가 매우 잘난 사람으로 착각하고 만족하는 사람이 있다. 돈을 우려 내기 위한 여자의 말솜씨에 넘어가서 뜨거운 사랑을 얻었다고 착각하여 만족하는 어수룩한 부자도 이 경우이며, 아첨하는 측근들에 둘러싸여서 자신이 여러 사람들의 존경을 받고 있는 것으로 착각하며 좋아하는 독재자의 경우도 같은 범주에 속한다. 더욱 구체적인 예를 들어 보기로 하자.

무가시대(武家時代)의 일본에서는 여러 봉건 영주(領主)들이 무술을 크게 숭상하였다. 그 영주들 가운데 한 사람은 자기가 검술에 있어서 자기 나라의 제일인자라고 믿게 되었다. 그렇게 믿게 된 이유는 매년 춘추로 열리는 전국 검술대회에서 그가 항상 우승을 차지했다는 사실에 있었으며, 그가 항상 우승자의 자리를 차지한 것은 정상급 검술가들의 양보 덕분이었다. 영주보다는 더욱 강한 검객들이 몇 사람 있었으나, 그들은 영주의 신하였으므로 그를 기쁘게 하기 위하여 기꺼이 져주었던 것이다.

어느 해 봄 무술대회에서도 영주는 결승에 올라 그 나라의 최고 검객과 자웅을 겨루게 되었다. 상당한 시간을 끌며 목검으로 기량을 겨룬 끝에 결국은 영주가 우승을 차지하게 되었다. 영주는 의기양양하였고, 저녁 시간에는 축하의 연회가 열렸다. 연회가 끝났을 무렵에 화장실에 들른 영주는 후원 나무 밑에서 두 사나이가 지껄이는 소리를 우연히 듣게 되었다. 준결승과 결승에서 영주와 맞붙었던 두 검객의 음성임을 알 수 있었다. 두 사람이 나눈 이야기의 내용은, 최선을 다하는 것처럼 위장하면서 져준다는 것이 여간 힘드는 일이 아니라는 실토였다. 영주의 검술이 작년보다 좀 떨어진 듯한 느낌을 받았다며, 나이 탓이 아니겠느냐는 말도 주고받았다.

이 대화를 듣게 된 영주는 큰 충격을 받았고, 동시에 격분하였다. 그는 당장에 두 검객을 불러오라고 명령했으며, 날이 밝기를 기다려 이번에는 목검(木劍)이 아닌 진검(眞劍)으로 승부를 가리겠다고 선언하였다. 아무도 영주의 뜻을 거역할 수 없는 상황이었고, 다음 날 두 검객은 차례로 진검을 들고 영주와 목숨을 건 한판 승부를 단행하게 되었다. 실력으로 말하면 두 검객의 기량이 영주의 그것보다 한 수 위였으나, 신하의 도리로서 군주를 죽일 수는 없었다. 차마 공격은 못하고 수비에만 전념할 수밖에 없었고, 본능적으로 수비에서는 최선을 다하였다. 시간의 제한 없이 한편이 쓰러질 때까지 싸우자는 것이 영주의 명령이었으므로, 우세승이나 무승부 따위는 있을 수 없었고, 오랜 시간을 끈 끝에 두 검객은 영주의 칼을 맞고 쓰러지고 말았다.

두 신하가 목숨을 걸고 진검으로 승부를 가리는 긴장된 시간을 통하여, 영주는 두 신하의 검술이 자기보다 한 수 위라는 것을 비로소 깨달았다. 공격은 하지 않고 방어만으로 일관하면서 그토록 오랜 시간을 끌 수 있다는 것은 그 기량이 월등하다는 것을 입증하기에 충분했던 것이다. 두 검객이 피를 흘리며 쓰러진 다음, 영주는 자신의 어리석음으로 인하여 아까운 두 신하를 죽게 한 사실을 뉘우치고 스스로 할복 자결하였다.

위에 소개한 이야기가 실화냐 또는 꾸민 이야기냐 하는 것은 큰 문제가 되지 않는다. 자신의 실력에 대한 과대평가의 사례는 흔히 있는 일이며, 그 과대평가의 착각 속에서 자신의 삶에 만족을 느끼는 사람들이 실제로 존재한다는 사실을 밝히기 위하여 극적인 이야기를 소개했을 뿐이다. 자신에 대한 과대평가뿐 아니라, 그 밖의 모든 종류의 착각 또는 그릇된 사실판단에 입각한 만족은 참된 의미의 행복의 조건이라고 보기 어렵다.

깊고 지속적인 만족은 행복을 위한 필요조건이기는 하나 충분조건은 아니다. 객관적 근거에 의하여 밑받침된 만족만이 우리를 행복한 사람으로 만든다. 결국 행복한 사람이 되기 위해서는 자신의 삶에 대하여 깊고 지속적인 만족을 느낀다는 주관적 조건과 그 만족을 뒷받침할 만한 객관적 조건이 아울러 갖추어져야 한다는 결론에 도달한 셈이다. 여기서 우리가 묻게 되는 다음 물음은 행복을 위해서 갖추어야 할 객관적 조건이 구체적으로 어떠한 사항들이냐 하는 문제다.

3. 행복의 객관적 조건

"행복을 위해서 갖추어야 할 객관적 조건이 무엇인가?" 하는 물음에 대하여 모든 사람들이 찬동하는 하나의 대답을 주기는 어려울 것이다. 인생관에 따라서 사람들의 대답은 다양하게 나타날 것이며, 그 가운데서 어느 하나가 절대로 옳다는 것을 논리적으로 밝히는 것은 쉬운 일이 아니다. 그러나 대부분의 정상적인 사람들이 마음의 평화와 깊은 만족을 지속적으로 갖기 위하여 필요한 기본적 조건이 무엇인지를 심리학적 경험에 의지하여 설득력 있게 밝히는 일은 가능할 것이다.

첫째로, 기본적인 생활의 안정이 없이는 마음의 평화와 깊은 만족을 지속적으로 느낄 수 없다. 인간도 생물인 까닭에 생리적 욕구를 우선 충족시켜야 하며, 먹고 입고 잠잘 수 있는 물질적 기반을 소유해야 한다. 인심이 후하던 옛날 농경시대에는 이웃 사람들의 도움으로 최소한의 의식주를 해결할 수 있는 경우도 없지 않았으나, 인심이 각박한 현대사회에서는 어느 정도의 경제력을 스스로 확보하지 않고서는 기본적인 생활의 안정을 얻을 수 없다.

현대사회에서는 의식주의 문제가 해결되는 것만으로 기본 생활이 안정되었다고 보기는 어렵다. 어느 수준의 생활을 '기본 생활'로 볼 것이냐 하는 문제는 그 나라의 문화 수준에 따라서 대답이 주어질 것이며, 우리 한국의 경우는 의료 혜택과 학교교육을 받는 일도 기본 생활에 포함시켜야 마땅할 것이다. 민간요법으로 질병을 다스리고 집안 어른이나 마을 훈장이 교육을 담당하던 옛날과는 달리, 오늘의 우리 생활에서는 과학적 의료 혜택과 학교교육을 받을 수 있을 정도의 경제력도 기본 생활의 안정을 위하여 필요하다고 보아야 한다. 어느 정도의 학교교육을 기본 생활에 포함시킬 것이냐 하는 것은 이론(異論)의 여지가 있는 문제라 하겠으나, 우리나라의 경우는 고등학교 수준의 교육은 확보되어야 할 것이라고 저자는 생각한다.

'나' 한 사람만의 기본 생활이 안정되는 것으로는 마음의 평화를 얻기 어렵다. 나는 풍요로운 물질생활을 누릴 수 있더라도, 내 주위에 가난으로 고생하는 사람들이 많으면 마음이 편안하지 못한 것이 사람의 심리다. 그러므로 다른 사람들의 기본 생활이 안정되는 것도 나의 행복을 위해서 필요한 조건이며, 모든 사람들의 기본 생활이 안정될 수 있도록 사회제도를 수립하는 일도 매우 중요하다. 다만 부유한 사람들의 것을 가난한 사람들에게 베푸는 선심(善心)의 사회보장제도보다는 각자가 자신의 노력으로 자신의 기본 생활을 감당할 수 있도록 공정하고 건전한 사회를 건설하는 일에 모두가 협력하는 일이 더욱 바람직하다.

행복을 위한 객관적 조건으로서 두 번째로 생각하게 되는 것은 건강이다. 건강을 잃고도 행복을 얻었다는 사람들의 이야기가 전혀 없는 것은 아니나, 그러한 사람들이 간혹 있었다 하더라도 예외적인 경우에 불과할 것이다. 보통 사람들은 왕성한 활동 가운데서 삶의 보람을 느끼며, 왕성한 활동을 위해서는 마음과 몸의 건강이 필수적이다.

행복이라는 것은 우리가 노력을 거듭한 끝에 얻게 되는 큰 성과(成果)에 있는 것이 아니라, 더 나은 방향으로 한 걸음 한 걸음 접근해 가는 과정에 있다고 보아야 한다. 만약 행복이 큰 성과 또는 탁월한 업적에 있다면, 아직 그러한 경지에 이르기 이전의 어린이에게는 행복 또는 불행이 있을 수 없다고 보아야 할 것이다. 그러나 어린이에게도 어린이 나름의 행복 또는 불행이 있을 수 있음을 부인하지 못하니, 행복은 생애의 전 과정에 걸쳐서 실현된다고 보아야 마땅할 것이다.

행복이란 더욱 높은 곳을 향하여 한 걸음 한 걸음 접근해 가는 과정에서 성립한다. 우리가 더욱 높은 곳으로 접근하기 위해서는 삶의 목표를 바르게 정해야 하며, 삶의 목표를 바르게 정할 수 있기 위해서는 정신이 건강해야 한다. 정신이 건강하지 않으면 삶의 목표를 그릇된 방향으로 설정하게 되고, 삶의 목표를 잘못 설정하면 높은 곳으로 접근하는 일이 불가능하게 된다.

설령 정신이 건강하여 삶의 목표를 바르게 설정했다 하더라도, 바르게 설정한 그 목표를 향하여 밀고 올라갈 체력의 뒷받침이 없으면 높은 곳으로 접근하는 일은 그저 한갓 꿈에 불과한 것이 되고 말기 쉽다. 그러므로 정신의 건강에 아울러 몸의 건강까지도 가졌을 때 우리는 순조롭게 행복을 향하여 행진할 수 있다.

행복의 조건으로서 우리가 세 번째로 생각하게 되는 것은 자아(自我)의 성장이다. 여기서 '자아의 성장'이라 함은 나의 정신 또는 육체의 상태가 전보다 좋아짐을 의미한다. 학문 또는 예술의 경지가 높아지는 것도 자아의 성장이요, 체력 또는 체격이 좋아지는 것도 자아의 성장이다. 맡은 바 업무를 수행하는 능력이 상승하는 것도 자아의 성장이요, 인격이 원숙해지는 것도 자아의 성장이다.

자아의 성장이 행복을 위해서 빼놓을 수 없는 조건이라는 것은, 그 반대인 자아의 퇴보가 우리에게 심각한 비애를 느끼게 한다는 사실에 의해서 여실히 밝혀진다. 거울에 비친 얼굴에서 옛 모습을 찾아볼 수 없을 정도로 늙었음을 발견할 때, 또는 펄펄 날던 다리에 기운이 빠져서 이제는 보행조차 힘들게 되었을 때 우리는 삶에 대해서 심각한 무상감(無常感)을 느낀다.

자아의 성장이 행복의 필수 조건임을 확인할 때, 우리 앞에는 매우 난감한 의문 하나가 나타난다. "인생은 결국 불행하다는 결론을 피할 수 없지 않은가?" 하는 의문이다. 인간도 생물인 까닭에 그 생애의 전반기에는 자아가 성장할 것이나, 후반기에는 불가불 후퇴할 수밖에 없지 않은가. 서양 속담에 "끝이 좋아야 모든 것이 좋다."라는 것이 있고, 우리나라에서도 전통적으로 늦팔자가 좋은 사람을 부러워해 왔음을 생각할 때, 인생 후반기에 자아의 후퇴가 불가피하다는 사실은 인생이 불행할 수밖에 없도록 운명지어졌음을 말해 주는 것이 아닌가. 특히 현대인에게는 장수의 경향이 있어서 생애의 전성기 이후가 길다는 사실이 비관론을 더욱 확고하게 만들 것으로 걱정된다.

자아 성장의 육체적 측면만을 고려한다면, 인생은 결국 불행할 수밖에 없다는 결론을 피하기 어려울 것이다. 그러나 자아 성장의 정신적 측면까지 아울러 고찰할 경우에는 사정이 달라진다. 정신적 측면의 성장은 늙은 뒤에도 계속할 수 있으며, 인간의 생애에서는 정신생활의 비중이 육체 생활의 그것보다도 더욱 크다고 보는 것이 지성의 소유자로서 우리들이 가지고 있는 정서이기 때문이다.

자아의 성장은 선천적 소질과 후천적 경험의 두 요인에 의해서 이루어진다. 그런데 육체적 측면의 성장은 선천적 소질의 영향을 더 크게 받고, 정신적 측면의 성장은 후천적 경험의 영향을 더 크게 받는다. 정신적 자아의 성장은 주로 경험을 살림으로써 얻게 되는 것이니, 경험을 잘만 살린다면 늙은 뒤에도 정신적 자아의 성장은 계속 가능하다고 보아야 한다. 경험은 노인들이 더 많이 갖기 마련이므로, 정신적 성장에 관해서는 노인들이 더 유리한 처지에 놓여 있다는 주장도 가능하다. 다만 경험을 살리지 못하는 경우가 많다는 사실에 문제가 있다.

경험을 살림으로써 인간은 자아의 정신적 성장을 얻는다. 성공의 경험이든 실패의 경험이든 그 경험에 담긴 교훈을 살릴 때, 우리의 정신은 성장한다. 그러나 실제로 경험의 교훈을 제대로 살리지 못하는 것이 일반적인 경우이므로, 경험이 많은 노인들이 늙은 뒤에도 계속 자아의 성장을 이룩하는 사례가 비교적 드물 뿐이다.

어떤 경우에도 마음의 동요를 느끼지 않을 정도로 높은 경지에 이른 스님을 '고승(高僧)'이라고 부른다. '고승'이라는 말과 함께 우리 머리에 떠오르는 그림은 백발이 성성한 늙은 스님의 모습이며, 새파랗게 젊은 고승은 상상하기 어렵다. 불교에 입문한 뒤에도 젊어서는 세속적 욕망으로 인하여 번뇌를 거듭하다가, 늙은 뒤에야 진정으로 마음을 비운 상태에 도달한다. 젊은 고승은 생각하기 어려우나, 세상에 알려진 늙은 고승은 적지 않은 까닭이다. 늙은 고승의 존재는 수양을 쌓으면 늙은 뒤에까지 계속 인격의 성장이 가능하다는 것을 경험적으로 입증한다.

공자(孔子)도 고령에 이른 뒤까지 계속 정신적 성장을 이룩한 사람으로 알려져 있다. 『논어(論語)』의 증언을 따르면 15세에 학문의 뜻을 세우고 정진한 공자는 나이가 들수록 마음의 수준이 높은 경지에 이른다. 40세 때 불혹(不惑)의 경지에 이른 그는 50세가 되어 지천명(知天命)의 경지로 다시 올라갔고, 60세에는 말을 들으면 곧 이해가 되는 이순(耳順)의 단계로 한층 더 올라갔다. 그리고 마음이 하고자 하는 바를 따라서 구애 없이 행동을 하여도 사리(事理)에 어긋남이 없는 자유의 경지, 즉 종심(從心)의 단계에 이른 것은 70세 때였다고 기록되어 있다. 2천 5백여 년 전의 70세면 대단한 고령이거니와, 공자는 그 고령에 이르도록 정신적 성장을 계속한 사람으로 보아도 무리가 없을 것이다.

고승이나 성현은 특수한 사람들이므로 그들에 관한 이야기가 보통 사람들과 무관하다고 생각하는 것은 잘못이다. 우리 모두가 고승 또는 성현의 경지에까지 올라갈 수 있다고 말하기는 어려울 것이나, 누구든지 노력을 통해 고승 또는 성현에게로 한 치 두 치 가까이 가는 것은 불가능한 일이 아닐 것이다. 고승 또는 성현이 모든 사람들을 위한 스승이 될 수 있다고 보는 것이 우리들의 상식이다.

행복의 객관적 조건으로서 네 번째로 생각하게 되는 것은 공동체(共同體) 안에서의 떳떳한 구실이다. 우리는 대개 가정이라는 공동체에 속해 있으며, 그 밖에도 직장 공동체와 국가 공동체 등 몇 가지 공동체의 일원으로 살고 있다. 우리가 속해 있는 크고 작은 공동체 안에서 필요한 일꾼으로서 구실을 떳떳하게 해야 한다. 자신이 속해 있는 공동체를 위해서 별다른 도움은 주지 못하고 도리어 짐스럽기만한 존재가 되어서는, 자기의 삶에 대하여 깊은 만족이나 보람을 느낄 수가 없다. 자신에 대한 긍지를 잃으면 마음은 평화를 잃게 된다.

공동체 안에서의 떳떳한 구실이 행복의 필수 조건이라는 것은 현대 노인들의 불행한 현실이 알기 쉽게 설명해 준다. 옛날의 노인들에 비하여 오늘의 노인들에게 불행한 경우가 많은 이유를 우리는 효심(孝心) 또는 경로사상의 쇠퇴에서도 찾아볼 수 있을 것이다. 그러나 더욱 근본적인 이유는 현대사회에서 노인들이 공동체를 위하여 하는 구실이 별로 없다는 사실에서 찾아야 한다고 저자는 생각한다.

옛날 농경 사회에서는 노인들에게도 집안 또는 마을을 위해서 할 수 있는 일이 있었고, 공동체를 위하여 필요한 존재라는 사실이 노인들의 위상에 크게 도움이 되었다. 그러나 오늘의 우리 사회에서는 노인들이 할 수 있는 일이 별로 없는 경우가 많다. 노인의 씨가 따로 없으며 누구나 오래 살다 보면 노인이 되기 마련이라는 사실을 감안하여, 노인의 일거리의 문제를 제도와 개인의 차원에서 다 함께 생각할 필요가 있다고 본다.

행복의 조건으로서 다섯 번째로 생각하게 되는 것은 원만한 대인관계다. 사회적 존재인 까닭에 우리는 여러 사람들과 크고 작은 인연을 맺어 가며 살기 마련이거니와, 직접 또는 간접으로 인연을 맺게 된 사람들과의 관계가 원만해야 삶이 만족스럽고 마음이 평화로울 수 있다. 비록 막강한 권력과 막대한 금력을 가졌다 하더라도, 대인관계가 원만하지 못하여 여러 사람들의 미움을 사게 되면 삶이 만족스럽기 어렵다. 평범한 서민에 불과하더라도 주위 사람들과의 사이가 원만하여 기쁨 또는 슬픔을 함께 나눌 수 있는 이웃이 많은 사람은 그런대로 삶이 만족스럽고 마음이 평화롭다.

현대사회는 과거 어느 때보다도 많은 사람들이 서로 만나며 살고 있는 까닭에, 사람과 사람 사이가 매우 다양하고 복잡하여 대인관계가 더욱더 중요해진다. 그런데 실제로는 대인관계의 갈등이 자못 심각한 것이 현대사회의 여러 국면이 보여주는 현상이다. 우리 모두가 불행을 자초하고 있는 형국이라 하여도 과언이 아닐 것이다. 행복의 필수 조건인 인화(人和)를 위해서 다 같이 지혜로운 노력을 기울여야 할 상황임을 의미한다.

위에서 저자는 행복의 객관적 조건 가운데서 가장 기본적이라고 생각되는 것 다섯 가지를 열거하였다. 여기 열거된 다섯 가지 조건들은 각각 독립된 것이 아니며, 실은 내면에 있어서 서로 깊이 연관되어 있다. '기본 생활의 안정'은 '건강'과 '자아의 성장' 그리고 '원만한 대인관계'와 '공동체 안에서의 떳떳한 구실' 등을 위해서 필요한 조건이요, '건강'도 다른 네 가지 조건들을 위해서 전제되어야 할 조건이다. '자아의 성장'은 '건강'과 '공동체 안에서의 떳떳한 구실' 그리고 '원만한 대인관계'와 불가분의 관련성을 가졌으며, 다른 조건들도 모두 내면적으로 밀접하게 연관되어 있다.

저자는 1장에서 '한국인의 생활 태도'를 고찰할 때, 가치의 세계를 내면적 가치와 외면적 가치로 나누고 현대 한국인의 행위는 외면적 가치를 선호하는 경향이 현저함을 지적하였다. 그런데 앞에서 열거한 행복의 조건들은 내면적 가치가 더욱 소중함을 말해 주고 있다. 건강은 그 자체가 내면적 가치의 대표적인 것이다. 자아의 성장도, 그것이 자아실현의 조건임을 생각할 때, 내면적 가치의 하나임이 분명하다. 공동체를 위해서 떳떳한 구실을 하는 것도 내면적 가치의 실현이며, 사랑과 우정 그리고 평화와 불가분의 관련성을 가진 원만한 대인관계도 내면적 가치에 속함이 분명하다. 돈과 불가분의 관계를 가진 기본 생활의 안정은 언뜻 보기에 외면적 가치에 속할 것 같은 생각이 들기도 하나, 돈은 수단에 불과하며 기본 생활의 안정 그 자체는 생명과 건강 등 내면적 가치를 지키기에 불가결한 조건이다.

4. 행복과 관계있는 다른 요인들

우리 조상들은 전통적으로 부귀와 공명을 행복의 조건으로서 손꼽는 경향이 있었다. 그러나 앞에서 우리가 열거한 행복의 조건 가운데는 금력도 권력도 들어 있지 않고 명성도 꼽히지 않았다. 현대사회에서는 과거 어느 때보다도 돈의 위력이 막강하며, 돈과 밀접한 관계를 가진 권력도 많은 사람들이 소망하는 대상이다. 그러므로 우리의 경우에도 행복의 기본 조건으로서 금력과 권력을 우선적으로 손꼽아야 하는 것이 아닐까. 막대한 금력과 막강한 권력이 있으면 그것을 잘 활용함으로써 행복을 용이하게 누릴 수 있을 것 같기도 하다.

금력과 권력은 행복을 위해서 크게 도움이 될 수도 있고, 반대로 불행의 원인이 될 수도 있다. 과학과 기술이 그것을 어떻게 사용하느냐에 따라서 인류의 행복에 기여할 수도 있고 그 불행을 조장할 수도 있듯이, 금력과 권력도 그것이 어떻게 쓰이느냐에 따라서, 행복의 원동력이 될 수도 있고 불행의 원인이 될 수도 있는 것이다. 일반적으로 말하면, 많은 돈과 큰 권력이 불행의 원인이 되는 경우보다는 행복을 위해서 도움이 되는 경우가 많을 것이다.

그러나 금력이나 권력이 행복을 위한 필수 조건이라고 보기는 어렵다. 기본 생활의 안정을 비롯한 다섯 가지 조건들 가운데 하나라도 빠지면 행복에 치명적 지장이 생기지만, 금력 또는 권력이 아니더라도 남다른 욕심을 갖지 않은 사람이라면, 우리는 앞에서 말한 다섯 가지 조건만으로도 충분히 행복을 누릴 수가 있다. 그런 뜻에서 우리는 금력과 권력을 행복의 필수 조건이라고까지는 생각하지 않는 것이다.

'기본 생활의 안정'과 '건강' 등 위에서 말한 다섯 가지 조건만 갖추면 누구나 행복한 사람이 될 수 있다고 단정하기는 어렵다. 앞에서 열거한 다섯 가지 조건들은 모두 '나'에 관한 조건이며, 행복을 위해서 '나' 자신이 갖추어야 할 조건이다. 그런데 '나'의 행불행은 오로지 '나'에게만 달려 있는 것이 아니라, 내 주위 사람들에게도 달려 있고 자연환경에도 달려 있는 까닭에, '나'의 이웃이나 '나'의 환경에 문제가 있으면 불행을 경험할 수도 있다. 예컨대, 가까운 사람이 죽거나 불치의 병을 앓을 경우에는 나까지 불행하게 되는 수가 있다. 자녀가 납치를 당하면 부모도 불행을 나누게 되고, 가까운 이웃에 참변을 당한 사람이 생김으로 해서 마음이 아픈 사람도 있을 수 있다.

'나'의 행불행은 주로 나에게 달려 있기는 하나, '나' 한 사람만의 힘으로 행불행을 실현하기가 어려운 것이 사회적 존재로서의 인간적 현실이다. 개인들이 순조롭게 행복의 탑을 쌓을 수 있기 위해서는 그들이 사는 사회가 질서 정연하고 번영을 누려야 한다. 그러므로 우리가 각자의 행복을 실현하기 위해서도 사회 전체의 질서와 번영을 위한 공동의 노력에 적극적으로 참여해야 한다는 결론이 나온다.

여기서 우리는 인력의 한계라는 문제도 생각하게 된다. 천재지변 같은 큰 불행은 여러 사람들이 힘을 합해도 막을 수 없는 경우가 있으며, 전쟁 같은 불행도 한쪽 진영의 노력만으로는 미연에 방지하기 어려운 경우가 많다. 특히 한 개인의 힘에는 뚜렷한 한계가 있어서, 개인으로서는 슬기롭게 세상을 살았음에도 불구하고 결과적으로는 불행을 당하는 사례가 있다. 만약 우리가 '나'의 힘 밖에서 작용하는 불가항력의 타력(他力)을 편의상 '운수'라는 말로 표현한다면, '운수'도 우리의 행복을 좌우하는 요인의 하나로 보아야 할 것이다.

그러나 우리의 힘이 미치지 않는 '운수'에 대해서는 신경을 쓸 필요가 없을 것 같다. 운수는 운수에 맡겨 두는 것이 현명한 처사다. 옛말도 "인사(人事)를 다하고 천명(天命)을 기다리라."고 하였다. 앞에서 말한 '기본 생활의 안정' 이하 다섯 가지 조건들은 '나' 자신이 하기에 따라서 크게 달라질 수 있는 조건들이고, 이 다섯 가지 조건만 갖추어지면 운수가 극도로 불길하지 않은 한 우리들은 대체로 행복에 가까운 삶을 누릴 수 있다는 것이 지금까지의 요지였다.

3장 인간 교육의 문제

1. 시대와 윤리

개인들이 각각 ① 기본 생활의 안정, ② 건강, ③ 자아의 성장, ④ 공동체 안에서의 떳떳한 구실, ⑤ 원만한 대인관계 등의 조건을 충족시키고, 개인들을 감싸고 있는 사회가 질서와 평화를 누리며 번영하면, 개인들은 삶의 궁극목적으로서의 행복을 누리게 될 것이다. 그런데 저 다섯 가지 개인 차원의 조건을 갖추기 위해서나 사회의 질서와 번영을 누리기 위해서나 반드시 고려하고 명심해야 할 중대한 사실이 있다. 개인적 차원에서 행복의 조건들을 충족시키는 일이나 사회 또는 국가의 질서와 번영을 가져오는 일은 결국 사람들이 스스로 해야 할 일이며, 이 일들을 해낼 수 있기 위해서는 그 일을 감당할 수 있는 인간이 되어야 한다는 사실이다.

인간은 저절로 되는 것이 아니라 교육을 통하여 형성된다. 마을 어귀의 느티나무나 산기슭의 소나무는 저절로 그 나무 특유의 수형(樹形)을 형성하며 저절로 아름답게 자라지만, 인간의 경우는 달라서 어린이가 부모와 교사 또는 그 밖의 기성세대의 가르침 없이 혼자의 힘으로 훌륭한 인간상을 형성하고 자라기는 어렵다. 어린 시절에 어떠한 교육을 받고 자라느냐에 따라 개인의 생애가 좌우되고, 젊은 세대에게 어떤 교육을 베푸느냐에 따라 그 나라의 장래가 결정된다 해도 과언이 아닐 것이다.

한국은 교육열이 매우 높은 나라로 알려져 있고, 통계로 볼 때 한국의 교육 수준은 상당히 높은 수치에 이르고 있다. 그러나 우리나라의 교육이 해방 이후 외형상으로 많은 성장을 했음에도 불구하고, 그 내실에 있어서는 심각한 문제점을 안고 있다는 것이 식자들의 한결같은 지적이다. 해방 당시와 비교할 때, 각급 학교의 수는 비교가 어려울 정도로 늘어났고 특히 대학 교육을 받은 사람들의 총인구에 대한 비율은 선진국을 능가할 정도이나, 교육의 내용과 질이 크게 떨어진다는 것이 한결같은 반성이다.

우리나라 교육에서 가장 취약한 분야는 인간 교육 내지 윤리 교육이다. 그동안 우리나라의 부모들과 교사들이 역점을 둔 것은 생존경쟁의 마당에서 타인과 대결하여 승리자가 되기에 필요한 힘을 길러 주는 일이었으며, 모두가 함께 잘살 수 있는 삶의 지혜를 가르치는 일은 소홀히 해왔다. 다 같이 함께 잘살 수 있는 삶의 지혜가 다름 아닌 윤리의 핵심이며, 그 삶의 지혜를 심어 주는 것이 '인간 교육'의 근본이거니와, 바로 이 인간 교육이 경쟁을 위한 교육에 밀려서 관심 밖으로 소외된 것이다.

1장에서 해방 직후의 혼란상을 이야기할 때, 많은 사람들이 윤리니 도덕이니 하는 것을 낡은 시대의 쓸모없는 유물쯤으로 생각한다는 점과 '자유'를 '방종'과 다를 바 없는 것으로 생각하는 경우가 많았다고 밝힌 바 있다. '윤리' 내지 '도덕' 및 '자유'에 대한 그릇된 생각은 해방 이후의 우리나라 교육에 지대한 영향을 미쳤으니, 그 결과가 바로 인간 교육의 부재(不在)를 초래한 것이다.

'윤리(倫理)'라는 한자어의 '윤(倫)' 자는 '사람 인(人)'과 '꾸러미 윤(侖)'을 합한 것으로 인간의 집단을 가리킨다. '리(理)' 자는 돌이나 나무에서 찾아볼 수 있는 '결'을 나타내는 글자다. 석공이 돌을 다듬을 때는 돌의 결 즉 석리(石理)를 존중해야 좋은 작품을 만들게 되고, 목공이 나무를 다듬을 때는 목리(木理)를 따라서 연장을 대야 나무가 말을 잘 듣는다. 그와 마찬가지로 인간이 사회생활을 할 때에도, 인간 집단의 결 즉 윤리를 존중하며 살아야 사회가 질서와 평화를 얻게 되고, 개인은 행복을 얻게 된다. 그러한 뜻에서 '윤리'라는 말의 핵심적 의미는 '삶의 지혜'에 가까우며 따라서 인간이 윤리를 지키는 것은 지혜롭게 사는 길, 즉 자기 자신의 행복을 위하는 길을 따르는 것에 해당한다. 결국 윤리란 남을 위하는 길일 뿐 아니라 자신을 위하는 길이기도 하다.

아기는 윤리가 무엇인지를 미리 알고서 세상에 태어나지 않는다. 어린이가 자라면 윤리가 무엇인지를 저절로 알게 되는 것도 아니다. 윤리라는 것은 우리들의 조상이 오랜 사회생활을 통하여 터득하게 된 삶의 지혜의 일부이며, 그것은 과거의 세대가 현재의 세대에게로 물려주고 현재의 세대가 다시 미래의 세대에게로 물려줌으로써 연면히 이어진다. 일단 형성된 전통 윤리가 언제나 그 모습 그대로 다음 세대에게로 전수되는 것은 아니다. 시대와 사회가 크게 달라지면 전통 윤리만으로는 새 시대가 부딪치는 새로운 문제에 대처하기 어려운 상황이 발생하기도 하므로, 새 시대에 적합한 새로운 윤리가 요구되기도 한다. 이러한 경우에는 전통 윤리에 담긴 조상들의 지혜와 새 시대의 경험을 살린 당대의 선각자들의 지혜를 조화시킨 새로운 윤리 체계가 형성되는 방향으로 움직이는 것이 일반적 현상이다. 새 시대에 적합한 새로운 윤리 체계를 형성함에 즈음하여 그 주역(主役)을 어린이나 미성년이 맡을 수는 없으므로, 이 경우에도 기성세대가 새로운 윤리 체계를 정립하고 그것을 젊은 세대에게 전수하는 임무를 맡아야 한다.

윤리라는 것이 시대에 따라서 수정될 수도 있다는 주장에 대해서 의문을 갖는 독자들도 있을 것이다. 윤리라는 것은 만고불변의 절대적 진리라고 보아야 하지 않느냐는 반론이 제기될 수 있고, 그러한 반론을 제기하는 사람들이 실제로 적지 않다. 이러한 반론에도 상당한 근거가 있다는 것을 우리는 인정해야 한다. 예컨대, "나를 사랑하듯이 이웃도 사랑하라." "공정하고 성실한 마음으로 사람을 대하라." "은혜를 잊지 말라." "생명을 존중히 여겨라." 등등 전통적 윤리의 원리들은 어느 시대 어느 사회에서나 보편적 타당성을 갖는 원칙이며, 시대가 바뀐다고 버려도 좋은 그런 가르침은 아니라고 보아야 한다.

윤리라는 것이 시대에 따라서 수정될 수도 있다 함은 위에서 예를 든 윤리의 근본 원칙들을 함부로 갈아 치워도 좋다는 뜻은 물론 아니다. 다만 몇 가지 추상적 근본 원칙만으로 사회윤리의 질서를 확립할 수는 없으므로 윤리 체계가 삶의 지혜로서 실천적 임무를 다하기 위해서는, 저 원칙들에 바탕을 둔 구체적 행위의 처방을 제시해야 한다. 같은 기본 원칙에 바탕을 둔다 하더라도 구체적 행위의 처방은 시대적 상황의 변화를 따라서 달라질 수도 있다는 점을 생각할 때, 우리는 '새 시대가 요구하는 새로운 윤리 체계'라는 말을 쉽게 이해할 수 있을 것이다.

예컨대, "부모의 은혜를 잊지 말고 효도를 해야 한다."는 윤리의 기본 원칙은 옛날이나 지금이나 변함없는 타당성을 가졌다고 볼 수 있다. 그러나 이 기본 원칙의 구체적 적용은 시대에 따라서 달라질 수가 있다. 옛날에는 부모가 정해 주는 혼처에 대해서 반대하는 것은 용서받을 수 없는 불효였으나, 지금은 그렇게 생각하는 젊은이를 만나기가 어렵다. 또 "간음을 하지 말라." 하는 규범도 동서양을 막론하고 옛날부터 주장되어 온 기본적 윤리 원칙의 하나다. 그러나 이 기본 원칙의 구체적 적용에 대해서는 시대와 국가에 따라서 해석이 일치하지 않았다. 우리나라의 전통 사회에서 여성의 간음은 엄격히 규제했으나 남성의 경우는 대체로 관대하였다. 특히 관기(官妓)의 제도나 축첩의 관행을 당연시했다는 사실은 '간음'의 규범을 적용함에 있어서 남녀의 차별이 컸음을 말해 준다. 그러나 현대의 우리 사회에서는 간음에 관련된 남녀의 불평등을 부당하다고 보는 것이 상식에 가까우며, 결혼을 앞둔 남녀가 잠자리를 같이하는 정도의 '간음'은 별로 문제 삼지 않는 경향이 있다.

2. 인간 교육의 실패

최근 반세기 동안에 우리나라는 매우 급격한 사회변동을 경험하였다. 주로 농경(農耕)에 종사하며 대가족제도 속에 살았던 할머니, 할아버지들이 익숙했던 문화 또는 사회 환경과는 전혀 다른 생활 조건 아래서 우리는 지금 이 시대를 살고 있다. 오늘의 할머니와 할아버지들이 어렸을 때 배웠던 윤리의식이나 도덕관념만으로는 대답하기 어려운 문제 상황에 부딪치는 일이 날로 늘어나고 있다. 생활환경과 인간관계가 옛날보다 복잡다양하게 됨에 따라서 우리들의 문제 상황도 더욱 어려워졌고, 따라서 '삶의 지혜'로서의 윤리의 힘에 의존해야 할 필요성이 과거 어느 때보다도 더욱 절실한 것이 오늘날 우리들의 현실이다.

그러나 우리는 해방 직후부터 현저하게 나타난 도덕적 혼란의 연장선상에서 아직도 벗어나지 못하고 있다. 최근 수십 년 동안에 우리나라가 정치와 경제 등 여러 분야에서 많은 발전을 기록한 것은 엄연한 사실이나, 우리들의 윤리적 상황은 여전히 걱정스러운 수준에 머물러 있다. 기성세대부터가 확고한 윤리적 신념 체계를 갖추지 못하고 있는 실정이므로, 젊은 세대에게 윤리 교육 내지 인간 교육을 베푸는 일은 더욱 어려운 과제로 남을 수밖에 없는 상황이다.

앞에서 언급한 바와 같이 해방 이후의 한동안은 윤리니 도덕이니 하는 것을 봉건시대적 무용지물로 생각하는 풍조가 있었고, 따라서 윤리 교육 내지 인간 교육의 중요성에 대한 인식이 부족하였다. 지금도 우리나라의 부모들 가운데는 윤리 교육 내지 인간 교육의 필요성을 별로 느끼지 않는 사람들이 상당수 남아 있다. 가정교육을 소홀히 하고 있는 경우가 많은 까닭이다.

1960년대 말 '국민교육헌장'을 만들었을 때, 박정희 대통령은 인간 교육의 중요성을 느끼고 있었음에 틀림없다. 이어서 그가 각급 학교에 국민 윤리 교육의 강화를 지시했다는 사실은 이 점을 더욱 확실하게 한다.

그러나 박정희 정권의 국민 윤리 교육 정책은 성공하기 어려운 몇 가지 난점을 안고 있었다. 첫째로 박정희 정권은 국민 윤리 교육을 반공 교육의 일환으로 생각하는 시각을 벗어나지 못했고, 또 그것을 정권의 연장과 연결시키는 잘못을 저질렀던 까닭에, 본래의 '인간 교육'을 위한 정책으로서의 순수성을 결여하고 있었다. 둘째로 군사정권이라는 특수성으로 인하여 학계의 지지 기반이 미약했던 까닭에, '인간 교육'에 대한 철학적 이론의 준비 없이, 이 어려운 문제를 상식으로 해결하려 한 무리를 범하였다. 셋째로 장기 집권의 과정에서 부정과 부패를 스스로 막지 못했고 그들 자신이 도덕성을 결여했던 까닭에, 그들이 앞장선 윤리 교육 내지 인간 교육의 실천 운동이 국민의 호응을 얻고 실효를 거두기가 어려운 실정이었다.

일반 가정의 부모들의 경우는 인간 교육의 중요성에 대한 인식 자체가 크게 미흡하였다. 인간 교육이란 쉽게 말해서 '나'뿐 아니라 타인과 공동체에 대하여도 깊은 배려를 하도록 삶의 태도를 가르침을 말한다. 그런데 이기주의가 팽배한 가치 풍토 속에서 부모들 자신에게도 타인과 공동체를 위하는 마음이 부족했던 까닭에, 자녀들에 대한 인간 교육의 필요성을 절실하게 느끼지 못하는 경우가 많았다. 대부분의 부모들이 높은 교육열을 가지고 있기는 했으나, 남과 겨루어서 이길 수 있는 경쟁력을 길러 주고자 하는 교육열이 강했을 뿐, 다 같이 함께 잘살 수 있는 삶의 지혜를 심어 주는 교육에는 관심이 부족했던 것으로 관찰된다.

도대체 가정교육의 중요성에 대한 인식부터가 부족했다. 부모들도 각각

'나'의 생활에 비중을 두었고, 자녀들을 위하여 시간을 나누는 것을 '희생' 또는 '손해'라고 생각하는 사람들이 많았다. 교육은 학교에서만 하는 것으로 보는 고정관념이라도 있는 듯, 가정교육을 소홀히 여기는 부모들이 적지 않다.

인간 교육을 소홀하게 다루어 온 점에서는 학교도 크게 다를 바가 없었다. 각급 학교가 역점을 둔 것은 주로 지식 교육이었고, 암기 위주의 시험에서 높은 점수를 얻는 학생이 우수한 학생으로 평가되었다. 따라서 사람됨을 중요시하는 인간 교육은 뒤로 미루어지게 되고, 학교는 약삭빠른 젊은이들을 대량으로 길러 내는 양성소에 지나지 않았다. 암기 위주의 입학시험제도와 맞물려서, 이러한 추세는 이미 고질적 단계에 이르렀다는 인상이 강하다.

'교사'라는 직업을 한갓 밥벌이를 위한 수단으로 생각하는 사람들도 적지 않다. 교육자로서의 사명감과 긍지를 가지고 수업에 임하는 교사는 많지 않으며, 자신이 받는 월급을 기준으로 자신을 평가하는 교사들의 수가 오히려 더 많지 않을까 걱정이 된다. '교사'라는 직업이, 우수하다고 평가되는 젊은이들에게, 특히 남자 젊은이들에게 별로 매력이 없는 직업으로 알려지고 있는 것은 우리나라의 학교교육을 위해서 매우 걱정스러운 현상이다.

해방 이후 이제까지 실시해 온 한국의 교육은 철학의 바탕이 없는 주먹구구식 교육이었다는 인상이 강하다. 도대체 어떤 목적을 위해서 무엇을 가르치겠다는 것인지, 그 근본 원칙이 확고했다고 보기 어렵다. 물론 교육이 있는 곳에는 어디에나 그 나름의 목적이 있었다. 미래 사회는 국제사회가 될 것이라는 예상을 따라서 영어를 비롯한 여러 가지 외국어를 가르쳤고, 앞으로 컴퓨터를 다룰 줄 모르는 사람은 사회의 낙오자가 될 것이라는 예측에 대비하여 일찍부터 컴퓨터를 가르쳤다. 출세의 지름길이라는 일반적 관측을 따라서 자녀를 법학과에 보내기도 하고, 의사가 되면 많은 돈을 벌 수 있다는 소문에 따라서 의과대학을 지망하기도 하였다.

단편적 지식을 달달 외우도록 가르치고 배운 행위에도 '입학시험 합격'이라는 구체적 목표가 있었다. 그 밖의 모든 교육 현장에는 각각 그 나름의 어떤 목적이 있었다고 볼 수 있다. 그러나 그 목적은 오직 단편적인 것에 불과하고, 주로 피교육자와 그 부모 개인들을 위한 목적일 따름이었다. 더욱 중요한 것은 전체로서의 바람직한 인간상과 바람직한 사회상에 대한 신념의 체계를 구축하고 그 인간상과 사회상의 실현을 목적으로 삼는 교육을 베푸는 일이다. 개인의 단편적 욕망의 달성을 돕는 교육도 필요하고, 개개인의 인생 목적 달성을 위한 교육도 물론 필요하다. 다만 그 단편적 욕망의 달성이 그 개인의 생애 전체 또는 삶의 설계 전체 안에서 차지하는 좌표의 의미를 깊이 고려할 때, 그 단편적 교육의 의의가 살아난다. 같은 논리로 개개인의 목적 달성을 위한 교육도 그 개인의 목적 달성이 바람직한 사회상의 실현이라는 더욱 큰 목적과 어떻게 연결되는가를 충분히 고려할 때, 그 개인을 대상으로 삼은 교육의 참뜻이 살아난다.

가치관 교육이 그 핵심을 이루는 인간 교육은 단순히 관념적으로 아는 데 그치지 않고, 실천이 뒤따르도록 만드는 데 그 목적이 있다. 그러므로 그 방법도 지식 교육의 경우와 같이 단순하지 않다. 가령 수학이나 역사학의 경우와 같이 이론 또는 사실을 가르치는 이론 교육의 경우는 해당 과목에 대한 정확한 지식과 그 지식을 전달할 수 있는 표면의 능력만 충분하면 훌륭한 교육자로서의 임무를 다할 수가 있다. 그러나 인간 교육의 경우에는 이론적으로 알도록 만드는 것만으로 교육의 목적이 달성되는 것이 아니며, 아는 바를 실천에 옮기도록 만들었을 때 비로소 교육의 목적이 달성된다. 그리고 실천하도록 만드는 일은 이론이나 언어의 힘만으로 되는 것이 아니므로, 그 교육의 방법도 지식 교육의 경우와 같을 수가 없다.

인간 교육에서 방법론적으로 가장 큰 비중을 차지하는 것은 모방(模倣)이다. 교육자의 말을 듣고서 배우기도 하지만 말보다도 더욱 큰 영향력을 갖는 것은 교육자의 실제 행동이다. 같은 말이라 하더라도 그 말을 하는 사람의 평소 몸가짐 여하에 따라서 그 말이 주는 영향력에 큰 차이가 있다. 아무리 옳고 좋은 말을 많이 한다 하더라도 그 말을 하는 사람의 생활이 말을 뒷받침해 주지 못할 경우, 그 말의 교육적 효과는 별로 기대하기 어렵다. 남의 귀감이 될 만한 실천 생활을 하는 사람은 특별히 좋은 말을 하지 않더라도 주위 사람들에게 유언무언간의 영향을 주게 된다.

기성세대의 개인이 하는 행동뿐 아니라 기성세대가 만들어 놓은 사회 현실도 젊은 세대에게 교육적 영향력을 갖는다. 사회 전체의 기강이 바로 서고 사회 현실이 전체로서 건전하고 명랑하면, 젊은 세대는 그러한 사회 환경의 영향을 받고 건전하게 성장한다. 가정과 학교가 교육의 도장(道場)이듯, 전체로서의 사회도 거대한 인간 교육의 도장으로서의 기능을 가지고 있는 것이다.

우리나라의 경우는 기성세대의 개인들 가운데도 젊은 세대가 본받을 만한 실천 생활의 모범을 보여주지 못한 사람들이 적지 않았고, 전체로서의 사회에도 교육의 도장으로서는 적합하지 않은 비리가 많았다. 결과적으로 개인의 차원에서 행복의 조건들을 갖추기에 적합하고, 사회 전체의 질서를 유지하고 번영을 가져오기에도 적합한 사람들을 길러 내는 일은 앞으로의 과제로 남게 되었다.

어려서 인간 교육을 제대로 받지 못하면 행복의 조건들을 갖추는 데 어려움이 많다고 하였다. 그러나 어렸을 때 인간 교육을 제대로 받지 못한 사람에게 행복의 조건들을 갖출 길이 전혀 없다는 뜻은 아니다. 비록 어릴 때 좋은 인간 교육을 받지 못하고 자랐더라도, 본인의 슬기로운 노력만 있으면 스스로 자신을 일으켜 세울 수 있는 길은 다시 열릴 것이다. 그 길에 있어서 매우 큰 비중을 차지하는 것이 바로 직업이다. 바꾸어 말하면, 우리는 직장을 인간 교육의 도장으로 삼음으로써 행복의 조건을 갖추도록 꾀할 수 있다. 직업이라는 것이 우리가 일반적으로 생각하는 것보다도 훨씬 큰 의의를 가지고 있다는 사실을 밝히기 위하여, 우리는 '직업'의 본질부터 다시 생각해 보기로 한다.

4장 삶과 일

1. 직업이란 무엇인가

'직업'이라는 말은 '맡을 직(職)' 자와 '일 업(業)' 자의 결합으로 이루어진 한자어다. 그러므로 그 말의 뜻을 우리말로 풀면 '맡은 일'이라고 옮길 수 있다. '맡은 일'이 생기기 위해서는 맡긴 자가 있어야 하거니와, 직업인에게 일을 맡긴 자가 누구인가를 거시적으로 따지고 보면 결국 그것은 '국가' 또는 '사회'라는 대답을 얻게 된다. 직업은 개인이 국가 또는 사회로부터 맡은 일에 해당한다.

국가나 사회는 집단적으로 해결해야 할 공동의 과제를 갖기 마련이다. 우리나라의 경우는 남북의 평화적 통일, 국제경쟁력의 강화, 건전한 민족문화의 창달, 새 시대를 위한 교육의 개혁, 위기에 처한 농촌 문제의 해결, 사회적 갈등의 최소화, 교통질서의 확립, 환경오염의 방지 등 이루 헤아리기 어려울 정도로 많은 과제를 안고 있다. 이들 과제가 시간의 흐름을 따라서 저절로 해결되리라고는 거의 기대하기 어렵다. 우리들이 안고 있는 공동의 과제들이 순조롭게 해결되기 위해서는, 일할 능력을 가진 모든 국민이 각각 자기의 능력과 적성에 맞는 일을 분담함으로써 일의 능률을 높여야 한다. 이러한 취지에서 각자가 나누어 맡은 일이 바로 '직업'에 해당한다. 그러므로 직업의 본질에는 분업(分業)으로서의 측면이 있다는 결론을 얻게 된다.

'직업'과 혼동되기 쉬운 말에 '생업(生業)'이라는 것이 있다. '생업'은 그 뜻을 순수한 우리말로 옮기면 '살기 위해서 하는 일'이 될 것이다. 먹고 살기 위해서 화전(火田)을 일구고 비바람을 막기 위해서 초가삼간을 짓는 따위의 노동은 생업의 예가 될 것이다. 그러므로 국가와 사회로부터 맡은 일로서의 '직업'과 단순히 나와 내 가족이 살기 위해서 하는 일로서의 '생업' 사이에는 상당한 차이가 있다고 보아야 한다.

직업은 단순히 나와 내 가족만을 위해서 하는 일이 아니라 '국가와 사회를 위해서'라는 뜻을 강하게 함축하고 있다. 바꾸어 말하면, '직업'에는 '사회에 참여하여 사회에 이바지하기 위해서'라는 의미가 깔려 있다. 그러나 단순히 사회에 참여해서 사회에 이바지하는 수고만으로는 직업이 되지 않는다. 예컨대, 자원봉사대가 하는 바와 같은 무보수의 봉사 활동은 직업의 범주에 들어가지 않는다. 먹고 살기 위한 돈벌이를 겸한 일이라야 직업이라고 부를 수 있다.

사회를 위해서 이바지하는 측면이 '내가 사회에 주는 것'이라면, 돈벌이는 '사회로부터 내가 받는 것'에 해당한다. 사회를 위해서 이바지한 대가로서 돈을 버는 것 이외에, 직업인이 얻을 수 있는 것이 또 한 가지 있다. 그것은 '자아의 성장'이다. 직업인이 '자아의 성장'을 반드시 의식적으로 계산하지 않더라도 직장 생활을 성실한 자세로 오래 지속하면, 자연히 '자아의 성장'이라는 또 하나의 성과를 얻게 된다.

저자는 학생 시절까지 합하여 약 30년 동안 서울대학교에서 살았고, 자연히 많은 서울대학교 학생들과 사귀게 되었다. 그들 가운데는 똑똑하고 머리 좋은 사람들이 많았다. 학생들 중에는 비록 머리는 좋으나 역시 미숙함에서 오는 결함을 느끼게 하는 사람들도 많았다. 다른 대학교 학생들에게서는 느끼지 못했던 서울대학생 특유의 결함도 발견되었다. 예컨대 이해타산이 너무 밝아서 거부감을 느끼게 하는 학생도 있었고, 자만심이 지나쳐서 남을 깔보는 듯한 인상을 풍기는 학생도 있었으며, 마치 세상 일에 불가능한 것이 없기라도 한 듯이 기고만장한 젊은이들도 있었다.

그러나 그들이 졸업하고 한 10년쯤 지나서 만나게 되었을 때, 그들은 크게 변해 있었다. 말과 행동이 정중해지고, 그전에는 없었던 침착하고 겸손한 태도를 보이는 등, 현저하게 성숙해진 경우가 많았다. 현저하게 성숙한 모습을 보인 사람들이 갖는 한 가지 공통점은 그들이 모두 안정된 직장 생활을 해왔다는 사실이었다. 직장을 갖지 못했거나 직장이 있다 해도 떳떳하지 못한 직장에서 세월을 보낸 사람들의 경우는 인간적 성장을 느끼기가 어려웠다. 이러한 경험을 근거로 삼고 저자는 성실하고 안정된 직장 생활이 자아의 성장을 가져온다는 결론을 얻게 되었다.

위에서 고찰한 바를 요약하면, 우리가 직업을 통하여 얻을 수 있는 것이 적어도 세 가지가 있다는 주장이 된다. 첫째로, 우리는 직업을 통하여 사회에 참여하고 사회에 이바지한다. 둘째로, 우리는 직업에 종사함으로써 돈을 얻는다. 셋째로, 성실한 직장 생활은 직장인의 인간적 성장에 큰 도움을 준다. 그렇다면 직업이 갖는 이 세 가지 목적을 모두 충분히 달성할 때 우리는 가장 바람직한 직장 생활에 종사하고 있다고 말할 수 있을 것이다.

현대사회에는 이루 헤아릴 수 없을 정도로 많은 종류의 직업이 있다. 그 가운데서 어떤 종류의 직업이 저 세 가지 목적을 달성하기에 가장 유리할까 하고 생각해 보아도, '이것이다' 하고 하나를 내세우기가 어렵다. 거의 모든 직종에는 일장일단이 있어서, 사회에 크게 이바지하는 직업은 돈벌이에 어려움이 따르고, 돈벌이에 유리한 직업은 자아의 성장에 어려움이 있다. 예컨대 초등학교 교사는 사명감과 의지만 있으면 국가와 사회에 이바지할 기회와 자아의 성장을 기할 수 있는 기회는 많으나, 돈벌이는 크게 기대하기 어렵다. 한편 술집 호스티스는 돈벌이의 기회는 많으나 국가와 사회에 대한 기여나 자아의 성장을 위해서는 불리한 직업이라고 보는 것이 일반적 상식이다. 물론 여러 가지 측면에서 두루 유리한 직업도 있고, 어느 모로 보나 불리한 점이 많은 직업도 있다는 것을 부인할 수는 없다. 그러나 그 이해(利害)와 득실(得失)이 절대적인 것은 아니다.

옛날의 전통 사회에서는 직업의 종류에 따라서 그 사람의 신분이 결정되었다. 우리나라의 전통 사회에서 관료 계급 내지 선비 계층에 속하는 사람들은 모두가 높은 신분을 누렸고, 상업에 종사하는 사람들은 누구나 낮은 신분을 감수하지 않을 수 없었다. 노비와 백정 같은 직업은 더욱 천대를 받았다. 이같이 직업에는 귀천(貴賤)의 구별이 있다는 것이 당연한 사실로 받아들여졌고, 그것이 엄격한 서열을 따라서 제도화되었던 것이다. 그뿐만 아니라 직업은 세습되기 마련이었고 직업을 바꾸는 일은 허용되지 않았으니, 직업의 종류와 신분의 귀천은 불가분의 관계를 오랫동안 유지했다고 하겠다.

그러나 산업사회 또는 정보사회라고 불리는 현대사회에서는 사정이 크게 달라지고 있다. 현대사회에서도 직업과 사회적 지위 사이에 아무런 관계가 없다고 말하기는 어렵다. 직업에 따라서 수입이나 권세에 상당한 차이가 생기는 것은 현대사회에 있어서도 일반적인 현상이다. 그러나 옛날 전통 사회에서 직업과 신분은 세습이 불가피한 귀속적(歸屬的) 지위였으나, 현대사회에서는 직업과 신분이 개인적 노력으로써 얻을 수 있는 획득적(獲得的) 지위라는 점에서 큰 차이를 찾아볼 수 있다. 옛날에는 직업의 종류가 바로 그 사람의 신분을 결정했으나 현대사회에서는 직업의 종류보다도 직업 또는 직장 내부에서 개개인이 차지하는 직위나 활동 양상에 따라서 신분의 고하가 결정되는 경향이 있다. 예컨대 옛날 같으면 사(士) 계급에 속하는 공무원은 누구나 상공(商工) 계급에 속하는 회사원보다 높은 지위를 누려야 마땅하나, 현대사회에서는 공무원과 회사원 사이의 신분의 고하를 일률적으로 말하기가 어렵다. 그보다는 관공서 또는 회사 내부에서 개개인이 차지하는 직위 또는 그의 활동 역량에 따라서 그의 사회적 지위가 결정된다고 보아야 할 것이다.

옛날 농경 사회에서는 경제생활이 주로 자급자족의 형태로 이루어졌으며 물자와 봉사 인력의 유통이 적었으므로, 인간관계가 직업을 통하여 맺어지는 경우는 비교적 많지 않았다. 그러나 현대사회에서 대부분의 개인들은 자신의 직업을 통하여 다른 사람들과 관계를 맺게 된다. 사람들이 처음 만나서 인사를 할 때, 옛날에는 조상이나 부친의 이름을 대고 누구의 5대손이니, 함자(銜字)가 길(吉) 자 동(童) 자 되시는 분의 둘째 아들이니 하고 자신을 소개하였다. 그러나 요즈음 사람들은 자기를 소개할 때 족보를 대는 대신 직장을 말하는 것이 보통이다. 그리고 이쪽에서도 상대편의 가문을 묻는 대신 직장을 묻는다. 이는 현대사회에서 직업이 차지하는 의의가 매우 크다는 것을 단적으로 말해 주는 현상이라고 볼 수 있다.

현대사회에서의 사회생활은 주로 직업을 매개로 해서 이루어진다. 옛날에는 가문(家門) 안에서 한자리를 차지하는 일이 개인의 삶을 보장하는 필수적 요건이었다. 그러기에 사람들은 족보를 중요시했고, 족보에 올리느니 족보에서 빼느니 하는 문제가 사활이 걸린 심각한 문제로 인식되었다. 그러나 현대사회에서는 직업 전선에서 한자리를 차지하는 일이 보람된 사회생활을 위한 필수 조건이 되고 있다. 남편의 수입만으로도 경제생활에는 불편이 없을 정도로 부유한 가정의 주부들까지도 자신의 일자리를 갖고자 하는 이유가 바로 여기에 있다. 현대에도 가정은 삶의 공간으로서 그 중요성을 잃지 않고 있다. 그러나 가정보다는 직업이 차지하는 비중이 더욱 크다고 말하여도 결코 과장이 아닐 것이다.

앞에서도 말한 바와 같이, 옛날 봉건적 전통 사회에 있어서 직업의 종류는 바로 신분의 고하를 결정할 정도로 매우 중요한 것이었다. 그러나 현대사회의 직업에 있어서 가장 중요한 것은 그 종류가 아니라 그것을 대하는 사람들의 태도다. 같은 종류의 직업에 종사한다 하더라도 그 직업을 대하는 사람들의 태도 여하에 따라서 그들이 받는 사회적 대우를 포함한 결과가 크게 다른 양상으로 나타나게 된다. 예컨대, '교사'라는 직업에 종사하는 사람들 가운데는 스승다운 스승이 되어 사회에 크게 기여함으로써 존경의 대상이 되는 사람도 있고, 전혀 그렇지 못한 사람도 있다. 또 다 같이 '의사'라는 직업에 종사하는 사람들 가운데도 많은 환자들의 고통을 덜어 주는 인술자(仁術者)가 됨으로써 세인의 칭송을 받는 사람이 있는가 하면, 한갓 악덕 상인과 다를 바 없다는 평가를 받는 사람도 있다. 직업의 종류보다도 그것을 대하는 태도가 중요함을 말해 주는 사례를 우리는 생활 주변에서 무수하게 찾아볼 수 있다.

2. 일의 보람과 자아의 실현

'직업'이라는 말과 가장 가까운 거리의 말로서 연상되는 것은 '돈'이다. '직업' 하면 돈을 연상하게 되고, '돈' 하면 직업을 연상하게 된다. 현대사회는 돈이 없으면 하루도 살기가 어려운 세상인 까닭에, 우리는 첫째로 돈을 염두에 두고 일자리를 구하게 된다. 오로지 돈을 위해서 일을 한다는 의식을 가진 경우가 흔히 있고, 돈이 많이 생기는 직업일수록 좋은 직업이라고 생각하는 사람들도 많다. 그러나 직업은 단순히 돈을 벌기 위한 수단에 불과한 것이 아니다. 그리고 돈이 많이 생기는 직업이 가장 좋은 직업이라는 생각도 짧은 생각에 지나지 않는다.

일은 돈을 벌기 위한 수단이기 이전에 그 자체가 목적이기도 하다. 사회적 존재인 인간은 남을 위해서 일을 할 때 삶의 보람을 느낀다. 때로는 무엇을 위해서 또는 누구를 위해서라는 목적의식을 떠나, 그 일 자체를 위해서 일을 할 경우도 있다. 창작에 대한 충동이 안으로부터 샘솟음에 따라서 그림을 그리거나 글을 쓰는 예술가의 활동은 그 대표적인 경우다.

한국의 어느 의과대학 동창회를 미국에서 가진 적이 있었다는 이야기를 친구로부터 들었다. 미국으로 이민 간 동창이 많아서, 그들의 초청으로 그곳에서 모임을 갖게 되었다고 하였다. 미국으로 건너가서 개업을 한 의사들 가운데는 큰 부자가 된 사람들도 많았다. 그 가운데 한 사람의 초대를 받고 친구 부부가 그 자택을 방문하게 되었을 때, 그 집 정원이 너무나 넓어서 놀랐다고 하였다. 주인의 안내를 받고 정원을 돌아보았던 것인데, 그것은 정원이 아니라 동산이었다. 주인 자신도 아직 밟아 보지 못한 땅이 있을 정도로 넓은 동산이었다.

그 넓은 저택의 주인이 친구에게 한 가지 부탁을 하였다. 서울에 있는 어느 병원에 일자리 하나 얻어 달라는 부탁이었다. 월급은 적어도 좋으니 보람을 느낄 수 있는 일자리를 얻고 싶다는 뜻이었다. 돈은 이미 쓰고 남을 정도로 많이 벌어 놓은 의사가 남의 나라에서 하고 있는 자신의 일이 갖는 의의에 대해서 회의를 느끼기 시작한 것이다. 의료 시설이 잘되어 있는 미국에서보다도 열악한 의료 시설과 불합리한 의료보험제도 속에서 고생하는 고국의 환자들을 위하여 봉사하는 편이 더 보람될 것이라는 생각을 그 의사는 했을 것임에 틀림이 없다.

미국의 어느 대학교수는 은퇴한 뒤에 자기가 봉직했던 대학의 정원을 청소하며 세월을 보냈다. 우리나라에도 초등학교 교장을 지낸 분이 은퇴한 뒤에 시장에서 자동차들의 교통정리에 종사한다는 이야기가 보도된 적이 있었다. 내가 아는 어떤 전직 공무원은 현재 70이 가까운 나이에 남의 자가용 운전기사 노릇을 하고 있다. 그는 자녀들을 모두 대학 공부까지 시켰고, 자녀들은 안정된 직장 생활을 하고 있다. 그 자신도 연금과 저축 이자만으로 넉넉하게 살 수 있는 형편이다. 그러나 그는 그저 노는 것보다는 일을 해야 한다는 생각을 실천에 옮기고 있는 것이다.

사람은 일을 해야 한다. 아무 일도 하지 않고 무위도식하는 것보다는, 세상 사람들이 하찮게 생각하는 일이라도 하는 편이 바람직하다. 사회를 위해서 또는 문화를 위해서 보탬이 되는 모든 일에는 가치가 있으며, 가치가 있는 일을 하는 곳에 삶의 보람이 있다. 그리고 우리가 보수를 문제 삼지 않는다면, 우리들의 주변에는 어디에나 일이 널려 있다. 사회를 위해서 또는 문화를 위해서 도움이 되는 일들이 도처에 널려 있다.

어떤 일이든 하는 편이 안 하는 편보다 낫다 함은, 아무 일이나 닥치는 대로 하라는 뜻이 아니다. 선택의 여지가 전혀 없을 경우에는 아무 일이나 닥치는 대로 하는 것이 바람직할 것이다. 그러나 선택이 가능할 경우에는 할 수 있는 일들 가운데서 가장 보람이 큰 것을 선택하여 실천하는 것이 당연하다. 같은 시각에 두 가지 이상의 일을 동시에 할 수는 없는 노릇이다.

할 수 있는 일들 가운데서 가장 보람이 큰 것을 선택하라고 하였다. 그렇다면 보람이 가장 큰 일은 어떠한 일일까? 일반적으로 말해서, 사람들이 일을 선택하는 첫째 기준은 돈일 경우가 많다. 자신이 할 수 있는 일 가운데서 돈이 가장 많이 생기는 일을 선택하는 경향이 있는 것이다. 만약 돈이 이 세상에서 가장 소중한 것이라면, 가장 많은 돈을 벌 수 있는 일을 선택하는 것이 마땅할 것이다. 그러나 돈이 소중한 것이기는 해도 세상에서 가장 소중한 것은 아니다.

돈은 본래 다른 무엇을 얻기 위한 수단이요, 그 자체가 목적은 아니다. 돈으로 얻고자 하는 목적이 돈보다 더욱 소중할 것이므로, 돈을 세상에서 가장 소중한 것으로 볼 수는 없다. 삶에서 가장 소중한 것은 모든 사람들이 궁극의 목적으로 삼고 있는 것, 즉 행복이라고 볼 수 있을 것이다. 다만, 앞에서 지적한 바 있듯이 행복을 위해서는 우선 기본 생활의 안정이 필요하므로 기본 생활의 안정에 필요한 정도의 돈을 벌 수 있는 일을 우선적으로 선택하는 것은 현실적으로 현명한 선택일 수 있다.

기본 생활의 안정에 필요한 정도의 돈보다 더 많은 돈이 생기면, 그 남아도는 돈도 유용하고 편리할 때가 많을 것이다. 그러나 그 가외의 돈을 벌기 위해서 많은 시간을 투입하는 것은 현명한 선택이 아니다. 가외의 돈보다 더욱 소중한 것을 위해서 일하는 편이 현명할 것이다. 돈보다 더욱 소중한 것이 한두 가지가 아니겠지만, 그 가운데서 자신에게 가장 뜻있는 것을 얻을 수 있는 일에 몰두함이 바람직하다.

'나 자신을 위해서 가장 뜻있는 것을 얻을 수 있는 일'이 무엇인가를 미시적(微視的)으로 판단하기는 어려울 것이다. 다시 말해서, 행동 하나하나를 독립적인 것으로 보고 각 순간의 행동을 통하여 얻을 수 있는 결과 그 자체의 본래적 가치(intrinsic value)를 판단하기는 어려울 것이다. 우리가 할 수 있는 것은 전체로서 바람직한 삶의 목표를 거시적으로 정하고, 그 거시적 목표의 달성을 위해서 지금 이 순간에 내가 해야 할 올바른 행동이 무엇인가를 헤아리는 일일 것이다. 바꾸어 말하면, 행위 하나하나를 통하여 얻을 수 있는 결과 그 자체를 목적으로 보지 않고 더 큰 목적의 달성을 위한 수단으로 보는 견지에서, 각 순간의 행위를 선택해야 한다는 뜻이다.

우리는 개인의 생애를 예술가의 작품에 비유할 수 있을 것이다. 예술가가 심혈을 기울여서 아름다운 작품을 만들고자 애쓰는 태도와, 뜻을 세운 사람이 자신의 생애를 멋있고 아름다운 것으로 만들고자 정진하는 자세 사이에는 근본적인 유사성이 있다. 구체적으로 말해서, 화가가 한 폭의 그림을 위해서는 먼저 그림 전체의 구도(構圖)를 머릿속에서 구상하고, 그 구도에 맞는 작품을 만들어 내기 위하여 붓대를 놀려 선을 긋기도 하고 점을 찍기도 한다. 그와 마찬가지로, 후회 없는 삶을 살고자 하는 사람은 우선 자신에게 바람직하다고 생각되는 삶의 전 과정을 설계하고, 그 설계를 실천에 옮기기 위하여 하루하루를 일하며 살아간다. 그가 때에 따라서 하는 일 또는 행위는 그가 설계한 삶의 구도를 메우기 위한 부분적 활동에 해당한다.

오늘 내가 하는 일 또는 행위는 오늘 하루만을 위한 일 또는 행위가 아니라, 나의 전 생애를 구성하는 부분으로서의 의의를 갖는 일 또는 행위다. 그러므로 내가 오늘 하는 일 또는 행위의 보람 내지 가치는 오늘의 일 또는 행위 자체만 가지고는 따질 수 없으며, 그것이 나의 전 생애를 위해서 어떠한 의미를 갖느냐에 따라서 결정된다. 쉽게 말해서, 오늘 내가 하는 일 또는 행위가 큰 가치를 갖기 위해서는 그것이 한 작품으로서 손색이 없는 나의 전 생애에 필요한 부분이어야 하며, 나의 전 생애가 작품으로서 손색이 없기 위해서는, 그것이 나의 자아를 어느 정도 실현한 것이어야 하며, 또 내가 사는 사회를 위해서 기여하는 바가 있어야 한다.

한 사람의 생애를 하나의 예술 작품에 비유할 때, 그것이 성공한 작품이냐 또는 실패한 작품이냐를 결정하는 첫째 척도는, 그의 생애가 그의 자아(自我)를 실현함에 있어서 어느 정도 성공했느냐 하는 사실이다. 사람은 누구나 여러 가지 잠재력 또는 가능성을 가지고 이 세상에 태어나거니와, 그 잠재력이 충분히 발휘되었을 때 우리는 "그는 자아실현에 성공했다."고 말한다. 대개의 경우 한 사람이 타고난 잠재력은 매우 큰 것이며, 그 잠재력이 현실로 나타나는 과정이 앞에서 행복의 조건을 논하는 대목에서 언급한 '자아의 성장'이다. 그리고 자아의 성장이 순조롭게 이루어짐으로써, 타고난 잠재력을 유감이 없을 정도로 발휘했을 경우에 '자아실현'이 이루어졌다고 흔히 말한다.

예컨대, 음악가의 소질을 남달리 타고난 사람이 그것을 발휘하여 높이 평가되는 음악가로 성장하였을 때, 우리는 그가 음악가로서의 자아실현에 성공했다고 말한다. 운동선수의 경우도 그렇고 저명한 학자의 경우도 마찬가지다. 특히 전통적으로 자아실현에서 가장 중요하다고 생각되어 온 것은 타고난 이성적 소질을 충분히 발휘하는 일이었다. 많은 철학자들이 이성(理性)을 인간의 가장 소중한 능력으로 보고 그것을 만족스러울 정도로 발휘하기에 이른 사람을 자아실현에 성공한 사람이라고 칭송하였다. '이성'을 인간 특유의 본성(本性)이라고 보는 인간관이 오랜 전통을 이루었기 때문일 것이다.

그러나 '이성'이 무엇인가를 명확하게 규정하기란 쉬운 일이 아니며, 인간에 있어서 유독 이성만이 귀중하다고 보는 견해에도 이론(異論)을 제기할 여지가 전혀 없는 것도 아니다. 우리는 이성이 매우 소중한 인간의 특성임을 인정하면서, 예술 또는 체육 등으로 나타나는 인간의 소질도 역시 크게 소중하다는 것을 인정해야 할 것이다. 그러므로 모든 사람들이 하나의 공통된 인간상을 자아실현의 이상적 모형으로 삼을 필요는 없을 것이며, 각자의 소질과 개성을 존중하여 각자에게 적합한 자아실현의 목표를 정립함이 바람직할 것이다.

가능성으로서 잠재해 있는 능력을 겉으로 나타나게 하는 것은 갈고 닦는 우리들의 노력이다. 갈고 닦는 이 노력이 다름 아닌 넓은 의미의 '일'이다. 일을 통하여 우리는 우리의 소질을 연마하고 가능성으로 묻혀 있던 잠재력을 겉으로 드러나게 한다. 우리가 일을 함으로써 얻을 수 있는 돈을 초월하여 일 그 자체에서 보람을 느끼는 것은, 일과 자아실현 사이에 불가분의 관계가 있기 때문이다.

나의 생애 전체를 하나의 작품으로 볼 때, 그것이 자랑스러운 성공작이냐 또는 부끄러운 실패작이냐를 결정하는 둘째 척도는, 내 생애가 나의 조국과 시대를 위해서 어느 정도 기여했느냐 하는 사실이다. 우리가 사람을 평가할 때 '큰 인물이다' 또는 '작은 인물이다'라는 표현을 쓰거니와, 이때 '큰 인물'이라 함은 작은 일에 사로잡히지 않는다는 뜻도 되지만, 그보다도 더욱 중요한 의미는 '작은 나의 울타리를 뛰어넘어서 큰 우리를 위해서 사는 사람'이라는 뜻이라고 보아야 한다. '나' 한 사람을 위해서 산 사람보다는 '우리 집'을 위해서 산 사람이 더 큰 사람이다. '우리 집'만을 위해서 산 사람보다 는 '우리나라'를 위해서 산 사람이 더 큰 사람이고, '우리나라'만을 위해서 산 사람보다는 세계와 인류를 위하여 산 사람이 더 큰 사람이다. 그리고 큰 사람의 삶일수록 그 삶은 보람과 의의가 큰 작품이라 할 것이다. 오늘 이 순간에 내가 하는 일의 보람과 의의는 그것이 나의 생애 전체 안에서 차지하는 좌표를 따라서 결정된다.

3. 시대와 직업

인구 전체의 90퍼센트 이상이 농경에 종사하며 생계를 꾸려 나간 옛날 전통 사회에서는, 직업의 구조가 매우 단순하고 그 종류도 별로 많지 않았다. 그 당시에는 의식주의 기본 생활에 필요한 물건의 대부분을 자급자족했던 까닭에, 농사 이외의 다른 직업에 대한 사회적 요구가 극히 제한되었던 것이다. 귀족계급에 속하는 양반들은 생활에 필요한 물건을 생산하지 않았으므로, 그들의 수요를 충족시키기 위하여 약간의 수공업이 발달했을 뿐이다. 농업과 수공업 이외에 관직과 상업에 종사하는 사람들이 있었으나, 그 수는 농업 종사자에 비하여 아주 적은 편이었다. 그리고 직업은 신분을 따라서 정해지기 마련이었으므로, 개인의 희망에 따라서 직업을 선택할 자유도 거의 없었다.

그러나 기계의 발명과 공장제도의 발달로 산업화를 이룩한 서구의 문명이 들어온 뒤부터 사정이 크게 달라졌다. 공산품의 대량생산을 가능케 한 여러 종류의 공장이 건설되면서 우리가 가질 수 있는 직업의 종류가 대폭 늘어났고, 농토가 적어서 일거리가 없던 사람들 또는 농사를 짓는 것보다는 새로운 직업을 갖는 편이 유리하다고 판단한 사람들이 농촌을 떠나는 사례가 많이 나타났다. 공업의 발달은 상업의 발달을 수반하였고, 상업의 발달은 다시 여러 가지 직업을 창출하였다.

직업 선택의 자유가 없었던 신분 사회는 이미 20세기 초엽에 무너지고 말았으므로, 사람들은 새로 생긴 여러 가지 직업 가운데서 자신에게 유리하다고 생각되는 것을 얻기 위해 치열한 경쟁을 벌였다. 유리한 직업을 얻고자 하는 경쟁에서 이기기 위해서는 학력에서 남보다 앞서야 했으므로, 취직을 위한 경쟁은 대학의 입학시험 경쟁으로 직결되기도 하였다.

산업화가 처음 시작된 것은 18세기 말의 영국이었고, 이것이 전 세계로 확산되었다. 산업사회에서 주도권을 장악한 것은 공장을 소유한 자본가였고, 산업화 초기에 이들은 공장 노동자들을 마음대로 지배할 수 있었다. 이러한 상황에서 악덕 자본가들은 노동자들을 착취하는 사례가 많았고, 그 결과 빈부의 격차가 심한 사회를 초래하는 심각한 폐단이 생겼다.

산업사회의 또 한 가지 폐단은 직업의 분화에 따른 인간소외(人間疎外)의 현상이었다. 공산품의 생산성을 높이기 위하여 하나의 물품을 무수한 공정으로 세분화하여 제조하게 되었거니와, 이 과정에 참여한 근로자들은 어떤 창의를 발휘할 여지도 없고 자기가 하는 일의 의미를 느낄 수도 없는 상태에서 기계적으로 같은 동작을 되풀이해야 했다. 결국 인간이 기계의 부품과 같은 구실을 하는 꼴이 된 셈이며, 인간이 인간의 자리에서 밀려난 처지에 놓이게 되었다. 이른바 '인간소외'의 현상이다.

산업화 과정의 이러한 폐단을 목격하고 그 모순을 신랄하게 파헤친 사상가로서 마르크스가 있었고, 그러한 모순을 시정하기 위한 자구(自救)의 노력으로서 노동조합운동이 일어난 것으로 볼 수 있을 것이다. 마르크스의 사상은 우리나라에도 들어왔고, 노동조합운동 또한 우리나라에서도 활발하게 전개되었다. 그리고 그 사상과 운동이 우리나라의 현실이 안고 있었던 모순을 해결하는 데 어느 정도 기여한 바 있다고 보는 것이 공정할 것이다. 그러나 다른 한편으로는 우리나라의 국익에 어긋나는 결과를 가져온 점도 없지 않았다.

서구 선진국에서는 초기 자본주의 경제의 모순을 크게 개선함으로써 마르크스의 비난을 무력화하는 방향으로 궤도를 수정하였다. 그들은 노사간의 분규를 지성적 대화로써 해결하는 지혜도 터득하게 되었다. 그러나 우리 한국의 경우는 산업화의 역사가 아직 일천하므로, 기업주 측에서도 19세기적 자본주의의 낡은 껍질을 완전히 벗어 던지지 못한 경우가 있으며, 근로자 측에도 근시안적 관점에서 무리한 '내 몫'을 요구하는 소리가 아직 남아 있다.

바야흐로 21세기를 눈앞에 두고 있는 오늘날, 우리의 상황은 눈부실 정도로 빠르게 변화하고 있다. 지금은 낡은 이데올로기를 앞세우고 우리끼리 맞설 때가 아니며, 노사(勞使)가 집단적 이기주의에 사로잡혀 '네 몫'과 '내 몫' 싸움으로 시간과 정력을 낭비할 때도 아니다. 직업에는 본래 돈벌이보다도 더 큰 목적, 즉 '사회에 참여해서 사회를 건설하기 위하여'라는 목적이 있음을 명심하고, 우선 우리 한국이 국제사회에서 낙오자가 되지 않도록 모두가 뜻을 모아야 할 상황이다.

산업사회 그 자체에도 직접 변화가 오고 있다. 이른바 '후기 산업사회'가 다가오면서 산업구조에 중대한 변화가 일어나고 있다. 토플러(A. Toffler)가 말하는 '제3의 물결'이 밀려오고 있는 것이다. 토플러에 따르면, 토지와 농업 기술이 부(富)의 원천이었던 '제1의 물결'은 옛날에 흘러갔다. 자본과 기계문명이 경제를 지배해 온 '제2의 물결'도 바야흐로 역사의 뒤안길로 숨으려 하고 있다. 그리고 컴퓨터에 입력되고 다시 컴퓨터에서 출력되는 정보와 지식이 경제를 주도하는 '제3의 물결'이 세계의 역사를 좌우할 시대가 등장하고 있다. 이 제3의 물결을 타지 않고서는 역사의 낙오자로 밀려날 날이 멀지 않을 것이다. 기업인과 근로자가 편을 갈라서 대립하는 구태의연한 자세로는 이 새로운 시대에 적응하기 어려울 것으로 보인다. 이제 우리는 새로운 시선으로 우리의 현실을 직시해야 할 것이다.

미래 사회에서는 공산품을 대신하여 정보와 지식이 주요 상품의 자리를 차지하게 될 것이다. 바꾸어 말하면, 단순노동이나 숙련된 기술 노동과 같은 육체노동보다는 정보를 생산하고 관리하는 정신노동의 비중이 커질 전망이다. 이러한 변화는 직업 활동의 방식에도 큰 변화를 가져올 것이다. 예컨대, 산업사회에서의 대량생산 방식보다는 창의성을 발휘한 특색 있는 상품을 개발하는 편이 유리할 것이며, 중앙집권적 대기업의 형태가 도리어 불리할 경우도 생길 것이다. 따라서 이제까지 각광을 받았던 집중화, 대형화, 표준화의 경영 철학은 퇴조하고, 반대로 분산화, 다원화, 소규모화의 전략이 득세할 것이라는 예견도 가능하다. 개인의 차원에서 본다면, 그저 조직에 순응하고 표준화에 적응하기에 급급한 수동적 직장인보다는 창의성과 개성이 강한 능동적 직장인이 각광을 받을 공산이 크다. 항상 머리를 써가며 진지하게 노력하는 사람들이 직업인으로서 성공하게 될 것이다.

정보산업 또는 지식산업이 큰 비중을 차지하게 될 미래 사회에서는 여성의 취업이 현재보다도 더욱 용이하게 될 것이다. 표준화된 상품을 대량생산하기 위해서는 대규모의 직장에 모든 근로자들이 동시에 출근하고 동시에 퇴근할 필요가 있으나, 개성과 창의성을 존중하는 정보산업의 사회가 되면 반드시 일정한 시간에 출퇴근할 필요가 없게 되며, 집에 머물러 있으면서 일정한 작업량만 책임지면 될 것이다. 가정과 직장을 분리할 필요가 적어짐에 따라, 여성이 집안일을 하면서 직장 일도 겸하기가 쉬워진다. 남편의 경우도 집에서 직장 일을 컴퓨터로 처리할 수 있으므로 가사를 분담하기가 종전보다 용이하게 될 것이다.

농사 또는 수렵을 생업으로 삼던 옛날에는 체력이 강한 남성이 바깥일을 맡는 것이 자연스러운 일이었고, 생필품을 구하느라 더 많은 땀을 흘린 남성들이 가족 안에서의 발언권도 강했다. 산업사회가 되면서 여성으로서도 능히 감당할 수 있는 일들이 많이 생기기는 했으나, 그래도 굳센 체력을 필요로 하는 일들도 많이 있어서 여성보다 남성이 유리한 상황은 계속되었다. 그러나 컴퓨터로 대부분의 일을 처리하기 마련인 정보산업시대가 되면, 체력 때문에 여성이 직장 생활에서 불리하게 될 까닭은 거의 없을 것이다. 다만 출산과 육아의 부담만이 여성에게 불리한 조건으로 남게 된다.

이러한 상황이므로 앞으로 정보산업사회가 본격화되면 여성의 사회 진출은 더욱 활발해질 것이고, 가정에만 틀어박혀 있기를 거부하는 여성들의 수는 날로 늘어날 것이다. 여성을 위해서 바람직한 현상임에 틀림이 없다. 다만 다음 세대를 짊어질 어린이들에게 충분한 사랑을 베풀 수 있는 따뜻한 가정이 파괴되지 않을까 하는 걱정이 문제로 남는다. 이것은 이 저술과 직접 관계가 없는 문제이기는 하나, 별도의 연구로써 대처해야 할 중대한 문제다.

현대사회에도 이미 무수하게 많은 종류의 직업이 존재하고 있거니와, 정보산업이 주종을 이룰 미래 사회에는 더욱 많은 종류의 직업이 생길 것이다. 직업의 종류가 많아질수록 우리에게는 선택의 폭이 넓어지는 장점이 생기는 동시에, 어떤 직업을 선택하는 것이 옳을지를 판단하기가 더욱 어려워지는 애로도 생긴다. 삶에서 차지하는 직업의 의의는 대단히 큰 까닭에, 여러 가지 직종 가운데서 하나를 선택하는 일은 매우 중요한 과제가 아닐 수 없다. 여기서 우리는 직업을 선택하는 마당에서 중점적으로 고려해야 할 사항이 무엇이냐 하는 물음 앞에 서게 된다.

앞에서 우리는 직업에 세 가지 기능이 있음을 언급한 바 있다. 우리는 직업을 통하여 첫째로 사회에 이바지하고, 둘째로 돈벌이를 하며, 셋째로 자아의 성장이라는 또 하나의 소득을 갖게 된다. 이 세 가지가 모두 잘되는 직업이 가장 바람직한 직업일 것이며, 이 세 가지 목표를 모두 충분히 달성할 수 있는 직업을 선택해야 옳다는 주장이 일단 성립할 수 있을 것이다.

첫째로, 우리는 자신이 사회에 크게 이바지할 수 있는 직업이 어떤 직업인가를 고려해야 할 것이다. 사회와 국가를 위해서 별로 도움이 되지 않는 일은 크게 탐탁한 직업이라고 보기 어렵다. 둘째로, 돈벌이를 생각하지 않을 수 없다. 돈이 없이는 하루도 살기 어려운 것이 현대사회의 실상이므로, 적어도 기본 생활의 안정에 필요한 정도의 돈은 벌 수 있어야 직업다운 직업이라고 말할 수 있다. 셋째로, 자아의 성장이 잘되는 직업을 선택해야 한다. 비록 많은 돈을 벌 수 있는 일이라 하더라도 자아의 성장에 별로 도움이 되지 않는다면 좋은 직업이라고 보기 어렵다.

위에서 말한 세 가지 목적을 고루 달성하기 위해서 가장 중요한 것은 자신의 적성에 맞는 직업을 선택하는 일이다. 적성에 맞지 않는 일에 종사하게 되면 자아의 성장을 기대하기 어렵고, 국가와 사회를 위해서 이바지할 수 있는 최선의 길에서 멀어질 수밖에 없다. 둘째로 중요한 것은 시대와 사회가 가장 필요로 하는 일이 무엇인가를 미래 지향적으로 내다보는 일이다. 미래사회에서 가장 크게 요구되는 일을 하게 되면, 국가와 사회를 위하여 기여하는 결과를 얻는 동시에 생활의 안정에도 유리할 것임에 틀림이 없다.

그러나 앞에서도 이미 지적한 바와 같이, 직업에 관한 가장 중요한 문제는 "어떤 종류의 직업을 선택하는가?"가 아니라, "어떠한 태도로써 직업에 임하는가?"이다. 한 개인이 행복한 삶을 갖느냐 또는 불행한 삶을 갖느냐를 결정하는 것은, 그가 어떤 종류의 직업에 종사하느냐에 달려 있다기보다는 그가 어떤 태도로 직업에 임하느냐에 달려 있다. 한 나라 전체를 놓고 보더라도 그 흥망과 성쇠를 좌우하는 가장 큰 요인은 그 나라 국민 일반의 직업을 대하는 태도라 해도 과언이 아닐 것이다.

5장 직업을 대하는 한국인의 태도

1. 몇 가지 사례

사람들이 직업을 대하는 태도는 직업의 종류를 선택하는 과정에서부터 나타나고, 특정 직업에 대한 선호도(選好度)는 대학의 지망 학과를 선정하는 단계에서 이미 나타난다. 바꾸어 말하면, 우리는 한국의 젊은이들이 어떤 대학의 어느 학과에 입학하기를 원하는가를 주시함으로써 직업을 대하는 태도의 큰 줄기를 짐작할 수가 있다.

이른바 명문 대학을 선호하는 것은 세계적인 추세라고 볼 수 있으며, 한때 한국의 대학 지망생들 가운데는 '이류 대학'의 취직이 잘되는 실용적인 학과보다도 '일류 대학'의 취직이 어려운 학과를 선호하는 사람들이 많았다. '돈'보다는 '이름'을 존중하는 가치관의 반영이었다고 볼 수 있다. 그러나 근래에는 학교의 이름보다도 돈벌이의 가능성을 더 중요시하는 방향으로 태도가 변해 가고 있다. 예컨대, '한의학과'라면 어느 대학을 막론하고 우수한 학생들이 많이 지망하는 근래의 통계는 그러한 변화의 한 단면이다.

우리나라에서는 그전부터 명문 대학교의 법과대학과 의과대학의 경쟁률이 높았다. 명문 대학교의 법대를 나오면 판검사라는 권력의 자리나 변호사라는 경제적으로 유리한 직업을 얻을 수 있다는 예측이 상식에 가까웠다. 의과대학은 전문의를 길러 내는 곳이고, 일단 전문의의 자격만 따면 돈벌이는 거의 보장된다는 것이 일반인의 통념(通念)이다.

판검사가 됨으로써 사회정의 실현에 일익을 담당하기 위해서, 또는 민권변호사가 됨으로써 억울한 사람들을 도와주리라는 사명감에서 법과대학을 지망할 경우도 생각할 수 있을 것이다. 더러는 실제로도 그런 경우가 있는 것으로 알고 있으나, 우리나라 법조계의 현실을 바라볼 때, 그런 사례가 대단히 많은 것으로는 생각되지 않는다. 의과대학 지망생의 경우에도 인술을 익혀서 수많은 환자들의 고통을 덜어 주리라는 어진 동기에서 그런 선택을 하는 사람들이 있을 수 있고, 또 실제로도 그런 사람이 더러 있는 것으로 알고 있다. 그러나 그러한 사람들이 대세를 이룬다고 말하기는 어려운 것이 우리의 현실이 아닐까 한다.

근래에 각광을 받고 있는 대학의 학과 가운데는 경영학과, 전자공학과, 연극영화과 등이 손꼽힌다. 이러한 학과들도 졸업한 뒤에 취직의 문이 넓고 보수도 좋다는 공통점을 가지고 있다. 예나 지금이나 별로 인기가 없는 학과로는 철학과 사학과, 언어학과 등을 들 수 있고 사범대학과 교육대학 그리고 가정대학의 경우는 모든 학과가 그늘진 처지를 벗어나지 못하고 있다. 특히 교육대학의 경우는 남학생들로부터 외면당하는 경향이 현저하여 장차 남자 교사를 확보하는 일이 어려운 과제로 지적되고 있는 형편이다. 이들 인기가 없는 학과나 학교들의 공통된 점은 그것들이 돈벌이와 인연이 먼 직업과 직결된다는 사실일 것이다.

종사하고 있는 직업을 대하는 한국인의 태도에는 여러 가지 경우가 있으므로 일률적으로 말하기는 어려우나, 대체로 직업을 대하는 한국인의 태도를 높이 평가하기는 어려울 것으로 보인다. 어떠한 문제점이 있는가를 살펴보기 위하여, 구체적 사례를 생각해 보기로 한다.

기업이 이윤을 추구하는 것은 당연한 일이라 하겠으나, 기업도 직업의 일종임에는 다를 바가 없으므로, 아무리 '장사'라 하더라도 국가와 사회에 대하여 기여할 책임을 면할 수는 없다. 다시 말하면, 돈벌이를 목적으로 삼는 장사라 하더라도 국가와 사회에 대하여 피해를 주는 방식으로 장사를 해서는 안 된다는 것이 직업윤리의 기본 원칙이다. 그러나 우리나라의 경우는 대기업까지도 이 기본 원칙을 어기는 사례가 적지 않다.

국가와 사회에 이바지해 가며 기업을 경영하자면 우리나라의 타 기업체에 피해를 주지 않아야 하며, 소비자에게도 피해를 주는 일이 없어야 할 것이다. 그러나 한국의 대기업 가운데는 일차적 경쟁 상대로서 우리나라의 타 기업을 겨냥하는 경우가 많으며, 속임수나 폭리로써 소비자를 우롱하는 사례도 비일비재하다. 공산품의 경우는 국산품이 수입품으로 둔갑하고, 농산물의 경우는 수입품이 국산품으로 둔갑한다.

'인술(仁術)'이라는 말로 존경을 받는 의사들 가운데도 환자에 대하여 몹시 불친절한 경우가 흔히 있다. 단순히 불친절함에 그치지 않고 응급 환자의 진료를 아예 거부하는 사례도 가끔 있다고 들었다. 산부인과 전문의가 임신중절 수술은 기꺼이 하면서 분만 직전의 산모가 입원하는 것은 거절하는 경우가 있다는 이야기가 텔레비전을 통해 소개되기도 하였다. 임신 중에 정기적으로 검진을 받아 온 산부인과였음에도 불구하고, 분만을 돕는 일은 사절하는 경우도 있다고 들었다. 그 이유는 분만 시간이 취침 시간인 한밤중이 될지도 모르기 때문이라고 하였다.

낙동강을 비롯해서 우리나라의 상수도 수원 구실을 하는 모든 강물이 크게 오염되었다는 것이 큰 문제로 지적되고 있다. 거듭된 지적과 문제화에도 불구하고 수질의 개선은 여전히 항상 심각한 과제로 남아 있다. 식수의 심각한 오염 문제가 근본적으로 해결을 보지 못하는 까닭도 역시 직업을 대하는 한국인의 태도가 좋지 않음에 있다고 보아야 한다. 수원지 상류에 위치한 공장이나 목장을 경영하는 사람들이 수질오염 방지의 규칙을 지키지 않고, 감독의 책임을 진 공무원들이 직무에 태만한 까닭에, 수질오염의 문제는 해결되지 않는 문제로 항상 남아 있는 것이다.

전투기 기종 변경에 관한 사기 사건이 다시 드러났다. 국방의 중대한 책임을 맡은 장교들의 직업관이 제대로 서 있다면, 이러한 사건은 일어날 리가 없다. 애국자들의 대표적 집단임을 자처한 직업 군인들조차 국고를 축내고 있다는 사실은 한국인의 직업관에 큰 문제가 있음을 단적으로 말해 준다.

김영삼 대통령이 취임한 뒤에 부정과 부패의 척결을 첫째 시정 목표로 삼았을 때, 사정(司正)의 대상으로 떠오른 것은 주로 공직자 사회였다. 나라의 살림을 맡은 공직자들이 그 중책을 외면하고 사리와 사욕을 챙기기에 급급했던 사례가 많았음을 의미한다. 더욱 한심한 것은, 사정의 바람이 몰아쳤을 때 공무원 사회가 개혁의 길에 적극적으로 참여하지 않고 무사안일을 꾀하는 소극적 자세로 돌아섰다는 사실이다. 과거에는 민간과의 접촉이 많은 자리를 선호하던 공무원들이 이제 부수입을 올리기가 어려운 상황임을 눈치채고 도리어 일거리가 별로 없는 한가로운 자리를 선호하는 경향을 보였다는 사실은, 우리나라 공직자들의 직업의식의 현 수준을 알기 쉽게 말해 준다.

한국인의 직업의식이 수준 이하임을 가장 여실히 나타내는 것은 택시 운전 기사들이다. 우리나라에서는 빈 택시를 잡더라도 손님이 마음대로 타고 행선지를 지시하는 관행은 통용되지 않는다. 손님이 가고자 하는 곳을 말하고 그곳으로 가주겠느냐고 운전기사의 의사를 먼저 물어보아야 하는 것이다. 어느 곳으로 달리느냐를 결정할 수 있는 권한은 운전기사가 쥐고 있는 셈이며, 그가 원하지 않는 곳으로 가기 위해서는 웃돈을 주겠다고 약속할 필요가 있다.

요행히 승차 거부를 당하지 않는다 하더라도 목적지까지 데려다 준다는 보장은 없다. 가고자 하는 곳이 뒷골목이거나 그 위치를 잘 모르는 초행길일 경우에는 근처까지만 실어다 주고 그 다음은 걸어서 찾아가라고 하는 경우를 흔히 경험한다. 이러한 태도는 일본의 택시 운전 기사들과 매우 대조적이다.

수년 전 일본에 갔을 때, 첫 숙박지를 교토(京都)로 정하고 어느 일본식 여관에 예약을 해두었다. 3백 년 이상의 역사를 가진 유명한 여관이라고 하기에, 택시만 타면 쉽게 찾아갈 수 있으리라고 생각하였다. 그러나 우리가 탄 택시는 오사카(大阪)의 것이었기 때문인지, 그 기사는 처음 듣는 여관 이름이라고 하였다. 여관의 전화번호를 적은 종이가 있기는 했으나, 큰 가방 속에 깊이 들어 있었다.

그러나 택시 기사는 난처하다는 표정을 짓거나 불평을 하는 일이 없이 공중전화 앞에 차를 세웠다. 거기서 자기 손으로 전화번호를 찾은 뒤에 자기 돈으로 전화를 걸었다. 전화 연락이 되기는 했으나 그곳 지리에 어두웠던 까닭에, 바로 찾아가기가 어려운 모양이었다. 그는 여러 차례 차를 세우고 길 가는 사람들에게 묻고 또 물었다. 그렇게 해서 그 여관을 찾기까지 상당히 애를 썼지만 조금도 불평을 하지 않았고, 도리어 미안하다고 하였다. 택시 요금을 받았을 때, 얼마 안 되는 거스름돈을 내주려고 하였다.

요행히 마음씨 착한 택시 기사를 만난 것 같지는 않았다. 다음 날 다른 택시를 탔을 때에도 모두 한결같이 친절했던 것이다. 우리가 한국에서 온 여행객임을 알고, 명승지나 유적지 근방을 지날 때는 자상하게 설명해 주는 수고를 아끼지 않았다. 그리고 화제를 우리 한국 이야기로 돌리는 기사도 몇 사람 있었다. 세계 여러 나라에 관한 책을 통하여 평소에 상식을 얻어 두었다가 외국 손님을 만나면 화제에 이용하는 것이 그들의 서비스였을 것이다.

일본의 어느 소도시에 들렀을 때, 그곳의 아는 사람이 나를 초밥집으로 초대하였다. 주인을 포함해서 두 사람의 요리사가 손님 접대를 하는 소규모의 음식점이었다. 나를 초대한 사람이 나를 그 주인에게 소개하면서 40여 년 전에 일본의 '제삼고등학교'를 졸업한 일이 있다는 말도 하였다. 그 말을 들은 초밥집 주인은 이제는 경도대학에 흡수되고 만 그 명문을 추켜세웠다. 그리고 그 학교의 노래 한 곡을 조용히 불렀다. 그러나 그가 제삼고등학교와 특별한 관계를 가진 것은 아니었다. 다만 그 학교의 졸업생인 나를 즐겁게 하기 위하여 그렇게 했을 뿐이다. 그 주인은 김영삼 씨와 김대중 씨가 잘 있느냐고 묻기도 하였다. 초밥 장사도 제대로 하자면 많은 책을 읽어야 한다고 말한 것은, 나를 그곳으로 안내한 일본 사람이었다.

일본의 어느 호스티스에 관한 이야기는 더욱더 인상적이다. 한국의 중소기업의 중견 간부가 일본에 출장을 가서 그곳 고객에게 술대접을 하게 되었다. 단둘이서 어느 술집에 들어섰을 때, 아가씨는 한 사람만 오라고 미리 부탁하였다. 출장비를 아껴 쓰기 위해서였을 것이다. 부탁한 대로 아가씨는 한 사람만 왔는데, 그 아가씨가 호스티스 한 사람이 더 와도 좋겠느냐고 물었다. 자기 친구가 혼자 쓸쓸히 대기실에 있는 것이 딱하게 보여서 그런 제안을 했던 것이다. 한국 사람은 자기가 인색한 사람으로 보이는 것이 싫어서, 한 사람 더 와도 좋다고 하였다.

술을 마신 다음에 계산을 마친 한국의 회사원은 두 아가씨에게 같은 액수의 봉사료를 주었다. 그러나 두 번째로 온 아가씨는 받지 않겠다고 사양하였다. 자기는 손님이 필요해서 부른 사람이 아니라 친구 부탁으로 그 자리에 합석한 것이므로 그 돈을 받을 계제가 아니라는 것이었다. 한번 내놓은 돈을 지갑에 다시 넣기도 어색해서, 두 번째 아가씨에게 주려고 했던 그 돈으로 맥주 몇 병을 넷이서 더 마시고 헤어졌다고 하였다.

2. 어디에 잘못이 있는가

직업을 대하는 한국인의 태도가 낮은 수준을 벗어나지 못하고 있는 가장 근본적인 이유는, 직업이 갖는 세 가지 기능 가운데서 돈벌이만을 주로 염두에 두고 다른 두 가지 기능은 소홀히 여기는 마음가짐에 있을 것이다. 다시 말하면, 직업을 통하여 국가와 사회에 이바지하리라는 생각과 자아의 성장을 도모하고자 하는 생각이 돈벌이에 대한 욕심에 압도당하는 심리 상태로 직업에 임하는 까닭에, 앞에서 예를 든 바와 같은 비리를 저지르게 되는 것이다.

정도의 차이는 있겠지만, 우리는 누구나 자신이 속해 있는 집단에 대해서 사랑의 감정을 가지고 있다. 한국인은 우리 한국에 대해서 다소간의 애정을 느껴 가며 살고 있다. 더러는 우리나라에 대해서 증오를 느낀다는 사람도 있다. 그러나 증오라는 것도 사랑이 전혀 없으면 생기지 않는다. 우리나라 선수와 다른 나라 선수가 대결하는 운동경기를 볼 때, 모든 한국인은 한국 선수를 응원한다는 사실만 보더라도 애국심은 누구에게나 있음을 알 수 있다.

그러나 애국심이 언제나 애국적 행동으로 나타나는 것은 아니다. 현대인의 의식구조는 철저하게 개인주의적인 까닭에, '나' 개인의 희생을 무릅쓰고 국가를 위하는 행동을 하기가 옛날 사람들의 경우보다 어려운 편이다. '나' 개인의 이익과 국가의 이익이 일치하지 않을 경우 국가에 대한 사랑은 '나' 개인에 대한 사랑에 압도되어 행동으로까지 나타나기 어려운 것이 일반적인 현상이다. 국가에 대한 사랑이 전혀 없는 것은 아니나, 비교적 약한 까닭에 관념 안에 갇혀 있는 꼴이 되는 것이다.

한국에 대한 사랑은 당연히 한국 사람에 대한 사랑을 포함해야 할 것이다. 한국인을 떠나서 한국이라는 것이 따로 존재할 수 없으므로, 논리적으로 따지면 당연히 그래야 할 것이나, 실제에 있어서는 한국을 사랑한다는 사람들이 한국인에 대한 배려는 깊이 하지 않는 경우가 허다하다. 이러한 현상은 우리들의 '애국심'이라는 것이 막연한 관념의 단계를 벗어나지 못한 경우가 많다는 사실을 반영하는 것이며, 우리 한국이 바람직한 방향으로 발전하기 위해서는 우리들이 추상적인 '애국심'을 갖는 데 그치지 않고, 동족 '인간'에 대한 구체적인 사랑을 가져야 한다는 것을 의미한다.

우리는 누구나 나라를 사랑하는 마음을 어느 정도 가지고 있음에도 불구하고, 실제 행동에 있어서는 나라를 위해서 도움이 되지 않을 뿐 아니라 피해를 주는 비행을 저지르기도 한다. '나'의 이익을 추구하는 욕심이 '애국심'보다 강하기 때문이다. 우리는 누구나 '나'를 사랑하고, '나'를 사랑하는 까닭에 '자아의 성장'을 염원한다. 그러나 자아의 성장을 염원함에도 불구하고, 실제 행동에 있어서는 자아의 성장에 역행하는 생활 태도를 취하는 경우가 많다. '자아의 성장'에 대한 염원이 막연한 관념에 불과하고, 그것보다는 '나'의 다른 욕망이 우세하기 때문이다. 그 '다른 욕망'의 대표적인 것으로는 돈에 대한 욕심, 향락에 대한 욕망, 권력 또는 지위에 대한 욕심 등을 들 수 있을 것이다.

택시 운전을 직업으로 삼는 사람이 당장의 돈벌이만을 염두에 두고 손님을 대한다면 승차 거부도 하고 바가지 요금을 받기도 할 것이다. 백화점을 경영하는 사람이 돈벌이를 지상 목표로 삼는다면 속임수 바겐세일을 할 필요가 있을 것이고, 더러는 값싼 수입품을 고급으로 가장하여 높은 가격을 매길 필요도 있을 것이다. 공장을 경영하는 사람이 이윤의 극대화만을 꾀한다면 환경 정화에 필요한 예산은 최소한도로 줄이는 것이 유리할 것이며, 산부인과 의사의 목적이 오로지 돈벌이에만 있다면 임신 중절 환자는 환영하고 분만을 위하여 입원하기를 희망하는 환자는 기피하는 편이 상책일 것이다. 그리고 권력의 자리에 있는 공직자는 법망에 걸릴 염려만 없다면 공직을 이용해서 돈을 긁어 모으는 것이 그 직권을 가장 잘 살리는 길이 될 것이다.

여기서 우리가 생각하게 되는 것은 돈벌이를 우선적으로 추구하는 직업인의 태도가 과연 옳으냐 하는 문제다. 그것은 부도덕한 태도이므로 부당하다고 일단은 말할 수 있을 것이나 '부도덕'이 왜 나쁘냐에 대한 납득할 만한 설명이 없으면, 저 말이 충분한 대답이 될 수 없을 것이다. '부도덕'이란 무엇이며, 부도덕한 행동을 해서는 안 되는 이유는 무엇일까?

우리가 일상생활에서 '부도덕한 사람'이라고 말할 때는, 주로 남에게 피해를 입히는 사람 또는 제 생각에만 골몰하여 공동체에 대한 배려가 부족한 사람을 가리킨다. 그렇다면 남에게 피해를 입히거나 공동체에 대한 배려가 부족한 사람이 되어서는 안 된다는 것을 이론적으로 설명할 필요가 있다. 남에게 피해 입히기를 서슴지 않거나 공동체에 대한 배려가 부족한 것은 사람의 도리가 아님이 명백하므로, 별다른 이론적 설명이 필요하지 않다는 주장도 있을 수 있다. 그러나 그러한 주장은 엄밀히 말해서 논리적이 아니라는 약점을 가지고 있다.

내가 남에게 피해 입히기를 서슴지 않거나 공동체에 대한 배려를 게을리 해도 좋다면, 다른 사람들의 경우에도 남에게 피해를 입히고 공동체를 해치는 행동이 나쁠 것이 없다고 말해야 할 것이다. 내가 해도 좋은 행동이라면 다른 사람들의 경우에도 같은 행동을 허용해야 논리의 모순이 없게 된다. 그런데 세상 사람들이 모두 타인에 대하여 피해를 입히고 공동체를 해치는 행동을 한다면, 사회는 큰 혼란에 빠질 것이고, '나' 자신도 불행하게 될 것이다.

직업에 임하는 사람들이 속임수를 쓰기도 하고, 불친절하기도 하며, 더러는 직권을 남용하기도 하는 것은 결국 그들 자신의 이익을 얻기 위해서 그렇게 한다고 볼 수 있을 것이다. 그런데 자신의 이익을 위해서 한 짓이 사실은, 길게 볼 때, 자신에게도 불행을 가져오고 만다. 자신을 위해서 한 짓이 결국 자신에게도 좋지 않은 결과를 가져온다면, 그것은 자기모순이므로 어리석은 처세임에 틀림이 없다. 일반적으로 이기적인 행동은 양심의 가책을 일으켜 '나'의 마음을 괴롭게 하고 타인에게 피해를 준다는 사실은 접어 둔다 치더라도, '나' 자신에게까지 결국 불이익을 가져온다. 이기주의를 어리석은 처세의 길이라고 말하는 까닭이 바로 여기에 있다.

모든 생물은 '나'를 지키고 키워 가고자 하는 본능적 욕망을 가지고 있다. 우리 인간의 경우도 마찬가지다. 다만 다른 생물은 자신의 생명 보존과 종족의 번식을 꾀하는 것이 전부이나, 인간의 경우에는 단순한 육체적 생존과 종족 번식뿐 아니라 정신적 자아의 보존과 확장까지를 꾀한다는 차이가 있을 뿐이다. 인간도 생물의 일종으로서 '나'를 위해서 산다는 기본 원칙을 벗어날 수는 없으나, 다만 '나'를 위하는 길이 초목이나 금수와 다르다는 뜻이다.

개나 돼지 또는 참새와 기러기 같은 일반 동물의 경우는 지능이 낮고 생활양식이 단순한 까닭에, 대개 본능적 행동으로 삶의 문제를 해결해 나간다. 그러나 인간의 경우는 그 생활양식이 매우 복잡한 까닭에, 본능에 의존하는 반사적 행동만으로는 복잡한 문제들을 풀어 나가기가 어렵다. 바꾸어 말하면, 본능적으로 느끼는 나의 욕망 또는 감정을 따르는 행동만으로는 살아가기 어려운 것이 복잡한 사회구조 속에서 사는 인간의 생활 조건이다. 우리들의 모든 행동은 넓은 의미의 '나'를 위한다는 목적을 가지고 있거니와, 본능과 감정에만 의존해서 행동할 경우에는 도리어 '나'에게 불이익을 가져올 공산이 크다.

인간도 생물의 일종인 까닭에 '나'를 보호하고자 하는 본능적 욕망을 가지고 있다. 따라서 인간의 경우에도 그가 자신을 위하여 사는 것은 오히려 당연한 일이며, 그것을 부도덕하다거나 이기주의적이라는 이유로 비난할 까닭은 없다. 다만 이성적 존재인 인간의 경우에 '나'라는 것이 도대체 무엇인가를 깊이 생각할 필요가 있다. '나'를 너무 좁은 의미로 이해하거나 '나'를 위해서 하는 행위가 결과적으로 자신을 불행하게 만드는 사람들에 대해서,

우리는 '이기주의자' 또는 '어리석은 자'라는 평가를 내리는 것이다.

우리는 '나'라는 존재가 무엇인지 익히 알고 있는 것으로 믿으며 살아가는 경우가 많다. 우리는 흔히 내 머리끝에서 발끝까지를 '나'라고 생각한다. 그러나 그 생각이 잘못이라는 것은 다음과 같은 사실을 통하여 곧 알 수 있다. 예술가는 자기의 작품이 받는 평가에 대하여 지대한 관심을 갖는다. 예술가에게는 그의 작품도 '나'의 일부가 된다는 것을 의미한다. 떳떳하지 못한 과거를 가진 사람은 그것을 숨기는 경향이 있고, 화려한 과거를 가진 사람은 그것을 자랑하는 경향이 있다. 과거의 이력도 그 사람의 일부임을 의미한다. 합격자 명단에 아들 또는 딸의 이름이 들어 있는 것을 발견하고 기뻐하는 순간의 부모에게는 자녀가 그들의 '나'에 포함되며, 때 묻고 땀내 나는 내의를 며느리 앞에 내놓기 싫어하는 시아버지에게는 빨랫감도 그의 '나'의 일부다.

'나'의 범위를 결정하는 것은 물질이 아니라 의식(意識)이다. 바꾸어 말하면, '나'로서 의식되는 것이 '나'의 범위를 결정한다. 그런 의미에서 '나'는 의식의 체계다. 의식의 체계인 까닭에, '나'의 범위는 의식의 흐름을 따라서 늘었다 줄었다 한다. 예컨대, 형제인 두 어린이가 한 봉지의 과자를 놓고 서로 더 많이 먹으려고 다투는 순간에 그 어린이들의 범위는 매우 좁게 줄어든다. 그 어린이들이 과자 봉지를 비운 다음에 함께 밖으로 나가서 이웃집 아이들과 편싸움을 벌였다면, 그 순간의 저 두 어린이는 하나의 '우리'를 형성하는 동시에, 그들의 자아, 즉 '나'는 한 봉지의 과자를 놓고 다투던 순간보다 커지게 된다. 만약 그 두 형제와 이웃 아이들이 한편이 되어 다른 마을 아이들과 농구 경기를 한다면, 그때의 그 어린이들의 자아는 더욱 범위가 넓어질 것이다.

의식의 체계인 까닭에, 동일한 개인의 자아는 심리 상태의 변화를 따라서 그 범위가 늘었다 줄었다 한다고 하였다. 비록 그렇기는 하나 평상시에 자아의 범위가 넓은 사람도 있고, 반대로 그것이 좁은 사람도 있다. 일제시대의 애국지사들 가운데는 일신의 고락은 개의치 않고 항상 민족의 광복만을 염두에 두었던 사람들이 있었다. 김구 선생, 안창호 선생, 그리고 안중근 의사 같은 분의 자아는 많은 시간 동안 우리 민족 전체를 그 안에 포함했다고 볼 수 있다. 슈바이처 박사와 같이 전 인류를 항상 사랑했을 뿐 아니라 모든 생명에 대해 경외(敬畏)를 느끼며 살았던 위인의 자아는 한 민족 전체보다도 더욱 컸던 예라고 볼 수 있을 것이다. 이와는 반대로 평상시에 자기 한 사람만을 생각하는 마음 안에 갇혀서 사는 사람들도 있다. 이는 자아의 범위가 매우 좁은 사람들이며, 우리가 흔히 '이기주의자'라고 부르는 사람들이 이 부류에 속한다.

역사의 기록에 남은 사람들 가운데서 진실로 '위대하다'고 평가되는 사람들의 가장 큰 공통점이 무엇인가를 생각해 볼 일이다. 그것은 그들이 평소에 큰 자아 속에서 살았다는 사실이라고 저자는 생각한다. 위대한 사람들은 모두 그들의 '나'가 넓은 범위를 가졌다는 공통점을 가지고 있다. 굳이 역사적인 인물까지 들추지 않더라도, 우리 주변에서 훌륭한 인물이라고 존경받는 사람들은 대개 그들이 사랑하는 '나'의 범위가 보통 사람들보다 넓다.

우리가 아는 사람들 가운데서 '부도덕하다'는 비난과 지탄을 받는 이들의 가장 큰 공통점이 무엇인가도 생각해 볼 일이다. 그들의 공통점은 작은 '나' 즉 소아(小我)의 테두리 속에서만 살고 있다는 사실이다. 그들은 평소에 좁은 범위의 자아 속에 갇혀서 그 소아의 이익을 추구하기에 골몰한 사람들이다. '큰 나'인 '우리'를 외면하고 '작은 나'에게만 집착한 사람들이다.

직업을 대하는 한국인의 태도가 대체로 바람직하지 못하다고 평가되는 근본 이유는, 대부분의 한국인들이 '작은 나' 즉 소아의 껍질 속에 갇혀 있기 때문이다. 바꾸어 말하면, 현대인은 대체로 인생을 좁게 살고 있다. 모두들 자기를 열심히 사랑하며 아등바등 살고 있는 것인데, 실은 별로 뜻있는 삶을 얻지 못하고 세월을 허송하는 경우가 많다. 자신을 위해서 열심히 뛰었는데 결과는 얻은 것보다 잃은 것이 더 많은 모순에 부딪친 꼴이다.

우리가 모두 '나'를 사랑하는 것은 당연한 일이라 하겠으나, '나'에 대한 사랑이 나에게 행복을 안겨 주지 못한다면, 그 '나에 대한 사랑' 어디엔가 잘못이 있다고 보아야 할 것이다. 자식에 대한 맹목적인 사랑이 자식을 도리어 불행하게 만드는 경우가 흔히 있듯이, 나에 대한 그릇된 사랑이 나를 도리어 불행으로 안내하는 경우도 흔히 생긴다. 삶에 대한 지혜가 부족하기 때문이라고 말할 수도 있고, 눈에 보이는 것만을 계산에 넣고 보이지 않는 것은 계산에 넣지 않기 때문이라고 말할 수도 있다.

개인주의의 의식구조를 가지고 사는 현대인은 대개 자신의 이익의 극대화를 꾀하며 살아간다. 이익의 극대화를 위해서는 자연히 알게 모르게 계산을 하게 되거니와, 많은 경우에 우리의 계산은 오산을 범한다. 계산을 잘못하게 되는 이유는 당장 눈앞에 보이는 외면적 가치만을 근시안적으로 계산하기 때문이다. 우리는 먼 후일까지를 염두에 두고 오늘을 살아야 하며 눈에 보이지 않는 내면적 가치도 존중하며 살아야 하는데 이 당연한 원칙을 어기는 경우가 너무 많다. 직업을 대하는 우리들의 태도가 낮은 수준을 벗어나지 못하는 것도 이 원칙을 배반하기 때문이다.

6장 직업을 대하는 바람직한 태도

1. 정직성과 성실성

직업을 대하는 한국인의 태도에 바람직하지 못한 경우가 많다는 것을 지적하였다. 이제 우리는 "직업을 대하는 바람직한 태도란 어떠한 태도인가?" 하는 물음에 대답해야 할 차례에 이르렀다. 도대체 무엇을 기준으로 해서 직업을 대하는 태도가 바람직하니 바람직하지 못하니 하고 평가하는 것일까? 태도에 대한 평가는 그것을 보는 시각에 따라서 달라질 수 있는 것이 아닐까?

직업을 대하는 태도가 옳으냐 그르냐를 평가할 때 우리는 흔히 국가와 사회를 위하는 시각을 취한다. 앞에서 한국인의 직업을 대하는 태도가 낮은 수준에 머물러 있다고 말했을 때도, 국가와 사회를 위해서 바람직하냐 바람직하지 못하냐 하는 시각을 암암리에 취했던 것이다. 그러나 근로자 개인으로서는 자신을 위해서 바람직한 태도가 무엇이냐고 물을 수도 있을 것이고, 회사를 경영하는 사람은 회사를 위하는 시각에서 같은 문제를 바라볼 수도 있을 것이다.

우리가 소아(小我)의 견지에서 근시안적으로 계산할 경우에는, 국가 또는 사회를 위하는 태도가 나 자신을 위해서는 불리한 결과를 가져온다는 갈등이 생길 여지가 많을 것이다. 그러나 우리가 소아의 좁은 의식을 넘어서서 좀 더 큰 자아의 견지를 취하고 원대한 안목으로 이해와 득실을 계산할 경우에는, 국가와 사회를 위하는 길이 결국은 나를 위하는 길도 된다는 것을 깨달을 것이다. 가장 중요한 것은 우리가 어떤 관점에서 인생을 바라보느냐 하는 문제다.

회사를 경영하는 사람의 견지에서 바람직한 태도와 회사에 고용된 근로자의 견지에서 바람직한 태도는 서로 다를 수 있다는 생각이 든다. 회사를 경영하는 사람의 견지에서 볼 때는 근로자들이 일은 많이 하고 임금은 적게 요구하는 것이 바람직할 것이요, 근로자의 견지에서 볼 때는 일은 적게 하고 돈은 많이 받는 편이 바람직할 것이다. 경영인과 근로자를 대립된 두 당사자로 보고 근시안적 계산을 할 경우에는 반드시 그러한 결론이 나올 것이다. 그러나 경영인과 근로자가 같은 배를 탄 동행자(同行者)로서 좀 더 긴 안목으로 계산할 경우에는 그 반대의 결론이 나올 수도 있을 것이다. 다만 회사를 경영하는 사람이 국가와 사회의 공익(公益)을 무시하고 부당한 사리(私利)를 추구할 경우에는, 그 경영자와 공범자가 되기를 거부하는 편이 자신과 국가를 위하는 길이 될 것이다.

개인으로서의 '나' 자신을 위하는 길과 공동체인 국가 또는 사회를 위하는 길이 궁극에 가서는 함께 만난다는 논리는 우리의 의식 수준이 '대아(大我)'의 경지에 도달했을 경우에만 설득력을 갖는다. 그러나 우리네 보통 사람들의 의식 수준은 대개 '소아'의 경지에 머물러 있는 것이 오늘의 현실이다. 그러므로 이 자리에서는 "국가와 사회를 위해서 어떠한 태도로 직업에 임할 것인가?"라는 거창한 문제는 접어 두고, 직장인 자신을 위해서 바람직한 태도가 무엇인가만을 살펴보기로 한다.

'직장인 자신을 위해서 바람직하다' 함은 직장인이 추구하는 삶의 목적을 달성하기에 가장 적합하다는 뜻으로 풀이할 수 있을 것이다. 더욱 알기 쉽게 말하면, 직장인 자신의 행복을 위해서 가장 적합한 태도가 여기서 문제 삼는 '바람직한 태도'에 해당할 것이다. 아리스토텔레스가 말한 바와 같이, 사람들은 누구나 결국은 자신의 행복을 추구하며 살기 마련이기 때문이다.

'행복을 위해서 적합한 태도'라는 말의 더욱 구체적인 의미는 '행복의 조건을 갖추기에 가장 적합한 태도'가 될 것이다. 행복의 조건을 갖추게 되면 자연히 행복을 얻는 결과에 도달할 것이기 때문이다. 우리는 앞에서 행복의 객관적 조건으로서 다음 다섯 가지가 가장 기본적임을 살펴본 바 있다. ① 기본 생활의 안정, ② 건강, ③ 자아의 성장, ④ 공동체를 위한 떳떳한 구실, ⑤ 원만한 대인관계가 그것이다. 직장 생활에 있어서나 그 밖의 생활에 있어서, 이상의 다섯 가지 조건을 갖추도록 사는 것이 가장 바람직한 삶의 태도가 될 것이다.

우리는 삶의 현장에서 이렇게 할 것인가 또는 저렇게 할 것인가 문제를 앞에 놓고 망설일 때가 흔히 있다. 만약 우리들의 궁극적 삶의 목적이 행복이라는 견해를 따른다면, 우리는 항상 행복의 조건을 갖추기에 가장 적합한 행위를 선택함이 바람직할 것이다. 직장 생활에 있어서도 그렇고 직장 생활 이외의 경우에도 마찬가지일 것이다.

직장 생활을 하는 사람들이 이렇게 할 것인가 또는 저렇게 할 것인가 하고 망설이게 되는 심리적 갈등에는 몇 가지 유형이 있다. 그 유형의 첫째는 일을 성실하고 정직하게 할 것인가, 혹은 요령껏 적당히 할 것인가 하는 망설임이다. 이러한 망설임은 반드시 직업과 관련해서만 생기는 것은 물론 아니나, 특히 상업성이 강한 직업에 종사하는 사람들이 흔히 겪는다.

어떠한 종류의 직업에 종사하는 경우든, 정직하고 성실한 태도로 일하는 사람들이 국가와 사회에 이바지하는 바가 크다. 그리고 직장 생활을 통해서 얻을 수 있는 또 하나의 소득인 '자아의 성장'으로 말하더라도, 정직하고 성실한 태도가 좋은 결과를 가져올 확률이 높다. 그럼에도 불구하고 우리나라의 직업인들 가운데 부정직하고 불성실한 태도로 종사하는 사람들이 많은 까닭은, 돈벌이의 목적을 위해서는 정직과 성실성이 오히려 불리한 결과를 가져온다는 계산 때문이다.

비록 돈벌이에서 손해를 본다 하더라도, 국가와 사회에 이바지하는 바가 크고 자아의 성장을 위해서도 바람직한 정직과 성실의 길을 택해야 한다는 것이 교과서적으로는 옳은 주장일 것이다. 교과서적으로 옳다는 것을 인정하면서도 실제로는 그 길을 택하지 않는 사람들이 많다. 비록 교과서적으로 옳은 주장이기는 하나, 돈에서 손해를 보는 길은 현대인의 가슴을 파고드는 매력이 약하기 때문일 것이다. 현대 생활에서 돈이 차지하는 비중이 너무 큰 까닭에 사람들은 돈에서 손해를 보는 길은 회피하기 쉽다.

현대 생활에서 돈이 필요한 것임에는 틀림이 없다. 이러한 사실을 외면하고 돈에 대한 애착을 함부로 비난하면 자칫 위선으로 빠질 염려가 있다. 그러므로 이 자리에서는 돈이 필요한 것임을 일단 인정하는 시각에서 문제에 접근하는 편이 현실에 적합할 것으로 보인다. 이에 저자는 한 걸음 뒤로 물러서서 문제를 이렇게 제기하고자 한다. "정직하고 성실한 태도로는 과연 돈을 벌 수 없는가?"

우리가 만약 단시일 내에 왕창 큰돈을 벌고자 한다면, 정직하고 성실한 태도로써 목적을 달성하기는 대체로 어려울 것이다. 옛날부터 "병풍과 장사는 약간 구부려야 잘 선다."고 하였다. 남기자는 장사이므로 다소의 부정직은 불가피하다는 것이 일부의 상식이기도 하다. 그러나 단시일 내에 왕창 떼돈을 벌자는 것이 아니고, 기본 생활이 요구하는 필요한 정도의 돈을 장기간에 걸쳐서 벌자고 한다면, 도리어 정직하고 성실한 태도가 안전하다고 저자는 믿는다.

현대 한국에는 빨리 큰돈을 벌어야 한다고 성급하게 생각하는 사람들이 많이 있다. 이 성급한 생각에 바로 문제점이 있는 것이다. 우리에게 꼭 필요한 것은 거액의 재산이 아니며, 기본 생활의 안정에 필요한 정도의 돈을 서서히 벌어도 늦을 것이 없다. 사회사업 또는 문화 사업 같은 좋은 일을 하기 위해서 많은 돈을 필요로 하는 사람들이 더러 있다. 그러나 그와 같은 좋은 일은 정당한 방법으로 많은 돈을 번 다음에 해도 늦지 않다. 좋은 일을 하기 위하여 방법을 가리지 않고 돈을 모은다는 것은 수순에 문제가 있다.

돈은 그것이 무엇을 위하여 사용되느냐에 따라서 그 가치에 큰 차이가 생긴다. 가족들의 기본 생활을 보장하기 위하여 쌀이나 연탄을 사는 데 쓰이는 돈은 가치가 매우 큰 돈이다. 어린이들의 교과서와 학용품을 구하는 데 사용되는 돈도 매우 귀중한 돈이며, 꼭 필요한 병원 치료를 받기 위하여 쓰이는 돈도 매우 값진 돈이다. 그러나 유흥에 사용되는 돈, 값비싼 옷이나 가구를 구입하는 데 사용되는 돈은 가치가 작은 돈이다.

가치가 작은 사치나 낭비에 필요한 거액의 돈을 단시일 안에 벌기 위해서는 비상수단에 호소해야 할 경우가 많다. 그 비상수단은 사기나 횡령과 같이 법을 어기는 행위일 수도 있고, 요행을 바라는 투기일 수도 있어서, 자칫하면 패가망신할 위험성을 안고 있다. 그러나 기본 생활에 쓰이는 가치 있는 돈은 반드시 거액일 필요가 없는 까닭에, 그것을 얻기 위하여 굳이 범법이나 투기를 감행할 필요는 없다.

정직하고 성실한 태도를 가지고는 기본 생활에 필요한 정도의 그리 많지 않은 돈을 버는 일조차도 매우 어렵다고 생각하는 사람이 있을지 모른다. 어떤 특수한 사정으로 인하여 정직하고 성실한 태도로는 살아가기 어려운 사람이 더러 있다는 사실을 부인하기는 어려울 것이다. 집에 중환자가 있거나 실직을 했거나 그 밖에 어떤 불행한 처지에 놓인 사람의 경우에는 정직과 성실의 덕만으로 문제가 해결되지 않을 수 있다. 그러나 이러한 경우에도 법을 어기거나 그 밖의 어떤 모험을 통해 문제가 풀릴 가능성은 희박하다. 이처럼 특수한 경우에 관한 문제는 사회제도의 개선 또는 정책적 배려를 요구하는 문제이므로 우리가 지금 고찰하고 있는 직업을 대하는 올바른 태도의 문제와는 차원이 다르다고 보아야 할 것이다. 지금 우리가 다루고 있는 문제는 직업을 가지고 있는 사람에 관한 문제다.

직업을 가지고 있는 사람이라면, 정직하고 성실한 노력을 오랫동안 꾸준히 하는 것만으로도 기본 생활의 안정에 필요할 정도의 돈은 벌 수 있다고 저자는 믿고 있다. 이러한 믿음을 뒷받침하기 위하여 실화를 여기에 소개하고자 한다. 하나는 근래에 있었던 이야기이고, 또 하나는 오래전에 있었던 이야기다.

저자가 살던 집에서 멀지 않은 곳에 전파사(電波社)가 두 집 있었다. 한 집은 간단한 일로 부르는 고객의 집에는 바쁘다는 핑계로 가기를 거부하고, 전기의 합선을 고치는 따위의 돈벌이가 됨직한 일만 찾아다녔다. 그뿐만 아니라 고객에게 터무니없이 많은 대가를 요구하는 버릇이 있었다. 다른 한 집은 고객의 요청만 있으면, 일의 크고 작음을 가리지 않고 곧 달려갔을 뿐 아니라, 부당하게 많은 돈을 받는 일도 없었다. 불성실하게 가게를 운영하던 첫째 전파사는 다른 곳으로 이사를 갔거니와, 가게를 줄여서 변두리로 나갔다고 하였다. 성실하게 가게를 운영한 둘째 전파사는 동생에게도 기술을 가르쳐서 또 하나의 가게를 낼 수 있을 정도로 성업을 이루었다.

여기 소개하고자 하는 또 하나의 실화는 저자의 고향 친구에 관한 이야기다. 그 친구는 집이 몹시 가난하여 보통학교(지금의 초등학교)도 겨우 다녔다. 중학교 진학은 아예 엄두도 못 낼 처지여서, 보통학교만 마치고 몇 해 놀다가 과일 장사를 시작하였다. 과일을 소쿠리에 지고 다니며 길가에서 파는 행상이었다. 제2차 세계대전이 시작되었을 무렵의 일이다.

전시(戰時)의 장사는 평화 시의 장사와는 사정이 크게 달랐다. 평화 시에는 물건을 팔기만 잘하면 장사는 성공적이다. 그러나 전시에는 물건 구입을 잘하는 사람이 장사를 잘하는 사람이었다. 전시에는 모든 물건이 달리기 마련이어서, 팔기는 쉬우나 구입하기가 어렵기 때문이다. 과일 장사의 경우도 사정은 마찬가지여서 물건을 구하기가 어려웠다. 참외와 수박이 흔한 여름 한철과 사과와 배의 수확기인 가을 한때에만 장사할 물건을 구할 수가 있었다. 그러므로 1년에 기껏해야 3개월 내지 4개월 동안 할 수 있는 것이 전쟁 중이던 그 당시의 과일 행상이었다.

그러나 친구의 경우는 사정이 달랐다. 그는 7월부터 다음 해 3월경까지 1년에 8개월 내지 9개월 동안 장사를 할 수 있었다. 과수원 주인들이 과일을 저장고에 넣은 다음에, 다른 행상들이 찾아가면 물건이 없다고 거절했으나 내 친구가 찾아가면 조금씩 나누어 주었기 때문이다. 그에게만 특별히 물건을 나누어 준 까닭은 그가 다른 행상들과는 달리 매우 성실하고 정직한 젊은이로 알려졌기 때문이었다. 집이 가난함에도 불구하고 성실하기 그지없는 소년을 도와주자는 동정심이 작용했던 것이다.

그 당시에 과일 행상에 종사한 사람들은 모두 집이 가난했고, 가난했던 까닭에 과수원에서 물건을 받아 갈 때 선금을 내지 않고 외상을 달았다. 그 물건을 판 다음에 와서 대금을 치르는 것이 관례였는데, 대금을 치르는 단계에서 그들은 값을 깎는 버릇이 있었다. 전날 가져간 과일에 흠이 많아서 장사가 안 되었다든지 또는 자기 집의 여러 배고픈 아이들이 과일을 축내서 돈이 모자란다든지 하는 핑계를 대며 떼를 썼던 것이다. 과수원 주인들은 그것이 핑계에 불과한 줄 알면서도 져주는 것이 그 시절의 인심이었다.

그 당시에 과일을 팔 때는 '덤'이라는 것을 더 얹어 주는 것이 관행처럼 되어 있었다. 과수원 주인의 재량으로 덤을 몇 개씩 더 집어 주었던 것인데, 행상인들은 과수원 주인이 준 것 이외에 자기 손으로 또 덤을 집어 가는 버릇이 있었다. 이 경우 과수원 주인들은 못마땅하게 생각하면서도 모르는 척하는 것이 보통이었다.

이러한 풍속이 지배했던 과수원 주변에서 그 친구만은 예외였다. 다음 날 외상값을 치를 때는, "어제 주신 물건 덕분에 장사 잘했습니다. 고맙습니다." 하며, 약속에서 한 푼도 틀리지 않게 대금을 지불하였다. 그리고 덤도 과수원 주인의 처분에 맡길 뿐 제 손으로 더 집어 가는 일이 없었다. 이와 같은 태도로 인해 그는 '보기 드물게 착실한 아이'로 알려지게 되었고, 과수원 주인들의 호감을 얻게 되었던 것이다.

장사할 수 있는 기간이 다른 행상인들에 비하여 두 배 이상 길었던 까닭에, 친구는 다른 사람들보다 비교적 많은 돈을 벌게 되었다. 그런 가운데 전쟁이 끝났고 과일도 점차 흔하게 되었다. 과일을 마음대로 구입할 수 있게 된 다음에도 친구의 성실한 태도는 변하지 않았다. 이번에는 주로 고객을 위해서 박리다매(薄利多賣)로 봉사하는 정신을 발휘하였다. 자연히 여러 고객이 그를 찾게 되었고, 그의 소쿠리 장사는 리어카 장사로 성장했다. 그의 리어카 장사는 다시 구멍가게로 성장하여 저축이 날로 늘어 갔다.

어느 정도의 돈을 모으게 된 친구는 서울로 진출하여 용산에 있던 청과물 도매시장 상가 안에 가게터 하나를 얻었다. '복흥상회(福興商會)'라는 간판을 걸고 과일 도매상을 시작한 것이다. 도매상 간판을 단 지 불과 5, 6년 만에 그는 그 시장에서 가장 매상고가 높은 가게의 주인이 되었다. 가락동에 농수산물 도매시장이 생기기 이전에는 서울의 용산이 전국에서 가장 큰 청과물 시장 지역이었으므로, 복흥상회는 전국에서 가장 매상고를 많이 올리는 기록을 세운 셈이다. 그런데 이렇게 된 것은 복흥상회 주인에게 특별한 경영 수완이 있어서가 아니라, 오로지 그의 성실성과 정직성 덕분이었다.

1950년대 중반, 한국전쟁의 상처가 아물기 전의 혼란기였다. 용산 일대의 청과물 도매상들은 모두 두 가지의 속임수를 써서 부당한 이익을 올리고 있었다. 과수원의 생산자가 제대로 포장한 과일 상자를 도매상이 재포장하는 과정에서, 무게도 속이고 등급도 속이는 수법을 썼던 것이다. 본래 15킬로그램 들어 있던 사과나 배 상자를 재포장하면서 1킬로그램씩만 빼면, 열네 상자를 열다섯 상자로 만들 수 있었다. 그리고 B급품 일부를 A급품 바닥에 깔고 C급품 일부를 B급품 바닥에 깔면, 과일의 20퍼센트 정도는 등급을 올려서 파는 길이 열렸다.

그러나 복흥상회에서는 재포장이라는 것을 아예 하지 않았다. 과수원에서 담아 온 그대로를 소매상에 넘겼던 것이다. 소매상들은 복흥상회의 물건과 다른 도매상들의 물건 사이에 완연히 차이가 있음을 곧 알게 되었고, 이 소문은 자연히 퍼져 나갔다. 그리하여 마치 눈사람이 불어나듯이 복흥상회의 매상고는 날로 늘어났던 것이다.

그러나 복흥상회의 성업(盛業)은 오래 지속되지 않았다. 단골 소매상들이 등을 돌리기 시작했던 것이다. 등을 돌린 까닭은 간단했다. 복흥상회에서도 재포장하기를 시작하고 다른 도매상들이 사용했던 두 가지 속임수를 썼던 것이다. 성실성 하나로 돈을 번 복흥상회의 김 사장이 그 성실성을 버린 것인데, 그동안에 돈을 많이 번 것이 도리어 화근이 된 셈이다.

저자의 친구인 김 사장은 본래 술을 좋아하는 체질이었다. 시골에서 소쿠리 장사를 할 때부터 술을 즐겼던 것인데, 가난했던 까닭에 값싼 막걸리를 안주 없이 마시는 것으로 만족하였다. 그러나 용산에서 도매상 문을 열고 많은 돈을 번 다음부터는 맥주나 양주 따위의 값비싼 술을 찾게 되었다. 김 사장도 역시 '체면'이라는 것을 존중하는 한국인이었고, 용산 일대에서 알아주는 김 사장 체면에 막걸리나 소주만 마실 수는 없는 노릇이었다.

술이 고급이면 안주도 고급이라야 격식에 맞는다. 술과 안주가 모두 고급이면 술을 따르는 여자가 시중을 들어야 제격이다. 이리하여 김 사장은 방석집과 요정을 드나들게 되었고, 술에는 술친구가 따르기 마련이어서 유흥비로 적지 않은 돈을 쓰게 되었다. 신선 놀음에 도끼 자루가 썩기 시작했던 것이다.

그 다음에 김 사장을 기다리고 있었던 것은 춤바람이었다. 친구의 권유로 춤을 배우기 시작했던 것인데, 아주 깊숙이 빠져 버렸다. 휘황찬란한 조명 속에서 직업 무희(舞姬)와 춤을 추면서 그는 황홀감에 도취하였다. 그는 이미 40 고개를 넘은 자신이 청춘을 허송했다고 아쉬워하며, 밤이 새는 줄도 모르고 춤의 늪 속으로 빠져들었다. 유흥이란 친구와 함께 어울리기 쉬운 것이어서, 건달 친구들의 춤값과 술값까지 부담하게 된 김 사장의 유흥비는 분수를 넘어섰다.

지출이 느는 것과는 반대로 수입은 도리어 줄었다. 유흥에 열중하는 가운데 장사에 대한 열의가 떨어지게 되었고, 물건의 구입과 판매를 남의 손에 맡기는 비중이 커짐에 따라서 수입은 감소할 수밖에 없었던 것이다. 수입은 줄고 지출은 늘었으니, 그동안에 저축했던 은행의 잔고가 눈에 띄게 줄어들었다. 이에 김 사장은 당황하게 되었고, 그 결손을 채우고 싶은 조급한 마음에서 다른 도매상이 사용해 온 두 가지 속임수를 자신도 모방하게 되었다.

그 속임수로 복흥상회도 한때는 재미를 보았다. 그러나 그 사실은 단골 소매상들에게 자연히 발각되었고, 단골 소매상들은 몇 해 동안 정직하게 장사함으로써 신용을 얻은 다음에 속임수를 쓴 김 사장을 '배신자'로 규정하는 동시에 복흥상회를 떠나갔다. 그 뒤에 김 사장은 마음을 고쳐먹고 다시 착실한 장사꾼으로 돌아갔으나, 전성기는 다시 오지 않았다.

2. 능동성과 적극적 노력

직장 생활에서 우리가 경험하기 쉬운 또 하나의 심리적 갈림길은, 능동적이며 적극적인 태도로 일을 많이 할 것인가, 또는 수동적이며 소극적인 태도로 일을 적게 할 것인가 하는 문제 앞에서 느끼는 망설임이다. 자기 사업을 하는 사람 또는 성과에 따라서 보수의 액수가 결정되는 외판원의 경우는 대개 능동적이며 적극적인 자세로 일을 하게 되지만, 일정한 봉급을 받기로 되어 있는 일반 직장인의 경우에는 일을 적게 하고 싶은 충동을 느끼는 사람들이 많다. 그러나 한편으로는 일을 열심히 해야 한다는 '양심의 소리'도 들리는 듯하여 마음의 갈등을 느끼는 경우가 흔히 있다.

일반적으로 얘기해서, 우리는 일을 많이 하고 싶은 욕망보다는 편히 쉬고 싶은 욕망을 느낄 때가 많다. 자기가 주인이 되어서 하는 일이 아니라, 돈을 받고 남의 일을 할 경우에는 더욱 쉬고 싶은 욕망이 앞서는 것이 인간의 심리다. 특히 현대의 근로자들은 노동도 상품이라는 생각을 가지고 있으며 자신들의 노동을 비싼 값에 팔아야 한다는 관념에 익숙한 까닭에, 더욱 그러한 심리에 사로잡히기 쉽다.

나의 노동을 비싼 값에 파는 방법으로서 우리는 두 가지 길을 생각할 수 있을 것이다. 하나는 되도록 돈을 더 많이 주는 일자리를 찾아서 옮기는 길이요, 또 하나는 이미 보수가 정해져 있는 현 직장에서 되도록 일을 적게 해주는 길이다. 돈을 많이 주는 일자리를 찾는 것이 쉽지 않은 일이므로, 비교적 실천하기 쉬운 것은 둘째 길이다. 보수가 일정할 경우에는 일을 적게 해줄수록 단위 노동에 대한 값을 많이 받는다는 계산이 성립할 것이다.

그러나 저자는 보수가 늘거나 진급이 빨라진다는 보장이 없을 경우에도, 어차피 일을 할 바에는 능동적이요 적극적인 자세로 임하는 것이 근로자 자신을 위해서도 바람직하다고 믿는다. 그렇게 믿는 근거는 우리가 마지못해서 일을 할 때와 자진해서 일을 할 때의 심리 상태가 크게 다르다는 사실에 있다. 일반적으로 자진해서 일을 할 때는 그 일이 즐겁고, 마지못하여 억지로 할 때는 그 일이 더욱 부담스럽다.

공부도 일종의 일이다. 집안이 가난하여 어렸을 때 공부를 못한 사람이 나이가 들어서 그 한을 풀기 위하여 만학의 길에 뛰어드는 경우가 있다. 그런 경우에 그는 자연히 적극적 자세를 취하게 되고, 촌음을 아껴 가며 남보다 더 열심히 공부에 전력한다. 그에게는 공부하는 시간이 즐거운 시간이고, 힘은 들어도 괴로운 줄을 모른다. 그러나 부모의 강요에 못 이겨 마지못해서 공부를 하는 어린이들에게는 공부하는 시간이 바로 괴로운 시간이고 가장 재미없는 시간이다.

등산객에게는 산에 가는 것이 즐거운 일이고, 나무꾼에게는 산에 가는 것이 괴로운 일이다. 경치 좋기도 같고 공기 좋기도 같은 산에 갈 경우에도 등산객에게는 그것이 즐겁고 나무꾼에게는 그것이 괴롭다. 도대체 왜 이러한 차이가 생기는 것일까? 나무꾼은 산에 가서 마른 나뭇가지나 관목을 베는 등 힘든 일을 해야 하고, 또 무거운 짐을 지고 내려오는 고역을 치러야 하나, 등산객에게는 그런 부담이 없다는 사실을 지적할 수 있을 것이다.

그러나 이것은 등산객의 산행은 즐겁고 나무꾼의 산행은 괴로운 이유에 대한 만족스러운 대답이 될 수 없다. 왜냐하면 어떤 등산은 나무꾼의 노동보다도 훨씬 더 힘들고 어렵지만 역시 즐겁기 때문이다. 줄에 매달려서 암벽을 오르거나 혹한과 눈보라를 무릅쓰고 세계의 고산에 도전하는 산악인의 수고는 나무꾼의 수고보다도 몇 갑절 힘들고 어렵지만, 산을 타는 사람들은 그 어려움 속에서 환희를 느낀다.

등산객의 산행이 즐거운 가장 근본적인 이유는 그것이 자진해서 하는 일이라는 사실에 있다. 나무꾼의 산행이 괴로운 가장 근본적인 이유는 그것이 강요당한 노동이라는 사실에 있다. 지금은 나무꾼을 보기 어려운 세상이 되었지만, 옛날의 농촌 사람들은 당장의 땔감을 구하기 위하여 또는 팔아서 양식을 얻기 위하여 감시의 눈을 피해 가며 내키지 않는 나무꾼이 되곤 하였다.

저자는 능동적 자세로 하는 일은 즐겁고 마지못해서 하는 일은 괴롭다는 사실을 저자 자신의 체험을 통해서 깨달았다고 믿었다. 강의도 준비를 충분히 해서 열심히 했을 때는 즐겁고 준비를 소홀히 해서 의무적으로 시간을 채

웠을 때는 괴롭다는 사실을 저자는 체험하였다. 쓰고 싶은 충동에 밀려서 스스로 펜을 들었을 때와 청탁에 못 이겨 억지로 원고지 앞에 앉았을 때는 그 심리 상태가 크게 다르다는 사실도 체험하게 되었다. 그러나 저자는, 이러한 사실을 체험으로 깨닫기에 앞서 고등학교 교과서를 통하여 그것을 배운 적이 있다는 사실을 뒤늦게 우연히 상기(想起)하였다.

영국의 유머 작가 제롬(Gerome K. Gerome, 1859-1927)의 글 한 편이 일제시대 고등학교 교과서에 실려 있었다. 그 글의 제목은 「일이 놀이일 때(when work is play)」였고, 그 줄거리는 대략 다음과 같은 것이었다고 기억한다.

런던의 어느 철학 교수가 주말에 교외로 산책을 나가게 되었다. 그는 전철을 타고 교외를 달렸고, 창밖에 전개되는 아름다운 풍경을 바라보았을 때 기분이 매우 상쾌했다. 그때 철학자는 혼자 속으로 이런 생각을 하였다. '나는 어쩌다 한 번 교외선을 타고도 이토록 기분이 상쾌한데, 하루에도 몇 번씩 이것을 타고 경치 좋고 공기 맑은 교외를 달리는 전철 승무원은 얼마나 즐거울까? 나는 돈을 내고 타도 즐거운데, 월급을 받고 매일 나들이를 하는 승무원은 더욱 즐거울 것이다.'

철학자는 전철 승무원을 부럽다고 생각하였다. 그러나 부럽다는 생각만 하고 한마디 축하의 말도 하지 않는다면 그것은 철학자다운 아량이 아니라는 생각이 들어, 그는 기관사 옆으로 가까이 가서 "축하합니다." 하고 말을 걸었다. 영문을 몰라서 어리둥절한 기관사는 무엇을 축하하느냐고 물었고, 철학자는 "당신의 직업을 축하합니다."라고 대답하였다. 이때 기관사는 "선생의 직업은 무엇입니까?" 하고 물었다. "나는 대학교수입니다." 이런 대답을 듣고 기관사는 매우 불쾌한 표정을 지으며 다음과 같이 말하였다.

"대학교수가 기관사의 직업을 축하한다고요? 사람을 놀리는 겁니까. 당신과 나는 다 같이 지금 열차를 타고 있지만 처지가 다르오. 당신은 놀고 있으며, 나는 일을 하고 있소. 당신은 팔자 좋게 교외에 산책을 나온 모양이나, 나는 그것이 아니오. 일요일에도 쉬지 못하고 이렇게 단조로운 노동에 종사하지만 나의 월급은 대학교수 월급의 절반에도 못 미칠 것이오."

이 말을 듣고 대학교수는 자기가 모르고 말을 잘못한 것 같다고 사과하며 다음 역에서 내렸다. 내려서 걸어가다가 다른 한 사람을 만났다. 두 번째로 만난 사람은 고장 난 오토바이를 수리하고 있었다. 비포장 도로에서 일어나는 먼지를 함빡 뒤집어쓰고 손은 기름때로 찌든 그의 모습이 몹시 딱해 보였다. 먼저 만난 전철 기관사는 먼지도 적고 기름때를 묻힐 일도 없는 열차 안에서 그토록 불행하다 했는데, 이 사람은 그보다도 훨씬 더 불행한 사람으로 보였다.

불행한 사람을 보고 한마디의 위로도 없이 지나가는 것은 철학자다운 처신이 아니라고 생각되었다. 그는 오토바이를 수리하고 있는 사람에게로 다가가서, 참 안됐다며 위로의 말을 보냈다. 그러나 위로를 받은 사람의 반응은 뜻밖이었다. 그런 위로는 전혀 필요가 없다고 하였다. 오토바이로 말하면 굉장히 비싼 물건이어서 보통 부자는 살 수 없는 귀물이고, 오토바이의 스피드 스릴은 이루 말할 수 없이 즐겁다고 하였다. 고장은 곧 수리될 것이고, 수리만 끝나면 다시 스피드를 즐기게 될 것이라며, 무안을 주었다.

철학자는 자기가 말을 잘못한 모양이라고 생각하며 다시 걸었다. 얼마쯤 걸었을 때 어느 농장 앞에 도착하였다. 농장 한편에는 과일이 익어 가고 있었으며, 다른 한편에는 가을꽃이 아름답게 피어 있었다. 그 목가적인 분위기 속에서 농장 주인으로 보이는 남자가 괭이로 흙을 일구고 있었다. 유유자적한 그의 모습이 매우 보기에 좋았다. 이 사람이야말로 축하를 받아 마땅할 것이라는 자신감이 섰다. 이번에는 틀림이 없을 것이라고 믿으며 농부에게로 가까이 갔다.

가까이 가서 진심으로 축하한다고 말을 걸었다. 참으로 좋은 직업에 종사하고 있음을 축하한다는 뜻이었다. 그러나 농부는 "그런 소리 말라."며 손을 가로저었다. 가장 힘이 많이 들고 수입은 가장 적은 것이 농사라는 직업이라고 하였다. 이른 봄부터 겨울까지 하루도 쉴 사이 없는 것이 농사이며, 그렇게 많은 땀을 흘려도 살아가기가 어렵다고 하였다. 철학자는 자기가 잘못 알고 말을 잘못했음을 자인하고 농장을 떠났다.

철학자가 다음에 간 곳은 골프장이었다. 골프장 한 모퉁이에서 남자 한 사람이 땀을 뻘뻘 흘리며 스윙 연습을 하고 있었다. 골프채로 골프공을 때리며 땀을 흘리는 모습이 괭이로 흙을 찍으며 땀을 흘리는 농부의 모습과 흡사하다고 철학자는 생각했다. 다만 골프장에는 익어 가는 과일도 없고 아름다운 꽃도 없는 것이 농장과 달랐다. 땀을 흘리며 고생을 하는 점은 같고 주위 환경은 골프장이 농장만 못하다고 본 것이다. 그렇다면 이 골퍼는 저 농부보다도 더 불행한 사람임에 틀림이 없다고 보아야 할 것 같았다.

불행한 사람을 보고서 위로의 말 한마디 없는 것은 철학자다운 처신이 아니다. 이에 철학자는 골퍼에게 가까이 가서, 어쩌다 이러한 곤경에 처하게 되었느냐고 하며 위로의 말을 건넸다. 그러나 그와 같은 위로는 전혀 필요가 없다고 하며 골퍼는 웃었다. 골프로 말하자면 돈이 아주 많이 드는 고급 스포츠라는 설명까지 하며, 동정을 함부로 낭비하지 말라고 친절하게 일러 주었다.

세상 물정에 어두운 철학자는 또 한 번 쑥스러움을 느끼며 발길을 돌렸다. 발길을 돌리면서 철학자는 고민을 금치 못했다. 도무지 알 수가 없었다. 기관사와 농부는 자신의 처지에 왜 그토록 불만이 많고, 오토바이 타는 사람과 골프 치는 사람은 왜 그토록 자신의 처지에 만족을 느끼는지 도무지 모를 일이었다. 그는 멈추어 서서 한동안 생각에 잠겼다. 한참 생각한 끝에 그는 드디어 결론을 얻었다. 그가 얻은 결론은 다음과 같았다. "돈을 받아 가며 하는 일은 괴로운 일이고, 돈을 써가며 하는 일은 즐거운 일이다!"

돈을 받아 가며 하는 일, 그 일을 할 때 우리는 수동적 자세로 마지못해 억지로 하기 쉽고, 따라서 그 시간이 괴롭게 느껴진다. 돈을 써가며 하는 일, 그 일을 할 때 우리는 능동적 자세로 신바람이 나기 쉽고, 따라서 그 시간이 즐겁게 느껴진다. 저자는 서울대학교 캠퍼스 안을 돈 받아 가며 걸어 보기도 하고, 돈 써가며 걸어 보기도 하였다. 평소에 출퇴근을 위해서 그 길을 걸었을 때는 돈을 받아 가며 걸은 경우이고, 관악산 등산로의 일부로서 그 길을 걸었을 때는 돈을 써가며 걸은 경우에 해당한다. 그런데 같은 길도 출퇴근을 위해서 걸었을 때는 따분하고 부담스러웠으며, 등산을 위해서 걸었을 때는 즐겁고 발걸음도 가벼웠다.

직장의 근무 시간에 하는 일은 돈을 받고 하는 일이고, 수동적 자세로 마지못해 하기 쉬우므로, 그 시간이 지루하고 괴롭게 느껴지게 된다. 만약 우리가 직장에서 하는 일을 능동적 자세로 열심히 한다면, 돈을 받아 가며 즐거운 시간을 갖는 결과가 될 것이다. 그러나 직장에서 하는 일에 능동적 자세로 임한다는 것이 생각처럼 쉽지가 않다. 도대체 그 까닭이 무엇일까? 아마 직장에서 하는 일의 의의를 과소평가하기 때문일 것이다.

우리는 직장에서 하는 일의 의의를 주로 돈벌이에서 느낀다. 주로 돈벌이를 위해서 일을 한다는 것이 우리들의 무의식(無意識)을 지배하는 생각이다. 월급을 받고 직장에서 일을 하는 의의가 주로 돈벌이에 있다면, 직장에서 하는 일을 능동적으로 하고자 하는 의욕이 일어나지 않을 것이다. 한 달에 한 번 있는 월급날을 기다리며, 매일 비슷한 일에 종사하는 것은 지루하고 따분한 일상(日常)일 수밖에 없다.

그러나 돈벌이는 직장에서 하는 일이 갖는 보람의 일부에 지나지 않는다. 직장에서 하는 일이 갖는 가장 중요한 의의는 국가와 사회에 대한 참여와 기여에서 찾아야 할 것이다. 우리는 직업을 통하여 국가와 사회에 참여하고 이바지하거니와, 이것은 우리 모두를 위하여 매우 뜻있고 중요한 일이다.

우리는 '국가를 위하여'라는 말에 대해서 직감적으로 거부감을 느끼기 쉽다. 임금을 '나랏님'이라고도 했던 우리나라에서는 전통적으로 국가와 정부를 혼동하는 경향이 있었다. 요즈음도 '국가를 위하자'는 말을 '정부를 위하자'는 말과 같은 뜻으로 듣는 사람들이 적지 않다. 그리고 해방 이래 우리나라 정부는 국민의 전폭적 지지를 받지 못한 때가 많았고, 특히 군사정권이 지배했던 30여 년 동안은 국민이 정부로부터 등을 돌리는 분위기가 현저하였다. 대체로 이러한 상황이었던 까닭에, '국가를 위하자'는 말에 대해서 직감적 거부감을 느끼는 사람이 많은 것은 자연스러운 현상이 아닐 수 없다.

그러나 국가와 정부는 엄연히 구별해야 한다. 실제로 같은 것이 아니기 때문에 혼동해서는 안 된다. 정부에 대해서 반기를 드는 것은 옳을 수도 있지만, 자신의 조국에 반기를 드는 것은 어떠한 경우에도 옳을 수 없다. 비록 정부가 못마땅한 경우라 하더라도, 국가를 위해서 꼭 필요한 일이라면 그 정부의 정책에 협조해야 할 경우도 흔히 있다.

우리 한국인의 조국은 한국이다. 한국은 하나밖에 없는 우리들의 조국이다. 우리는 한국을 떠나서 살 수도 있을 것이다. 비록 조국을 떠난다 하더라도 한국은 우리나라이며, 한국의 흥망성쇠와 우리들 개인의 행불행 사이에는 회피할 수 없는 인과관계가 있다. 한국의 융성이 한국인의 행복을 보장해 주지는 않는다. 그러나 만에 하나라도 한국이 쇠망한다면, 대부분의 한국인은 불행하게 될 것임에 틀림이 없다.

한국을 지켜 줄 사람은 결국 한국인이다. 한국인이 한국을 외면하면 어느 누구도 한국을 지켜 줄 도리가 없다. 우리밖에는 지켜 줄 사람이 없는 한국을 우리가 지켜야 하거니와, 우리가 한국을 지키는 가장 확실한 길은 각자가 맡은 일, 즉 직업을 충실하게 이행하는 그것뿐이다. 말로 하는 애국은 별로 의미가 없고, 행동으로 하는 애국만이 실질적 의미를 갖는다. 그리고 행동으로 애국하는 마당에서 가장 먼저 해야 할 일은 직업을 위하여 최선을 다하는 것이다.

매일 마시는 물이나 공기가 별로 중요하지 않게 느껴지기 쉽듯이, 매일 직장에서 하는 일상적인 일은 대수롭지 않게 느껴지기 쉽다. 그러나 직장에서 맡은 일은, 나라를 지키고 나라를 융성하게 만드는 큰일의 일부라는 점에서 매우 소중한 것이다. 교향악단의 모든 연주자들이 하는 동작 가운데 중요하지 않은 것은 하나도 없듯이, 한 나라의 모든 직장인들이 하는 일 가운데 귀중하지 않은 것은 하나도 없다.

이토록 귀중하다는 것이 사실이라면, 우리가 직장에서 하는 일에 능동적이고 적극적인 태도로 임해야 할 이유는 충분하다. 단순히 돈벌이를 위한 수단에 불과하다면, 우리는 직장에서 하는 일에 적극성을 보이기가 어려울 것이다. 그러나 그것이 하나밖에 없는 우리 조국을 위하는 길이요 우리들 자신의 행복을 위해서 필요한 일임을 명심한다면, 우리는 그 일에 적극적 태도로 임하고자 하는 의욕을 느끼게 될 것이다. 그리고 적극적 태도로 일에 임할 때, 우리는 일하는 시간을 즐거운 마음으로 보내게 될 것이다.

시간을 즐거운 마음으로 보낸다는 것은 매우 중요한 의미를 갖는다. 즐거운 마음으로 시간을 보냄은 그 자체가 행복의 한 조건이다. 그리고 즐거운 마음으로 시간을 보낼 때, 우리의 건강은 증진된다. 괴로운 시간이 건강을 해치고 즐거운 시간이 건강을 돕는다는 사실을 우리는 잘 알고 있다. 그리고 건강은 행복의 필수 조건 가운데서 가장 기본적인 것이다.

3. 창의성

옛날 농경 사회의 직업인들에게 가장 소중한 것은 조상들이 이룩한 기법

(技法)을 이어받고 다시 그것을 후손에게 물려주는 일이었다. 농부의 아들은 농사의 기법을 아버지로부터 배워서 농부가 되고, 대장장이 아들은 아버지로부터 대장간 기술을 배워서 대장장이가 되었다. 대를 이어서 기법 또는 기술을 배우고 가르치는 과정에서 장인정신(匠人精神)이 발휘되어 그 기법과 기술이 새로운 경지로 진입하기도 하였으나, 그 향상의 과정은 서서히 진행되었다. 급격한 사회변동도 치열한 생존경쟁도 없었던 까닭에, 선대가 터득한 기법과 기술을 익히는 것만으로도 별다른 지장은 없었다.

개항(開港)을 계기로 서양의 과학 문명이 들어오면서 사정은 달라졌다. 조상으로부터 물려받은 전통적인 기법과 기술만으로는 살아남기가 어렵게 되었다. 과학과 기술의 힘을 이용해 강대국으로 발전한 서양의 여러 나라들 앞에서 살아남기 위해서는 우리도 그들의 과학과 기술을 배워야 했던 것이다. 일본은 동양의 다른 나라들에 앞서서 서양의 문물을 적극적으로 수용하여 메이지유신(明治維新)을 이룩했고, 동양에서는 가장 빨리 공업화와 근대화를 추진하였다. 그러나 우리 한국이 본격적으로 근대화를 서두른 것은 1960년대 이후의 일이다.

우리나라에서의 근대화는 그 내용에 있어서 서구화에 가까운 것이었다. 바꾸어 말하면, 우리는 절대 빈곤의 굴레를 벗어나기 위하여 서구의 기계문명을 모방해야 했고, 이 모방의 과정을 '근대화'라는 이름으로 불렀던 것이다. 물질문명에서 멀리 뒤떨어진 우리나라가 물질문명에서 앞섬으로써 선진국이 된 서양의 여러 나라를 빨리 뒤쫓는 효과적 방법은 모방이라고 보았던 까닭에, 우리는 모방에 열을 올렸다.

모방을 하는 나라는 모방을 당하는 나라보다 항상 한 걸음 뒤떨어지기 마련이다. 비록 뒤떨어지기는 했으나 우리는 그나마를 대견하게 생각하였고, '개발도상국' 또는 '중진국'이라는 이름에 한때 만족하고 살았다. 그 정도의 발전만으로도 그 옛날보다는 훨씬 살기가 좋아졌기 때문이다. 그러나 이 수준에서의 안주(安住)를 언제까지나 지속하기는 어려운 일이다. 역사의 수레는 계속 굴러가기 마련이기 때문이다.

말 타면 경마 잡히고 싶은 것이 인간의 심리여서, 우리가 '개발도상국'의 수준에 언제까지나 만족할 수는 없었다. 우리는 좀 더 잘살고 싶은 욕망을 느끼게 되었고, 이 욕망을 충족시키기 위하여 더욱 분발하였다. 분발한 결과로서 선진국에 한 발 더 가깝게 다가섰다. 그러나 바로 이 시점에서 우리는 새로운 심각한 문제에 부딪치게 되었다. 선진국에 대한 모방만으로는 현상을 유지하기조차 어려운 새로운 국면을 맞이하게 된 것이다.

우리나라의 기술 수준과 생산력이 멀리 뒤떨어진 수준에 있었을 때는 미국과 유럽의 여러 나라들이 우리나라를 경쟁 상대로서 경계하지 않았다. 경계하지 않았던 까닭에 우리나라의 기업들은 관세를 비롯한 각종 장치를 통하여 정부의 보호를 받을 수 있었고, 그 보호와 지원의 덕분으로 단순히 모방에 의한 낙후된 생산기술을 가지고도 전자 제품과 자동차 등의 공산품을 선진국에 수출할 수가 있었다.

그러나 우리의 경제 수준이 중진국에서 선진국 방향으로 한 걸음 더 상승했을 때, 미국을 비롯한 서구의 선진국들은 우리를 경쟁 상대로서 경계하기 시작하였다. 그리고 그들의 경계는 우리나라에 대한 무역 압력으로 나타났고, 우리는 이제 모방만으로는 살아남기 어려운 새로운 국면에 부딪치게 되었다. 그 새로운 국면을 상징적으로 보여주는 것이 바로 저 '우루과이 라운드'라는 이름의 국제적 협정이다.

무제한의 자유무역 경쟁을 하자고 강대국들이 요구해 온 것이고, 우리는 이 요구를 거절하기 어려운 처지에 놓이게 되었다. 이제 우리는 첨단 기술에서 앞선 선진국들과 자연 자원과 노동 인력에서 우리보다 유리한 개발도상국들 사이에 끼어서 치열한 경쟁을 하지 않을 수 없는 난국에 처해 있다. 이 난국을 헤쳐 나가기 위해서는 한 단계 위로 뛰어야 하고, 한 단계 위로 뛰기 위해서는 모방을 넘어서서 독창성을 발휘해야 한다. 모방의 명수로 알려진 이웃 나라 일본이 모방의 한계에 부딪쳤을 때, 피나는 노력으로 창의성을 발휘하여 일약 선진국 대열로 진입한 역사적 사실을 우리는 타산지석(他山之石)으로 삼아야 한다.

미국과 유럽 또는 일본의 흉내만 내는 방법으로서는 그들과의 경쟁에서 견디기 어렵다. 그들이 가지고 있지 않은 것을 만들어 내야 한다. 그들이 가지고 있지 않은 무엇인가를 만들어 내기 위해서는, 우리 조상들의 창의력의 결정(結晶)인 전통문화의 힘을 되살리는 한편, 후손인 우리들 자신의 창의력을 십분 발휘해야 할 것이다.

창의력의 발휘가 요구되는 것은 새로운 상품을 개발하는 일에만 국한되지 않는다. 인력의 양성과 개발, 경영 기법, 선전과 고객 관리, 그리고 노사분규의 해결 방식 등 모든 분야에 걸쳐서 창의력을 발휘하여 새로운 경지를 개척해야 한다. '국제화' 내지 '세계화'가 강조되는 이 시대에 낙오자가 되지 않기 위하여, 여러 분야에 걸쳐서 한국 고유의 모형을 창출할 필요가 있는 것이다.

우연한 착상(着想)이 창작의 출발점이 된다는 인상을 받기 쉽다. 그러나 우연한 것처럼 보이는 그 착상에 도달하기까지는 많은 시행착오의 노력이 선행되는 것이 보통이다. 바꾸어 말하면, 피나는 노력 없이 요행으로 창의성이 발휘되기를 기대하기는 어렵다. 그런 뜻에서 창의성의 발휘는 능동적이요 적극적인 자세와 밀접한 관계를 가졌다. 능동적이요 적극적인 태도로써 꾸준히 노력하는 사람들이 창의성을 발휘할 가능성이 높다. 다만 무작정 맹목적으로 노력하는 것이 아니라 깊이 생각하고 궁리해 가며 노력하는 사람들이 창의성을 발휘하게 된다.

그렇다고 하더라도 창의성을 발휘한다는 것은 탁월한 재능을 타고난 특수한 소수에게만 관계되는 문제요, 평범한 일반인과는 관계가 없는 문제라고 보아야 할 것이 아닌가? 그러나 그렇다고 단정하기는 어렵다. 독창성 있는 신상품을 개발하는 일은 아마 아무에게나 가능하다고 보기 어려울 것이다. 그러나 이른바 '새로운 아이디어'라는 것은 신상품의 개발 같은 큰일에 관해서만 요구되는 것은 아니다. 세상에서 말하는 탁월한 재능을 가진 사람들이 관심을 갖지 않는 일에 관해서도 창의성은 요구되는 것이며, 그런 일에 대해서는 오히려 보통 사람들이 더 좋은 생각을 해낼 수도 있는 일이다.

중요한 것은 무엇이든 남보다 잘해 보고자 하는 일반적 분위기다. 반드시 어떤 개인이 새로운 것을 창안해 내는 것만이 소중한 것은 아니다. 우리 한국인 전체의 생기 넘치는 분위기 속에서 '한국적'이라고 말할 수 있는 것을 창출해 내는 일이 중요하다.

4. 원만한 대인관계

우리는 앞에서 행복의 다섯 가지 조건을 고찰할 때 '원만한 대인관계'를 그 하나로 손꼽은 바 있다. 삶의 모든 국면에서 원만한 대인관계 즉 인화(人和)는 크게 중요하지만, 직장 생활에서는 이 점을 더욱 깊이 명심해야 한다. 직장 생활에 즐거운 마음으로 종사하기 위한 지혜로서 우리는 능동적이고 적극적인 자세가 필요함을 강조해 두었거니와, 또 하나의 지혜로서 우리는 원만한 대인관계를 생각하게 된다.

우리는 직장을 통하여 많은 사람들과 교제를 하게 된다. 같은 직장 안에서도 여러 상사와 부하 직원 그리고 동료들과 만나게 되고, 일과 관련이 있는 외부 사람들과도 교섭을 갖게 된다. 이 여러 사람들과의 관계가 원만한 사람은 그것만으로도 직장 생활이 즐겁고, 그렇지 못한 사람은 직장에 있는 시간이 긴장과 갈등으로 가득 차게 된다.

직장에서의 인화를 특별히 강조하는 또 하나의 이유로서 인화와 협동 그리고 일의 능률의 관계를 생각하게 된다. 현대사회의 대부분의 직장은 치열한 경쟁 상황에 놓여 있고, 이 경쟁에서 낙오자가 되면 직장인으로서 뜻있게 살아남기가 어렵다. 경쟁에서 이기기 위해서는 직장 내부의 긴밀한 협동이 요청되고, 긴밀한 협동을 위해서는 인화가 전제되어야 한다. 사이가 나쁜 사람들이 협동하기는 매우 어려운 일이고, 협동이 없이는 일의 능률 또는 생산성을 높일 도리가 없다.

사회생활에서 인화가 중요하다는 것은 의심의 여지가 없는 상식이다. 문제는 대인관계를 원만하게 한다는 것이 뜻대로 되기 어렵다는 사실에 있다. 정직하고 성실한 태도로써 직장 생활에 임하는 것은 본인 한 사람의 결심만 확고하면 가능하다. 능동적이고 적극적인 자세로 일하는 것도 나 한 사람의 의지만으로 가능하다. 그러나 인화는 내 마음 하나만으로는 도달하기 어려운 목표다. 관계를 맺은 여러 사람들이 뜻을 모아야 인화를 얻게 되는 것인데, 인간이란 대체로 까다로운 존재여서 여러 사람들이 힘을 모으기가 생각보다 어렵다.

원만한 대인관계가 나 한 사람의 결심만으로는 실현되기 어려운 목표이기는 하나, 그것도 역시 노력의 대상이다. 인화를 위해서 항상 유의하고 노력하는 사람들은 대인관계가 비교적 원만하지만, 그 노력을 게을리하는 사람들이 비교적 많은 갈등 속에 산다는 것은 우리가 도처에서 경험하고 목격하는 사실이다. 그렇다면 우리가 인화를 위하여 노력함에 즈음하여 일반적으로 염두에 두어야 할 원칙에는 어떤 것이 있을까?

첫째로, 대인관계로 감정이 상했을 때, 무던히 참도록 노력을 해야 한다. 감정이 상하면 흥분하게 되며, 흥분한 상태에서 말을 함부로 하면 폭언으로 나타나고, 행동을 함부로 하면 폭행이 된다. 그리고 폭언과 폭행은 대인관계에 치명적 악영향을 미친다. 하고 싶은 말, 하고 싶은 행동을 함으로써 감정을 발산하는 편이 오히려 낫다는 견해도 있으나, 길게 보면 역시 참는 편이 상책이다.

인간은 일반적으로 감정적 존재이지만 한국인의 경우는 그 감정적 성향이 더욱 강하다. 감정적 성향이 강한 까닭에 한국인은 쉽게 흥분하고, 흥분하면 말이나 행동을 함부로 하게 된다. 별것도 아닌 사소한 문제로 크게 사이가 벌어지는 경우가 많은 것은 그 때문이다.

말과 행동을 겉으로 억제하는 것만으로 원만한 대인관계가 형성되고 유지되는 것은 물론 아니다. 더욱 중요한 것은 상대편의 견지에 서서 상대편을 이해하고자 하는 성실한 노력이다. 가장 중요한 것은 넓은 아량으로 사람을 용서하고 따뜻한 가슴으로 남을 사랑하는 마음이다.

둘째로 유의해야 할 점은 겸손한 태도로 사람을 대하되, 자기의 잘났음을 앞세우지 아니함이다. 교만하고 잘난 척하는 사람을 세상은 좋아하지 않는다. 그런 뜻에서 잘났다는 것은 축복받은 일이나, 잘났음을 앞세우는 것은 복을 쫓는 짓이다. 진정 잘난 사람은 본인이 굳이 그것을 내세우지 않아도 상대편이 저절로 알게 될 것이다. 별로 잘나지도 못한 사람이 잘난 척하면, 남들은 그를 못난 사람으로 분류할 것이다.

사람들에게는 대개 경쟁심이 있어서 나와 남을 비교하는 버릇에 빠지기 쉽다. 나와 남을 비교하는 무의식 속에서 자신의 우월성을 확인하고자 한다. 자기 혼자서만 안으로 확인하는 데 그치지 않고, 타인에게까지 그것을 확인시키고자 하는 욕심에서 자기 자랑을 늘어놓기도 하고 자기의 주장만을 앞세우기도 한다. 그러나 이러한 태도는 상대편에게 거부감을 주는 짓이니 차라리 침묵을 지킴만 못하다.

셋째로 유의할 점은 욕심을 부리지 아니함이다. 여기서 '욕심을 부린다' 함은 일정한 대상을 두 사람 이상이 나누어 가져야 할 상황에서 부당하게 많은 몫을 차지하려 드는 태도를 가리킨다. 그러므로 누가 욕심을 부리면 그 주위에 있는 다른 사람들은 손해를 보기 마련이다. 세상에 욕심쟁이를 좋아하는 사람은 아무도 없다. 욕심을 부리면 남의 미움을 사기 마련이므로, 원만한 대인관계를 위해서 욕심이 금물임은 당연한 상식이다.

당연한 상식임에도 불구하고, 세상의 많은 사람들은 이 상식을 외면하고 욕심을 부린다. 다른 사람의 욕심을 나무라면서도 자신은 욕심을 부린다. 욕심을 부리는 사람이 결과적으로 이득을 보게 되고, 양보하면 제 몫도 찾아먹지 못하게 된다는 계산 때문일 것이다. 눈앞에 보이는 나누어 가질 대상만을 놓고 계산을 하면, 그러한 결론밖에 나올 수가 없는 것이 사실이다. 그러나 눈을 크게 뜨고 원대한 안목으로 계산을 하면, 전혀 다른 결론에 도달할 것이다.

이미 확보된 한 시루의 떡을 여럿이 나누어 먹을 경우에는 욕심을 부리는 사람이 더 큰 몫을 차지하고, 양보하는 자세를 취하는 사람들은 손해를 보게 될 공산이 크다. 이른바 '제로섬(zero sum) 게임'의 논리가 적용되기 때문이다. 그러나 여럿이 힘을 합하여 떡시루를 여러 개 장만할 경우를 생각한다면, 전혀 다른 숫자의 계산도 나올 수 있다. 더더욱 중요한 것은 이 세상에는 경쟁적 분배의 대상이 아닌 무형(無形)의 가치도 많으며, 그 무형의 가치는 유형(有形)의 가치보다 더 소중할 경우가 많다는 사실이다. 이 더욱 높은 무형의 가치를 얻기 위해서 필요한 것은 욕심이 아니라 의욕(意慾), 즉 큰 포부다.

욕심을 부리는 사람은, 눈앞에 보이는 작은 이익을 얻는 대가로, 당장 눈앞에 나타나지 않는 큰 이익을 놓친다. 욕심을 자제하고 양보하는 사람은, 눈앞에 보이는 작은 이익을 잃는 대신, 눈에 보이지 않는 큰 이익을 얻는다. '눈에 보이지 않는 큰 이익' 가운데는 우정도 포함될 수 있고, 마음의 평화도 포함될 수 있다. 일반적으로 말해서, 내면적 가치 또는 정신적 가치의 세계는 눈에 잘 보이지 않는다.

인화를 위해서 넷째로 유의해야 할 점은, 자질구레한 일을 가지고 꼬치꼬치 따지지 않는 일이다. 대의(大義)에 관계되는 크고 원칙적인 문제에 대해서는 따지고 넘어가는 것이 바람직하다. 그러나 사소한 이해관계나 대수롭지 않은 감정의 문제 따위는 덮어 두는 아량으로 모르는 척해 둘 일이다. 특히 우리 한국 사람들은 전통적으로 따지는 태도를 좋아하지 않는다. 우리나라에서는 일일이 따지기 좋아하는 사람이 '말 많은 사람'이라는 이유로 인심을 잃는 경우가 흔히 있다.

직장에서의 인화를 위하여 다섯 번째로 유의해야 할 점은 공(公)과 사(私)를 구별하는 일이다. 같은 직장에서 일하는 사람들은 공적 관계로 만나기도 하고 사적 관계로 만나기도 한다. 같은 두 사람이라 하더라도 공적인 일로 만날 때와 사적인 일로 만날 때는 피차 태도를 달리하는 것이 바람직할 경우가 많다. 예컨대, 동기 동창이 같은 회사에서 일할 경우에 한 사람은 부장이고 다른 한 사람은 차장일 수가 있다. 이러한 두 사람이 회사의 공적인 일로 만날 경우에는 차장이 부장을 상사로서 대우해야 할 것이다. 그러나 사적인 자리에서 두 사람은 동기 동창의 친구로 서로를 대하는 것이 마땅하다. 또 나이가 적은 사람의 직위가 나이가 많은 사람의 그것보다 높을 경우도 있다. 이러한 경우에 젊은 상사는 공적 사무를 처리할 때 연상의 부하에게 취하던 태도를 사적인 자리에까지 연장하는 일이 없어야 한다.

5. 예절 존중

인화와 불가분의 관계를 가진 것으로서 예절(禮節)이 있다. 예절은 삶의 모든 현장에서 두루 중요한 구실을 하거니와, 성공적인 직장 생활을 위해서도 매우 중요한 의미를 갖는다. 예절의 본질이 무엇이며 인간관계에 있어서 그것이 중요한 의미를 갖는 까닭은 무엇인지 살펴보기로 한다.

예절의 기원은 상대편에 대한 존중에서 유래했을 것이다. 마음속에 있는 감정은 자연히 겉으로 나타나게 되거니와, 상대편에 대하여 느낀 감정을 겉으로 나타낸 모습이 하나의 형식으로 굳어진 것이 바로 예절이다. 예컨대 존경하는 사람 또는 권위가 있는 사람 앞에 가까이 가면, 자연히 고개가 숙여지고 몸 전체의 자세가 낮아지기 쉽다. 상대편을 우러러본다는 감정의 표시로 그러한 모습을 취하게 되는 것이며, 그러한 모습이 일정한 형식으로 굳어지게 되면, '절' 또는 '배례(拜禮)'라는 예절이 생긴다.

예절이 중요한 본래의 근거는 그 형식에 담긴 내용에 있으며, 그 형식 자체가 본래 중요한 것은 아니다. 예컨대, '세배'의 예절이 소중한 것은 세배하는 사람이 그것을 받는 사람에 대해서 존경이나 감사의 감정을 가질 경우이며, 그러한 감정은 전혀 없이 세뱃돈을 받아 내기 위한 수단으로서 하는 세배에는 큰 가치를 인정하기 어렵다. 또 '악수'의 예절은 친밀감 또는 우호의 감정을 표시하는 뜻으로 교환하는 것인데, 증오감이나 적개심을 숨기고 손만 내미는 악수에는 악수 본래의 의의가 없다고 볼 수 있다. 심한 경우에는 예절이라는 것이 도리어 속임수 또는 위선에 불과한 것이 될 수도 있을 것이다.

이러한 논리에 근거하여 예절 무용론(無用論)을 주장하는 견해도 있다. 중요한 것은 형식이 아니라 내용이며, 번거로운 형식이 도리어 사람과 사람의 사이를 굳어지게 한다는 이유를 들어서 예절을 부정적으로 보는 견해다. 또 예절의 기원이 봉건적 인간관계에 유래한다는 근거에 입각하여 부정적 시각을 취하는 사람들도 더러 있다.

우리나라의 전통적 예절 가운데는 수직적 위계질서로 특징지어진 신분 사회를 배경으로 해서 생긴 것이 많으며 불평등한 인간관계를 고정시키기 위하여 인위적으로 만들어 낸 것도 적지 않다. 예컨대 제사를 지낼 때 남자는 두 번 절하고 여자는 네 번 절하도록 한 제례(祭禮)가 그것이며 '하십시오', '하오', '하게', '해라' 등 존대어와 하대어(下待語)의 구별이 까다로운 언어의 예절도 그것이다. 전통적 예절 가운데 비민주적인 것은 고치는 것이 마땅하다. 그러나 비민주적 예절의 존재를 이유로 예절 그 자체를 부인하는 것은 부당하다.

형식보다는 내용이 더욱 소중하며 지나치게 예절을 강조하면 인간관계가 오히려 소원해진다는 견해에도 일리가 있다. 예컨대, 너무 정중하게 대하는 것보다는 농담도 섞어 가며 허물없이 대하는 편이 두 사람의 관계를 가깝게 만드는 경우는 흔히 있는 일이다. 그러나 내용물을 안전하게 간직하기 위해서는 적당한 그릇에 담을 필요가 있듯이, '원만한 인간관계'라는 내용을 잘 지키기 위해서는 '예절'이라는 형식을 존중하는 편이 안전하다. 일반적으로 말해서, 형식을 무시하고 내용만을 따로 간직하기는 매우 어려운 일이다. 거듭 말하거니와, 원만한 인간관계를 위해서 근본적으로 중요한 것은 상대편의 인격을 존중하는 성실한 마음이요, 좋은 사이가 되기를 바라는 친화(親和)의 의지와 감정이다. 그리고 이 마음씨의 내용을 키우고 간직하기 위해서 필요한 그릇의 구실을 하는 것이 형식으로서의 예절이다. 그런데 내용으로서의 마음씨와 형식으로서의 예절 사이의 관계는 지극히 미묘하다. 이 미묘한 관계를 터득하여 실천에 반영하는 것이 사회생활을 원만하게 하기 위하여 매우 중요한 지혜가 된다.

예절을 지나치게 강조하면 마음의 문이 닫힌다. 마음의 문이 닫히면, 각자의 자아는 둘레에 성(城)을 쌓고 방어 자세를 취하기에 여념이 없게 되고, 영혼의 교류는 이루어지지 않는다. '너'는 '너'요, '나'는 '나'로서 살게 될 따름이니 진정 인간다운 인간의 삶이라고는 보기 어렵다.

반대로 예절을 무시하면 마음의 문은 열리나 자세가 흐트러지기 쉽다. 자세가 흐트러지면, 마음까지도 방자하게 되어 절도를 지키기 어렵다. 마음이 절도를 잃으면 말과 행동이 자칫 빗나간다. 빗나간 말과 행동은 상대편에게 큰 상처를 주기 일쑤다. 아무런 생각 없이 무심코 한 말이나 행동이 사람의 관계를 멀리 떼어 놓는 경우는 흔히 있는 일이다.

결국 중용(中庸)을 얻어야 한다는 결론으로 접근하게 되었다. 그런데 그 '중용을 얻는다'는 것이 사실은 매우 어렵다. 예절의 중용은 그것을 존중하되 지나치게 강조하지 않는 경지라고 말할 수 있겠으나, 바로 그 경지를 포착하기가 어려운 것이다. 왜냐하면 지나치지도 않고 모자라지도 않는 그 적절한 선(線)이 때와 장소에 따라서 다르고, 상대방에 따라서 다르기 때문이다.

잔칫집에서 적합한 행동이 초상집에서는 적합하지 않을 수 있다는 원칙쯤은 대개 알고 있다. 그러나 잔칫집에도 여러 가지 경우가 있고 초상집에도 여러 가지 경우가 있어서, 각기 경우에 맞도록 말하고 행동하기는 쉽지 않을 경우가 있다. 같은 말이 상황에 따라서 즐거운 농담이 되기도 하고 불쾌한 성희롱이 되기도 한다. 음담패설이 어울리는 때와 장소가 있고, 그렇지 않은 경우가 있다. 수재로 소문난 친구들 가운데는 "자네는 머리가 나빠서 탈이야."라는 농담을 즐겁게 받아들이는 사람도 있고, 그렇지 못한 사람도 있다. 정말 머리가 나쁜 친구들 가운데서 그런 말을 즐거운 농담으로 받아들일 사람은 거의 없다.

예절은 세계 어느 나라에나 있고, 나라에 따라서 상당한 차이를 보인다. 본래 프랑스 말인 '에티켓(etiquette)'은 지금 서양 여러 나라에서 공통으로 쓰이고 있으니, 서양의 예절에 해당하는 것이 바로 '에티켓'이라고 말할 수 있을 것이다. 예절과 에티켓은 그 바탕에 깔린 근본정신이 거의 비슷하다고 보아도 무방할 것이나, 겉으로 나타난 모습에는 상당한 차이가 있다. 이 차이를 모르고 행동을 하면 자칫 큰 실수를 저지르기도 한다.

미국으로 관광 여행을 간 한국의 어느 중년 부인이 유원지를 산책하다가 유모차를 밀고 온 그곳 주민과 마주쳤다. 유모차 안의 사내 아기가 너무나 귀여워서 '사랑스럽다'고 말한 것까지는 좋았다. 그러나 귀엽게 여기는 자기의 감정을 한국식으로 표현하기 위하여 아기의 고추를 살짝 건드린 것이 문제가 되었다. 성폭행을 범했다는 고발을 당하게 되었고, 결국 풀려나기는 했으나 해명하기에 상당한 어려움이 있었다고 들었다.

서양에도 여러 나라가 있고 나라에 따라서 에티켓에도 차이가 있다. 이제 국제적 교류가 빈번한 시대를 맞아서 세계의 거의 모든 나라 사람들과 접촉할 기회가 많다. 그 여러 나라 사람들과의 관계를 원만하게 하자면 예절에 대해서 각별한 신경을 써야 할 것이며, 나라마다 가지고 있는 고유한 예절 내지 에티켓에 대해서도 세심한 주의를 기울여야 할 것이다. 잘 진행되던 무역 상담이 사소한 언동의 실수로 깨어지는 경우도 있다고 들었다.

그러나 겉으로 언행을 예절 바르게 하는 것만으로 인간관계가 원만하게 되는 것은 물론 아니다. 더욱 중요한 것은 성실하고 정직한 마음가짐이다. 진정한 마음가짐은 풍습과 예절이 다른 외국 사람들에 대해서도 대개는 전달되기 마련이다. 다만 예절을 모르거나 소홀히 하면 속마음이 제대로 전달되기까지에 시간이 걸린다는 사실을 염두에 두어야 할 것이다.

직장 생활을 하는 사람은 자연히 많은 사람들과 만나게 된다. 직장 내부의 상사와 동료 직원 그리고 부하 직원과도 만나게 되고, 직장 외부의 사람들과도 만날 기회가 자주 있다. 직장 생활을 만족스럽게 수행하기 위해서는 이 여러 사람들과의 관계가 원만해야 하고, 원만한 관계를 수립하기 위해서는 예절에 유의할 필요가 있다.

직장에서의 예절 가운데 특히 중요한 것은 언어의 예절이 아닐까 한다. 우리나라는 전통적으로 언어의 예절이 잘 발달한 나라였으나, 근래에는 교양이 의심스러운 언어를 사용하는 사람들과 자주 만나게 된다. 우리의 인격을 가장 알기 쉽게 나타내는 것이 우리가 사용하는 언어임에도 불구하고, 사람들은 거칠고 바르지 않은 말을 흔히 사용한다. 언어가 온화해야 인간관계가 온화하고, 인간관계가 온화해야 밝고 정겨운 사회가 실현된다.

7장 맺는말

역사상의 모든 시점이 중요하지만, 지금부터 앞으로 10년 동안은 우리 한국을 위해서 특별히 중요한 시기라는 견해에 반대할 사람은 없을 것이다. 우리나라가 선진국으로 도약하여 세계사의 주역으로 부상하느냐 또는 후진국에 머물러 국제화 시대의 낙오자로 전락하느냐가 아마 앞으로 10년 이내에 판가름날 것으로 보인다.

우리나라가 장차 선진국으로 도약하느냐 또는 후진국으로 몰락하느냐를 결정하는 것은 세월이 아니라 우리들 자신이다. 우리들이 하기에 따라서 저 길로 올라갈 수도 있고 이 길로 떨어질 수도 있다. 우리나라의 장래가 우리의 어깨에, 우리 자신의 선택에 달려 있는 것이다. 아무도 우리를 대신하여 우리나라를 지켜 주지 않는다.

개인주의가 몸에 배어서 '국가'와 '민족'을 이야기함이 도리어 쑥스럽게 느껴지기도 하는 시대다. '나' 하나 살기에도 바쁜 세상에 '나라' 걱정까지 할 여유가 없을 것도 같다. 나랏일이라면 그것을 전문적으로 맡아서 하는 사람들이 있지 않은가. 세상에는 '애국'을 도맡아서 하는 단체와 개인들이 남아돌 정도로 많이 있다고 들었다.

그러나 '나'를 희생하고 오로지 '나라'를 위하여 헌신하자고 주장하는 것이 아니다. '나'를 위해서도 '나라'의 일을 골똘히 생각해야 할 상황임을 강조하고자 함에 지나지 않는다. 나라가 쓰러지면 그 안에 사는 '나'들도 결국 따라서 쓰러지기 마련이다. 진정 '나'를 위하는 길이 '나라'를 위하는 길을 떠나서 따로 있다고 보기는 어렵다. 크게 볼 때, 저 길과 이 길은 결국 하나의 길이다.

나라에 관한 일은 '애국'을 도맡아서 하기로 되어 있는 단체와 개인들에게 맡기자는 것은 기본 상식을 벗어난 생각이다. 명색이 '민주주의'를 내세우는 세상에 '애국'을 도맡아서 할 단체나 개인이 있을 수 없다. 필요한 때만 우리 한 사람 한 사람이 나라의 주인임을 강조하고 책임을 져야 할 마당에서는 꽁무니를 빼는 것은, 민주 시민의 도리가 아니다.

'나라 사랑'을 거창하게 외치는 사람들도 더러는 필요할 것이다. 그러나 목청 큰 사람이 언제나 일도 크게 하는 것은 아니다. 화려한 무대와는 전혀 관계가 없는 곳에서 묵묵히 일하는 사람들이 도리어 나라를 위하여 더 많은 공헌을 하는 경우가 허다하다.

국가와 사회가 수행해야 할 공동의 과제 가운데서 각자의 능력과 분수에 적합한 일을 분담해 맡은 것이 다름 아닌 직업이라고 하였다. 우리는 직업을 통하여 국가와 사회에 참여하고, 직업을 통하여 국가와 사회에 이바지한다. 그러므로 '애국의 길'이 따로 있을 리 없고, 그날 그날 직업에 충실한 사람이 가장 확실한 방법으로 나라를 위하여 일하는 사람들이다. 별로 대수롭지 않게 느껴질지도 모르는 직장 일을 묵묵히 착실하게 책임지는 사람들. 어쩌면 그들이 의정단상(議政壇上)에서 큰소리 땅땅 치는 사람들보다 더 확실한 애국자일지도 모른다.

직장만 가지면 누구나 애국자가 된다고 말하기는 어렵다. 올바른 태도로 직장에 임하는 사람들만이 국가를 위해서 귀중한 사람들이다. 직장에 임하는 올바른 태도에 관하여 우리는 앞에서 네 가지 원칙을 제시하였다. ① 성실하고 정직한 태도로 직업에 종사한다. ② 능동적이요 적극적인 자세로 직장에 임한다. ③ 창의성을 발휘한다. ④ 직장을 통하여 교섭을 갖게 되는 사람들과의 관계가 원만하도록 노력한다. 모든 한국의 직장인들이 이 네 원칙을 꾸준히 지킨다면, 우리는 밝은 내일을 갖게 되리라고 기대해도 좋을 것이다.

만약 우리 모두가 위에서 말한 네 가지 원칙에 충실하게 산다면, 우리나라가 밝은 내일을 가지게 될 뿐 아니라, 우리들 개인도 각각 행복을 누리는 결과를 얻게 될 것이다. 위에서 제시한 네 가지 원칙은 개인이 행복을 얻기에 필요하고 충분한 조건도 되기 때문이다.

성실하고 능동적이며 대인관계가 원만한 사람은 기본 생활의 안정에 필요할 정도의 돈을 벌 수 있을 것이다. 능동적 자세로 자진해서 일을 하는 사람은 즐거운 시간을 많이 가질 수 있으므로 다른 무리를 하지 않는 한, 건강을 유지하는 데 별다른 어려움이 없을 것이다. 성실하고 능동적이며 창의성을 발휘하는 사람의 정신적 자아는 꾸준히 성장하기 마련이며, 그런 사람은 자연히 공동체를 위해서 필요한 일꾼 노릇을 하는 결과에 이를 것이다.

국가의 번영을 위하는 길과 개인의 행복을 위하는 길은 두 가지의 다른 길이 아니라, 결국은 하나의 같은 길이다.

2부
한국 사회윤리의 근본 문제

1장 일에 관련된 윤리 문제

1. 일의 사회성

야생의 머루나 다래를 자기가 먹기 위해서 따는 행위와 같이 타인과의 관계가 별로 없는 '개인적인 일'도 간혹 있을 수 있다. 그러나 현대사회에서 사람들이 하는 일의 대부분은 타인과 관계가 있는 '사회적인 일'이다. 하나의 물건을 만들기 위하여 여러 사람들이 참여하는 공장에서의 일은 말할 것도 없으며, 채소를 가꾸거나 가축을 기르는 행위와 같이 단순한 일의 경우도 가족 또는 그 밖의 사람들과 어떤 관계가 있기 마련이다. 일이 갖는 타인과의 관계란 넓은 의미의 이해관계다. '이해관계'란 다소간의 대립이 내재하는 관계이며, 사람들의 이해관계가 대립하는 곳에는 반드시 윤리의 문제가 발생한다. 윤리란 이해관계의 대립에서 오는 갈등을 방지하거나 해결하는 올바른 처방을 위한 지혜에 해당한다.

일과 관련해서 생기는 기본적 윤리 문제의 첫째는 누가 어떤 일을 얼마나 해야 하느냐 하는 것이다. 일에는 무수하게 많은 종류가 있어서 어떤 것은 힘들고 어려우며, 어떤 것은 즐거움을 느끼며 쉽게 할 수 있다. 어떤 일은 일 그 자체에서 보람을 느끼기 쉬우나, 어떤 일은 그것을 느끼기 어렵다. 누구나 즐겁고 보람의 느낌이 강한 일을 하고자 원하는 것이 사람의 마음이나, 모두가 원하는 일만을 골라서 한다는 것은 개인의 생존을 위해서나 만족스러운 사회의 존속 내지 형성을 위해서나 현실적으로 불가능하다.

일에 대한 선호(選好)와 기피(忌避)는 일을 둘러싼 경쟁과 갈등을 유발한다. 이 경쟁과 갈등의 상황을 어떻게 해결하느냐 하는 것은 인간이 사회적 존재이기에 부딪치는 불가피한 문제다. 일부 사회주의 사상가들 가운데는 사회의 구조적 모순을 제거하면 각자의 능력에 따라서 원하는 일만 할 수 있는 시대가 도래하리라고 예언한 사람도 있고, 여러 가지 일을 교대해 가면서 다양하게 함으로써 같은 일에만 종사하는 지루함을 면할 수 있는 사회의 건설이 가능하다고 낙관한 사람도 있다. 그러나 그러한 예언과 낙관은 현재로서는 하나의 희망일 뿐이며, 설득력 있는 구체적 방안은 아직 제시된 바 없는 것으로 안다.

우리 한국을 포함한 자유주의 국가에서는 일의 선택의 문제는 자유경쟁에 맡기는 원칙을 따르고 있다. 예컨대 의사나 변호사의 일을 하고 싶은 사람들을 위해서는 일정한 자격 조건을 법으로 정하고, 누가 그 자격 조건을 갖춘 사람이 되느냐 하는 문제는 자유경쟁에서의 승패로 판가름이 나도록 한다. 시를 쓰는 일이나 그림을 그리는 일 따위는 누구나 할 수 있도록 허용하되, 그 길에서 어느 정도의 인정을 받느냐 하는 문제는 자유경쟁에 맡겨진다. 어떤 직장이나 직위를 얻어야 할 수 있는 일에 대해서는 그 직장 또는 직위를 얻는다는 것이 자유경쟁의 대상이 된다.

자유경쟁의 원칙이 성공을 거두기 위해서는 그 경쟁이 공정하게 이루어져야 한다. 어떤 자격을 얻기 위해서 필요한 실력을 기를 수 있는 교육의 기회가 그것을 원하는 모든 사람들에게 균등하게 주어져야 하며, 경쟁에서의 승패를 결정하는 판정의 과정도 공정하게 진행되어야 한다. 그런데 실력 양성을 위한 교육의 기회를 마련하는 데서부터 시작하여 경쟁의 승패를 결정하는 판단에 이르기까지는 전 과정이 공정하게 이루어져야 한다는 주장을 이의 없이 받아들인다 하더라도, 이 경우에 요구되는 '공정성'의 기준에 대해서는 견해의 대립이 있을 것이다. 우선 부유한 가정 또는 교육 정도가 높은 가정에 태어난 어린이들은 그렇지 못한 가정에서 태어난 어린이들에 비해서 지적(知的) 내지 예술적 능력을 양성하는 경쟁에서 유리한 출발점에 서기 마련이다. 여기서 가정환경의 차이를 교육의 기회균등에서의 '공정성'에 위배되는 사항으로 볼 것이냐, 그 공정성의 문제와는 무관한 것으로 볼 것이냐 하는 물음에 대하여 견해의 대립이 생길 것이다.

이 물음에 대한 견해의 대립은 가족제도의 윤리성의 문제로 연결될 수 있으며, 사유재산제도의 정당성의 문제와도 연관을 가질 수 있을 것이다. 그러나 이러한 문제들에 대한 본격적인 탐구는 이 소론이 다루기에는 너무나 방대한 과제다. 다만 이 자리에서는 가족제도와 사유제산제도를 기정사실로서 전제하고, 이러한 전제의 여건 안에서 우리가 추구해야 할 경쟁의 공정성의 문제만을 간단하게 살펴보는 것만으로 만족해야 할 것이다.

자기가 하고 싶은 일에 종사하면서 생계를 유지할 수 있기 위해서는 그 일에 대해서 어느 수준 이상의 실력을 갖추어야 한다. 사회인으로서 생활하기에 필요한 일에 대한 실력을 기를 수 있는 교육의 기회를 모든 사람들이 원하는 대로 충분히 마련하기는 어려울 것이다. 보람과 즐거움을 느껴 가며 할 수 있고 보수도 많은 일 쪽으로 사람들의 선택이 몰릴 것이므로, 인기가 높은 일을 하고자 희망하는 사람들이 누구나 그 길에서 성공할 수 있도록 교육의 기회를 만든다는 것은 불가능에 가까울 것이다. 우리가 현실적인 노력의 목표로 삼을 수 있는 것은 일정한 종류의 일에 대한 소질과 의지를 갖춘 사람에게 그 일을 하기에 필요한 실력을 쌓을 수 있는 기회를 만들어 주는 수준을 넘어설 수 없다. 과학자의 소질이 탁월한 사람으로서 과학자가 되고자 하는 의지가 강한 사람들에게 과학을 배울 수 있는 기회를 주고, 예술가의 소질이 탁월한 사람으로서 예술가가 되고자 하는 의지가 강한 사람들에게 예술을 배울 수 있는 기회를 만들어 주며, 그 밖의 일들에 대해서도 소질과 의지를 갖춘 사람들에게 각자에게 적합한 일을 배울 수 있는 기회를 마련하도록 최선을 다하는 것이 사회가 할 수 있는 일의 고작일 것이다.

소질에 따라서 실력을 양성할 수 있는 교육의 기회를 극대화하는 데 성공한다 하더라도 질이 좋은 교육을 받고자 하는 사람들의 경쟁이 아주 없어지지는 않을 것이다. 예컨대 의사가 되고 싶은 사람들이 많다는 사실을 감안하여 의과대학을 많이 설립한다 하더라도 그 나라가 필요로 하는 의사의 수를 고려하지 않을 수 없으므로 의과대학 입학생의 정원을 무제한으로 늘릴 수는 없을 것이며, 의과대학 지망생이 그 정원보다 많으면 입학을 위한 경쟁은 불가피하다. 설령 의과대학 지망생의 총수가 그 입학 정원을 초과하지 않는다 하더라도 의과대학들 사이의 우열의 차이를 완전히 없앨 수는 없으므로 명문을 선호하는 경쟁은 막을 도리가 없을 것이다. 의과대학에서 교육을 마치고 의사의 자격을 얻은 사람들 사이에서도 더 좋은 직장을 얻고자 하는 경쟁이 생길 것이다. 의사 이외의 다른 직업의 경우도 사정은 마찬가지다.

모든 종류의 사회 경쟁이 만인에게 개방되어야 함은 물론이요, 그 승패의 판정은 객관적 기준에 따라서 공정하게 내려져야 할 것이다. 적재적소의 원칙이 항상 지켜져야 할 것이며, 본인의 실력 이외의 요인이 승패 판정에 작용하지 않도록 합리적인 제도를 마련해야 할 것이다.

경쟁에서 승리함으로써 자기가 하고 싶은 일자리를 얻은 사람은 그 일을 열심히 할 의무를 지게 된다. 여러 사람들이 원하는 귀중한 자리만 하나 차지하고 그 자리가 요구하는 일을 게을리한다면, 그것은 사회와 타인에 대해서 피해를 가하는 무책임이 아닐 수 없다. 앞에서 말한 바와 같이 거의 모든 일에는 사회성이 있으며, 사회적으로 영향력이 강한 일자리일수록 그 자리를 맡은 사람의 책임이 무거워진다. 적어도 직업에 관계된 일은 개인의 생계를 위한 일이기에 앞서서 사회에 참여하여 사회에 이바지할 책임이 따르는 공공의 일이다.

경쟁에 패배하여 자기가 원하는 일자리를 얻지 못한 사람은 다른 일자리를 구할 수밖에 없을 것이다. 일자리가 경쟁의 대상이 된다는 것은 일자리에 대한 모든 사람들의 제1지망이 모두 달성될 수는 없다는 것을 의미한다. 그리고 아무 일도 하지 않고 산다는 것은 불가능하므로, 첫 번째에 지망한 일자리를 얻는 데 실패한 사람은 불가불 제2지망의 일자리를 찾아야 하며, 제2지망에서도 실패하면 제3지망으로 다시 옮겨 갈 수밖에 없다.

비록 자신이 처음 원한 일자리가 아니더라도 하나의 일자리를 차지하게 되면 그 일자리를 능동적으로 지키는 것이 바람직하다. 처음에 원한 일자리를 위한 경쟁에서 진 것이 어떤 불공정 때문이라면 그 실패에 대한 책임을 사회가 져야 한다는 논리가 성립한다. 그러므로 사회 경쟁의 공정성의 문제는 항상 기본적인 문제로서 전제되어야 하며, 각 개인에게 각자의 의무를 다할 것을 떳떳하게 요구할 수 있는 사회를 건설하는 일이 앞서야 한다는 주장이 일단 성립한다. 그러나 여기서 공정한 사회가 실현되기 전에는 모든 책임이 사회에 있으므로 개인에게는 일에 대한 책임이 면제된다는 결론으로 비약해서는 안 된다. 사회라는 것도 개인들이 만드는 것이며, 우리 모두가 사회의 일원으로서 현재의 불완전한 사회에 대해서 책임을 나누어야 하기 때문이다. 여기서 불완전한 사회를 개조하는 일이 모든 사람들의 공동의 과제로서 문제가 된다. 그러나 모든 사람들이 우선 사회를 개조하는 일에 전력을 기울이고, 공정한 사회가 실현된 뒤에 각 개인에게 적합한 직업의 일을 분담하는 순서를 밟자는 전략은 성공할 가능성이 희박하다. 사회를 개조하는 일이 단시일 안에 실현될 수 있는 일이 아니며, 이상적인 사회의 건설이란 언제나 미래를 위한 목표로서 남게 된다. 국민 모두가 혁명가로 나서야 한다고 말하기는 어려우며, 대부분의 보통 사람들은 직업으로서 분담한 일을 수행해 가면서 사회를 개혁하는 일에도 응분의 기여를 해야 하는 것이 우리들의 현실이다.

자기가 처음에 갖고 싶었던 일자리를 얻는 사람보다는 그것을 얻지 못하는 사람이 더 많다. 그것을 얻지 못한 사람들은 자연히 다른 일자리로 방향을 돌리기 마련이거니와, 첫 번째의 일자리가 아니라고 해서 다음에 얻은 일자리를 과소평가하는 것은 현명한 태도가 아니다. 실제로 얻은 일이 도리어 적성에 맞을 확률이 높으며, 어떤 일이든 그 일에 대해서 높은 경지에 이르는 것은 보람된 일이다. 자기에게 주어진 일에 최선을 다하는 가운데 자아실현의 길도 열리기 마련이다.

2. 일과 소득

우리가 어떤 일을 선호하는 것은 그 일 자체를 하고 싶은 충동 때문만은 아니며, 그 일을 통해서 얻을 수 있는 수입이 갖는 매력에 몰릴 경우도 적지 않다. 특히 직업으로서 어떤 일을 선택할 경우에는 그 일 자체의 매력보다도 그 일에 따르는 수입이 갖는 매력이 더 큰 동기로서 작용하는 사례가 많다. 적성에 따라서 직업을 선택하기보다는 직업에 따르는 수입을 따라서 선택할 경우가 더 많은 것이 우리들의 실정이다. 만일 어떤 일을 하더라도 수입에는 별로 차이가 없다면 오랜 교육 기간 내지 수련 기간이 필요한 의사나 법률가에 대한 선호가 오늘의 한국의 경우처럼 심한 경합을 보이지는 않을 것이다. 결국 일자리를 둘러싼 경쟁은 일자리만의 경쟁으로 그치는 것이 아니라 경제력에 대한 경쟁이요, 전체로서의 생존경쟁의 뜻까지 함축하는 것이 우리의 현실이다.

힘이 많이 들고 괴로움이 큰 일일수록 수입이 많고, 즐겨 가며 쉽게 할 수 있는 일에는 보수가 적다면 문제는 비교적 간단했을 것이다. 힘이 많이 드는 일은 많은 수입으로 보상이 되고, 보수가 적은 일은 일 그 자체가 쉽고 즐거움으로 보상을 받게 될 것이므로 심각한 사회정의의 문제가 생길 소지는 크게 줄어들 것이다. 그러나 현실은 그와 반대여서, 힘이 많이 들고 괴로움이 큰 일보다도 그 자체에 즐거움과 보람이 느껴지는 일에 종사하는 사람이 더 좋은 대우를 받을 경우가 많다. 이에 두 가지 면에서 모두 유리한 일에 대한 선호와 두 가지 면에서 모두 불리한 일에 대한 기피가 불가피하게 되며, 불리한 일밖에 차지가 돌아오지 않는 계층의 사람들은 이중의 불만을 갖게 된다. 여기서 생기는 문제가 즐거움과 보람을 느끼기 쉬운 일에 종사하는 사람에게 많은 보수가 돌아가고, 힘든 고역으로서의 성격이 강한 일에 종사하는 사람에게는 적은 보수가 돌아간다는 것은 사리에 어긋나는 모순이 아니냐 하는 그것이며, 이러한 모순은 사회의 구조적 모순에 유래한다고 볼 때 이 문제는 곧 사회정의의 문제로 연결된다.

어떤 일자리를 누가 차지하느냐 하는 것은 자유경쟁을 통하여 결정되고, 어떤 일이 얼마나 많은 대가를 받느냐 하는 것은 수요와 공급의 관계가 지배하는 시장경제의 원칙을 따라서 결정된다. 시장경제에서의 물가의 형성도 결국은 자유경쟁의 결과로서 이루어지는 것이므로, 누가 무슨 일을 하고 얼마나 보수를 받느냐 하는 문제는 전체가 자유경쟁을 통해서 판가름이 나는 셈이다. 그 경쟁의 과정이 공정하게만 이루어진다면, 자유경쟁에서 패배한 사람은 그가 놓이게 될 불리한 처지를 불평 없이 받아들일 의무가 있는 것일까.

문제의 핵심은 삶의 현장에서 일어나는 욕구의 대립을 오로지 당사자들의 자유경쟁으로 해결하는 것이 언제나 옳다고 볼 수 있느냐 하는 점에 있는 것으로 보인다. 우리가 인간 사회를 하나의 공동체로서 인정하는 이상, 개인 또는 집단 사이의 갈등을 '약육강식'의 원칙에 맡기는 것이 옳다고 볼 수 없음은 명백하다. 자유경쟁에만 맡겼을 경우에 약자들이 놓이게 될 불리한 처지를 돕기 위한 어떤 사회적 조치가 있어야 마땅하다. 약자에게도 생존의 권리가 있다는 것을 부인하지 않는 한 약자에 대한 보호의 책임이 사회에 있음은 의심의 여지가 없다.

일자리를 둘러싼 경쟁에서 패자의 위치로 밀려난 약자를 보호하는 길은 실력이 부족한 사람에게 감당하기 어려운 일자리를 맡기는 방향에서가 아니라, 약자에게 돌아간 일자리를 경제적으로 우대하는 방향에서 찾는 것이 합리적일 것이다. 의사로서의 자격을 갖추지 못한 선반공에게 환자를 맡기거나, 과학적 지식이 약한 미장공에게 연구실을 맡길 수는 없는 일이며, 다만 선반공이나 미장공이 하는 일에 대한 보수의 수준을 올리는 방향으로 불평등을 조정해야 할 것이다. 그러나 무엇을 기준으로 삼고, 어느 정도의 대우로써 약자에게 돌아간 일자리를 보호하는 것이 공정한가 하는 것은 매우 어려운 문제로서 남게 된다.

현재 우리나라의 임금 지급의 실태는 고학력자와 저학력자, 관리직과 기능직, 숙련공과 단순노동자 사이에 격차가 심하다. 같은 고학력자 사이에서도 직종에 따라서 수입의 격차가 크고, 같은 회사에 근무하는 관리직 가운데서도 중역과 평사원이 받는 대우 사이에는 현격한 차이가 있다. 전용 승용차와 판공비 등 부수적 혜택까지 계산에 넣을 경우, 고위직에 종사하는 사람들은 하위직에 종사하는 사람들에 비해서 5배 정도의 우대를 받을 경우가 허다하다. 기업주에게 돌아가는 이익금까지 계산한다면 고소득자와 저소득자의 차이는 더욱 벌어진다. 유흥업소에서 노래를 부르거나 우스갯소리를 하는 사람의 하루 저녁 수입이 수레를 끌고 쓰레기를 치우는 환경미화원의 한 달 수입보다 훨씬 많은 경우도 있다. 이러한 실정에 잘못된 점이 있다는 것을 우리는 직관적으로 느낀다. 그러나 무엇이 어디서부터 잘못되었으며, 무엇을 어떻게 고쳐야 옳은지에 대해서 만인이 수긍할 수 있는 원칙과 방법을 제시하기는 매우 어려운 문제다. 여기서는 몇 가지 예비적 고찰을 통하여 문제의 핵심을 좀 더 분명히 밝히기를 시도하는 것으로 만족하고자 한다.

일자리와 그 대우에 관한 문제를 완전한 자유 시장의 논리에 일임하는 것이 인간 사회를 하나의 공동체로 인정하는 견지에서 볼 때 사리에 맞지 않는다면, 일자리와 일의 성과를 만인에게 평등하게 분배하는 것은 인간존재의 현실에 맞지 않는다. 일자리는 사람들의 능력에 따라서 맡겨야 일이 일같이 될 수 있으며, 일의 실적에 관계없이 만인을 평등하게 대우할 경우에는 탁월한 능력을 가진 사람들이 노고를 아끼게 되어 생산성이 크게 떨어질 염려가 있다. 따라서 우리가 취해야 할 길은 한편으로는 공개된 경쟁을 통하여 사람들의 능력 발휘를 촉진하고, 다른 한편으로는 경쟁력이 약한 사람들의 생존권을 보호하는 중간노선에서 찾아야 할 것이다. 그 중간노선의 바로 어느 지점이 가장 올바른 지점이냐 하는 것이 우리들 앞에 놓인 문제의 초점이다.

최저임금제도, 작업환경의 개선 등을 규정하는 근로기준법은 대부분의 국가가 도입하고 있는 약자 보호의 기본적 장치다. 우리 한국에서도 이 기본적 장치를 도입하고 있으나, 그 실천이 미온적이어서 유명무실할 경우가 많다는 데 문제가 있다. 노동 3권의 보장을 주목적으로 삼는 노동조합법도 그 입법의 기본 정신은 약자의 보호에 있다고 볼 수 있으나, 약자를 직접적으로 보호하기보다는 약자들 자신이 결합함으로써 강자에게 대항할 수 있는 길을 열어 주는 제도라는 점에 특색이 있다. 따라서 이 제도는 자유 시장 경쟁의 논리를 벗어나지 못하고 있다는 점에 그 한계가 있으며, 당사자 쌍방이 모두 합리적 태도를 취하지 않을 경우에는 큰 성과를 거두기가 어렵다는 약점을 가진다. 그리고 근로자들이 개별적으로 분산되어 있어서 조직적 단결을 하기 어려울 경우에는 이 제도를 가동하기 어렵다는 것도 또 하나의 문제점으로 지적될 수 있다.

윤리의 본질은 자율성(自律性)에 있다. 근로자들의 단결된 힘에 밀려서 마지못해 그들의 처우를 개선하는 것은 윤리적 해결이기보다는 힘의 논리에 의한 해결이다. 더욱 협동적이고 더욱 명랑한 사회의 실현을 위해서는 분배의 주도권을 장악한 강자의 편에서 자진하여 약자의 처지에 놓인 사람들의 정당한 몫을 나누어 주는 것이 이상적이다. 그러나 이상이란 본질상 먼 목표에 불과한 것이며, 강자 계층의 윤리적 자율만을 팔짱 끼고 앉아서 기다릴 수 없는 것이 우리들의 현실이다. 이러한 현실은 생활력이 약한 사람들 또는 유리한 일자리에서 밀려난 사람들의 생존권을 더 적극적으로 보호할 수 있는 제도의 확립을 요청한다.

여러 나라에서 시도하고 있는 '복지사회정책'은 불우한 계층의 생존권을 보호하고자 하는 제도의 구현이라고 볼 수 있을 것이다. 복지사회정책을 실시하는 국가들에도 몇 가지 유형이 있다. 그 가운데서 가장 초보적인 것은 매우 소극적으로 복지사회정책을 강구하는 나라로서, 미국을 그 대표적 사례로 들 수 있다. 미국의 경우는 우선 기업을 살림으로써 국민의 총생산을 높이고 나서, 그것을 토대로 저소득층의 생활 보장 문제를 해결한다는 순서를 밟는다. 이와 같은 소극적 복지사회정책의 나라에서는 생산의 증대를 중요시하는 까닭에 고용정책에 있어서도 생산성이 높은 고급 기술 요원의 완전 고용에 가장 우선적인 역점을 두고, 경제성장을 위해서 그다지 크게 기여하지 않는 저임금 단순노동자들의 고용 문제는 뒤로 미루는 경향이 있다. 요컨대 생산의 능률을 높임으로써 국민의 총생산을 늘린 다음에, 누진율의 세금제도를 통하여 고소득층의 수입을 저소득층으로 다시 나누도록 한다는 것이 이 소극적 복지사회정책의 기본 방침이다.

복지사회정책을 실시하는 나라의 둘째 유형은 영국을 그 대표로 볼 수 있는 '사회보장국가(social security state)'다. 이 둘째 유형의 나라에서는 저소득층의 복지 생활을 위하는 정도가 첫째 유형의 경우보다 강하며, 사유재산권과 시장 기능에 대한 정부의 간섭도 첫째 경우보다 적극적이다. '사회

보장국가'가 가장 역점을 두는 것은 전 국민의 기본 생활 보장과 기회의 균등이다. 기본적으로는 개인적 자유주의의 원칙을 고수하되, 국민 모두의 기본 생활만은 국가가 보장해야 한다는 것이 이 둘째 유형의 근본 입장이다.

복지사회정책을 실시하는 나라들의 셋째 유형은 덴마크나 스웨덴으로 대표되는 '사회복지국가(social welfare state)'다. 좁은 의미의 '사회복지국가'는 전통적 의미의 자유보다 평등을 더욱 중요시하는 점이 앞에서 말한 사회보장국가와 다르다. 사회보장국가의 경우는 모든 국민에게 기본 생활만을 보장하되, 그 이상 높은 수준의 생활을 즐기는 문제는 각자의 능력에 의한 자유경쟁에 맡긴다. 그러나 사회복지국가의 경우는 국민 전체의 빈부 격차를 되도록 좁힘으로써 경제적으로 평등한 사회로 접근하는 것을 목표로 삼는다. 다만 그 목표의 실현을 위하여 사유재산제도의 철폐가 필요하다고는 보지 않는 점에서 사회복지국가는 엄밀한 의미에서 사회주의 국가와 구별된다.

사회복지국가가 추구하는 평등은 경제적 평등이며, 개인적 성취(成就)의 평준화는 아니다. 사회복지국가에서도 개인이 소질을 계발하고 능력을 발휘하는 일에 대해서는 아무런 제한을 가하지 않을 뿐 아니라, 온 국민이 타고난 소질을 발휘하여 자아를 실현하도록 도와주는 것을 그 소임의 일부로 삼는다. 다만 개인들이 타고난 소질의 차이에서 오는 성취의 차이가 개인들의 수입의 차이를 크게 하여 계급의 대립을 초래하는 것은 바람직하지 않다고 보는 것이 사회복지국가의 기본적 견해다.

3. 일을 대하는 사람들의 태도

일자리와 일에 따르는 소득을 둘러싼 사회 경쟁에서 패배하고 불리한 처지에 놓이게 된 사람들을 돕기 위해서 어떠한 제도를 도입해야 하느냐 하는 물음에 대하여 보편적 타당성을 가진 해답을 주기는 어려울 것이다. 나라마다 구체적 상황에 차이가 많으며, 구체적 상황 여하에 따라서 각국에 적합한 제도에도 차이가 있기 마련이기 때문이다. 한 나라의 일과 관련된 구체적 상황 가운데서 가장 큰 비중을 차지하는 것은 그 나라 사람들의 일을 대하는 태도 또는 일에 대한 가치관이다. 일반적으로 말해서 이상적인 제도일수록 그것이 성공을 거두기 위해서는 높은 수준의 인간성을 요구하거니와, 일과 소득 분배에 관한 제도의 경우에는 그 제도 산하에 있는 사람들의 일을 대하는 태도 또는 일에 대한 가치관 여하에 그 성패가 달려 있다고 말할 수 있을 것이다.

일을 대하는 올바른 태도의 기반이 되는 것은 일의 사회성에 대한 투철한 인식이다. 우리는 누구나 사회 안에 살고 있으며, 모든 일은 사회생활의 일부인 까닭에 우리가 하는 모든 일에는 자연히 사회성이 따르게 된다. 우리는 일을 통하여 사회에 참여하고, 일을 통하여 사회에 봉사한다. 일을 통하여 사회에 참여한다 함은 우리에게 일할 권리가 있음을 함축하며, 일을 통하여 사회에 봉사한다 함은 우리에게 일할 의무가 있음을 의미한다. 우리에게 일할 권리가 있다 함은 일할 능력을 가진 모든 사람들에게 일자리를 마련해 줄 책임이 사회에 있음을 함축하며, 우리에게 일할 의무가 있다 함은 일의 괴로움이 그것을 거부할 충분한 이유가 될 수 없음을 의미한다.

대부분의 일에는 노고(勞苦)가 따르기 마련이나, 그 노고의 정도는 일의 종류에 따라서 상당한 차이가 있다. 여기서 힘들고 괴로운 일을 피하고 그 반대의 일을 맡고자 하는 경쟁이 불가피하게 되거니와, 이 경쟁이 정정당당하고 규범을 따르도록 노력하는 것은 우리들 모두의 책임이다. 그리고 노고가 많은 일을 맡게 된 사람들이 일에 대한 보수에 있어서도 불리한 처지에 놓이게 되는 사회 현실의 모순을 시정하기 위하여 성실한 배려를 하는 것도 우리 모두의 책임이다.

자본주의 사회의 일터에서는 사용자와 근로자의 관계를 가지고 사람들이 만나는 경우가 많다. 기업의 목적을 이윤의 극대화에 두었던 자본주의 본래의 생리로 말미암아 근로자에 대한 푸대접의 사례가 많았고, 근로자 계층의 소외(疎外) 문제를 심각한 모순으로서 지적하고 나타난 마르크스주의 사상이 세계사에 큰 충격을 주었으며, 그 충격의 파문은 현재도 우리를 어려운 문제 상황으로 끌어넣고 있다. 이 문제 상황의 극복은 우리들이 당면한 중대한 과제이며, 경제와 정치 분야의 제도적 개혁뿐 아니라 일에 관련된 윤리의식에도 새로운 지평(地平)이 열려야 할 것으로 보인다.

한 가지 분명한 것은 19세기에 초기 자본주의자들이 가졌던 이기주의적 태도로는 오늘의 문제 상황을 극복하기 어렵다는 사실이다. 기업의 목적은 당연히 이윤의 극대화에 있다는 생각에 수정이 가해져야 할 것이며, 비록 사기업이라 하더라도 오로지 기업주만을 위한 것이 아니라 여러 사람들을 위한 공공 기관으로서의 측면을 아울러 가졌다는 인식도 널리 받아들여져야 할 것이다. 경영자뿐 아니라 일반 근로자들도 주인 의식을 가지고 '우리 회사'에 대한 애착을 느낄 수 있도록 여건을 조성해야 할 것이다. 특히 인간을 인간으로 대접함으로써 소외감을 느끼지 않도록 하는 것이 무엇보다도 중요하다. '노사(勞使)'라는 말 가운데 함축된 '사용자'라는 말이 현실에 맞지 않게 되어 한갓 폐어(廢語)로 전락하는 날이 바로 우리의 문제 상황이 해소되는 날에 해당할 것이다.

태도의 변화는 일반 근로자에게도 필요하다. 근로자로서도 일의 사회성을 염두에 두어야 할 것이다. 일이란 단순히 자기 개인 또는 가족의 생활을 위한 수단으로서 하는 것이 아니며, 고용주와 같은 어떤 특정인을 위해서 하는 것은 더욱 아니다. 생산과 관리, 유통과 봉사, 연구와 창조 등 여러 분야의 대부분의 일들은 사회 전체를 위한 일로서의 일면을 가졌으며, 일하는 사람 자신을 위해서는 단순한 경제적 소득을 위한 수단에 불과한 것이기보다도 삶 그 자체의 일부로서의 의미를 가져야 한다. (삶 그 자체의 일부로서의 의미를 가질 수 없고 단순한 생존의 수단으로밖에 의미를 부여할 수 없는 기계적 고역을 극소화하는 것은 사회 전체의 책임이다.) 따라서 어떤 일을 함으로써 얻을 수 있는 경제적 소득만을 계산하고 일의 종류와 일하는 태도를 결정하는 것은 일하는 사람으로서 취할 올바른 자세가 아니다. 자기가 하고자 하는 일이 사회를 위해서 어떠한 도움 또는 피해를 줄 것인가를 깊이 생각해야 할 것이며, 또 그 일이 자신의 삶의 일부로서 어떠한 의미를 가질 수 있는가도 충분히 고려해야 할 것이다. 이러한 원칙은 '노사분규'와 같은 문제 상황에서도 쌍방이 함께 염두에 두어야 할 윤리의 원칙이다.

자기가 하는 일의 사회적 중요성을 인정하고, 그 일 자체가 자신의 삶의 일부로서도 보람이 있다는 것을 인정할 수 있기 위해서는 그가 하는 일이 실제로 사회를 위해서 바람직한 일이어야 하며, 일하는 본인이 자기가 하는 일의 전체적 맥락을 잘 알아야 한다. 예컨대 인체 건강에 해로운 식료품이나 약품을 제조하는 회사의 종업원 또는 인류의 멸망을 가져올 염려가 있는 무기를 제조하는 공장의 종업원은 자기가 하는 일의 사회적 의의를 긍정적으로 평가하기 어렵다. 그리고 공장에서의 작업 과정이 지나치게 세분화하여 한 사람이 하는 일이 기계적 행동의 반복에 불과할 경우에도 그 일의 의미를 감지하기 어렵다. 사회적 의의와 개인적 긍지를 느낄 수 있는 일만을 골라서 할 수 있는 여유가 없을 경우에는 사회적 의의와 개인적 긍지를 느껴 가며 일을 한다는 것이 개인의 노력만으로는 뜻대로 되지 않는다. 여기서도 사회 전체의 기본적 구조의 바탕이 중요하다는 것을 다시금 강조하게 된다.

같은 일이라 하더라도 일부의 강요나 불가피한 사정에 밀려서 마지못해 할 경우에는 괴로움이 앞서고, 스스로 자진해서 능동적으로 할 경우에는 즐거움과 보람을 느끼기 쉽다. 단순히 돈을 벌기 위한 수단으로서 하는 일은 외부의 강요로 인한 수동적 노동이 되기 쉽고, 일 그 자체가 중요하다는 인식이 동기로서 작용할 경우에는 자진해서 하는 능동적 활동이 되기 쉽다. 그런데 대부분의 일에는 돈벌이를 위한 수단으로서의 측면도 있고, 일의 성취 자체가 중요한 목적이 되는 측면도 있다. 일 자체의 의미에 담긴 중요성을 사랑하는 것은 보람을 느껴 가며 즐거운 마음으로 일을 하기에 적합한 슬기로운 심성이다.

영국의 격언에 "일할 때는 일하고 놀 때는 놀라."고 충고한 말이 있다. 일의 능률만을 생각한다면 아마 그렇게 하는 것이 좋을 것이다. 그러나 일과 놀이의 한계선을 명백하게 긋는 것이 언제나 현명한 태도는 아니다. 일도 그 자체를 즐겨 가며 하게 되면 놀이의 요소가 그 안에 생기고, 놀이도 그 가운데서 소중한 가치가 실현될 때는 일로서의 성격을 갖출 수도 있다. 일하는 가운데 놀이의 즐거움을 경험하고, 노는 가운데 일에 버금가는 가치를 실현하도록 노력하는 것은 지나친 분업으로 자칫 소외의 구렁으로 빠지기 쉬운 현대인을 위한 새로운 삶의 지혜가 될 수 있을 것이다.

일은 사람들 사이를 연결하는 중요한 유대의 하나다. 일을 매개로 삼고 사람들이 관계를 맺게 될 때 그 관계는 경쟁의 관계일 수도 있고 협동의 관계일 수도 있다. 일의 결과로서 얻게 되는 재화의 많은 몫을 차지하고자 함에 사람들의 관심이 쏠릴 경우에는 경쟁의 관계가 지배적 비중을 차지할 것이며, 일 그 자체를 훌륭하게 성취하고자 함에 사람들의 관심이 쏠릴 경우에는 협동의 관계가 비교적 큰 비중을 차지하게 될 것이다. 일의 결과로서 얻게 되는 재화의 분배가 힘의 논리를 따라서 이루어질 때 당사자들은 더 큰 몫을 위한 싸움을 팔짱 끼고 바라만 볼 수는 없을 것이다. 그러나 그 분배가 공정한 원칙을 따라서 이루어진다는 믿음이 있을 때는 사람들은 안심하고 일 자체를 훌륭하게 성취하는 문제에 열중할 수 있을 것이다. 사람들의 관계에 있어서 경쟁의 측면보다도 협동의 측면이 우세한 것이 바람직하다면, 공정한 분배의 원칙을 확립하는 일은 밝은 사회의 건설을 위한 급선무가 아닐 수 없다.

그러나 공정한 분배의 원칙을 확립한다는 과제에는 여러 가지 어려움이 따른다. 공정한 분배의 원칙이 확립되기 위해서는 모두가 받아들이는 기준이 우선 정해져야 하며, 어떤 기준이 일반적으로 받아들여지기 위해서는 사람들이 사리사욕을 떠나서 상황을 공정하게 판단해야 한다. 그리고 어떤 기준이 일반적 합의를 얻어서 정해진다 하더라도 분배할 수 있는 재화의 총량이 넉넉하지 않으면 그 기준의 실천적 적용이 어렵게 되므로 일할 의무를 가진 사람들이 수고를 아끼지 않고 열심히 일함으로써 생산성을 높여야 한다는 과제가 앞선다. 결국 일을 대하는 사람들의 태도 또는 일에 대한 사람들의 가치관이 어느 정도 높은 수준에 이르지 않고서는 일과 분배에 관련된 갈등의 문제는 해결의 실마리를 찾기 어렵다는 명제로 되돌아오게 된다.

2장 왜 여성은 불리한가

1. 현상

정치와 경제를 비롯한 여러 가지 사회 분야 또는 크고 작은 단체에 있어서 우두머리의 자리는 대부분 남자들이 차지하고 있다. 최고 책임자의 자리뿐 아니라 여러 분야에서 이른바 '저명인사'로 알려진 사람들의 수도 남자가 여자보다 압도적으로 우세하다. 근래에 여성의 사회 진출이 활발하게 되어서 사정이 크게 달라지고는 있으나, 전체 인구로 볼 때 남자와 여자의 수가 비슷하다는 사실을 감안하면, 아직도 남자의 세력이 월등하게 우세함에는 변함이 없다.

여자가 남자에 비해서 열세에 놓이는 것은 주로 결정권이 따르는 지위 또는 그 밖에 여성과 남성이 함께 겨루는 경쟁의 마당에서이다. 자리가 높을수록 여러 사람들의 눈에 뜨이기 쉬운 일을 할 기회가 주어지기 마련이므로, 생색이 나거나 영광이 따르는 일에 관한 한 남자들의 활동이 더 활발한 것이 사실이며, 어렵고 값진 일은 주로 남성들에 의해서 이루어진다는 느낌을 가진 사람들이 허다하다. 그러나 눈에 잘 뜨이지 않고 별로 높은 평가의 대상이 되지 않는 일까지 계산에 넣을 경우에는, 여자들이 반드시 일을 적게 한다고 단정하기는 어렵다. 아기를 낳아서 기르는 일, 밥짓고 빨래하는 일, 주로 손을 많이 움직이는 공장일, 윗자리에 있는 사람들에게 도움을 주는 일 등에 있어서 여자들은 남자들보다 월등하게 많은 일을 하고 있다. 그리고 옛날에는 논과 밭에서 힘든 일을 하는 것은 사내(男)들이라는 것이 상식이었으나, 요즈음은 농사일의 경우에도 여자들의 일손이 큰 비중을 차지한다.

여자가 남자보다 일을 적게 하거나 일할 기회가 적다는 데 문제가 있다기보다는, 일은 하되 높은 평가를 받지 못한다는 사실 또는 높은 평가를 받는 일을 할 수 있는 기회가 적다는 사실에 문제가 있다. 그렇다면 주로 여자들이 하는 일이 남자들이 하는 일에 비하여 낮은 평가를 받게 되는 까닭은 무엇이며, 높이 평가되는 일을 할 수 있는 기회가 여자에게는 적게 돌아가는 사유는 무엇일까? 이 물음에 대한 해답은 이제까지 문화의 전통을 세움에 있어서 남성이 주도권을 잡았다는 사실과, 높은 평가를 받는 일의 기회가 따르는 지위에 대한 사회적 경쟁에서 여자가 남자보다 일반적으로 약하다는 사실에서 찾을 수 있을 것이다.

높은 평가와 명성이 따르는 일들 가운데서 여성들의 진출이 활발한 분야가 전혀 없는 것은 아니다. 섬세하고 풍부한 정서와 깊은 관계가 있는 예술의 분야 또는 여성은 여성끼리 힘과 기량을 겨루기 마련인 스포츠의 분야에 있어서 혁혁한 업적을 올리고 명성이 자자한 여성 인사들이 날로 늘어 가는 추세에 있다. 교육에 있어서 남자 아이들을 우대하는 것이 당연하다고 생각하던 관념이 무너지고 여자 아이들에게도 거의 동등한 기회를 주는 경향이 강화됨에 따라서 자신의 적성에 맞는 분야에 대한 여성의 진출은 앞으로 더욱 가속화할 것으로 보인다.

2. 원인

여성에 비해서 남성이 유리한 위치에서 우세한 삶을 영위한 것은 오랜 옛날부터 시작된 일이었다. 또 그것은 세계 도처에 거의 공통된 현상이었다. 도대체 이러한 차별 현상이 생기게 된 근원은 무엇이며, 그것이 세계의 공통된 현상으로서 그토록 오래 지속되어 온 사유는 무엇일까? 이 물음은 아마 여러 가지 원인의 복합을 통하여 대답되어야 할 것이다. 그러나 가장 근본적인 원인은 남녀의 체력의 차이에 있을 것으로 보인다.

무슨 조화 때문인지는 모르겠으나 아득한 옛날부터 인류의 남성은 여성보다 큰 체구와 우세한 체력을 갖게 되었다. 수렵과 목축 또는 농경 등 주로 근육노동이 요구되는 일에 종사하며 생명을 유지하고 종족을 보존했던 원시시대에 있어서 남성의 우세한 체력은 필요한 일을 더 많이 함으로써 집단에서 강한 발언권을 갖기에 유리한 조건이었고, 강한 자가 약한 자를 지배하기 마련인 힘의 논리에 있어서도 유리한 조건이었다. 집단생활에 대한 공로에 있어서나 물리적인 완력에 있어서나 우세한 조건을 갖춘 남성이 그렇지 못한 여성에 대해서 사회적 우위를 차지하게 된 것은 원시적 공동생활에 있어서 자연스러운 귀추였을 것이다.

문화는 대체로 사회의 지배적 계층이 주도 세력이 되어 지배적 계층에게 유리하도록 형성되기 마련이다. 우세한 체력을 바탕으로 여성에 대한 사회적 우위를 차지하게 된 남성은 관습과 제도, 종교와 도덕 등 여러 분야의 문화를 형성함에 있어서 여성보다 강한 영향력을 행사했을 것이며, 따라서 남성과 여성의 이해관계가 서로 어긋나는 문제를 안고 있는 관습과 도덕 또는 제도의 여러 국면은 남성에게 유리한 방향으로 형성되었을 공산이 크다. 남성의 혈통을 따라서 가계(家系)가 계승되는 우리나라의 가족제도나 삼종지도(三從之道)를 포함한 우리나라의 전통 윤리는 그와 같이 남성에게 유리한 방향으로 형성된 문화의 대표적인 사례라고 볼 수 있을 것이다.

집단을 위해서 요긴하고 어려운 일을 많이 하여 발언권이 강할 뿐 아니라 직접적 대결에서도 우세한 체력을 폭력화하기에 유리한 조건을 갖춘 남성이 크고 작은 집단의 어른(長) 자리를 차지하게 된 것은 자연스러운 추세였을 것이다. 책임이 무겁고 결정권이 강한 자리에 앉게 된 남자들은 어렵고 힘든 일을 할 기회가 여자들보다 많았을 것이며, 일의 경험이 쌓여 가면서 지배적 위치에 적합한 통솔력과 판단력에 있어서 점점 더 여자들을 능가하는 경향으로 기울었을 것이다. 높은 자리를 지키기에 필요한 능력을 습득할 수 있는 교육의 기회도 자라나는 남아들에게 우선적으로 주어졌을 것이며, 제도적 교육을 통한 소질의 개발에 있어서도 여성은 남성보다 불리한 관행을 감수해야 했을 것이다. 이러한 원인들이 복합됨으로써 사회적으로 유리한 지위 또는 직업을 얻기에 필요한 경쟁력에 있어서 여성 일반보다 남성 일반이 현실적으로 우세할 수밖에 없는 결과를 초래했을 것이다.

사회적으로 유리한 고지들은 대부분 남자들이 차지하는 문화 속에서 남자들이 하는 일은 소중한 일로서 높이 평가되고, 여자들이 하는 일은 하찮은 일로서 낮게 평가되는 가치관이 형성되었을 것이다. 예컨대, 활을 쏘아 짐승을 잡거나 소를 몰아서 논밭을 경작하는 따위의 바깥일은 베틀에 앉아서 옷감을 짜거나 산고를 치르고 퉁퉁 부은 모습으로 갓난아기에게 젖을 먹이는 따위의 집안일보다 고귀하다는 가치관을 남자들은 물론이요 여자들까지도 당연한 진리로서 받아들이게 되었을 것이다.

일에 대한 평가의 격차는 사람 자체의 평가의 격차로 연장되었을 것이다. 즉 높은 평가를 받는 일이나 직책에 종사하는 남자들은 낮은 평가밖에 받지 못하는 일이나 직책을 맡기 마련인 여자들보다 고귀한 존재라는 고정관념이 여자들 자신에게까지도 깊이 박히게 되었을 것이다. 그리고 이러한 고정관념은 남아를 선호하는 경향의 근원 내지 촉진제의 구실을 했을 것이다.

사람들을 우세한 계층과 열세한 계층으로 나누는 계기가 되는 것 가운데서 성별이 차지하는 비중은 그리 큰 편이 아닐 것이다. 봉건시대에는 문벌 또는 혈통이 계층의 우열을 나누는 가장 큰 계기가 되었고, 현대 자본주의 사회에서는 재산과 소득의 수준이 사람들의 계층적 좌표를 결정함에 있어서 성별보다도 강력한 영향력을 가졌다. 봉건시대에는 귀족의 딸로 태어나는 편이 평민의 아들로 태어나는 편보다 사회적으로 유리하였고, 자본주의 사회에서는 부잣집 아가씨가 되는 편이 가난한 집 아들 노릇 하는 것보다 계층적 좌표에 있어서 유리하다. 그러나 같은 문벌 또는 같은 경제적 계층에 속하는 사람들 가운데서는 남자가 여자보다 유리하다는 뜻에서 성별은 시종일관 사회적 차별의 계기로서 작용해 왔다. 짧게 말해서, 인간의 성별은 예나 지금이나 개인이 사회 안에서 차지하는 계층적 좌표의 위치를 결정하는 요인의 하나로서 꾸준히 작용하였다.

사회의 지배권을 장악함에 있어서 결정적 구실을 했던 문벌, 재산, 정치, 권력, 종교적 신분 등은 혁명에 의하여 사회의 구조가 바뀜으로써 수포로 돌아가는 경우가 많았다. 이제까지는 지배 계층으로서의 영화를 누리기에 결정적으로 유리한 구실을 했던 조건이 뒤집히면서 일조일석에 도리어 불리한 조건으로 격하되는 경우가 흔히 있었다. 다시 말하면, 문벌, 재산, 종교적 신분 등이 사회적 지배의 조건으로서 작용한 것은 역사의 어느 시기에만 국한된 형상이었다. 그러나 남성이라는 것은 예나 지금이나 변함없이 유리한 조건이었고, 여성이라는 것은 예나 지금이나 변함없이 불리한 조건이었다. 여성이 남성을 타도하고 그 위에 군림하는 혁명은 아직 역사 위에 나타난 적이 없다. 다른 인간관계에서는 '영원한 승자'라는 것이 없었으나, 유독 성(性)의 세계에서는 남성이 항상 그 자리를 지켜 왔다.

여성이 남성을 타도하는 혁명이 일어나지 않은 것은 전자가 후자의 멸망을 원할 수 없기 때문이며, 여성이 남성의 멸망을 원할 수 없는 것은 여성과 남성의 대립이 생사를 걸고 싸울 수 있는 그런 대립이 아니기 때문이다. 남성과 여성은 본래 서로를 원하고 서로가 필요한 관계에 있는 것이며, 그 사이의 갈등은 근본적 대립이 아니라 오직 피상적 대립에 지나지 않는다. 그러므로 남성과 여성 사이에서는 자질구레한 싸움을 통한 꾸준한 개혁은 있었으나, 생사를 결단하는 처절한 투쟁을 통한 과격한 혁명은 일어나지 않았고, 앞으로도 일어나기 어려울 것이다.

3. 전망

남성과 여성의 정상적 관계는 대립이나 투쟁의 관계가 아니라 협동과 상호 보완의 관계다. 여성이 남성에 대한 순종과 희생을 미덕으로 믿었던 동안은 두 성 사이에 갈등이나 대립은 없었다. 그러나 여성들도 개인적 자아의식에 도달하게 된 근세 이후에 있어서 '여권(女權)'에 대한 목소리가 높아졌고, 남녀는 동등한 대우를 받아야 마땅하다는 민주주의적 인식에 따라서 여성의 지위 향상을 위한 노력이 산발적으로 또는 조직적으로 이루어졌다. 그러한 결과로서 여성들의 사회적 지위가 올라가고 있기는 하나, 남성과의 완전한 동등이라는 목표와 견주어 볼 때는 전도가 아직도 요원하다.

남자에 비해서 체력이 약하다는 사실은 여성을 사회적으로 불리하게 대우할 정당한 이유가 될 수 없다. 여성이 사회적으로 불리한 위치를 오랫동안 감수할 수밖에 없었던 불합리한 과거에 대해서는 남성의 이기심에 상당한 책임이 있다는 것을 부인하기 어렵다. '약육강식'을 생물계의 일반적 원칙으로 받아들이는 견지에서 본다면, 여성이 받아 온 불리한 대우는 한갓 자연 현상에 불과할 것이다. 그러나 단순한 자연의 법칙을 수동적으로 따르는 원시의 생활을 거부하고, 이성의 판단을 따라서 인륜(人倫)의 길을 택함에 인간의 인간다움이 있다는 지성의 견지에서 본다면, 여성이 받아 왔으며 현재도 받고 있는 사회적 불이익에 대해서는 남성이 연대적 책임을 져야 할 것이다.

그러나 여성의 지위 향상을 신경질적 반발이나 감성적 동정으로 단시일 안에 실현하려고 드는 것은 근본적 문제 해결의 길이 아니다. 예컨대 여성에게 유리한 제도를 만든다거나 여성을 우대하는 방안을 강구함으로써 여성에게 유리한 고지를 점령할 수 있는 기회를 가질 수 있도록 일을 서두르는 따위는 문제를 근본적으로 해결하는 길이 못 될 것이다. 남성을 우대하는 것이 불합리하듯이, 여성을 특별히 우대하는 것도 역시 불합리하다.

문제를 근본적으로 해결하는 길은 여자에게 실력 양성의 기회를 열어 주는 데서부터 시작되어야 할 것이다. 요즈음은 일에 대한 능력과 의욕, 그리고 책임감 등에 있어서 남자에 비해 전혀 손색이 없다고 인정되는 사람을 단순히 여성이라는 이유로 푸대접하는 경우는 점차 줄어드는 것으로 안다. 사람을 채용하는 처지에 놓인 사람들이 남성을 선호하는 경향이 아직도 현저한 것은 사실이다. 그 이유는 주로 여성에게 일을 맡겼을 경우에 생길 결과에 대한 불안 때문이다. 여성의 능력에 대한 불신이 있는 것이다. 아마 이 불신이 편견에 근거를 두었을 경우도 많을 것이다. 그러나 그 불신 뒤에는 과거의 오랜 경험이 있다. 그 자리를 여자에게 맡겨도 훌륭하게 감당하리라는 믿음만 있다면 굳이 남자를 선호할 까닭이 없을 것이다. 따라서 우선 필요한 것은 여성의 능력에 대한 믿음이며, 이 믿음이 서기 위해서는 여성이 실천을 통하여 실력을 보여주어야 한다. 지금까지 여성들이 실력에 대한 믿음을 얻지 못한 이유는 실력을 양성할 기회와 실력을 발휘할 기회를 충분히 갖지 못했음에 있다는 가설 위에서 여성에게도 남성과 평등하게 실력 양성의 기회를 주는 과정이 앞서야 할 것이다.

비록 동등한 기회를 남녀에게 고루 준다 하더라도 실력에 있어서 여성이 남성을 따르기 어려울 경우는 많을 것이다. 출산에 대한 부담을 여성이 져야 하고, 체격의 차이에서 오는 체력의 열세가 여성을 떠나지 않는 한, 여성이 남성을 따르기 어려운 분야는 여전히 남을 것이다. 그러나 선천적 차이로 인해서 남성을 따르기 어려운 분야에서까지 남성과 굳이 겨룰 필요는 없을 것이다. 남성에게 유리한 일은 남성에게 맡기고, 여성은 여성에게 유리한 길에서 두각을 나타내도록 꾀하는 것이 사리에 맞을 것이다. 다만 남자들이 잘하는 일은 높이 평가하고 여자들이 잘하는 일은 대수롭지 않게 생각해 온 지금까지의 남성 문화적 가치관만은 크게 달라져야 할 것이다.

3장 한국 사회윤리의 근본 문제

1. 윤리적 혼란의 유래

30년 전과 비교한다면 한국의 경제 사정은 크게 호전되었다. 아직도 의식주의 기본 생활조차 여의치 않은 빈민층이 일부에 남아 있다고는 하나, 보릿고개를 초근목피로 연명하는 사람들이 도처에 산재했던 시절에 비하면 대부분의 한국인은 물질적 풍요 속에 살고 있다 하여도 거짓이 아닐 것이다.

그러나 물질생활의 향상에도 불구하고 마음의 평화는 옛날에 비하여 도리어 퇴보했다는 느낌이 강하다. '마음고생'이라는 새로운 말이 상징하듯이 우리들의 정신적 상황은 결코 순조롭지 못하다. 금력과 권력의 비리, 험악한 노사분규, 흉악한 범죄 사건, 청소년의 방황 등 우리들의 마음을 어둡게 하는 사태가 끊이지 않고 우리 주변에서 일어나고 있다. 한마디로 말해서, 사회의 질서와 기강이 무너졌고, 이러한 혼란이 우리들의 마음에 큰 부담을 주고 있다.

공동체의 안녕과 질서를 유지하기 위한 장치로서 모든 사회는 사람들의 행위를 제약하는 규범을 가지고 있다. 관습과 도덕 그리고 법으로 나눌 수 있는 이 행위 제약의 규범을 묶어서 '사회규범'이라고 부르거니와, 현재 한국 사회가 질서와 기강을 잃고 혼란에 빠져 있는 것은 사람들이 사회규범을 지키지 않기 때문이라고 말할 수 있을 것이다. 어느 사회에서나 사회규범을 지키지 않는 사람들이 다소간 있기 마련이지만, 특히 현대 한국의 경우 그것을 지키지 않는 사람들의 비율이 큰 데 문제가 있다고 하겠다. 도대체 오늘의 한국에 있어서 사회규범이 이토록 지나치게 지켜지지 않는 원인이 어디에 있는 것일까? 이 원인을 밝히는 일이 문제의 핵심으로 접근하는 첩경이 될 것으로 보인다.

사람은 누구나 제멋대로 행동하고 싶은 충동 또는 욕망을 느끼는 심리를 가졌다. 이 충동 또는 욕망을 누르고 사회규범에 따르는 것은 그 규범에 따르도록 억제하는 힘이 작용하기 때문이다. 그 억제의 힘은 외부에서 오기도 하고 행위자 자신의 내부로부터 오기도 한다. 외부로부터 오는 억제력의 대표적인 것은 법을 집행하는 국가의 공권력과 권위 또는 실력을 가진 개인이나 집단의 압력이다. 그리고 내부로부터 오는 억제력의 대표적인 것은 양심의 소리 또는 도덕적 의지의 명령이다. 현대 한국에 있어서 사회규범이 잘 지켜지지 않는 것은 규범에 따르도록 억제하는 밖과 안의 힘이 약화되었기 때문이다.

조선시대의 우리나라 사회는 위계질서가 확립된 신분 사회였던 까닭에 사회규범을 지키도록 만드는 외부로부터의 힘이 강하게 작용하였다. 그리고 가족주의적 유교 윤리가 사람들의 의식구조 속에 깊이 침투했으므로, 사회규범을 지키고자 하는 내부로부터의 힘도 비교적 강한 편이었다. 20세기에 들어서면서 봉건적 신분 사회는 붕괴하기 시작했으나, 일제(日帝)의 강력한 탄압이 사회규범을 지키게 하는 타율의 힘으로서 작용하였고, 유교적 도덕관념도 아직은 살아 있어서 자율의 힘으로서의 구실을 어느 정도 계속하였다.

그러나 8 · 15 해방을 계기로 상황은 돌변하였다. 일제가 물러가면서 공권력의 공백기가 생겼고, 미국 문화의 물결을 타고서 설익은 개인주의가 들이닥치며 가족주의에 입각한 유교 윤리의 권위마저 흔들리기 시작했던 것이다. 일제가 물러가고 미군이 주둔하면서 '자유'의 바람이 거세게 일기 시작했거니와, 그 당시의 '자유'는 방종과 거의 같은 뜻이었다. 일제의 탄압에 눌려 살았고 가족주의적 유교 윤리의 권위에 눌려 지내던 사람들이 졸지에 '자유의 시대'를 맞이하게 되었으며, 그 '자유'를 방종과 거의 같은 뜻으로 이해했던 것이다. 이를테면 윤리적 무정부 상태가 일어난 것이니, 사회 전체에 극심한 혼란이 온 것은 당연한 귀추였다.

사태를 더욱 악화시킨 것은 해방 직후에 상당한 세력을 얻은 좌익 사상의 부추김이었다. 마르크스 사상에 따르면 법과 윤리는 지배계급의 이익을 보장하기 위한 장치에 불과하며, 정의로운 사회의 실현을 위해서는 마땅히 파기해야 할 구시대의 유물이다. 특히 유교 사상에 바탕을 둔 우리나라의 전통 윤리는 구시대의 지배계급을 옹호하기 위한 '낡은 도덕'이라고 진보적임을 자랑하는 좌경 인사들은 입을 모아서 매도하였다. 전통 윤리에 대한 이러한 평가절하는 윤리적 무정부 상태에 빠졌던 일반적 상황 속에서 좌익 노선 그 자체에 대해서는 공감을 느끼지 못하는 사람들에게까지 긍정적으로 받아들여졌다. 이러한 혼란의 와중에서 6 · 25 전쟁을 겪게 되었고, 전쟁은 질서와 윤리 의식을 더욱 파괴하는 방향으로 작용하였다. 공무원 사회와 장병들의 부패는 공공연한 사실이 되었고, 임시 수도였던 부산의 일부 특권층은 사치와 환락으로 세월을 보냈다. 어려운 사람들은 어려운 사람들대로 민생고에 시달리는 형편이었으니, 질서를 향한 움직임을 그들로부터 기대하기도 더욱 어려운 실정이었다.

법을 지키고 질서를 유지하는 일에 있어서 막중한 책임을 짊어진 정부가 도리어 법을 어기고 질서를 파괴하는 데 앞장섰다. 자유당 정권은 헌법도 마음대로 고치고, 부정선거도 거침없이 자행했으며, 자기들이 하는 일에 반기를 드는 사람은 무고한 죄명을 씌워서 처벌하였다. 심지어 정권을 연장할 목적을 위해서 폭력배 조직을 동원하는 비행까지 감행하였다. 그들의 비리는 1960년 3 · 15 부정선거에서 절정에 달했고, 주권자를 철저하게 무시한 이 부정선거는 4 · 19의 도화선이 되었다.

4 · 19 혁명은 민주주의를 촉구하는 정치 운동으로서의 성격과, 부정을 규탄하는 윤리 운동으로서의 성격을 아울러 가지고 있다. 윤리적 무정부 상태는 극복되어야 할 문제 상황임을 국민의 일부가 자각하기 시작하였고, 우선 정부의 도덕성부터 회복되어야 한다는 인식이 4 · 19 운동 배후에 깔려 있었다. 우리 현실에 대한 도덕적 비판이 일어나기 시작한 것이며, 각자가 자신의 부도덕을 반성하기보다는 서로 남의 부도덕을 비난하는 시각을 취하는 경향이 있었다.

4 · 19에서 장면 정권에 이르는 시기에는 학생을 위시한 국민 측에서 정부의 비리와 비행을 성토하는 소리가 높았다. 그러나 5 · 16 군부가 정권을 장악한 뒤에는 정부가 국민의 비행과 악덕을 규탄하면서 그 시정을 촉구하는 기세가 등등하였다. 국민교육헌장의 선포, 각급 학교에서의 국민 윤리 교육의 강화, 새마을운동 등은 모두가 그러한 맥락에서 이해되어야 할 일련의 움직임이었다.

군부에 기반을 둔 5 · 16 정권은 막강한 통치력을 가지고 있었다. 그들의 막강한 통치력은 국민의 방종을 억제하는 타율의 힘으로서 작용했던 까닭에 제3공화국 18년 동안 국민 대중의 치안만은 비교적 잘 유지된 편이다. 그러나 정부의 고위직을 위시한 특권층의 비리와 횡포는 도리어 대형화했으며, 타율적 준법에 의존하여 겨우 유지된 약자층의 치안과 질서는 공권력만 약화되면 허무하게 무너질 수 있는 취약점을 가지고 있었다.

제5공화국의 정신 풍토는 제3공화국의 그것보다도 오히려 못한 편이었다. 정권의 정통성이 제3공화국의 경우보다도 더욱 문제가 되었고, 청와대 주변을 위시한 특권층의 비리와 부정도 과거의 그것을 능가하였다. 정부가 장악한 경찰력이 막강한 규모의 것이기는 하였으나, 많은 병력을 정치적 반대 세력을 억압하는 일에 투입했으므로, 민생 치안은 자연히 소홀하게 될 수밖에 없는 실정이었다.

우리나라의 윤리적 취약성은 제6공화국에 이르러 더욱 현저하게 노출되었다. 6 · 29 민주화 선언을 앞세운 노태우 대통령은 질서와 치안을 유지하기 위해서 공권력을 발동시키기보다는 민주적 시민 의식에 호소하는 길을 택해야 할 부담을 지고 있었다. 게다가 국회에서의 세력 분포가 한때 여소야대(與小野大)로 열세에 몰렸다는 약점도 있었다. 이러한 상황에서 노태우 정권은 이를테면 부드러운 정부로 출발했던 것인데, 이 부드러운 정치의 틈을 타서 인신 매매, 어린이 유괴, 소녀 추행, 살인 강도 등 흉악한 범죄가 우후죽순처럼 도처에서 발생하는 형국을 이루었다.

2. 한국 사회윤리의 근본적 문제점

이상에서 우리는 해방 이래의 한국 사회가 줄곧 윤리적 혼란에 시달려 왔음을 보았다. 때로는 강력한 정권이 나타나서 무단으로 치안과 질서를 유지하기도 했으나, 그것으로써 윤리적 혼란이 수습되었다고 보기는 어렵다. 사람들이 확고한 윤리 의식을 가지고 자율적으로 반사회적 행위를 자제할 때 비로소 윤리적 질서의 확립을 보거니와, 우리들의 경우는 막강한 공권력의 발동으로 사회의 혼란을 방지한 것이므로 윤리적 혼란이 제거된 것으로는 보기 어려운 것이다.

강력한 공권력에 의해서만 치안과 질서가 유지되고, 안으로부터의 윤리 의식에 따르는 자율의 힘으로는 혼란을 막을 수 없다는 것은 현대 한국의 사회윤리가 안고 있는 가장 근본적인 문제점이다. 자율적 윤리 의식이 미약한 민도의 수준으로는 참된 민주주의 정권의 탄생을 기대하기 어려우므로, 강력한 공권력이 아니고는 치안과 질서를 유지하기 어려운 수준의 의식구조의 나라가 질서와 안정을 누리기 위해서는 비민주적 전제 정권을 가져야 할 것이다. 그러므로 민주주의 사회의 실현을 갈망하면서 낮은 윤리 의식의 수준에 머물러 있다는 것은 불가능한 것을 바라는 자기모순이라는 뜻에서 근본적 문제가 아닐 수 없다.

윤리 의식이 미약하다 함은 윤리 의식이 있기는 하나 불충분하다는 뜻이다. 한국 사회에서 남의 행위에 대한 왈가왈부 말이 많다는 사실은 우리에게 윤리 의식이 없지 않다는 것을 단적으로 말해 준다. 우리는 누구나 윤리 의식을 가지고 있으나, 그것이 매우 불충분하다. 불충분한 윤리 의식에는 두 가지 경우가 있다. 하나는 윤리 의식의 강도가 부족한 경우요, 또 하나는 윤리 의식의 내용이 타당성을 잃었을 경우다.

윤리 의식의 강도가 약하다 함은 윤리 규범을 지키고자 하는 의지가 그 규범을 어김으로써 채울 수 있는 욕망보다 약함으로 인하여 윤리 규범을 따르고자 하는 의지가 실천에까지 이르지 못하는 경우를 말한다. 예컨대 평소에는 정직하게 살아야 한다는 윤리 의식을 가지고 있으나, 부정직한 행위를 통하여 물질적 이득을 얻을 수 있는 기회와 만나게 되면 물질에 대한 유혹에 쉽게 넘어가는 경우가 그것이다. 근로자를 후하게 대우해야 한다고 생각하며 그런 주장을 입 밖에 내기도 하는 기업주가 그 생각과 말을 실천에 옮기지 못하는 경우도 그것이다.

윤리 의식의 내용이 타당성을 잃었다 함은 옳고 그름에 대한 생각 자체에 잘못이 있을 경우를 말한다. 내가 번 돈 내 마음대로 쓰는 것은 나의 당연한 권리라고 믿으며 사치와 낭비를 일삼는 사람의 경우가 그것이다. 또 도스토예프스키의 『죄와 벌』의 주인공 라스콜리니코프가 고리대금업자인 노파를 살해하는 것이 옳은 일이라고 믿었던 윤리 의식도 같은 부류에 속한다.

한국인의 윤리 의식에는 위에서 말한 두 가지 약점이 모두 현저하게 있다고 저자는 보고 있다. 첫째로, 해방을 계기로 '윤리'라는 것을 무용지물로 보는 동시에 윤리의 권위를 의심하는 풍조가 널리 퍼졌을 뿐 아니라, 물질 만능과 향락 지향의 가치관이 우세한 가운데 금력 또는 권력 등 외면적 가치에 대한 욕망이 강화됨으로 인하여 윤리 규범을 따르고자 하는 도덕적 의지는 상대적으로 약화될 수밖에 없었다. 둘째로, 가족주의적 농경 사회를 배경으로 삼고 형성되었던 전통 윤리의 도덕률 가운데는 현대사회에서는 적합성을 상실한 것이 생기게 되었으며, 급변하는 사회 환경의 새로운 인간관계에서 일어나는 새로운 유형의 문제들을 해결하기에 적합한 시민 윤리의 도덕률이 정립되기 이전이므로, 사람들이 가지고 있는 윤리 의식의 내용에도 미흡한 점이 많을 수밖에 없는 형편이다. 짧게 말해서, 우리는 지금 사회생활에서 서로 지켜야 할 행위의 규범이 무엇인지에 대해서 확고한 이론의 체계를 갖추지 못하고 있으며, 우리가 지켜야 할 행위의 법칙으로서 일반적으로 인정되고 있는 것조차도 그것을 실천하고자 하는 강한 도덕적 의지를 갖지 못했을 경우가 허다하다. 이와 같이 우리들의 윤리 의식이 그 강도와 내용에 있어서 몹시 불충분하다는 사실은 현대 한국의 사회윤리가 안고 있는 근본적 문제점이 아닐 수 없다.

이 근본적 문제점을 바탕으로 삼고 다른 문제들이 다시 파생된다. 파생된 문제들 가운데서 가장 심각한 것은 각자가 자기만을 생각하고 타인과 공동체는 소홀하게 생각하는 이기성이다. 자기 자신을 위하는 마음의 열기에 비하여 타인과 공동체를 위하는 마음은 미온적인 까닭에, 현실적으로 나타나는 행위는 이기적임을 면하기 어렵다. 그리고 많은 사람들이 이기적으로 행동하는 결과로서 우리는 타인과 공동체에 피해를 줄 뿐 아니라, 필경은 자기 자신도 피해자가 된다는 역리에 빠진다.

자기를 아끼고 자신의 이익을 도모하는 것은 생물인 인간으로서는 너무나 자연스러운 심성이며 그 자체에 아무런 잘못도 없다. 다만 내가 나를 아끼고 내 이익을 도모할 자유와 권한을 가졌듯이 다른 사람들도 모두 같은 자유와 권한을 가졌다는 사실을 인정하는 한편, 우리가 함께 그 안에서 생활하는 공동체의 질서와 번영을 앞세울 때, 개인은 각자의 자유와 권익을 가장 효과적으로 누릴 수 있다는 인식에 입각한 것이 다름 아닌 민주주의의 이념이다. 그리고 현대 민주 사회의 윤리도 이러한 인식에 기초를 두고 있다.

우리 한국은 이제까지 거의 반세기 동안 '민주주의'의 이름을 앞세워 왔음에도 불구하고 타인과 공동체에 대한 관념이 매우 약한 편이다. 우리의 '민주주의'가 내실을 얻지 못하고 겉도는 이유가 여기에 있으며, 우리가 공맹(孔孟)의 가르침을 되뇌며 윤리의 전통을 자랑함에도 불구하고 윤리 부재에 가까운 현실을 벗어나지 못하는 것도 역시 같은 이유 때문이다.

윤리 의식이 미약하고 이기적 성향이 강함에서 파생하는 또 하나의 폐단은 한국 사회 전반에 확신되고 있는 불신의 풍조다. 사람들이 이기적 충동을 자제하고 윤리의 규범을 따라서 행동하리라는 기대가 확고하지 못한 까닭에 우리는 서로를 믿지 않는다. 암묵리에 맺어진 계약의 성격을 가진 규범의 준수에 대한 믿음이 부족할 뿐 아니라, 명시적으로 공언한 약속의 이행조차도 믿지 않는 세상이다. 믿지 않는 불신의 심리가 먼저라기보다는 규범을 어기고 약속을 배반하는 행위가 먼저였다고 보는 편이 옳을 것이다.

불신 풍조를 조성함에 앞장선 것은 명성이 자자한 정치가들이었다. 국부(國父)로서 자처한 이승만 대통령은 제3대 대통령 선거에는 절대로 출마하지 않겠다고 누차 공언했음에도 불구하고, 사사오입 개헌까지 해가며 네 번이나 대통령직을 차지했다. 박정희 장군은 민정 이양을 철석같이 공약하고도 직접 권좌에 앉았을 뿐 아니라, 유신 헌법까지 만들어서 대통령직을 종신토록 차지할 수 있는 길을 열기까지 하였다. 제6공화국의 탄생을 앞두고도

여야의 수뇌부가 모두 국민 앞에 중대한 공약을 했으나, 그 가운데 많은 것을 식언하였다. 정치계의 정상을 차지한 사람들의 이러한 불성실은 정치인과 관료 전반에 대한 불신을 초래하였고, 정치인과 관료에 대한 국민의 불신은 정부가 주도하는 여러 가지 국민 윤리 운동에 치명적 부담이 되었다.

법 또는 도덕률이 일반적으로 지켜지기 위해서는 사람들끼리 믿을 수 있어야 한다. 다른 사람들은 법과 도덕률을 지키지 않는데 자기만 그것을 지키게 되면 지키는 사람은 당연히 손해를 보게 되므로, 다른 사람들도 법과 도덕률을 지킬 것이라는 신뢰가 앞서야 나도 마음 놓고 사회규범에 따를 수가 있다. 그러므로 사람들끼리 서로 믿지 못하는 풍조는 사회윤리를 근본적으로 위협하는 치명적 난점이다.

3. 한국 사회윤리의 선결문제

한국의 사회윤리가 제자리에 정립되기 위해서는 몇 가지 정지 작업이 선행해야 한다. 첫째로, 국민 대다수의 지지를 받는 민주적 정부를 갖게 되도록 모두가 노력하는 일이 선행해야 할 것이다. 해방 이후 지금까지 우리나라의 사회윤리가 정립되지 못한 기본적 사유의 하나가 민주적 정부를 갖지 못했다는 사실임을 상기할 때, 민주화의 노력이 사회윤리의 정립을 위해서도 필수적임을 알 수 있을 것이다. 전제적 정부의 공권력 발동에 의해서만 겨우 치안이 유지되도록 길들여진 국민은 도덕적 의지의 자율로써 규범을 지키는 단계에 이르기가 매우 어렵다. 국가 권력의 강력한 제재가 아니더라도 국민 각자가 자율적으로 규범을 지키는 풍토가 어느 정도 조성될 때 비로소 그 나라의 사회윤리가 궤도에 올랐다고 볼 수 있으며, 그렇게 되기 위해서는 국민에게 민주주의적 훈련의 기회를 충분히 줄 수 있는 민주적 정부의 수립이 앞서야 한다.

새로운 사회윤리의 정립이 요청되는 과도기에 놓인 나라의 처지에서는 정부가 주도하는 국민교육의 책임이 중대하다. 정부가 이 책임을 완수하기 위해서는 국민의 지지와 신뢰를 얻어야 하며, 우리나라에서 비민주적 정부가 국민 대다수의 지지와 신뢰를 받기는 매우 어려운 실정이다.

우리가 지향하고 있는 민주주의 국가에서 사회윤리가 궤도에 오른다 함은 국민의 대다수가 민주주의적으로 사유하고 행동함을 의미한다. 바꾸어 말하면, 민주적 사회윤리의 정립과 민주적 인간상의 실현은 동전의 앞뒤와 같이 불가분의 관계를 가진다. 그런데 국민의 대다수가 민주주의적 사유와 행동을 하기 위해서는 정치와 경제를 포함한 사회의 근간이 민주주의적 구조를 가져야 하며, 사회의 근간이 민주주의적 구조를 갖기 위해서는 우선 정부가 민주주의 원칙에 충실해야 하는 것이다. 정부가 폭력을 휘두르면 사회 전체에 폭력이 난무하고, 정부가 부패하면 사회 전체가 부패한다는 사실을 우리는 거듭 체험하였다.

도덕률이 일반적으로 지켜지기 위해서는 도덕률을 지켜도 그것이 행위자에게 불이익을 초래하지 않는다는 전망이 서야 한다. 바꾸어 말하면, 도덕률을 지키는 사람은 손해를 보고 지키지 않는 사람은 이익을 볼 공산이 큰 사회에서는 도덕률이 지켜지기 어렵다. 일반적으로 말해서, 구조적 모순이 많은 사회일수록 정직하고 선량한 사람보다는 부도덕한 사람이 세속적인 의미로 잘사는 사례가 많다. 그러므로 사람들로 하여금 도덕의 길을 선택하도록 만들기 위해서는 사회의 구조적 모순을 극소화해야 하며, 사회의 구조적 모순을 조장 또는 제거함에 있어서 가장 큰 영향력을 가진 것은 정부다. 그리고 비민주적인 정부일수록 사회의 구조적 모순을 조장하는 반면에, 참된 민주주의에 가까운 정부일수록 사회의 구조적 모순을 극소화한다고 믿는 까닭에 우리는 민주적 정부의 수립이 사회윤리의 정립을 위해서 긴요한 조건이라고 보는 것이다.

사회윤리의 정립을 위한 정지 작업의 둘째는 민주주의에 입각한 윤리 교육을 힘주어 실시하는 일이다. 인간 존중, 약속 이행, 공정성, 준법정신, 공동체 의식, 정의감 등 민주 사회가 요구하는 기본 덕목을 가정과 학교, 그리고 사회교육 기구를 통하여 거듭 가르쳐야 한다. 우선 민주주의 사회가 요구하는 윤리의 이론적 정리를 해야 할 것이며, 다음에는 민주 사회의 윤리 의식이 몸에 배도록 어린 시절부터 인간 교육에 주력해야 할 것이다.

사회윤리의 정립을 위해서는 가정교육이 매우 중요하다. 가정교육이 바람직한 수준으로 접근하기 위해서는 부모들의 윤리 의식이 높아져야 하므로, 부모 세대의 윤리 의식 향상을 위한 광범위한 노력이 있어야 할 것이다. 부모들의 윤리 의식 향상을 위해서 크게 기여할 수 있는 것은 신문과 잡지 그리고 전파 매체다. 신문과 텔레비전 등 영향력이 막대한 대중매체가 사회교육의 기능을 발휘하기 위해서는 이제까지 당연한 것으로 간주되어 온 상업주의를 지양하는 새로운 지평을 열어야 할 것이다. 언론과 방송 기관이 사회교육의 기능을 다하기 위해서 또 하나 중요한 것은 정치적 편향성을 벗어나는 일이다.

사회윤리의 정립을 위한 정지 작업의 셋째는 많은 돈을 벌어서 높은 소비생활을 하는 것을 삶의 가장 높은 목표로 여기는 오늘의 풍조를 시정하는 일이다. 많은 돈과 높은 소비생활을 삶의 최고 목표로 삼는 오늘의 풍조는 우리를 끝없이 치열한 경쟁 속으로 몰아넣는다. 돈과 소비생활에 대한 욕구는 분수없이 무한히 커가는 심리이며, 자본주의 경제 제도 아래서 극도에 달한 상업주의는 광고를 통하여 이 심리를 계속 조장하고 있다. 따라서 돈은 아무리 많아도 부족하고, 소비생활은 아무리 높은 수준에 이르러도 그것으로 만족하기 어렵다. 그러므로 물질생활의 풍요를 삶의 최고 목표로 여기는 가치 풍토 속에서는 금력과 권력, 그리고 사치에 대한 욕망은 상한선을 모르고 커가기 마련이어서, 사회규범을 지키고자 하는 윤리적 의지와 사치에 대한 욕망이 대립할 경우에는 항상 윤리적 의지가 압도를 당하기 마련이다. 결국 윤리 의식은 마음의 갈등을 일으키는 구실을 할 뿐 이기적 행동을 자제하는 실천력을 발휘하기에는 이르지 못하고 만다.

돈과 물질 또는 소비와 향락에 대한 욕망을 비난하거나 부정하는 방법으로 가치 풍토를 개선하기는 어려울 것이다. 더욱 중요한 것은 돈과 물질 또는 소비와 향락보다도 더 소중한 삶의 목표를 세우는 일이다. 물질적 가치와는 구별되는 어떤 내면적 가치를 가진 삶의 목표를 세우고, 이 목표의 달성이 돈과 물질 또는 향락 따위의 외면적 가치의 획득보다도 더욱 소중하다는 인식 아래, 저 내면적 가치 실현에 정열을 기울일 때 비로소 물질 만능의 가치 풍토를 시정할 수 있는 실마리를 찾게 될 것이다.

가치 풍토라는 것은 여러 사람들의 생활 태도가 집합함으로써 생기는 사회현상이므로, 몇몇 개인의 힘으로 그것을 좌우할 수 있는 성질의 것이 아니다. 또 전체주의를 배격하는 우리나라의 경우는 정부의 획일적 통제 정책을 통하여 가치 풍토의 조성을 꾀할 수 있는 처지도 아니다. 그렇다면 오늘의 불건전한 가치 풍토를 쇄신하기 위해서 우리가 의존할 수 있는 방법이 도대체 무엇이냐 하는 매우 난감한 물음과 여기서 우리는 만나게 된다.

한 사회의 가치 풍토가 어떤 특색을 가졌다고 말할 때, 그 사회의 모든 사람들이 동일한 가치 태도를 가졌다는 뜻은 아니며, 다만 많은 사람들의 가치 태도에 일정한 경향이 있음을 의미한다. 한국 사회의 가치 풍토가 향락주의적이요, 물질주의적이라고 말할 때 그것은 한국인의 모두가 배금과 향락을 일삼는다는 뜻이 아니라, 그러한 생활 태도를 가진 사람들이 우세하다는 뜻이다. 한국에도 배금과 향락의 가치 풍토가 병든 가치 풍토임을 알고 있는 사람들이 적지 않으며, 그들은 실천에 있어서도 이 병든 풍토에 휩쓸리지 않기를 시도한다. 다만 그들은 병든 풍토의 대세에 밀리고 있다.

현재의 가치 풍토의 병폐를 알고 있는 사람들이 대세에 체념하지 말고 서로 협력하며 조직적 운동을 전개하는 일이 매우 중요하다. 오늘의 가치 풍토에 문제가 있음을 아는 사람들은 언론계에도 있을 것이고, 종교계에도 있을 것이며, 교육계와 그 밖에도 있을 것이다. 각계각층에 흩어져 있는 뜻있는 사람들이 가치 풍토 개선을 위한 조직적 노력을 한다는 것은 불가능한 일이 아니다. 이러한 조직적 노력이 단시일 안에 가치 풍토의 대세를 뒤집어 놓으리라고는 기대하기 어렵다. 그러나 포기하지 말고 꾸준히 노력하면 점차 형세의 변화가 올 것이다. 오늘의 가치 풍토에 문제가 있다는 것을 전적으로 부인하는 사람은 적을 것이며, 어렴풋한 의식을 가진 데 불과했던 사람들도 언젠가는 그 의식이 뚜렷해지면서 호응하게 될 것이다. 가치 풍토를 개선하고 사회윤리를 정립하는 문제는 본래 크나큰 인내력을 요구하는 장기적 안목의 과제다.

4장 산업사회와 우리들의 공동 과제

1. 인류의 공동 과제

서양 세계에서 시작하여 지구 전체로 번져 가고 있는 산업사회의 문화에 인간 생활의 근본을 위협하는 심각한 문제들이 내재한다는 사실이 밝혀진 지는 이미 오래다. 소홀히 생각해서는 안 될 중대한 문제들이 많다는 사실이 알려진 뒤에도 산업화는 쉬지 않고 진행되었으며, 산업화의 수준이 높아질수록 그에 따르는 문제들도 더욱 심각함을 드러냈다. 위험한 문제들을 수반하는 산업화의 거대한 물결을 어떻게 처리하느냐 하는 것은 현대의 인류가 당면한 가장 근본적 공동 과제라 하겠다. 모든 나라와 대부분의 개인들이 각각 자기의 이익을 추구하기에 여념이 없는 가운데, 오늘의 역사적 현실은 이기심을 초월한 위대하고 슬기로운 선택을 우리 인간에게 요구하고 있다.

대부분의 동남아 국가들이 그렇듯이 뒤늦게 산업화 대열에 끼어든 이른바 '개발도상의 국가'들의 형편은 더욱 난처하다. 이들 뒤떨어진 나라들은 그들에게 가장 긴급한 문제가 우선 살아남는 일인 까닭에, 많은 부작용과 문제점이 있다는 것을 알면서도 산업화를 서둘러야 하는 막다른 골목으로 몰리고 있다. 부작용을 제거하고 문제점을 극복해 가며 산업화의 길을 매진하자고 다짐을 하기도 하지만, 이 점에 있어서 그들의 현실적 상황은 공업 선진국들에 비하여 몹시 불리한 조건들로 가득 차 있는 것이다.

과학 기술과 자본 축적에 있어서 뒤떨어진 나라들은 선진국에서는 쓸모가 없는 낡은 기계를 비싸게 사들여야 하고, 부강한 나라로부터 막대한 이자로 돈을 빌리거나 불리한 조건의 합작 투자를 환영해야 한다. 이러한 악조건 아래서 강대한 선진국과 국제경쟁을 해야 하는 후진국이 노동자의 임금을 올림으로써 사회적 불균형의 문제를 해결하거나, 자연보호를 위한 시설에 막대한 투자를 강행함으로써 환경오염의 부작용을 막는다는 것은 사실상 매우 어려운 일이다.

어려운 여건 속에서도 여러 후진국들은 살아남기 위한 불가피한 과정으로서 각각 그 나라의 실정에 따르는 산업화를 추진해 왔고, 앞으로도 계속 추진해야 할 형편이다. 앞뒤를 돌아볼 여유도 없이 오로지 경제 발전을 당면 목표로 삼고 열심히 노력한 나라들은 '개발도상국' 또는 '중진국'의 호칭을 얻게 되었고, 아직도 개발국의 범주를 벗어나지 못한 나라들은 저들 중진국을 성공적 모델로 삼고 그 뒤를 좇고 있다.

개발도상국 또는 중진국으로 성장한 나라들은 많은 대가를 치러야 했다. 자연은 도처에 파괴되고 환경은 크게 오염되었다. 빈부의 차이가 벌어지면서 사회는 균형을 잃었고, 사치와 낭비의 풍조, 삶을 위한 지주(支柱)의 상실, 소년 범죄 등 많은 사회문제가 머리를 들었다. 전통적 가치 체계가 무너지고, 다정하던 인간관계에 금이 가기 시작하였다. 이러한 어두운 현상들은 앞으로 더욱 가속화될 추세이며, 오늘의 저개발 국가들도 중진국 또는 산업국으로 발돋움하는 가운데 조만간 같은 불행에 부딪칠 공산이 크다.

요컨대 산업 시대의 문제로 알려진 심각한 문제들은 일부 공업 선진국들만의 문제가 아니라 저개발국을 포함한 전 세계의 문제이며, 이 문제들을 극복함에 있어서 공업 후진국들은 선진국들보다 오히려 더 많은 어려움을 안고 있다. 아무리 어려움이 크다 하더라도 이 문제들은 극복되어야 하며, 그것들이 어려운 문제라는 사실은 오늘의 사태가 우리에게 매우 슬기롭고 용감한 선택을 요구하고 있음을 의미한다.

2. 한국의 경우

1960년대 초반부터 한국은 '근대화'라는 구호를 앞세우고 공업화를 추진해 왔다. 의식주(衣食住)를 위시한 기본 생활의 안정이 급선무라는 판단에 의견의 일치를 본 한국의 정부와 국민은 우선 경제 발전부터 성취하자는 목표를 향하여 줄기차게 노력하였다.

공업화의 추진에 있어서 한국은 일단 성공을 거두었다고 일반적으로 평가되고 있다. 자전거도 제대로 만들지 못하고 대부분의 공산품을 외국에서 수입하던 나라가 불과 20여 년 만에 자동차를 제조하여 수출하는 나라가 되었다. 근년에는 전자공학과 같은 첨단산업에도 손을 대어 특수 분야에서 선진국과 어깨를 겨루게 되었고, 지속적 고도성장을 이룩하여 일인당 국민소득이 만 달러 선을 넘기에 이르렀다. '하면 된다!'는 표어가 강한 매력을 지닌 교훈으로서 국민들 사이에 널리 받아들여졌고, 미국 또는 일본과 같은 공업 선진국으로부터 만만치 않은 경쟁자로서 경계를 받기도 하였다.

그러나 이 과정에서 한국은 많은 대가를 지불하였다. 자연 자원도 크게 빈약하고 기술 축적도 별로 없는 바탕을 가지고 단시일 안에 산업화를 성취하려고 서둘러 온 한국이 치른 대가는 다른 나라들의 경우보다 한층 더 큰 것이었다. 인구의 도시 집중, 환경의 오염과 자연의 파괴, 물질주의의 만연과 지나친 금전 숭배 등 산업화에 따르는 일반적 현상이 일어났을 뿐 아니라, 그 밖에 한국의 특수 사정과 관련된 심각한 문제들이 모습을 드러냈다.

한국의 특수 사정과 관련된 심각한 문제로서 첫째로 지적할 수 있는 것은 빈부의 격차가 한국의 특수성과 결합함으로써 어려운 사회문제를 빚어내고 있다는 사실이다. 산업화와 자본주의의 제휴가 지나친 빈부의 차이를 결과하는 것은 일반적 경향이거니와, 한국의 특수한 상황은 산업화 과정이 초래한 빈부의 격차를 다른 나라들의 경우보다도 더욱 복잡하고 난처한 문제로 만든 것이다.

자연 자원이 부실하고 과학 기술도 뒤떨어진 한국이 1980년대 중반까지 수출을 둘러싼 국제경쟁에서 좋은 성과를 올릴 수 있었던 것은 풍부한 인력과 노동에 대한 저임금 덕분이었다. 그리고 국제경쟁을 우선적으로 고려한 한국 정부는 중소기업의 육성보다는 대기업을 지원하는 정책을 선택하였다. 그 결과로서 자연히 빈부의 격차가 벌어졌거니와, 이 빈부의 격차가 한국의 특수 상황 속에서 심각한 문제로서의 성격을 더욱 크게 띠지 않을 수 없었다.

한국은 전통적으로 교육열이 강한 나라였고, 이 교육열은 한국을 경제적 수준에 비하여 지적(知的) 수준이 월등하게 높은 나라로 만들었다. 한국은 문맹률이 낮기로는 세계에서 가장 앞선 나라이며, 대학생과 대학 졸업생이 많기로도 선진국 대열에 손색이 없다. 그뿐만 아니라 한국은 동양의 여러 나라들 가운데서는 '평등'에 대한 관념이 비교적 우세한 전통을 가지고 있었다. 이러한 일련의 사정은 근래에 심화된 빈부의 차이에 대해서 매우 민감하게 반응하는 풍토를 조성하였고, 특히 젊은 지성인으로 자처하는 대학생들 가운데 공정한 분배의 문제를 가장 근본적인 윤리와 정치의 문제로서 의식하는 사람들이 만만치 않은 세력의 집단을 형성했다.

일반적인 경우에 있어서 공정한 분배의 문제를 제기하고 사회정의의 실현을 요구하는 세력 집단이 대두하는 것은 자연스러운 일이며, 그것은 오히려 건전한 사회현상으로서 평가될 수도 있다. 그러나 한국의 경우에는 국토가 남북으로 양단되어 북쪽을 호전적 공산주의 집단이 지배하고 있다는 사실이 남한의 일부 비판 세력을 급진주의의 방향으로 부채질하는 심리적 영향을 미친다는 것은 충분히 있을 수 있는 일이며, 남한의 일부 비판 세력과 북한의 공산 세력 사이에 어떤 역학적 함수관계가 생길 수 있는 가능성도 전적으로 배제할 수가 없었다. 그뿐만 아니라 작금의 세계적 불경기는 한국의 산업 경제를 매우 어려운 상황으로 몰고 가는 실정이므로 대담한 재분배 정책을 채택함으로써 불만 세력의 예봉(銳鋒)을 꺾는다는 것도 현실적으로 어려운 일이었다.

상황이 이러한 까닭에 남한의 정부와 보수 세력은 느긋한 여유를 가지고 일부의 급진 세력이 제기하는 문제에 대해서 타협적으로 대처하기가 사실상 어려운 형편이었다. 따라서 남한의 정부도 시행착오를 거듭하는 가운데 결국은 강경한 자세로 맞서는 정책으로 낙착하는 경우가 많았다. 강경한 태도는 강경한 태도를 불러일으키는 악순환에 빠지기 쉬운 것은 일반적 추세여서 한국의 학원과 노동의 문제는 상당히 심각한 문제로서의 성격을 띠게 되었다.

한국의 특수 사정으로 인하여 더욱 좋지 않은 양상을 띠는 문제로서 둘째로 지적할 수 있는 것은 사치와 낭비를 포함한 높은 소비 풍조다. 단시일 안에 산업화가 시도되는 과정에서 한국에는 최근 30여 년 동안에 많은 벼락부자가 생겼다. 더러는 별로 힘들이지 않고 큰돈을 벌어들이는 경우도 있었다. 벼락부자가 된 사람들 또는 힘 안 들이고 돈을 번 사람들이 사치와 낭비로 흐르는 것은 일반적 경향이거니와, 특히 외화(外華)를 숭상하는 기풍이 강한 한국인의 경우는 이 경향이 더욱 심한 형태로 나타났다. 일부 특수층뿐 아니라 일반 서민층의 경우도 분수에 넘는 소비생활을 즐기는 경향이 생겼다. 빈부의 격차가 벌어지는 가운데도 서민층의 소득이 전체적으로 상승한 것은 사실이며, 상류 계층에 대한 모방의 심리와 구매 충동을 자극하는 상품

선전의 광고 효과 등이 작용함으로써 일반 서민층까지도 분수에 맞지 않는 소비수준을 연출하는 경향을 보이게 된 것이다.

소비수준이 지나치게 상승하게 된 데는 역대 행정부에도 책임이 있었다. 역대 행정부는 검소와 절약을 권장하면서도 한국의 산업화가 주로 외채에 의존하고 있다는 사실을 국민에게 알리는 데는 매우 소극적이었다. 그뿐만 아니라 행정부의 관리들은 한국의 경제성장을 사실 이상으로 선전하기에 모든 대중매체를 동원하기도 하였다. 이에 대부분의 국민들은 한국이 정말 부자 나라가 된 것으로 착각하고 분수를 망각한 소비생활로 부지불식간에 빠져들게 된 것이다.

오늘날 한국 경제의 가장 큰 문제점이 막대한 외채 부담에 있다는 것은 경제학자들의 공통된 의견이며, 국민 대중도 한국의 외채가 얼마나 되는지 이제는 대략 알게 되었다. 그러나 일단 형성된 소비생활의 습관을 갑자기 고치기는 어려운 일이어서 한국의 소비수준은 여전히 분수를 능가하는 폐단을 극복하지 못하고 있는 실정이다.

산업화 과정이 몰고 온 문제들 가운데서 한국의 특수 사정과 관련해서 세 번째로 지적할 것은 전통적 가치관과의 갈등에 관계되는 문제들이다. 산업화 과정에 수반하는 여러 가지 새로운 사태가 전통적 가치관과 갈등을 일으키고, 이 갈등으로 인하여 많은 문제가 생기는 것은 어느 나라의 산업화 과정에서나 일반적으로 발견되는 공통된 현상이나, 한국의 경우는 전통적 가치관의 뿌리가 깊고 산업화의 속도가 유난히 빨랐다는 사실로 말미암아 새로운 사태와 옛 가치관의 갈등의 충격이 일반적인 경우보다도 더욱 심한 편이다.

한국인은 문화의 역사가 유구한 민족의 하나로서 특히 도덕의 영역에 있어서 특색이 있는 오랜 전통을 세웠고 그 전통을 자랑으로 여겨 왔다. 농경사회로서의 역사가 긴 한국은 옛날부터 대가족제도를 유지해 왔고, 가족생활이 생활 전체에 있어서 압도적 비중을 차지해 왔다. 따라서 가족적 윤리가 윤리의 근간을 이루게 되었고, 자녀의 효(孝)와 여자의 정절(貞節)을 기본적인 덕목으로서 숭상해 왔다.

그러나 산업화의 과정은 한국을 농경 사회에서 공업 사회로 전환하지 않을 수 없게 하였고, 종전의 대가족제도 및 가족주의적 윤리와는 조화되기 어려운 여러 가지 새로운 조건에 부딪치게 하였다. 여기서 전통적 가족주의에 애착을 느끼는 보수적인 사람들과 그것을 청산해야 할 봉건적 잔재라고 생각하는 급진적인 사람들 사이에 갈등이 심각하게 야기되고 여러 가지 사회 문제의 근원이 되고 있다.

한국의 상황을 더욱 복잡하게 만드는 것은 오늘의 한국에는 여러 문화가 함께 존재하고 있다는 사실이다. 『제3의 물결』의 저자인 앨빈 토플러의 용어를 빌리면, 지금 한국에는 제1의 물결과 제2의 물결이 충돌을 일으키며 흐르고 있을 뿐 아니라, 제3의 물결도 이미 들어와서 조금씩 세력을 키워 가고 있다. 한국의 대기업과 한국의 대도시가 산업 문화의 여러 특징을 갖추고 있다는 것은 의심의 여지가 없으며, 한국의 일부 농어촌과 늙은 세대의 의식구조 속에 농경문화적 요소가 남아 있다는 것은 명백한 사실이다. 그리고 한국의 대기업 가운데 전자공학과 유전공학 같은 첨단산업으로 관심을 기울이는 사례가 있으며, 전문적 정보산업을 위한 회사가 설립되고 있다는 사실은 한국에 이미 토플러가 말하는 '제3의 물결'도 상륙하고 있음을 의미한다. 이와 같이 서로 다른 세 가지의 문화적 요소가 함께 만나고 있다는 사실은 앞으로 한국이 경험하게 될 문화적 갈등이 매우 복잡한 것임을 예고하는 동시에, 그 갈등이 빚어내는 문제들을 해결하는 일이 용이한 과제가 아님을 암시한다.

3. 산업사회의 문제점들과 그 극복

산업사회 또는 산업화 과정에서 우리가 부딪치게 되는 문제들 가운데 중요한 것들을 간추리면 대략 다음과 같이 정리할 수 있을 것이다.

(1) 공업화와 도시화에 따라서 생기는 환경의 오염과 자연의 파괴를 어떻게 방지 내지 시정할 것인가?

(2) 기계문명이 초래하기 쉬운 인간의 기계화를 어떻게 막을 것인가? 바꾸어 말하면 기계문명이 인간을 전인(全人)이 아닌 기능인(機能人)으로 전락시키기 쉬운 위험성을 어떻게 극복할 것인가?

(3) 산업화 과정에서 흔히 일어나는 빈부의 격차의 문제를 어떻게 처리할 것인가? 즉 산업사회 또는 산업화 과정에서 야기되는 '공정한 분배'의 문제를 어떻게 처리할 것인가?

(4) 산업사회 또는 산업화 과정에서 일어나는 전통적 가치의 붕괴에 대해서 어떠한 태도를 취해야 할 것인가? 산업화를 지향하는 과도기에 있어서 전통적 가치에 애착을 느끼는 보수적 태도와 전통적 가치를 물리치는 급진적 태도의 갈등이 생기는 것은 일반적 현상이거니와, 이 갈등의 해소를 위해서 우리가 의거해야 할 기본적 준거(準據)는 무엇인가?

(5) 앞으로 예상되는 과학과 기술의 놀라운 발달이 야기할 가능성이 있는 새로운 문제들에 대해서 어떠한 선택으로 대처할 것인가? 예컨대 유전공학의 발달이 새로운 종(種)의 생물을 마음대로 만들 수 있게 되고, 새로운 유형의 인간까지도 탄생시킬 수 있게 되었을 때 일어나게 될 '생명의 윤리'의 문제에 어떻게 대처할 것인가? 장기이식 또는 시험관 아기 등에 관한 의학의 발달이 극도에 달했을 경우에 생길 수 있는 문제들, 예컨대, '복제 인간'의 문제 따위에 어떠한 대비책을 강구할 것인가?

자연과학과 사회과학 그리고 철학을 포함한 여러 분야의 전문적 지식과 지혜의 동원이 요구되는 이들 거창한 문제에 대해서 어떠한 개인도 시원한 해답을 주지 못할 것이다. 또 설령 모든 분야에 능통한 초인적 석학이 있다 하더라도 짧은 시간과 좁은 지면을 가지고 이 어려운 문제들을 제대로 다룰 수는 없을 것이다. 이 자리에서 우리가 할 수 있는 것은 간단한 예비적 고찰을 시도함으로써 앞으로의 본격적 접근을 위한 실마리를 마련하는 정도가 고작이 아닐까 한다.

우리가 첫째로 염두에 두어야 할 것은 우리의 문제가 인류 전체에 관련되는 세계적인 문제라는 사실이다. 다시 말해서 산업 시대의 문제는 국가적 차원의 문제를 넘어서서 국제적 차원의 문제이며, 그것은 자국(自國)의 이익 추구를 앞세우는 종전의 태도로는 해결되기 어려운 국제적 협력의 문제다. 남의 나라의 권익을 무시하는 국가적 이기주의가 필경은 자기 나라를 포함한 전 세계를 파괴할 가능성이 높다는 사실을 충분히 고려하여, 거시적이요 장기적인 안목으로 상황을 판단해야 할 문제다.

과학 기술의 개발과 그 응용의 문제를 다룸에 있어서 지금까지 세계의 거의 모든 나라들이 판단의 기준으로 삼은 것은 "경제적 이익이 있을 것인가, 또는 군비를 위하여 도움이 될 것인가?" 하는 관점이었다. 그러나 앞으로는 "자연환경과 인류의 장래에 어떠한 영향이 있을 것인가?"라는 관점에서도 문제를 고찰해야 한다. 대기와 바닷물은 국경선을 무시하고 넘나드는 까닭에 한 나라의 자연환경이 오염되었을 때, 그 피해는 조만간 전 세계로 퍼지기 마련이고, 자기 나라만을 피해 예외국으로 만들 수는 없다. 따라서 전 세계가 지구를 함께 지킨다는 기본적 자세가 요청된다.

여기서 우리는 매우 어려운 실천적 문제에 부딪친다. 세계의 여러 나라들이 각각 자국의 이익에 치중하는 현실 속에서 내 나라만이 어떻게 '인류의 장래를 위해서'라는 비이기적 원칙을 따를 수 있느냐 하는 문제다. 국가적 이기주의를 견제할 수 있는 국제적 실력 기구가 결여된 상태에서 '인류의 장래를 위해서'라는 기준은 한갓 탁상공론에 불과하다는 반론이 가능하다. 특히 경제적으로 뒤떨어진 동남아의 여러 나라는 우선 산업화부터 서둘러야 할 긴박한 처지에 놓여 있다는 사실을 감안할 때 우리의 논의는 더욱 공허하게 들린다.

물론 국가적 이기주의의 극복이 가까운 장래에 실현될 수 있다고 믿는 사람은 아무도 없다. 다만 긴밀한 국제적 협동을 요구하는 시대라는 사실에는 의심의 여지가 없으며, 이 사실은 세계 모든 나라의 지도자들이 잘 알고 있는 사실이기도 하다. 그리고 장기적 안목으로 볼 때는 지구 전체를 살리는 길이 자기 나라에도 이익이 된다는 사실도 부인하기 어렵다. 자기 나라의 불이익이 예견되는 국제적 협력이라면 있을 수 없을 것이나, 장기적 안목의 국가 이익을 위한 국제적 협력은 반드시 비현실적인 공상이 아니다. 우리의 문제는 국제적 이타주의와 국가적 이기주의 사이에서 하나를 선택하는 그것이 아니라, 원대한 안목의 이기주의와 근시안적 이기주의 사이에서 하나의 길을 선택하는 그것이다.

저개발 국가 또는 개발도상국가의 견지에서도 당장 실천에 반영시켜야 하고, 또 반영시킬 수 있는 전략의 문제가 있다. 즉, 당장 공업화와 경제성장이 시급하다는 실정에 지나친 역점을 두고 환경의 오염 내지 자연의 파괴를 소홀히 생각하는 어리석음을 범하지 말아야 한다는 말이다. 지금 여러 공업 선진국들은 자기 나라의 환경과 자연을 보호하기 위하여 심한 오염과 파괴를 수반하는 공업은 후진국으로 떠넘기려는 전략을 쓰고 있으며, 자기 나라의 산업 쓰레기를 후진국에 팔아 넘기려는 계략도 부리고 있다. 당장의 어려움을 인내와 용기로써 극복하는 한편, 선진국들의 계략에 굴복하는 일이 없도록 후진국들은 힘을 합해야 할 것이다.

산업사회 또는 산업화 과정의 문제를 고찰함에 있어서 우리가 둘째로 유의해야 할 것은 과학 기술의 발달과 산업화의 추구가 인간의 비인간화를 가져와서는 안 된다는 상식화된 경고를 성실한 실천으로써 받아들여야 한다는 사실이다.

인간의 비인간화의 경향을 자본주의 경제 제도의 산물로 보는 견해도 있으나, 이 경향은 자본주의 사회에 특유한 현상이 아니라 산업사회의 일반적 현상이라고 보아야 할 것이다. 고도로 산업화된 사회에 있어서는 그 나라의 경제체제가 자본주의적이든 사회주의적이든, 대부분의 사람들이 공장과 비슷한 환경 속에서 기계와 조직을 상대로 많은 시간을 보내게 된다. 산업사회의 개인들은 중앙집권적 조직 속에서 규격화되고 분업화된 활동을 하기 마련이다. 산업사회의 개인들은 거대한 정치적, 경제적, 사회적 체계의 복잡한 얽힘 속에서 마치 작은 부품처럼 움직여야 하며, 주어진 일과에 따라서 시간에 쫓기며 뛰어다녀야 한다. 이와 같은 생활 방식은 기계적으로 움직이는 조직의 부품과 같은 성격의 인간을 만들어 낼 공산이 크다. 인간의 본성이 자유와 자주성에 있다면 이는 산업사회가 인간의 비인간화를 초래할 염려가 크다는 것을 의미하며, 이러한 염려가 현실화된 사례를 역사는 도처에서 증언하고 있다.

기계와 공장, 정부와 조직, 그리고 그 밖의 모든 인위적 산물은 본래 인간다운 삶을 위해서 인간이 만들어 낸 것이다. 인간을 위해서 인간이 만든 것이 인간을 해친다면 그것은 크나큰 자기모순이 아닐 수 없다. 그러나 인간의 비인간화가 산업사회의 불가피한 현상은 아니다. 그것은 인간의 지혜와 의지로써 막을 수 있는 불행이라고 생각된다. 이미 활발하게 일어나고 있는 산업 문명에 대한 반성과 비판은 인간의 비인간화를 막는 데 큰 도움이 될 것이며, 일부 선진국에서 일고 있는 탈산업화의 물결도 인간성의 회복을 위한 광명의 구실을 할 수 있을 것이다.

산업사회의 문제를 고찰함에 있어서 우리가 셋째로 강조해 두어야 할 것은 사회적 불균형의 시정을 위해서 더욱 적극적이며 더욱 이성적인 노력이 있어야 한다는 사실이다. 추상적 이론의 차원에 있어서 자유와 평등의 원리가 부동의 진리로서 공인된 지는 이미 오래이나, 실천의 세계에 있어서는 아직도 불공정과 불균형이 여전히 남아 있는 것이 오늘의 현실이다. 그리고 이 불공정과 불균형은 앞에서 말한 인간의 비인간화와 불가분의 관계에 있으며, 현재를 갈등과 불안의 시대로 만드는 주요 원인이 되고 있다.

인간을 위한 가장 귀중하고 보람된 가치는 인간다운 삶의 과정에서 실현된다. 쉽게 말해서, 인간을 위해서 가장 소망스러운 것은 인간답게 사는 일이다. 그런데 인간답게 살기 위해서 막대한 재산과 막강한 권력이 필요한 것은 아니다. 인간다운 삶을 위해서 우선적으로 필요한 것은 기본 생활의 안정을 보장할 정도의 물질과 자기의 문제를 스스로 결정할 수 있는 자유, 그리고 타인에 대한 사랑과 공동체 의식이다. 지나친 욕심과 속물근성의 산물인 과대한 재산과 과대한 권력은 인간다운 삶을 위해서 불필요할 뿐 아니라, 그것들이 부도덕한 의지와 결합할 경우에는 자기를 포함한 여러 사람들의 사람다운 삶을 파괴하는 원인으로 작용한다. 풍부한 경제력과 강대한 권력은 사회 전체를 위해서 공정하게 활용될 경우에만 정당화된다.

우리가 네 번째로 고찰해야 할 중대한 문제는 산업화와 전통적 가치의 갈등을 어떻게 해소하느냐 하는 그것이다. 이 문제를 고찰함에 있어서 우리가 전제로 해야 할 것은 싫든 좋든 산업화는 추진해야 하며, 농경 사회로 되돌아간다는 발상은 비현실적이라는 사실이다. 우리에게 첫째로 필요한 것은 살아남는 일이며, 많은 인구를 가진 공업 후진국이 살아남기 위해서 산업화는 불가피한 실정이다.

일단 산업화를 피치 못할 과정으로 받아들이게 되면 우리에게 남은 선택의 폭은 크게 줄어든다. 다시 말하면 산업화의 길을 선택했다는 사실이 전통적 가치들 가운데서 많은 것을 단념하지 않을 수 없게 만든다. 예컨대 대가족제도와 이에 입각한 전통 윤리를 산업사회에서 옛 모습 그대로 되살리기는 어려울 것이다. 농경시대를 배경으로 삼고 형성되었던 미풍양속을 공업화된 대도시에서 그대로 살리는 일도 많은 경우에 매우 어렵다. 우리는 전통적 가치들에 대해서 감상적 미화(美化)의 심리로 애착할 것이 아니라, 산업사회에서 살릴 수 있는 전통적 가치와 그렇지 못한 것을 냉철하게 구별해야 할 것이다. 꿩도 먹고 알도 먹고 꿩의 병아리도 기른다는 것은 실현성 없는 욕심에 불과하다. 우리는 현명한 선택을 위한 우선순위를 정하고 가장 중요한 것부터 살려야 할 것이다.

우리에게 가장 중요한 것은 사람다운 삶을 사는 일이다. 사람다운 삶을 위해서 가장 필요한 조건은 기본 생활의 안정과 정신생활의 지주(支柱)다. 모든 사람들에게 기본 생활의 안정을 보장하고 정신생활의 지주를 마련해 줄 수 있는 공정하고 건전한 사회를 건설하는 일에 최우선의 역점이 주어져야 할 것이다.

기본 생활의 안정을 위해서 우선적으로 해야 할 일의 하나는 국민 생활에 필요한 물품을 생산하여 공정하게 분배하는 일이며, 그 또 하나는 환경을 오염으로부터 지키고 파괴로부터 지키는 일이다. 그런데 국민 생활에 필요한 물품을 생산하는 일과 환경 내지 자연을 수호하는 일 사이에는 양립을 방해하는 긴장과 갈등이 있다. 많은 인구의 기본 생활에 필요한 물자를 공급하기 위해서는 공업화가 불가피하고, 공업화는 환경의 오염과 자연의 파괴를 수반한다.

공업화와 자연의 파괴 사이의 갈등을 어떻게 해소할 것이냐 하는 것은 인류가 보편적으로 당면한 어려운 문제의 하나다. 심각한 딜레마의 성격을 띤 이 어려운 문제를 위한 기적적 묘방은 없을 것이다. 다만 여기서 우선 시사할 수 있는 것은 검소와 절약이 새 시대를 위한 매우 귀중한 미덕이 될 수 있다는 사실과, 사치와 낭비의 대담한 억제가 공정한 분배와 아울러 상류 계층 내지 지도층에게 요구되는 가장 도덕성 높은 행위라는 사실이다. 토플러가 말하는 '제3의 물결' 즉 탈산업화를 가능케 할 새로운 과학 기술의 발달도 우리의 문제를 위한 서광이 될 수 있을 것이다.

정신생활의 지주를 갖는다는 것은 인간이 인간다운 삶을 살기 위해서 필요한 또 하나의 기본 조건이다. 산업사회의 일반적인 문제로서 지적되고 있는 청소년의 타락, 마약의 복용, 유사 종교의 범람 등은 지나친 물질문명 속에서 사람들이 정신생활의 지주를 상실하기 때문에 생기는 불행의 여러 가지 형태의 사회현상이라고 볼 수 있다.

혼자서 즐길 수 있는 취미 생활과 같은 개인적 관심사도 생활의 지주의 구실을 할 수가 있을 것이다. 그러나 생활의 지주로서 더욱 적절한 것은 여러 사람들과 함께 접근할 수 있는 공동 목표 또는 여러 사람들과 함께 나눌 수 있는 학문이나 예술과 같은 사회성이 강한 가치들이다. 현대인이 공통으로 안고 있는 과제의 하나는 고독을 극복하는 일이며, 여러 사람들과 더불어 참여할 수 있는 일을 생활의 지주로 삼는다는 것은 일석이조의 처방이 될 것이다.

생활의 지주와 관련해서 매우 중요한 것은 지나친 개인주의로부터 공동체를 지키는 일이다. 안정된 소속감을 가지고 애착을 느낄 수 있는 공동체는 개인주의자들을 위해서도 매우 중요하다. 인간은 현대에도 여전히 사회적 존재이며, 사회적 존재인 까닭에 긍지와 정열로써 애착할 수 있는 공동체는 지금도 만인을 위해서 필요하다.

가족은 공동체의 원형이다. 산업사회의 와중에서 가족 공동체가 와해의 추세를 보이는 것은 크게 불행한 일이다. 가족 공동체의 재건이 매우 중요한 과제이거니와, 옛날 농경시대를 배경으로 삼고 형성된 전통적 가족제도를 다시 회복하려는 전략은 성공하기 어려울 것이다. 현대의 도시 생활과 조화되기 쉬운 새로운 유형의 가족제도를 정립하는 방향으로 목표를 수정하는 편이 바람직하다.

학교와 직장 그리고 지역사회와 같은 그 밖의 집단에 있어서도 공동체적 요소를 강화하도록 노력해야 할 것이다. 가족이 현대인을 위한 공동체의 전부를 대신할 수는 없으며, 가정생활에서 함양된 공동체 의식이 가족보다도 더 큰 집단으로 확대 파급되어 가족주의적 이기주의를 극복하고 더욱 큰 자아(自我)의 형성으로 연결되도록 하는 것은 우리 모두를 위해서 매우 중요한 일이다.

4. 맺는말

우리의 문제는 필경 선택의 문제다. 모든 것 가운데서 아무것이나 선택할 수 있는 자유가 우리에게 주어진 것은 아니며, 살아남기 위해서는 거부할 수 없는 조건들의 제약을 이미 받고 있다. 여기서 우리가 첫째로 해야 할 것은 선택이 가능한 것과 불가능한 것을 냉철하게 구별하는 일이며, 불가능한 일에 대한 감상적인 미련을 포기하는 일이다.

선택에는 기준이 서 있어야 한다. 우리들을 위한 선택 기준의 첫째는 생존이요, 그 둘째는 인간다운 삶이다. 모든 사람들에게 인간다운 삶의 길이 열릴 수 있도록 과학 기술의 개발, 정치와 경제 제도의 수립, 민족문화의 발전 등 여러 가지 문제에 관해서 공정하고 슬기로운 선택을 해야 할 것이다.

동남아의 여러 나라들의 경우와 같이 과학 기술과 그 밖의 국력에서 뒤떨어진 나라들은 강대국들보다도 훨씬 불리한 처지에서 어려운 선택을 해야 한다. 불리한 처지에서 어려운 선택을 해야 한다는 사실은 우리의 선택이 그만큼 더 신중하고 더 현명해야 한다는 것을 의미하는 동시에, 어려운 처지에 놓인 나라들끼리 긴밀하고 적극적인 협동을 할 것을 요청한다.

후진국이나 선진국을 막론하고 현대에 공통된 가장 근본적 문제는 가치관의 혼란이다. 경제적 가치를 가치 체계의 정상으로 끌어올린 것은 자본주의적 산업사회가 범한 잘못 가운데서 가장 큰 잘못의 하나다. 인간의 평가까지도 소유의 다과(多寡)나 소득의 다과로써 측정하는 풍토는 현대가 경험하는 여러 가지 불행의 원인이다.

소유나 소득의 다과보다도 무엇인가 뜻있는 일을 할 수 있는 능력을 더욱 높이 평가하는 가치 풍토를 조성해야 할 것이다. 경제적 약소국들이 경제적 강대국 앞에 위축되지 않고, 소유가 적은 개인들이 소유가 많은 개인들 앞에 비굴함이 없이 당당한 자세나 자존심을 지키는 것은 새로운 가치 풍토의 조성을 위해서 매우 소중한 힘이 될 것이다.

5장 빗나가는 청소년과 그 대응책

1. 왜 청소년이 빗나가는가

많은 청소년들이 마음을 잡지 못하고 빗나가는 현상은 우리나라의 산업화 과정과 깊이 관련되어 있다고 생각된다. 우리나라가 농업경제에 의존하며 가난하게 살았던 시절에는 청소년의 방황은 예외적 현상이었고, 산업화가 진행되면서 물질적 풍요를 누릴수록 비행 청소년의 수가 늘어 가고 있다는 사실은 청소년 문제와 산업화 과정 사이에 밀접한 관계가 있음을 강력하게 시사한다.

경제가 성장하여 물질생활이 풍요롭게 되면 정신생활도 더욱 만족스러워야 정상적이라고 볼 수 있을 것이다. 그러나 우리의 현실은 그 반대의 길을 가고 있다. 청소년뿐만 아니라 성인들의 경우에도 물질생활의 풍요에 발맞추어서 정신적 불안은 도리어 더욱 심화되는 경향을 보이는 것이 오늘의 현실이다. 다만 정신적 불안을 견디어 내는 힘이 약한 청소년의 경우에 문제의 심각성이 더욱 현저하게 나타날 뿐이다.

갓난아이의 마음은 백지와도 같은 것이어서 그가 자라는 환경 여하에 따라서 성장한 뒤의 인품이 좌우된다. 오늘날 한국의 청소년들 가운데 빗나가는 사람들이 많은 것은 그들이 자라는 환경에 문제가 있음을 말해 준다. 그리고 우리들의 사회 환경은 기성세대에 의해서 만들어지는 것이므로, 우리들의 환경에 문제가 있다 함은 기성세대의 가치관 내지 생활 태도에 문제가 있음을 의미한다.

우리들이 청소년의 방황 내지 비행 문제를 고찰함에 즈음하여 제일 먼저 해야 할 일은 우리들의 사회 환경 가운데서 무엇이 청소년들을 빗나가게 만들고 있는가를 반성하는 그것이다. 청소년들이 빗나가는 구체적 현상에 대한 대증요법(對症療法)도 물론 강구해야 할 것이나, 더욱 중요한 것은 청소년들을 방황하게 만드는 그 근본을 고치는 대책을 마련하는 일이 아닐 수 없다.

청소년이 빗나간다 함은 청소년이 가야 할 바른 길이 있음을 전제하고, 그 길 밖으로 이탈한다는 뜻일 것이다. 그렇다면 그 바른 길이 무엇이냐 하는 문제를 일단 짚고 넘어가야 한다. 그 '바른 길'에 대한 해석에 여러 가지가 있을 수 있을 것이나, 알기 쉽게 말해서 사회 전체의 질서와 번영을 초래하는 동시에 그 사람 본인에게도 행복을 가져다주기에 적합한 삶의 길을 '바른 길'이라고 보는 것이 옳을 것으로 생각된다.

사회 전체의 질서와 번영을 초래하는 동시에 본인의 행복도 약속하는 삶의 길이 준비되어 있고 그 길이 알려져 있다면 누구나 기꺼이 그 길을 걸을 것이다. 다시 말해서, 개인의 행복과 사회의 번영을 가져올 길이 뚫려 있고 그 길이 무엇인지 정확하게 안다면 빗나가는 사람들은 거의 없을 것이다. 어른이나 아이나 빗나가는 사람들이 많다는 것은 개인의 행복과 사회의 번영을 아울러 가져올 길이 현실적으로 준비되어 있지 않거나, 그 길이 무엇인지를 확실하게 모르는 사람이 많다는 것을 강력하게 시사한다.

개인적 자아의식이 강한 현대인의 의식구조를 전제로 할 때 사람들이 일차적으로 추구하는 것은 사회의 번영이기보다는 개인의 행복이다. 오늘의 개인주의자들은 사회의 번영을 도모하기에 앞서서 자신의 행복을 추구한다. 다만 나의 행복이 확고한 것이 되기 위해서는 사회의 질서와 번영이 앞서야 한다는 사실을 인식한 사람들은 나의 행복뿐만 아니라 사회의 질서와 번영을 동시에 추구한다.

각자가 성실하게 열심히 노력을 하면 누구나 행복을 얻을 수 있는 가능성이 있을 때 우리는 그 사회를 공정하고 건전한 사회라고 말할 수 있다. 아무리 노력을 해도 행복하게 될 전망이 서지 않을 경우에는 사람들은 실망과 좌절을 느끼게 되고 사회에 대해서 반감을 품게 된다. 삶에 대한 실망과 좌절을 느끼고 사회에 대해서 반감을 품고 있음에도 불구하고 '바른 길'을 걷는다는 것은 매우 어려운 일이다. 어른들의 경우는 그래도 참아 가며 자중할 수도 있지만, 자기 통제가 어려운 청소년의 경우는 정도(正道)로부터 이탈하는 것이 일반적 현상이다.

오늘날 한국의 청소년들 가운데 빗나가는 사례가 많은 근본 이유는 삶에 대한 밝은 전망을 갖지 못하고 사회에 대해서 불만을 품는 사람들이 많다는 사실에서 찾아야 한다. 다시 말해서, 내일의 행복에 대한 기대를 갖지 못하는 까닭에 청소년들은 자포자기하게 되고 정도 밖으로 빗나가게 된다.

현대의 사회구조와 현대의 가치관에 획기적 변화가 없는 한 많은 사람들의 삶에 대한 좌절감과 사회에 대한 불만은 불가피한 현상에 가까울 것이다. 왜냐하면 현재 우리들의 사회 현실과 가치관은 오직 소수에게만 행복한 내일을 예고하기 때문이다. 사회구조와 가치관 사이에는 밀접한 상관관계가 있거니와 무엇보다도 우리들의 가치관 내지 의식구조에 심각한 문제가 있는 것으로 보인다.

현재 한국인의 생활 태도를 살펴볼 때, 우리는 두 가지의 기본적 공통점을 발견한다. 첫째는 각자의 개인적 행복을 우선적으로 추구한다는 점이요, 둘째는 외면적 가치의 획득에서 행복을 구한다는 점이다. 바꾸어 말하면, 사람들은 각각 자신의 행복을 추구하기에 골몰하며, 그 행복이 외면적 가치의 획득에서 실현된다고 믿는 경향이 강하다.

여기서 '외면적 가치'라 함은 금력과 권력 또는 관능적 쾌락과 같이 그것을 얻느냐 못 얻느냐가 나 밖에 있는 타자(他者)에 의존하는 비율이 큰 가치를 말한다. 인격과 생명, 학문과 예술, 사랑과 우정 등은 주로 그 사람 자신의 육체적, 정신적 조건들에 의해서 좌우되는 반면에, 재산과 지위 또는 관능적 쾌락 등은 그것을 가지거나 누리는 사람 밖에 있는 타자의 조건들에 의존함이 크다. 따라서 전자의 부류를 '내면적 가치'라고 부르고, 후자를 '외면적 가치'라고 불러도 무방할 것이다.

어떤 사회가 일정한 시기에 가지거나 누릴 수 있는 외면적 가치는 그 총량(總量)이 함부로 늘어날 수 없다는 한계를 가지고 있다. 구체적으로 말해서 우리 한국이 1997년에 가지고 있는 총재산과 생산력은 일정한 수치를 넘어서기 어려우며, 1997년 현재 한국인이 차지할 수 있는 '높은 자리'와 명문교의 수용 능력도 그 수치에 뚜렷한 한계가 있다. 관능적 쾌락의 기회도 돈을 주고 사야 할 뿐 아니라 체력의 소모를 수반하기 마련이므로 얼마든지 누릴 수 있는 성질의 것은 아니다.

외면적 가치의 총량은 일정한 수치에 머물러 있음에도 불구하고 그것을 희구하는 사람들의 욕망에는 한계가 없다. 외면적 가치 그 자체의 획득에 행복이 달려 있다고 보는 사람들은 외면적 가치에 대해서 절제 없는 욕심을 부린다. 돈이든 지위든 쾌락이든 어떤 선에서 만족할 줄을 모르고, 가지면 가질수록 더 많은 것을 갖고자 희망한다. 오늘의 상업주의도 외면적 가치에 대한 한정 없는 욕심을 부채질한다.

총량에 한도가 있는 외면적 가치를 되도록 많이 차지하려는 사람들의 욕심은 지나치게 치열한 사회 경쟁을 초래한다. 이 치열한 경쟁에서는 승리자보다도 패배자의 수가 더 많이 나타나기 마련이며, 패배자는 상대적 빈곤감 속에 자신을 불행한 사람으로 평가한다.

치열한 사회 경쟁에서 당당하게 승부를 겨루기도 전에 미리부터 전의(戰意)를 상실하고 좌절감을 느끼는 젊은이들이 생길 수 있다. 가정이 빈곤하거나 원만하지 못하여 불리한 조건에서 경쟁에 임해야 하는 청소년들 가운데서도 그런 사람들이 나타나기 쉽고, 두뇌가 나쁘거나 의지력이 약해서 입학 경쟁에서 자신을 잃은 청소년들 가운데서도 그런 사람들이 나타나기 쉽다. 그리고 미리부터 전의를 상실하고 좌절감에 빠진 젊은이들이 정도(正道)를 이탈하고 빗나가는 것은 흔히 있을 수 있는 일이다.

2. 어떠한 대응책을 강구할 것인가

외면적 가치를 무제한으로 추구하는 생활 태도는 개인적 행복과 사회의 번영을 아울러 달성하기 위한 바른 길이 결코 아니다. 그러므로 우리가 외면적 가치를 과다하게 추구해 왔다는 사실은 젊은 세대가 바른 길 밖으로 빗나가기 이전에 이미 기성세대의 정도를 벗어났음을 의미한다. 기성세대의 잘못된 가치관 내지 생활 태도를 예민하게 받아들여서 그것을 더욱 심한 형태로 나타낸 것이 이른바 '청소년의 비행'이라는 현상이다.

기성세대의 가치관 내지 생활 태도에 근본적인 변화가 없는 한, 젊은 세대의 정도 이탈의 현상을 원천적으로 막기는 어려울 것이다. 새로운 가치 풍토를 형성하는 일이 단시일 안에 달성될 수 있는 과제가 아니므로, 청소년들의 '약물 남용', '폭력화' 등 심한 비행 문제에 대해서 응급 대응책을 강구할 필요가 있을 것이며, 그 응급 대응책이 적절할 경우에는 문제의 심각도를 다소간 경감하는 효과를 거둘 수도 있을 것이다. 그러나 응급 대응책이 근본 대책을 대신하기는 어려울 것으로 보인다.

문제의 근원은 기성세대의 잘못된 가치관 내지 생활 태도에 있다고 하였다. 그러므로 청소년 문제에 대한 기본 대책은 기성세대의 가치관 내지 생활 태도를 바꾸는 일에서부터 출발해야 할 것이다. 여기서 우리는 기성세대의 가치관 내지 생활 태도를 바꾸는 방안이 도대체 무엇이냐 하는 어려운 문제에 부딪친다.

기성세대의 가치관 내지 생활 태도가 가진 문제의 핵심은 이기주의와 물질만능주의에 있다고 볼 수 있다. 이것은 우리 한국에만 국한된 문제가 아니라 현대의 인류가 공통적으로 가지고 있는 문제다.

마르크스는 사람들의 이기주의와 물질만능주의를 극도에 이르도록 만든 근본 원인은 사유재산제도에 입각한 자본주의 경제체제에 있다고 진단하였다. 그러므로 이기주의적이며 물질주의적인 사람들의 의식구조를 개혁하는 길은 사유재산제도를 없애고 자본주의 체제를 분쇄하는 그것뿐이라는 결론에 이르렀다. 그것이 마르크스 혁명 이론의 출발점이라는 것은 널리 알려진 사실이다.

마르크스의 혁명 이론은 하나의 이론에 그치지 않고 실천에 옮겨졌다. 그의 혁명 이론은 러시아에서부터 실천에 옮겨지기 시작하여 세계 여러 나라로 그 세력을 확장하였다. 아직 결론을 내리기에는 때가 이를지 모르나, 혁명을 통하여 사회구조를 일신하면 사람들의 의식구조도 따라서 쇄신되리라던 마르크스의 예상이 크게 적중했다고 보기는 어렵다는 것이 요즈음 동구의 변혁을 통하여 우리가 받은 인상이다. 사유재산제도의 말살이 인간의 이기심을 일거에 뿌리 뽑지 못한 것은 의심의 여지가 없는 사실이다.

사회체제의 혁명을 통한 의식구조 혁신의 길이 예상했던 결과를 초래하지 못하고 도리어 많은 부작용을 일으켰다면, 우리는 그 다음에 어떠한 대안(代案)을 생각할 수 있을까? 사회의 구조와 의식의 구조를 상호 연관시켜 가면서 두 가지를 함께 서서히 고쳐 가는 점진적 개혁의 길을 생각할 수 있을 것이다. 다시 말하면 사람들의 가치관과 생활 태도의 점진적 개혁을 통하여 사회의 구조적 모순을 단계적으로 시정하는 한편, 단계적으로 시정된 사회 현실을 다시 의식구조의 점진적 개혁에 반영시키는 방법이다.

"오늘의 한국인은 이기적이고 물질주의적이다."라는 명제는 한국인의 생활 태도에 대한 일반적 경향에 대한 서술로서는 참일 수 있으나, 모든 한국인의 생활 태도에 대한 보편적 주장으로서는 참일 수가 없다. 다시 말하면, 오늘의 한국인 가운데 '이기적이고 물질주의적'이 아닌 사람들도 일부는 있다고 보아야 할 것이며, 자신의 이기적이고 물질주의적 측면을 반성하며 이를 극복하려고 애쓰는 사람들도 있다고 보아야 할 것이다.

오늘의 한국인 가운데도 '이기주의적이며 물질주의적인' 우리들의 정신 풍토를 극복해야 한다고 믿는 사람들이 적지 않다. 그렇게 믿으면서도 대세(大勢)에 밀려서 본의 아닌 생활 태도를 벗어나지 못하는 사람들도 있다. 오늘의 정신 풍토를 걱정하는 뜻있는 사람들이 상당수 있으나, 그들을 결속하는 조직력이 없으므로 대세에 밀리고 있는 것이 오늘의 실정이다.

뜻있는 사람들의 힘을 모을 필요가 있으며, 흩어져 있는 힘을 모으기 위해서는 조직적 운동이 필요하다. 조직적 운동을 통하여 뜻있는 사람들의 분산된 힘을 모으고, 그 조직된 힘을 주위에도 확산시키는 운동을 펴야 한다. 재속에 여기저기 흩어져 있는 불씨를 하나로 모으고, 모아진 불씨 위에 다시 숯을 얹음으로써 화력을 키워 가는 이치를 우리는 가치 풍토 내지 정신 풍토 개조에 원용할 수 있을 것이다.

과거에도 정신 풍토 개조를 위한 조직적 운동이 전혀 없었던 것은 아니다. 제3공화국 시절에 활발하게 전개되었던 '새마을운동'은 그 대표적인 것으로 볼 수 있을 것이다. '새마을운동'은 본래 농촌의 물질적인 잘살기 운동으로서 시작된 것이었으나, 정신 풍토 개조의 운동도 부분적으로 겸행하였다. 5·16 직후의 '재건국민운동본부' 또는 제5공화국 정부가 추진한 '국민 의식 개혁 운동'에 비하면, '새마을운동'은 한때 비교적 성공을 거둔 편이다. 그러나 전체적으로 볼 때, 새마을운동이 정신 풍토의 개조 운동으로서 성공했다고 보기는 어려운 결과에 이르렀다.

'새마을운동'이 정신 풍토 개조 운동으로서 성공하지 못한 사유는 그것이 물질적인 '잘살기 운동'에 치중했다는 사실에만 있는 것은 아니다. '새마을운동'이 한계에 부딪친 가장 근본적인 사유는 그 운동의 실질적 주체가 정부에 가까웠다는 사실에 있었다고 생각된다. '새마을운동'은 정부에 가까운 사람들이 주도한 사업 가운데서는 국민의 호응을 받은 편이었으나, 학자들의 전폭적 지지를 받는 데는 성공하지 못하였다. 의식구조 내지 정신 풍토의 개혁을 위한 사회운동은 높은 수준의 철학적 사상을 바탕에 깔아야 하거니와, 학자들의 전폭적 호응을 받지 못할 경우에는 높은 수준의 철학적 사상의 바탕을 얻기가 매우 어렵다.

의식 개혁 또는 정신 풍토 개조 운동을 정부가 주도하면 반드시 실패하기 쉽다는 뜻은 아니다. 전 국민의 신뢰를 받는 민주적 정부의 경우는 정부가 앞장서는 편이 효과적일 수도 있다. 다만 정부가 국민의 신임을 얻지 못하고 있을 경우에는 정부가 교육자의 입장에 서는 국민교육 운동은 좋은 성과를 거두기 어렵다는 뜻이다. 민주적 성격이 약한 정부의 입김이 국민교육 운동을 망칠 가능성이 크다는 것은 제5공화국 시절에 '새마을운동'이 그나마의 성과도 유지하지 못했다는 사실이 웅변으로 말해 주고 있다.

정부가 국민의 존경과 신뢰를 받고 있을 경우에는 정신 풍토를 개조하는 운동에 있어서도 정부가 주도적 소임을 맡는 것이 바람직하다. 그렇지 않을 경우에는 민간 사업으로서 그 일을 추진하는 편이 효과적일 것이다. 그 일을 추진할 수 있는 단체로서 여러 가지를 생각할 수가 있다. 언론기관과 종교단체 등 기존의 조직체가 그 임무를 맡을 수도 있을 것이고, 그 일을 위한 새로운 단체가 창립될 수도 있을 것이다.

국공립과 사립을 막론하고 기존의 학교가 전인교육을 통하여 젊은 세대에게 건전한 가치관을 심어 주는 일이 적극적으로 추진되어야 할 것이다. 이 점에 있어서 크게 부족한 오늘의 한국 교육이 그 본연의 모습을 찾기 위해서는 정부의 문교정책에도 획기적 전환이 있어야 할 것이다. 정부가 새로운 기관을 설립하여 국민의 정신교육을 시도하기에 앞서서 기존의 학교교육을 바람직한 방향으로 전환시키는 방안을 강력하게 추진하는 일이 시급하다.

가치관 교육 내지 전인교육은 유년기부터 시작하는 것이 바람직하다. 이것은 학교교육에 앞서서 가정교육부터 바른 궤도에 올려놓아야 한다는 것을 의미한다. 가정교육이 바른 궤도에 오르기 위해서는 부모들이 교육자로서의 식견을 갖추도록 준비하는 일이 매우 중요하다. 평생교육의 일환으로서 부모들을 재교육하는 문제가 여기에 대두되거니와, 특히 자녀들과 함께 생활하는 시간이 많은 어머니의 가치관을 바로잡기 위한 여러 가지 방안이 강구되고 실천되어야 할 것이다.

이제까지 우리는 청소년의 정도 이탈 문제를 근원적 시각에서 검토하고 매우 장기적인 시각에서 대응책을 고찰하였다. 그러나 우리나라의 청소년 문제는 당장에 어떤 구체적 대응책을 강구해야 할 시급한 문제이기도 하다. 청소년의 약물 남용, 폭력 범행, 적응 실패 등 심각한 문제들이 당장에 꺼야 할 발등의 불로서 다가오고 있다. 시급한 문제들에 대해서는 우선 응급 대책을 세워야 할 것이다. 시급한 문제들에 대한 진단과 응급 대책에 대한 고찰은 따로 그 방면 전문가들에게 맡겨질 문제다.

편　　집 : 우송 김태길 전집 간행위원회

간행위원 : 이명현(위원장), 고봉진, 길희성, 김광수, 김도식,
김상배, 김영진, 박영식, 손봉호, 송상용, 신영무,
엄정식, 오병남, 이삼열, 이영호, 이태수, 이한구,
정대현, 황경식

우송 김태길 전집

한국인의 가치관 연구
직업윤리와 한국인의 가치관

지은이　김태길

1판 1쇄 인쇄　2010년 5월 20일
1판 1쇄 발행　2010년 5월 25일

발행처　철학과현실사
발행인　전춘호

등록번호　제1-583호
등록일자　1987년 12월 15일

서울특별시 종로구 동숭동 1-45
전화번호 579-5908
팩시밀리 572-2830

ISBN 978-89-7775-715-8 94100
978-89-7775-706-6 (전15권)
값 20,000원

●잘못된 책은 교환해 드립니다.